BESTSELLER

Canal de Historia, marca de reconocido prestigio internacional (The History Channel), es el único canal temático en España especializado en Historia. Desde que comenzó sus emisiones en 1998 ha apostado por ofrecer los mejores documentales de manera atractiva, rigurosa y amena. Fruto de una alianza estratégica entre A&E Television Networks y Chello Multicanal, **Canal de Historia** está disponible en todo el universo de la televisión de pago en España a través de satélite, cable, adsl y móvil. **Canal de Historia** cuenta con una variada y exclusiva programación procedente del fondo de A&E, de catálogos de productoras internacionales y de proyectos de producción propia sobre temas de interés para la audiencia española. Elegido tres años consecutivos como Mejor Canal Temático por la Academia de las Ciencias y las Artes de la Televisión, **Canal de Historia** llega a diario a más de tres millones de hogares en nuestro país.

Biblioteca

CANAL HISTORIA

Las grandes profecías de la Historia

DEBOLS!LLO

HISTORIA

Primera edición en Debolsillo: marzo, 2012

Printed in Spain – Impreso en España

ISBN: 978-84-9989-426-3 (vol. 805/3)
Depósito legal: B-677-2012

Compuesto en Lozano Faisano, S. L. (L'Hospitalet)

Impreso en Barcelona por: blackprint A CPI COMPANY

P 994263

Índice

CUARTA PARTE

PROFECÍAS MODERNAS

Prólogo

Dada la excelente acogida de nuestros anteriores volúmenes, les invito a sumergirse en otro libro lleno de misterios. En esta ocasión, les presentamos nuestro último trabajo, *Las grandes profecías de la Historia*, cuyo contenido hemos tratado con el mismo rigor y seriedad que avalan nuestra trayectoria.

Podríamos afirmar, una vez más, que la elección del material no ha sido tarea fácil, pero confiamos en que la selección que hemos realizado satisfaga ampliamente las inquietudes de los lectores. Les invitamos a que recorran el índice de este libro y se dejen llevar de la mano de Leonardo da Vinci, maestro de la pintura, científico e ingeniero, por su fascinación hacia una de las fuerzas de la naturaleza, el agua. Hasta tal punto llegó la obsesión del maestro italiano por el preciado líquido, que éste influyó en sus trabajos de ingeniería o su arte y le condujo a vaticinar apocalípticos augurios.

Si lo prefieren, déjense guiar por sir Isaac Newton, padre de la física, creador del cálculo y descubridor de las leyes que rigen el universo, y conozcan la profunda obsesión que le llevó a creer que había hallado una predicción bíblica secreta que señalaba el año 2060 como el del Armagedón.

O, en otro contexto, sorpréndanse con los presagios que han rodeado a algunos de los presidentes de Estados Unidos más influyentes de la historia. De ellos se ha llegado a decir que su poder conllevaba la habilidad de prever el futuro, como es el caso de George Washington, al que la visita de un ángel le ayudó a liderar la victoria de las colonias en la guerra de la Independencia; o Abraham Lincoln, quien llegó a soñar con su propio asesinato.

No les desvelaré en este prólogo muchos otros de los misterios que encierra este libro, pero aprovecharé la oportunidad para invitarles a que descubran la mayoría de las profecías que componen este volumen en nuestro canal, ganador durante cinco años consecutivos del premio al Mejor Canal Temático, que otorga la Academia de las Ciencias y las Artes de Televisión (ATV) en nuestro país.

Finalmente, quisiera terminar esta breve introducción agradeciendo al excelente equipo de profesionales que día a día trabajan en Canal de Historia para mantener ese sello de calidad que nos distingue y que se ha convertido en la columna vertebral del canal.

Me resulta imposible dejar de mencionar especialmente a Esther Vivas, responsable de este proyecto, así como también a Ana Mattern, cuyo arduo trabajo en la redacción y coordinación de *Las grandes profecías de la Historia* nos ha brindado la oportunidad, como en ocasiones anteriores, de disfrutar de un volumen apasionante.

Por último, me gustaría también agradecer a Plaza & Janés y a nuestros editores la confianza y el constante apoyo para la publicación de éste, nuestro tercer libro.

Disfruten de una buena lectura.

DIEGO CASTRILLO
Director General de Canal de Historia

PRIMERA PARTE

PROFECÍAS MILENARIAS

1

Extinción 2012

21 de diciembre de 2012. Bienvenidos al último día sobre la Tierra. Varios oráculos apuntan que en esa fecha tendrá lugar una dramática y desastrosa convergencia. Los antiguos mayas de Centroamérica crearon un calendario tan preciso que podía predecir los eclipses lunares, miles de años antes de que se produjesen. Y ese calendario termina misteriosamente en el solsticio de invierno del año 2012. Pero no son los únicos. En la actualidad, algunos investigadores señalan extrañas correlaciones entre diversas culturas antiguas que fechan nuestra desaparición en el año 2012.

El calendario maya

Muchos piensan que 2012 es el año en que se acabará el mundo, un presagio que, según dicen, tiene más de dos mil años. Y no sólo en el calendario maya. En otras culturas, algunas indicaciones temporales similares apuntan exactamente a la misma fecha. La cultura hopi, la hindú y los antiguos chinos revelan curiosas conexiones con los mayas. «Los investigadores empezamos a comparar notas. Por primera vez en la historia podíamos hacerlo instantáneamente vía internet. Y llegamos a la asombrosa conclusión de que había ocho o nueve culturas distintas que predecían algún tipo de acontecimiento, extrañamente parecido, no sólo en la fecha, sino en la naturaleza de las predicciones», señala el escritor y cineasta Jay Weidner, productor de las películas documentales *2012, La Odisea* y *Timewave 2013*.

¿Cómo es posible que tantas culturas diferentes, de épocas distintas, hayan augurado, supuestamente, el mismo año como el fin de todo? Según Weidner, cada una de estas antiguas civilizaciones «ha intentado, de todas las formas posibles, enviar un mensaje a través de la historia diciendo que algo increíble iba a suceder». Aunque cada tradición aporta sus aspectos específicos, existe una notable relación entre todas ellas. «Tanto si nos remitimos a las antiguas tradiciones proféticas indias como a las egipcias, a las tradiciones bíblicas, a las mayas o a las aztecas, en todas encontramos referencias a un cataclismo. Todas ellas presagian que nuestras vidas dejarán de ser como son», indica Gregg Braden, reconocido pionero en la reducción de la ciencia y la espiritualidad y autor de *Fractal Time: The Secret of 2012 and a New World Age*. «Todas esas tradiciones —prosigue— desembocan de un modo u otro en nuestra época. Algunas de forma general y otras más específicamente nos advierten de que éste, el nuestro, es el tiempo que presagian, que anticipan, que temen y frente al que llevan preparándose desde hace tantísimo tiempo.»

En los últimos años, el calendario más famoso de la historia parece ser el de los mayas. El intenso interés ha ido en aumento para muchos miles de personas a medida que 2012 se aproximaba; sin embargo, ha asombrado y fascinado a millones de personas desde su creación hace dos mil años. La civilización maya habitó una vasta región denominada Mesoamérica, en el territorio que actualmente comparten cinco estados del sudeste de México (Campeche, Chiapas, Quintana Roo, Tabasco y Yucatán); y los territorios de Belice, Guatemala, Honduras y El Salvador, con una historia de aproximadamente tres mil años. Tuvo su apogeo entre los años 250 y 900 d. C.; después desapareció misteriosamente, aunque sus descendientes aún viven en la región. «Hasta hace poco, considerábamos que las civilizaciones más avanzadas de las Américas eran ligeramente inferiores a las que se desarrollaron después en Occidente. Pero no tenían nada de primitivas, en particular los mayas, que seguramente han sido la cultura de astrónomos más evolucionada de la historia», afirma el historiador y autoproclamado «antropólogo de lo extraño» Vincent Bridges, coautor de *A Monument of the End of Time*.

Sorprendentemente, eran expertos en astrología, matemáticas, física, ingeniería y excelentes constructores. Tenían avanzados sistemas de rutas para el comercio a larga distancia, pero no usaban la rueda. Sin embargo, sabían cómo fabricarla, ya que se ha descubierto que los mayas usaban ruedas para hacer juguetes para sus niños. Ellos ornamentaban las puertas del templo lunar con imágenes del lado oscuro de la Luna. ¿Cómo pudieron verlo los mayas? La Luna siempre muestra a la Tierra una sola cara. Científicamente muy avanzados a la par que violentos, fueron capaces de predecir el alineamiento galáctico sin instrumentos telescópicos y al parecer lo asociaban a un ciclo de cambios bruscos. La comprensión maya del tiempo, las estaciones y los ciclos ha demostrado que sus conocimientos eran numerosos y complejos.

El maya poseía varios calendarios distintos; algunos de ellos organizaban el tiempo con precisión en un período de más de diez millones de años. Según algunos estudiosos, el mundo terminará en el año 2012, una predicción sorprendentemente precisa de una cultura que estaba obsesionada con la medición del tiempo. Su calendario era cíclico, porque se repetía cada cincuenta y dos años mayas y era increíblemente preciso, incluso más que el nuestro. Relacionando los ciclos lunares, solares y planetarios, podían predecir con exactitud un eclipse solar con miles de años de antelación. «Los mayas eran algo así como científicos chamánicos y estaban obsesionados con la sincronía del tiempo y la conciencia. Durante unos mil años se remontaron a las civilizaciones anteriores para tratar de elaborar un modelo que indicase cuándo se producirían estas importantes transformaciones», afirma Daniel Pinchbeck, autor de *2012, the Return of Quetzalcoatl*.

El calendario maya consiste en tres cuentas de tiempo diferentes, que transcurren simultáneamente: el calendario sagrado (tzolkin, *cholqij* o *bucxok*), de doscientos sesenta días; el civil (*haab*), de trescientos sesenta y cinco días, y la Cuenta Larga, cuyo cómputo de tiempo comenzó el día 0.0.0.0.0 4 *ahau*, u 8 *cumkú*, que equivale al 13 de agosto de 3114 a. C. en nuestro calendario gregoriano. El tzolkin se combinaba con el *haab* y la Cuenta Larga se utilizaba para determinar cuándo ocurrió un evento con respecto a otro del calendario sagrado y del civil. Así, la Cuenta Larga es un calendario profético.

En el siglo VIII, los «guardianes de los días» que estudiaban los calendarios identificaron un día importante en el año *Ce Acatal*, tal como lo llamaban ellos. Predijeron que unos dioses con barba y piel blanca llegarían por mar el 5 de marzo de 1519. Ése sería el día en que un antepasado importante volvería «como una mariposa». En esa fecha, Cortés y sus conquistadores llegaron al Nuevo Mundo. Hernán Cortés y su flota de once galeones españoles llegaron del este a lo que se llama hoy Veracruz, México. Cuando las naves españolas llegaron a la orilla, los nativos los estaban esperando. Las velas ondulantes de las naves les recordaron a grupos de mariposas. ¿Fue una coincidencia? La respuesta es importante, ya que el calendario maya predice también el fin del mundo tal como lo conocemos en la fecha que ellos denominaron *Hunab-Ku*. También predijeron que a partir de 1991 ocurrirían dos grandes eventos: la conciencia cósmica de los seres humanos y la purificación y regeneración de la Tierra. De hecho, los mayas llamaron a los veinte años del decimotercer *Baktun* (de 1992 hasta 2012) el período de «la regeneración de la Tierra» o «la purificación de la Tierra».

La insólita alineación galáctica

«En el solsticio de invierno de 2012, el 21 de diciembre —explica Pinchbeck— el Sol se elevará dentro de la banda oscura del centro de la Vía Láctea. Los mayas llamaban a esta banda oscura "la Madre Cósmica" y se referían a ella como un agujero negro. Hace sólo cinco años, los astrónomos occidentales descubrieron la existencia de un enorme agujero negro en el centro de la Vía Láctea, en el centro de nuestra galaxia.» Según Lawrence Joseph, conservador del Museo de Bellas Artes de Boston, los mayas consideraban que el agujero negro en el centro de la Vía Láctea era el ombligo de la galaxia, del que nacían la materia y las estrellas. «Actualmente, los astrónomos creen que, de hecho, en el agujero negro del centro de la galaxia es donde se producen las estrellas y los planetas. Estuvieron muy acertados los mayas, para haberlo descubierto hace mil quinientos años.»

Aún no se sabe cómo este pueblo pudo describir con tal precisión ciertos acontecimientos astronómicos, pero lo que sí se conoce es su obsesión por los cielos. Los mayas construían sus templos y monumentos a imagen y semejanza de las constelaciones. Hay quienes creen incluso que interpretaron sus predicciones sobre la alineación prevista para 2012 por medio de un campo místico donde practicaban el *pok-ta-pok* o juego de la pelota. Era un juego ritual con una tradición de más de tres mil años en la historia precolombina mesoamericana. Representa los orígenes del universo y pretende reactivar los mitos de la creación del maíz y otros fenómenos astronómicos. La pelota que se cuela por el aro de piedra representaría el Sol alineándose perfectamente con el centro de la galaxia, la llamada grieta oscura. «La cancha es la Vía Láctea. La pelota es el Sol del solsticio de diciembre. El aro que hace de meta es la grieta oscura de la Vía Láctea», describe John Major Jenkins, experto en la antigua cosmología maya y autor de varios libros sobre esta civilización y sus conexiones esotéricas. Este juego de pelota ritual no sólo reproducía la alineación, sino que, según algunos investigadores, también advertía de las consecuencias para la vida o la muerte que la alineación podría acarrear si los jugadores no conseguían hacer pasar la pelota por el aro, pues su líder era brutalmente decapitado.

Aunque el significado histórico de importantes eventos y tradiciones de esta civilización sigue intrigando a los eruditos, los astrónomos actuales coinciden con los antiguos mayas en que el 21 de diciembre de 2012 la Tierra se alineará exactamente con el Sol y el centro de la Vía Láctea; un acontecimiento galáctico que sólo ocurre una vez cada veintiséis mil años. Nadie sabe qué efecto tendrá sobre la Tierra esta extraordinaria alineación. Los mayas creían que sucedería algo grave. «Podría ser algo así como cruzar el ecuador de la galaxia. Las corrientes magnéticas que se dirigen al sur y al norte cambiarían de sentido. El campo magnético podría invertirse cuando crucemos ese ecuador galáctico», cuenta Pinchbeck. «Si retrocedemos veintiséis mil años, hasta la última vez que entramos en Acuario, descubrimos que coincide con el surgimiento del hombre de Cromagnon y el fin del Neanderthal. También data de este momento el descubrimiento del fuego. En conclusión, se observan interesantes correspondencias históricas. Sabemos que la última vez que se produjo la alineación galáctica desaparecieron cientos de especies», afirma el escritor y cineasta Jay Weidner.

Hoy en día, los geofísicos tienen una teoría sorprendentemente similar a los acontecimientos previstos por la predicción de los mayas. Este fenómeno se denomina «reversión de los polos magnéticos»: el manto de la Tierra podría invertirse en cuestión de días, quizá horas, con lo que cambiaría la posición de ambos polos y tendría lugar un desastre planetario. Los terremotos harían temblar todos los continentes. Enormes tsunamis inundarían las ciudades costeras. Sería la catástrofe planetaria definitiva. Por improbable que parezca esta teoría, la ciencia la respalda. Así, en 1955, Albert Einstein la expuso por primera vez, y un estudio reciente de la Universidad de Princeton revela que los polos ya se han invertido antes. El Polo Norte se encontraba en medio del Pacífico hace ochocientos millones de años, por lo que Alaska se encontraba en el Ecuador. Incluso si esta inversión polar sucediese lentamente, en un plazo de años, provocaría un cambio climático global y una variación del nivel del mar. Si sucediese rápidamente, provocaría un desastre planetario y la extinción de numerosas especies.

¿Cómo una cultura tan antigua podía identificar sucesos astronómicos tan lejanos en el futuro? Los mayas estaban fascinados con los ciclos astronómicos y con el tiempo, y habían construido muchas formas distintas de relacionarse con el tiempo. «Tenían un conocimiento asombroso sobre ciencia, arte, arquitectura, astronomía, cosmología... Algunos dirán que es porque vivían muy pegados a la tierra. Observaban la naturaleza como nosotros ya no tenemos que hacerlo. Tenemos ordenadores y televisión, ¿para qué mirar las estrellas? Por eso ya no estamos al corriente de los ciclos de la naturaleza», sostiene Marie D. Jones, autora de *2013: The End of Days or a New Beginning*, donde examina todos los mitos, profecías y predicciones que existen sobre el año 2012.

Los mayas inventaron un ingenioso sistema de calendarios que estaba formado por círculos de piedra, algunos de los cuales podían engranarse como las ruedas de un reloj. «Hace más de mil años, en el período clásico de los mayas, determinaron la duración del año solar con una diferencia de ocho décimas de segundo con relación al nuestro, aunque nosotros empleamos la tecnología computarizada. Su calendario se compone de veinte calendarios, que indicaban los movimientos del Sol, la Luna, Venus, los ciclos de la naturaleza, las cosechas... Veían relojes dentro de relojes, ciclos dentro de ciclos. Ellos fueron los cronometradores de todo», indica Lawrence Joseph.

Lo más significativo de su calendario es el largo período que contemplaba. Comprende una era de cinco mil ciento veinticinco años, que empieza el 11 de agosto del año 3114 a. C. y termina, abruptamente, el 21 de diciembre de 2012. Este día marca el solsticio de invierno en el hemisferio norte. El día del año más corto en nuestro hemisferio, debido a la máxima inclinación del eje de la Tierra respecto al Sol. «Ocurre cada año. En realidad, es el origen pagano de lo que llamamos Navidad», indica la escritora Marie D. Jones. La ciencia confirma que el solsticio de invierno de 2012 coincidirá con un suceso extraordinariamente extraño, llamado alineamiento galáctico. «El alineamiento galáctico es el resultado de la alineación del Sol en el solsticio de invierno con el plano ecuatorial de la Vía Láctea», indica el astrofísico de la NASA David Sibeck. Esta alineación, en términos sencillos, se produce cuando el Sol parece elevarse en línea recta respecto al centro de la Vía Láctea. Es decir, ese día parecerá que nuestro Sol se sitúa en el mismo centro de nuestra galaxia.

La Vía Láctea es un gigantesco disco de estrellas en el que se incluye el Sol. Desde nuestra estratégica posición respecto a ella, la Vía Láctea parece una banda con una grieta oscura en el centro, una zona en la que no hay estrellas visibles. Los astrónomos mayas calcularon que el Sol del solsticio de invierno parece alinearse dentro de esta grieta del centro de la galaxia una vez cada veintiséis mil años. Cómo llegaron a esta conclusión es un misterio, pero predijeron con precisión el siguiente alineamiento galáctico, miles de años después de su tiempo.

Los astrónomos contemporáneos suponen que el próximo alineamiento galáctico será el primer suceso de ese tipo que ocurre desde el principio de la civilización humana, pero no hay evidencias científicas que demuestren que vaya a derivar en una catástrofe. No obstante, algunos observadores especulan con que este extraño suceso coincidirá con un caos cósmico. Auguran violentas tormentas solares que arrojarán radiaciones letales sobre la Tierra, un desplazamiento de la polaridad magnética, incluso un cambio completo de polaridad. Acontecimientos que podrían dejar nuestro planeta devastado y con millones de muertos. Pero en lo referente a los horrores específicos con los que se enfrentaría la humanidad en ese aciago momento, los mayas guardan un ominoso silencio. Así, el 13.0.0.0.0 (21 de diciembre de 2012) sólo marca el final de la Cuenta Larga del calendario, que luego volverá a cero, ya que el tiempo maya es cíclico y no lineal. «Si bien este mito puede interpretarse metafórica o literalmente, en ambos casos la edad del nuevo mundo volverá a comenzar», sostiene John Major Jenkins, quien tras un estudio profundo y detallado de las relaciones entre la escritura, el arte y el simbolismo mayas, piensa que la fecha final de 2012 no significa el fin del tiempo, sino más bien el comienzo de una nueva etapa en el desarrollo de la conciencia humana.

Otros expertos como Jenkins no son tan dramáticos cuando interpretan el solsticio de invierno del año 2012. Para el astrónomo Hugh Ross, desde una perspectiva del siglo XXI, «miramos estos relojes proféticos y parece que leemos en ellos lo que queremos leer. Pero la realidad es que son muy inconcretos». También el historiador, antropólogo e investigador guatemalteco Carlos Barrios, tras estudiar durante veinticinco años esta civilización, no está de acuerdo con la interpretación que muchos hacen del calendario maya. «La fecha especificada en el calendario no marca el fin del mundo. Muchas personas que escriben sobre el calendario maya dramatizan con esta fecha, pero ellos no saben nada. Los que saben son los ancianos indígenas que se encargan de mantener la tradición. La humanidad continuará, pero de una manera diferente. Las estructuras materiales cambiarán. Esto nos dará la oportunidad de ser más humanos», asegura. Para él, el actual declive del materialismo traerá un Quinto Mundo, y las cosas cambiarán, «pero dependerá de las personas hacer difíciles o fáciles las transformaciones que ocurran. Nuestro planeta puede renovarse o destruirse. Ahora es tiempo de despertar y entrar en acción para respetar a la Tierra [...] Es un momento crucial, importante para la humanidad, y para la Tierra. Cada persona es importante».

De modo que nadie se pone de acuerdo acerca de qué quisieron advertirnos los mayas. Muchos auguran que habrá una transformación global a gran escala y que será el principio del fin. Incluso hablan de indicios claros de que caminamos hacia el ocaso de la humanidad como, por ejemplo, el tsunami del 26 de diciembre de 2004: un terremoto bajo el océano Índico de una intensidad de 9,3 en la escala de Richter, el segundo mayor que se ha registrado jamás y que propulsó muros de agua de hasta quince metros. Cuando el agua se retiró, comunidades enteras habían desaparecido. El número de víctimas fue sobrecogedor, con más de doscientos cincuenta mil muertos de once países. Algunos aseguran que esta tragedia nos ha acercado un paso más al fin de los días.

Los hay que ven en el final del calendario maya una señal para la esperanza y lo aguardan con entusiasmo porque interpretan que será el catalizador para un salto cuántico de la conciencia. Según ellos, el 21 de diciembre de 2012 no marcaría el final definitivo, sino tan sólo el de una era a la que seguiría otra. En este sentido, sostienen que ese día no traerá consigo calamidad alguna, sino una nueva conciencia cósmica y una transición espiritual hacia una nueva civilización. «Si combinamos la antigua sabiduría con el conocimiento moderno, tal vez lo superemos», sostiene Lawrence Joseph.

Los primeros nativos de Estados Unidos

Si aceptamos que los antiguos mayas pretendían advertir a las futuras generaciones de un apocalipsis en el año 2012, debemos saber que no eran los únicos. La posible advertencia de que esta alineación del Sol con el centro de la galaxia pueda traer consecuencias terribles se repite en los fundamentos de otras culturas ancestrales. «En muchas épocas de decadencia, las predicciones y las visiones apocalípticas sobre el futuro se han centrado en que cuando el Sol se eleve en esa grieta oscura traerá consecuencias funestas, un tiempo de cataclismo, de destrucción», explica Vincent Bridges.

Algunas de las profecías más específicas sobre el apocalipsis proceden de la tribu hopi, probablemente los aborígenes más antiguos de Estados Unidos, que llevan viviendo mil años en lo que hoy se conoce como Arizona. Al igual que sus predecesores mayas, los hopi ven una unión entre la tierra y el cielo, y buscan en su interior la respuesta a los misterios del universo. Hace siglos esculpieron en piedra su augurio de la futura destrucción del hombre, en lo que hoy se conoce como la Roca de la Profecía Hopi, que se halla en la reserva de Oraibi, en Arizona. Desde finales de la década de 1940, estos indios comenzaron a preparar y difundir esta profecía: el mundo ha sido creado y destruido tres veces, y estamos a punto de vivir la destrucción del Cuarto Mundo, al borde de la transición al Quinto Mundo. En 1963, Frank Waters publicó algunas de sus predicciones en *The Book of the Hopi*, y varias iglesias metodistas y presbiterianas de Estados Unidos las difundieron ampliamente.

Para los hopi, el final del Cuarto Mundo irá precedido por un período de duras pruebas, marcado por una sucesión de problemas sociales, políticos y medioambientales devastadores, a los que se sumará una climatología extrema. Según algunos, un tiempo muy parecido al que actualmente vivimos. Los mares comenzarán a crecer, grandes terremotos sacudirán todos los rincones del planeta y el Sol se volverá más caliente... son las señales inequívocas de que el fin del mundo está a punto de producirse, según los hopis.

Al igual que el calendario maya, la profecía hopi divide el tiempo de la humanidad en fases o mundos. Los tres primeros mundos finalizaron a causa de violentas fuerzas naturales, volcanes, una glaciación e inundaciones. Los hopi no dan una fecha precisa, pero «ven nuestra época actual como la cúspide entre el Cuarto y el Quinto Mundo. Tienen toda una serie de profecías o señales que creen que se han cumplido (excepto una o dos de escasa importancia) y piensan que faltan pocas por cumplirse antes de entrar en el siguiente mundo. Dicen que hay una serie de condiciones que esperan que sucedan», sostiene Daniel Pinchbeck. Así, estamos a las puertas de un gran cambio, que es la entrada al Quinto Mundo.

Las tradiciones hopi predicen que cuando se acerque el día de la gran purificación, el hombre traerá a la Tierra trozos de la Luna, habrá telarañas en el cielo, por la Tierra cruzarán «serpientes de hierro» a través de las cuales viajaremos y nos comunicaremos, y todo ello alterará el delicado equilibrio cósmico; «el mar se volverá negro y muchas cosas vivientes morirán por esta causa». Para muchos, en estos mensajes se predice la llegada del hombre a la Luna, los viajes por aire y la era de las telecomunicaciones, además de describir las vías de ferrocarriles, las líneas de energía eléctrica y las líneas telefónicas.

En 1959, una delegación de seis líderes hopi, encabezada por Dan Katchongva, viajó a la sede de las Naciones Unidas, en Nueva York, para cumplir una sagrada misión, siguiendo antiguas instrucciones de sus ancestros. Según sus conocimientos proféticos, tenían que ir cuando la tierra madre de los hopi, o algunos otros hermanos indios y su modo de vida estuvieran en peligro de ser destruidos por algunos malvados entre los «Hombres Blandos». Sintieron que era el momento de ir al este, a un rincón de su tierra madre, donde una «casa de mica» —dicen que una alusión al edificio de la ONU— se erguiría allí en ese tiempo, donde los grandes líderes de muchas tierras «estarían reunidos para ayudar a cualquier pueblo que tuviera problemas». Según la profecía, por lo menos uno, dos o tres líderes o naciones escucharían y comprenderían las advertencias. Pero, al final, las puertas de la «Casa de Cristal» permanecieron cerradas para ellos. Desde ese día, la raza blanca se precipitaría hacia el mayor castigo, al Día de la Purificación. «Muchos serán destruidos por sus errores y maneras del mal. El Gran Espíritu lo ha decretado y nadie podrá pararlo o cambiarlo.»

Una estrella azul anunciadora del cataclismo

Los actuales hopi buscan respuestas en los sabios del pasado. Creen que la aparición de los espíritus de sus ancestros, llamados *Kachinas*, presagia acontecimientos relevantes. El más temido de estos *Kachinas* es el conocido como «Estrella Azul», que anunciará la venida del cataclismo. Su aparición en los cielos será muy importante ya que señalará la entrada al Quinto Mundo. «Me fue dicho que la *Kachina* Estrella Azul primero comenzaría a verse en las danzas, que haría su aparición en la plaza, durante la danza nocturna. Este evento nos diría que los tiempos finales están muy cercanos. Luego, la Estrella Azul aparecerá físicamente en nuestro cielo, lo que significaría que estamos ya en los tiempos finales. En los días finales, nosotros miraremos hacia arriba, al cielo, y seremos testigos del regreso de los dos hermanos que ayudaron a crear este mundo en el tiempo del nacimiento. Poganghoya es el guardián de nuestro Polo Norte y su hermano Palongawhoya, el guardián del Polo Sur. En los días finales, la Estrella Azul vendrá para estar con sus sobrinos y ellos devolverán a la Tierra su rotación natural, la cual es en sentido inverso a las agujas del reloj [...] Todas las cosas cambiarán en su manera de ser. A cada cosa viva le será ofrecida la oportunidad de cambiar, desde la cosa más grande a la más pequeña», cuenta el escritor y explorador, que ha convivido con varias tribus americanas, Robert Ghost Wolf en su libro *Last Cry: Native American Prophecies & Tales of the End Times.*

Casi todas las culturas nativas de América poseen antiguas profecías que nos hablan de su interacción con los «amigos de las estrellas» y su llegada, y lo han dejado plasmado en imágenes sobre piedra. Pero lo cierto es que no está muy claro qué podría ser esta estrella azul hopi. «Algunos de los ancianos hopi atribuyen el choque a la llegada de una estrella azul; en los noventa, un cometa contra Júpiter incendió la atmósfera del planeta y produjo un resplandor que, según ciertas condiciones espectrales, apareció como una masa azul en el cielo. Otros dicen que la estrella azul no ha llegado todavía y que cuando venga lo hará acompañada de un nuevo tipo de *Kachina* o nuevo dios que tendrá forma física y visitará los poblados y bailará con sus habitantes», indica el escritor Gregg Braden. Hay quien incluso habla de la estación espacial estadounidense, *Skylab*, que cayó a la Tierra en 1979. Según un testigo ocular, parecía azul mientras se quemaba. Pero Braden cree que tal vez aluda a la superonda galáctica de la que hablan algunos científicos. «Se trataría de una inmensa onda de energía que, impulsada a través del universo, alteraría los campos magnéticos de la Tierra y provocaría cambios en la atmósfera que tendrían un efecto inmediato en las capas de hielo», afirma.

Es difícil describir con exactitud la naturaleza de esta energía cósmica, pero su impacto podría ser devastador. Curiosamente, se cree que el origen de las superondas se encuentra en el centro de la galaxia y que desempeñan un papel crucial en el alineamiento galáctico. «El aspecto preocupante del fenómeno de la superonda es que estas ondas cósmicas viajan hacia nosotros desde el centro de la galaxia y a la velocidad de la luz, así que no habrá ningún aviso. Un día todo estará bien y al día siguiente se desatará el caos. Si llega la superonda, esperemos que su efecto sea leve. Quizá tan sólo provoque trastornos en los satélites. Dejarán de funcionar los móviles o la televisión, sufriremos las consecuencias durante unos años, pero luego nos recuperaremos. Aunque también podría sobrecargar los cables eléctricos con un impulso electromagnético similar al de las explosiones nucleares, como si alguien detonara una bomba nuclear en la atmósfera que produjera apagones en todo el planeta», sostiene Paul Laviolette, autor de *Genesis of the Cosmos: The Ancient Science of Continuous Creation*. En este libro defiende que los mitos de creación desde los albores de la civilización, y que sobreviven hoy en día en la tradición esotérica, corresponden a los últimos descubrimientos astronómicos y muestra cómo estos mitos codifican una teoría de la cosmología en la que la materia está en continuo crecimiento a partir de semillas de orden que emergen espontáneamente del caos subcuántico. Para Laviolette, la peor de las situaciones del año 2012 podría parecerse a lo que sucedió después de la última glaciación. «La última superonda arrasó el 95 por ciento de los animales grandes de Norteamérica y gran parte de la raza humana; sólo sobrevivieron unos cuantos. Esto marcó, sin duda, uno de los acontecimientos más significativos de la historia de la humanidad.»

Los hopi son muy claros en cuanto a la carga que deberá soportar la raza humana durante el tiempo de catástrofe que vendrá en esta época, «la cuarta era del hombre». «Dicen que en esta era viviremos tres grandes conmociones en la Tierra. La primera, según las interpretaciones, es la Primera Guerra Mundial; después, la Segunda, y la tercera no ha podido asociarse a ningún acontecimiento puesto que serán los propios humanos los que determinarán la forma que adoptará en función de cómo vivamos nuestra vida», sostiene Gregg Braden. Así, que dicha conmoción o cambio sea a favor o en contra dependerá exclusivamente del ser humano. Por eso sus profecías deben interpretarse como una enseñanza o advertencia.

Sin embargo, algunos creen que la tercera conmoción será un cataclismo que llegará desde arriba. En este caso, sería clara la relación con el próximo alineamiento galáctico indicado por los mayas. Entonces, «los océanos podrían unir sus manos y encontrarse con el cielo». Para muchos, ésta parece ser una profecía de un «cambio de polo» ya que los hopi llaman a esta inminente condición *Koyaanisqatsi*, que significa «mundo fuera de balance». En este sentido, algunos no dudan de que las imágenes de la Roca de la Profecía Hopi indican que estamos destinados a ser víctimas de una gran catástrofe: la purificación a través del fuego del cielo, posiblemente con tormentas solares, un asteroide o quizá armas nucleares.

Dentro de las manifestaciones de este gran cambio que estamos viviendo, Robert Ghost Wolf menciona, entre otras cosas, los volcanes en la costa del Pacífico que han vuelto a estar activos. Esto ha hecho que el agua se caliente y los peces cambien sus patrones de migraciones. Uno de los ejemplos es lo que sucede con el salmón de Alaska, que empieza a escasear. También existe otra señal alarmante: la desaparición de las abejas. Albert Einstein ya pronosticó que el día que sucediera eso, el ser humano sería el siguiente. La alerta surgió a finales de los noventa cuando miles de enjambres desaparecieron debido a la toxicidad de ciertos insecticidas y pesticidas con los que se trataban las semillas. Además, estos útiles insectos no pueden asimilar el polen de los cultivos transgénicos, a lo que se une la urbanización intensiva que destruye la flora autóctona, los plaguicidas que desorientan a las abejas e impiden que puedan volver a su colmena, el calentamiento global, o enfermedades como la varroasis o los efectos del parásito asiático *Nosema ceranae*, que ataca el aparato digestivo de las abejas obreras, de los zánganos y de la abeja reina. En Galicia, por ejemplo, en los diez primeros años del siglo XXI ya ha desaparecido la mitad de la población de abejas, en este caso, por los pesticidas. La alarma está ahí: se trata de una tragedia para la naturaleza, pues las abejas cumplen una función esencial en el ciclo de la vida.

En cualquier caso, los nativos americanos creen que, oculto bajo un código, en su sagrada Roca de la reserva de Oraibi se halla un mensaje de esperanza. «Hay una profecía en la que se representa a los humanos viviendo en esta época. Se ve un camino que se bifurca, como una manera de decirnos que debemos elegir entre dos mundos. En una de las ramificaciones, los humanos viven en un mundo donde los cultivos siguen creciendo y en la otra, en uno en el que la humanidad existe pero sin contacto ni entre ellos ni con el mundo; no hay comida y la vida está llena de penurias», explica Braden. La profecía dice: «Aquellos que estén en paz con sus corazones ya están en el Gran Refugio de la Vida. No hay refugio contra la maldad. Cuando la Estrella Azul dance en la plaza y se quite la máscara, el tiempo del gran juicio estará allí».

La mitología hindú y la degradación de la moral

A miles de kilómetros de distancia de los mayas y los hopi, y separada por siglos en el tiempo, hay otra cultura que tiene su propia profecía sobre nuestro final. Los antiguos hindúes crearon un calendario que algunos intérpretes creen que también señala el 2012 como fecha catastrófica. La mitología hindú sostiene que la vida en el universo se desarrolla en ciclos. Cada ciclo se divide en cuatro eras llamadas yugas: Satya (o «era de la verdad», de 1.728.000 años), Treta (o «el gran tercer período», de 1.296.000 años), Dwapara (o «la era con el número dos», de 860.000 años; a pesar de su nombre, esta era es la tercera, después de Treta, ya que el orden de las cuatro eras se trastocó en esta época en particular, y la «tercera era», Treta, vino antes que la «segunda era») y Kali (comúnmente «era de riña» o «era de riña e hipocresía», de 432.000 años).

Según la astronomía india y la mitología hindú, el mundo se crea, se destruye y se reconstruye cada 4.320.000 años (Maha Yuga). Los ciclos se repiten como las estaciones. Cada yuga conlleva etapas o cambios graduales en la Tierra y la humanidad. El mundo pasa por un continuo ciclo de estas épocas. La humanidad empieza cada ciclo iluminada por la virtud y los altos ideales. Después, con el paso del tiempo, los humanos degeneran hacia un estado de maldad y corrupción. El declive de la moralidad perfecta del Satya Yuga a Kali Yuga se asocia a un progresivo deterioro del dharma (el deber religioso), manifestado en una disminución en la duración de la vida del ser humano y la calidad de los estándares de la moral humana. Después, le sigue una fase ascendente del ciclo que va de Kali Yuga a Satya Yuga. Y de nuevo comienza una fase descendente de la primera era a la cuarta era. Alternativamente, se pasa de la fase descendente Kali a un nuevo comienzo en Satya Yuga.

El yuga más alto es Satya Yuga. En esta era la gran mayoría de gente, libre de cualquier tipo de infelicidad o de miseria, puede experimentar una profunda moralidad porque está intuitivamente conectada con la verdad. La separación entre los reinos materiales y transcendentes es mínima. Es un período que también se llama Edad de oro. Durante la siguiente era, el Treta Yuga, se ejerce la energía mental y la clarividencia y la telepatía son habilidades comunes. En el Dwapara Yuga, la ciencia prospera, la gente experimenta su espiritualidad en términos de energías sutiles y opciones racionales. El final de esta era (en la fase descendente) se asocia a la muerte de Krishna, y los acontecimientos descritos en la gran epopeya mitológica de la India, *Mahābhārata*. La época más baja es Kali Yuga, cuando la mayoría de la gente se interesa solamente en los aspectos físicos de la existencia. Lo que predomina es la supervivencia material. Según el texto religioso hinduista *Vishnú Puraná*, la era Kali se describe así: «Habrá numerosos gobernantes luchando por el poder entre ellos. No tendrán carácter. La violencia, las mentiras y la inmoralidad estarán a la orden del día. La piedad y la naturaleza del bien se desvanecerán lentamente. La pasión y la lujuria serán la única atracción entre los sexos. Las mujeres serán objetos de placer sexual. La mentira será la línea límite de subsistencia. La gente culta será ridiculizada y avergonzada; en el mundo, la ley del más rico será la única ley».

La filosofía de los ciclos de la vida equivale en nuestro mundo moderno a la forma en que nosotros entendemos el tiempo. «El sistema de tiempo que usamos en nuestros relojes es de doce horas A.M. y doce horas P.M., para un total de veinticuatro horas. A.M. es un aumento de la luz. P.M. es una disminución de la luz. Nuestro actual sistema del tiempo es un microcosmos del sistema Yuga», indica Walter Cruttenden, arqueoastrónomo, autor de la teoría binaria de precesión —según la cual nuestro Sistema Solar en realidad es binario, por lo que otra estrella acompaña al Sol en su periplo alrededor de la galaxia— y director del Instituto de Investigación Binaria, en California, entidad que estudia la mecánica celeste en la precesión de los equinoccios (por la cual la bóveda celeste gira completamente cada veintiséis mil años aproximadamente), así como los mitos y profecías relacionadas con este fenómeno.

Según la epopeya *Mahābhārata*, texto escrito en sánscrito que se considera clave en el hinduismo, la era de Kali comenzó en la medianoche del duodécimo día de la guerra de Kurukshetra, es decir, la noche en que los dos ejércitos se negaron a detenerse al atardecer para orar y siguieron matándose en la oscuridad, hasta el amanecer. Así, según el astrónomo Aria Bhatta (476-550 d. C.) y la mayoría de los hindúes, ese momento sucedió entre el 17 y el 18 de febrero de 3102 a. C. Curiosamente, esta fecha difiere sólo en doce años de la del comienzo del largo período del calendario maya. De acuerdo con el antiguo texto hindú, nosotros vivimos en la edad final, la Kali Yuga. ¿Podría terminar esta última edad en 2012 y conducirnos al fin de los días, tal como profetizaron los mayas con su calendario? Algunos han visto en la edad final de Kali Yuga, descrita en los antiguos textos hindúes, un sorprendente parecido con nuestro tiempo con una escalada de disturbios, epidemias y destrucción. Creen que la humanidad se va consumiendo, hasta que un cataclismo final lo aniquilará todo. «El Infierno antes del Cielo, o la oscuridad antes del alba. Esto es algo que se repite en muchas mitologías, muchos relatos de la creación y muchas culturas», recuerda Marie D. Jones.

«I CHING», EL ORÁCULO CHINO IMPERECEDERO

Muchos intérpretes creen que las relaciones que comparten los mayas, los hopi y los hindúes son demasiado llamativas para ser una mera coincidencia. Pero, además, según otra teoría, la misma fecha del cataclismo final aparece en el texto más antiguo del pensamiento chino: el *I Ching* o *Libro de los Cambios*. Se discute la paternidad de esta obra pues en ocasiones se atribuye a Weng Wang, fundador de la dinastía Chou; otras veces al mítico emperador Fu Shi y en algunos casos a Confucio. Según Mitch Horowitz, editor jefe de Tarcher/Penguin, se trata del oráculo más notable e imperecedero de la historia. Según una leyenda china, el emperador Fu Shi lo inventó hacia el año 2800 a. C., un siglo antes de la construcción de las pirámides de Egipto. «Su origen es un misterio. Parece bastante probable que los primeros vestigios del *I Ching* se remonten aproximadamente a cinco mil años.» Es un texto que usa símbolos complejos para organizar, aparentemente al azar, sucesos, incluidos los que aún no han ocurrido. Carl Gustav Jung, figura clave en la etapa inicial del psicoanálisis y posteriormente fundador de la escuela de psicología analítica, se declaró uno de sus adeptos y calificó el *I Ching* tanto como una técnica de oráculos —auxilios para el futuro— como un método de exploración del inconsciente.

El *I Ching* suele utilizarse como método de predicción personal. Para los chinos, el *I Ching* es la fuente de consulta ante cualquier decisión importante. Este libro puede indicar en cada momento la dirección correcta de actuación. Quien lo consulta, dicen, encuentra en este texto una apreciación ponderada de su actual situación y recomendaciones para su conducta futura. Se formula una pregunta y se lanzan tres monedas (a veces, también se utilizan cincuenta varitas de una madera especial; el que consulta debe dividirlas en dos partes, al azar, y dejar una a su derecha y la otra a su izquierda, pero se trata de un procedimiento mucho más largo). Suponiendo que la coincidencia de acontecimientos en el tiempo y en el espacio es más que una casualidad, en el caso de utilizar monedas, si en la mayoría sale cruz, se traza una línea continua, y si en la mayoría sale cara, se traza una línea discontinua.

Este proceso se repite seis veces, hasta formar una serie de seis líneas continuas o discontinuas llamado hexagrama. En total hay sesenta y cuatro combinaciones posibles donde se resumen todas las posibilidades vitales. Cada hexagrama remite a varios textos breves que ofrecen una lectura del futuro. El *I Ching* utiliza fundamentalmente las imágenes; algunas asociadas con la antigua mitología china, otras con la poesía, las instituciones sociales y religiosas, incluso con arquetipos o momentos históricos específicos. Quien realiza la consulta busca su hexagrama en un índice y encuentra una profecía. «Lo más notable del *I Ching* es que, cuando se pregunta algo a este oráculo, se recibe una respuesta sorprendentemente adecuada a la pregunta realizada», dice Horowitz.

Sin embargo, los científicos argumentan que el lenguaje evocador del *I Ching* únicamente es preciso aparentemente. Según explica Michael Shermer, editor de *Skeptic Magazine*, a esto se le llama el efecto PT Barnum o efecto Forer, algo así como una «falacia de validación personal», según el cual los individuos aprueban las descripciones de su personalidad que supuestamente se han realizado de manera específica para ellos, pero que en realidad son generales y suficientemente vagas como para poder aplicarse a un amplio espectro de gente. «Consiste en ofrecer algo para todo el mundo. Se trata de decir algo vago y general como: "Veo que eres una persona abierta y extravertida, aunque a veces puedes ser introvertido". Es un disparate. No hay nada psíquico en eso», mantiene este experto miembro de la Sociedad de Escépticos, una organización educativa norteamericana dedicada a la divulgación de la ciencia y el pensamiento crítico.

A pesar de la opinión de los escépticos, el *I Ching* sigue siendo un éxito de ventas después de cinco mil años, y lo utilizan adivinos, psicoterapeutas y magnates de Shanghái. Pero en las últimas décadas el *I Ching* se ha convertido en un oráculo de la fatalidad. La historia comenzó con un polémico investigador y filósofo llamado Terence McKenna, quien realizó unos gráficos matemáticos con el *I Ching* y los convirtió en una especie de mapa temporal. Este «chamán norteamericano» se embarcó en un tipo de viaje cósmico en los años setenta. Como una especie de héroe de la contracultura, buscaba respuestas a la condición humana. McKenna combinó matemáticas complejas, filosofía china y drogas psicodélicas para crear una nueva y provocadora forma de profetizar.

La mente, los alucinógenos y el fin del mundo

Terence McKenna nació en Paonia, Colorado, Estados Unidos, donde se crió junto a su hermano Dennis; ambos devoraban novelas de ciencia ficción y libros de temática esotérica y ocultista. Se graduó por la Universidad de Berkeley en una licenciatura que abarcaba Ecología, Conservación de Recursos y Chamanismo. Durante toda su vida viajó constantemente por varios continentes, para ponerse en contacto con la dimensión trascendente del ser humano, para explorar «la etnofarmacología de la transformación espiritual».

En 1971, los dos hermanos McKenna aceleraron su experimento espiritual con un viaje por el Amazonas colombiano. El resultado fue una teoría del final de los días tan original que los estudiosos tomaron nota inmediatamente. «Supongo que éramos hijos de los años sesenta, en el sentido de que formábamos parte de la contracultura. Nos interesaban la alquimia, la magia, lo psicodélico y muchos temas que podrían considerarse esotéricos», explica Dennis J. McKenna. Así, los dos hermanos se fueron a Colombia en busca de oo-koo-hé, una poción alucinógena que contiene DMT, una droga psicodélica. «Supimos que el DMT existía en numerosas plantas y que muchas de ellas se usaban en el chamanismo, en particular en el chamanismo sudamericano. Esas sustancias abrían la puerta a lo que parecía un mundo profundamente distinto, pero que al mismo tiempo percibías de tal manera que llegaba a parecer tan real como éste. Pensábamos que, verdaderamente, íbamos en busca de una especie de Santo Grial», recuerda Dennis.

El uso de estas drogas conduciría a la obra maestra de la revolucionaria vida de Terence McKenna. Terence creía que, durante sus experimentos, una voz divina le daba instrucciones para analizar pautas numéricas del texto chino *I Ching*. Y empezó a trazar gráficos, casi como en una escritura automática, mirándolo y recorriendo los ciclos de sus sesenta y cuatro hexagramas. «Si multiplicamos seis por sesenta y cuatro el resultado es trescientos ochenta y cuatro, que resulta que se corresponde con un perfecto año lunar de trece meses», explica Dennis. La mayoría de los calendarios lunares —por ejemplo, el chino, el hebreo, el hindú, el tibetano y casi todos los sistemas del calendario usados en la Antigüedad— se basan en calendarios lunisolares, es decir, que toman en consideración tanto las fases del Sol como las fases de la Luna. Esto da lugar a un año de trece meses cada dos o tres años.

Terence observó un patrón desconocido en los sesenta y cuatro hexagramas del *I Ching*. Las seis líneas y sesenta y cuatro combinaciones posibles pueden interpretarse como un cambio en cada hexagrama y trazar un gráfico con ellas. Cuando McKenna superpuso el gráfico sobre una línea temporal de la historia, descubrió desconcertantes correlaciones que coincidían con los cuatro mil años de historia documentada. Su gráfico comienza en la creación del *I Ching*, durante la dinastía china Shang, período que coincide con los albores de la civilización en otras partes del mundo. Los sesenta y cuatro hexagramas se repiten sesenta y cuatro veces a lo largo de la historia. McKenna llamó a su teoría «Onda Temporal Cero» (*Time Wave Zero*).

Su teoría de la Onda Temporal Cero dice que el flujo y reflujo de acontecimientos significativos en el universo es una cualidad inherente al tiempo y que, a lo largo de milenios, estos acontecimientos aumentan exponencialmente, hasta alcanzar el clímax en el año 2012. Los escépticos lo consideran una fantasía pseudocientífica, un viaje de diversión con drogas psicodélicas. Sus seguidores creen que es una teoría excepcional, como una exploración del potencial humano. «Se manifestaron —cuenta Dennis— otro tipo de cosas que podrían interpretarse como paranormales. Por ejemplo, parecía que teníamos telepatía entre nosotros. Yo podía oír en mi interior lo que Terence decía, y viceversa. Parecía que teníamos acceso a la información de una gigantesca base de datos de algún lugar. Yo viajaba hacia atrás en el tiempo. Él viajaba hacia delante en el tiempo. Y después del experimento, Terence estuvo catorce días sin dormir.»

Guiado por el *I Ching*, Terence McKenna utilizó matemáticas complejas para trazar los llamados períodos de novedad sobre una ola o línea temporal. Después buscó en la historia una fecha significativa, que marcaría el principio del ciclo final de la vida en la Tierra. Eligió el 8 de agosto de 1945, el día que la bomba atómica cayó sobre Hiroshima, Japón. A aquella fecha de 1945, añadió 67,29 años, la duración media de un ciclo de vida según el *I Ching*. El resultado fue una fecha final en diciembre de 2012, prácticamente la misma fecha indicada por los mayas. Los puntos altos y bajos de su gráfico del *I Ching* predecían con precisión la caída del Imperio romano, el descubrimiento del Nuevo Mundo y las guerras mundiales del siglo XX. «Pero lo más extraño es que la línea temporal de McKenna termina en una fecha concreta: el 21 de diciembre de 2012. Le pareció que había algo verdaderamente profético en esa fecha», señala Mitch Horowitz. Para McKenna, aquélla era la clave que faltaba para desvelar el misterio de su teoría de la ola del tiempo. Sin embargo, Terence McKenna no sabrá nunca si su teoría de la ola del tiempo sobre el Juicio Final se cumplirá. Murió en abril del año 2000, víctima de un tumor cerebral. «Si estoy en lo cierto, soy Newton. Si no, estoy loco. No hay término medio. O, al menos, me gusta pensar que no hay término medio porque realmente me gustaría que fuese así», declaró en una entrevista al diario *High Times* meses antes de su muerte.

Para algunos, el trabajo de Terence McKenna indica que el *I Ching* es otra antigua profecía más que corrobora que el Juicio Final será en 2012. Mientras, el reloj sigue avanzando a la espera de la llegada del 21 de diciembre de 2012. Para Nick Bostrom, director del Instituto El Futuro de la Humanidad, el año 2012 es una fecha completamente arbitraria, en nada distinta a un año posterior o anterior. «Seguro que sucederán algunas cosas interesantes ese año, pero eso podríamos decirlo también de cualquier otro.» Hay muchos motivos para pensar que ese día amanecerá como cualquier otro. Así, cómo será el mundo a la mañana siguiente, el 22 de diciembre, queda reservado a la imaginación de cada uno.

2

Los jeroglíficos del Juicio Final

A ocho kilómetros de El Cairo se alza un grandioso vestigio del Antiguo Egipto: la Gran Pirámide de Giza. Algunos historiadores creen que, entre sus piedras de hace cuarenta y cinco siglos, oculta un código matemático, un calendario en clave que predice el día del Juicio Final y que, según las profecías de los faraones, tendrá lugar en el presente siglo.

El silencio de las piedras

La Gran Pirámide de Giza, *El Libro de los Muertos* y la *Biblia Kolbrin* datan del Antiguo Egipto. Algunos intérpretes creen que, a través de ellos, los antiguos egipcios intentaban transmitirnos algo desesperadamente. Quizá se trataba del presagio de un holocausto nuclear. Otros traducen el mensaje como un cataclismo provocado por una fuerza ajena a nuestro Sistema Solar en el año 2012. Incluso hay quienes afirman que la Gran Pirámide predecía los atentados del 11 de septiembre. «Creo que los hombres de la Antigüedad tenían más conocimientos y sabiduría que nosotros. Esos conocimientos se han ido perdiendo con el tiempo. Tal vez, a través de estos monumentos, el mundo antiguo intentaba comunicarse con nosotros, advertirnos, darnos algún consejo o guiarnos», sostiene John DeSalvo, autor de *Descifrando las pirámides*, donde recoge las últimas teorías y las leyendas antiguas sobre estas estructuras y los sorprendentes resultados de los últimos experimentos con maquetas de pirámides realizados en Estados Unidos.

Con una base de 53.075 metros cuadrados —cada una de las cuatro caras mide 230 metros— y una altura original de 147 metros —el equivalente a un edificio moderno de cuarenta plantas—, que en la actualidad se ha reducido en nueve metros, la Gran Pirámide se alza majestuosa al lado de otras dos estructuras en el conjunto monumental de la Necrópolis de Giza. Elevadas sobre una gran plataforma, las tres pirámides están colocadas por orden de tamaño y antigüedad siguiendo un eje que va del nordeste al sudoeste. Desde la época de los griegos, la más grande de las tres se conoce como la pirámide de Keops y es la única de las Siete Maravillas del Mundo Antiguo que ha llegado hasta nuestros días. Sin embargo, la falta de pruebas sobre la autoría de este monumento —no se han encontrado grandes inscripciones con el nombre del faraón que la levantó— ha alimentado la imaginación de los egiptólogos y las especulaciones sobre qué tipo de conocimientos tenían sus constructores e, incluso, de dónde procedía su saber.

Si hoy en día la Gran Pirámide ya es impresionante, no es nada comparada con el aspecto que tenía recién construida. «Originalmente estaba revestida de piedra caliza blanca pulida. Se calculó que, cuando el Sol iluminara la pirámide, su reflejo sería tan intenso que se podría ver desde la Luna como si fuera una estrella incrustada en la Tierra», explica John DeSalvo. Su pulimento era tan perfecto que se la denominaba «la luminosa». Mantuvo este aspecto hasta principios del siglo XIV, cuando a causa de un terremoto se desprendió parte del revestimiento. Más tarde, algunas de las piezas del revestimiento se emplearon para la construcción de varios edificios, como la Gran Mezquita de El Cairo.

Una de las preguntas que los egiptólogos todavía no han podido responder es cómo sin brújula y con unas herramientas modestas los antiguos egipcios fueron capaces de orientar las cuatro caras de la Gran Pirámide a los cuatro puntos cardinales con esa asombrosa precisión. Es más, su diseño y orientación hacia el norte genera en las paredes norte y sur un fenómeno de proyección de sombras durante los equinoccios, denominado efecto relámpago. La explicación de tal efecto la obtuvo el egiptólogo británico Flinders Petrie, pionero en la utilización de un método sistemático en el estudio arqueológico y el primero en realizar un análisis exhaustivo del monumento. Petrie observó en 1880 que la sección horizontal de la Gran Pirámide tiene forma octogonal, de estrella de cuatro puntas, debido a que cada una de las caras está compuesta por dos planos, que forman una ligera pendiente hacia el centro, muy difícil de apreciar a simple vista por la ausencia casi total del revestimiento original. Este diseño de ocho caras y su orientación hacen que, durante unos minutos, la mitad oeste de las caras norte y sur quede iluminada al amanecer por los rayos del Sol, mientras la mitad este permanece en sombras. En el ocaso ocurre lo contrario: se ilumina la mitad este de las caras norte y sur, mientras la mitad oeste queda en sombras.

Pero no es sólo el impresionante exterior de la pirámide lo que llama la atención. El oscuro interior también alberga sorpresas. Tras descender por un túnel bajo y angosto, el pasadizo cambia de dirección y comienza a ascender, hasta desembocar en una gran galería, de cuarenta y nueve metros de largo y casi ocho de alto, que da acceso a lo que se conoce como la Cámara del Rey; aunque allí no se halló ninguna momia, sí se encontró un sarcófago de granito. El egiptólogo Petrie observó que el sarcófago era más ancho que la puerta de acceso a la cámara, por lo que supuso que tuvieron que colocarlo en su lugar mientras se construía la pirámide. Aunque la momia nunca se ha encontrado, la mayoría de los especialistas piensan que la Gran Pirámide fue un monumento funerario en honor del faraón, cuyo cuerpo fue robado posteriormente. «Cualquier egiptólogo dirá que todas las pirámides no son otra cosa sino tumbas de reyes. Sin embargo no se conocen textos egipcios en los que se diga explícitamente para qué se construyeron», indica Lawrence M. Berman, conservador del Museo de Bellas Artes de Boston.

Al carecer de textos que especifiquen el propósito con el que se construyó la Gran Pirámide, se ha especulado mucho acerca de su origen y función, hasta el punto de que algunos creen que nunca sirvió como tumba, sino como templo iniciático y afirman que su arquitectura encierra un mensaje profético. Sabemos que se levantó en tiempos del faraón Keops, de la IV Dinastía, hacia 2500 a. C., quien ordenó su edificación al arquitecto Hemiunu. Veinticinco siglos antes de nuestra era, sin ruedas, poleas ni grúas, un grupo indeterminado de obreros —no menos de tres mil hombres, según dejó escrito el historiador Heródoto en *Libro II*, en el siglo v a. C.— movió y amontonó más de dos millones de bloques de granito y piedra caliza, piezas que pesaban de dos y media a sesenta toneladas. Sin hierro, practicaron agujeros en los que, al examinar las muescas, se observa que cada vuelta de torno profundizaba en el granito hasta doscientas veces más de lo que se lograría hoy con un taladro de punta de diamante... Lo cierto es que el aura de misterio que la envuelve se ha mantenido a lo largo del tiempo y cuanto más se avanza en las investigaciones se descubren nuevos secretos ocultos.

La relación entre las medidas y el devenir

Desde el siglo XIX, cuando unos exploradores occidentales quedaron sorprendidos ante la meticulosidad con que se había construido, se han multiplicado las teorías sobre cómo pudo llevarse a cabo esa gigantesca obra, no sólo por su tamaño, sino también por la extrema precisión con que se diseñó. «Los bloques parecen unidos con rayo láser. De hecho, entre ellos hay menos de medio milímetro de separación; apenas podría introducirse una hoja de papel en ese espacio», indica John DeSalvo. Las pirámides de la IV Dinastía, entre las que se encuentra la Gran Pirámide, alcanzaron un nivel de perfección que nunca volvería a ser igualado. Así, a mediados del siglo XIX, los exploradores británicos fueron los primeros en contemplar la posibilidad de que esta precisión arquitectónica ocultara un asombroso secreto, tal vez alguna relación con hechos futuros. Pensaron que las dimensiones de la Gran Pirámide podrían basarse en un código secreto cifrado en el lenguaje universal de las matemáticas. «El mundo estaba habitado por tantas tribus independientes, por tantos pueblos distintos que hablaban lenguas diferentes, que sólo había una forma de comunicar información, y era a través de las matemáticas y la astronomía», explica Max Toth, uno de los principales investigadores de las pirámides y sus energías, autor de *Las profecías de la Gran Pirámide*.

Tras realizar numerosos cálculos, obtuvieron datos que parecían apoyar su teoría. El editor inglés John Taylor demostró que el perímetro de la pirámide dividido por el doble de su altura equivale a 3,1416: el número pi (π). Es decir, que la altura de la pirámide ofrece la misma relación que el diámetro del círculo con la circunferencia. Esto significa que sus constructores tenían unos conocimientos matemáticos prodigiosos, pues se cree que el número pi fue descubierto en el siglo VI de nuestra era por el sabio hindú Aryabhata. Sin embargo, en el año 1800 a. C., según describe el papiro Rhind, el escriba egipcio Ahmes empleó un valor aproximado de pi.

Con las especulaciones de Taylor nació la *piramidología*, un término utilizado para referirse a varias teorías pseudocientíficas y alternativas respecto a las pirámides, y que recoge todo tipo de hipótesis que carecen de análisis empíricos y no aplican el método científico. Además, sus teorías influyeron en Charles Piazzi Smyth (1819-1900), el astrónomo real de Escocia, conocido por sus innovaciones en la astronomía y porque, gracias al empleo de la luz de magnesio, fue el primero en fotografiar los pasajes interiores de la Gran Pirámide. En sus estudios, tras realizar cálculos astronómicos y determinar la latitud y longitud exacta de la estructura, obtuvo más evidencias de que las medidas de la pirámide armonizan de manera misteriosa. «Cuando midieron la anchura de la Cámara del Rey y dividieron la cifra por la raíz cuadrada de pi, el resultado fue 365,24, que coincide con 365,25 días, la duración de nuestro año», cuenta Max Toth. Además, Piazzi Smyth comprobó que el perímetro de la Gran Pirámide era de 36.600 pulgadas, que, de nuevo, es múltiplo de 366, un número muy aproximado al número de días que tiene un año.

John Taylor y Piazzi Smyth llegaron a la conclusión de que los egipcios habían utilizado una unidad de medida casi idéntica a la pulgada inglesa actual (24,5 milímetros); la unidad de longitud de valor 1,001 pulgadas (o 2,542 centímetros) pasó a llamarse la pulgada piramidal. Llegaron a afirmar incluso que el sistema británico de medidas derivaba de un modo de medición mucho más antiguo, si no divino, teoría que ejerció un papel importante en los debates, a finales del siglo XIX y comienzos del XX, sobre si Gran Bretaña y Estados Unidos debían adoptar el sistema métrico.

Asimismo, basándose en la pulgada piramidal, pusieron de manifiesto numerosas coincidencias entre las medidas de las pirámides y la geometría de la Tierra y el Sistema Solar. Así, encontraron una relación numérica entre la altura de la pirámide en pulgadas y la distancia desde la Tierra al Sol, medida en millas. Smyth también avanzó la teoría de que la Gran Pirámide era un depósito de profecías, que podían revelarse con mediciones detalladas de la estructura; una teoría que más tarde integró en sus obras y revelaciones Charles Taze Russell, fundador del movimiento de los Estudiantes de la Biblia, más conocidos en la actualidad como Testigos de Jehová. Para Russell, la pirámide explicaba los períodos bíblicos de tiempo y era «un testigo de piedra».

Atendiendo a esta hipótesis, alrededor de 1870 se sumaron a ella nuevos investigadores que se dedicaron a estudiar minuciosamente la Gran Pirámide. Empeñados en revolver en sus entrañas de piedra y en desvelar sus bien guardados secretos, extrapolaron los datos y buscaron correlaciones adicionales entre sus dimensiones y el mundo natural. Así, se descubrió que la Cámara del Rey conectaba con otra cámara, la de la Reina, por dos estrechos conductos de los que no se sabe exactamente cuál era su función. Más tarde, en 1872, el arqueólogo Dixon halló en las paredes norte y sur de la Cámara de la Reina unas pequeñas aberturas rectangulares de las que parten unos pozos en sentido horizontal diferentes de los dos que parten de la Cámara del Rey, que llegan hasta fuera; sin embargo, los primeros no, por lo que sabemos. Una de las investigaciones todavía pendientes es tratar de encontrar el punto por donde saldrían al exterior. Algunos investigadores sospechaban que los pasajes interiores se corresponderían con determinados momentos históricos. «La pulgada piramidal fue un hallazgo esencial, porque nos proporciona una herramienta con la cual podemos medir cronológicamente los hechos importantes de nuestra historia, tanto del pasado como del futuro», dice Toth.

Los investigadores observaban la estructura y establecían dónde había un cambio en la mampostería, o dónde empezaba o acababa un corredor; de ese modo creían que deducirían un dato relevante relacionado con algún hecho concreto. Así surgió la teoría de que la Gran Pirámide en sí misma constituía una agenda profética. Y para poder traducirla se necesitaba un punto de inicio y un año específico unido a él. «Si bajamos unos doce metros, nos encontramos con dos «líneas de marcas». Son dos líneas grabadas en la roca pulida, a ambos lados de los pasadizos. De hecho, parece que indican un punto de partida», asegura John DeSalvo.

Continuaron interpretando las marcas secretas y los elementos significativos como si fuesen un esbozo de la sabiduría y los misterios antiguos. Así, tras observar el movimiento de las estrellas, esos primeros investigadores británicos determinaron que la luz de la estrella polar penetraba ocasionalmente en el interior de la pirámide. Calcularon que la última vez que ocurrió tal cosa fue en el año 2141 a. C., y que ése sería el punto de inicio del calendario. Moviéndose hacia delante en dicho calendario, podrían encontrarse signos relacionados con momentos históricos importantes, incluidos los futuros. «Si empezamos en las líneas de marca y nos movemos hacia arriba, hallamos el primer gran cambio en la mampostería allí donde se inicia el pasaje ascendente. En ese punto estaríamos en el año 1453 antes de Cristo. Se cree que ése fue el momento del éxodo de los israelitas de Egipto», sostiene John DeSalvo.

Max Toth asegura que, según la teoría de la pulgada piramidal, si se continúa subiendo hacia la cámara se llega a un cruce desde donde se entra en la Gran Galería, y ése fue el momento de la crucifixión de Jesucristo, que equivale al año 33 d. C., cuando se fecha la muerte de Jesús. Dicha teoría establece que la Gran Galería abarca casi dos milenios, y el punto en el que acaba, a la entrada de la Cámara del Rey, corresponde a 1914, el año en el que estalló la Primera Guerra Mundial. «Finalmente —prosigue Toth—, cuando se mide todo el recorrido hasta llegar a la Cámara del Rey, al final de ésta encontramos el 11 de septiembre de 2001.» Una fecha en la que los ataques a las Torres Gemelas y al Pentágono, con casi tres mil víctimas mortales, marcó un cambio en el curso de la historia y que, para millones de personas, supuso un fatal inicio de siglo.

Las teorías basadas en la numerología pretenden que las medidas de la Gran Pirámide son esotéricamente significativas. Los partidarios de que sus medidas geométricas contienen algunos mensajes codificados sostienen que los arquitectos de la pirámide no estaban construyendo un monumento funerario de un faraón, sino un calendario que indicaba el día del fin del mundo. Muchos afirman que los muros de estos pasadizos interiores se diseñaron con precisión matemática como un calendario profético que siniestramente acaba el 11 de septiembre de 2001. ¿Es posible que los antiguos egipcios llegaran a prever este desastre y codificaran el presagio en la Gran Pirámide? Para los escépticos, el hecho de que el calendario finalizara en el año 2001 invalida la profecía de la pulgada piramidal, ya que el mundo no acabó en ese día trágico. Pero aquellos que creen en esta teoría, entienden que lo sucedido aquel día dramático no fue más que el principio de una serie de hechos que culminarán en un desastre nuclear. En palabras del experto en profecías bíblicas Edward McKinney: «En el futuro, los historiadores mirarán al pasado y dirán: "Aquél fue el día en que empezó el Armagedón".».

Lo cierto es que este sistema de medición cronológica es bastante arbitrario y poco científico. Ya en 1880, el egiptólogo británico W. M. Flinders Petrie, realizó la más exhaustiva medición de la Gran Pirámide jamás hecha y descubrió que las medidas en las que Smyth se había basado eran erróneas, y que los egipcios nunca usaron la pulgada piramidal; ellos medían sus edificaciones en codos sagrados, no en pulgadas, que se inventaron en Inglaterra en la Edad Media. Además, muchas de las relaciones que encontró eran circunstanciales o con números tomados al azar, con lo que toda la teoría de Taylor y Smyth se desmoronó. También John DeSalvo la desecha por fantástica e inconsistente: «Si empiezas el recorrido en un punto arbitrario, decides también arbitrariamente que la fecha de inicio es el año 2141, y puedes desplazarte de diferentes maneras; así, dependiendo de la dirección que tomes, puedes dar con la fecha que elijas. Yo podría dar con la fecha de hoy en un pasadizo determinado, y podría demostrar que hoy es el fin del mundo», dice.

De Egipto a Washington pasando por la masonería

El supuesto calendario de la Gran Pirámide podría ser tan sólo una de las muchas vías con que los antiguos egipcios nos comunicaron sus predicciones, pero también un esbozo de la sabiduría y los misterios antiguos. Así, algunos mantienen que existe una hermandad secreta que ha recibido y protegido el conocimiento de la profecía a lo largo de los siglos, transmitiéndolo de generación en generación: los masones. «Han custodiado este conocimiento como si se tratara de un antiguo testamento. Esta determinación se remonta en la historia, es un proyecto altruista, de individuos que contribuyen a un fin y pasan el testigo de una generación a otra. Es un plan a largo plazo», afirma Christopher Knight, coautor de *La clave masónica: faraones, templarios y los manuscritos perdidos de Jesús*, obra que se centra en un personaje fundamental del saber masónico, el llamado Hiram Abif, quien, según se cuenta, fue asesinado hace casi tres mil años en el Templo del Rey Salomón. Knight escribió este libro junto a Robert Lomas tras descubrir que los más importantes conjuros de la masonería se pronuncian en egipcio antiguo y después de pasar seis años investigando las raíces perdidas de dicha sociedad, que hoy en día cuenta con casi cinco millones de miembros masculinos en logias regulares de todo el mundo.

Como Knight, algunos investigadores creen que una ancestral cadena vincula a los masones actuales con los constructores de la Gran Pirámide, una idea que ya en 1902 expuso el autor masónico Norman Frederick de Clifford en su libro *Egipto: la Cuna de la Masonería Antigua*. Algunos incluso llegan más lejos y afirman que fueron los masones de la Antigüedad, y no los egipcios, quienes encriptaron las profecías en sus muros, para después adjudicarse la misión de transmitir ese conocimiento profético hasta nuestros días. En cambio otros, como el maestro de la logia masónica californiana de Culver City-Foshay, C. R. Sanders, dicen que sostener que la masonería se extiende a los tiempos de los antiguos egipcios, y no al año 1717, cuando nació tal y como se conoce ahora, no son más que especulaciones que carecen de fundamento y no pasan de ser meras conjeturas.

Durante siglos, el secretismo y la naturaleza ocultista de esta organización y sus conexiones con el Nuevo Orden Mundial han alimentado miles de especulaciones sobre su posible influencia. Algunos aseguran que su cuartel general está ubicado en la ciudad más poderosa del mundo, Washington, y proclaman que los masones manipulan secretamente las decisiones que acaban afectando a todo el planeta. Hay incluso quienes consideran que con sus rituales planean, en realidad, conspiraciones. El escritor masón Manly P. Hall escribe en su libro *Lectures on Ancient Philosophy* (Notas sobre filosofía antigua) lo siguiente: «La masonería es una fraternidad dentro de una fraternidad; una organización externa que oculta una hermandad interna de los elegidos [...] Es necesario establecer la existencia de estas dos órdenes separadas pero independientes, una visible y la otra invisible. La sociedad visible es un compañerismo espléndido de hombres "libres y aceptados" que se reúnen para dedicar su tiempo a actividades éticas, educacionales, fraternales, patrióticas y humanitarias. La sociedad invisible es secreta y de majestuosa dignidad y grandiosidad, cuyos miembros se dedican al servicio de un misterioso *arcanus arcanorum* [secreto de los secretos o secreto máximo]».

En 1858, el escritor y abogado Albert Pike, quien se distinguió como activista francmasón comprometido y alcanzó el más alto grado del rito masónico en Estados Unidos, escribió en su libro *Dogma y Moral*: «La masonería, como todas las religiones, todos los misterios, el hermetismo y la alquimia, esconden sus secretos de todos, excepto de los adeptos y sabios, o de los elegidos, y usan falsas explicaciones y acomodadas interpretaciones de sus símbolos para engañar a aquellos que merecen ser engañados; para esconder la verdad [...] Entonces la masonería oculta celosamente sus secretos e intencionadamente pervierte a intérpretes engreídos».

Mientras, sus miembros insisten en que la masonería no es más que una fraternidad que defiende ciertos ideales dirigidos a promover la hermandad y la benevolencia universales, que particularmente hace hincapié en motivar altos estándares de moralidad entre sus miembros y que fue fundada por un gremio de canteros en la Edad Media. «Sus creadores pensaban que el hombre estaba perdiendo la conexión con Dios. La hermandad permitiría que cada miembro creciera dentro de ella y se convirtiera en mejor ser humano, desligándose del materialismo», dice Max Toth. Sus enigmáticos signos —un lenguaje particular, que utiliza expresiones que sólo los masones pueden comprender plenamente— son representativos de dicho gremio —fundamentalmente, basados en los instrumentos de la albañilería tradicional— y han llegado hasta nuestros días; han logrado infiltrarse en un sinfín de emblemas del mundo actual, como, por ejemplo, el billete de un dólar, que reproduce una pirámide con un ojo en su parte superior. Se trata de la llamada «Pirámide con el

Ojo que todo lo ve», uno de los símbolos más característicos de la masonería y que hace referencia al Ojo de Horus, un antiguo dios egipcio que representa al Sol, y que, en 1935, se introdujo en el billete de un dólar por aprobación del presidente estadounidense Franklin Delano Roosevelt, masón del grado 32 del Rito Escocés.

Muchos masones de hoy en día dicen que uno de los bastiones de la hermandad es el vínculo fraternal que les conecta con sus homólogos de la Antigüedad. Vinculando el presente con el pasado se enriquece el significado de su misión. Ellos aseguran que esta conexión no es literal, sino figurada, pero algunos expertos mantienen que dicha relación es un hecho histórico. «Los primeros masones viajaron a Egipto con el propósito de construir un gran altar para Dios. Allí hablaron a los egipcios de los planes divinos mientras construían la Gran Pirámide», afirma Edward McKinney, experto en profecías bíblicas. Aquellos que creen que esos masones de la Antigüedad eran profetas, también defienden que el código que oculta la Gran Pirámide puede ser una de las dos formas que los primeros masones idearon para transmitir sus predicciones. La otra sería la transmisión oral de todo el conocimiento de la Antigüedad, un legado que ha llegado hasta nuestros días. «No intentamos predecir el futuro —indica Sanders—, sólo pretendemos mantener una sabiduría universal que puede transmitirse de una generación a otra.»

Para el escritor Christopher Knight, la influencia de la masonería en Washington es la prueba de que la logia maneja una agenda secreta en Estados Unidos. «Yo mismo, como masón, he defendido que no existía una conspiración masónica cuando muchos me decían que en Estados Unidos se percibe esa influencia. Yo les respondía: "No, no la hay". Pero estaba equivocado. Se puede comprobar en Washington. Es tan evidente que cualquiera puede verlo por sí mismo, es un hecho notorio.» El profesor de astrología David Ovason en su libro *La arquitectura sagrada de Washington* fue uno de los primeros expertos en asegurar que incluso en el trazado de las calles y los monumentos de la capital estadounidense se detectan algunos símbolos masónicos, como el emblema de la hermandad, la escuadra y el compás.

En general es conocido que muchos de los treinta y nueve delegados que redactaron la Constitución de los Estados Unidos de América, los llamados Padres Fundadores de la nueva nación, eran masones. Pero Ovason va mucho más lejos y señala que cuando el primer presidente, George Washington, puso la piedra angular del edificio del Capitolio en 1793, llevaba un delantal masónico adornado con símbolos de la organización ocultos y una imagen del zodíaco. Aunque los libros y las guías turísticas indican que la ciudad federal fue diseñada por el ingeniero francés Pierre-Charles L'Enfant, Ovason sostiene que Washington, Jefferson, el general Andrew Ellicott y otros miembros masones del ejército americano modificaron los planos originales de L'Enfant. Como resultado, el simbolismo masónico aparece en el mármol, el cemento, los cristales y la pintura de las fachadas de edificios tan significativos como la Reserva Federal o la Biblioteca del Congreso. El libro de Ovason también señala, por ejemplo, que el triángulo que forman el Capitolio, la Casa Blanca y el monumento dedicado al presidente Washington reproduce un triángulo de estrellas de la constelación de Virgo, un signo astrológico muy importante para los masones. Esto, según él, demuestra que los masones, en secreto, consagraron la capital del nuevo país a Virgo, lo cual representa un importante vínculo entre la capital y el ocultismo.

Es más, en el corazón de la ciudad se alza la Casa del Templo, el templo del Rito Escocés de los masones en Washington, con sus esfinges egipcias a la entrada y coronado por una pirámide, en una calle que desemboca en la Casa Blanca. A menos de diez kilómetros, el monumento masónico a George Washington, en Alexandria (Virginia), es uno de los emblemas masónicos más importantes e impresionantes del área de Washington. Inspirado en el Faro de Alejandría de Egipto, en la entrada del edificio hay una enorme escuadra y un compás con una letra G en el centro, símbolo de esta sociedad, esculpidos en piedra. En el interior hay una estatua del primer presidente norteamericano, que era masón. También alberga un pequeño museo sobre la historia de la masonería en Estados Unidos.

Pero según algunos investigadores, este simbolismo masónico no sólo se da en la ciudad de Washington, sino que se extiende por todo el país. La escuadra, el compás y las pirámides están esculpidos en la piedra de la mayoría de los juzgados y otros edificios públicos —incluidas las iglesias—, de las ciudades más pequeñas a las más grandes a lo largo de todo Estados Unidos. Muchos aseguran que esto es tan sólo la punta del iceberg, una señal de que los masones quieren dejar marcas de advertencia de sus conocimientos relativos a nuestro inminente final. Es más, algunos expertos se centran en las numerosas relaciones que existen entre el simbolismo cristiano y algunos mensajes de Juan el Evangelista, autor de varios escritos del Nuevo Testamento y al que se le atribuye el Apocalipsis, y las logias masónicas. «En la francmasonería, los talleres de los tres primeros grados se llaman logias azules o logias de San Juan», indica Jean Palou en su libro *Simbolismo masónico.* Sin embargo, C. R. Sanders, no cree que exista un plan masónico y mucho menos un intento de advertir sobre el Juicio Final, y asegura que la mayoría de todos estos símbolos no son más que pura coincidencia.

La disposición de las constelaciones

Otras teorías afirman que la clave para descifrar las profecías egipcias del día del Juicio Final está en los propios jeroglíficos. En ellos hay vaticinios de una catástrofe provocada por un cuerpo celestial situado a 146 millones de kilómetros de la Tierra, y que será el responsable del cataclismo definitivo. La hecatombe provendrá del cielo. El estudio de algunos papiros desvela que los egipcios creían que la Luna, el Sol, las estrellas y los planetas dictaban el destino de la Tierra. «No observaban los cuerpos celestes para obtener conocimientos científicos, lo hacían para crear calendarios, para medir el tiempo y para orientarse en el desierto. Atribuían divinidad a esos cuerpos celestes, y, para ellos, eran las estrellas y la posición del Sol las que imponían y regulaban todo lo acontecido en la Tierra», explica el ingeniero anglo-egipcio Robert Bauval, autor de *El misterio de Orión*, y uno de los escritores más controvertidos del panorama de la egiptología, ya que la mayoría de los arqueólogos e historiadores ortodoxos consideran sus hipótesis una forma de pseudociencia.

En 1994, Bauval se dio cuenta de que las tres grandes pirámides de la meseta de Giza estaban distribuidas sobre el desierto de manera idéntica a como estaban las tres estrellas del «cinturón» de la constelación de Orión. «Si trazamos una línea en la diagonal de las dos pirámides mayores, lo extraño es que la tercera, la más pequeña, queda desplazada hacia la izquierda de esa línea. ¿Por qué la más pequeña queda fuera de la diagonal?», se pregunta Bauval. Mintaka, la estrella más pequeña y oriental del Cinturón de Orión, está ligeramente desviada de las demás. Estudiando los llamados *Textos de las pirámides*, descubrió, además, que para los antiguos egipcios Orión era el equivalente celestial del dios Osiris, y su «cinturón» era lo que los egipcios llamaban el Duat, una especie de «puerta» por la que el alma del faraón debía pasar para llegar al Amenti, al más allá. «Si las constelaciones representaban dioses egipcios y Orión era tan importante en su mitología, tendría sentido que utilizaran como modelo lo que veían en el cielo. Esta teoría nos proporciona una explicación acerca de la ubicación de las pirámides, erigidas de forma tan peculiar», dice John DeSalvo.

Es más, algunos investigadores creen que los jeroglíficos nos advierten de un suceso cíclico al que los egipcios sobrevivieron hace miles de años. Hablan de un fenómeno catastrófico provocado por el Sol que fue tan destructivo que apenas dejó supervivientes. Quienes creen en esta teoría aseguran que tal hecho se puede deducir por la forma en que los egipcios empleaban la astronomía y se situaban a sí mismos en el cosmos. Una constelación en particular estaba en su punto de mira: Orión. «La razón por la que los egipcios se sentían tan atraídos por esta constelación era porque, cuando se avista poco antes de la salida del Sol, anuncia la crecida del Nilo. Para ellos era tranquilizador saber que la crecida estaba en camino», indica Bauval.

El Antiguo Egipto dependía de la crecida del Nilo, pues la agricultura era el motor de toda la economía. Relacionaban al dios Osiris con Orión, y este dios controlaba todos los aspectos de la vida y la muerte. Según Bauval, eso hizo que los egipcios buscaran en la constelación revelaciones sobre el Apocalipsis. En la mitología egipcia, Orión era el destino de los faraones tras su muerte. Así, según la mayoría de los historiadores, las pirámides eran tumbas diseñadas para ayudar a los faraones en su viaje. «La mayor parte de los monumentos del Antiguo Egipto, casi todos tumbas y templos, están orientados hacia el Nilo, pero las pirámides no están orientadas hacia el río, sino que apuntan hacia el cielo. Así que muestran un camino, son la conexión entre la tierra y el cielo. Suponen una especie de medio de transporte para que el espíritu del faraón ascendiera al cielo», señala el conservador del Museo de Bellas Artes de Boston Lawrence M. Berman.

Pero hay quienes opinan que las pirámides apuntan hacia el cielo por una razón diferente. Mantienen que los egipcios pretendían dirigir la atención de las generaciones venideras hacia Orión, porque allí estaba la clave para entender la profecía del Apocalipsis. Para Bauval, las pirámides no se erigieron sólo para mostrar la puerta al más allá que los faraones situaban en Orión; en su opinión, además eran «instrumentos rituales» tras los que se esconde una poderosa magia alquímica y subliminal cuya influencia todavía se deja sentir en nuestros días. «Los hombres que diseñaron las pirámides fueron magos —dice Bauval—. Usaron la ciencia como herramienta, no como guía. Para resolver nuestras dudas hay que recurrir a la forma en que los egipcios veían la vida: ellos pensaban con el corazón y sentían con el cerebro. Nosotros lo hacemos justo al revés.»

«El Libro de los Muertos»

La importancia de Orión en la profecía egipcia sobre el Juicio Final se deduce de un grupo de papiros conocido como *Peri Em Heru* o *El Libro de los Muertos*, un conjunto de sortilegios en jeroglífico hierático que los egipcios llamaban «Fórmulas para salir al día» y que se empleaban para facilitar la transición a la otra vida y el renacimiento espiritual en el más allá. Considerados el conjunto más antiguo de escritos religiosos de la historia de la civilización, el título de *El Libro de los Muertos* se debe al alemán Richard Lepsius, quien en 1842 publicó el gran *Papiro de Turín* bajo el título de *Das Totenbuch*; así es como desde entonces lo denominan los egiptólogos. El número total de los capítulos de este peculiar libro hasta ahora conocidos es de ciento noventa, aunque no existe un solo papiro que los contenga todos; en ellos se demuestra que los egipcios creían en un «Juicio Final». El capítulo 17 de *El Libro de los Muertos* parece describir una catástrofe global que sucedió miles de años antes de que existiera Egipto: «La consternación tras el horror provocado por la catástrofe hace imposible que la aterrorizada población escape».

Algunos investigadores deducen que el desastre ocurrió cuando Venus hizo un giro determinado alrededor de Orión, cosa que sucedió por última vez en el año 9782 a. C. «En el capítulo 17 se describe un código, y éste establece que si ese giro de Venus sobre Orión vuelve a producirse, en ese mismo año se producirá el siguiente cataclismo», sostiene Patrick Geryl, autor de *La profecía de Orión*, donde relaciona las profecías egipcias con la maya, que afirma que el fin del mundo tendrá lugar en el año 2012. Según los mayas, hacia el 21 o 22 de diciembre de 2012, la actividad magnética del Sol variará drásticamente, lo que probablemente tendrá consecuencias funestas en la rotación de los Polos de la Tierra y acontecimientos fatales para la humanidad. Una frase de *El Libro de los Muertos* podría aludir a ello: «Tras la destrucción, el viejo león dio media vuelta». Algunos investigadores interpretan que el viejo león que se gira es la Tierra, que experimentaría un giro en su rotación tras el cataclismo. Esa inversión podría provocarla un fenómeno llamado «cambio polar», que puede producirse cuando la corriente de magma fundido del núcleo terrestre cambie de dirección; se especula con que esto desencadenaría un súbito desplazamiento de la corteza de la Tierra. «Esto sucederá cuando la corteza terrestre gire sobre el magma. Ahí será cuando habrá que abrocharse los cinturones ante el cataclismo», advierte Greg Jenner, autor de *Planet X and the Kolbrin Bible connection*, donde también detalla las correlaciones entre una amenaza solar que tendrá lugar en 2012 y las profecías de los mayas.

Algunos científicos creen que un cambio polar de la Tierra podría producirse por variaciones drásticas en los picos de energía del Sol, en forma de grandes tormentas y erupciones solares. «Sabemos que hay un ciclo solar que dura once años, y que llegaremos al cenit de ese ciclo solar en el año 2012», explica el astrofísico de la NASA David Sibeck. Según una serie de estudios, ese máximo solar será mucho más poderoso que cualquier otro que se haya registrado hasta ahora. Por el contrario, otros muchos científicos opinan que los efectos de la actividad solar en el año 2012 no llegarán a ser catastróficos. En opinión del astrónomo Hugh Ross, «en el peor de los casos tendremos problemas con nuestros satélites. Hay muchos más satélites en el espacio de los que había en el último máximo solar, y además son bastante más sensibles a la radiación». Greg Jenner no es de esta opinión. «El desastre natural que nos golpeará excederá la comprensión de todos. No hay un solo gobierno que tome medidas para tratar de sobrevivir a la catástrofe y nadie lo creerá hasta que sea demasiado tarde», dice Jenner, quien afirma que sólo sobrevivirán los que hayan preparado y diseñado su propia estrategia de supervivencia.

Sin embargo, la mayoría de los científicos creen que las probabilidades de un cambio polar son muy escasas. Los cambios polares pudieron «mover la Tierra» en el pasado, pero el último de ellos tuvo lugar hace diez millones de años. Por lo tanto, no se ha producido ninguno durante el tiempo que comprende la memoria humana, y los antiguos egipcios no pudieron registrarlo. «Si hubiera pasado algo así —señala Ross—, lo habríamos deducido tras las perforaciones en el hielo y tras las perforaciones de sedimento que hemos realizado en la costa de Nueva Zelanda y en otras partes del mundo, pero no hemos visto nada que lo indique.»

Los investigadores también dudan de las revelaciones egipcias en las que se fundamenta la teoría del cambio polar, «porque las profecías no son lo suficientemente específicas, es sólo cuestión de interpretación», indica John DeSalvo. Aun así, podría ser posible que los antiguos egipcios tuvieran conocimiento de alguna catástrofe acontecida siglos antes de su era, y hubieran deducido que podría suceder algo similar en el futuro. «Incluso quizá fueran testigos de ciertos sucesos, como la caída de un meteorito o algún cataclismo, y puede que el temor les incitara a advertir a las generaciones venideras», afirma Robert Bauval, para quien estudiar las pirámides y los jeroglíficos podría ser la llave para abrir ciertas puertas.

¿Existe el destructivo Planeta X?

La profecía de Orión prevé que el fin del mundo llegará por una fuerza del espacio exterior, una entidad llamada «el Destructor», del que hay pocos detalles específicos pero del que el profeta Jeremías ya habla en el Antiguo Testamento. Los defensores de esta teoría creen que hace cuatro mil quinientos años los egipcios previeron que el fin del mundo llegaría en nuestra época. Las fuentes de las que se ha extraído esa profecía son muy diversas y de diferente precisión. Sin embargo, muchos sostienen que la *Biblia Kolbrin* es la más fiable de todas. «Es un libro de tres mil seiscientos años de antigüedad. La primera parte se escribió aproximadamente en la misma época que el Antiguo Testamento, y nos introduce en la mente de los egipcios que construyeron las pirámides», explica el escritor Marshal Masters.

La *Biblia Kolbrin* se compone de once libros, los seis primeros los escribieron los antiguos egipcios y los restantes, unos sacerdotes celtas. Se supone que la parte más antigua se narró tras el Éxodo, que algunos sitúan en el siglo XV a. C. El Éxodo es un hecho fundamental en la historia de los hebreos. Moisés se enfrentó al faraón y acabó liberando a los judíos de su esclavitud. Según la *Biblia Kolbrin*, este suceso desmoralizó a los egipcios. «Sus dioses les habían fallado —cuenta Masters—. Los hebreos les habían dado una lección, y se plantearon comprender a los demás pueblos, así que intentaron recopilar la sabiduría de todos los que habitaban en su territorio. De eso trata la primera parte del *Kolbrin*».

Se cree que la *Biblia Kolbrin* se descubrió en Inglaterra en el siglo XII d. C., que se salvó del incendio del monasterio de Glastonbury y que un grupo llamado los Culdianos la guardó hasta nuestros días; pero al no haberse hallado manuscritos originales, algunos dudan de su autenticidad. Sus devotos dicen que muchas de sus páginas describen los terribles eventos venideros y advierte de un desastre proveniente de los cielos, quizá una catástrofe provocada por un cambio polar que ocasionaría que desapareciese el noventa por ciento de la vida en la Tierra. Pero según el *Kolbrin*, la fuerza exterior que provocará tal suceso no será el Sol. La profecía menciona un misterioso cuerpo celeste llamado «el Destructor», que los autores celtas llaman *Frightener*. El texto dice que no colisionará con la Tierra, sino que pasará lo suficientemente cerca como para provocar su destrucción. Según Greg Jenner, el Destructor tiene su propio campo magnético, positivo y negativo, como la Tierra, «así que no es necesario que colisionen; basta con que pase muy cerca de ella, lo cual puede provocar un empuje ascendente o descendente».

El *Kolbrin* dice también que el Destructor ya ha pasado cerca de la Tierra en varias ocasiones. Según el texto, la última vez fue hace tres mil seiscientos años y asoló Egipto: «Su color era brillante y parecía encendido, cambiante e inestable, y todos los que lo vieron atestiguan que era la visión más horrible que se puede imaginar. No era sólo un gran cometa ni una estrella vagabunda, sino más bien un feroz cuerpo de fuego». Tras describir masivos levantamientos del terreno y avalanchas de rocas y agua provocados por el Destructor, en el capítulo 3, parte 1 del Gran Pergamino, el primer párrafo dice: «Los hombres se olvidan de los días del Destructor. Sólo unos pocos conocen adónde fue y saben que retornará a la hora señalada».

Greg Jenner cree que el Destructor es un planeta desconocido, al que llama Planeta X, de nuestro Sistema Solar, con una larga trayectoria elíptica y que pasa cerca de la Tierra cada tres mil seiscientos años. Para él, la *Biblia Kolbrin* es una especie de Piedra de Roseta del Planeta X, ya que describe claramente la destrucción de la Atlántida, el diluvio de Noé y el Éxodo. Así, según los autores egipcios y celtas de antigua sabiduría secular, estos cataclismos se debieron a las órbitas anteriores del Planeta X. Para Jenner, la próxima aparición del Destructor es inminente. Pero los científicos rechazan esta posibilidad. «Los astrónomos han hecho suficientes estudios de la mecánica celeste para concluir que no ha ocurrido nada parecido desde que existe el hombre», indica el científico Hugh Ross.

Este cuerpo celeste ha suscitado muchas conjeturas en las últimas décadas después de que, en 1983, se hiciera un curioso hallazgo. «Dos astrónomos hicieron público el descubrimiento de una fuente infrarroja en el espacio. Entonces muchos especularon, no tanto los astrónomos, con la posibilidad de que fuera el Planeta X, o «décimo planeta»», cuenta Ross. Según Marshal Masters, ese objeto es unas cuatro veces mayor que la Tierra, incluso podría ser más grande que Júpiter.

Quienes creen que el Planeta X existe, y que se dirige hacia nosotros, dicen que ciertos cambios astronómicos que se han producido recientemente se deben a él. «Según los datos de la sonda de la NASA, el Sol es más activo en su hemisferio sur que en su hemisferio norte. La magnetosfera de la Tierra se ha ido debilitando y cambiando; de hecho, ahora apunta hacia el sur. Y hay otras cosas que indican que está produciéndose algún tipo de perturbación», indica Masters. Es más, los climas inusuales, las enormes tormentas, el aumento del volcanismo y de la actividad sísmica de los últimos años, dicen, están provocados por la conexión plasmática electromagnética «anormal» entre los planetas.

Si el Planeta X existe y es el objeto amenazante citado en el *Kolbrin*, ¿cuándo se producirá su fatal encuentro con la Tierra? Según estos textos: «Pasarán ciento diez generaciones de Occidente y las naciones tendrán su auge y su caída. Los hombres surcarán los cielos como pájaros y los pájaros volarán y nadarán en el agua como peces». Jenner no tiene ninguna duda: «Con seguridad se refiere a nuestro tiempo, habla de los aviones y los submarinos. Una generación puede durar entre cuarenta y cincuenta años de media, así que si multiplicas eso por ciento diez nos situaríamos a unos tres mil seiscientos años en perspectiva, partiendo de nuestra época».

El ruso Zecharia Sitchin, una de las principales figuras de la llamada arqueología alternativa, en su libro *El duodécimo planeta*, también se refiere a la existencia de otro planeta más en nuestro Sistema Solar, que estaría formado por doce miembros, contando el Sol, la Luna y diez planetas, y no los nueve que conocemos. Es más, afirma que la gente de ese planeta vino a la Tierra hace casi medio millón de años y que muchas cosas sobre ellos han quedado recogidas en la Biblia, en el libro del Génesis y en la *Epopeya de Gilgamesh*. Sitchin es uno de los principales estudiosos en el campo de las lenguas antiguas —es una de las pocas personas en el mundo capaz de leer sumerio— y ofrece su visión de los orígenes extraterrestres del *homo sapiens* en la Tierra. Se basa en los documentos antiguos en los que se dice que la civilización tuvo su origen en Mesopotamia, pero nadie puede explicar que desde su inicio fuese muy desarrollada, que floreciera prácticamente de la nada y creara unas obras increíbles, que incluso actualmente no somos capaces de llevar a cabo, como las pirámides. Además, asegura que el retorno de Nibiru, a menudo mencionado como Planeta X, está próximo.

Sin embargo, los astrónomos descartan categóricamente que haya un Planeta X en las proximidades del Sistema Solar. «Tenemos muchos datos astronómicos que demostrarían fácilmente la existencia de dicho planeta. Contamos con datos suficientes sobre los movimientos de los cuerpos celestes en nuestro Sistema Solar para descartar esa posibilidad», afirma Hugh Ross. Y aun así, a pesar de los datos científicos que lo contradicen, los que creen en el *Kolbrin* y en el Planeta X persisten en que una catástrofe proveniente del espacio amenaza a la humanidad en un futuro próximo.

Oculto dentro de la Gran Pirámide

Tanto si el Apocalipsis es debido al hombre o a la naturaleza, los defensores de esta teoría creen que la profecía de los antiguos egipcios se está cumpliendo y que ha comenzado la cuenta atrás para el Juicio Final. Pero existe un elemento inesperado que, según John DeSalvo, podría guardar la Gran Pirámide o encontrarse cerca de ella y que aún no se ha descubierto. «Podrían dar un sentido nuevo a nuestra existencia, a nuestro origen y a nuestro futuro. Quizá los pocos que sobrevivan al Apocalipsis que augura la profecía puedan beneficiarse de esos tesoros tan bien custodiados.»

Las conjeturas acerca de dichos secretos hablan de unos archivos sobre historia antigua que demostrarían la existencia de una civilización más avanzada anterior a los egipcios, a la cual se debería la construcción de la Gran Pirámide. Estos textos estarían ocultos en una sala secreta de archivos, que quizá habría que empezar a buscar por los estrechos e interminables conductos que parten de las cámaras interiores de la Gran Pirámide, la única que tiene esos conductos, y permitirían descubrir la verdadera finalidad para la que se construyeron las pirámides.

Y es que desde el califa al-Mammun, en el siglo IX, se habla recurrentemente de cámaras secretas, pasillos, pozos y espacios escondidos dentro de la pirámide. En 1987, los estudiosos de la Universidad de Waseda (Japón) realizaron investigaciones con un escáner electromagnético que indicó la presencia de corredores y cámaras aún no descubiertas. En marzo de 1993, Rudolf Gantenbrink, ingeniero y especialista en robots y análisis por ordenador, bajo los auspicios del Instituto Arqueológico Alemán de El Cairo y con la cooperación de la Organización para las Antigüedades Egipcias, logró penetrar por primera vez con su robot *Upuaut*, especialmente diseñado para tal fin, guiado por control remoto y equipado con luces y una cámara de vídeo. El artilugio recorrió esos angostos pasadizos de veinte por veinte centímetros, hasta que llegó a puntos muertos o a portezuelas impenetrables. «No sabemos qué hay tras ellas. Así que, en mi opinión, aún hay posibilidad de descubrir una cámara secreta en Giza», sentencia Robert Bauval.

Los egiptólogos y los piramidólogos coinciden en una cosa: todavía queda bastante por descubrir en el interior de la Gran Pirámide. «En 1954 se descubrió entero, desmontado, en una trinchera al pie de la cara sur, uno de los barcos solares del faraón. Y en 1987, otro, que aún no se ha extraído. En 1925 se halló, intacta, la tumba de la reina Hetepheres, la madre de Keops, a doce metros de la pirámide», recuerda el egiptólogo estadounidense Mark Lehner, uno de los mayores expertos mundiales en pirámides junto a Nicholas Reeves o Kent Weeks, y autor de *Todo sobre las pirámides,* una obra de referencia sobre las pirámides de Egipto.

Mark Lehner y su colega egipcio Zahi Hawass, secretario general del Consejo Superior de Antigüedades de Egipto y una de las principales autoridades mundiales —y la más mediática— en egiptología, también exploraron ayudados por un robot uno de los canales en el interior de la Gran Pirámide de Keops. La investigación, cuyo momento culminante (superar una portezuela en el conducto) se retransmitió en directo por televisión, acabó con un nuevo enigma, pues reveló la existencia de lo que parece otra puerta con sendos pomos de cobre desgastados por el transcurso de los siglos y que parecía impedir el paso a una cámara secreta. «Todo es muy extraño. Nos sorprende el enorme cuidado con el que se realizaron esas piezas de piedra caliza que bloquean el paso, muy pulidas, muy bien hechas. Todo está construido muy cuidadosamente», declaraba Lehner, en el año 2002, al diario *El País* durante una visita del egiptólogo a Madrid. «Lo que está claro —añadía— es que hay algo ahí. Si se tomaron tanto cuidado es por algo. Todo esto de la exploración, lo que ha hecho es que sintamos más curiosidad y más ganas de seguir investigando. Vamos a seguir, y saldrá más información, toda una historia de por qué y para qué se hicieron esos conductos, lo que contribuirá a darnos datos fundamentales sobre la Gran Pirámide.»

De confirmarse las sospechas, y dado que sesenta metros de una galería minúscula separan esa cámara de la Cámara de la Reina, podría tratarse del único recinto que permanece intacto en la pirámide. Pero ¿qué podría guardar en su interior? «Sabemos que fue la tumba de un dios, de un faraón, pero no qué significaba. La Gran Pirámide es única en su sistema de cámaras. La única en que la cámara funeraria está tan alta. ¿Por qué? ¿Y por qué tres cámaras? La mayoría no creemos que fuera porque el faraón cambiara de opinión. Los conductos pueden llevar a una nueva cámara. Pueden haber puesto muchas cosas ahí», explica Lehner. Sin embargo, este experto no cree que en la Gran Pirámide se oculten secretos esotéricos ni que sean ciertas las teorías que apuntan a que las pirámides no las construyeron los egipcios.

Según se ha recogido en textos antiguos, en el trigésimo año de su reinado, el faraón Keops antes de abandonar el mundo de los vivos para ascender al cielo y reunirse con sus compañeros, los dioses, escribió un libro sagrado para dejarlo como legado a sus descendientes. Nadie conoce el contenido del libro de Keops, por el cual sería recordado por las generaciones posteriores, pero hay investigadores que afirman que tal vez ahí dejó reflejado el saber que había acumulado en su vida, o quizá la ciencia que había adquirido durante la construcción de su pirámide o los rituales religiosos. Jamás se han encontrado copias de este libro; pero se dice que, de existir, estaría en el interior de su pirámide.

Para otros egiptólogos, la clave podría ser el hallazgo de uno de los tesoros más buscados a lo largo de la historia, el vértice o cúspide de la Gran Pirámide. Todavía nadie ha podido explicar qué significaba colocar una estructura cónica de dos toneladas sobre la cima de la Gran Pirámide de Giza. «Sabemos que las pirámides se coronaban con piezas así en la Antigüedad, y los egiptólogos han estudiado acerca de ello. De hecho, para algunos, las pirámides eran meros pódiums para esas piezas, que recogían el alma del faraón y la llevaban simbólicamente al más allá», explica Robert Bauval. Por los relieves hallados en otras pirámides, se sabe que la instalación del remate —designado también como piramidión— era un acontecimiento de suma importancia, motivo de celebración gozosa para todo Egipto.

Lo curioso es que la Gran Pirámide no acaba en punta, como debería, sino que es plana, como si estuviera inacabada. «La cúspide era la parte más importante de la pirámide. Puede que la robaran, se desprendiera o fuera destruida. Pero creo que finalmente se descubrirá y que entonces se activará la maquinaria más increíble que el hombre haya visto jamás», advierte John DeSalvo.

El remate de la Gran Pirámide se habría tallado a partir de un bloque de piedra especial, obtenida en los desiertos egipcios, que luego se habría revestido de oro en el taller real, de modo que refulgiera con la luz del Sol. Según Robert Bauval, los orígenes de esa piedra-vehículo están relacionados con el Ben-Ben, una reliquia secreta que se conservaba en la ciudad de Heliópolis, y que los textos insinúan era de origen extraterrestre. «Algunos dibujos la muestran como una pirámide o cono y la vinculan al mito del Fénix. Es el símbolo del nacimiento de la humanidad, de la creación, y creemos, por su descripción, que podría tratarse de un meteorito. Servía para un complejo culto estelar. El piramidión que coronaba las pirámides ayudaba a conectar al faraón con la materia de las estrellas y a convertirse él mismo en una de ellas.» Sin duda es una cuestión de fe, pero algunos piramidólogos creen que devolviendo la cúspide de la Gran Pirámide, ésta liberará una energía extraordinaria, lo bastante potente como para impedir la aniquilación de la humanidad.

Los secretos que esconde la Esfinge

Muchos aseguran que los antiguos egipcios hicieron algo más que predecir nuestro inminente final: insinúan que incluso conocían los medios para evitarlo; este preciado secreto lo guarda la silenciosa compañera de la Gran Pirámide, la Esfinge. Así, creen que los textos secretos están enterrados bajo la hierática guardiana de la pirámide. El primero en hablar de ello, hacia la década de los años treinta, fue el famoso vidente estadounidense Edgar Cayce, quien, cuando entraba en trance, era capaz de hacer «lecturas» y predicciones de lo más variado que aportaban información sobre el mundo antiguo. En una de sus extravagantes teorías aseguraba que bajo una de las garras de la Esfinge existía una Sala de los Registros, un compendio de sabiduría universal, legado de los habitantes de la Atlántida.

Las autoridades egipcias permiten explorar el monumento siempre que se utilicen métodos no destructivos. En 1996 se emplearon sismógrafos y radares. El sismólogo Thomas Dobecki descubrió una gran anomalía de forma rectangular bajo su pata izquierda tras realizar pruebas acústicas alrededor de la Esfinge. Sus dimensiones y su forma rectangular descartaban que fuese una cavidad natural, ya que «parecía estar hecha por el hombre», en palabras del propio Dobecki. «Se descubrió una cavidad del tamaño de un armario, pero nadie ha bajado a investigar. Espero que las autoridades egipcias nos concedan permiso, al menos a algunos investigadores, para que podamos introducirnos allí y comprobar si hay algo», dice John DeSalvo. En febrero de 1997, Boris Said descubrió un nuevo túnel detrás de la Esfinge. De nuevo, el gobierno egipcio denegó los permisos para excavar.

De momento, los egiptólogos aún deben evaluar todas las leyendas que cuentan que en el subsuelo de la meseta de Giza existe un entramado de galerías con los tesoros materiales y psíquicos de antiguas civilizaciones ocultos en una cámara subterránea. Lo cierto es que la sospecha de que bajo la Esfinge se encuentra algún tipo de túnel que pueda vincularla con la Gran Pirámide o con una supuesta biblioteca milenaria es tan antigua como el propio monumento. Ya en el siglo x d. C., los cronistas árabes mencionaban la existencia de puertas secretas que daban acceso a interminables galerías que a su vez llevaban a grandes cámaras llenas de tesoros. En una conferencia pública, John Kinnaman (1877-1961), arqueólogo bíblico de renombrada fama durante la primera mitad del siglo xx, afirmó que, cuando fue a excavar a la meseta de Giza en 1924, junto con el egiptólogo Flinders Petrie, ambos descubrieron de forma casual un túnel al sur de la Gran Pirámide. También mencionó la existencia de miles de prismas de cristal cuya función ignoraba, y una máquina antigravedad. El arqueólogo no recordaba la ubicación exacta de este túnel tan singular, por lo que nadie ha vuelto a encontrarlo.

Otros creen que la cámara secreta está en algún lugar cerca de las ruinas del enorme complejo palaciego conocido como «el laberinto». El historiador griego Heródoto lo situó «no lejos de la margen meridional del lago Moeris, en las cercanías de un lugar llamado Crocodilópolis». Según dejó escrito, caminó por dicho laberinto en el siglo v a. C. y al parecer quedó impresionado por esta maravilla arquitectónica que era ya muy antigua por aquel entonces: «Si todas las obras de los griegos pudieran unirse en una sola —escribió—, no podrían igualar este laberinto. Del mismo modo que las pirámides superan su descripción, el laberinto supera a las pirámides». Según su descripción, tenía una docena de jardines interiores, construidos de tal modo que sus portales quedaban enfrentados. «Una pared exterior sin aberturas rodea todo el complejo. El edificio mismo consta de dos pisos y tres mil habitaciones, de las cuales la mitad están en el subsuelo y las restantes mil quinientas, en la planta baja», narró Heródoto.

Según *El Libro de los Muertos*, contiene el «Círculo de Oro», una legendaria habitación construida en granito y recubierta de oro donde se guardaba todo el legado tecnológico que dejó una civilización perdida, mucho más antigua que el mismo Egipto. El conocimiento astronómico de los egipcios estaría escrito en grandes paredes repletas de jeroglíficos; todas las constelaciones estelares figurarían en un gigantesco zodíaco. Según parece, muchas paredes podían moverse y esto convertía la edificación en un laberinto real. Los textos antiguos hablan sobre personas que se perdieron y murieron; también describen habitaciones secretas llenas de utensilios y documentos de una civilización que floreció a escala mundial hace miles de años, mucho antes de los antiguos egipcios.

Aunque las excavaciones arqueológicas realizadas en el siglo XIX establecieron la localización del laberinto, no ha quedado ni un solo resto de él. Según Patrick Geryl, si alguna vez se encuentra «en el laberinto, hallaremos cosas inesperadas; la prueba de que un cambio polar destruyó a una civilización superior». Es más, hay quienes sostienen que el descubrimiento de tan relevantes secretos puede ayudarnos a prevenir el cataclismo.

A simple vista, el Antiguo Egipto parece desconectado del siglo XXI. Miles de años nos separan, pero el futuro dirá si aquella civilización extinguida salió a nuestro encuentro mucho antes de nuestra era para advertirnos de la posible llegada del Juicio Final. «El hombre teme al tiempo, pero el tiempo teme a las pirámides», reza el viejo proverbio árabe. Mientras, entre tantas especulaciones, hipótesis y teorías, las pirámides se erigen para muchos como un siniestro recordatorio de la profecía que supuestamente hicieron sus constructores.

3

El *Manuscrito de la Guerra*

En 1947, en el desierto de Judea, en una colina que se alza cerca del Mar Muerto, dos beduinos encontraron siete rollos de manuscritos de más de dos mil años de antigüedad. Entre ellos se hallaba el llamado Manuscrito de la Guerra, *la única versión de primera mano legada por un grupo de judíos místicos que decían saber cómo sería la última gran guerra. Algunos investigadores creen que nuestro destino final está escrito en él.*

Primeros hallazgos en Qumrán

A principios del año 1947, dos beduinos de la tribu Ta'amireh llamados Jum'a y su primo Muhammad ed-Dhib encontraron, entre otros hallazgos, siete rollos de manuscritos antiguos realizados en piel de animal. Se hallaban escondidos en una gruta situada en el área de Qumrán, en lo que entonces era Palestina y ahora es Israel, aproximadamente a un kilómetro sobre las alturas que bordean la orilla norte del Mar Muerto, a veinte kilómetros al este de Jerusalén. Entre los documentos se hallaban los textos más antiguos de que se dispone en lengua hebrea del Tanaj (o Biblia hebrea). Fue uno de los mayores hallazgos arqueológicos del siglo XX. Los rollos se trocearon y vendieron a un anticuario árabe en el mercado local. En 1949, al terminar la guerra entre árabes y judíos, ya instaurado el Estado de Israel, la Escuela Arqueológica Bíblica Francesa de Jerusalén y el Servicio Arqueológico Jordano, con la colaboración del Museo Arqueológico de Palestina —ligado a la Fundación Rockefeller—, empezaron a explorar la zona y a excavar el área, trabajos que durarían casi una década. A partir de ese descubrimiento, traficantes, «buscatesoros», arqueólogos y científicos se movilizaron en un intento de hallar más documentos.

En 1956 ya se habían explorado once grutas en torno a las ruinas próximas a Khirbet Feshkra y Khirbet Qumrán. En total se encontraron casi novecientos documentos escritos sobre piel de animal y papiro, de distintas épocas y todos ellos sellados en vasijas de barro, fragmentos de los libros bíblicos, con excepción del de Esther, así como muchos otros pergaminos, cartas y papeles de carácter jurídico-administrativo. Estos documentos revolucionaron el mundo arqueológico y supusieron para el equipo de traductores una tarea gigantesca que hoy en día aún no ha terminado, ya que además de estar escritos en hebreo, arameo y griego, en algunos de los textos se utilizó un extraño lenguaje a base de símbolos para que sólo sus autores pudieran entenderlos.

Los descubrimientos permitieron identificar el centro religioso de la comunidad de Qumrán. Los rollos componen una colección de manuscritos que tardaron unos doscientos años en redactarse. Su importancia radica en que suponen una aproximación a las fuentes originales de la Biblia hebrea (el Tanaj) o Antiguo Testamento. «Cuando estudiamos, por ejemplo, los orígenes del cristianismo, disponemos de traducciones de los Evangelios, con textos manipulados. No contamos con una versión original de la historia, sino con una interpretación. En cambio, los *Manuscritos del Mar Muerto* proceden directamente de la fuente creadora, de quienes los escribieron. Por ello nos ofrecen un vínculo directo con sus creencias y, en cierto modo, con su historia», explica Michael Baigent, autor de *Racing Toward Armageddon* y coautor de *El enigma sagrado*.

Escritos quizá entre el año 170 a. C. y 68 d. C., los siete rollos originales encontrados en la que se ha llamado «cueva 1» se conservan en un edificio construido *ad hoc* con forma de vasija, llamado Santuario del Libro, en el Museo de Israel, en Jerusalén, donde se exponen en la actualidad. Comprenden la copia de la profecía de Isaías completa, que es el texto más antiguo que hasta hoy se ha descubierto del Antiguo Testamento; otro fragmento de Isaías; un comentario de los dos primeros capítulos del libro del profeta hebreo Habacuc —que remite al surgimiento de los caldeos como pueblo prominente, lo cual se relaciona con la caída de Nínive y el fin del poder de Asiria, ocurrido antes de la primera invasión babilónica a Judea—, donde el autor explica el libro alegóricamente en términos de la hermandad Qumrán; el *Manual de la Disciplina*, también denominado *Norma de la Comunidad*, la fuente más importante de información acerca de la secta religiosa en Qumrán, donde se describen los requisitos para aquellos que deseen ingresar en la hermandad; los *Himnos de Acción de*

Gracias, que son una colección de salmos devocionales de acción de gracias y alabanza a Dios; el *Libro de Génesis* apócrifo y parafraseado en arameo, y el *Manuscrito de la Guerra*, que trata de la lucha entre los «Hijos de la Luz» y los «Hijos de las Tinieblas» que tendrá lugar en los «últimos días».

En las últimas décadas se ha desarrollado un debate sobre la identificación de dicha comunidad de Qumrán. Se cree que estos rollos son el legado de los esenios, una secta judía asentada cerca de Qumrán y de los que existe poca información histórica clara y ninguna referencia ni en el Antiguo ni en el Nuevo Testamento; la principal fuente es el historiador judío romanizado Flavio Josefo. «Vivieron en la época en que se estaban formando tanto el judaísmo rabínico como la comunidad que rodeaba a Jesús, la cual acabó fundando la Iglesia cristiana. En ese aspecto, es un hallazgo extraordinario. Tenemos textos manuscritos auténticos de una comunidad que vivió en aquel tiempo», indica Azzan Yadin, especialista en estudios judíos de la Universidad de Rutgers, en New Jersey, Estados Unidos.

El separatismo religioso entre los judíos

Establecidos en el desierto de Judea, los esenios eran un grupo judío separatista que practicaba el ascetismo en mayor o menor grado. Se constituían en colonias independientes y evitaban mezclarse con el resto de la sociedad, para mantener su pureza religiosa. «Hacían esto porque despreciaban la moralidad que imperaba en su época, creían que la humanidad se había apartado de los preceptos de Dios», cuenta el profesor de Estudios Judaicos de la Universidad Bar Ilan, Brian Schultz, autor de *Conquering the World*, donde realiza una evaluación de los textos bíblicos de Qumrán desde los aspectos culturales e históricos del judaísmo antiguo y el cristianismo primitivo.

Se sabe que los esenios leían y seguían fielmente la Ley de Moisés y se esforzaban en observarla en todos los aspectos de su vida. Así, creían que el pueblo judío había despreciado a Dios, pues no vivía de acuerdo con las Escrituras, y por eso Él había permitido que invasores como los romanos conquistasen su patria. De moral muy estricta, prometían «honrar a Dios, ser justos con el prójimo, no herir a nadie, ni siquiera cuando se les provocaba, renunciar al mal, alentar el bien, ser leales, particularmente hacia las autoridades, amar la verdad, desenmascarar a los hipócritas, no hurtar, abstenerse de toda ganancia ilícita» y esperaban un Mesías para establecer el reino de los justos. En este sentido, algunos expertos actuales, como el historiador Ken Spiro, encuentran paralelismos entre los esenios y ciertos devotos de la fe judía de nuestros días. «Tradicionalmente —dice Spiro—, los judíos se han considerado colectivamente el pueblo que representa la luz espiritual.» Otros estudiosos han señalado los puntos de contacto con los primitivos cristianos y han especulado con que el primo de Jesús, Juan el Bautista, e incluso el mismo Jesucristo perteneciesen a esa secta.

Antes de la época de Jesús y hasta la destrucción del segundo Templo de Salomón en el año 70 d. C., existía una enorme flexibilidad doctrinal en el judaísmo. Según explica el escritor, historiador y teólogo César Vidal, salvo la creencia en un Dios único que se había revelado históricamente al pueblo de Israel (Deuteronomio 6, 4) y cuyas palabras habían quedado plasmadas en la Torah o Ley de Moisés, los distintos segmentos espirituales del pueblo judío tenían creencias muy diferentes entre ellos. El descubrimiento de los rollos en las cuevas de Qumrán y en particular de los textos *Manual de Disciplina* y *Comentario de Habacuc*, que están relacionados directamente con esta secta, permitió ampliar la información sobre la vida y costumbres de los esenios. La revisión de esos textos, con sus correspondientes versiones, ha despertado un importante debate sobre su papel como fuente de inspiración del cristianismo primitivo.

Según parece, después de la guerra de los macabeos, en el siglo I a. C., triunfó el separatismo, ya que cada comunidad seguía una observancia de la Ley de Moisés, entre tres partidos: saduceos, fariseos y esenios. Estos últimos, antes de 76 a. C., rompieron con los demás por ser éstos demasiado laxos con el cumplimiento de la Ley. Luego, protegidos por Herodes el Grande, realizaron diversas campañas y fundaron comunidades en casi todos los poblados de Judea, grupos individuales que vivían por lo general en guetos o a las afueras de los pueblos y que no solían sobrepasar los doscientos miembros.

Plinio, en su *Historia Natural*, escrita entre 73 y 79 d. C., cuenta que los esenios se abstenían de los placeres de la carne —hasta el punto de que algunos renunciaban al matrimonio—, despreciaban las riquezas, trabajaban preferentemente de agricultores y no practicaban el comercio. Escribe: «Son gente solitaria y muy superior al resto de la Humanidad». Filón de Alejandría también dedicó a los esenios dos relatos y le inspiraron su *Tratado para probar que todo hombre bueno es también libre*. Calculó que eran unos cuatro mil, vivían en propiedad comunitaria y dedicaban gran parte de su tiempo a cuestiones religiosas como la interpretación de las Escrituras. Se abstenían de hacer juramentos, de dedicarse a la milicia y a la actividad comercial. No poseían esclavos y se ocupaban de aquellos de sus miembros que ya no podían trabajar a causa de la edad o de una enfermedad.

El historiador judío Josefo (38 d. C.) es quien más extensamente se refiere a los esenios, incluso afirmaba haberlos conocido cuando era joven; por ello se dice que podría haber pertenecido a esta secta. Los describe como una hermandad que había renunciado al placer y a las riquezas y sus vidas estaban siempre presididas por un alto grado de disciplina. Josefo relata que sostenían la doctrina de la inmortalidad del alma, una idea que era bastante extraña al judaísmo. Oraban —siempre vestidos de blanco— en dirección a oriente, algo también inusual en los judíos. Presentaban sus sacrificios en el Templo de Jerusalén pero de acuerdo con su propia normativa. No se casaban, aunque a un determinado grupo de esenios se les permitía el matrimonio. Para entrar en la comunidad, el aspirante debía pasar por un período de prueba de tres años. La pena por infringir las normas del grupo era la expulsión de la comunidad, lo cual significaba, en realidad, una condena a morir de hambre, por cuanto no podía comer alimentos no supervisados ni recibirlos de sus antiguos compañeros. Según este historiador, los esenios eran conocidos por interpretar a los profetas, hacer predicciones acertadas y aplicar las propiedades medicinales de diversas sustancias.

Hipólito se refiere también a esta secta judía en el noveno libro de su obra *Refutación de todas las herejías*, escrita a principios del siglo III, donde repite muchas de las descripciones de Josefo, aunque afirma que los esenios creían en la resurrección además de en la inmortalidad del alma

Estas comunidades esenias estaban dirigidas por un líder al que llamaban Maestro de Rectitud. «Se supone que era el guía espiritual del grupo. Era un líder carismático al que Dios había otorgado la capacidad de descifrar correctamente las Escrituras, y los fieles aceptaban sus interpretaciones», explica Schultz. Algunos historiadores creen que este Maestro de Rectitud era miembro de los saduceos, una estirpe sacerdotal aristocrática que fue derrocada en tiempos de los romanos. Pero antes de que esto sucediera, los saduceos y los fariseos componían la clase gobernante del Israel espiritual. Religiosamente, los saduceos eran más conservadores que los fariseos. Éstos concedían a la ley oral la misma autoridad que a la

Palabra de Dios escrita, mientras que los saduceos consideraban que sólo la Palabra escrita era de Dios. Además, los fariseos eran en su mayoría hombres de negocios de la clase media, y por tanto estaban en contacto con el hombre común, por lo que eran más populares entre las masas que los ricos privilegiados saduceos. Se especula con que quizá los esenios consideraran a los saduceos los verdaderos sacerdotes del sagrado Templo de Salomón.

Según el Nuevo Testamento, los saduceos desempeñaron un papel principal en el juicio y condena de Cristo. Al principio, los saduceos, más preocupados por la política que por la religión, no se ocuparon de Jesús, hasta que empezaron a temer que éste atrajera la atención de Roma y pusiera en peligro el estatus del que disfrutaban. Fue en este momento cuando los saduceos se unieron a sus rivales, los fariseos, y conspiraron para llevar a Cristo a la muerte.

Los Hijos de la Luz y los Hijos de las Tinieblas

> El primer ataque de los Hijos de la Luz será dirigido contra las fuerzas de los Hijos de las Tinieblas...
>
> *Manuscrito de la Guerra*

Los esenios llevaban una vida tranquila; sin embargo, hay quienes les atribuyen un culto a lo apocalíptico. «Generalmente se cree que los esenios eran amantes de la paz, reservados, apolíticos y dados a la meditación, pero al estudiar los *Manuscritos del Mar Muerto* se observa que no eran así quienes los escribieron. Hay que definirlos por lo que dicen estos escritos, y éstos no son pacíficos, no son textos de meditación, son apocalípticos, militantes y agresivos», afirma Robert Eisenman, autor de *New Testament Code*. Y es que, según se cree, estaban convencidos de que su estricto cumplimiento de la Ley traería la intervención divina, en forma de guerra, que pondría fin al mundo. Los intérpretes de los textos opinan que esa creencia en un apocalipsis venidero inspiró a los esenios para redactar el *Manuscrito de la Guerra*, al que consideran una especie de manual bélico, y algunos investigadores, incluso, como una profecía del Armagedón, ya que el texto describe un violento enfrentamiento entre dos fuerzas opuestas.

Según parece, el nombre de los esenios, que significa «los piadosos», se lo asignaron las gentes que los conocían, ya que ellos mismos se denominaban «los Hijos de la Luz». Randall Price, profesor de Arqueología y Estudios bíblicos y experto en Oriente Próximo, afirma que se llamaban a sí mismos la Comunidad del Pacto Renovado, mientras que «los Hijos de la Luz serían todos aquellos que respetasen y aplicasen la sabiduría de las Escrituras». Pero el manuscrito también habla de un bando siniestro, «los Hijos de las Tinieblas», que combatirán contra los Hijos de la Luz. Refiriéndose a los Hijos de las Tinieblas, el texto dice: «Apoyándoles están aquellos que han violado el pacto...». Según el experto en textos bíblicos Steve Wohlberg, director de White Horse Media y miembro de la Iglesia Adventista del Séptimo Día de Newport, Washington, para entender quiénes serían los Hijos de las Tinieblas, hay que considerar que para los esenios, los «violadores del pacto» eran las gentes que se habían apartado de Dios, aunque se autoproclamaran religiosas. Así, los esenios identificaban a los Hijos de las Tinieblas con el pueblo judío que había rechazado la estricta práctica judaica, conocida como Ley Levítica, y con aquellos que carecían de normas morales. Eran los traidores de su fe.

Si nos fijáramos en el *Manuscrito de la Guerra*, ¿podríamos identificar a los Hijos de las Tinieblas y a los Hijos de la Luz en el mundo contemporáneo? La historia podría aportar una pista. En el año 37 a. C., tras cientos de años de dominación persa y griega, Jerusalén estaba de nuevo ocupada, esta vez por los romanos, quienes colocaron en el trono de Judea a hombres como Herodes el Grande, que no era judío y «por ello, ofenden el sentimiento judío, y también a aquellos que se adhieren al *Manuscrito de la Guerra*», explica Randall Price. La teoría de Michael Baigent es que las personas que escribieron estos textos odiaban a los romanos. «Odiaban —dice— que los dominara una fuerza invasora. Para ellos, eran mandatarios paganos que incluso exigían sacrificios en honor del emperador en el templo judío. También exigían el pago de tributo a Roma. Tenían además otras muchas prácticas que los judíos, fieles a su ley, consideraban sucias e inmorales.»

En el año 66 d. C., grupos extremistas judíos, los zelotes, se alzaron contra los romanos, pero fueron sometidos. Cuatro años más tarde, su recinto sagrado, el reconstruido Templo de Salomón, fue derribado. Según algunos historiadores, los romanos, en plena destrucción de Jerusalén, penetraron en la región del Mar Muerto y acabaron conquistando la zona, donde se toparon con algunos grupos beligerantes. «Entre ellos se encontraba aquella comunidad a la que se atribuyen los famosos *Manuscritos del*

Mar Muerto», sostiene el historiador Joel Rembaum, de la Universidad Judía Americana, aunque otras autoridades opinan que los esenios no recurrieron a un enfrentamiento armado, sino a la resistencia pasiva.

Según escribió el historiador Josefo en *Guerra de los Judíos*, Libro 2.°, capítulo VII, los esenios «menosprecian los peligros, triunfan del dolor por la elevación de su alma y consideran la muerte, cuando se presenta con gloria, como preferible a una vida mortal. La guerra romana ha probado su fuerza de carácter en toda circunstancia: los miembros apaleados, torturados, quemados y sometidos a todos los instrumentos de martirio con el fin de arrancarles alguna blasfemia contra el legislador o para hacerles comer alimentos prohibidos, no han podido obligarles ni a lo uno ni a lo otro, ni siquiera sus torturadores han podido alardear de haberles hecho derramar una sola lágrima. Sonrientes durante los suplicios y burlándose de sus verdugos, expiraban con alegría como si pronto volvieran a revivir».

Al final, Qumrán fue arrasada. Muchos expertos consideran que estos rollos describen la época violenta que los esenios vivieron bajo la dominación romana. Antes de encontrarse con su destino final, los esenios dejaron una tétrica profecía sobre la aniquilación de la humanidad. Los pergaminos se guardaron precipitadamente en las cuevas mientras la comunidad huía de la invasión de las legiones romanas, que se encontraban en Judea para sofocar la revuelta judía de los años 66 a 70 d. C. El enfrentamiento con Roma acabó con estas comunidades. Se cree que los supervivientes se integraron en distintas agrupaciones judeo-cristianas y judías de la zona. De hecho, hay quienes afirman que estos últimos esenios serían uno de los tres grupos de iniciados que formaron el misterioso Priorato de Sión, prolongación oculta de la Orden del Temple, basándose en la similitud, en su trascendencia y rigurosidad, entre las liturgias para ingresar en ambas órdenes.

También hay quienes aseguran que Juan el Bautista pudo haber estado con la comunidad de Qumrán, ya que los Evangelios de Mateo, Marcos y Lucas señalan que pasó un tiempo considerable en el desierto, cerca del área donde se localizaba esta comunidad. En el caso de Jesucristo, no hay ningún texto bíblico que le relacione con los esenios. Aunque es poco probable, el Maestro de Rectitud podría ser, dicen, un predecesor de Cristo. Predicó, muchos años antes que él, la humildad, la caridad y el amor al prójimo. Después fue condenado y ajusticiado por la enemistad de los sacerdotes y de la «casta judía dominante», al igual que le ocurrió a Jesús.

En este sentido, algunos investigadores sostienen que el esenismo fue un precursor del cristianismo y se dice que de los manuscritos se «extraen numerosos y decisivos paralelismos con los sermones de Cristo».

Germen de los demonios actuales

> Maldito sea Belial por sus pérfidas intenciones, y maldito por su censurable imperio. Y maldito el espíritu de sus huestes, por sus malvados propósitos.
>
> *Manuscrito de la Guerra*

En la actualidad, también hay quienes se han dedicado a buscar semejanzas entre la violencia sufrida por los esenios y las calamidades de nuestro tiempo; por eso califican a Oriente Próximo como «zona cero» del Apocalipsis, tal y como anuncian tantas otras profecías. Los partidarios de esta teoría mantienen que incluso el comienzo del fin podría estar en la quiebra del orden económico actual, considerando que el *Manuscrito de la Guerra* es una visión profética de una Tercera Guerra Mundial. «Lo que recoge el *Manuscrito de la Guerra* es la realidad que ellos esperaban. Teniendo en cuenta la relación del texto con lo que dice el Antiguo Testamento, quizá también deberíamos creer que se cumplirá», mantiene Randall Price.

Para entrar en la comunidad esenia era imprescindible abandonar todos los bienes. Todos ellos vivían, vestían y se alimentaban de forma sencilla, de lo que obtenían del campo. Necesitaban muy poco y prácticamente podían vivir sin utilizar el dinero. No poseían esclavos, pues no reconocían diferencias de condición, excepto en el plano moral, en el que distinguían entre puros e impuros. Por el contrario, las legiones romanas solían actuar motivadas por su codicia y por la de sus gobernantes en Roma. Del *Manuscrito de la Guerra* se deduce que sus autores repudiaban a los codiciosos, y como tales calificaban a los Hijos de las Tinieblas: «Porque son una congregación de malvados. Su fuerza es como el humo que se disipa. Toda criatura codiciosa se marchitará rápidamente, como una flor en tiempo de cosecha...». En este sentido, advertían que los Hijos de las Tinieblas, enemigos de la gente de bien, carecían de reglas morales y se guiaban por la codicia. Pero la codicia, hoy en día, también es el motor de infinidad de actos. «El poderoso desea dinero. La razón última de conseguirlo es acceder al poder. Poder y dinero van siempre de la mano, y junto a ellos, los Hijos de las Tinieblas», explica Brad Scott, autor de *Prophecy in Ancient Hebrew*, quien afirma que el propósito de este relato esenio «era dar a conocer un acontecimiento profético, algo que ocurriría en el futuro».

Según el texto, el líder inmoral y codicioso del ejército del mal tiene un nombre, Belial, otro de los nombres de Satán. Belial —también llamado Belhor, Baalial, Beliar, Beliall y Beliel— es una contracción de dos palabras hebreas: *beli*, que significa «desperdiciar» o «agotar algo» —es decir, tomarlo, absorberlo, gastarlo, consumirlo o corromperlo— y *ya'al*, que significa «beneficio» o «ganancia». Por lo tanto, muchos especialistas atribuyen a Belial el significado de «el de ganancias corruptas», pero también se traduce como «señor de la arrogancia» o «señor del orgullo».

Los autores del *Manuscrito de la Guerra* creían que en el futuro estallaría una guerra en la que los inmorales y quienes habían dado la espalda a Dios serían guiados por el demonio Belial. La interpretación que da Steve Wohlberg es que los esenios advertían en contra «de aquellos que están implicados en la manipulación del dinero, aquellos que abusan de los demás, políticos corruptos, grandes financieros que se aprovechan de los pobres para enriquecerse, todos ellos pueden ser legítimamente clasificados como Hijos de las Tinieblas, pues infringen la Ley de Dios, tratan de enriquecerse a costa de los demás».

Pero Wohlberg no es el único experto que encuentra un nexo de unión entre las advertencias de los esenios y los tiempos actuales. También Ken Spiro cree que puede aplicarse a nuestros días. «Los Hijos de las Tinieblas —sostiene— podrían ser los grandes avaros de hoy en día, los que controlan las finanzas y han provocado la situación actual. El mal se presenta bajo muchas formas. Sabemos que la inestabilidad económica puede desencadenar brotes de violencia y éstos, a su vez, desencadenar guerras.» En este sentido, el diabólico Belial se habría encarnado en los ejecutivos de Wall Street responsables del colapso económico de 2008, uno de los hechos más trascendentes de la última década en Estados Unidos y que ha salpicado a toda la economía mundial. Las repercusiones se han dejado sentir en todo el planeta, y ya hay quienes aseguran que han provocado una nueva Gran Depresión. «Las amenazas que nos acechan no tienen que ver tan sólo con la violencia —afirma Spiro—, la economía también puede provocar el caos. Podría ser un enemigo del bien muy poderoso, que se ceñía al concepto de Hijos de las Tinieblas y representaría algo terrible no sólo para el pueblo judío, sino para el mundo entero.»

Si admitimos esta teoría, ¿deberíamos esperar, en consecuencia, una aniquilación de nuestro mundo debido a una catástrofe financiera? Para los que creen en esta profecía, las penurias económicas quizá sean una señal de que el mundo navega a la deriva, y advierten bastantes semejanzas entre el *Manuscrito de la Guerra* y el Apocalipsis descrito en la Biblia. «El Libro del Apocalipsis es como una versión cristiana de los rollos del Mar Muerto. De hecho, no pueden concebirse por separado, hay que contemplarlos como un conjunto», sostiene Michael Baigent. Y es que, como indica Brad Scott, ambos textos citan los mismos detalles; los mismos personajes, las mismas plagas y los mismos dramáticos acontecimientos. También para Steve Wohlberg existe esta coincidencia: «Hay un conflicto cósmico entre el bien y el mal, entre Dios y el Diablo, y en la batalla de Armagedón interviene Dios mismo. Él aplasta el mal, y después surgen un nuevo Cielo y una nueva Tierra, donde se imponen el bien y el amor. Todos estos elementos coinciden en el *Manuscrito de la Guerra* y en el Libro del Apocalipsis».

Algunos eruditos, como Randall Price, también encuentran estrechas relaciones entre el *Manuscrito de la Guerra* y las profecías del Juicio Final descritas en la Biblia hebrea o Antiguo Testamento, en particular en el Libro de Daniel y el Libro de Zacarías. «En concreto, en el Libro de Daniel se dice que, en los últimos días, el Arcángel Miguel se unirá a Israel y combatirá a sus enemigos. Esta misma idea se repite en el *Manuscrito de la Guerra*, donde se cuenta que los ángeles combatirán en una batalla celestial unidos a los Hijos de la Luz.» Por el contrario, Brian Schultz duda de la conexión entre tales textos y afirma que no hay relación directa entre el Armagedón y el *Manuscrito de la Guerra*, «simplemente, ambos son fruto de una época de opresión religiosa».

Oriente Próximo: encrucijada de civilizaciones

> Lucharán contra Mesopotamia, lucharán contra todos los hijos de Asiria y Persia…
>
> *Manuscrito de la Guerra*

No obstante, si las profecías de la Biblia hebrea, del Apocalipsis del Nuevo Testamento y del *Manuscrito de la Guerra* coinciden, y todas predicen sucesos similares, podría tratarse de una misma advertencia que resuena desde tiempos antiguos. Para quienes creen en el poder revelador del *Manuscrito de la Guerra*, éste también predice el lugar exacto donde podría estallar la Tercera Guerra Mundial, ya que ofrece un esbozo de Armagedón, una guerra del siglo XXI que pondrá fin a todas las guerras. En este sentido, Azzan Yadin no tiene ninguna duda de que este texto escrito hace dos mil años describe una batalla futura. «Una guerra escatológica, es decir, una batalla que precede al fin de los días entre el bien y el mal.»

Actualmente, los lugares de procedencia del enemigo que señala este manuscrito están habitados por gente que es hostil a las creencias religiosas de los antiguos esenios y de sus homólogos actuales, rivalidad que, dicen, puede hacer peligrar el orden mundial. Se trata de una zona en la que cristianos, judíos y musulmanes han mantenido disputas y conflictos durante más de dos mil años. «Mesopotamia es un término general que se usa para referirse a la región que hoy queda al este de Jerusalén. La compondrían los países situados al este de Israel. Asiria es Irak, y Persia es el actual Irán. Como sabemos, estos países han estado y están implicados en acontecimientos de una gran relevancia en la historia del mundo moderno», señala Brad Scott. Pero Ken Spiro no está de acuerdo con que las gentes que antaño poblaban esa región del mundo coincidan con las de ahora ni que el ciclo de luchas entre árabes e israelíes sea tan devastador. «Además de no saber con certeza a qué zonas alude la profecía, la realidad geopolítica del mundo actual es muy diferente de la de los tiempos bíblicos.»

El profesor David John Marley, de la Universidad Vanguard, universidad cristiana situada al sur de California, señala que cada una de las religiones mayoritarias —cristianos, musulmanes y judíos— «se autoproclaman única dignataria del mensaje de Dios, y no parecen entenderse. Es más, dos de ellas están abiertamente enfrentadas en Oriente Próximo». Desde la proclamación del Estado de Israel, una alianza de naciones árabes ha pretendido en diversas ocasiones acabar con él mediante el empleo de medios militares convencionales. En el pasado, en países como Egipto o Irak, se proyectó ampliar el arsenal árabe con armas no convencionales, ya fuesen químicas, biológicas o atómicas. Actualmente es Irán quien ha tomado el relevo en el campo antiisraelí, con su intento de disponer de armas nucleares y misiles de largo alcance. Israel, por su parte, posee un numeroso arsenal nuclear, aunque oficialmente no lo reconozca, y un ejército que a buen seguro es el más potente del mundo después del norteamericano. Una guerra entre Israel y sus vecinos árabes o iraníes siempre ha sido y será una amenaza real para la paz mundial, por el peligro de que se extienda, o al menos repercuta en todo el planeta. Además, para apoyar sus afirmaciones, el profesor Marley recuerda que «este conflicto entre culturas se extendió hacia Occidente el 11 de septiembre de 2001, cuando las Torres Gemelas del World Trade Center de Nueva York fueron objeto de un ataque terrorista que convirtió aviones secuestrados en misiles». Pero éste no es el único caso. En los últimos sesenta años, el islamismo radical ha atentado varias veces en Europa y Oriente Próximo.

Después de los ataques del 11 de septiembre, Estados Unidos abrió sendos frentes en Oriente Próximo, comenzando las guerras de Afganistán e Irak, las cuales se han ido extendiendo a regiones cercanas. «Hay varios conflictos desarrollándose simultáneamente en ambas zonas, varios frentes abiertos en busca de poder y control sobre Oriente Próximo. La antigua confrontación entre Irán e Irak ha acabado con Irán convertido en una superpotencia de la región. Esto podría provocar un desequilibrio de fuerzas y, quizá, desembocar en una carrera armamentística a nivel internacional», afirma el imán Jihad Turk, del Centro Islámico de California del Sur, quien también señala a Irán —la antigua Persia del *Manuscrito de la Guerra*— como el epicentro de numerosos conflictos en el golfo Pérsico, «y la perspectiva de que pudiera desarrollar armas nucleares pone a otros países árabes en una situación comprometida».

En este sentido, hay muchos estudiosos que afirman que no es una mera coincidencia que los territorios mencionados en el *Manuscrito de la Guerra* —Asiria, Persia y, más ampliamente, Mesopotamia— sean en la actualidad centro de graves conflictos, y ven signos evidentes de que Satán ronda por el tumultuoso Oriente Próximo. El escenario parece preparado para que la profecía pueda cumplirse. «En la zona, durante toda la historia, se ha dado el eterno enfrentamiento entre los que intentan ocupar, conquistar y controlar, y los que tratan de defender su independencia; y parece que este conflicto perdura», explica Steve Wohlberg. Claro que, para otros expertos, la valoración de dicho enfrentamiento es muy diferente y ven esta confrontación religiosa, en particular en Tierra Santa, como algo muy desalentador, pero propio de la condición humana.

En los siglos en que vivían los esenios, la creencia judía comúnmente aceptada hablaba de un período de seis mil años entre Adán, el primer hombre, y el advenimiento de un mesías y el Armagedón. Entonces, la mayoría de los judíos pensaban que discurrirían cuatro mil años hasta el Armagedón. Sin embargo, parece ser que los esenios utilizaban una cronología distinta, elaborada probablemente por uno de sus maestros. «El Maestro de Rectitud conocía los misterios de la palabra de los profetas. Era capaz de interpretar las Escrituras y deducir, por tanto, cómo se cumplirían las antiguas profecías, en qué tiempo y lugar», afirma Sam Thomas, profesor de la Universidad Luterana de California.

Según el manuscrito, los esenios creían que la guerra final propiciaría el retorno de todas las tribus judías a Tierra Santa: «Los hijos de Leví, los hijos de Judá y los hijos de Benjamín lucharán contra todas sus tropas, cuando los exiliados de los Hijos de la Luz vuelvan del páramo de las naciones, para acampar en el territorio de Israel». En este aspecto, el *Manuscrito de la Guerra* y los textos bíblicos más ampliamente aceptados por judíos y cristianos están en sincronía. «La Biblia dice, muy claramente, que en el fin de los días se reunirán las tribus de Israel, y que sus enemigos se unirán, a su vez, contra ellos. En el siglo primero antes de Cristo no había doce tribus de Israel dispersas por la tierra de Judea, sólo pervivían las tres consideradas como los Hijos de la Luz, es decir, las de Leví, Judá y Benjamín», señala Brad Scott.

El campo de batalla del Armagedón

> En nombre del Dios de Israel ha sido invocada una espada contra todas las naciones, y Él la empleará con dureza por los hombres santos de su pueblo.
>
> *Manuscrito de la Guerra*

La predicción del *Manuscrito de la Guerra* referente al retorno del pueblo judío a Israel está en la misma línea que los textos apocalípticos de la Biblia. De hecho, los que creen en ambas profecías señalan dos acontecimientos del siglo XX que confirmaron el vaticinio del retorno del pueblo judío. El primero ocurrió en 1917, cuando Gran Bretaña tomó el control de Palestina. En concreto, ven la primera señal en aquello que se consideraba el primer reconocimiento de una potencia mundial de los derechos del pueblo judío sobre la tierra de Israel: la Declaración Balfour. Este documento es una carta, firmada el 2 de noviembre de ese año, por el secretario del Foreign Office (ministro de Exteriores), Arthur James Balfour, y dirigida al barón Lionel Walter Rothschild, el líder de la comunidad judía en Gran Bretaña, en la que el gobierno británico se declaraba favorable a la creación de un hogar nacional judío en el Mandato Británico de Palestina. El documento es en forma de carta, y en ella se invita a los judíos de todo el mundo a que regresen a Israel.

También para los fundamentalistas cristianos esto marcó el comienzo de los últimos días, o del Juicio Final, según la Biblia. «Existen miembros de la sociedad israelí que conservan esa antigua visión apocalíptica, y muchos fundamentalistas y miembros de la Iglesia evangélica actual tienen una perspectiva muy similar y ven la fundación del Estado de Israel como un primer paso hacia el Apocalipsis», asegura Robert Eisenman.

Los investigadores que admiten ciertas similitudes entre el *Manuscrito de la Guerra* y el Apocalipsis del Nuevo Testamento aportan otro dato: la profecía indica que tendrán lugar siete grandes batallas que culminarán en el fin de los días. Entre quienes han analizado los escritos, algunos afirman que seis de estas batallas ya se han producido, ya sólo queda el último conflicto del bien contra el mal.

El 14 de mayo de 1948 quedó establecido el Estado de Israel, pero sus vecinos árabes consideraron que su creación era injusta porque se había instalado en unos territorios en los que habitaban árabes palestinos. Por eso creyeron que el nuevo Estado no debería existir y no lo reconocieron. Al día siguiente, Egipto, Siria, Jordania, Líbano e Irak lo atacaron para estrangularlo desde su nacimiento y empezaron una sangrienta guerra que se prolongó durante un año y fue la primera entre otras. Israel se impuso y conquistó un 26 por ciento adicional del territorio asignado por el antiguo Mandato Británico. Según ciertas opiniones, era una de las seis batallas previas de las que habla la profecía del *Manuscrito de la Guerra*, en las que combaten los Hijos de la Luz y los Hijos de las Tinieblas, antes del enfrentamiento final. Esta guerra entre árabes e israelíes de 1948 podría ser la primera de esos seis enfrentamientos contemporáneos. Según el manuscrito, «los Hijos de la Luz triunfan en tres ocasiones, pero no definitivamente. Son victorias momentáneas. En otras tres ocasiones vencen los Hijos de las Tinieblas, pero tampoco logran la victoria definitiva», cuenta Azzan Yadin.

Además, otras cuatro guerras entre árabes e israelíes que predijo el manuscrito podrían ser: la guerra del Sinaí o la guerra de Suez, librada en 1956 sobre territorio egipcio y que obligó a una alianza militar formada por el Reino Unido, Francia e Israel contra Egipto; además de la guerra de los Seis Días, de junio de 1967, en la que Israel conquistó la Franja de Gaza, Cisjordania, Jerusalén Este, la península del Sinaí y los Altos del

Golán (Siria); así como el intento por parte de Egipto y Siria en 1973 de reconquistar estos territorios conocida como la guerra de Yom Kipur, guerra del Ramadán o guerra de Octubre, y la invasión de Israel del Líbano, iniciada en junio de 1982.

La sexta batalla que completaría la lista, según parece, podría ser la desaparición de los mismos esenios, descrita como la primera batalla entre la luz y las tinieblas. Sin embargo, los escépticos advierten que los esenios sencillamente predijeron su propia caída y no la de futuras generaciones. «Los grupos apocalípticos —y entre ellos los esenios— instigaron a la rebelión contra Roma durante el siglo I d. C., y, efectivamente, se inició una guerra terrible contra el Imperio en el año 66. Los esenios fueron completamente aplastados. Los que no murieron, huyeron a Egipto, donde fueron capturados y torturados hasta la muerte. Otros fueron llevados por los romanos a los circos de la costa de Palestina, o incluso de Roma, donde murieron», explica Michael Baigent.

Mientras los expertos se ponen de acuerdo para intentar explicar el significado del *Manuscrito de la Guerra* y aclaran si es tan sólo un manual que esboza una estrategia militar o, como algunos opinan, es una visión profética de la Tercera Guerra Mundial, Michael Baigent advierte del peligro de estas especulaciones apocalípticas. «Podemos afirmar que los motivos que llevaron a aquellos hombres a escribir el *Manuscrito de la Guerra* son muy similares a los motivos de quienes hoy piensan que la batalla de Armagedón será inminente en Oriente Próximo. Y eso debe considerarse peligroso, porque nuestro sistema de creencias afecta a nuestro comportamiento. Y si creemos que algo es verdad, que algo va a ocurrir, hay posibilidades de que hagamos que, de una u otra manera, ocurra», advierte el escritor.

Muchos otros investigadores no conceden ningún valor profético al manuscrito, ya que el texto y el mensaje son muy claros. «Describe a unas personas que se consideran a sí mismas en el bando correcto y que, a su vez, consideran a otras como enemigas de lo correcto. Cuando alguien interpreta el *Manuscrito de la Guerra* relacionándolo con la actualidad, habla en función de su propia ideología aplicada a las palabras del texto», indica Azzan Yadin. Así, los que quieren interpretar literalmente el texto, consideran que los actuales israelíes son los descendientes directos de los Hijos de la Luz. En palabras de Ken Spiro: «El pueblo judío se ha considerado siempre a sí mismo el elegido para la salvación del mundo, el encargado de librarlo del mal y devolverlo al estado espiritual anterior a su corrupción, es decir, al paraíso terrenal». La realidad es que la definición, la historia y las posibles soluciones del enfrentamiento entre árabes e israelíes son materia de permanente debate, y los problemas y soluciones varían con el tiempo.

El fin de la maldad

> La gran mano de Dios vencerá a Belial y a todos los ángeles que domina. La maldad será aniquilada sin dejar rastro. No habrá supervivientes entre los Hijos de las Tinieblas.
>
> *Manuscrito de la Guerra*

En cualquier caso, quienes defienden la similitud de la Biblia hebrea con la profecía del *Manuscrito de la Guerra* señalan que, además del establecimiento del Estado de Israel como un primer signo del fin de los tiempos, existe otra señal muy relevante: la reconstrucción del Templo de Jerusalén o de Salomón. «En Israel existe actualmente una pequeña comunidad que está imbuida de cierto fervor mesiánico y quiere reconstruir el que sería el tercer Templo, porque cree que eso es un paso en el proceso hacia la llegada del Mesías y el fin de los tiempos. Se trata de una cuestión polémica, pues, en estos momentos, en ese emplazamiento hay una mezquita musulmana», advierte Azzan Yadin.

Hace más de dos mil años el Templo de Salomón quedó destruido por dos veces; la construcción se alzaba sobre el lugar más sagrado de todo el judaísmo, el Monte del Templo, en Jerusalén. El Templo tiene un gran significado para el pueblo judío, porque, según la tradición, Abraham llevó allí a su hijo para sacrificarlo. «Allí David construyó el primer Templo, en el cual se guardaba el Arca de la Alianza, único lugar donde el Espíritu de Dios reside sobre la Tierra. Así pues, no hay un lugar más sagrado para los judíos que el Monte del Templo», señala David John Marley.

Pero en ese lugar convergen intereses religiosos múltiples y contradictorios. Para los musulmanes, el Monte del Templo también es sagrado. Conocido por ellos como El al-Haram al-Sharif, el Noble Santuario, es el tercer lugar más venerado del islam. Según el Corán, el profeta Mahoma realizó un viaje místico de una noche a Jerusalén en el siglo VII d. C. y ascendió al cielo desde dicho monte. En ese lugar se encuentra hoy la mezquita de al-Aqsa, así como la Cúpula de la Roca, terminada en el año 691 d. C., un santuario elevado sobre la roca en la que Mahoma estuvo rezando y desde la cual los ángeles lo ascendieron. «Aunque el Monte del Templo está en territorio de Israel, este Estado ha cedido la autoridad legal sobre el lugar a los dignatarios religiosos musulmanes. Pero Israel podría decir en algún momento: "Queremos construir un templo". Dicha posibilidad es la que complica las cosas, pues hay muchos grupos presionando en uno y otro sentido», afirma Yadin.

La Cúpula de la Roca, la mezquita de al-Aqsa y el antiguo Templo de Salomón son nombres que suscitan gran pasión entre aquellos que consideran sacrosanto este lugar. Pero eso no es todo. Algunos fundamentalistas cristianos creen que la reconstrucción del Templo de Salomón adelantaría el regreso de Jesús, y también ellos presionan a favor de que se realice. Ciertos miembros de la comunidad evangélica de Estados Unidos apoyan esa idea, «coinciden en todo con el grupo judío mesiánico, excepto en lo que se refiere a la identidad del Mesías», indica Azzan Yadin. Pero la reconstrucción del templo sería enormemente peligrosa. «El significado de la palabra "yihad" se haría evidente si Israel intentara destruir los edificios del Monte del Templo», precisa Michael Baigent. En esta misma línea opina el imán Jihad Turk: «El mundo musulmán se levantaría en armas si se destruyeran la Cúpula de la Roca y la mezquita de al-Aqsa para levantar un templo judío. Sería el Armagedón».

Los «fanáticos» del *Manuscrito de la Guerra* podrían incluirse entre quienes desean construir el tercer Templo, lo cual, de acuerdo con sus creencias, desencadenaría la batalla entre los Hijos de la Luz y los Hijos de las Tinieblas. De hecho, los que han estudiado el texto afirman que hay cierta lógica en que ésta y otras profecías apocalípticas coincidan. Según el *Manuscrito de la Guerra*, los cielos se abrirían, descendería la espada de Dios y con ella Miguel, el arcángel, para ponerse al frente de los Hijos de la Luz. «En algún momento, Dios intervendría y derrotaría al enemigo con una espada "no humana". No sabemos qué quiere decir eso. Todo es muy críptico», afirma Brian Schultz.

Al igual que los esenios, algunos practicantes actuales de la fe judaica interpretan que la Biblia hebrea y sus leyes son divinas, o transmitidas directamente por Dios, en especial por lo que respecta a la profecía sobre la llegada del Mesías, una palabra que deriva de *masiaj* que significa «ungido» en hebreo. Su equivalente griego es *jristós*, de donde deriva «Cristo». Sin embargo, en la tradición judaica, el Mesías se contempla de diferentes formas: en algunos casos se le equipara al «siervo de Yahvé» o al «Hijo del hombre», y en ocasiones a un monarca guerrero que destruiría a los enemigos de Israel, o «más bien como un dirigente dotado de características que hoy consideraríamos de líder político», afirma César Vidal. «Incluso —añade— podemos aceptar, según se desprende de los escritos de Qumrán y quizá de la pregunta de Juan Bautista registrada en Mateo 11, 3, que la creencia en dos mesías gozaba de cierto predicamento en algunos ámbitos.»

Lo que sí es cierto es que al final de los tiempos, para el islam, el judaísmo y el cristianismo, el Mesías regresará. «Nadie sabe si estos tres mesías son el mismo o serán distintos, y si es esto último, cuál de los tres combatirá y contra quién. Lo importante acerca de esta gran batalla de la que se habla en los distintos textos es que, si muchos creen en ella, y si esa creencia influye en la vida de la gente, ¿quién se atreve a decir que no tendrá lugar?», se pregunta Michael Baigent.

Por ahora, ignoramos si el futuro está escrito. Quizá se oculte en un pergamino curtido durante los dos mil años que permaneció olvidado en el desierto...

4

El oráculo de Delfos

Rodeado de relatos de misterios, el oráculo de Delfos fue, durante miles de años, uno de los enigmas más desconcertantes del mundo antiguo. Filósofos, comerciantes, campesinos y reyes, todos subían las escaleras de Delfos para conocer qué les deparaba el destino. Se creía que los dioses hablaban y sus palabras surgían desde una burbujeante grieta en la roca. Siglos después, cinco científicos nos dan respuestas sobre el oráculo más famoso de todos los tiempos.

El origen de Delfos

Los oráculos griegos constituyen un aspecto fundamental de la antigua religión y cultura helénicas. Tras unos rigurosos ritos, el oráculo respondía a una pregunta personal que realizaba un consultante —que no podía ser mujer—, generalmente relacionada con el futuro. La respuesta provenía directamente de los dioses, por lo que a menudo necesitaba una interpretación a través de la pitia o pitonisa. El oráculo de Delfos, ubicado en una meseta a setecientos metros sobre el nivel del mar, en la ladera meridional del monte Parnaso, cerca del golfo de Corinto y a ciento setenta kilómetros de Atenas, era reverenciado en todo el mundo griego como el lugar del *ónfalos*, el «ombligo del mundo», el centro del universo. Este lugar tuvo su apogeo entre los siglos VII, VI y V a. C., cuando era la fuente de sabiduría más importante del mundo griego. Para cada decisión importante se enviaba a alguien a Delfos a consultar a los dioses. La gente preguntaba al oráculo dónde establecer colonias, cuándo comenzar una guerra o a quién elegir como líder. Esta peregrinación se inició antes del nacimiento de Cristo, y continuó en la Edad Moderna. Incluso hoy en día, aunque esté en ruinas, Delfos sigue transmitiendo una sensación de misterio.

El culto apolíneo de Delfos, según la mitología, tiene su origen en la orden de acudir a ese lugar que Zeus dio a Apolo, su hijo, nada más nacer. Para el viaje le proporcionó un carro tirado por cisnes, pero éstos condujeron a Apolo al lejano país de los Hiperbóreos, una región situada en tierras desconocidas al norte de Tracia. El dios tardó un año en presentarse en Delfos, y lo hizo en pleno verano, cuando la naturaleza está exultante; por ello, a partir de entonces, todos los años se celebraba la llegada de esa época con una hecatombe.

En Delfos existía ya un antiguo oráculo de Temis, diosa de la Ley. Apolo, antes de instalarse, debía matar al ser que lo custodiaba, el dragón o la serpiente Pitón. El nombre pitia o pitonisa (Πυθια), con el que se denominaba a las mujeres que interpretaban el oráculo, derivó del animal que vivía en la cueva y al que el dios Apolo mató para apoderarse de su sabiduría y ser él quien presidiera el oráculo. Tras el triunfo de Apolo, se levantó un templo y, para conmemorar la victoria, se celebraba periódicamente con unos juegos, llamados píticos, que servían como elemento purificador. Al principio, estos juegos tenían lugar cada ocho años, pero después se celebraron cada cuatro y se alternaron con los Juegos Olímpicos.

El templo de Apolo era el lugar donde la sacerdotisa daba consejos a los hombres más poderosos del mundo antiguo. Nueve veces al año, en el séptimo día del mes, que se consideraba la fecha del nacimiento de Apolo, la pitonisa entraba en la zona más profunda y misteriosa del templo, una cámara conocida como *áditon* (palabra que proviene del griego άδυτονη, que significa «el lugar en el cual no se entra»), un espacio sagrado donde sólo podía acceder ella. Allí se sentaba en un trípode y entraba en un trance o delirio, supuestamente poseída por el dios Apolo. «Sólo en el *áditon* era capaz de profetizar. El dios no hablaba en ningún otro lugar de Delfos. Era el único espacio donde ella recibía poderes para hablar con Apolo», explica John R. Hale, arqueólogo de la Universidad de Louisville.

Los relatos antiguos

Lo cierto es que se conoce muy poco sobre el rito que se seguía exactamente en el momento del trance del oráculo y ningún autor griego o latino —ni siquiera el historiador, biógrafo y ensayista griego Plutarco (46-125), sacerdote en Delfos durante casi treinta años— describió ninguna escena concreta. Junto a Plutarco, muchos otros testigos como Estrabón, Platón, Pausanias o Diodoro Sículo, dejaron sus visiones de este lugar pero pocos detalles sobre el proceso que realizaba la pitonisa para consultar al dios o sobre qué ocurría en la cámara secreta donde sólo ella podía entrar. Según los testimonios, la pitia no era visible, y no se oía más que su voz. Sus palabras confusas —durante mucho tiempo se expresó en verso— debían ser interpretadas por dos sacerdotes.

Durante siglos ha corrido una leyenda en forma de verdad histórica acerca del estado de trance de la pitonisa, leyenda que difundieron los autores cristianos de los siglos III y IV d. C., como Orígenes y san Juan Crisóstomo. Por aquel entonces se consideraba que Grecia era pagana. Así que los escritores cristianos, para ridiculizarla, describieron así el proceso: «El trípode de la pitonisa o pitia se hallaba sobre una grieta muy profunda de la roca. Por esa grieta emanaban unos gases tóxicos que hacían que la mujer entrara rápidamente en un estado de embriaguez y desesperación con grandes tiritonas, es decir, entraba en trance, desgreñada, y arrojando espuma por la boca. Además, masticaba hojas de laurel, lo que ayudaba a alcanzar ese estado psicosomático». Sin embargo, los estudios arqueológicos y geológicos hechos a finales del siglo XIX y principios del XX en la zona del templo de Apolo aseguraban que en la roca no existe esa fisura profunda de la que se habla en la leyenda.

La presencia de la falla correspondía con lo descrito por el relato más antiguo conocido acerca de los poderes del oráculo, que data de unos mil setecientos años antes de Cristo. «Según esta historia, un pastor llamado Koratus estaba con sus cabras en una zona de pastos en la ladera del monte Parnasos cuando se dio cuenta de que, al llegar cerca de una pequeña fisura en la ladera sus animales balaban de una manera extraña. Koratus sintió curiosidad, se asomó al lugar y oyó hablar en lenguas desconocidas», cuenta John R. Hale. Creyó que la voz era de Gea, la madre Tierra. Una secta femenina se había hecho cargo de este lugar. Generación tras generación, a las sacerdotisas se las entrenaba desde la infancia para servir en dicho santuario, construido justo donde emanaban las aguas burbujeantes de un manantial sagrado.

Con el tiempo, los viejos dioses dieron paso a los nuevos. «Cuando el joven Apolo mató al poderoso Pitón, guardián del lugar, aquél reclamó el espacio como suyo y se hizo cargo del oráculo en nombre de su padre Zeus, que era la fuente de toda sabiduría. Sin embargo, no pudo deshacerse de las mujeres, ya que formaban parte de la tradición de Delfos. Estaban arraigadas en los rituales y eran las únicas que podían hablar con el dios y entrar en trance. Era una situación anómala donde un dios varón hablaba a través de la boca de una mujer», señala Hale. Finalmente, un gran templo reemplazó el humilde santuario. Las pitonisas o pitias ya no estaban poseídas por una gentil madre Tierra sino por un dios dominante. Apolo se retiraba durante el invierno a la soleada Licia o a las regiones hiperbóreas del lejano norte y regresaba con la primavera. Mientras estaba ausente, era su hermanastro Dionisos quien ocupaba el templo.

A medida que la fama del oráculo se extendió, llegaron visitantes de todo el mundo antiguo. La tradición dice que, allí, el filósofo Sócrates fue proclamado «el más sabio de todos los hombres» y que Alejandro Magno subió las laderas del monte pidiendo y consiguiendo la certeza divina de victorias constantes. Alrededor del templo se levantaron varios edificios para alojar a las multitudes. Aunque el oráculo sólo hacía profecías nueve veces al año, siempre era un bullicioso centro de actividad, excepto en pleno invierno. «Surgieron actividades paralelas para atraer a la gente. Se construyó un gran teatro donde se representaban los dramas con vistas al desfiladero. Se levantó un gimnasio para que la gente pudiera hacer ejercicio, practicar lucha, correr, entrenar. En la ladera se construyó un estadio para llevar a cabo los Juegos Píticos. Así que el sitio se convirtió en una especie de gran centro de entretenimiento donde el oráculo era el eje de la actividad», describe Hale.

Ese centro marcaba el lugar donde estuvo una vez el santuario dedicado a la madre Tierra, sobre una fisura y una fuente sagrada. Pero ¿qué había exactamente en ese punto geográfico que cambió todo el paisaje del mundo antiguo? Para obtener una respuesta, el geólogo holandés Jelle Z. de Boer y John R. Hale estudiaron los *Diálogos píticos* de Plutarco, que era el mayor de los dos sacerdotes de Apolo en el oráculo y, por tanto, el responsable de interpretar los augurios de las pitonisas. Plutarco era un científico pionero que supo observar muy bien la naturaleza. «Nos cuenta que el gas subía a la superficie libremente o disuelto en el agua, lo que demuestra que debió de ver burbujas subiendo a la superficie», sostiene Hale. «Sólo dijo que eran gases y que influían en la pitia», añade De Boer.

El poder de las pitonisas

La fama de Delfos rebasaba las fronteras de Grecia. Cuando llegaban al magnífico templo de Apolo ascendiendo el monte Parnaso por la vía Sacra, los consultantes se purificaban en las aguas de la fuente Castalia. Luego salpicaban a una cabra con agua fría; si temblaba, era sacrificada y el consultante estaba autorizado a hacer su pregunta tras pagar una tasa. Se sabe que las consultas podían hacerse individual o colectivamente, por ejemplo, para toda una ciudad. En los siglos de esplendor del oráculo, el dinero circulaba con abundancia y se dice que fue allí, en el siglo VI a. C., donde hicieron su aparición los primeros bancos. Pero la ciudad también vivía en un clima de piedad y de efervescencia intelectual. Se practicaba y fomentaba la filosofía.

Todos los que consultaban el oráculo tenían que pasar bajo una inscripción en el frontón del templo. Unas palabras que podrían interpretarse como una exhortación o como una advertencia: «Conócete a ti mismo». Esta máxima enseñaba que el individuo debía sacar sus propias conclusiones, independientemente de lo que profetizara la pitia. La importancia de la autonomía en la búsqueda de la verdad fue una práctica que no cambió en el oráculo a lo largo de los siglos.

De los miles de devotos que consultaban el oráculo de Delfos durante siglos, pocos recibían una respuesta inequívoca. La mayoría de las profecías eran versos crípticos, redactados a menudo de forma oscura y confusa, y si el oráculo lo interpretaba mal, podía ser mortal. Fue el caso de Creso, rey de Lidia, la actual Turquía. En 550 a. C., cuando se preparaba para invadir Persia, Creso consultó el oráculo. La respuesta fue: «Si atacas, destruirás un gran reino». Creyendo que se refería al imperio de los persas, Creso atacó, con lo que provocó una represalia masiva. La profecía se cumplió. Creso había destruido un gran reino: el suyo. Según el historiador griego Heródoto, en el siglo V a. C., durante el enfrentamiento entre el Imperio persa y algunas de las ciudades-estado griegas —conocido como las guerras Médicas— los sacerdotes de Delfos aconsejaron la rendición ante los persas, ya que presagiaban desastres y derrotas. Sin embargo, los atenienses, partidarios de resistir, hicieron rectificar a los sacerdotes el sentido de la predicción, emprendieron la guerra y resultaron finalmente vencedores en la batalla de Maratón.

En cuanto a la vida de las pitonisas de Delfos, poco se sabe. En las primeras épocas se escogía únicamente a una profetisa, pero con el paso del tiempo, y debido al aumento de los consultantes, llegaron a ser tres. En días de largas consultas podían ser requeridas todas ellas. Eran vírgenes que vivían aisladas y a las que educaban para sus funciones los sacerdotes del templo y una hermandad de sacerdotisas con ritos iniciáticos y secretas tradiciones ancestrales. Para entrar en el *áditon*, los días sagrados se sometían a ayuno y purificación, mediante un baño ritual en las aguas sagradas del manantial de Castalia y masticando hojas de laurel. Estos ritos las preparaban para la dura prueba. Los antiguos rituales se infringieron sólo una vez, lo cual acarreó un desastre. «En aquella ocasión —cuenta Hale—, un grupo muy importante llegó en el día equivocado. Obligaron a trabajar a la sacerdotisa, aunque ella sabía que no era posible. Las profecías sólo se realizaban desde el trípode, el séptimo día después de cada luna nueva.» Empezó a delirar, a gritar, a revolcarse y, finalmente, la pitonisa corrió hacia la puerta. Los sacerdotes y los consultores se asustaron tanto que huyeron. Cuando regresaron, ella estaba inconsciente en el suelo. A los pocos días murió.

Según De Boer, elegir esas fechas concretas podría tener que ver con la cantidad de agua y gases que subían a la superficie. «La pitonisa entraba en esa estrecha habitación sin saber realmente la cantidad de gas que habría. En condiciones normales había poco, pero lo suficiente para entrar en trance. En este caso, lo más probable es que la sacerdotisa se envenenara por exceso de gas.» Pero ¿qué tipo de gas produce un efecto tan letal?

Las primeras excavaciones

En 1840, el arqueólogo alemán Karl Otfried Müller trabajó en la zona de Kastri y descubrió entre las ruinosas casas del poblado una parte del gran muro poligonal del recinto del santuario. El honor de ser el primero en cavar en Delfos le costó la vida, ya que murió de insolación. Poco a poco fueron llegando más arqueólogos alemanes y franceses, que descubrieron indicios y vestigios de la joya arqueológica que se escondía en aquel lugar. Según cuenta Hale, el gobierno francés, muy interesado en lo que podría ocultar ese emplazamiento, tuvo que comprar Kastri casa por casa. En 1891, la gente se trasladó al otro lado de la montaña, a la moderna Delfos.

Los arqueólogos sabían exactamente dónde buscar y cuando derribaron las casas en ruinas apareció la plataforma del gran templo. En 1894, dirigidos por el jefe de la Escuela Francesa de Arqueología de Atenas,

Théophile Homolle —quien consiguió que el gobierno griego concediera a Francia el monopolio para excavar en Delfos—, comenzaron a cavar en el *áditon,* pero el pozo de la excavación se inundó. No fue hasta 1913 cuando los arqueólogos franceses finalmente alcanzaron el lecho de roca. «Esperaban descubrir una gran grieta en la roca con vapores venenosos saliendo de ella o una fuente o manantial en el interior del templo. Pero se encontraron con una gran decepción: sólo había un suelo de tierra», cuenta Hale.

Según revelaron las excavaciones, el lugar fue habitado durante el período micénico, alrededor del siglo XV a. C., pero el culto a Apolo no lo introdujeron hasta el siglo VIII a. C., unos sacerdotes que provenían de Cnosos. Los descubrimientos incluían estatuas, templos, el gran altar, un estadio, los muros de la antigua ciudad y edificios con más de cuatro mil ofrendas con inscripciones de himnos a Apolo que proporcionaron una valiosa información sobre la antigua Grecia. Sin embargo, no hallaron lo que describían los antiguos griegos: la fisura en la roca desde donde emergían los proféticos vapores. La noticia de que la famosa cámara estaba vacía se extendió como la pólvora. El trance profético de las pitonisas era una leyenda que la tradición había hecho llegar hasta nuestros días. «No había grieta, ni gases ni manantiales, y este descubrimiento se abrió paso en la literatura académica. Ante esta evidencia, todo el mundo asumió que nada de lo descrito por las fuentes antiguas era cierto», explica el arqueólogo Hale.

Después de la excavación del *áditon* en 1913, se descartó la teoría de los gases tóxicos, pero según el doctor Stephen Soter, un investigador que trabaja para el Museo Americano de Historia Natural en el golfo de Corinto, a pocos kilómetros de Delfos, tales emisiones de gases son casi tan comunes hoy en día como lo eran hace dos mil años. «Toda la región —explica— parece sometida a emisiones de gases a través de fallas relacionadas con terremotos. En el lecho marino encontramos gran número de marcas o cráteres submarinos formados por la emisión de gases que salen del fondo del mar.» Según este investigador, en la terminología geológica, «el gas suele asociarse con las zonas volcánicas o con las fuentes termales, pero aquí no hay. Sin embargo, tenemos una extensa grieta que separa la corteza y produce fisuras que penetran en la tierra; esto permite que los fluidos de las profundidades se abran paso hasta la superficie».

En 1950, el arqueólogo francés Pierre Amandry sostuvo que en Delfos, al no ser una zona volcánica, no podían producirse emanaciones de gas y atribuyó el trance de la pitonisa a un engaño de los sacerdotes de Apolo. Ante esta conclusión, el oráculo, otrora poderoso, fue relegado a la esfera de la mitología y la ficción. «Tal vez —prosigue Hale— la pitonisa se inducía el trance. Quizá todo era un fraude; los sacerdotes y la adivinadora estafaban al pueblo con estos oráculos. Cuando se extendió la nueva postura escéptica hacia Delfos, cambió la actitud de la mayor parte del mundo académico y de la gente hacia los textos antiguos, y su opinión sobre las tradiciones del oráculo y la religión en general.»

En 1985, el geólogo Jelle Z. de Boer trabajaba con el gobierno griego, que por aquellos años estaba muy interesado en construir centrales nucleares en su territorio. «En un país con tantos terremotos y volcanes era muy peligroso; por eso deseaban confirmar que el lugar donde planeaban instalar las centrales nucleares era seguro, comprobar que no había actividad sísmica», cuenta. Así que lo contrataron.

En esta primera visita, De Boer vio a un equipo de obreros que estaban ensanchando la carretera y así descubrió la primera pista sobre el origen de los poderes del oráculo: observó una falla que se iba estrechando y corría a lo largo de la montaña hacia el santuario. «Al excavar habían dejado al descubierto una falla. Me pareció muy interesante, porque ya había observado evidencias de la existencia de una grieta al oeste y de otra al este de Delfos. Lógicamente, debía ser la misma. Así que comencé a estudiarla en ambas direcciones.» De Boer recorrió varios kilómetros, siguiendo la hendidura e hizo algunas mediciones que le permitieron trazar parte del recorrido de la falla. Más tarde, las fotos de satélite confirmaron sus sospechas. «Con la ayuda de los mapas por satélite —explica— quedaba claro que esta falla seguía hacia el este por debajo de la ciudad de Delfos. En su trayectoria pasaba justo por debajo del oráculo y luego continuaba hacia Corinto.» Para él, desconocedor de los nuevos dogmas en la arqueología, el lazo entre la falla y los vapores sobre los que hablaban los escritores antiguos era obvio.

De Boer volvió a examinar el registro arqueológico original y halló algunas evidencias que se habían pasado por alto: pruebas de la fisura que podía haber sido la responsable de la legendaria fama del oráculo. «La mayoría de los arqueólogos pensaron que debajo del templo encontrarían una cavidad grande. Pero la palabra griega que significa cueva puede ser traducida de forma diferente», mantiene el geólogo holandés.

En la primavera de 1996, para documentar su hallazgo, De Boer volvió, acompañado por el arqueólogo John R. Hale. No es de extrañar que, en un primer momento, Hale estuviera convencido de que De Boer se equivocaba, puesto que todas las teorías arqueológicas elaboradas hasta entonces negaban la existencia de una fisura debajo del templo.

Los caminos del arqueólogo y el geólogo se habían cruzado en 1995, cuando Hale excavaba una villa romana que creía que había sido destruida por un terremoto. De Boer estaba trabajando en la zona. «Le pedimos que viniera a echar un vistazo —cuenta el arqueólogo Hale sobre su primer encuentro—. Compartimos una botella de vino, hablamos de otros lugares que habíamos visitado y me dijo de pasada: "John, deberías haber estado conmigo cuando estuve en Delfos. Vi la falla que transcurre por debajo del templo de Apolo". Yo dudé, pero él me aseguró que podía demostrar geológicamente que hay una grieta debajo del sitio y que podría haber muchas más.» El holandés le dio argumentos geológicos, citó a los escritores antiguos y planteó de manera convincente una duda razonable. «De alguna manera me molestó que un geólogo pusiera en duda mis conocimientos de un asunto que yo consideraba la Biblia. Él estaba tan confiado y tan seguro de la existencia de esa grieta que realmente me dejó impresionado», añade Hale.

Juntos esperaban poder documentar la presencia de la falla, un hallazgo que refutaría todas las pruebas científicas aceptadas acerca de este misterioso lugar. De Boer contrató a científicos de otras especialidades, y sometió las antiguas piedras y las aguas de Delfos a las últimas tecnologías y a modernas pruebas. Los resultados sacudirían los cimientos del mundo científico y reescribirían la historia de uno de los sitios más sagrados del mundo.

EL SECRETO DEL TRANCE

En el verano de 1998, De Boer y Hale volvieron por segunda vez a Delfos para completar su investigación. Pretendían demostrar que la fuente de los poderes del legendario oráculo no era un mito, sino una realidad geológica y arqueológica. Solicitaron al gobierno griego poder acceder a las ruinas y, junto con los arqueólogos del lugar, realizaron un estudio de campo tan detallado que puso fin a meses de especulaciones. Bajo el templo de Apolo, De Boer y Hale no encontraron una falla, sino dos. «Aparte de la falla de Delfos que serpentea de este a oeste, hay, en el lugar del emplazamiento del oráculo, otra falla que va de norte a sur», señala De Boer. El punto de intersección, que forma una X casi perfecta, es Delfos.

Faltaba demostrar que la grieta discurría a través del *áditon* sagrado. Los científicos buscaron pruebas de la existencia de agua que se vería forzada a salir a la superficie por las fracturas activas. «Encontramos grandes montículos de travertino, un material calcáreo de consistencia porosa que se forma por la deposición de las sales que contiene el agua. Así, se forma sobre manantiales cuando el agua más caliente, en un nivel más profundo, se enfría al salir a la superficie. Eso significaba que había manantiales», dice De Boer.

También se descubrieron rastros de travertino en el bloque de piedra sobre el cual se colocaba el trípode y un sistema de canales bajo los cimientos. El examen confirmó que el templo se levantó sobre un antiguo manantial, activo en el momento de la construcción. El edificio disponía de una red de desagües, conductos y tuberías que cruzaba los cimientos, recogía agua de los manantiales de la ladera y la llevaba a la fuente Castalia situada al sur del templo. «Sería una locura construir un templo sobre un manantial —dice Hale— a menos que fuera necesario. No es muy sensato colocar un edificio sobre una corriente de agua si se espera tener unos cimientos sólidos, una base segura.» La arqueóloga de Delfos Elana Partida añade: «Una característica interesante de la arquitectura del *áditon* es que no coincide con la línea axial del templo, sino que está un poco desplazado hacia el sur, ligeramente descentrado. Creo que la explicación de que eligieran esta posición es que el centro debía poseer unas características geológicas específicas, como una grieta».

Tras un estudio bibliográfico, Hale descubrió que Delfos no era el único templo dedicado a Apolo construido alrededor de un accidente geográfico. «En Asia Menor, lo que hoy es Turquía, había templos como el de Claros y el de Didyma deliberadamente construidos sobre manantiales. Pero el más extraordinario de todos es el templo de Apolo en Hierápolis, en Turquía, donde una grieta similar era un respiradero de gases subterráneos, en concreto de CO_2, tan tóxico que podía matar a cualquier pequeño animal que lo cruzara. Cuando visité el templo había muchos gorriones muertos por los alrededores», señala Hale.

Las evidencias confirmaban cada vez más las historias de los antiguos griegos. Pero De Boer debía descubrir qué tipo de gas podía haber causado el trance y las profecías durante tanto tiempo asociadas al oráculo. Si lograba encontrar un responsable químico, la ciencia estaría un paso más cerca de resolver un enigma de siglos de antigüedad. El gas liberado en Delfos no era tóxico, sino que parecía tener un efecto narcótico. Tratar de demostrarlo no era fácil debido a que cuando los gases salen a la superficie, se evaporan, se diluyen en la atmósfera. A De Boer se le ocurrió la idea de analizar el travertino para ver si, atrapados en sus poros, contenía gases de aquellos tiempos.

Entonces apareció el tercer miembro del equipo, el químico Jeffry Chanton, que analizó la composición del travertino encontrado en el manantial subterráneo de la pitia en su laboratorio de Florida. A los nueve meses llegaron los resultados: había rastros de metano y etano depositados en la piedra de las paredes del templo por donde salía el agua del manantial. Estos dos hidrocarburos son conocidos disolventes orgánicos y están estrechamente relacionados con el propano, el butano y otros productos inflamables de uso común. Cuando se inhalan, actúan como asfixiantes y anestésicos, por lo que privan al cerebro de oxígeno. En caso de sobreexposición, tienen efectos devastadores sobre el sistema nervioso.

Las pruebas químicas

¿Podrían estas sustancias haber causado los trances de la pitia? A finales del año 2000, Hale conoció al que sería el cuarto integrante del equipo, que trabajaba en el área de intoxicación con hidrocarburos. «En un estudio que realizábamos sobre el abuso de inhalantes en Estados Unidos basado en personas que inhalan de una bolsa para colocarse, descubrimos que los principales componentes activos de la mayoría de estas sustancias son hidrocarburos, como el propano, el metano, el butano y la gasolina», cuenta el toxicólogo Henry Spiller, del Centro de Control del Instituto Nacional de Toxicología de Kentucky. Para este experto, la narración de Plutarco sobre la muerte de la pitonisa que no cumplió el ritual encaja con los síntomas de una sobredosis de anestesia. «La anestesia provoca náuseas y vómitos. De hecho, una de las reglas de la cirugía actual es no comer nada después de la medianoche del día anterior a una operación», indica Spiller. Obligar a la sacerdotisa a entrar en el *áditon* sin haber ayunado la puso en grave peligro. Según explica Spiller, al respirar esos gases el contenido del estómago pasa a los pulmones. «La muerte no es inmediata. Probablemente, esa mujer murió lentamente por una neumonía provocada por la aspiración inicial.»

Sin embargo, el metano y el etano son inodoros, sin el olor perfumado de los vapores que se decía que tenía el oráculo. «Analizamos muestras de agua de los dos manantiales que llegaban al templo de Apolo. En el de arriba del templo, el agua también tenía altos niveles de etano y etileno, lo cual significa que estaba en contacto con los hidrocarburos del subsuelo. En el que usaban los habitantes para su suministro de agua, situado a unos cien metros de distancia, no había etileno ni etano. Así que había dos manantiales separados sólo por cien metros pero con componentes químicos diferentes: uno con gases y el otro, no», cuenta Chanton.

Además, en las muestras de travertino que analizó Chanton se encontró sólo etano y no etileno. La explicación de este químico es que el etileno no puede ser estable durante dos mil años. «Es probable que se descompusiera y formara etano», afirma. El etileno era un importante anestésico, el más usado entre los años veinte y los sesenta. «Es casi tres veces más potente que el óxido nitroso. Además, produce pocos o ningún efecto sobre el corazón o el sistema respiratorio. Sin embargo, en 1966 se dejó de utilizar el etileno como anestésico porque es una sustancia explosiva», cuenta Spiller.

Mediante diversas pruebas y el estudio de textos médicos antiguos, Spiller encontró una coincidencia entre los síntomas de los pacientes tratados con etileno y la reacción de la pitonisa. Una pequeña dosis de anestesia provocaba un leve mareo y dolor de cabeza, sensación de euforia, inestabilidad al andar, un sentimiento de libertad, al tiempo que se mantenía la capacidad de hablar y responder con claridad. En su segunda fase, el etileno podía causar el frenesí descrito por los escritores antiguos. Para reafirmar sus ideas, Spiller decidió en 2002 recrear la cámara del oráculo. Era una especie de cubículo donde se liberaría etileno. «Tras sentir un estado de bienestar y despreocupada alegría, se pasaba a la llamada fase de excitación, que podía provocar reacciones violentas, discurso incoherente, llanto y exaltación extrema. A veces los sujetos sometidos a experimentos se mostraban confusos y no recordaban lo sucedido durante la intoxicación», indica Spiller. Pero la principal evidencia de que el manantial sagrado podía emitir etileno es la fragancia de este gas, que se corresponde con los antiguos relatos de los testigos. El etileno tiene un olor dulce.

En agosto de 2003 se publicó el trabajo de los cuatro miembros del equipo bajo el título «Cuestionando el oráculo de Delfos», en la revista *Scientific American*, en el cual se comparaban las pruebas halladas por estos científicos con la tradición clásica. En él se explicaba que en el *áditon*, la pitonisa entraba en trance gracias a unos vapores de olor dulce que provenían de la tierra; que bajo el templo, justo debajo de la cámara del oráculo, se había encontrado el entrecruzamiento de dos fallas. Además, el suelo bajo el santuario era de caliza bituminosa. Todas estas condiciones proporcionaban el combustible en el lugar adecuado para que emanaran del lecho rocoso gases como el metano, el etano y el etileno, que pueden producir estados similares a los descritos en las fuentes antiguas. El rompecabezas estaba casi resuelto.

EL DECLIVE DE DELFOS

La ubicación de Delfos en una zona sísmica y el etileno explican el trance y la locuacidad eufórica de la pitonisa, pero no que los pronunciamientos del oráculo se aceptasen como profecías. El principal motivo de veneración a ese santuario residía en la «veracidad» de sus vaticinios. Las predicciones eran tan famosas por su ambigüedad como por sus aciertos, que no sólo convirtieron Delfos en el oráculo más fiable, sino que lo mantuvieron en esa situación durante varios cientos de años. Según parece, hubo dos factores determinantes para tal consideración. En primer lugar, las profecías estaban abiertas a la interpretación y era casi imposible rebatirlas. Además, no se tienen registros de que alguna profecía se juzgara errónea. Por supuesto, Apolo jamás mentía; eran las mortales pitonisas o los sacerdotes quienes fallaban en su interpretación. Otro factor que pudo influir en la exactitud de los consejos del oráculo era el mismo recinto de Delfos. «La gente que acudía a los oráculos para obtener respuestas contaba a los sacerdotes lo que ocurría en su aldea, en su tierra; por lo que estos sacerdotes acumulaban mucha información. Eran algo así como la CIA y el FBI, todo en uno», afirma De Boer.

De este modo, los oráculos, una mezcla de opinión bien informada y predicciones ambiguas, satisfacían a sus consultores de la misma manera que los horóscopos astrológicos lo hacen hoy en día. Correspondía al consultante interpretar las palabras del dios a través de la pitia; una difícil misión, sólo posible tras alcanzar la mesura y el conocimiento de uno mismo, tal como aconsejaba una de las máximas del templo.

Durante cientos de años, el oráculo de Delfos fue un centro de poder incomparable. Pero a partir de 370 d. C., al terminar las guerras Médicas, su influencia empezó a declinar, en parte como consecuencia del aumento de los no creyentes, y en parte por la desconfianza que generaba la parcialidad de sus sacerdotes, elegidos por las familias nobles de Delfos.

Además, durante las guerras del Peloponeso, la competencia y la rivalidad entre las distintas ciudades-estado griegas hizo que en ocasiones se acusara a los sacerdotes de favorecer a una de las partes en conflicto. En el período helenístico sólo se acudía a él para consultar cosas cotidianas. Había dejado de tener influencia en los asuntos de Estado más importantes. Pero el oráculo nunca llegó a caer en el desprestigio, a pesar de que fue saqueado varias veces, como durante la incursión de los celtas en 279 a. C.

Tras la conquista romana de Grecia, Delfos estaba en claro declive. La mayoría de su arte y tesoros los habían confiscado los romanos. Se cuenta que el emperador Nerón se llevó, en torno al 60 d. C., más de quinientas estatuas de bronce. En la primera mitad del siglo II d. C., el oráculo vivió un intenso resurgimiento a consecuencia del renovado interés por los cultos antiguos bajo los emperadores Domiciano y Adriano, que admiraban Grecia. En 312 d. C., Constantino se convirtió al cristianismo, lo cual hizo que volviera a disminuir la influencia del lugar; además, los obispos lo demonizaron, identificando a Apolo con el diablo. El oráculo lo clausuró a finales del siglo IV d. C. Teodosio I el Grande, quien hizo del cristianismo la religión oficial del Imperio bizantino, prohibió toda forma de culto a los dioses paganos y autorizó la destrucción de sus templos.

Así, durante mucho tiempo se culpó al cristianismo de su decadencia. Sin embargo, pruebas recientes indican que fue un desastre natural lo que robó al oráculo su poder. Si la verdadera inspiración de las profecías provenía del efecto del gas etileno, tal como creían el geólogo Jelle Z. de Boer y su equipo, un quinto investigador encontró evidencias de la causa del fin para el oráculo.

En el año 373 a. C. tuvo lugar el peor desastre natural registrado en la historia griega: toda la ciudad costera de Helike, cerca de Delfos, desapareció en el golfo de Corinto, sumergida por una ola sísmica. Todos los edificios se derrumbaron, incluido el templo de Apolo. Los antiguos textos griegos describen que antes de que ocurriera el gran terremoto se escucharon ruidos extraños aunque no había viento; el agua del mar parecía hervir; luces brillantes se vislumbraban en el horizonte; los pescadores sólo capturaban peces muertos o moribundos; los animales mostraban signos de creciente agitación; hordas de ratas y serpientes huyeron de la ciudad; los perros rompieron sus cadenas y nunca más volvieron a verlos.

Varios escritores antiguos, entre ellos el escritor militar griego y profesor de retórica Claudio Eliano (175-235), establecieron una correlación entre el extraño comportamiento de los animales y el terremoto. Pero esta hipótesis se descartó, al igual que las descripciones geográficas de Plutarco sobre el gas y las fisuras debajo de Delfos. «Este tipo de observación científica, que formaba parte de la tradición griega, se desacreditó y se veía con gran escepticismo. Se produjo un menosprecio de estas fuentes de la antigua Grecia, una actitud que se mantuvo a lo largo de todo el siglo XX», dice Hale.

Pero las investigaciones revelan que tal vez estos observadores antiguos estaban en lo cierto y que sus informes podrían arrojar nueva luz sobre el destino del oráculo de Delfos. La primera evidencia se encontró por casualidad en el año 1993. Los oceanógrafos de la cercana Universidad de Patras, que estaban realizando un estudio ambiental, tomaron lecturas de temperatura en el golfo de Corinto cuando se produjo un terremoto de 5,4 grados en la escala de Richter. Justo antes del terremoto aumentó la temperatura del agua del fondo y, unas horas más tarde, hubo otro pico, con un aumento de seis grados centígrados. Después se produjo un tercer pico y ocurrió el terremoto. «Esto les llamó mucho la atención y con un sónar rastrearon el fondo marino de la zona. Descubrieron un campo de cráteres submarinos gigantes, con burbujas que salían de estas marcas. Llegaron a la conclusión de que unos gases calientes salían del fondo del mar en las horas previas a un terremoto», cuenta el doctor Stephen Soter, quien ha estado estudiando la zona desde la década de 1980. Según este experto, esta liberación de gas es la culpable de los «acontecimientos previos» como los descritos por los antiguos griegos. Así, los extraños sonidos de la tierra que ellos registraron podrían deberse a gases que subían por el respiradero; las luces brillantes, el gas incendiado por la fricción, y la inquietud mostrada por los animales pudo deberse a la reacción a los gases calientes que invadían sus madrigueras.

Estas teorías han ganado adeptos desde 1995, cuando el doctor Soter experimentó las consecuencias de un seísmo de 6,2 grados y documentó algunos de estos «eventos precursores», como burbujas en el agua del mar a ambos lados del Golfo la noche anterior al terremoto; ruidos sibilantes, luces en el cielo y un comportamiento inusual de los animales, tal como veinticuatro siglos atrás había descrito el antiguo escritor Claudio Eliano. La teoría de Soter es que no hay una correlación absoluta, sino parcial, entre la emanación de gas y los terremotos posteriores. «Podría ser un medio útil avisar de un seísmo. Es como la advertencia de tornados: la predicción no es que se va a producir un tornado, sino que se dan las condiciones idóneas para que pueda ocurrir», mantiene.

Es más, según este experto, el terremoto de 373 a. C. pudo obstruir la emisión de etileno a través de una grieta por la que había fluido durante siglos. El terremoto de repente bloqueó el canal. Al cerrarse los orificios de ventilación, la emisión de gas disminuyó o se desplazó. Por lo tanto, tal vez no fue el surgimiento del cristianismo lo que destruyó el oráculo de Delfos, sino las fuerzas sísmicas que le habían dado la vida casi dos mil años atrás.

El parque temático de la Grecia clásica

La última respuesta del oráculo se registró en el año 362 a. C., una década después del gran terremoto, por una consulta del emperador Juliano, llamado el Apóstata porque protagonizó un regreso a la religión anterior al cristianismo. «Un emisario del emperador pidió a la pitia una profecía. Ella le respondió: "Dile al rey esto: el templo glorioso ha caído en ruinas; Apolo ya no tiene techo sobre su cabeza; las hojas de los laureles están silenciosas, las fuentes y los arroyos proféticos están muertos". Y el oráculo enmudeció», cuenta el arqueólogo Hale. La pitonisa de Delfos nunca volvió a intoxicarse con los vapores de etileno; sin embargo, esta última sentencia, que parece un informe sobre la situación de declive de Delfos y la imposibilidad de hacer vaticinios, podría entenderse también como una certera profecía del final definitivo de los dioses antiguos. En efecto, al año siguiente murió Juliano, y su sucesor, Joviano, restauró el cristianismo e inició la persecución de los antiguos cultos.

Aun así, Delfos siguió atrayendo a peregrinos, pero en un tipo de viajes más laicos que se iniciaron ya en la época de Plutarco. «Algunos de los primeros datos turísticos de todo el mundo provienen de aquí. No toda la gente iba a consultar al oráculo, muchos sólo querían visitar el lugar. Había guías profesionales que les mostraban el templo, una estatua, les contaban la historia del santuario. Realizaban una especie de ruta turística a la cueva Coricia o se sentaban en los escalones del templo, no para adorar a ningún dios, sino para tener conversaciones filosóficas con los amigos. Por lo tanto, se convirtió en una especie de parque temático con una importante tradición antigua», señala Hale.

Actualmente, el sitio arqueológico es Patrimonio de la Humanidad; Apolo continúa siendo el benefactor de Delfos y atrae a millares de visitantes. Al igual que otros viajeros antes que ellos, escuchan historias de las fisuras y los misteriosos gases subterráneos que inspiraron visiones y ayudaron a predecir un terremoto. Pero ahora saben que no se trata de un fraude o una leyenda, sino de un hecho comprobado científicamente. A pesar de la reticencia de algunos académicos, la comunidad científica ha aceptado el regreso a la tradición clásica. Lo que comenzó como un encuentro casual entre dos científicos, se ha convertido en un sinfín de exploraciones e investigaciones geológicas, arqueológicas, químicas y toxicológicas. La ciencia moderna se ha unido para resolver un antiguo enigma y ha devuelto a los autores clásicos el don de la verdad, a la pitia su lugar como portavoz de Apolo, y al santuario su condición de centro espiritual de búsqueda de sabiduría, justicia y armonía. «Nuestro mayor logro —explica De Boer— es haber demostrado que un acercamiento multidisciplinario puede dar muchas sorpresas. Hemos podido demostrar que lo que fue un dogma para la arqueología durante cincuenta años era una equivocación. Que los autores antiguos tenían razón. Y me gusta que sea así.»

5

Las profecías budistas

En el budismo no existe la noción de libro sagrado inalterable como en el cristianismo o el islam. Tampoco la creencia de que la verdad sea una revelación divina inamovible. Su práctica está repleta de textos con un significado complicado; de exploraciones filosóficas sobre cuestiones planteadas en los discursos de Buda y mezcladas con metáforas, mitos, leyendas y símbolos de difícil interpretación. Además, el budismo ha ido evolucionando hasta adquirir la gran diversidad actual de escuelas y prácticas, pero en todas se habla de la llegada del próximo Buda histórico, llamado Maitreya, una especie de mesías que nacerá en la Tierra para enseñar la doctrina budista (el dharma) y lograr la completa iluminación de todos los seres humanos del planeta.

Las visiones del dolor humano

Buda es el título por el que se conoce a Siddharta Gautama, nacido en el año 566 a. C. en Lumbini, en el reino de Kapilavatthu, a los pies de los montes Himalayas, en el actual Nepal. Hay certeza histórica y científica sobre su existencia. Era el primogénito del rey Suddhodana, que gobernaba el clan de los Shakya. Por este motivo, Buda también es conocido como Shakyamuni, es decir, el «sabio de los Shakya». Su madre, Māyā Devi, murió a la semana de nacer su hijo, que fue educado por su tía Mahaprajapati, quien se convirtió en la segunda esposa del rey. Según la tradición oral, poco después de su nacimiento, el brahmán Asita, un asceta de gran reputación por su sabiduría y por sus dotes para interpretar presagios, visitó al rey y profetizó que Siddharta llegaría a ser un gran gobernante o un gran maestro religioso. Suddhodana quería que su heredero siguiera sus pasos y que le sucediera en el trono. Así que optó por alejarle de la vida que transcurría fuera de los muros de palacio, con la intención de evitar que su hijo desarrollara tendencia hacia lo espiritual. Construyó tres palacios, uno para el verano, otro para la época de lluvias y un tercero para el invierno. Creó a su alrededor una vida llena de lujos, comodidades y placeres alejado de cualquier contacto posible con el sufrimiento de la realidad exterior a la vida palaciega. Según las instrucciones de su padre, cuando salía de algún palacio nunca debía pasar por un lugar feo o desagradable, que pudiera inquietar el ánimo de Siddharta.

Cierto día, cumplidos los veinte años, se encontró con un hombre de pelo gris, rostro arrugado y espalda encorvada. Era la primera vez que veía a un anciano. El príncipe quedó confundido y asustado. En otra salida se cruzó con un hombre aquejado por una enfermedad. Profundamente turbado, regresó a palacio. En otra ocasión se encontró con un cortejo fúnebre. Alguien de su séquito le explicó que, sin excepción, todo lo que nace debe morir y Siddharta quedó profundamente afligido. En poco tiempo había tomado conciencia de que todos los humanos estaban condenados a la vejez, la enfermedad y la muerte. Era el futuro inexorable de todos. En una nueva salida, el príncipe vio a un anacoreta, un monje mendicante, que le impresionó por su carácter apacible y su aspecto sereno y radiante. Era un mendigo en busca de la verdad. Siddharta se quedó conmocionado. Durante un tiempo siguió viviendo rodeado de placeres materiales, pero la duda ya anidaba en su mente; sus palacios se habían convertido realmente en su prisión. Tras varios sueños en los que lo visitaban diferentes divinidades, decidió convertirse en un monje errante para comprender el misterio de la vida y la muerte, encontrarse con su yo y obtener la liberación.

A los veintinueve años abandonó su hogar, dejando atrás a su esposa Yashodara y a su hijo Rahula, recién nacido, y su vida regalada. Asimismo, decidió seguir a los monjes que vivían en extremo ascetismo, convertirse en un mendigo. Durante seis años se sometió a los mayores sacrificios físicos, alimentándose con un solo grano de arroz al día, sentado con las piernas cruzadas, para obtener el estado perfecto de meditación y control de la pasión y el dolor. Pero descubrió que todos los extremos son malos. «Debo reconocer que he equivocado la senda de mi despertar», se dijo cuando estaba a punto de morir de inanición. Aprendió que el ascetismo extremo no conducía a la liberación total, sino que era preciso algo más. Siddharta optó por no seguir buscando fuentes externas de sabiduría, sino por encontrarlas dentro de sí mismo. No sentía miedo porque su mente experimentaba una gran compasión.

Hacia el año 536, para los budistas, el príncipe Siddharta se convirtió en el Maestro Iluminado ya que había alcanzado una forma de vida que superaba la humana y la divina. Al fin había derrotado las fuerzas demoníacas (Mara) de la ignorancia, las visiones equivocadas del mundo y de los demás, las emociones perturbadoras y se había liberado de las ataduras de las leyes del karma, según las cuales cada una de las sucesivas reencarnaciones humanas está condicionada por los actos realizados en las vidas anteriores. Se dio cuenta de que el objetivo de la vida es alcanzar la felicidad suprema mediante la concienciación total de uno mismo y del universo, y que los verdaderos enemigos que hay que derrotar son las emociones y actitudes perturbadoras que se esconden en la mente. Una vez alcanzada la iluminación, se dedicó a transmitir sus enseñanzas de forma oral —el dharma— a sus cinco primeros discípulos, que fueron aumentando rápidamente.

Los budistas creen que el Buda Shakyamuni —contemporáneo de Confucio o de Sócrates— les enseñó que todo ser humano puede convertirse en Buda. Es más, hay una serie de personas que ellos consideran budas vivientes y otros que incluso se convirtieron en perfectos budas hace muchísimos «eones-mundo», antes de la existencia de nuestro universo. Debido a ciertas malas interpretaciones muy comunes entre cristianos, judíos o musulmanes —religiones monoteístas— se suele considerar que Buda es Dios, pero los budistas no piensan así. Aunque el budismo sea una religión no teísta, y carezca de una deidad suprema, no niega la existencia de Dios. El no teísmo budista se refiere a la no creencia en un Dios separado del mundo y creador de él. Así, Buda es un adjetivo que significa «despierto», «iluminado» y «evolucionado». Según el budismo, Buda es la denominación que reciben aquellas personas que han realizado su naturaleza bodhi, es decir, que han despertado a la sabiduría o se han iluminado y han alcanzado el nirvana, la paz. Capaz de superar la pasión y el apego, ha desarrollado todas las cualidades positivas y ha erradicado todas las negativas. Buda Shakyamuni, que vivió aproximadamente hasta 478 a. C., es el Buda histórico, es decir, el primero en tener una forma humana ordinaria en la historia y el principal Buda del presente ciclo.

La vida y enseñanzas de Siddharta Gautama se transmitieron de manera oral hasta la primera compilación escrita del budismo, llamada el *Canon Pali*, donde los hechos de su vida aparecen de manera dispersa, mezclados con discursos de Buda, normas para los monjes y reglas de la orden y aspectos doctrinales del budismo. La compilación biográfica completa la realizó el maestro y erudito indio Ashvaghosha, en el siglo I d. C. Durante los siguientes quinientos años, el budismo se fue extendiendo fuera de la India, sobre todo por Sri Lanka, Asia central, Irán y Asia occidental. A partir del siglo V d. C., llegó a China y al Mediterráneo. En el siglo X se extendió a Indonesia, Corea, Japón y Tíbet, adquirió un estilo apocalíptico y nació la profecía del Kalachakra en el contexto del advenimiento de Shambhala. Actualmente es la religión mayoritaria de Asia. Según un texto titulado *Profecía dirigida a Vimaladevi*, el Buda Shakyamuni efectuó la siguiente predicción: «Dos mil quinientos años después de mi nirvana final, la verdadera doctrina será propagada en la tierra de los seres de cara roja». Según ciertos autores, esta predicción se refiere a la difusión del budismo en Occidente. En la actualidad, el budismo tiene tres cánones o tres grandes escuelas: el canon pali, asociado al Theravāda; el canon chino, que recopila los principales escritos del Mahāyāna, y el canon tibetano que es la base del Vajrayāna. Cada una de ellas a su vez cuenta con sus correspondientes subescuelas o linajes.

El enigma de Shambhala

En varias tradiciones religiosas, Shambhala es un reino mítico escondido en algún lugar más allá de las montañas del Himalaya o situado en algún punto de Siberia o del Polo Norte, donde se disfruta una vida de felicidad. Sin embargo, su localización no está muy clara. La existencia de un grupo de seres muy evolucionados, apartados del hombre y que viven en algún lugar secreto de la Tierra, ha encendido la imaginación de incontables buscadores que intentan situar en el mapa el lugar exacto, en alguna zona remota del planeta, de sus moradas sagradas donde protegen un conocimiento que guardan desde hace miles de años: la clave de los tiempos, de lo que fue, es y será. Algunos maestros budistas del pasado, como Taranatha (1575-1634), pudieron llegar a este reino y editaron «guías para viajeros» esotéricas para el uso de sus seguidores. Muchos de estos seguidores y entendidos, como el pintor, filósofo, científico, escritor y viajero Nicholas Roerich (1874-1947), candidato en varias ocasiones al Premio Nobel de la Paz y partidario de la doctrina de la fraternidad internacional, han creído ver un mensaje aún no descifrado donde se hallaría la clave para comprender Shambhala, quizá escondido en el desierto de Gobi, en Mongolia, un país «invisible» excepto para algunos adeptos.

El pluralismo de enfoques y la aceptación de distintos puntos de vista doctrinales históricamente ha sido compartido y aceptado por la comunidad budista. Así, mientras algunas tradiciones afirman que realmente existe, otras en cambio dicen que es un lugar intangible al que sólo se puede llegar a través de la mente, por medio de una práctica intensa de meditación. Shambhala sería una fuente natural de esplendor y brillantez en el mundo, que es el despertar innato de los seres humanos. Ésta es la base de la inspiración del reino de Shambhala, una sociedad despierta, intrépida, digna y compasiva, pero de naturaleza espiritual. El Dalai Lama —jefe de Estado temporal y líder espiritual del pueblo tibetano— explica que Shambhala existe meramente como un reino espiritual y que pese a que la literatura tradicional describe el viaje físico hasta allí, el único modo de llegar a él es por medio de una práctica intensa de meditación que conduce a la sabiduría interior.

De cualquier forma, la leyenda cuenta que las personas más desdichadas de la Tierra exterior intentarán conquistarlo y se generará una especie de conflicto parecido al del Armagedón, al final del cual la vida en el planeta será idílica como lo fue en Shambhala durante siglos.

La tradición dice que el Buda Shakyamuni enseñó al primer rey de Shambhala, que se llamaba Suchandra —y que posiblemente sí existió—, y a su cortejo, en Andhra, al sur de la India, la doctrina de Kalachakra, las enseñanzas más profundas para el desarrollo de la conciencia. El rey Suchandra llevó estas enseñanzas a su país norteño, donde han florecido desde entonces. Siete generaciones de reyes después de Suchandra, en el año 176 a. C., el rey Manjushri Yashas reunió a los sabios brahmanes —sacerdotes mediadores entre los humanos y los dioses— de Shambhala para ofrecer predicciones y hacerles una advertencia. Explicó que cuando hubieran transcurrido ochocientos años, es decir en el año 624 d. C., una religión «no índica» surgiría en La Meca debido a la falta de unidad entre los líderes religiosos. Anunció que por no seguir correctamente los mandatos de las Escrituras védicas (colección de textos antiguos escritos por sabios anónimos en la India entre mil quinientos y quinientos años antes de Cristo, previo a la llegada del budismo), muchos en ese futuro lejano aceptarían esa religión, cuando sus líderes amenazasen con una invasión. Para evitar tal peligro, Manjushri Yashas redactó el tantra —un texto directamente proveniente de Buda— de Kalachakra, que es la versión actualmente vigente entre los budistas.

Como la fundación del islam data de 622 d. C., dos años antes de la fecha predicha por el Kalachakra, muchos identifican esta fe como la religión no índica de la profecía. Los textos del Kalachakra la describen con ritos de sacrificio de ganado mientras recitan el nombre de su dios; además, habla de la circuncisión, de las mujeres con velo y de la oración en dirección a su tierra santa cinco veces al día. Manjushri Yashas indicó que la futura religión no índica tendría una línea de ocho grandes maestros o profetas: Adán, Noé, Abraham, Moisés, Jesús, Manes, Mahoma y el Mahdi. «También predijo que los seguidores de la religión no índica gobernarían la India algún día y que su rey Krinmati intentaría conquistar Shambhala en el año 2424 d. C. Sin embargo, el vigésimo quinto rey de Shambhala, Raudrachakrin, invadiría luego la India y derrotaría a los no índicos en una gran guerra. Su victoria marcará el final de la "edad de las disputas", tiempo durante el cual la práctica de las enseñanzas de Buda o dharma había degenerado. Tras esto, advendría una nueva edad dorada durante la cual las enseñanzas florecerían», explica el especialista en budismo tibetano Alexander Berzin. Según indica este experto, el término sánscrito para describir «no índico» es *mleccha*, que significa alguien que habla de modo incomprensible en una lengua no sánscrita. Tanto los hindúes como los budistas utilizan esta palabra para referirse a todos los extranjeros invasores de la India del norte, comenzando por los macedonios y los griegos allá por la época de Alejandro Magno. El otro término sánscrito usado es *tayi*, que deriva del persa, y se utiliza por ejemplo en referencia a los invasores árabes en la conquista islámica de Persia (637-651), que desembocó en el fin del Imperio sasánida y la decadencia de la religión zoroástrica en Persia, actual Irán.

En el tantra de Kalachakra, el rey Manjushri Yashas también cuenta que habrá una lucha entre los pueblos no índicos de La Meca, pero no está muy claro si se trata de una guerra en sí o de una metafórica batalla interior. Así, algunas tradiciones budistas interpretan que el simbolismo que utiliza Manjushri Yashas —con divisiones de su ejército y sus doce dioses hindúes que ayudan a ganar la guerra— no se refiere a una campaña propiamente para matar a los seguidores de la religión no índica, sino una batalla interior entre la mente y el comportamiento destructivo. La victoria de Raudrachakrin representa el logro del sendero hacia la liberación y la iluminación. La analogía y el lenguaje militar para describir tan sólo un camino espiritual son lógicos si se tiene en cuenta que el Buda Shakyamuni nació en la casta guerrera india.

Sin embargo, para otros budistas, el Kalachakra revela dos niveles de batalla, el interior y el exterior que podría ser una «guerra santa» al estilo de la *yihad* en el islam, entre budistas y musulmanes, aunque en ambas religiones se hace principal énfasis en la lucha espiritual interna contra la propia ignorancia y las tendencias destructivas. En esta línea, algunos maestros budistas creen que el Kalachakra no sólo profetizó la creación del islam, sino que advierte sobre su crueldad y su amenaza potencial, lo cual no es de extrañar si se tiene en cuenta que cuando las enseñanzas del Kalachakra aparecieron por primera vez en la India, basadas en palabras de Buda y las leyendas de siglos atrás, ejércitos musulmanes invadieron algunos países budistas. Así, los seguidores de esta tradición afirman que la guerra predicha entre Shambhala y las fuerzas no índicas no es una mera metáfora sino una referencia a una realidad histórica futura. Creen que después de treinta y dos reyes en Shambhala, que reinarán cada uno durante cien años —es decir, unos tres mil años después de la época de Buda—, el mundo exterior se hallará completamente dominado por una sola dictadura materialista y la vida en el planeta se convertirá en algo horrible, en una «Era oscura». Entonces emergerá el rey de Shambhala Rudra Chakrin de su ciudad secreta con un gran ejército, equipado con armas terribles, para eliminar el odio, destruir a la humanidad perversa y comenzar una nueva era dorada. «Las fuerzas militares del dictador quedarán destruidas en su intento de conquistar el nuevo territorio y los iluminados de Shambhala compartirán su estilo de vida altamente tecnológico, liberando e iluminando a los demás pueblos del planeta, lo que marcará el inicio de una época dorada que ha de durar como mínimo mil ochocientos años», explica Robert A. F. Thurman, profesor de estudios indotibetanos de la Universidad de Columbia, en Nueva York. Según señala este experto, los tibetanos creen que Shambhala está sólo a unos siglos del presente y «la destrucción de las instituciones budistas en su propio territorio constituye la señal de que se acerca la era de la liberación para el mundo entero, y no sólo para los tibetanos». También creen en un holocausto planetario, eso sí, para renacer más adelante en una época mundial de madurez, en la era de Shambhala.

La tercera línea de interpretación de la profecía descrita en el Kalachakra es que la predicción se refiere «a fuerzas destructivas contrarias a la práctica espiritual —y no específicamente a un ejército musulmán— que atacarán en el futuro, y que una "guerra santa" externa en su contra será necesaria, pero la batalla debe siempre basarse en los principios budistas de compasión y conciencia profunda de la realidad», señala Alexander Berzin.

El advenimiento del siguiente Buda

Todas las religiones hablan de la venida del Mesías, y aunque cada una aporta una descripción distinta de cómo llegará éste, casi siempre aparece tras una época de degradación moral y deterioro social, en «los últimos tiempos» o «en el Juicio Final». Muchos expertos sostienen que las profecías del advenimiento de este mesías que anuncian todas las religiones del mundo, cada una a su modo, están prediciendo el mismo evento. La idea de una guerra entre las fuerzas del bien y del mal, que terminará con una batalla apocalíptica conducida por un mesías, según Berzin, «apareció primero en el zoroastrismo, fundado en el siglo VI a. C., unas décadas antes de que naciese el Buda, y entró a formar parte del judaísmo en algún momento entre los siglos II a. C. y el II d. C. Con posterioridad se introdujo en el cristianismo temprano y en el maniqueísmo, y después en el islam».

En este sentido, son intercambiables, por lo similares que son los vaticinios que anuncian cada una de sus apariciones, las profecías del Mahdi, según la creencia de los musulmanes, quien conducirá a los creyentes hacia Jerusalén, restaurará la ley y el orden coránicos y unirá a los seguidores del islam en un solo estado político, antes del apocalipsis que anunciará el fin del mundo; la Segunda Venida de Cristo, según los cristianos; el advenimiento del Señor de las huestes, que bajará del cielo cuando los humanos estén sumidos en el sueño de la inconsciencia según los judíos; el salvador de la India Krishna, que nació mil años antes de Cristo y que regresará para luchar contra el príncipe del mal que desolará la Tierra; el regreso de Shah-Bahram, prometido por Zoroastro; o de Kalki, que vendrá al final de la era del demonio Kali (que no se debe confundir con la diosa Kalí) montado en un caballo blanco, blandiendo una espada para matar a toda la humanidad, completamente degradada, e iniciar una nueva era de la verdad. Todos los grupos religiosos parecen estar esperando la misma batalla final. Y, en el caso de los budistas, aguardan a Maitreya, el «Amoroso».

Las diferentes escuelas budistas, que siguen distintas tradiciones orales, países y maestros, comparten las mismas creencias fundamentales.

Una de las principales es la reencarnación: el concepto de que una persona debe pasar por muchos ciclos de nacimiento, vida y muerte, a fin de acumular un buen bagaje de virtudes. Pasados muchos de estos ciclos, si se libera de sus ataduras al deseo, de las preocupaciones mundanas «de esta vida» y de sí misma, por medio de la generosidad, el desapego, la moralidad, la tolerancia y la práctica de la meditación, esta persona puede obtener el nirvana, un estado de liberación sin sufrimiento. Es la evolución del karma del individuo inmerso en un gran número de formas de vida distintas, en las que tiene la capacidad y la oportunidad de afectar de forma positiva —y también negativa— las citadas vidas hasta llegar a acumular enormes cantidades de virtud y sabiduría y alcanzar el umbral del perfecto estado de Buda.

Otra de las creencias que aparece en todas las tradiciones budistas es la profecía de Maitreya, aunque con una variedad de expresiones culturales específicas que asocian a esta figura mesiánica con ciertas características apocalípticas, según donde se desarrollara la leyenda: en China, Corea, Vietnam, Tíbet o Japón. Maitreya será el sucesor de Siddharta Gautama, el cual le anunció el nombre del próximo Buda que liderará el mundo en un tiempo futuro cuando «el dharma esté olvidado en la Tierra», es decir, durante una época de decadencia, un punto bajo de la existencia humana debido a la ausencia de seres iluminados. Según el texto budista *Maitreyavyakarana*, Maitreya se convertirá en Buda de nuevo en la India. Nacerá en Ketumati (Benarés, actualmente), en un mundo donde los seres humanos ya tendrán sus necesidades básicas cubiertas y habrá un estado de completa paz mundial. No obstante, esa humanidad no recordará el camino espiritual, las doctrinas de Buda, y por tanto Maitreya aparecerá para mostrarlo de nuevo con claridad.

Maitreya es el único Buda en la iconografía budista que aparece sentado en una silla, al estilo occidental. Reside actualmente en el cielo Tusita, al cual se accede a través de la meditación. El Buda Shakyamuni también vivió ahí antes de que naciera en el mundo. Según algunas tradiciones budistas, nacerá como un ser humano no iluminado y, como le pasó a su predecesor, acabará por convertirse en Buda.

En cuanto a las señales y eventos físicos que anunciarán su llegada, según explicó el propio Buda Shakyamuni, en esa época los continentes actuales ya serán totalmente diferentes. El océano perderá gran cantidad de agua y la disminución en su tamaño permitirá que Maitreya pueda recorrerlo libremente, sin ningún problema para atravesarlo. La India será una gran planicie, medirá diez mil leguas y todos los hombres tendrán el privilegio de vivir en ella. Albergará una cantidad innumerable de habitantes, que gozarán de entusiasmo y alegría... pero no habrán conseguido la felicidad. Sus cuerpos serán muy grandes y su piel tendrá un bello color... El suelo estará cubierto por una capa de pasto fresco y verde. Tendrá un aroma delicioso y crecerá de él un arroz exquisito, sin necesidad de trabajarlo. Los árboles tendrán hojas, flores y frutas, todo al mismo tiempo. Shankha será el gobernador del mundo, regirá sobre la Tierra hasta los confines del océano. A medida que Maitreya crezca, observará que todos los seres vivos siguen atados al sufrimiento, porque no habrán desarrollado la renuncia y el desapego, sino el disfrute de los placeres ordinarios. Entonces, ya convertido en un sabio supremo, predicará el verdadero dharma. Bajo la guía de Maitreya, cientos de miles de seres vivos abrazarán la vida espiritual, incluso el rey Shankha terminará por ser receptivo a sus enseñanzas, entonces Maitreya asumirá su último renacimiento. «Libres de toda miseria, los seres humanos conseguirán cruzar el océano del devenir y, como resultado de las enseñanzas de Maitreya, llevarán una noble vida. Ya no pensarán que algo es de su propiedad. ¡No tendrán posesiones, ni oro, ni plata, ni hogar ni parientes! Llevarán una vida noble de castidad. Rasgarán la red de las pasiones y tendrán abundancia de alegría y felicidad. Después de que el gran sabio entre en el nirvana, su dharma verdadero perdurará por mil años más», dice la leyenda.

Hay diferentes interpretaciones sobre cuándo vendrá Maitreya. Algunos dicen que «cuando la Dispensación del Buda perfecto tenga cinco mil años». Esto sería en torno a 1957 d. C. en el calendario gregoriano. Sin embargo, otros estudiosos budistas dicen que aparecerá dentro de nueve millones de años tras el actual Buda; los más cercanos datan la llegada dentro de treinta mil años. Depende de la interpretación y las fuentes. Estas cifras difieren debido al esquema cíclico de la cosmogonía budista en donde sucesivos Budas aparecen en períodos humanos distintos de florecimiento y destrucción. Los budistas creen que la Tierra vive un proceso de ocaso manifestado en lo que se llama «las cinco épocas de decadencia», cada una caracterizada por conflictos más violentos, el surgimiento de nuevas enfermedades, la mayor confusión... El karma de decadencia se produce de forma más acelerada en unos períodos que en otros. Hay quienes opinan que en la actualidad estamos viviendo uno de esos períodos de declive, pero cualquier persona puede encontrar las sucesivas fases del camino que impulse su propio desarrollo espiritual y subyugar las fuerzas adversas.

LOS MITOS DEL MOVIMIENTO «NEW AGE»

Según los teósofos,* Maitreya es uno de los Maestros de la Sabiduría Antigua, cuya función es estimular e inspirar el desarrollo de líderes religiosos en cada civilización específica (clásica, occidental, china, hindú, persa, islámica, etc.) y que ha tenido numerosas reencarnaciones: primero nació en la Atlántida y, después de su caída, se reencarnó como un sumo sacerdote en el Antiguo Egipto, en Krishna, en un sumo sacerdote en la India antigua, y en Jesús durante sus tres años del ministerio, antes de morir en la cruz.

Según la escritora, astróloga y profesora en los campos de la espiritualidad y lo oculto Alice Ann Bailey (1880-1949), la Segunda Guerra Mundial fue un conflicto cósmico entre el bien y el mal. Los Maestros de la Sabiduría, en representación de las Fuerzas de la Luz, estuvieron en el lado de los Aliados, mientras que las Fuerzas Oscuras apoyaron al Eje, liderado por Adolf Hitler. Con la derrota de los nazis por los Aliados en 1945, el escenario estaba listo para la aparición de Maitreya. En enero de 1946, Bailey profetizó que Maitreya retornaría «en algún momento después del año 2025», y para inaugurar la Nueva Era, equivalente a la concepción cristiana de la Segunda Venida de Cristo.

Benjamin Creme, seguidor de Bailey y fundador de la Fundación Internacional de Share, afirma que desde 1975 se comunica telepáticamente con Maitreya, quien le ha anunciado que ha decidido regresar a la Tierra antes de 2025. Estas revelaciones están contenidas en el libro *Los mensajes de Maitreya*, en el que cuenta que Maitreya se materializó en un cuerpo físico a principios de 1977 en el Himalaya y luego, el 8 de julio 1977, reservó un pasaje en un avión desde Pakistán a Londres, donde vive actualmente. A partir de 1982, Creme publicó numerosos anuncios en muchos de los periódicos más importantes del mundo en los que declaraba que el 21 de junio de 1982 (solsticio de verano en el hemisferio

* La Sociedad Teosófica fue fundada en 1875, en Nueva York, por Helena Blavatsky, junto a dieciséis teósofos, y sigue las enseñanzas hindúes y budistas a la hora de buscar la fraternidad universal de la humanidad. Véase capítulo 18.

norte) sería cuando Maitreya —o Cristo, porque para él son lo mismo— anunciaría su Segunda Venida a través de la televisión, de forma que se cumpliría no sólo la profecía budista sobre la aparición de un futuro gran maestro, sino también las profecías de otras religiones que hablan de la llegada del Mesías. Según Creme, Maitreya ha ido surgiendo poco a poco a la vista de todos a fin de no alterar el libre albedrío de la humanidad y ha influido en el final de la Guerra Fría, en la reunificación de Alemania, y en el fin del apartheid en Sudáfrica. Sostiene que finalmente Maitreya aparecerá en la televisión cuando el mundo esté preparado para su llegada definitiva, y en ese momento «se establecerá una telepática relación con toda la humanidad al mismo tiempo» y «todos sentirán mucho más amor del que jamás han sentido, y esta expresión masiva de amor causará cientos de miles de milagros, de curaciones que se llevarán a cabo al mismo tiempo».

Lo cierto es que, en las últimas décadas, Maitreya ha sido utilizado por diversas sectas o movimientos *new age* ajenos al budismo, y muy difundidos en internet, para anunciar ocho profecías supuestamente encontradas en un antiguo manuscrito y atribuidas al Buda histórico Shakyamuni. Según estos movimientos, «las ocho maravillosas profecías de Buda» apuntarían a que la actualidad es el tiempo del final de una era. La primera profecía anuncia de que, por la noche, vendrá un cometa a la Tierra y llegarán seres vivientes de otros mundos, capaces de escribir palabras de unos a otros sin necesidad de pluma ni tinta. La segunda profecía habla de que las gentes de la Tierra son hechas una por aquellos que se sientan delante de los libros móviles, donde se escriben palabras de unos a otros sin necesidad de pluma de escritura ni tinta. La tercera profecía vaticina que un gran hombre de la paz será asesinado en la tierra del rey David (Israel) y un hombre de hierro será nombrado en su lugar —se ha querido ver una confirmación de este vaticinio en el asesinato del primer ministro israelí Isaac Rabin, que había firmado la paz con los palestinos en Washington, y en la subida al poder en las siguientes elecciones de Benjamin Netanyahu, opuesto al proceso de paz—. La cuarta dice que habrá una gran sequía y el ganado morirá, y la gente orará pidiendo lluvia. La quinta predicción vaticina que una gran montaña escupirá fuego y humo en una tierra justa y distante donde vive gente pintada. También anuncia que seis hombres y mujeres subirán al cielo en un carruaje y perecerán en llamas cerca de las montañas de la Luna y que millones de personas perderán sus tesoros, no a causa de bandidos y ladrones, sino a manos de aquellos que estaban asignados a su cuidado. De nuevo, como creen algunos cristianos milenaristas, al final habrá mil años de paz y prosperidad a partir del año 2000. Por si este último anuncio sobre el auge en esta época no fuera suficiente para desacreditar a estas ocho profecías, los budistas las califican de mito o fantasía, muy alejadas del sustrato filosófico de las enseñanzas de Shakyamuni, que pretenden auxiliar a los seres en el camino que conduce más allá del sufrimiento, al estado de despertar.

Los oráculos tibetanos

El budismo aún conserva algunos ritos ancestrales como consultar a oráculos y adivinos. Destaca particularmente el sistema de adivinación de los tibetanos y su rica y complicada iconografía mágico-esotérica que compone sus complicados rituales llenos de procesos de iniciación y ocultismo. El propio Dalai Lama consulta al oráculo Thubten Ngodup, abad del monasterio de Nechung, en Dharamsala, India, quien todavía hoy en día entra en trance —ataviado con un casco de complejo simbolismo que pesa más de treinta kilos— para revelar asuntos importantes para el gobierno del Tíbet en el exilio. «Es muy difícil decir cuántos oráculos hay en el Tíbet y cuántos dioses locales. Cientos. Hasta donde podemos remontarnos en nuestra historia, siempre ha habido médiums a través de los cuales se ha consultado a las divinidades locales», señala Thubten Ngodup en su biografía. Según explica, los oráculos no deben confundirse con los maestros espirituales, y los dioses que encarnan no deben confundirse con Buda.

La astrología tibetana, por medio de complejos cálculos, no trata de la dimensión psicológica de la persona; se centra más bien en las energías que marcan el ritmo de la existencia, y a partir de ahí calcula los días favorables o desfavorables para cualquier actividad, ya sea de forma global (entonces esos días se marcan en los calendarios tibetanos), ya sea de forma individual. Además, en la tradición tibetana, el mundo no se limita a lo visible. Existen muchas historias y leyendas que narran las acciones pacíficas —o no— de numerosas divinidades. «Por razones que nos resultan oscuras, algunos hombres y mujeres pueden estar en contacto con estas otras formas de vida que son los dioses locales. Se trata de los médiums», prosigue Thubten Ngodup, quien afirma que esas divinidades a menudo se someten a dioses más poderosos que «permanecen apacibles mientras no se les irrite. Si se hace, tienen fama de lanzar maldiciones, y se dice que ahí se encuentra el origen de las plagas y otras calamidades».

A veces, el médium puede ser alguien mentalmente desequilibrado, puede engañar, «porque al ser el intermediario entre el mundo de los dioses y el de los hombres, es posible que se aproveche de la credulidad de la gente, que reciba ofrendas sustanciales y que haga de su estafa una fuente de ingresos y de respeto», alerta Thubten Ngodup. Además, indica que nadie puede impedir el poder del karma, la ley que une implacablemente las causas y los efectos. «Si tal debe ser el karma, entonces nadie podrá impedirlo. El recurso a los oráculos se inscribe en un contexto: en saber aprovechar lo mejor de nuestras posibilidades en un contexto dado; se trata de utilizar todo lo que está al alcance para tomar la mejor decisión, en el momento en que pueda ser tomada. No se trata, en ningún caso, de dejar que el oráculo tome la decisión por uno mismo.»

Tradicionalmente, los tres oráculos del Estado del Tíbet son Nechung, Gadong y Tséumar, cada uno adscrito a un monasterio, y cuyos médiums tienen un rango oficial en la administración o en el gobierno, aunque también recurren a otros (Lhamo Tsangpa, Tenmas de Drépung, etc.). Entre ellos, el médium (o *kuten*) puede determinarse o no de forma hereditaria y la divinidad puede elegir siempre en la misma familia aquel hombre o mujer que será su soporte físico, pero siempre se reencarnan en un adulto. «El dios protector —indica Ngodup— no se manifiesta más que en el cuerpo de una persona que haya llegado a su madurez.» Desde siempre, los *kuten* han desempeñado un papel fundamental en el descubrimiento de las reencarnaciones de los Dalai Lama, ellos les dan muchos consejos y les ofrecen sus profecías. La institución del Dalai Lama —un título de origen mongol que designa al líder espiritual de la escuela Gelug, dentro del budismo tibetano— se formalizó en el ámbito religioso a partir de 1578 en la persona de Sönam Gyatso, el tercer Dalai Lama. En el año 1642, Lobzang Gyatso, el quinto en llevar este título, asumió también el poder político en el Tíbet.

Se cuenta que, en 1904, el gobierno tibetano convocó al decimosegundo *kuten* Lobsang Sönam, mientras en todo el país los monasterios entonaban oraciones para que los protegiera de la invasión de las tropas anglo-indias. Como el oráculo nunca se había equivocado cuando entraba en trance, miles de hombres partieron confiados, algunos incluso llevando como únicas armas sus amuletos. La batalla fue un desastre y murieron más de quinientos tibetanos desarmados bajo el fuego de las tropas enemigas. Al final, el Dalai Lama de entonces, el decimotercero, Thubten Gyatso (1876-1933), tuvo que huir a Mongolia y el *kuten* lo acompañó. En 1907 mandaron al médium a la capital tibetana, Lhasa, donde dicen que fue abucheado por la población. A partir de ahí perdió su estatus y los honores que se asociaban a su función.

En diciembre de 1908, el Dalai Lama regresó al Tíbet y comenzó a reorganizar el gobierno, los chinos invadieron el país en 1910 y tuvo que huir, esta vez a la India. Thubten Gyatso regresó al Tíbet en enero de 1913, después de que el nuevo gobierno chino se disculpara por las acciones de la anterior dinastía de Qing y ofreciera restaurarle a su posición anterior. Pero Thubten Gyatso declaró la independencia de China y estandarizó la bandera tibetana en su forma actual. Sin embargo, en 1950, sólo un año después del triunfo de la Revolución, el régimen comunista chino ocupó el Tíbet de forma hasta ahora definitiva.

El sucesor de Lobsang Sönam, el decimotercer *kuten*, Lhalungpa Gyaltsen Therchin, duró poco en sus funciones de adivino oficial no tanto por sus malas predicciones, como por las pésimas relaciones que mantenía con la comunidad de monjes. Acabó por exiliarse en 1920. «En ese momento se produjo un suceso totalmente inesperado. El Dalai Lama volvió a nombrar en sus funciones al decimosegundo *kuten*, Lobsang Sönam, después de que éste entrase de nuevo en trance en presencia de miembros del gobierno. Esto marcó con una huella profunda la historia del Tíbet», cuenta Ngodup. Entre otras cosas, en 1932 predijo el peligro que corría la vida del Dalai Lama, y anunció que era urgente que diese algunas directrices al país para asegurar su estabilidad futura. «Thubten Gyatso publicó un texto conocido como su "testamento", algunos de cuyos pasajes se han revelado proféticos», afirma Ngodup. Así, el decimotercer Dalai Lama, Thubten Gyatso, antes de morir predijo: «No habrá que esperar mucho antes de que la amenaza roja esté a nuestras puertas. En ese momento, si no nos atrevemos a proteger nuestro territorio, a nuestras personalidades espirituales, hasta los nombres de Dalai Lama y Panchen Lama se olvidarán como los de otros maestros. Los monasterios serán saqueados y destruidos, los monjes y monjas asesinados o expulsados... Todas nuestras instituciones espirituales y culturales serán perseguidas, destruidas y olvidadas... Nos convertiremos en esclavos de nuestros conquistadores y vagaremos sin apoyo como mendigos. Todos se verán obligados a vivir en la miseria, las noches y los días pasarán lentamente, sumidos en un gran sufrimiento y terror. Tal hora vendrá». Había predicho una etapa de oscurantismo para el Tíbet y que su reencarnación serviría para enfrentar a los chinos con un joven y fuerte Dalai Lama, el actual, Tenzin Gyatso, que ocupa el decimocuarto lugar en la cadena de reencarnaciones de este título en el Tíbet y que, con el nombre de Lhamo Dondhup y a la edad de cinco años, fue proclamado la encarnación de Thubten Gyatso.

El siguiente oráculo, Lobsang Jigmé, el decimosexto, anunció al nuevo Dalai Lama que debía abandonar el Tíbet la noche del 17 de marzo de 1959. Es más, le proporcionó incluso el itinerario para que los chinos no pudieran descubrir el secreto de su huida a la India, donde actualmente reside el gobierno tibetano en el exilio.

De hecho, la huida comenzó el 10 de marzo, día en que el Dalai Lama debía acudir, con una escolta reducida y sin armas, a la sede del mando militar chino para asistir a una «representación cultural». El pueblo de Lhasa se había movilizado para impedir que acudiese a lo que consideraban una trampa para arrestar al Dalai Lama. Durante seis días la multitud bloqueó el palacio de su dirigente, impidiendo tanto la salida de éste como la llegada de las tropas chinas. Finalmente, los chinos amenazaron con bombardear a la gente allí congregada, y fue entonces cuando el Dalai Lama, siguiendo el consejo del oráculo, emprendió la huida hacia la India.

El *kuten* Lobsang Jigmé siguió con su tarea de oráculo del estado hasta que murió en 1984, después de ejercer durante cuarenta años «sin fallo alguno al guiarnos por el camino más difícil de nuestra historia», señala su sucesor, el decimoséptimo *kuten* de Nechung, quien desde febrero de 1988, después de largos rituales y entre oropeles y perfumes de incienso, ya no es un monje quien habla cuando entra en trance, sino el dios Dordjé Dragden. Sin embargo, Nechung es un hombre sencillo que sabe que este poderoso dios lo ha elegido para ayudar al Dalai Lama en su pesada tarea.

Para que un oráculo entre en trance requiere una preparación previa, física y espiritual. «La sensación que tengo al comienzo es comparable a la que se tiene cuando se va en avión y se pasa por una perturbación. Después, tengo una sensación de vértigo y de pesadez al mismo tiempo. Luego siento una vibración que comienza por los pies y sube acentuándose. Finalmente todo da un vuelco, ya no siento nada realmente especial, no sé lo que digo ni lo que hago. Si tengo algún recuerdo de ello es extremadamente vago e incierto», explica Ngodup. «Cuando Su Santidad [el Dalai Lama] me convoca para un trance particular, tiene cuidado en sentarse a distancia, pues mis gestos no son previsibles», añade. Pero aunque aconsejar al líder espiritual y político del Tíbet es su principal función, el oráculo también interviene para aliviar a personas que tienen problemas de salud o cuyas vidas se enfrentan a grandes problemas. «En tanto que monje budista, me debo al servicio a los demás para aliviar sus penas», dice. Así, el dios Dorjé Dragden puede ser invocado, a través del oráculo, a petición de todos los tibetanos y las preguntas que se le hacen son muy diversas, incluidas cuestiones para confirmar alguna reencarnación. Todo lo que dice el *kuten* cuando está en trance se apunta cuidadosamente, a veces se comenta para evitar los errores de interpretación, y luego se archiva.

Prácticas esotéricas secretas

La tradición milenaria tibetana ha ido acumulando conocimientos sobre la mente humana, las técnicas de meditación y su poder transformador, ya que transmuta las emociones destructivas a través de la disciplina y el control de la mente. «Hay que saber que cuando cambia la mente cambia todo, no sólo porque se ve el mundo de otra manera sino porque el cambio de uno provoca modificaciones en los demás», afirma el monje y doctor en filosofía Khenpo Zangpo Bodh, del Instituto de Altos Estudios Budistas Khamgar Druk College Dharmakara. Desde hace unas décadas, estas prácticas, que requieren de la enseñanza de un maestro o lama, han sido reconocidas por la ciencia debido a su eficacia terapéutica, pero según muchos de sus seguidores, también aportan ciertos poderes adivinatorios.

Así, además de los oráculos, los maestros budistas o lamas tienen capacidad para la telepatía, la visión remota y el trance, para controlar los estados emocionales y para percibir el entorno en unas dimensiones donde no existe el tiempo ni el espacio. En este sentido, los tibetanos creen en un fenómeno llamado *tulpa*: la proyección material de una forma concebida por el espíritu. Esta especie de fantasma o entidad mágica la crea, según ciertas prácticas esotéricas, un monje o un iniciado al término de una larga meditación. No es una simple visión, sino un fenómeno dotado de consistencia física, capaz de emitir olores y sonidos y adoptar cualquier forma y ser visible para muchas personas. Según la concepción budista del mundo, el universo que nos rodea es sólo una visión mental concebida por el espíritu humano. De este modo, a través de la meditación se llega a comprender que todo fenómeno en este mundo no es más que un espejismo que surge de la imaginación. Muy alejado del espiritismo occidental, un lama o yogui que alcanza este estado logra dominar sus temores y sus sensaciones; por ejemplo, puede resistir el dolor físico o sobrevivir desnudo en la nieve, ya que el sentimiento de calor o de frío únicamente es una ilusión del espíritu que él combate con otra ilusión, estimulando con su voluntad el calor interno de su cuerpo. El espíritu, por lo tanto, nada tiene que temer de la materia, ya que la controla completamente.

Este fenómeno se conoció en Occidente gracias a Alexandra David-Neel (1868-1969), la primera mujer que exploró el Tíbet en los años veinte. Incluso visitó Lhasa, su capital, cuando estaba prohibida para los occidentales. Escribió más de treinta libros acerca de religiones orientales, filosofía y sus viajes. No obstante, si para los lamas y yoguis tibetanos la formación de *tulpas* es parte del proceso místico de aprendizaje, para la ciencia moderna es fruto de la mera sugestión. Es más, algunos autores e investigadores de lo paranormal creen hallar en el fenómeno *tulpa* una explicación para los ovnis, las extrañas formaciones circulares en los cultivos, las casas encantadas, incluso para el Yeti o el monstruo del lago Ness.

También para los más excéntricos en el ámbito de la meditación, con estas prácticas esotéricas secretas, en estado de trance, una persona puede transformarse en un chamán en el espacio capaz de moverse en los mundos más altos y hacer magia. «Esto se realiza a través de la intuición, que es la más poderosa de nuestras fuerzas psíquicas durmientes, al igual que la voluntad es la más poderosa de nuestras fuerzas psíquicas despiertas.» Según los seguidores de Bön, una antigua tradición chamánica tibetana anterior a la llegada del budismo (aunque actualmente se considera la quinta subescuela del budismo tibetano junto con la Kagyu, Nyingma, Sakya y Gelug), a través de ciertos ritos, se puede programar el cuerpo para que alcance cualquier ritual mágico, tanto durante el estado de experiencia interna de vigilia como en el de sueño, y experimente el pensamiento abstracto, la imaginación creativa y el pensamiento-visualización, así como puede preparar la psique para los misterios del sueño metafísico. En el Bön primitivo se considera que el universo está constituido por tres mundos: el de los dioses, el de los espíritus y el inferior o de los demonios. Gracias a un mediador, el *bonpo*, se mantiene el equilibrio esencial. El *bonpo* se considera un sanador, un oráculo y guía a los muertos para que alcancen el cielo, ya que en el Bön primitivo del Tíbet se practicaba un culto al cielo. Muchos seguidores del movimiento *new age* mantienen en la actualidad estas ideas.

El futuro de nuestro mundo

El budismo se basa en la experiencia, la meditación y la transformación interior del ser humano, y no se aferra a una «verdad revelada» o a «verdades ideológicas». Religiones como el taoísmo, el budismo o el yoga hindú no consideran que haya ninguna dicotomía o lucha entre materia y espíritu, entre ciencia y religión. Todo se puede utilizar para ahondar en el entendimiento del mundo, del hombre y su psique. Entonces, ¿cuál es el futuro que nos espera en un mundo en constante cambio? El budismo considera que el mundo que vemos es una ilusión, pero una ilusión que existe. Así, la realidad es «aquello que se puede experimentar». La naturaleza de la forma de las cosas es un fluir de energías como el agua en un río. «Creemos que el río está allí, pero sólo es agua que fluye. Nunca podremos encontrar el río pues no hay nada estático que se pueda llamar río, excepto, tal vez, la forma que mantiene», explica el experto en budismo Eduardo Velásquez.

La teoría budista sostiene que el yo pasado ya no existe, el yo futuro no ha llegado todavía y el yo presente es inestable porque muere a cada instante. Vivimos sometidos al perpetuo ciclo de la existencia condicionada, las leyes de causa y efecto (karma) que se extienden al mundo psicológico. «Un Buda es quien ha evolucionado hacia un estado en el que conoce todo lo susceptible de ser conocido, ha evolucionado abandonando los estadios de ignorancia de la limitada e imperfecta conciencia de los animales, los seres humanos y los dioses. Así pues, el objeto de nuestra vida, vista como un proceso de evolución infinita, será el despertar tal conciencia omnisciente en nuestro interior, superar la condición egocéntrica del animal para convertirnos en un Buda perfecto», explica Robert A. F. Thurman. De este modo, según los budistas, los seres conscientes poseen la naturaleza de Buda, lo sepan o no, y todos los seres finalmente despertarán su esencia última, alcanzarán la iluminación. «Depende de la manera en que cada individuo recorra el camino hacia la realización y de las opciones que se tomen; pero una cosa es segura: todos podrán llegar a la iluminación, ya que su esencia es Buda», indica Tai Situpa, abad del monasterio de Sherab Ling, en el norte de la India.

Es más, nacer como hombre o mujer se halla bastante próximo a la plenitud evolutiva definitiva. «Dicha plenitud, dicha eclosión, dicho despertar se da mediante el perfeccionamiento de la comprensión, la sensibilidad y la sabiduría. A partir del mencionado despertar, uno ya no sufre y alcanza una felicidad inimaginable, completa», añade Thurman, y recuerda que a pesar de la prometedora perspectiva final de la evolución en el budismo, ni siquiera los Budas pueden obligar al ignorante a «convertirse en sabio y, por ende, en un ser feliz y libre». Por lo tanto, la llave de la salvación está en las manos de cada ser humano, mediante la intuición exacta de la naturaleza de todas las cosas. Entonces se experimentará que todos los seres son algo inseparable del propio yo.

«El mal estado actual del planeta, la contaminación, la destrucción a gran escala de la fauna y la flora, todo esto procede, no de causas naturales, sino de la avidez, del orgullo, del egoísmo del ser humano, de su deseo de tener siempre más sin que, en el fondo, eso le resulte útil [...] los seres humanos que de una manera u otra dañan el entorno reducen la posibilidad de una felicidad duradera para miles de millones de seres... y si su motivación no se dirige hacia el bien de los demás, el resultado puede ser catastrófico. Entonces, él mismo sufrirá por ello, y las condiciones óptimas de su despertar espiritual se reducirán proporcionalmente», alerta Ngodup. «La verdadera espiritualidad —indica el lama Sogyal Rinpotché— consiste en ser consciente de que, si una relación de interdependencia nos liga a cada cosa y a cada ser, el menor de nuestros pensamientos, palabras o acciones tendrá repercusiones reales en el universo entero.» Es fundamental renunciar a hacer daño. «El solo deseo de hacer algo para beneficiar a los demás es un comienzo. Lo llamamos "la bodichita de la aspiración"», añade Tai Situpa.

De cualquier forma, a diferencia de otras predicciones apocalípticas, en el budismo el destino del mundo no es la autodestrucción en este tiempo. De cumplirse sus vaticinios, Maitreya predicará el verdadero dharma durante sesenta mil años, período en el que será compasivo con todos los seres vivos. Y después de que el gran sabio haya entrado en el nirvana, sus verdaderas enseñanzas aún perdurarán otros diez mil años sobre la Tierra. Tiempo suficiente para que todos aquellos que anhelan la grandeza espiritual puedan alcanzar el estado de Buda. Según los antiguos textos budistas, que describen el inconsciente mucho antes que Freud, el primer paso es abandonar las ambiciones y las inquietudes irrelevantes. Tras cultivar el amor y la compasión, los budistas aconsejan reflexionar para superar el miedo, la codicia y el apego. Según Matthieu Ricard, monje budista del monasterio Shechen Tennyi Dargyeling, en Nepal, «si consideramos la gran mayoría de los problemas, tanto a escala individual como de la humanidad, parece que provienen de una incapacidad de sentirnos sinceramente implicados con el prójimo y de ponernos en su sitio. La violencia es inconcebible si todos estamos sinceramente implicados en la felicidad del otro». ¿Tardaremos mucho los humanos en creer y poner en práctica estas palabras?

Segunda parte

PROFECÍAS BÍBLICAS

6

Los secretos del Séptimo Sello

El siete es probablemente el número más recurrente en la cultura ya que aparece con frecuencia como el número del destino. En algunas religiones es un número mágico y sagrado. Pero también se considera un número aciago o de mal augurio porque marca el principio de la cuenta atrás hacia el final de los tiempos. El Libro de las Revelaciones *o Apocalipsis establece una escalofriante cronología, la cuenta atrás para el plan maestro de Dios que pondrá fin al mundo: los siete sellos. Hay quienes aseguran que ya están empezando a romperse.*

La cronología del fin del mundo

Siete son los días de la semana, las notas musicales, las maravillas del mundo antiguo, los colores del arco iris… y los pecados capitales. Los hindúes hablan de siete chacras o puntos de energía en el cuerpo. Según el Apocalipsis, siete ángeles indican la llegada de una calamidad de dimensiones inimaginables. Cada uno de ellos introduce un período de siete años que comienza en el preciso momento en que el salvador rompe el primero de los siete sellos. A los siete sellos les seguirán las siete trompetas y, finalmente, las siete copas de la ira.

Los expertos en la Biblia señalan que el Apocalipsis nos indica el camino que tomará nuestro futuro y expone una destructiva y letal secuencia que culmina con nuestra desaparición. Una catástrofe seguirá a otra hasta que, al final, las fuerzas de Dios y Satán se encuentren cara a cara en la batalla definitiva entre el bien y el mal. Sin duda, es una de las partes más dramáticas de la Biblia, unas revelaciones —o fantasías de venganza, según los más agnósticos— que han desempeñado un papel significativo en el desarrollo de la civilización occidental, ya que las cuestiones planteadas van directamente al corazón del miedo del ser humano: la muerte y la obsesión con el más allá.

El Apocalipsis se considera el libro más polémico de la Biblia. La cantidad de símbolos, hechos y eventos que contiene ha dificultado mucho la tarea de interpretar la totalidad de este último libro del Nuevo Testamento, pero aun así ha sido objeto de numerosas investigaciones, controversias y debates a lo largo de la historia. A consecuencia de ello han surgido escuelas interpretativas y visiones teológicas como la judía —que lo denomina *Libro de las Revelaciones*— o la cristiana, y dentro de ésta hay que distinguir entre las lecturas de las diferentes iglesias, como la católica, la ortodoxa oriental, la anglicana, la evangelista, la adventista o la mormona. Cada una tiene su visión propia, pero con algunos puntos en común.

Hoy en día, los creyentes buscan conexiones entre el Libro del Apocalipsis y la ciencia para determinar si alguno de esos terribles siete sellos de los que habla este texto bíblico ya se ha roto, convencidos de que el panorama de este viejo mundo apunta hacia un desenlace sombrío y sangriento. Sin embargo, el debate sigue abierto entre los que creen que es así. Muchos discrepan respecto al punto, en la supuesta cronología que marcan los sellos, en que debería situarse el momento en que vivimos. ¿El reloj profético anda muy avanzado? ¿Estamos en mitad de la secuencia, como opinan algunos? En tal caso, ¿cuándo debe romperse el último sello que, supuestamente, desencadenará el final de todo?

El Cordero y los siete sellos y las trompetas aparecen en los capítulos que van del 4 al 11. En ellos, el Apocalipsis hace referencia a una narración repleta de símbolos que aluden a la liturgia cristiana primitiva, y, según muchos expertos, también es una forma de definirse frente al judaísmo. En el Nuevo Testamento, al autor de la divina profecía del Apocalipsis se le llama simplemente Juan, y escribe como un testigo ocular intensamente observador. Así, las expresiones «Yo vi» y «Yo oí» se repiten en todo el libro. En esta parte comienza con Juan en el cielo. Desde lo alto se le hace entender lo que ocurrirá abajo. Puesto que la profecía tiene su origen en el cielo, Juan debía recibir de la mente de Dios todo lo relacionado con los sucesos futuros que se narran.

«Vi también en la mano derecha del que está sentado en el trono un libro, escrito por el anverso y el reverso, sellado con siete sellos», se lee en Apocalipsis 5, 1. En este capítulo 5 se habla del desarrollo del dominio del gobierno celestial sobre la Tierra. Según Juan, la humanidad conocerá el destino que le espera en un libro, pero está sellado con «siete sellos». Cada parte del libro cerrado está sellada individualmente y el séptimo sello sujeta el exterior del rollo. Los sellos del juicio divino no puede abrirlos el hombre, ya que ésa es una de las prerrogativas del Cordero, el único digno de abrir el libro y soltar sus sellos. «El Cordero» es la forma más frecuente de designar a Jesucristo en el Apocalipsis: el término aparece más de veinte veces. «En el Apocalipsis 5, 7 se lee: "Y se acercó y tomó el libro de la mano derecha del que está sentado en el trono". Según este texto, el libro podría interpretarse como el que contiene las escrituras del universo y del plan profético de Dios para la eternidad», explica el pastor David Hocking de la Calvary Chapel, en el sur de California. Así, la apertura de cada sello revela el cumplimiento de un propósito divino por mediación de Jesucristo.

Como otros evangelistas, Juan utiliza con frecuencia un número en sus escritos. «Casi como una obsesión, compulsivamente recurre una y otra vez al número siete», señala el especialista en la Biblia Jonathan Kirsch, autor de numerosos libros sobre la Biblia hebrea. Es el número que nos remite al principio de todo, «cuando Dios creó la Tierra en seis días y al séptimo descansó», recuerda el experto en textos bíblicos Steve Wohlberg, director de White Horse Media y miembro de la Iglesia Adventista del Séptimo Día de Newport, Washington. Y el siete se repite en el Apocalipsis 5, 6, donde se indica que en los siete cuernos y los siete ojos está la sabiduría y el poder perfectos como atributos tanto del Cordero como del Espíritu Santo.

Los jinetes blanco y rojo: comienzan los castigos

Del capítulo 6 en adelante, Juan dirige la atención del lector a la Tierra. A partir de ahí comienza la conexión entre los sellos, las trompetas y las copas en el juicio de Cristo. En el Apocalipsis 6, 1-2 se lee: «Cuando el Cordero abrió el primero de los siete sellos, oí al primero de los cuatro Vivientes que decía con voz como de trueno: "Ven". Miré y había un caballo blanco; y el que lo montaba tenía un arco; se le dio una corona, y salió como vencedor, y para seguir venciendo». La explicación que da Herbert Lockyer en su libro *Apocalipsis: el drama de los siglos* es que «el Cordero abre los sellos, los ángeles tocan las trompetas y Dios derrama las copas. Los siete sellos, por tanto, incluyen el período total de juicios de Cristo». Algunos expertos en la Biblia dan un sentido «histórico» a los capítulos que van del 6 al 20, «lo que indica que cubren desde el inicio de la era cristiana hasta el tiempo presente», añade Lockyer.

En este sentido, algunos eruditos creen que las profecías del Apocalipsis han empezado a cumplirse y que las adversidades comenzarán cuando Jesús suelte el primero de los siete sellos, que a su vez liberará al primero de los cuatro temidos jinetes del Apocalipsis, el caballo blanco, que traerá consigo un período de miseria y destrucción, que algunos afirman que ya estamos viviendo. «Son muchos los motivos que nos llevan a pensar que estamos viviendo los últimos días: el hambre, las enfermedades sobre las que no tenemos ningún control, las catástrofes naturales... Esta serie de sucesos encadenados inducen a los eruditos de la Biblia a creer que el mundo tocará pronto a su fin», dice el pastor Breit Peterson.

La identidad del jinete del caballo blanco es motivo de controversia. Para algunos simboliza la totalidad de los ejércitos celestiales que se oponen a la corrupta Tierra. Otros lo ven como un símbolo de una guerra espiritual, mientras para otros representa una guerra real y sangrienta. Muchos piensan que podría ser un impostor que se presentará como un benevolente líder mundial pero que, en realidad, es una de las figuras más siniestras de la Biblia, el Anticristo.* De acuerdo con la supuesta cronología de la profecía, el Anticristo podría estar actuando ya; estaría empleando su habilidad diplomática y su capacidad de persuasión en un intento aparente por reunir a las naciones bajo la bandera de la paz, si bien su objetivo sería justamente el opuesto: conducir a la humanidad directamente hacia la gran batalla final. «Se haría pasar por Jesús. El arco significa que tiene poder sobre el aire. Pretende servirse de ese poder para controlar a las personas, pero de un modo sibilino, engañoso», explica la investigadora en profecías bíblicas Joye Jeffries Pugh, autora de *Eden: The Knowledge of Good and Evil 666*, donde defiende, basándose en hechos históricos y en un análisis científico, que el Anticristo es la imagen clonada de Jesucristo y que advierte sobre las catástrofes y excesos del mundo actual.

Con su habilidad para tratar con los conflictos y las conquistas, este dictador universal tendrá la sabiduría suficiente para controlar todos los levantamientos y desórdenes nacionales e internacionales. Pero, en lugar de paz y seguridad, traerá atrocidades y una terrible destrucción, ya que tras la ruptura del primer sello se desencadenará un efecto dominó. Según la Biblia, el segundo sello se romperá inmediatamente después del prime-

* Véanse capítulos 8 y 9.

ro. Así, el Apocalipsis 6, 3-4 dice: «Cuando abrió el segundo sello, oí al segundo Viviente que decía: "Ven". Entonces salió otro caballo, rojo; al que lo montaba se le concedió quitar de la tierra la paz para que se degollasen unos a otros; se le dio una espada grande».

Algunos intérpretes de estos versículos sostienen que el jinete blanco con el arco cede el paso a un jinete rojo que porta una enorme espada y «esta figura siempre se ha considerado una alegoría de la guerra mundial», afirma Joye Jeffries Pugh. El jinete rojo podría ser un jefe militar capaz de declarar guerras sangrientas que provocarían la muerte de millones de personas en todo el mundo. Los hay que llegan más lejos y aseguran que la ruptura del segundo sello podría desencadenar el uso de armas de destrucción masiva entre países con ideologías opuestas. Incluso creen que alguna ladina potencia nuclear, posiblemente Corea del Norte, podría verse a sí misma como el jinete rojo y lanzar un ataque que llevaría a un holocausto nuclear. «Mucha gente se pregunta por qué no se hace nada contra el rearme nuclear si se considera que la batalla final será precisamente eso, una guerra nuclear», avisa Jonathan Kirsch.

Los jinetes negro y amarillo: aumenta la severidad

Como revela la profecía, cuando el Cordero rompe el tercer sello libera al jinete negro: «Cuando abrió el tercer sello, oí al tercer Viviente que decía: "Ven". Miré entonces y había un caballo negro; el que lo montaba tenía en la mano una balanza, y oí como una voz en medio de los cuatro Vivientes que decía: "Un litro de trigo por denario, tres litros de cebada por un denario"», indica el Apocalipsis 6, 5. En la época en que Juan escribió el Apocalipsis, un denario era una moneda romana de plata que solía equivaler al jornal de un trabajador. Algunos expertos en profecías bíblicas, como Joye Jeffries Pugh, intuyen una conexión entre este pasaje y la volatilidad de la economía actual. «La Biblia dice que a un hombre le costará la paga de un día completo poder alimentarse, trabajar todo un día para comer ese día.» Este jinete del caballo negro lleva «una balanza en la mano» con el propósito de pesar los alimentos; es el símbolo de un hambre espantosa. Los alimentos estarán racionados y serán caros. A menudo, Dios utiliza el hambre como instrumento para juzgar a aquellos que han pecado. El salario de un día sólo alcanzará para comprar un kilo de trigo.

Para el profesor David John Marley, de la Universidad cristiana Vanguard, situada al sur de California, la caída del mercado financiero de 2008 y su repercusión en la crisis mundial, la más grave desde la Gran Depresión, es una señal de alerta. La ruina de algunas de las empresas y bancos más consolidados, los precios elevados de las materias primas, la fuerte inflación en todo el planeta y la recesión en todo el mundo, así como una crisis crediticia, hipotecaria y de confianza en los mercados y la dimensión internacional que adquirió el desplome económico, que afectó a la mayor parte de los países desarrollados y más ricos del planeta, son efectos que la gente asocia con la ruptura del tercer sello.

Sin embargo, otros creen que el jinete negro podría simbolizar el cataclismo que encenderá la mecha de la desigual distribución de la riqueza. Actualmente, el 2 por ciento de la población mundial posee más de la mitad de la riqueza total mientras el resto, los más pobres, apenas posee el 1 por ciento. Hay quienes ven en este desequilibrio el caldo de cultivo de la revolución. «Si los sucesos del futuro se anuncian con algunos ejemplos de la actualidad, entonces las terribles condiciones en las que se encuentran las regiones del mundo azotadas por el hambre, donde miles de personas mueren diariamente por falta de alimentos, son un presagio de los trágicos sucesos de la Gran Tribulación», afirma Herbert Lockyer.

Según la Biblia, cuando el cuarto sello se rompa liberará al más temible de los jinetes: «Cuando abrió el cuarto sello, oí la voz del cuarto Viviente que decía: "Ven". Miré entonces y había un caballo verdoso; el que lo montaba se llamaba Muerte, y el Hades le seguía. Se les dio poder sobre la cuarta parte de la tierra, para matar con la espada, con el hambre, con la peste y con las fieras de la tierra». En estas palabras recogidas en el Apocalipsis 6, 7-8, según la interpretación de David Hocking, «se habla de un caballo amarillo, y el que lo montaba tenía por nombre Muerte, y le fue dada potestad sobre la cuarta parte de la Tierra, para matar con la espada, con el hambre, con la peste y con fieras de la Tierra. Suponiendo que somos ocho mil millones de habitantes en todo el planeta, estaríamos hablando de la muerte de dos mil millones. Y el sufrimiento sólo acabaría de empezar». En la sombría proyección visual que contempla Juan, el Hades es el lugar adonde van las almas de las personas que mueren. Tal como se lee en otros versículos de la Biblia, según Cristo el Hades se compone de dos partes: el Paraíso para los que «mueren en el Señor» (Lucas 23, 43-44 y Apocalipsis 14, 13) y el Tártaro, un «lugar de castigo» para los que mueren no preparados para merecerse la vida eterna (Lucas 16, 19-31).

Tras leer este texto, hay quienes relacionan el cuarto jinete con una espantosa ola de muerte. El hambre y la carestía de alimentos asolarán el planeta, pero, además, todo empeorará por la aceleración del calentamiento global, la crisis económica mundial y las enfermedades. También hay quienes asocian el caballo amarillo con epidemias de peste, plagas o enfermedades tales como la hepatitis, el cáncer, la desnutrición severa o la lepra, que vuelve la piel amarillenta; el temible nombre de «Muerte» se deriva de su misión y acción principal: matar al 25 por ciento de los seres humanos. En cualquier caso, las palabras bíblicas reflejan un período de convulsión extrema en un proceso cronológico que augura el final. Como si estuviera haciéndose tarde y el tiempo estuviera a punto de vencer.

Los últimos grandes juicios mundiales

Con el quinto sello, Dios revela que las personas que aceptaron a Cristo murieron y están en el cielo como santos mártires, bajo el altar, esperando que muchos otros mueran y se complete el número estipulado. Al menos eso es lo que los creyentes interpretan al leer el Apocalipsis 6, 9-11: «Cuando abrió el quinto sello, vi debajo del altar las almas de los degollados a causa de la Palabra de Dios y del testimonio que mantuvieron. Se pusieron a gritar con fuerte voz: "¿Hasta cuándo, Dueño santo y veraz, vas a estar sin hacer justicia y sin tomar venganza por nuestra sangre de los habitantes de la Tierra?". Entonces se le dio a cada uno un vestido blanco y se les dijo que esperasen todavía un poco, hasta que se completara el número de sus consiervos y hermanos que iban a ser muertos como ellos». Juan ve cómo los mártires cristianos en el cielo gritan: «Señor, ¿cuánto tiempo tendremos que esperar a que sea vengada la sangre que derramamos en tu nombre?», explica Steve Wohlberg. Estas palabras se refieren a una creencia de los cristianos fundamentalistas que subyacería no sólo en la cronología del Apocalipsis sino en toda la doctrina cristiana, conocido como rapto o arrebatamiento,* según la cual los creyentes se salvarán por la gracia de Dios mientras que los demás sufrirán su ira cuando un insondable caos llegue y destruya todo cuanto conocemos.

* Para muchos cristianos, conforme se acerque el Apocalipsis, los más devotos desaparecerán de repente en un fenómeno sobrenatural llamado arrebatamiento o rapto. Véase capítulo 7.

Según el Apocalipsis, ese caos se intensificará cuando se rompa el sexto sello. Se advierte de nuevos sucesos: convulsiones en la naturaleza y consternación entre los hombres. Muchos asocian este aviso con la sucesión insólita de catástrofes naturales a la que asistimos en la actualidad. Como escribe Juan en el Apocalipsis 6, 12-14: «Cuando abrió el sexto sello, se produjo un violento terremoto; y el Sol se puso negro como un paño de crin, y la Luna toda como sangre, y las estrellas del cielo cayeron sobre la tierra, como la higuera suelta sus higos verdes al ser sacudida por un viento fuerte; y el cielo fue retirado como un libro que se enrolla, y todos los montes y las islas fueron removidos de sus asientos». Estas palabras se refieren a un terremoto de tal intensidad que provocará derrumbes y erupciones de volcanes, el polvo, la ceniza y el humo cubrirán la Tierra de tal manera que casi no brillará el Sol y la Luna se verá roja. Estos signos anuncian el final de la era. En caso de que sucediera, se produciría un colapso moral y gubernamental y desastres y disturbios tanto en lo social como en lo material. La naturaleza se tambalea violentamente con un terror universal. Para los creyentes, el sexto sello se refiere a la Segunda Venida de Cristo y anuncia juicios tan espantosos, que la gente podría pensar que este horror es el del gran día de la ira de Dios. Pero no lo es. Lo peor está por venir. Si las catástrofes naturales actuales responden de verdad a la ruptura del sexto sello, las calamidades que, según el Apocalipsis, nos depara el futuro serán de tal magnitud y alcance que ningún lugar en la Tierra quedará a salvo. «La Biblia dice muy claramente que afectará a todo el mundo, que ningún ser humano podrá zafarse de los efectos del Juicio Final», alerta Steve Wohlberg.

Las tragedias previas a la apertura de los seis sellos serán menores comparadas con las que se desaten cuando se rompa el séptimo y definitivo sello. Según el Apocalipsis 8, 1-2: «Cuando el Cordero abrió el séptimo sello, se hizo silencio en el cielo, como por media hora. Vi entonces a los siete Ángeles que están en pie delante de Dios; les fueron entragadas siete trompetas». El apóstol san Juan escribe que cuando el séptimo sello se rompa, se impondrá un silencio sepulcral, lo cual, según Wohlberg, «responde a la estupefacción mundial ante lo que estará a punto de suceder». En la misma línea opina Herbert Lockyer: «Este séptimo sello es una conclusión especial de todos los juicios de los otros sellos y constituye un interludio apropiado entre éstos y los terribles sucesos de las siete trompetas que están a punto de llegar. Es la calma que precede a la tormenta, la quietud antes de la catástrofe». Pero antes de que esto suceda, según el Apocalipsis, Dios ofrecerá a la humanidad una tregua misericordiosa que no durará mucho.

Algunos expertos en la Biblia indican que con la apertura de este séptimo sello, Dios anuncia siete plagas o juicios peores que los anteriores, de ahí el silencio en el cielo. Si los sellos hacen énfasis en los juicios a los seres humanos, las primeras cuatro trompetas lo hacen a la naturaleza y las últimas tres para castigar a todos los hombres del mundo que rechazan la salvación.

Para los creyentes, la ruptura de cada sello está indiscutiblemente ligada a la escalada de angustia. Al menos ésa es la teoría de Jonathan Kirsch, quien asegura que actualmente estamos viviendo una época de continuas tragedias y catástrofes, «las más obvias fueron los atentados terroristas del 11 de septiembre. La conmoción causada por ellos provocó una nueva oleada de pesimismo profético. De nuevo, son hechos que ya anunciaba el Apocalipsis».

En la línea cronológica que anuncia el Apocalipsis, una destrucción de consecuencias sin precedentes finalizará de forma repentina y violenta en este siglo. «Basta con abrir un periódico o escuchar las noticias para ver los titulares que, a los ojos de ciertos lectores del Apocalipsis, se antojan pruebas inequívocas de que las profecías de la Biblia se están cumpliendo, definitivamente», sostiene Kirsch. Así, en opinión de este experto, conforme se aproxime el fin, «habrá sufrimientos horribles, guerras, enfermedades, incesantes desastres y catástrofes que asolarán la Tierra y a los seres humanos mortales que la habitan. Y al final todos seremos testigos de nuestra destrucción definitiva». Joye Jeffries Pugh también alerta sobre el significado apocalíptico de los devastadores huracanes, virulentos tornados y terremotos de enorme magnitud en la escala Richter y de los que hemos sido testigos en los últimos tiempos. «Si nos detenemos a analizar la rapidez con la que ocurren y la proximidad entre ellos, parece obvio que, cuanto más nos acerquemos al final, más frecuentes serán, hasta casi solaparse.»

Los mensajeros celestiales y sus trompetas

Pero ¿cómo sabremos que el sello más importante de todos, el séptimo, se ha roto? El Apocalipsis dice que el castigo final por el mal de la humanidad se anunciará con el tronar de las trompetas celestiales. El Séptimo Sello introduce las siete trompetas (Apocalipsis 8, 1-5), y las siete trompetas, a su vez, introducen las siete copas (Apocalipsis 11, 15-19; 15, 1-8).

«Aparecerán siete ángeles, portando cada uno de ellos una trompeta. Se acercarán y empezará la serie de juicios», explica Steve Wohlberg. La palabra griega de la cual proviene «ángel» significa simplemente mensajero y se usa tanto para hablar de heraldos humanos como para hablar de los celestiales. «El hecho de que la palabra "ángel" aparezca más de setenta veces en el Apocalipsis prueba cuán prominente es el ministerio de los ángeles en el proceso de la revelación de los propósitos finales de Dios para el mundo. Sus ángeles son los instrumentos para la realización de sus múltiples operaciones», aclara Herbert Lockyer. Sin embargo, estos siete seres angélicos de tan alto rango anunciados aquí «representan la plenitud del poder de Dios en asuntos judiciales y que ellos son los ejecutores de Su voluntad respecto a los juicios». Así, del profundo silencio del Séptimo Sello, emergen estas siete trompetas con su misión de carácter judicial.

Al igual que en el ámbito militar, el sonido penetrante de la trompeta advierte de los peligros. Las siete trompetas son las advertencias de Dios a los incrédulos. Las referencias a ellas están recogidas en Apocalipsis 8, 6-21 y 11, 15-19. Las trompetas siguen el patrón de las plagas de Egipto. La primera tiene que ver con la tierra habitable. Causa granizo y fuego mezclado con sangre, que destruye gran parte de la vida vegetal en el mundo, ya que «la tercera parte de los árboles quedó abrasada, toda hierba verde quedó abrasada». Algunos intérpretes consideran que la primera de las trompetas del Apocalipsis indica que el suministro de agua del mundo se tornaría no potable, seguramente por la putrefacción de los millones de cuerpos víctimas de plagas. Las Escrituras afirman que un veneno seguirá a otro hasta que el mundo quede prácticamente desolado. Hay quien insinúa que esto podría estar empezando a suceder, a través de un proceso natural conocido como marea roja. Se trata del fenómeno por el que el agua se vuelve roja debido a la alta concentración de algas microscópicas que producen neurotoxinas dañinas capaces de matar a los peces, a las aves y a los mamíferos marinos. De extenderse por todo el mundo, provocaría la muerte de millones de seres vivos.

Algunos alegan que éste es el castigo que merecemos por nuestra negligencia como guardianes del planeta. «Según este texto, cuando Jesús llegue —dice Steve Wohlberg— aniquilará a quienes han aniquilado la Tierra. Considero que la frase "aniquilar la Tierra" anuncia una crisis medioambiental mundial en la que la humanidad, a través de la contaminación y la deforestación, ha contribuido a la extinción de los recursos del planeta.» Estas mismas personas aportan datos como que los bosques más extensos de la Tierra han quedado eliminados o reducidos drásticamente. Rusia conserva tan sólo el 20 por ciento de sus enormes bosques y Estados Unidos sólo el 5 por ciento de sus bosques vírgenes, según divulgó la revista *Time* en su número de septiembre de 1995; y desde entonces las cosas no han mejorado. Es más, a un ritmo alarmante, la gran selva amazónica, el pulmón principal del hemisferio occidental, está siendo destruida.

El segundo ángel toca la segunda trompeta «y como una gran montaña ardiendo, y la tercera parte del mar se convirtió en sangre». Parece ser que un gran meteorito se precipita en el mar y causa la muerte de la mayor parte de la vida marina del mundo (Apocalipsis 8, 8-9). «Tocó el tercer Ángel... Entonces cayó del cielo una estrella grande, ardiendo como una antorcha. La estrella se llama Ajenjo» (Apocalipsis 8, 10). Así, la tercera trompeta es similar a la segunda, excepto que afecta a los lagos y a los ríos del mundo, en vez de al mar. La cuarta ocasiona que el Sol y la Luna se oscurezcan (Apocalipsis 8, 12).

Ciertos estudiosos del Nuevo Testamento afirman que la segunda, tercera y cuarta trompeta, así como otras referencias bíblicas, se refieren a la caída de una gran estrella del cielo de la cual existen diversas interpretaciones. Para muchos podría referirse a un cometa o a un asteroide. La opinión general es que los antiguos observadores del cielo no conocían aún la diferencia entre los distintos tipos de cuerpos celestes, pero muchos no dudan que las Escrituras advierten sobre la llegada de un cuerpo extraterrestre que colisionará con la Tierra y provocará un cataclismo de una envergadura desconocida para la humanidad.

Además de que no hay ninguna estrella llamada Ajenjo —aunque algunos creen que podría tratarse de una masa mucho mayor, incluso varias veces el tamaño de la Tierra, a la que denominan el Planeta X* que amenaza nuestro Sistema Solar—, disponemos de pruebas científicas suficientes para pensar que, en efecto, la colisión de un asteroide podría provocar la extinción definitiva de la vida en la Tierra. «Los astrónomos creen que las tres generaciones de dinosaurios (triásicos, jurásicos y cretácicos) se extinguieron, al menos en parte, por efecto de las colisiones de cuerpos extraterrestres, cometas y asteroides gigantes contra la Tierra. Si volviera a suceder algo tan grave, la humanidad no sobreviviría», precisa el astróno-

* La *Biblia Kolbrin* hace referencia a «el Destructor», un planeta desconocido, al que llaman Planeta X, que tendrá un encuentro fatal con la Tierra. Véase capítulo 2.

mo y astrofísico Hugh Ross. Se sabe que una colisión entre la Tierra y un asteroide de apenas unos kilómetros de diámetro liberaría una cantidad de energía equivalente a mil ojivas nucleares detonadas al unísono. Según explica Ross, actualmente los astrónomos realizan el seguimiento de miles de asteroides y cometas que podrían pasar cerca de la Tierra. «Son cuerpos que no superan el kilómetro de longitud pero son los que más preocupan porque, de impactar en la Tierra, podrían causar verdaderos estragos.»

Sin embargo, ni siquiera los astrónomos, con los equipos más avanzados, podrían evitar una colisión, incluso aunque pudieran predecir con años de antelación el movimiento de un cuerpo cuya trayectoria lo condujera directamente contra la Tierra. Actualmente no existe ninguna tecnología capaz de desviar esos cuerpos o protegernos de su impacto. Algunos creen que es precisamente a las horribles consecuencias de un impacto de ese tipo a lo que se refiere el Apocalipsis 8, 12: «Entonces fue herida la tercera parte del Sol, la tercera parte de la Luna y la tercera parte de las estrellas: quedó en sombra la tercera parte de ellos». Si un asteroide o un cometa golpeara la Tierra, millones de toneladas de residuos serían lanzados a la atmósfera, donde permanecerían durante años. Eso nos envolvería, literalmente, en una nube de polvo que impediría el paso de la vital luz solar.

Las langostas y los caballos infernales

El autor del Apocalipsis escribe que tocarán más trompetas y se desatará un caos aún mayor. Así, la quinta trompeta conlleva una plaga de «langostas» que atacan y torturan a la humanidad (Apocalipsis 9, 1-11). Más adelante, en el Apocalipsis 9, 2-3, se puede leer: «[...] Abrió el pozo del Abismo y subió del pozo una humareda como la de un horno grande, y el Sol y el aire se oscurecieron con la humareda del pozo. De la humareda salieron langostas sobre la tierra, y se les dio un poder como el que tienen los escorpiones de la tierra». Según los expertos en la Biblia, se describe el sonido de otra trompeta que anunciará la invasión de la tierra por un ejército gigante. Dice: «De la humareda descendieron langostas sobre la Tierra». Su misión: «Para matar a la tercera parte de los hombres». «Esta plaga de langostas se basa en plagas similares en el Éxodo y en el libro del profeta Joel, ambos del Antiguo Testamento, donde se nos recuerda la terrible naturaleza de los estragos producidos por las langostas en el reino vegetal. Pero bajo la quinta trompeta, las langostas son símbolo de la horrible naturaleza del juicio que sobrevendrá a los hombres», escribe Herbert Lockyer en *Apocalipsis: el drama de los siglos*.

El juicio de la sexta trompeta es parecido al de la quinta, pero de una naturaleza mucho más grave. La sexta libera a un ejército de demonios que matan a un tercio de la humanidad (Apocalipsis 9, 12-21). «Uno de cada tres seres humanos caerá bajo estos jinetes infernales, cuyas armas del infierno son una combinación de fuego, zafiro y azufre, símbolos de tormento perdurable», indica Lockyer. «El número de su tropa de caballería era de doscientos millones; pude oír su número», dice el apóstol Juan. Muchos expertos infieren de este pasaje que un ejército de doscientos millones de efectivos declarará la guerra a sus enemigos y acabará con pueblos enteros en todo el mundo. Pero ¿por qué exactamente doscientos millones? Se calcula que toda la población del gran Imperio romano, cuando se escribió el Apocalipsis, alcanzaba más o menos doscientos millones. Así, para Juan y sus contemporáneos, esta cifra era sumamente simbólica. Además, en tiempos de Juan los ejércitos de caballería eran las fuerzas más terribles, y son las que él ve en primer lugar. Pero más adelante se da cuenta de que no son caballos ordinarios, sino monstruos extraños que destruyen con el fuego que sale de sus bocas y con el final de sus colas, que son como serpientes. «No hay duda de que a Juan se le permitió ver los instrumentos destructores de la artillería», sostiene el experto en la Biblia J. Slafford Wright.

En la actualidad, ¿quién es capaz de reunir un ejército tan numeroso? «Mao Tse-Tung batió todos los récords cuando afirmó que China era capaz de reunir un ejército de doscientos millones de hombres, lo que resulta una curiosa coincidencia con la cifra indicada en el Apocalipsis», dice Steve Wohlberg. Pero ni los más fervorosos creyentes se atreven a señalar a China como el ejército de Satán; sólo es un ejemplo de que un ejército de tal magnitud de efectivos es posible. Sirva a quien sirva una fuerza tan extraordinaria, según el Apocalipsis destruirá un tercio de la población mundial.

El sufrimiento irá aumentando en intensidad a medida que los siete ángeles, uno tras otro, hagan sonar sus trompetas y con ello señalen la llegada de hechos catastróficos. La séptima trompeta da paso a los siete ángeles con las siete copas de la ira de Dios (Apocalipsis 11, 15-19; 15, 1-8). Así, el sonido de la séptima trompeta anunciará los acontecimientos más horribles, orquestados por Satán y dos de sus aliados terrestres. «En cuanto al ángel que toca la séptima trompeta, algunos expertos opinan que se trata de Gabriel, cuyo nombre está compuesto de Él (Dios) y Geber (hombre fuerte), que fue precisamente quien anunció a María el advenimiento del poderoso Dios-hombre. Sería muy apropiado que este arcángel anunciara también el triunfo final del Cristo de Dios [...]. El Señor no quiso compartir con Satanás el gobierno del mundo y ahora está a punto de ejercer sus derechos soberanos y reinar como emperador mundial», indica Herbert Lockyer.

Según Jonathan Kirsch, una de las características más curiosas del Apocalipsis es que está plagado de villanos satánicos. «El principal es el propio Satán, descrito como un dragón con muchas cabezas y cuernos. Pero, además, cuenta con la ayuda de dos sirvientes en la Tierra, a los que el libro se refiere como la Bestia del mar y la Bestia de la tierra. Los tres son una representación simbólica de los seres humanos, que se pondrán al servicio de Satán, ocuparán posiciones de relevancia en la Tierra y conducirán a los ejércitos a la guerra.»

Para los expertos, la Bestia del mar es el emisario jefe de Satán, el Anticristo. La Bestia de la tierra es el Falso Profeta. «Tenemos la profana Trinidad, el demonio, el Anticristo y el Falso Profeta. El demonio trata de hacer creer al mundo que es Dios. El Anticristo se hace pasar por Jesús y el Falso Profeta trata de hacernos creer que es el Espíritu Santo. Es la anti-Trinidad la que ha impuesto firmemente su poder en los últimos años», sostiene Joseph Robert Chambers. Los eruditos de las profecías bíblicas señalan que esta profana Trinidad convierte a todo el mundo en sus fieles mediante el engaño al tiempo que conspira para tomar el control sobre los Cielos y la Tierra.

El Apocalipsis afirma que el Anticristo está destinado a enfrentarse a Jesucristo, pero no antes de que se produzcan una serie de acontecimientos. «Los fundamentalistas cristianos creen que antes del regreso de Jesús se producirán tres señales. La primera, la reunificación de todos los judíos en Israel, algo que ya sucedió en 1948, con la declaración del Estado de Israel. La segunda, la toma de Jerusalén por parte de los judíos, hecho que también se produjo en la guerra de 1967. Y la tercera, la reconstrucción del Templo de Salomón o de Jerusalén», explica Michael Baigent, autor de *Racing Toward Armageddon* y coautor del *El enigma sagrado*.

El Apocalipsis anuncia que conforme el Anticristo y la profana Trinidad vayan seduciendo a la humanidad, se desencadenará una serie de horribles desastres que traerá miles de millones de muertes. Los textos bíblicos describen estos desastres como siete copas que contienen el veneno de la ira de Dios. «Son parecidas a las trompetas. De hecho, siguen más o menos el mismo patrón secuencial cuando azotan la tierra, los océanos, los ríos y el aire. Pero en lugar de provocar daños en un tercio de ellos, los provocarán en su totalidad», dice Steve Wohlberg. De hecho, el Apocalipsis describe esta oleada de catástrofes como la criba final para exterminar a todos aquellos que se nieguen a seguir a Dios. El escenario es grotesco: la enfermedad y la peste se extenderán sin control. El desenlace es de escala astronómica. «A través de la séptima trompeta aprendemos que las advertencias de Dios son perfectas y completas, para que el hombre no tenga ninguna excusa cuando la condenación final e irreversible caiga sobre él», alerta Herbert Lockyer.

Las siete copas son el resultado de que las siete trompetas hayan sonado. La primera copa causa la aparición de dolorosas úlceras malignas en la humanidad (Apocalipsis 16, 2). La segunda provoca la muerte de todo ser viviente en el mar (Apocalipsis 16, 3). La tercera causa que el agua de los ríos se convierta en sangre (Apocalipsis 16, 4-7). La cuarta hace que el calor del Sol aumente hasta el punto de quemar y causar gran dolor (Apocalipsis 16, 8-9). La quinta produce una gran oscuridad y el aumento del sufrimiento ocasionado por las enfermedades de la primera copa (Apocalipsis 16, 10-11). La sexta seca el río Éufrates para dar paso a los ejércitos del Anticristo, que se habían reunido para librar la gran batalla del Armagedón (Apocalipsis 16, 12-14). Y la séptima provoca un devastador terremoto seguido de granizos gigantes (Apocalipsis 16, 15-21).

El escenario final

Si el Apocalipsis es la hoja de ruta que conduce al final de la humanidad, como muchos creen, el momento culminante está próximo, vaticinan expertos como Jonathan Kirsch. «El Libro del Apocalipsis es como una lupa a través de la cual podemos ver y sondear el gran misterio de nuestro final. El Apocalipsis está plagado de monstruos, de catástrofes y de personajes diabólicos. Sin duda, su autor poseía un increíble genio creativo y sabía cómo presentarse ante un público y dirigirse a él para provocar el mismo tipo de fascinación y ansiedad que sentimos ahora los espectadores ante una película.»

En la Tierra devastada tendrá lugar la batalla final. Las fuerzas del Anticristo se enfrentarán con el ejército de Jesús. Los defensores de esta teoría ubican esta batalla épica en la llanura Esdraelón, una extensa zona agrícola entre Samaria, Galilea e Israel, «que podría ser el valle de Megido, el valle del Armagedón», mantiene David Hocking. Y es que «Armagedón» se compone de dos palabras: *Ar*, que significa «monte», y *Megido*, que es el nombre de la ciudad situada en un monte de poca altura en el valle de Jezreel. Por eso, literalmente, Armagedón significa el monte de Megido, o el alto de Megido. Pero *Megido* además significa «cortar», «separar», «matar». Por eso «Armagedón» no sólo hace referencia a un lugar concreto, sino también a hechos que ya se produjeron allí y que volverán a producirse.

Algunos profetas, como Joel, también denominan a este trágico lugar el valle de Josafat, en referencia al nombre del sexto rey de la casa de David y el cuarto del reino de Judá, que reinó de 873 a 849 a. C. y que significa «el Señor juzga». Se encuentra al sur de la Baja Galilea en el norte de Israel y, según indica la Biblia, en él levantaron sus tiendas los invasores de Israel a los que después derrotó Gedeón, quien con trescientos hombres y guiado por Dios venció a ciento treinta y cinco mil madianitas y amalecitas. Allí también tuvo lugar la batalla entre Barac, jefe de Israel, y Sísara, capitán del ejército de Canaán. Barac, según las Escrituras, obtuvo la victoria únicamente gracias a la fuerza del Señor. Diversos pasajes de la Biblia narran más acontecimientos que tuvieron lugar en este valle: Saúl pereció a manos de los filisteos, lo cual allanó para David el camino al trono; el profeta Elías dio muerte a los profetas de Baal; allí murió el más grande de los reyes pecadores de Israel, Acab, y su perversa esposa, Jezabel; Dios destruyó ante los ojos de los judíos y de su rey Josafat a tres de sus enemigos y allí murió, a manos del rey egipcio Necao, Josías (647-608 a. C.), el decimosexto rey de Judá.

La ubicación del valle de Megido, en la encrucijada de lo que fue una importantísima ruta comercial, paso obligado hacia el centro y norte de Palestina, a unos dieciséis kilómetros al sur de Nazaret y veinticuatro kilómetros tierra adentro de la costa del Mediterráneo, lo convirtió en un codiciado enclave para el enfrentamiento de antiguas facciones. Salomón, el rey de Israel, le daba la misma importancia que a Jerusalén. Este valle relativamente pequeño siempre ha sido la base en la que se asentaban los ejércitos, desde Nabucodonosor hasta Napoleón. Los hebreos, distintos pueblos paganos antiguos, egipcios, árabes, persas, turcos… lucharon en ese lugar. Los estudiosos de la Biblia consideran que su largo historial bélico podría haber inspirado al escritor del Apocalipsis, Juan, para señalarlo como el cuartel principal del Anticristo y el sitio donde se produciría el último encuentro entre Dios y Satán.

Según el Apocalipsis, «el Verbo de Dios» surgirá de los cielos en un caballo blanco para liderar la reunión de los ejércitos de Dios. Pero el personaje que describe el texto dista mucho de ser el Jesús salvador benevolente en el que creen sus seguidores. Este hijo de Dios no es el príncipe de la paz en el que creen millones de fieles. «Es completamente imposible una reconciliación entre el Jesús del Apocalipsis, que viste con ropas manchadas de la sangre de los cientos de miles de muertos en el campo de batalla, con el Jesús amable y comprensivo del Sermón de la Montaña —dice Michael Baigent—. Son dos personajes distintos.»

Con sus ojos ardiendo como una llama de fuego, el Jesús guerrero, según se narra en el Apocalipsis, avanza con su ejército contra las fuerzas lideradas por el Anticristo, seleccionadas de entre las naciones a las que ha engañado para que le rindan culto. Finalmente, las fuerzas del bien prevalecen sobre las de la profana Trinidad, después de años de impostura. En el Apocalipsis 19, 20 se dice: «Pero la Bestia fue capturada, y con ella el falso profeta —el que había realizado al servicio de la Bestia las señales con que seducía a los que habían aceptado la marca de la Bestia y a los que adoraban su imagen— los dos fueron arrojados vivos al lago del fuego que arde con azufre».

Así termina la descripción que el Apocalipsis hace del Armagedón. Establecer una correlación entre esta profecía bíblica y los acontecimientos actuales resulta problemático, ya que se habla de personajes sobrenaturales que se enfrentan en un contexto sobrenatural. A pesar de eso, aproximadamente el 60 por ciento de los estadounidenses creen que los hechos que describe el Apocalipsis sucederán. Para Michael Baigent, esto entraña un grave peligro, porque si creemos que algo puede suceder estaremos condicionados para que se cumpla. Es una inquietante posibilidad, sin duda. En esencia, se trataría de una curiosa atracción fatal hacia las profecías del Apocalipsis. Lo cual se une, según Jonathan Kirsch, a la gran tradición del Apocalipsis, que se repite desde hace veinte siglos: cada nueva generación llega a los textos, los lee y se convence de que describen hechos que ocurrirán en su propio tiempo.

Aquellos que creen que los tiempos se están cumpliendo al pie de la letra y que el séptimo y último sello podría haberse roto ya, citan a otro profeta de la Biblia: Daniel. Así, dice: «Y tú, Daniel, guarda en secreto estas palabras y sella el libro hasta el tiempo del Fin. Muchos andarán errantes acá y allá, y la iniquidad aumentará» o «aumentará la ciencia», según otras versiones (Daniel 12, 4). «En este pasaje se habla del final de los días, se dice que aumentará el conocimiento. Actualmente, hemos asistido a un incremento del conocimiento sin precedentes en la historia del mundo. Disponemos de satélites, de internet, de fibra óptica, toda la tecnología de nuestros días... Para mí está claro, a tenor de lo que sucede hoy en día en el mundo, que nos estamos aproximando al gran día», cree firmemente Steve Wohlberg.

Sólo el tiempo puede decirlo. A juzgar por el comportamiento que los humanos hemos mostrado durante los últimos cien años, no es de extrañar que se cuenten por millones los miembros de la actual generación que buscan con ansiedad una respuesta a esta pregunta sobre el destino, siguen los acontecimientos con interés y tratan de interpretarlos a la luz de las antiguas profecías del Apocalipsis, intentando hallar pistas sobre el final de los tiempos, preguntándose cómo y cuándo terminará todo. Una inquietud común a las gentes de todas las latitudes del globo que ha hecho que muchos se vuelvan hacia los profetas de la Biblia para hallar respuesta a la incógnita de la historia: ¿cuándo será la batalla del Armagedón?

7

El rapto y la Tribulación

Las profecías que contiene la Biblia anuncian un período de tribulaciones sin parangón, siete años de calamidades, cada vez más intensas, que culminarán con el fin de los tiempos. La barbarie, el desconcierto y la anarquía se esparcirán por el mundo. Estos alarmantes acontecimientos serán sólo el principio del período más turbulento de la historia de la humanidad.

Diferentes posturas doctrinales

> Después nosotros, los que vivamos, los que quedemos, seremos arrebatados en nubes, junto con ellos, al encuentro del Señor en los aires. Y así estaremos siempre con el Señor.
>
> Primera Epístola a los Tesalonicenses 4, 17

Las advertencias del Nuevo Testamento hablan de que sobrevendrá un tiempo de sufrimiento sin precedentes y grandes cataclismos que afectará a toda la población del planeta. Pero antes de que dé comienzo este tiempo de sufrimiento, según los exégetas bíblicos, las Escrituras hacen referencia a un fenómeno: el arrebatamiento o rapto. Anuncian que conforme se acerque el Apocalipsis, una gran cantidad de devotos cristianos desaparecerán de repente de acuerdo con este fenómeno sobrenatural. Muchos fundamentalistas y protestantes evangélicos se adhieren a esta creencia. Sin duda es una cuestión de fe, pero ellos están convencidos de que el caos se difundirá por doquier.

Este término, al cual se refieren las Escrituras, proviene de la palabra griega *jarpázo*, que significa «apoderarse», «arrebatar», y de la palabra *jaireáomai*, que se traduce como «preferir», «escoger» o «tomar para uno mismo». Según explica Charles Ryrie en su libro *Teología básica*, la palabra griega de la cual tomamos el término «rapto» aparece en la Primera Epístola a los Tesalonicenses 4, 17. La traducción latina de este versículo utilizó la voz verbal *rapturo* (del verbo *rapto*), la palabra griega que traduce es «arrebatar» o «tomar», para indicar el movimiento real de las personas de la tierra hacia el cielo, que ocurrirá «en un instante, en un pestañear de ojos, al toque de la trompeta final», según la Primera Epístola a los Corintios 15, 52. Así, este prodigio promete transformar a los creyentes en almas, cuerpos en estado espiritual, que serán de repente y literalmente arrebatadas, abducidas en el aire para librarlas así del dolor y el sufrimiento que han de venir. El desastre se anuncia para aquellos que queden sobre la Tierra.

Por su naturaleza, la profecía del arrebatamiento desafía el análisis racional. Sería un prodigio orquestado por un ser superior y, como tal, queda estrictamente ceñido al campo de la fe. De acuerdo con una encuesta realizada por el *U.S. News and World Report* a finales de los noventa, uno de cada diez estadounidenses creía en el rapto de la Iglesia. A la vista de la gran cantidad de páginas web y blogs dedicados a debatir sobre este evento, se puede comprobar que es una creencia seguida también por numerosas congregaciones de cristianos hispanohablantes.

Según muchos intérpretes de las Sagradas Escrituras, varios profetas bíblicos predicen el arrebatamiento. Se cita en concreto en Juan 14, 1-3, en la Primera Epístola a los Corintios 15, 51-58 y en la Primera Epístola a los Tesalonicenses 4, 13-18. De estos escasos pasajes misteriosos resultan predicciones detalladas y precisas que llenan foros en internet y libros, completados con calendarios, fechas, tablas y gráficas de cuándo acontecerá. Y es que el análisis del arrebatamiento ha dado lugar a interpretaciones encontradas, con referencias culturales cruzadas y distintas posturas doctrinales entre las múltiples iglesias y denominaciones religiosas de la cristiandad.

Hasta el siglo XIX no se encuentra esta interpretación en la historia del cristianismo —ni en la literatura católica ni en la protestante—. Es en ese siglo cuando aparecieron sus primeras descripciones en los escritos de John Nelson Darby, un anglo-irlandés que tras renunciar a la carrera de abogado se convirtió en pastor anglicano en 1826. Darby realizó una traducción de la Biblia, basada en los textos hebreos y griegos, llamada *Las Sagradas Escrituras: Una nueva traducción tomada de los idiomas originales*, y numerosos estudios sobre la profecía bíblica, recogidos en *Notas sobre el Apocalipsis* (1842). Tras ello comenzó a proclamar la teoría del «misterio del rapto», según la cual Cristo arrebatará repentinamente de este mundo a «Su novia», la Iglesia, antes de que sobrevengan los juicios de la Tribulación. «En términos de teología cristiana, es un concepto que se ha forjado en el último par de siglos. Pero se sustenta en pruebas bíblicas muy débiles», señala William Schniedewind, profesor de Estudios Bíblicos y Lenguas Semíticas de la Universidad de California, en Los Ángeles.

Por el contrario, muchos investigadores opinan que las pruebas de la Biblia son convincentes. Así, sus defensores creen que el apóstol san Pablo prometió este milagro a los primeros cristianos aproximadamente hacia el año 53 d. C., promesa recogida en su Primera Epístola a los Corintios. De estas breves alusiones bíblicas emana el concepto moderno de ascensión corporal a los cielos. «San Pablo habla sobre personas reunidas y "reunidas" en el sentido griego de robadas, raptadas de repente, que se traduce al latín con el término *rapturo*, lo cual deriva en el sentido de "arrebatar"», explica el reverendo Joel C. Graves.

En cuanto a la postura de la Iglesia católica en lo concerniente a la fecha y naturaleza de estos eventos, opta por ajustarse a lo que adelantó Jesucristo en Mateo 24, 36: «Mas de aquel día y hora, nadie sabe nada, ni los ángeles de los cielos, ni el Hijo, sino sólo el Padre». De hecho, la Iglesia católica niega el arrebatamiento porque es una doctrina nueva y no hablan de ella los Santos Padres de la Iglesia, ni el magisterio de los papas, ni los Concilios; no es más que una interpretación arbitraria de ciertos pasajes bíblicos. Además, no creen en el rapto ya que el catolicismo mantiene que Dios es todo amor y que Él no sería capaz de destruir al hombre ni a la Tierra, sus creaciones.

Junto a los católicos, ciertos protestantes tradicionales no creen en un arrebatamiento en estos términos, así como tampoco en los mil años literales (milenarismo) que según esta teoría es el lapso de tiempo en que Cristo vendrá a reinar físicamente en la Tierra al final de los cuales regresará al cielo. Sin embargo, sí creen en la Parusía (que significa «presencia» o «llegada» en griego), que es la Segunda Venida de Cristo al final de los tiempos y su manifestación gloriosa al mundo para juzgar personalmente a cada persona según su fe y obras. Así, sostienen que toda la humanidad tendrá que rendir cuentas a Dios y será juzgada: los justos serían salvados y gozarán de una vida eterna; los impíos serán condenados a la eternidad sin Dios, que es el infierno. Para la fe católica, la Segunda Venida de Cristo será gloriosa, visible para todos y definitiva. Marcará el fin de la historia y del tiempo.

¿Liberados o no de la ira de Dios?

> Así también Cristo, después de haberse ofrecido una sola vez para quitar los pecados de la multitud, se aparecerá por segunda vez sin relación ya con el pecado a los que le esperan para su salvación.
>
> Epístola a los Hebreos 9, 28

Entre los pasajes que citan quienes creen en este fenómeno, se encuentra la profecía de san Juan del Libro del Apocalipsis, escrito en torno al año 68 d. C., en el que se dice: «Ya que has guardado mi recomendación de ser paciente, también yo te guardaré de la hora de la prueba» (Apocalipsis 3, 10). Este versículo habla de un tema básico que ha sido objeto de candente debate en los últimos siglos entre algunos cristianos: la cuestión de si los verdaderos creyentes serán abducidos por los cielos antes de la venida de desastres anunciados en el Apocalipsis, también conocidos como tribulaciones, o si serán arrebatados después de haberlas sufrido. Es decir, si este evento ocurrirá antes del período conocido como la Gran Tribulación (pre-Tribulación) o al final de la Tribulación (pos-Tribulación). Incluso hay seguidores que creen que acontecerá en medio (medo/mid-Tribulación). Según el antropólogo y escritor Daniel J. Gansle, la teoría del arrebatamiento previo a las tribulaciones «defiende que este fenómeno sucederá antes del período que la Biblia denomina de Gran Tribulación, el período de siete años de juicio que recaerá sobre la Tierra. La teoría del arrebatamiento posterior a las tribulaciones sugiere que sucederá después, cuando Jesús vuelva por segunda vez e instaure definitivamente Su Reino en la Tierra».

Así que los propios cristianos que creen en el rapto no se ponen de acuerdo entre ellos respecto a si los virtuosos serán arrebatados antes o después de la Tribulación, es decir, si pasarán o no por el período de sufrimiento y persecución que la Biblia describe junto a los impíos, o si serán antes librados de la ira de Dios. Sólo si el arrebatamiento se produce antes de la Tribulación, aquellos que cobren estado espiritual se salvarán de las pesadillas descritas en el Apocalipsis. «Jesús dice: “Te guardaré de la hora de la prueba que va a sobrevenir sobre el mundo entero". Dice "te guardaré", no "te protegeré" ni "te ayudaré a superar", sino "te guardaré" de ella. En mi opinión, es una clara descripción del arrebatamiento», indica Daniel J. Gansle.

No obstante, muchos creen que el arrebatamiento no se producirá hasta que la humanidad haya sufrido los horrores de las tribulaciones. Entre los cristianos que creen que el mundo pasará por siete años de juicio y sufrimiento y que no tardarán en llegar, se encuentran los baptistas, adventistas, metodistas y testigos de Jehová. «Cuando Cristo descienda de entre las nubes, habrá abandonado los cielos. Es tiempo de restaurarlo todo, es decir, que no llegará antes de las tribulaciones», sostiene Richard Perry, investigador de la Biblia. Según este experto, después de tres años y medio, «el Anticristo se establecerá a sí mismo en el Templo Judío y proclamará que él es Dios. Esta abominación iniciará la Gran Tribulación que durará otros tres años y medio. Al final, Cristo regresará, establecerá Su Reino en la Tierra y destruirá al Anticristo».

Para los baptistas, adventistas, metodistas y testigos de Jehová, según las referencias de la Biblia, el arrebatamiento ocurrirá cuando suene la trompeta final, la séptima y «las siete copas de la ira de Dios» caigan sobre la Tierra durante la Gran Tribulación. Así, el pos-tribulacionismo enseña que el rapto y la Segunda Venida de Cristo son facetas de un solo acontecimiento que ocurrirá al final del período de sufrimiento de siete años. Los defensores de esta postura mantienen que ésa ha sido la única posición de la Iglesia cristiana durante diecinueve de sus veinte siglos de historia. Pero todo cambió después de 1830 y en los comienzos del siglo XX, especialmente después de la Segunda Guerra Mundial, cuando se propagó la creencia —muy popular entre algunos grupos evangélicos del otro lado del Atlántico— de que la Iglesia no pasaría por la Gran Tribulación final.

Así surge un grupo de cristianos que sostienen que los creyentes serán liberados del dolor y del sufrimiento del Apocalipsis, y que los vivos envidiarán a los raptados, quienes, tornándose instantáneamente en espíritus, se habrían librado del sufrimiento de la Tribulación y del Apocalipsis que seguirá. Para Daniel J. Gansle, esta teoría de la pre-Tribulación es mucho más sólida que la de la pos-Tribulación, ya que esta última presenta un problema de tiempo respecto al momento en que Jesús descienda de nuevo a la Tierra. «¿Se supone que bajará primero, hará ascender las almas de los creyentes a los cielos y volverá a bajar para reinstaurar Su Reino? Esto implicaría que tendría que estar en dos sitios a la vez, lo cual no tiene mucho sentido, por eso le doy más credibilidad a la idea del arrebatamiento pre-Tribulaciones. Aunque, realmente, es una cuestión de interpretación.» Así, para los pre-tribulacionistas, el arrebatamiento y la Segunda Venida de Jesús son dos eventos bíblicamente diferentes. El hecho de explicarlo como un único evento, dicen, habría surgido a raíz de la falta de textos bíblicos que poseen los teólogos pos-tribulacionistas para demostrar tal idea. Sin embargo, actualmente es una doctrina muy popular en el seno de muchas iglesias evangélicas, como por ejemplo los metodistas pentecostales.

Pero ¿por qué es tan importante el rapto y, sobre todo, cuándo ocurrirá? Según Richard Perry, el arrebatamiento previo a las tribulaciones es una teoría más popular hoy en día, mientras que la opuesta tuvo más seguidores en el pasado. «Creo que eso tiene mucho que ver con la perspectiva occidental, y especialmente la estadounidense, del mundo: la sensación de merecimiento, de ser demasiado buenos como para merecer la ira de Dios», asegura Perry. Pero también es una cuestión teológica. Los cristianos creen en la promesa de que Jesucristo volverá a la Tierra con poder y gloria y establecerá su Reino Eterno. Así, según las Escrituras, la Venida de Cristo acabará con el mundo tal y como lo conocemos en la actualidad. Algunos creen que su regreso ocurrirá siete años antes del fin del mundo; otros, que ocurrirá en medio de los siete años, y otros, al final de la Tribulación. «Si los cristianos están convencidos de que el arrebatamiento es después de la Tribulación entonces ya no esperarán a Cristo sino al Anticristo, la Tribulación, ya que la Biblia tiene pasajes como la Epístola a los Filipenses 3, 20, la Epístola a los Colosenses 3, 4, la Primera Epístola a los Tesalonicenses 1, 10, que claramente nos mandan esperar a Cristo y no otra cosa», afirma en su web el teólogo mexicano y experto en cuestiones escatológicas NewMisionero.

Aunque nadie tiene una respuesta definitiva respecto a cuándo se producirá el arrebatamiento, otras culturas y religiones distintas a la cristiana contienen profecías similares de salvación. El islam enseña que los creyentes en su dios, Alá, encontrarán refugio con el profeta Mahoma, protegidos del «viento de la destrucción» que exterminará a los demás. Asimismo, como en el Apocalipsis cristiano, habrá previamente una serie de mayores y menores signos que revelan que los últimos tiempos han llegado (Sura 21, 96; 27, 82; 43, 61). «El islam encierra ideas muy similares a las del fin de los tiempos, como hace el cristianismo. No sorprende puesto que el islamismo emerge de un contexto esencialmente cristiano.

Mahoma conoció el cristianismo a la perfección e incluso se sirvió de muchos de sus textos», afirma Dyron Daughrity, profesor de Religión de la Universidad Pepperdine, en Malibú, California.

Muchos exégetas de la Biblia ven paralelismos del arrebatamiento incluso en las profecías de los indios hopi americanos. Sus tradiciones orales y escritas describen el fin del mundo como el día de la purificación, cuando ellos serán trasladados por el aire en barcos sin alas a otros planetas. «Los hopi anunciaron un tiempo de inquietud, caos y desconcierto, y, a juzgar por las noticias, es lo que estamos viviendo», indica Marie D. Jones, investigadora de fenómenos paranormales y autora de *2013: The End of Days Or a New Beginning? – Envisioning the World After the Events of 2012.* Y es que, quienes creen en tal fenómeno están convencidos de que existe una coherencia entre las profecías y la actualidad hasta el punto que piensan que el arrebatamiento y el final de los días de la profecía apocalíptica de la Biblia podrían estar cumpliéndose ya.

Para Dyron Daughrity, el arrebatamiento es un asunto muy complejo y con muchas dimensiones dentro del pensamiento cristiano actual. «No obstante, la idea tiene un fuerte poder de atracción.» Atractiva para algunos, espeluznante para otros. Sin duda, las consecuencias de que millones de personas desaparecieran repentinamente de la faz de la Tierra serían terribles. Aquellos que se queden, lo harán sumidos en un estado de confusión y terror y a merced del peligro mortal que supone la amenaza del fin del mundo.

Desaparecer de repente

> ¡Mirad! Os revelo un misterio: No moriremos todos, mas todos seremos transformados. En un instante, en un pestañear de ojos, al toque de la trompeta final, pues sonará la trompeta, los muertos resucitarán incorruptibles y nosotros seremos transformados.
>
> Primera Epístola a los Corintios 15, 51-52

Los cristianos que creen que el arrebatamiento se producirá justo antes de la llegada de la Tribulación, es decir, antes de un período de siete años de espanto, consideran que la conmoción de este rapto iniciará la primera oleada de tormento. Según explica Jerry Jenkins, coautor junto a Tim LaHaye de *El Rapto* y del popular libro *Dejados atrás*, quienes se queden en la Tierra siendo conscientes de que sus seres más queridos se han ido de pronto al cielo, «sufrirán el mayor horror de los posibles. Les surgirá, entonces, la pregunta "¿es demasiado tarde para mí?"». Así nace una tercera teoría, que se originó con el teólogo británico Robert Govett en 1835: la del rapto parcial, según la cual sólo los cristianos «espirituales», aquellos que observan y esperan el regreso del Señor, serán llevados en el arrebatamiento, pero luego durante los siete años de la Tribulación otros santos que no estaban preparados para el rapto inicial serán arrebatados en diversos intervalos.

Para quienes aceptan como verdadero el arrebatamiento, los justos desaparecerán de repente, independientemente de dónde se encuentren o de lo que estén haciendo, e indican que las consecuencias son inquietantes. No es difícil imaginar qué podría suceder si millones de personas desaparecieran de repente de la Tierra: se instauraría una confusión, un pánico y un caos sin precedentes. La citada novela *Dejados atrás* cuenta la historia de las personas que quedaron en la Tierra después de que millones de ellas se desvanecieran inexplicablemente. En este mundo de caos, explican Jenkins y LaHaye nuestro planeta se convertía en el marco ideal para la llegada del Anticristo. «No sabremos dónde ha ido a parar esa gente, ni por qué ni qué les ha pasado. Muchos dudarán si les ha ocurrido algo horrible, si han sido secuestrados. ¿Qué les habrá pasado a todos nuestros seres queridos y quién ocupará su espacio? Estamos hablando de vacíos inmensos que habrá que compensar y explicar de un modo u otro», cuenta Daniel J. Gansle. En este hipotético mundo post-arrebatamiento, tras ese impacto inmediato, con la manifestación del caos y la destrucción, muchos ciudadanos caerán en la cuenta, quizá demasiado tarde, de que sólo se tienen a sí mismos para salvarse.

Para comenzar, si realmente se produce el arrebatamiento, el desolador escenario para los millones de personas que quedaran atrás se traduciría en numerosos accidentes y muertes relacionados con el tráfico. La premisa del arrebatamiento implica que los conductores cumplidores con las leyes de Dios desaparecerán, de pronto, de los mandos de sus vehículos, provocando accidentes múltiples. Si esto ocurriera, los vehículos accidentados serían tantos que bloquearían las autopistas, produciendo atascos de dimensiones inimaginables. «Una de las cosas de las que dependemos en todo el mundo es de la movilidad. Si se produjera un incidente que colapsara la mayoría de las grandes arterias de comunicación, se nos presentaría un reto verdaderamente crucial», explica el experto en seguridad Gary Gleason. Si realmente llegara a producirse el arrebatamiento, también los pilotos podrían desaparecer en pleno vuelo, así como los controladores aéreos, con lo que miles de aviones surcarían los cielos en un vuelo suicida. «Todo lo que nuestra mente alcance a imaginar pasaría. Sería el fenómeno más catastrófico y aterrador de la historia de la humanidad», advierte Jerry Jenkins.

Los supuestos escenarios tras el arrebatamiento describen millones de hogares y negocios abandonados en los que el fuego consumirá rápidamente vecindarios enteros, situaciones similares al caos y al pánico que siguieron, en agosto de 2005, al huracán Katrina, en Nueva Orleans, uno de los ciclones tropicales más mortíferos, destructivos y costosos que hayan arrasado Estados Unidos en décadas. Los bomberos, con sus efectivos comprometidos ya en otros lugares, estarían capacitados para responder únicamente a los incendios más graves, tal como ocurrió en octubre de 2003 durante los fuegos incontrolados que asolaron grandes extensiones de terreno en Los Ángeles y donde el gobernador Gray Davis tuvo que declarar el estado de emergencia en los condados de San Bernardino y Ventura.

Es más, de ocurrir algo similar, tras perderse un cuantioso número de vidas, los servicios de urgencia pronto quedarían sobrepasados por la pura devastación y obligados a responder al límite de su capacidad, y es probable que la presión agravase la situación, de por sí, traumática. «Les invadiría la angustia y el exceso de trabajo les produciría problemas de concentración», especula Daniel J. Gansle. Por fuertes y eficaces que fueran los profesionales sanitarios, el caos resultaría insuperable. «Lo único que podrá hacer la policía será evacuar las calles de inmediato y declarar la ley marcial. Impondrán el toque de queda, habrá saqueos y pillaje, igual que en situaciones de guerra o de disturbios, detendrán a la gente. Nadie podrá salir de sus casas después del anochecer. En resumen, será el infierno en la Tierra», vaticina el escritor Joseph Robert Chambers.

Si se cumpliese la profecía y los hospitales sobrepasaran su capacidad, se impondría una batalla desesperada por la supervivencia porque lo que vendría a partir de ahí no haría más que empeorar. El personal destinado a funciones de emergencia se enfrentaría a una tarea inabordable. Las fuerzas y cuerpos de seguridad del Estado, sin personal suficiente para proteger eficazmente a la población civil, serían inútiles ante la barbarie, la hambruna y el desconcierto. «Todos los servicios a los que estamos acostumbrados, toda la paz y la tranquilidad y la disponibilidad de los medios de transporte y de viaje quedarán a merced de la anarquía», dice

Jerry Jenkins. Pero en este escenario hipotético, los recursos quedarían reducidos a un nivel alarmante. El escenario podría empeorar aún más si las autoridades achacaran las calamidades provocadas por el arrebatamiento al terrorismo, una falsa excusa que incrementaría la tensión internacional.

Quienes creen en el arrebatamiento piensan que, mientras tanto, el mundo hará esfuerzos inútiles para comprender y lidiar con la estupefacción y la confusión de ver desvanecerse ante sus propios ojos a tanta gente. «Creo que los medios de comunicación tratarán de explicarlo interpretándolo como algún tipo de catástrofe natural o darle alguna razón científica», señala Jerry Jenkins. En cambio, Daniel J. Gansle opina que las autoridades gubernamentales quizá lo intentarán explicar «como un atentado terrorista, empleando algún tipo de artilugio recién inventado del que hasta el momento no se haya tenido noticia».

Siete años de horror

> El Señor mismo, a la orden dada por la voz de un arcángel y por la trompeta de Dios, bajará del cielo, y los que murieron en Cristo resucitarán en primer lugar.
>
> Primera Epístola a los Tesalonicenses 4, 16

Hay algunos grupos cristianos que basan sus creencias también en una profecía realizada por Jesús y recogida en el Evangelio de san Mateo. «Jesús les explica a sus discípulos que sucederán una serie de acontecimientos. Les describe, además, las señales que tienen que buscar y que indicarán su Segunda Venida, el final de los tiempos, el Juicio Final, y a continuación les cuenta una alegoría», explica Ken Davies, autor de *Babylon the Harlot City* y director de la web Beyond the End Times, dedicada a dar respuesta a las predicciones bíblicas desde el preterismo, una variación de la escatología cristiana que mantiene que algunas (o todas) las profecías bíblicas concernientes a los últimos días o los tiempos finales se refieren a eventos que en realidad ocurrieron durante el primer siglo tras el nacimiento de Cristo. Según Mateo 24, 32-34, sus palabras fueron: «De la higuera aprended la parábola: cuando ya sus ramas están tiernas y brotan las hojas, sabéis que el verano está cerca. Así también vosotros, cuando veáis todo esto, sabed que Él está cerca, a las puertas. Yo os aseguro que no pasará esta generación hasta que todo esto suceda».

Según algunos eruditos, la higuera es la alegoría de Israel. De acuerdo con su interpretación, el florecimiento de la higuera sería el resurgimiento de Israel como nación en 1948. Y, una vez más, esta lectura se une a tantas otras que, basadas en la visión que tuvo el profeta Isaías sobre la futura restauración de Israel, hablan de cuando los judíos retornen definitivamente, después de siglos de estar dispersos por toda la Tierra, y su papel y significado en el calendario apocalíptico. Así, algunos exégetas advierten que eso significa que el arrebatamiento y el final de los días llegarán pronto, antes de que se extinga la generación que ha sido testigo del resurgimiento de Israel. En otras palabras, dentro de unas décadas o quizá sólo años. Claro que a la profecía de los hijos de Israel regresando de todas partes del mundo a la Tierra Prometida se unen otros signos del final de los tiempos. Por el contrario, otros expertos bíblicos dicen que la higuera no representa a Israel, sino simplemente, un ciclo de la naturaleza. De nuevo, los textos están sujetos a interpretaciones muy distintas.

Dentro de esta corriente de pensamiento cristiano, no todo el mundo cree en este fenómeno de forma literal como una expresión de la llegada del Juicio Final y el Apocalipsis. En el Evangelio de san Mateo 24, 40-41 se lee: «Entonces, estarán dos en el campo: uno es tomado, el otro es dejado; dos mujeres moliendo en el molino: una es tomada, la otra dejada». Algunos investigadores de la Biblia sostienen que la premisa del arrebatamiento, por la que unos son elegidos y otros no, sólo viene a añadir tensión al actual conflicto social. Para el profesor de Teología Daniel Smith-Christopher, «uno de los aspectos más polémicos de esta obsesión con la profecía bíblica es las divisiones que genera, el modo en que se emplea para demonizar a la gente y clasificar a unos cuantos como los buenos, y cómo sirve de vehículo para separar en lugar de para unir y fomentar la solidaridad con el objetivo de trabajar por una sociedad que una a sus gentes y provea por ellas».

Aun así, muchos creyentes esperan ansiosos el arrebatamiento, previendo su propio rescate a manos de Dios. Después, según algunas interpretaciones, el Nuevo Testamento dice que millones de muertos también resucitarán en ese momento. Interpretan el versículo de la Primera Epístola de san Pablo a los Tesalonicenses como un anuncio de que todos los que hayan muerto creyendo en Cristo resucitarán de la muerte. En palabras de Richard Perry: «Quienes ya pasaron a ser polvo de la tierra volverán a ella. Lo primero que viene a la mente es la imagen de personas saliendo de sus tumbas para unirse al Señor en el aire, la resurrección de los muertos».

Pero ver físicamente los cadáveres salir de las tumbas y elevándose a los cielos y flotando en el aire es una idea que genera mucho escepticismo.

Y este espeluznante escenario ¿surgirá de pronto? Según describe san Pedro, este fatídico día será «introducido» con señales en el cielo y ocurrirán «prodigios arriba en el cielo y señales abajo en la tierra. El Sol se convertirá en tinieblas y la Luna en sangre, antes de que llegue el Día grande del Señor» (Hechos de los Apóstoles 2, 19-20). ¿Qué otros fenómenos lo seguirán? Para algunos investigadores de la Biblia, «después del arrebatamiento, le seguirán siete años de tribulaciones o de prueba de quienes se han quedado, que pueden entrañar hambrunas, guerras, disturbios y todo tipo de crímenes de los malvados que queden en la Tierra, acompañados, seguramente, de catástrofes naturales», explica William Schniedewind.

Se trata de los siete años pronosticados en el Apocalipsis como «un tiempo del juicio implacable, un tiempo de horror», una espeluznante sucesión de sufrimientos, persecuciones sanguinarias y catástrofes mundiales que diezmarán a la humanidad. Las pandemias acabarán con millones de vidas, el cambio climático traerá un calor asfixiante, un tercio de las aguas de la Tierra quedarán envenenadas… «Será algo de magnitud planetaria. De hecho, una de las profecías anuncia que, en un momento, durante la Tribulación, el mundo entero sufrirá un terremoto que elevará las montañas y pondrá toda la superficie terrestre al nivel del mar», indica Jerry Jenkins. «Así como la mujer debe pasar un período de sufrimiento antes de traer al mundo una nueva vida, la Tierra tendrá que pasar siete años de horror antes del nacimiento de la era mesiánica, en la que el Mesías dominará el mundo en el nombre de Dios», señala el teólogo Renald Showers. Así, los más pesimistas creen que nos estamos acercando al principio de la profecía por el número cada vez más alto de vidas que se cobran las catástrofes naturales, así como el caos económico y político que asola el mundo.

El Apocalipsis también afirma que llegará un carismático líder mundial llamado «la Bestia», un hombre diabólico e impostor que algunos profetas identificaron con el Anticristo. Si los vaticinios se demuestran ciertos, una misteriosa presencia emergerá del arrebatamiento, provocando conmoción en todo el planeta. Este acontecimiento es, según muchos, sólo el principio del fin para aquellos que se queden en la Tierra. Según explica Jerry Jenkins, el arrebatamiento describe la llegada del Anticristo como un hecho trascendental, «su aparición será la consecuencia del caos que lo dominará todo. La gente estará tan aterrorizada que buscará desesperadamente alguien que los salve del horror». El Anticristo también es identificado por muchos estudiosos de la Biblia como el primero de los cuatro jinetes del Apocalipsis. «Estamos hablando del más vil de los villanos de todos los tiempos, pero tan seductor y persuasivo que hará creer a la gente que es Dios», dice Jerry Jenkins. Los intérpretes de las profecías sostienen que el Anticristo ejercerá una crueldad inimaginable sobre la humanidad y conducirá al mundo a la destrucción. La Biblia anuncia que el Anticristo se hará presente en medio de una gran apostasía y, según los creyentes en el arrebatamiento, ésta ya es una característica de nuestros tiempos, donde la humanidad camina bajo mandatos de hombres y no de Dios, lo que implica otra señal clara de que la partida o rapto de la Iglesia de Cristo sucederá pronto.

En el Apocalipsis 16, 18-21 también se hace referencia a grandiosos desastres naturales durante la Tribulación: «Se produjeron relámpagos, fragor, truenos y un violento terremoto [...] entonces todas las islas huyeron, y las montañas desaparecieron. Y un gran pedrisco, con piedras de casi un talento de peso, cayó del cielo sobre los hombres». La utilización de equipos científicos más refinados y la mayor cobertura informativa han creado la impresión, entre muchos, de que en la actualidad se producen más terremotos que antes. Y muchos son los que ponen la voz de alerta en sucesos como el tsunami del 26 de diciembre de 2004, cuya enorme columna de agua generada por un terremoto submarino entre las placas de Australia y Eurasia en el océano Índico arrasó las costas desde Asia hasta África y terminó con la vida de más de doscientas mil personas, o los devastadores maremotos que indujeron tsunamis y corrimientos de tierra que mataron a más de mil personas en Indonesia y Samoa en el año 2009. También alertan ante los efectos que causó sobre el país más pobre de América Latina, Haití, el terremoto registrado el 12 de enero de 2010, con más de doscientos mil muertos, o el que sacudió, en abril de 2010, a Chile, que tuvo 8,8 en la escala Richter y 9 en la Mercalli, cuyo epicentro se localizó a sesenta y tres kilómetros al sur de Cauquenes. Este nuevo evento telúrico estuvo entre los cinco terremotos más grandes registrados en las últimas décadas. Su gravedad estribó en que la zona de impacto abarcó entre trescientos y quinientos kilómetros, lo que provocó tsunamis en las costas de la región del Maule y en Biobío.

«Algunos creen que asistimos al final de los tiempos por lo desalmado que está el mundo, la degradación de la moral, la decadencia de la sociedad, los conflictos en Oriente Medio... No obstante, si analizamos con detenimiento la historia de Oriente Medio, veremos que siempre ha estado protagonizada por el enfrentamiento. No son indicios del fin de los días. El solo hecho de que vengan tiempos difíciles no implica que se esté cumpliendo la profecía de la Biblia», señala Ken Davies.

Lo cierto es que muchos anuncian un fin del mundo cataclísmico, provocado quizá por una guerra nuclear. ¿Podría el Apocalipsis ser inducido por un devoto jefe de gobierno que se conciba a sí mismo como encargado de hacer cumplir una profecía sagrada? «Lo más inquietante de Mahmud Ahmadineyad, el presidente de Irán, es que está convencido de que asistimos al final de los tiempos. Antes de asumir el poder en Irán, en el verano de 2005, declaró que no creía que quedaran más de dos o tres años para el regreso del Mesías islámico conocido como Mahdi, el duodécimo imán o imán oculto», explica el escritor Joel C. Rosenberg, fundador del Fondo de Josué, organización de caridad y educativa para movilizar a los cristianos a que aporten ayuda humanitaria a las víctimas de las guerras en Israel y Oriente Medio. Según este experto, por primera vez en la historia de la humanidad, «tenemos líderes de países tratando con uñas y dientes de comprar, fabricar o robar armas nucleares y misiles que las transporten basándose en una teología del final de los tiempos que los impulsa a provocar el genocidio».

Los hechos destructivos orquestados por el Anticristo, según pronostica el Apocalipsis, terminarán con la Segunda Venida de Jesús, algo en lo que coinciden protestantes y católicos. Para muchos creyentes, Jesús, los profetas hebreos y los apóstoles del Nuevo Testamento establecen una serie de señales que servirán de indicadores de que asistimos al final de los días y al inminente regreso de Cristo. Entre esas señales están las guerras y los vaticinios de guerra. También creen que el regreso del Mesías lo marcará un momento trágico para la humanidad, ya que Jesús comparó su segunda llegada con el diluvio universal, pero como en los días de Noé, muchos no entenderán las señales. «Jesús dijo que los días anteriores al diluvio, la gente comía y bebía y se entregaba al matrimonio hasta que sobrevino la inundación y se los llevó a todos por delante y que así sería el regreso del Hijo del Hombre. La pregunta ahora es a qué grupo de personas se llevará el diluvio por delante. Yo creo que los malditos serán eliminados de la Tierra por medio del juicio del diluvio», afirma el teólogo Renald Showers.

Los millones de personas que dan credibilidad a la profecía del arrebatamiento, y creen que además es inminente, se debaten entre la expectación y el miedo. Para ellos el arrebatamiento es el pistoletazo de salida en la carrera hacia el Armagedón, que termina a su vez con el enfrentamiento entre Jesús y Satán por las almas de la humanidad. «El arrebatamiento es un hecho terrible, indescriptiblemente horripilante y, a la vez, inexplicablemente emocionante, un momento glorioso, según la perspectiva de cada individuo», sostiene Terry James, autor de *The American Apocalypse: Is the United States in Bible Prophecy?*

Las posibilidades de sobrevivir

> Pues se levantará nación contra nación y reino contra reino y habrá en diversos lugares hambre y terremotos. Todo esto será el comienzo de los dolores de alumbramiento.
>
> Mateo 24, 7-8

Pero ¿sobrevivirá alguien? Parece ser que sí. Al menos ésa es la teoría de Joel C. Rosenberg: «Sabemos, por el Éxodo 12, que los israelitas fueron librados del castigo del ángel exterminador gracias a la sangre de cordero con la que marcaron los dinteles de sus puertas. Hay muchos ejemplos en las Escrituras en los que Dios salva a su pueblo». Algunos creen que a medida que avance la Tribulación los seguidores devotos de muchas religiones recurrirán a su fe como escudo contra la muerte, conscientes de que tienen asegurada la salvación. Otros creyentes proclaman que, durante la Tribulación, muchos volverán a leer la Biblia con la esperanza de que su reconciliación con Dios les asegure protección. Con su lectura encontrarán cómo deben vivir verdaderamente para Dios, antes de que sea demasiado tarde.

Según el Libro del Apocalipsis 7, 3-4, los siervos de Dios recibirán un sello que les permitirá vivir: «"No causéis daño ni a la tierra ni al mar ni a los árboles, hasta que marquemos con el sello la frente de los siervos de nuestro Dios." Y oí el número de los marcados con el sello: ciento cuarenta y cuatro mil sellados, de todas las tribus de los hijos de Israel».

También Daniel Smith-Christopher, profesor de Teología en la Universidad Loyola Marymount, piensa que hay posibilidades de sobrevivir: «Para quienes crean que después del arrebatamiento están condenados para siempre y es el fin, que sepan que están equivocados». El investigador de la Biblia Richard Perry sostiene también que «durante la Gran Tribulación, Dios protegerá literalmente a su pueblo con su poder sobrenatural». Claro que, según parece, el coste de ser salvado en el período de la Tribulación será convertirse en mártir, morir por la fe. «Podrán perder su vida terrenal durante la Tribulación porque el Anticristo los sacrifique y convierta en mártires, pero ganarán la vida eterna», afirma el antropólogo y escritor Daniel J. Gansle.

No obstante, los escépticos alegan que aquellos que han aceptado el Apocalipsis como hoja de ruta de nuestro futuro están completamente equivocados. Consideran los escenarios del arrebatamiento y la Tribulación como hechos literales derivados de una mala interpretación de los textos bíblicos. Conforme a su teoría, el Apocalipsis era un mensaje destinado únicamente a los primeros cristianos, un comentario sobre la época en que la Iglesia sufría una persecución encarnizada. Son las teorías recogidas en el preterismo. Así pues, afirman estos expertos, el Libro del Apocalipsis está plagado de metáforas y alegorías y no es necesario interpretarlo literalmente. «El deseo de tomarse dichos textos al pie de la letra conduce a mucha gente al equívoco y ha abocado en todo tipo de malas y falsas interpretaciones. Entre ellas, que la gente vea el fin del mundo por todas partes y en cualquier momento», recuerda el profesor William Schniedewind.

A pesar de los argumentos en contra, la creencia en el arrebatamiento y en la Tribulación persiste. Un mensaje frecuente de los líderes religiosos fundamentalistas conmina a sus seguidores a estar preparados. Un versículo del libro de la Epístola a los Tesalonicenses del Nuevo Testamento materializa esa sensación de urgencia: «En lo que se refiere al tiempo y al momento, hermanos, no tenéis necesidad que os escriba. Vosotros mismos sabéis perfectamente que el Día del Señor ha de venir como un ladrón en la noche». «La idea es que la llegada de Jesús no ha de cogernos por sorpresa. Él nos dijo que distinguiríamos las señales, que les prestásemos atención y estuviésemos preparados», explica Joel C. Rosenberg. «Cuando veáis encarnizadas guerras mundiales, guerras nacionales, revoluciones, cuando veáis terremotos y hambrunas y plagas y la Iglesia sea perseguida, dice Jesús: "Sabed que estoy cerca, a la puerta"», señala Rosenberg. Así que lo tienen claro: cuando veamos en las noticias que millones de personas han perecido, será cuando empiece el fin.

¿Guardan realmente coherencia las profecías con los hechos catastróficos que parecen asolar nuestro planeta en las últimas décadas? ¿O acaso las malas interpretaciones están inventándose un drama donde no existe? Sólo el tiempo podrá decirlo. Entretanto, quizá no esté de más mantener los ojos puestos en los partes meteorológicos y en el mundo que nos rodea, al mismo tiempo que intentamos que la maldad no se apodere de nuestros corazones.

8

El tercer Anticristo

Según la Biblia, un carismático líder vendrá para seducir a la humanidad. Pero no es un salvador. Es el rey del terror y traerá consigo el Armagedón. El Libro del Apocalipsis y Nostradamus parecen coincidir en que el Anticristo reinará durante veintisiete años. Sin embargo, según el famoso profeta francés, habrá tres anticristos: Napoleon Roy (al que muchos identifican con Napoleón Bonaparte); Hister (que podría ser Hitler), y el tercero, un tal Mabus, cuyo fin de su reinado se producirá cuando «los dos grandes que se acercan en el Polo Norte, se hallen», lo cual muchos han interpretado como una referencia a Estados Unidos y Rusia.

Infligirá muerte y destrucción sobre el mundo

> ¡Aquí está la sabiduría! Que el inteligente calcule la cifra de la Bestia; pues es la cifra de un hombre. Su cifra es 666.
>
> Apocalipsis 13, 18

El falso Mesías. La Bestia. El hijo de Satán. Durante más de veinte siglos se ha escrito y temido a un siniestro y malvado personaje que alterará el rumbo de la humanidad: el Anticristo. La palabra anticristo tiene su origen en la religión, y combina el prefijo griego anti-, que significa «contrario a», con el nombre Cristo, del griego Χριστοζ (Jristós) y del latín Christus, es decir, «el ungido». El término surgió en la Iglesia primitiva, cuando empezaron a formarse diversos grupos porque entendían de diferente manera las enseñanzas de Cristo. «Cada uno de ellos tachaba de heréticos a los demás. Desde el punto de vista de cada uno de esos grupos, los otros eran el Anticristo», aclara Richard Smoley, autor de *The Essential Nostradamus*. De este modo, el Anticristo podría ser cualquier persona que estuviese en contra del Mesías y de lo que él representa. Para muchos cristianos, se trata de un hombre que recibe el poder de Satán. Representa al diablo en la Tierra. «Se le concedió hacer la guerra a los santos y vencerlos; se le concedió poderío sobre toda raza, pueblo, lengua y nación», anuncia en el Apocalipsis 13, 7-8 el apóstol Juan, el escritor de la Biblia que mayor información dejó referente a este futuro dictador.

Lo cierto es que hay muchas teorías sobre quién será el Anticristo y cómo será capaz de unir a las naciones en una federación mundial alrededor de la religión para extender su maldad. En los diferentes libros de la Biblia, bajo distintos nombres y apodos, se describe su personalidad, sus ambiciones, sus pactos, sus conquistas y su trágico final, aunque antes hará sufrir a millones de seres humanos. Según algunas interpretaciones de la Biblia, dentro de la teología cristiana, así como Dios Padre envió a Jesucristo, su Hijo, para salvar a los hombres, también Satán enviará a un hombre que será enemigo de todo lo que hay bueno en la Tierra. «En la actualidad, muchos esperan a la persona que nos conduzca a la paz global, y que solucione las graves crisis que hay en el mundo. El Anticristo podría ser ese salvador», advierte el pastor Brett Peterson.

Entre los judíos, el Anticristo se llama «Armilus» y conquistará Jerusalén y perseguirá a los judíos hasta su derrota final a manos de Dios o el verdadero Mesías. Su inevitable destrucción simboliza la victoria final del bien sobre el mal en la era mesiánica. La *Enciclopedia Judía* lo describe como «un rey que se levantará en el final de los tiempos contra el Mesías, y será vencido por Él después de haber puesto en peligro a Israel».

Además del judaísmo y el cristianismo, el islam alude al término «anticristo» y lo considera, igual que las otras dos religiones, un mesías impostor. «Según las creencias musulmanas, también aparecerá al final de los días, de un modo muy parecido al del Anticristo de la Biblia», explica Peterson. El islam lo denomina «al-Masih ad-Dajjal», que podría traducirse como «el falso mesías»; es quien perseguirá a los creyentes musulmanes y devastará todos sus dominios excepto las ciudades de La Meca y Medina, antes del «Yawm al-Qiyamah» (Día del Juicio).

El primer anticristo: Napoleón Bonaparte

Nacerá un emperador cerca de Italia,
Que al imperio costará muy caro,
Dirán con qué gentes él se alía,
Y lo encontrarán menos príncipe que carnicero.

Centuria I, cuarteta 60

Hace casi quinientos años, Michel de Nôtre-Dame, más conocido como Nostradamus, se convirtió en un mensajero del Plan Divino. Convencido de que su don para la profecía provenía de Dios, se creía responsable de revelar el destino final espiritual y material del mundo y ayudar a la humanidad en su conexión divina; por eso anunció la llegada de tres anticristos, seres inhumanos desprovistos de todo sentimiento noble que traerían consigo una destrucción sin precedentes, con numerosas muertes, mucha sangre y mucho dolor. Cada uno sería más poderoso que el anterior, según explica Michal Deschausses, autora de *Three Temporal Kings*, donde analiza cada verso de este famoso profeta francés para buscar evidencias de que dos de los anticristos son figuras históricas, y el tercero está aún por aparecer en la escena mundial. «Cada nueva generación desde la época del Renacimiento ha buscado en los versos de Nostradamus una mayor verdad y comprensión. El consenso general entre los estudiosos y los investigadores ha sido siempre que sus cuartetas contienen importantes profecías de hechos históricos que, sencillamente, no podrían haberse predicho por la mera extrapolación hacia el futuro de los sucesos que ocurrieron en su tiempo. Ahora ha llegado el tiempo en que la gran verdad sea revelada. Sus profecías se refieren a un tercer Anticristo que ascenderá al poder en nuestros días», afirma esta destacada historiadora de Nostradamus, quien ha investigado sus escritos durante más de tres décadas.

Nostradamus publicó sus profecías, incluidas sus visiones del Anticristo, a mediados del siglo XVI en diez libros, llamados *Las Centurias*. Cada una de ellas contiene estrofas de cuatro líneas, llamadas cuartetas, algunas de ellas dedicadas a la figura del Anticristo. Su originalidad está en que sus visiones hablan de tres anticristos. Aparecían en épocas distintas y sobre cada uno de ellos se especificaban descripciones aterradoras, confusas y repletas de una violencia desmesurada y de unas tecnologías desconocidas en esa época. Tanto Deschausses como otros expertos insisten en que aún no se ha completado la profecía. El tercer falso mesías podría encargarse de causar estragos en la actualidad. Quizá, incluso, ya se encuentra entre nosotros. «Las cosas tienden a ocurrir en grupos de tres. En el mundo esotérico, es lo que se conoce como la "ley del tres". La idea básica sería que bastarían tres personas pertenecientes a distintos períodos de la historia para cambiar por completo la civilización», señala el historiador y autoproclamado «antropólogo de lo extraño» Vincent Bridges, coautor de *A Monument of the End of Time*.

Pero interpretar lo que quiso advertir Nostradamus no resulta nada fácil. «El genio de Nostradamus tal vez no fuese el de un vidente o un profeta, sino el de un poeta surrealista. Sus versos se interrumpen, son difíciles de entender y parecen hablar desde ciertos niveles de la mente humana que no siempre son fáciles de alcanzar», explica Richard Smoley. Lo cierto es que muchos comentaristas de Nostradamus suelen tomarse ciertas libertades en sus traducciones, con lo cual provocan aún más confusión acerca de lo que realmente dijo en sus cuartetas proféticas e inundan el mercado con numerosos libros con teorías de lo más variopintas. A esto hay que añadir que muchos escépticos no dan ninguna credibilidad a Nostradamus, ya que sus escritos no resisten un examen objetivo.*

Sin embargo, al igual que Stephen O'Leary, profesor del Departamento de Comunicación de la Universidad del Sur de California, la escritora Michal Deschausses no tiene ninguna duda: en la Centuria I, cuarteta 60, donde se habla de un líder destructivo que vendrá del sur de Europa y será la desgracia de su propio pueblo, Nostradamus se refiere al primer Anticristo y ellos lo identifican con Napoleón Bonaparte. Nostradamus, dicen, predijo doscientos treinta y tres años antes, y a lo largo de veinticuatro profecías, la Revolución francesa, el ascenso de Napoleón al poder y su derrota en Waterloo.

Aquellos que creen que Napoleón es el Anticristo citado en *Las Centurias* se apoyan en tres elementos: Bonaparte nació en Córcega, a unos cincuenta kilómetros de Italia; se autoproclamó emperador de Francia en 1799, y además se presentó a sí mismo como salvador de su pueblo, pero sus conquistas costarían caras a los galos ya que, por el acuerdo alcanzado en el Congreso de Viena (1814-1815), Francia perdió todos sus dominios y se quedó más pobre de lo que estaba antes de la Revolución. «Los historiadores ven a Napoleón como un héroe, el salvador de Francia en una época en la que el país sufría una gran depresión económica. Francia

* Véase capítulo 13.

necesitaba un salvador, y él llegó como un falso Mesías, que dominó al pueblo e incluso se coronó a sí mismo», dice Michal Deschausses. Y es que, según Nostradamus, la capacidad de presentarse como salvador y seducir a naciones enteras es propia del Anticristo.

Para reforzar esta hipótesis, sus defensores se basan en una cuarteta particularmente críptica que, en 1555, Nostradamus escribió: «Pau..., Nay..., Oloron... serán más de fuego que de sangre». Según John Hogue, autor de *Nostradamus and the Anticristi*, «Pau, Nay y Oloron son tres ciudades del sudoeste de Francia. Y el hecho de que escribiera estas tres primeras palabras en negrita y en mayúsculas parece advertir: "¡Atención! Esto es importante. Deberías volver a leerlo"». Así, para aquellos que consideran profética la obra de Nostradamus, esta cuarteta sitúa sin duda al primer Anticristo en Francia. Es más, según Vincent Bridges, «si se ordenan de otro modo las letras de estas tres ciudades, aparece la expresión "Napaulon Roy", es decir "Napoleón Rey" escrito en francés antiguo».

Para los intérpretes de las cuartetas del famoso visionario francés, hay más indicios que apuntan a Napoleón como el primer Anticristo. De hecho, Nostradamus advierte a un Papa católico sobre un peligro que se aproxima con estas palabras: «Romano Pontífice, guárdate de acercarte a la ciudad que riegan dos ríos / Tu sangre vendrás a escupir allí cerca». Napoleón tuvo prisionero al papa Pío VI (1717-1799) en la ciudad francesa de Valence, donde el pontífice murió vomitando sangre, antes de que se iniciara la Revolución francesa. Y Valence se encuentra en la región de Ródano-Alpes, en la confluencia de dos ríos: el Ródano y el Isère.

Estos intérpretes de *Las Centurias* aseguran que, incluso, los coetáneos de Napoleón encontraban semejanzas en los escritos de Nostradamus y el pequeño general corso que se autoproclamó emperador de los franceses, sobre todo en la cuarteta 54 de la Centuria IV, que dice: «Con nombre que nunca llevó un rey galo / Jamás hubo un rayo tan temible / Temblando Italia, España y los ingleses». Napoleón fue el primero de una dinastía —no pertenecía a ninguna estirpe real— y su nombre «nunca llevó un rey galo» e invadió o luchó contra los tres países que Nostradamus cita en el siglo XVI. Bonaparte aplastó el enorme poderío militar de las grandes superpotencias de la Europa continental, hizo que se tambalearan las monarquías de la época creando reinos y repúblicas a su antojo y cambió irreversiblemente la faz y la historia de Europa.

Sin embargo, fueron la destrucción y las muertes causadas en su nombre lo que le ha valido a Napoleón, uno de los líderes más violentos de la era moderna, el calificativo de Anticristo, según la interpretación de Nostradamus, quien afirma que el primer Anticristo estaría bañado en sangre. Exactamente escribió: «Y lo encontrarán menos príncipe que carnicero». «Cuando invadió Rusia en 1812, el ejército napoleónico contaba con seiscientos mil hombres. Cuando los soldados regresaron, derrotados, sólo eran dieciocho mil. Sin duda, Napoleón fue responsable de muchas muertes», explica Richard Smoley.

Si contabilizamos todos los conflictos militares que tuvieron lugar durante el tiempo en que Napoleón dirigió Francia —un continuado período bélico comprendido entre el 20 de abril de 1792 y el 20 de noviembre de 1815—, se podría decir que fue responsable de más de tres millones de muertes. Posiblemente, más que ningún otro ser humano hasta entonces. Además, a finales del siglo XVIII, Napoleón ordenó un genocidio en la colonia francesa de Haití. Sus tropas mataron a unos cien mil esclavos; a algunos de ellos los asfixiaron con dióxido de azufre en las bodegas de los barcos galos. Los versos de Nostradamus añaden: «Pero la nación francesa temerá la hora / Viento del norte, el ejército lo ha llevado demasiado lejos». En sus cuartetas, el «viento del norte» parece aludir al invierno, y a la derrota de los franceses en Rusia.

Es más, los expertos en estas profecías consideran que Napoleón creó las condiciones necesarias para la llegada de un segundo y un tercer Anticristo. Todos ellos causarían estragos en la humanidad, como predijo Nostradamus. Según John Hogue, si Napoleón no hubiera existido, no se habrían producido los hechos que dieron lugar a la unificación de Alemania en el siglo XIX. Como en una especie de sucesión en cadena, «eso creó las condiciones para que el segundo Anticristo alcanzara el poder, lo que propició la atmósfera para la llegada del último Anticristo».

Pero ¿llegó a creer Napoleón que él era el primero de los anticristos profetizados? Hay indicios de que el emperador se sentía atraído por los escritos de Nostradamus, en algunos de los cuales creía ver hechos de su vida, según afirma Vincent Bridges. Según Michal Deschausses, tanto Napoleón como Hitler pidieron una traducción de estos textos para su uso personal, y los dos dominadores del mundo llevaban su copia consigo en todo momento. Cada uno de los dos estaba convencido de que sería el vencedor en las mayores guerras de todos los tiempos, y ambos utilizaron los versos de Nostradamus como propaganda para influir en la opinión pública.

Hay que señalar que todos los autores que identifican a Napoleón con el Anticristo pertenecen al mundo anglosajón, lo cual puede atribuirse a la memoria colectiva de esa cultura. Realmente, en su tiempo, los ingleses veían en el emperador francés a un archienemigo que estuvo a punto de acabar con el poderío británico, incluso de conquistar y someter a Inglaterra —algo parecido a lo que siglos atrás vieron en Felipe II, a quien también achacaban cualidades demoníacas—. En Francia, sin embargo, todo el mundo, sin distinción de cuál sea su tendencia política, considera a Napoleón un gran héroe, una gloria histórica, sin que importen los estragos que causó en su tiempo. Otro tanto puede decirse, por ejemplo, de los polacos, para quienes Napoleón es prácticamente un santo que restableció la independencia de Polonia. Aparte de la percepción popular, en general, la historiografía considera a Napoleón, pese a todos sus desmanes, el agente que consolidó dentro de un orden los logros de progreso de la Revolución francesa. Es innegable, sobre todo, su labor legisladora, ya que estableció uno de los principios fundamentales del Estado democrático moderno. El Código Napoleón —creado por una comisión a la que Bonaparte encomendó recopilar la tradición jurídica francesa, para dotar a todas las provincias de las mismas leyes civiles— ha servido de ejemplo a todos los códigos civiles de Europa.

El segundo anticristo: Adolf Hitler

> De lo más profundo del Occidente de Europa,
> De pobres gentes, un niño nacerá,
> Que con su hablar seducirá a muchos,
> Su fama en el reino de Oriente más crecerá
>
> Centuria III, cuarteta 35

El vaticinio de Nostradamus describe al segundo Anticristo como un tirano aún más peligroso, también europeo, y con un poder de persuasión sin precedentes. Según los que creen en el advenimiento de tres anticristos, las profecías sobre el segundo son las más consistentes y específicas.

En una de las más famosas cuartetas escritas por Nostradamus leemos: «Bestias enfurecidas codiciosas de beber en los ríos, / Gran parte del campo será contra Hister / En jaula de hierro el jefe se desplazará / Cuando nada observe el hijo Germánico». Más adelante dice: «La libertad no será recobrada, / la conseguirá un negro fiero, inicuo, villano, / Cuando la materia del puente sea abierta, / De Hister, Venecia la república alterada». Nostradamus menciona reiteradamente una figura llamada «Hister». Comentaristas anteriores al año 1930 —cuando el Partido Nazi no era más que la segunda fuerza política de Alemania— entendieron que Hister era el río Danubio, basándose en el nombre latino Ister. «El nombre significa "el Danubio" y es, fonéticamente, muy similar a "Hitler"», señala Richard Smoley, para quien la profecía de Nostradamus parece increíblemente precisa. Así, para muchos intérpretes de Nostradamus, la palabra «Hister», según las leyes del anagrama (nombre propio con letras readaptadas, muy popular en el tiempo de Nostradamus), es en verdad «Hitler», con una letra cambiada. Hister es también una referencia a histeria, característica famosa del oscuro líder que llevó a Alemania a un camino de destrucción y muerte.

Otros elementos en los que se basa esta hipótesis sobre el origen de este personaje son que Hitler nació en Austria, y el río más importante de Austria es el Danubio; que era famoso por sus discursos contundentes y categóricos y por atraer a las masas al idealismo expansionista del nazismo, que en menos de diez años provocó la Segunda Guerra Mundial; y por su impunidad, que era incuestionable. Así, la frase «con su hablar seducirá a muchos», para el profesor de Comunicación Stephen O'Leary y otros expertos tiene una clara identificación con Adolf Hitler, quien fue famoso «por su oratoria, y por llevar a una nación por el camino equivocado». También convenció a los alemanes para que llevaran a cabo un genocidio que casi exterminó a los judíos y a otras etnias europeas. Murieron más de seis millones de personas.

En la Centuria III, cuarteta 58 escribe: «Cerca del Rin de las montañas Nórdicas / Nacerá un grande de gente demasiado tarde venido / Que defenderá Sarmacia y Panonia / Que no se sabrá lo que le haya acontecido». Para muchos intérpretes, al mencionar el Rin, que recorre Alemania, y aunque Hitler nació en Austria, la alusión se refiere a un nacimiento político, tal como realmente sucedió. La última frase «no se sabrá lo que haya acontecido», para los estudiosos en Nostradamus podría explicarse por el misterioso fin de Hitler, ya que todavía hoy en día se duda de si en verdad se suicidó como se dijo en un primer momento o si logró escapar de las fuerzas aliadas.

Nostradamus escribe: «Su fama en el reino de Oriente más crecerá», una advertencia que, en opinión de John Hogue, hace referencia a Japón. «Era un gran imperio, pero se entusiasmó tanto con los discursos de Adolf Hitler que acabó firmando el Pacto Tripartito. La alianza unió la Italia de

Mussolini con el Tercer Reich de Hitler y el Japón imperial.» Hogue no tiene ninguna duda: «Napoleón —explica— modificó el mundo con guerras y represión, lo que dio lugar a la unificación de Alemania, al Segundo Reich. Éste, a su vez, condujo a la creación del Tercer Reich de Adolf Hitler. Ése es el vínculo entre los dos anticristos».

En realidad, la política alemana de Napoleón no fue de unión, sino de división. La Paz de Pressburgo, impuesta por Napoleón tras su aplastante victoria en Austerlitz, puso fin al Sacro Imperio Romano-Germánico, lo que había sido durante mil años el Primer Reich, al que pertenecían formalmente todos los estados alemanes. Para sustituir el Imperio alemán, Napoleón creó la Confederación del Rin con dieciséis estados satélites, la mayor parte de ellos pequeños o incluso minúsculos. En dicha Confederación no se incluían ni Austria, alrededor de la cual había girado el Primer Reich durante casi cuatro siglos, ni el reino de Prusia, que seis décadas más tarde se impondría sobre la mayoría de los estados alemanes para crear bajo su hegemonía el Segundo Reich.

En cuanto a las descripciones sumamente confusas de Nostradamus, John Hogue sostiene que tuvo que reseñar máquinas que no conocía, así es lógico que «al hablar de un automóvil, un tanque o un barco de guerra, lo llame "bestia de motores atronadores, que respira como un dragón y atraviesa grandes ríos". Cuando se refiere a "bestias enfurecidas codiciosas" está describiendo una tecnología que desconoce». En la segunda parte de la cuarteta también hay otra señal: cuando Nostradamus dice «En jaula de hierro el jefe se desplazará», Hogue interpreta que se trata del búnker al que Hitler se retiró al final. «Si una persona del siglo XVI viese una gran excavación en Berlín —dice— y tuviese que describir todas esas barras de hierro entrelazadas que sirven para construir la estructura de un búnker, ¿acaso no diría que ponen a un hombre bajo tierra en una gran jaula?». De hecho, fue en este búnker donde Hitler se suicidó, cuando estaba a punto de perder la guerra que él mismo había iniciado.

Según Richard Smoley, Magda Goebbels, la esposa de Joseph Goebbels, el ministro de Propaganda de Hitler, estaba muy interesada en las ciencias ocultas —muy de moda en aquellos años— y en estos versos de Nostradamus. «Posiblemente pensó que había bastantes conexiones con Hitler», sostiene este autor. Asimismo, existe la conjetura de que Hitler, al igual que Napoleón, tal vez era consciente de su destino como Anticristo. La teoría de Vincent Bridges es que Hitler vivió en una época en la que todo lo referente al ocultismo resultaba fascinante, una sociedad que conocía la figura de Nostradamus y sus profecías. Goebbels hizo mucha propaganda de estas cuartetas en los años anteriores a la Segunda Guerra Mundial, como se evidencia en muchas fuentes, principalmente en el libro del historiador británico Ellic Howe, *Nostradamus and the Nazis*. «En 1939, Hitler ya se identificaba con la idea de ser el segundo Anticristo», asegura Bridges. También se cree que pudo ver en Napoleón a su Anticristo predecesor, ya que veneraba su figura. Poco después de la caída de Francia en 1940, Hitler visitó la tumba del emperador francés.

Los precursores de la Bestia

Si Napoleón fue el primer Anticristo y Hitler el segundo, ¿quién es el tercero? Las pruebas indican que, antes de que este falso Mesías desate una batalla entre las fuerzas del bien y del mal, debe producirse otro acontecimiento crítico. Según las profecías de Nostradamus, al igual que las predicciones anunciadas en el Libro del Apocalipsis, un supuesto salvador provocará la llegada del Armagedón. Pero teniendo en cuenta esta teoría, ¿de dónde surgirá? «Nostradamus quería prevenirnos contra el tercer Anticristo, porque era el más peligroso. Habría aprendido de los errores de Hitler y de Napoleón, y sabría exactamente cómo actuar. Se trataría de un hombre muy cruel, poderoso y extremadamente peligroso», afirma Dolores Cannon, autora de *Conversaciones con Nostradamus*, un libro que trata desde una perspectiva muy singular las cuartetas de Nostradamus, ya que se basa en investigaciones psíquicas y en su propio método de hipnosis para conseguir la regresión a vidas pasadas.

Una de las razones por las que algunos de los exégetas de la Biblia, a pesar de la sombría figura de Hitler, defendían la teoría de que el Anticristo no había llegado era que el Estado de Israel todavía no existía, y ésa era la primera condición para el advenimiento del verdadero y último Anticristo. En el Antiguo Testamento, Dios anuncia: «En los últimos días, sacaré a mi pueblo de las cuatro esquinas de la Tierra y los traeré de nuevo a Palestina, la tierra de sus antepasados». Pero en 1948, con la Declaración de Independencia del Estado de Israel, el pueblo judío volvía a su ancestral hogar, tal como profetizaba la Biblia. El primer paso real para la presencia del maligno personaje se había cumplido.

Sin embargo, basándose en los textos de Nostradamus, algunos piensan que este Anticristo, el más terrible de los tres, será anunciado por los precursores del mal, hombres despiadados que señalarán su llegada. Nostradamus lo revela en esta oscura cuarteta: «El jefe de Londres por el reino de América / La Isla de Escocia será probada por la helada / Rey y Reb habrán visto un falso anticristo / Que les llevará a todos a la confusión». Según algunos, estos versos apuntan a que los líderes que han planeado atentados terroristas contra Estados Unidos y Europa occidental podrían ser los precursores del tercer Anticristo, los responsables de preparar el camino para la llegada del último falso Mesías.

Dolores Cannon explica que Nostradamus vio al menos siete gobernantes que ascenderían en el poder antes de la llegada del Anticristo. Hay quien cree que Saddam Hussein fue uno de los precursores. Según dicen, estaba escrito en las estrellas, y así lo interpretó el propio Nostradamus: «Para quien la busca, la venganza llegará, / Cien, mano, sed, hambre, cuando el cometa pase». La noche antes de que Saddam Hussein muriese ahorcado, «apareció en el cielo una pequeña mancha, que identificaron como el cometa McNaught. Durante las dos semanas siguientes, este cometa se convirtió en el más brillante de los últimos sesenta años», afirma John Hogue.

Pero hay quienes llegan más lejos y afirman que Saddam Hussein, en su momento, parecía cumplir varias de las condiciones predichas por Nostradamus para ser un anticristo. Un líder capaz de atreverse a desafiar en el campo militar a Estados Unidos, con amplios recursos económicos a su disposición gracias a las enormes reservas petroleras de Irak, y muy popular entre las comunidades musulmanas precisamente por su abierto desafío a Occidente. Un hombre despiadado, dispuesto a gobernar con mano de hierro, que admiraba a Adolf Hitler. Además, se decía que estaba llevando a cabo experimentos científicos para armar a Irak con una bomba atómica. Hasta el punto de que muchos creen que una de las razones por las cuales George W. Bush y sus asesores tomaron la decisión de invadir Irak aduciendo la supuesta posesión de armas de destrucción masiva, que nunca fueron encontradas ni por los inspectores de la ONU ni por el ejército norteamericano, fue realmente porque tenían en mente las profecías de Nostradamus, la imagen de ese tercer Anticristo desencadenando una Tercera Guerra Mundial desde Oriente Próximo con sus armas nucleares.

Claro que no todos están de acuerdo con esta teoría. A diferencia de Napoleón y Hitler, el primer y el segundo Anticristo, Hussein no tenía un poder tan amplio. «Para encarnar realmente al tercer Anticristo, sería necesario contar con un gran ejército, una gran fuerza aérea y una gran armada.

Y habría que tener, además, un poder casi ilimitado y muchos recursos económicos. Saddam tan sólo tenía algo de esto, pero no todo, por tanto no estaba cualificado para ser el falso Mesías del futuro», señala Victor Baines, presidente de la Sociedad Nostradamus de América y autor de *Remember the Future: The Prophecies of Nostradamus*.

Hay otra cuarteta que prueba la teoría de los precursores, y según algunos intérpretes parece señalar a Osama bin Laden, el cerebro de los atentados del 11 de septiembre. Según Nostradamus, «en el año 1999 y siete meses / Del cielo vendrá un gran rey de terror / Él resucitará al gran rey de los mongoles / Antes y después de que la guerra predomine felizmente». Ésta es una de sus muchas profecías, vagas y oscuras, que permiten múltiples lecturas, ya que es una de las pocas que tiene una relación cronológicamente exacta. Para muchos, ese gran suceso que supuestamente iba a ocurrir en julio de 1999 era el final del mundo, poco antes de la entrada en el milenio del año 2000. Nostradamus estaba muy influenciado por su pensamiento medieval, que contemplaba el comienzo de todos los milenios con gran temor. A la vista de que el mundo no se terminó en esa fecha, hay otras interpretaciones. «En esta profecía, el rey del terror —cuenta John Hogue— baja de los cielos en 1999. Pero este número podría ser un código inverso, y el 1-9-9-9 se convertiría en 9-1-1-1, es decir, septiembre once, del uno, en referencia al año 2001. Los cuatro aviones secuestrados corresponden a la visión "del cielo vendrá un gran rey de terror"».

Un análisis más detallado de otra cuarteta pone el énfasis en el tercer Anticristo descrito por Nostradamus: «Tan esperado no volverá jamás a Europa / En Asia aparecerá». Nostradamus también dice que «se alzará sobre todos los reyes de Oriente». El ayatolá Jomeini, Muammar al-Gaddafi, el dirigente norcoreano Kim Jong-il... Son muchos los posibles precursores, y todos se sitúan en el Próximo y el Lejano Oriente. En este sentido, algunos intérpretes creen que no es una coincidencia que la búsqueda del Anticristo se centre, precisamente, en esas regiones. Y de nuevo hacen referencias a Oriente Próximo y el regreso del pueblo judío a Israel como el cumplimiento de la profecía bíblica, la prueba de que el fin de los tiempos y el Anticristo ya están aquí. Para otros expertos, esta búsqueda del Anticristo en una zona donde desde hace siglos hay una confrontación entre judíos y musulmanes sólo sirve para enfrentar a las distintas religiones de un modo muy conveniente y por intereses partidistas.

El tercer Anticristo: Mabus

> Después, Mabus morirá pronto...
> Vendrá un horrible destino para bestias y gentes,
> Para quien la busca, la venganza llegará,
> Cien, mano, sed y hambre cuando el cometa pase.
>
> Centuria II, cuarteta 62

Las profecías de Nostradamus afirman que el tercer Anticristo tendrá poderes muy superiores a los otros dos. Manchado con crímenes, terribles adulterios, será el gran enemigo de todo el género humano... La pregunta es: ¿existe en la actualidad algún dirigente que responda a las características expuestas en estas profecías? Los críticos señalan que a prácticamente todos los líderes mundiales se les podría acusar de coincidir con el perfil de este terrible Anticristo. Dependiendo de lo que es popular en determinada época, los nombres y el perfil de malvado cambian.

En este sentido, Nostradamus cita en sus cuartetas un nombre misterioso: Mabus. Según ciertas teorías, es el nombre que asignó al tercer Anticristo, el anunciador de un acontecimiento catastrófico. Tal como algunos afirman, podría tratarse de un nombre codificado. Así, los candidatos a ser Mabus son diversos. Según el juego de letras, se podría relacionar a dos presidentes de Estados Unidos con este nombre. El primero es George W. Bush. ¿Cómo se ha llegado hasta él? «Si se invierten, la "g" y la "w" se convierten en una "a" y una "m". Y si se cambian de orden, entonces tendremos el nombre "Mabush". Basta con suprimir la "h" sobrante para llegar a Mabus», explica John Hogue. Sin embargo, muchos estudiosos desechan esta posibilidad, principalmente porque la salida del poder del cuadragésimo tercer presidente de Estados Unidos fue pacífica.

Tras el histórico triunfo del candidato demócrata en las presidenciales de 2008, Barack Obama, muchos cibernautas y algún que otro estudioso de Nostradamus encontraron una posible relación entre el cuadragésimo cuarto presidente de Estados Unidos y las profecías del famoso vidente francés. Si se lee al revés Obama se convierte en Amabo, nombre que para algunos tiene bastante similitud con Mabus. Otros dicen que Mabus sería el anagrama de Obama Barack Hussein. La palabra se formaría de la siguiente división y posterior conjunción: Oba(MA)+(B)arack+H(US)sein. Los que no apoyan esta idea afirman que el nombre es Barack Hussein Obama Jr., por lo que si se hace un anagrama con su nombre nunca se formaría la palabra «Mabus». Pero hay quienes insisten y advierten que Barack Obama terminaría su mandato presidencial a finales de 2012, fecha en que las profecías de los mayas sitúan el fin del mundo.

Nostradamus dijo que el Anticristo sería el gobernante del mundo. Por ello, quien ostentara la presidencia del país más poderoso del mundo sería quien técnicamente tendría el poder del mundo. Así, el Anticristo sería un presidente de Estados Unidos. Según otros, parece que el propio Nostradamus afirmó que ningún presidente norteamericano cumplía los requisitos de ser el Anticristo. Sin embargo, el vidente francés siempre dejaba a sus profecías un margen para la interpretación y, en lo concerniente al último Anticristo, parece que había bastante confusión respecto a su país de origen. Así, la lista de nombres e interpretaciones continúa. Mahmud Abbas, presidente de la Autoridad Nacional Palestina (ANP) desde el 9 de enero de 2005, suena un poco como Mabus, como también Muhammad bin Laden. El último en añadirse a la lista de las especulaciones en internet es uno de los asesores del presidente Obama: Ray Mabus, actual secretario de la Marina y ex gobernador de Mississippi.

El profeta francés escribió en la Centuria VIII, cuarteta 77: «El Anticristo tras pronto aniquilado / Veintisiete años de sangre durará su guerra». Esto sugiere que a la muerte del tercer Anticristo seguirá una guerra mundial. «Los profetas bíblicos también nos advierten sobre el cambio climático, sobre el hambre, sobre una figura de Oriente Próximo que podría conducirnos a una guerra de veintisiete años, como Nostradamus trató de mostrarnos», dice John Hogue. Según este experto, Nostradamus describe una terrible visión: «Los herejes están muertos, cautivos, exiliados / Cuerpos humanos empapados en sangre / Rojo granizo cubre la tierra». Para Hogue, Nostradamus vio los desastres ecológicos ocurridos y los que vendrían, y el avance de una enfermedad imparable. «La hemorragia podría ser provocada por un agente biológico y el "granizo" podría proceder de alguna explosión nuclear.»

Cada cual interpreta a su manera tanto simbolismo. Muchas crisis se han agravado en todo el mundo. El número de armas nucleares se ha multiplicado por diez. Por todo el planeta hay economías al borde del colapso. Estados Unidos se prepara para otro ataque terrorista. Para los defensores de estas teorías apocalípticas, éstos no son acontecimientos elegidos al azar, sino señales de que el fin del mundo se acerca. «Estamos asistiendo a un deterioro masivo del medio ambiente. Cuando suba el nivel del mar y los países comiencen a inundarse, será cuando se desate el pánico.

Ya hemos pasado por esto. Y volveremos a sufrirlo. Pero la humanidad saldrá adelante», indica Victor Baines.

El mismo Nostradamus no era tan fatalista como muchos creen, y estaba convencido de que estaba dentro de la facultad del hombre poder cambiar su destino y el curso de la historia siempre y cuando tomara conciencia colectivamente de los problemas. Según los estudiosos de *Las Centurias*, el pensamiento de Nostradamus era que los crímenes y las tragedias de la historia no son el resultado de una predeterminación divina e inalterable, sino la consecuencia de la codicia del hombre y de su permanente e insaciable sed de poder y riquezas. «Al estudiar las predicciones de Nostradamus sobre le época presente, el profeta nos presenta varios caminos alternativos respecto al futuro que nos espera. Si decidimos no creer en estas predicciones, entonces ocurrirán irremediablemente. Pero si les prestamos atención, tal vez podamos cambiar las cosas», advierte Baines. Sin embargo, hay quien considera que el curso de los acontecimientos es irrevocable. «Si el destino dependiese de la voluntad del hombre, podríamos cambiarlo. Pero no hay elección», sostiene Michal Deschausses, quien está convencida de que «nos dirigimos irremediablemente hacia el fin del mundo, porque las profecías siempre se cumplen».

Para aquellos que piensan que lo único que puede conseguir la humanidad es retrasar lo inevitable, el fin se acerca con rapidez. El tiempo se agota y las manecillas del reloj giran sin control. Sólo es cuestión de tiempo que el tercer Anticristo aparezca en el mundo y cause estragos. ¿Es éste el futuro que nos aguarda? Quizá Nostradamus nos esté advirtiendo de que ha llegado el momento de actuar. Sembró una semilla de esperanza. Si queremos sobrevivir, tal vez sólo necesitemos descifrar ciertos mensajes y no seguir desoyendo la voz de los verdaderos profetas.

9

El ejército de Satanás

Las profecías bíblicas nos hablan de que Satán o Satanás —nombres por los que las religiones abrahámicas designan la encarnación suprema del mal— se hará con el poder total en lo que se conoce como el fin de los tiempos. Nos describen cómo aglutinará su maléfico ejército con el único propósito de destruir a la humanidad. Hay quienes ven en la inestabilidad social y la violencia actual señales de que ha llegado su tiempo.

La lucha entre el bien y el mal

> Por eso, regocijaos, cielos y los que en ellos habitáis. ¡Ay de la tierra y del mar! porque el Diablo ha bajado donde vosotros con gran furor, sabiendo que le queda poco tiempo.
>
> Apocalipsis 12, 12

Más del 70 por ciento de los estadounidenses creen que el demonio existe y un tercio de ellos temen que su poder termine por extinguir el mundo. Estas cifras son más del doble de los que creen lo mismo en Europa. Sin embargo, desde siempre, con más o menos fantasías populares, el hombre se ha preocupado por la existencia de los demonios y por cómo vencerlos. Un análisis de las primeras civilizaciones revela que muchas culturas creían en un ser malévolo sobrenatural. Casi todas tenían sus dioses y la mayoría pronosticaban la aparición de personajes diabólicos que empujaban a los seres humanos a cometer actos reprobables. «Si retrocedemos a las primeras pinturas rupestres, varios miles de años antes de Cristo, veremos personajes con forma animal, mitad hombres y mitad bestias», señala el historiador y periodista irlandés Peter Stanford, autor de *The Devil. A Biography*.

En la mitología griega, Hades era el dios del inframundo que desafió el poder de sus padres y tíos en la Titanomaquia, una guerra divina. Era hijo de los titanes Cronos y Rea. Tenía tres hermanas mayores, Hestia, Deméter y Hera, así como dos hermanos menores, Poseidón y Zeus. Zeus, Poseidón y Hades recibieron armas de los tres cíclopes como ayuda para la guerra: Zeus, el trueno y el rayo; Poseidón, un tridente cuyo impacto hacía que se estremeciera la tierra y el mar, y Hades, un casco que proporcionaba invisibilidad al que lo llevase. Tras la victoria de los tres, echaron a suertes los reinos que gobernarían. Zeus se quedó con el cielo, Poseidón con los mares y Hades recibió el inframundo, el reino invisible tras dejar el mundo. Así, Hades reinaba entre los muertos, con la ayuda de demonios sobre los que tenía completa autoridad, y era un personaje temible para aquellos que aún vivían.

Entre los antiguos egipcios, la serpiente Apofis encarnaba el mal contra el que había que luchar a fin de contenerlo. Sin embargo, nunca sería aniquilada, sólo se la podía dañar o someterla, ya que de otro modo el ciclo solar no se llevaría a cabo diariamente y el mundo perecería. Para los egipcios era necesario que el concepto del mal existiese, para que el bien fuera posible. «Creían —explica Peter Stanford— en un personaje de características diabólicas que aparecía al final de la vida de cada hombre y lo presentaba ante los dioses, quienes pesaban en una balanza el valor de la vida de cada uno. El corazón, si era justo, debía pesar menos que una pluma. De lo contrario, se expulsaba al difunto a una suerte de oscuridad.» También los babilonios, los celtas, los persas, los incas, los aztecas y los mayas creían en la figura del diablo.

Satán aparece en los primeros textos judíos como el representante de Dios y cuyo único propósito es tentar a la humanidad frente al pecado. Sin embargo, muchos cristianos creen que es el ángel caído que una vez fue fiel a Dios y, en un acto de venganza definitivo, conspira para arrebatarle su reino. Así lo testimoniaron los primeros profetas y padres de la Iglesia, para los cuales, originalmente, Satanás fue creado como líder de los querubines y se le llamaba «guardián» o «protector». En un principio, su nombre era Lucifer, que significa «portador de la luz» (Isaías 14, 12). Gozaba de una posición en la montaña sagrada de Dios y aparentemente guiaba la adoración (Ezequiel 28, 13-19). Pero Satanás cayó de su posición angélica a causa del orgullo y su rebelión. «Dios ocupa el lugar principal del cosmos y Satán no está conforme con esta situación. Su orgullo no le permite aceptarlo. Arrogancia y soberbia, éstos son los rasgos que han distinguido a Satán desde siempre», explica Jeffrey Burton Russell, profesor de Historia de la Universidad de California y autor de *Satan: The Early Christian Tradition*, donde realiza un detallado análisis sobre la historia del concepto del diablo durante los cinco primeros siglos de cristianismo y sobre el origen del mal en este mundo.

En el Antiguo y en el Nuevo Testamento, el demonio es un personaje secundario, que sólo adquiere protagonismo en el Apocalipsis, donde se narra la caída al abismo de un dragón rojo con diez cuernos y siete cabezas, la Bestia marcada con el número simbólico 666. En el Apocalipsis, Satán aparece durante las tribulaciones, un período de siete años caracterizado por la sucesión de trágicos acontecimientos. Al final de este tiempo bíblico, regresa a la Tierra para reclutar a un ejército de almas corruptas que se enfrentarán a Dios. Esta profecía apocalíptica augura la batalla definitiva que se producirá entre Dios y el demonio. «Todos los textos apocalípticos se caracterizan por ciertos rasgos comunes entre ellos. Por ejemplo, prácticamente todos hablan de algún tipo de cataclismo, de una batalla descomunal entre las fuerzas del bien y del mal», indica Daniel Smith-Christopher, profesor de Teología en la Universidad Loyola Marymount, Los Ángeles.

El diablo en otras culturas

También el islam, una fe que practican mil quinientos millones de personas, habla de una figura satánica que planea el fin de los días. «Se conoce como Iblis y se diferencia del demonio cristiano porque no es un ángel caído. Es un tipo de criatura distinta conocida como espíritu demoníaco o yinn», señala el imán Jihad Turk, del Centro Islámico de California del Sur. Se le considera el jefe de los espíritus del mal, un «genio» creado por Dios de un fuego sin humo, del mismo modo como los seres humanos se modelaron con arcilla. Según el Corán, el texto sagrado de los musulmanes, este espíritu demoníaco corrompe a la humanidad y atrae la ira de Dios contra el mundo. «Hay indicios de que el fin del mundo llegará y, con él, infinitas catástrofes», añade Jihad Turk. Iblis, para los musulmanes, es quien tienta a los seres humanos con su susurro. En el fin de los tiempos será recluido en el Yahannam (o el infierno) junto a quienes hayan cedido a sus tentaciones, desobedeciendo el mensaje verdadero de Alá, y donde serán metidos en agua hirviendo y quemados con fuego. Según el Corán, sólo Alá sabe quién irá al Yahannam y quién irá al Paraíso. Para los musulmanes, todos los no fieles a su religión serán castigados en ese infierno.

Según la tradición islámica, dos fenómenos distintos predecirán el fin del mundo: la muerte roja y la muerte blanca, y «matarán a cinco de cada siete personas». La muerte roja llegará por la espada y la muerte blanca, por las plagas. Algunos intérpretes creen que estas dos formas de muerte se corresponden con dos de los jinetes del Apocalipsis. En el texto apocalíptico cristiano, el jinete rojo trae la muerte por la guerra; el blanco, por la enfermedad. «El final será consecuencia —dice Jihad Turk— de desastres a gran escala, el hambre, la pobreza, la degradación del medio ambiente, los conflictos y la guerra.»

El profeta Mahoma dijo a sus discípulos: «Se proclamará Dios y tratará de sembrar la duda en nuestras mentes. Conservad firmes vuestras creencias, la criatura de un solo ojo no puede ser vuestro Señor... Dirá que ha venido con los regalos del paraíso, pero traerá el arsenal del infierno». Según explica el imán Jihad Turk, habrá un gran farsante, el Dajjal, que pretenderá extraviar a los pueblos de su camino y provocará tragedias naturales y en las civilizaciones y traerá muerte y sufrimiento a la humanidad. En medio de tanto padecimiento, la profecía islámica apunta al regreso, antes del día del Juicio, de un redentor, el Mahdi, el Enviado —aunque su advenimiento no es un concepto universal aceptado en el islam y hay diferencias de base entre la diversidad de musulmanes— que volverá junto a Isa al-Masih, es decir, junto a Jesucristo el Mesías. «La perspectiva islámica del fin del mundo —indica el imán— es muy parecida a la cristiana. Los musulmanes también creen que Jesús vendrá al final de los tiempos.» La tradición islámica indica que Jesús y el Madhi unirán sus fuerzas para liderar a los elegidos en la batalla contra al-Masih ad-Dajjal, el falso Mesías de un solo ojo, y Sufyani, un sanguinario tirano. «Habrá un día del Juicio y la gente será enviada al cielo o al infierno, según como se hayan portado en este mundo», dice Jihad Turk.

También encontramos representaciones parecidas del demonio en los grabados de los aztecas, algunas de ellas, de más de seiscientos ochenta años de antigüedad. Al igual que los mayas del Yucatán y los incas del Perú, los aztecas de México creían en el sistema dualista entre dioses y demonios, seres, espíritus, principios o entidades diametralmente opuestos y, por tanto, productores unos del bien y otros del mal. Las tres civilizaciones tenían numerosos dioses a los que veneraban y ofrecían sacrificios para ganarse sus favores. Aunque no tenían el concepto cristiano ni musulmán del infierno, creían en el mundo subterráneo, regido por los espíritus de la enfermedad y la muerte. Xibalbá (o Xib'alb'a) es un lugar de la mitología maya, un mundo telúrico perteneciente a los Ajawab o los «señores del infierno». Este lugar está gobernado por los señores demoníacos Vucub-Camé y Hun-Camé, los dos jueces supremos del consejo, cuya función consiste en asignar sus atribuciones a los otros once señores de Xibalbá.

Entre los aztecas, Mictlán es el último nivel del inframundo, el mundo de «los nueve ríos subterráneos». Mictlantecuhtl es el nombre que los aztecas daban al dios de este inframundo. También le llamaban Popocatzin o dios de las sombras. Junto con su esposa Mictecacihuatl, regían en Mictlán. Él ejercía su soberanía sobre las almas de los muertos. Se le representa como el esqueleto de un humano con una calavera con muchos dientes, con cabello negro y con ojos estelares o estrellas. Ella presidía los festivales aztecas en honor de los muertos (que evolucionaron con la incorporación del cristianismo hasta el Día de los Muertos contemporáneo), y se la conoce como la «Señora de la Muerte».

Entre los incas se llamaba Supay a los espíritus maléficos que hablaban quechua. Supay era también el dios-demonio de los muertos y dueño y señor del mundo subterráneo. Originario principalmente de las mitologías aymara e inca de la civilización andina sudamericana, era temido pero también se le invocaba y rendía culto para evitar que les hiciera daño. Después de la conquista de América, los sacerdotes católicos utilizaron su figura para denominar al diablo cristiano. A partir de ahí, en el Supay o diablo indígena se fundieron elementos tomados tanto de las religiones indoamericanas como del catolicismo.

Otra de las culturas nativas de Norteamérica, los indios hopi —actualmente radicados en las mesetas del nordeste del estado de Arizona, en la reserva federal del Pueblo Navajo— también creen en una fuerza malévola y se la imaginan no con forma humana, sino como una bruma que emana de la tierra y diluye los corazones y las mentes de las personas. Como Satanás, la bruma, según la profecía nativa, desencadenará un proceso de destrucción absoluta que los hopi denominan «el día de la purificación». «Este pueblo distinguía cinco mundos. Estamos en la fase de transición del cuarto al quinto. Los hopi anunciaron un tiempo de inquietud, caos y desgracias y a juzgar por las noticias es lo que estamos viviendo», explica la investigadora de fenómenos paranormales y famosa conferenciante Marie D. Jones, autora del libro *2013: The End of Days Or a New Beginning? – Envisioning the World After the Events of 2012*, donde examina todos los mitos populares, profecías y predicciones que circulan sobre el año 2012, incluidas las enseñanzas mayas.

La profecía hopi habla de una batalla entre Dios y el demonio que acabaría repentina y trágicamente con la existencia del hombre: «El mundo temblará de un polo a otro. El hombre blanco luchará contra otros pueblos en otras tierras, con aquellos que poseían la primera luz de conocimiento. Columnas de humo y llamas emergerán de la tierra y causarán enfermedades y muertes en masa». Algunos intérpretes de este vaticinio dicen que «el hombre blanco» podría hacer referencia a los países occidentales y «aquellos que poseían la primera luz del conocimiento», a las primeras civilizaciones del mundo, es decir, la mesopotámica, situada donde actualmente se encuentra Irak.

Pero la profecía hopi no acaba ahí: «Oirán al mar regresar y muchos seres vivos morirán por esta causa». Según Marie D. Jones, también auguraba la venida de un fenómeno astronómico, con estas palabras: «Oirán hablar de una morada en los cielos que caerá con gran estruendo. Aparecerá como una estrella azul». Nadie sabe a qué año exactamente se están refiriendo, pues sus profecías no eran tan específicas, «pero decían que a esta convulsa época le seguiría el regreso del gran hermano blanco, la unión y la armonía. En este sentido, es fácil establecer analogías entre este augurio y el del Apocalipsis, en el Nuevo Testamento, que anuncia que al infierno le seguirá el cielo», sostiene Jones.

Tanto la profecía hopi como la Biblia apuntan que la desaparición de la humanidad se producirá por el esfuerzo de Dios por purgar el mal del mundo. Más aún, para muchos, las similitudes entre las profecías del islam, las hopi y las cristianas son más que una mera coincidencia. Sostienen que son la prueba de la existencia de un personaje malévolo sobrenatural que conducirá al mundo hacia el cataclismo final, un cataclismo que podría producirse en el mismísimo corazón de Tierra Santa.

LAS TRIBULACIONES DEL PUEBLO JUDÍO

> Así dice el señor Yahveh: «He aquí que yo recojo a los hijos de Israel de entre las naciones a las que marcharon. Los congregaré de todas partes para conducirlos a su suelo.
>
> Ezequiel 37, 21

Los textos antiguos cristianos predicen que Satanás liderará un ejército del mal contra las fuerzas de Dios sobre la Tierra y que esta batalla extinguirá el mundo. Dicho enfrentamiento definitivo, según la profecía bíblica, habría de tener como escenario Jerusalén. Para millones de personas, ésa es la ciudad más sagrada del mundo. No en vano, en ella convergen las tres grandes religiones que existen: islamismo, cristianismo y judaísmo.

De acuerdo con el profeta bíblico Ezequiel, desterrado de Judea y llevado cautivo a Babilonia, en Jerusalén se producirá la destrucción absoluta. Sus profecías, que empezaron hacia 593 a. C. y extendieron su ministerio profético durante más de veinte años, quedaron registradas en el Antiguo Testamento con gran riqueza de alegorías, imágenes y acciones simbólicas. En el prólogo de su libro, primero relata cuando Dios lo llamó para ser profeta, a lo que se dedicó durante veintidós años entre los judíos desterrados. La primera parte (capítulos 4 al 24) comprende las profecías acerca de la ruina de Jerusalén; la segunda (capítulos 25 al 32) habla sobre el castigo de los pueblos enemigos de Judea, y en la tercera (capítulos 33 al 48) se refiere a la restauración. En concreto, en los últimos capítulos, del 40 al 48, describe la restauración de Israel después del cautiverio: el Templo, la ciudad, sus arrabales y toda la tierra de Palestina repartida por igual entre las doce tribus. «Continuamente, a lo largo del Antiguo Testamento, Dios nos repite: "Aunaré mi poder desde todos los confines de la tierra y lo devolveré a la tierra de los primeros padres". Es decir, Palestina», afirma el pastor Brett Peterson, presidente del Christian Bible College de California.

Esta lengua de tierra de apenas sesenta y cuatro kilómetros de ancho, situada entre el mar Mediterráneo y el río Jordán, ha sufrido el azote de la violencia desde el amanecer de los tiempos. En 1947, las Naciones Unidas determinaron unos territorios para fundar el Estado de Israel. En esta zona se ubican actualmente Israel, los Territorios Palestinos (Cisjordania y la Franja de Gaza) y parte de Jordania y de Siria. Desde entonces, en esta diminuta nación de Oriente Próximo, árabes y judíos han luchado para sobrevivir. «La Biblia dice que Dios colocó Jerusalén en el centro de las naciones y el resto a su alrededor. Yo describo Israel como el epicentro del mundo y Jerusalén es el epicentro de Israel y, a su vez, la Montaña del Templo es el epicentro de Jerusalén», sostiene Joel C. Rosenberg, escritor y presidente del Fondo de Josué, una organización caritativa y educativa sin ánimo de lucro que proporciona ayuda humanitaria a las víctimas de la guerra y el terrorismo en Israel y en el mundo musulmán.

Algunos investigadores, teólogos y creyentes apuntan que el profeta Ezequiel escribió que, en el fin de los días, una gran potencia militar amenazaría Israel desde el norte: «Vendrás de tu lugar, del extremo norte, tú y pueblos numerosos contigo, todos montados a caballo, enorme asamblea, ejército innumerable. Subirás contra mi pueblo Israel como un nublado que recubre la tierra» (Ezequiel 38, 15-16). En opinión de Joel C. Rosenberg, podría existir una conexión directa entre este vaticinio y Rusia: «Rusia ya ha empezado, efectivamente, a forjar una potente alianza militar, política y económica con Irán. Además, Israel ha rebrotado como país y los judíos han vuelto a Tierra Santa. A esto debemos añadir que el presidente iraní, Mahmud Ahmadineyad, ha dicho que borrará a Israel del mapa... Sin embargo, todos estos hechos no quieren decir necesariamente que nosotros seamos testigos de la materialización de estas dramáticas profecías bíblicas».

Aquellos que asumen como cierta la profecía de Ezequiel, según la cual Jerusalén será el escenario del último día, también creen en lo que dijo otro profeta del Antiguo Testamento, Zacarías. Hacia el año 520 a. C., predijo que Israel recuperaría la ciudad de Jerusalén: «Aquel día protegerá Yahveh a los habitantes de Jerusalén: el más flaco entre ellos será aquel día como David, y la casa de David será como Dios, como un ángel de Yahveh, al frente de ellos» (Zacarías 12, 8). Así, este profeta, ante el estado de aflicción en que se hallaban entonces los judíos, los animó y consoló mostrando un porvenir brillante reservado a Israel tras la restauración del Templo de Yahveh (Dios). Y todo esto lo expuso en ocho visiones recogidas en los primeros capítulos de su libro incluido en el Antiguo Testamento. Pero el fin y objeto principal de sus profecías era vaticinar el reino mesiánico y mostrar a Jesucristo en sus dos venidas: rechazado y doliente en la primera; triunfante y glorioso en la segunda.

Israel conquistó la parte este de Jerusalén en 1967, durante la que se ha llamado la guerra de los Seis Días, el conflicto bélico que enfrentó a los israelíes con una coalición árabe formada por Egipto, Jordania, Irak y Siria entre el 5 y el 10 de junio de 1967. Algunos creen que este acontecimiento crucial precipitó el principio del fin y nos acerca un paso más al reinado de Satanás en la Tierra.

Hay quienes, en cambio, aseguran que el fin del mundo comenzará por culpa de Europa; se basan en profecías bíblicas, esta vez recogidas en el Libro de Daniel: «En tiempos de estos reyes, el Dios del cielo hará surgir un reino que jamás será destruido, y este reino no pasará a otro pueblo» (Daniel 2, 44). Para algunos exégetas de la Biblia, estas palabras significan que Cristo regresaría durante el tiempo del Imperio romano para vencer a Satán. Sin embargo, aquel vasto imperio desapareció hace más de mil quinientos años, por lo que algunos sostienen que la profecía de Daniel se refería a nuestro tiempo y a los descendientes modernos de los antiguos romanos. El proceso podría haber comenzado en 1993, cuando los países y los reinados que una vez formaron parte del Imperio romano se unieron para formar la Unión Europea (UE). Y su expansión no ha parado. Actualmente, la UE comprende veintisiete Estados miembros. «La Unión Europea y otros países del mundo tratan de presionar a Israel para que ceda más tierra a los palestinos, en particular, la Franja de Gaza y Cisjordania», afirma el teólogo Renald Showers, autor de *The Most High God: A Commentary on the Book of Daniel*, un libro que intenta arrojar luz sobre la tremenda profecía de Daniel. Así, para algunos, la presión de la UE sobre Israel podría convertirse en la mecha que encenderá el fuego de la batalla satánica del Armagedón.

En el Evangelio según san Mateo encontramos que Jesús reveló a sus discípulos más señales del fin de los tiempos mediante una guerra entre países: «Las naciones se enfrentarán a las naciones y los reinos a los reinos». «No tenemos más que pensar en el mundo actual, las guerras en Irak, en Afganistán... y los rumores casi a diario de un conflicto bélico en Corea del Norte», recuerda el pastor David C. Pack, de la Iglesia de Dios Restaurada. Randall Price, autor de numerosos libros sobre la conexión que existe entre la Biblia y el conflicto en Oriente Próximo, también comparte esta teoría: «Nos encontramos en un momento histórico —dice— marcado por la proliferación nuclear. Y lo peor de todo es que nadie parece tener demasiada idea de cómo manejar la situación». Por el contrario, muchos expertos y estudiosos de la Biblia advierten del peligro que supone establecer conexiones entre profecías y política real. «El problema que presenta esa inercia de identificar los enemigos que podamos tener en un momento determinado con profecías de la Biblia es que, con ello, proporcionamos un justificante religioso a nuestra rabia, a nuestro descontento social o político, y esa tendencia puede tener consecuencias nefastas», mantiene Daniel Smith-Christopher.

Los carismáticos líderes de los malvados

El interés por el demonio y lo oculto ha aumentado en las últimas décadas, en particular entre los jóvenes. Incluso hay quienes hoy en día rinden culto abiertamente a Satanás. Pero ¿son estos paganos modernos los verdaderos soldados del ejército de Satanás que nos llevará al exterminio? Para los que están convencidos de la existencia del demonio, éste sólo podrá retar a Dios después de haber reunido un poderoso y descomunal ejército. Los textos antiguos predicen que el diablo reunirá su ejército reclutando, una a una, a las almas que él mismo se encargará de corromper. «Satanás es el maestro del engaño —señala Randall Price—, y atrae a las personas hacia otras cosas que no son la verdad, cosas que son mentira, en eso consiste su asalto final contra la humanidad y contra el planeta Tierra.»

Timoteo fue un leal compañero, fiel colaborador y ayuda constante y esencial en el trabajo evangelizador del apóstol Pablo, quien lo incorporó en el grupo misionero que llevaría a Europa el primer anuncio del Evangelio. Más tarde, pasados algunos años, el joven discípulo recibiría el encargo de velar por la «sana doctrina» en Asia Menor, y de impedir posibles desviaciones hacia otras enseñanzas, falsas y destructivas. En sus Cartas Pastorales, que forman parte del Nuevo Testamento y fueron escritas en el siglo I, san Pablo advierte: «Ten presente que en los últimos días sobrevendrán momentos difíciles; los hombres serán egoístas, avaros, fanfarrones, soberbios, difamadores, rebeldes a los padres, ingratos, irreligiosos, desnaturalizados, implacables, calumniadores, disolutos, despiadados, enemigos del bien, traidores, temerarios, infatuados, más amantes de los placeres que de Dios, que tendrán la apariencia de piedad, pero desmentirán su eficacia. Guárdate también de ellos» (Segunda Epístola a Timoteo 3, 1-5). Pero en la Biblia también se afirma que la seducción será una de las armas empleadas por Satanás para reunir sus fatídicas legiones. En un versículo del Evangelio de san Mateo nos advierte de que creará falsos mesías y cultos.

El 28 de febrero de 1993, el ATF (Departamento de Alcohol, Tabaco y Armas de Fuego) de Estados Unidos organizó una redada en el rancho Monte Carmelo de la zona rural cerca de Waco, Texas, ante la supuesta presencia ilegal de armas en la propiedad. Durante cincuenta y un días de cerco, el FBI cortó la luz, el agua y el suministro de alimentos, al tiempo que, cada noche, potentes reflectores iluminaban las ventanas del rancho para impedir el descanso de los sitiados. El 19 de abril, el recinto fue consumido completamente por las llamas. Murieron ochenta personas, diecisiete de ellas eran niños. Pertenecían a un grupo que se hacía llamar davidianos (Branch Davidians) y su líder era un hombre carismático: David Koresh. Tras autoproclamarse hijo de Dios, Koresh se anunció como el cordero que abriría las aguas de los siete mares. Después de un tiroteo con agentes federales, Koresh y sus seguidores perecieron en el asalto final retransmitido en directo para todo el mundo por equipos de televisión invitados por el FBI. Supervivientes de la redada, antiguos miembros y algunos de sus familiares aportaron información muy diversa con respecto a las creencias, prácticas y conducta del grupo.

El movimiento davidiano fue fundado en 1943 por el búlgaro Victor Tasho Houteff (1885-1955), con varios ex adeptos de la Iglesia Adventista del Séptimo Día, defraudados por la falta de fe en la inminente venida de Cristo. Al morir, le sucedió su esposa, Florence, y poco a poco el grupo se fue dividiendo en varias ramas, todas ellas pacíficas menos la de David Koresh, quien se llamaba realmente Vernon Wayne Howell. Se sabía de memoria todos los pasajes del Apocalipsis y anunciaba un panorama de final inmediato con tétricos tintes de castigo divino, así que invitaba a la gente a que se salvara siguiendo su camino, el único posible para formar parte del restringido grupo de supervivientes. Sus seguidores lo identificaban con Cristo en su Segunda Venida, y su apocalíptico anuncio del fin del mundo hizo que se multiplicasen los centros de la secta por diversos países.

Según parece, Koresh había comprado armas por valor de más de doscientos cincuenta mil dólares, según él, para estar preparados cuando llegase el momento del acoso del «mal», y había convertido en un fortín inexpugnable el rancho Monte Carmelo. Cuando ese 19 de abril, al fin, los agentes del FBI lograron abrirse camino entre las llamas que consumían el rancho, ante ellos aparecieron los cuerpos carbonizados de la mayoría de los seguidores de Koresh, él incluido, con un solo disparo en la frente. El Apocalipsis había llegado, al menos para ellos.

Años antes, en noviembre de 1978, en Jonestown, en Guayana (América del Sur), otro autoproclamado mesías, el reverendo Jim Jones, fundador y guía del Templo del Pueblo, creía que su comuna iba a ser atacada y condujo a más de novecientos de sus seguidores a un suicidio colectivo como protesta por la visita de una Comisión del Congreso de Estados Unidos presidida por el congresista demócrata por California Leo Ryan. Algunos familiares de sus seguidores se habían dirigido al campamento desde diversas zonas de Estados Unidos ante las innumerables denuncias que se habían recibido por las extravagancias y peligros de que hacía gala su líder. A la llegada del congresista Ryan, Jones y los suyos empezaron a gritar para expulsarlo de allí y, en pleno paroxismo colectivo, lincharon a Ryan y a cuatro de sus acompañantes. Después, Jim Jones propuso que todos se entregaran a la muerte en un gran ritual final. Decía que «la muerte sólo era el tránsito a otro nivel» y que realmente no se trataba de un suicidio, «sino de un acto revolucionario». Los cerca de novecientos miembros aceptaron unánimemente. Prepararon mezclas letales que bebieron ceremoniosamente. Cuando llegó la policía, se encontraron con un cementerio al aire libre en el que los cuerpos se amontonaban los unos sobre los otros.

La secta del Templo del Pueblo se fundó en Indianápolis, en el estado de Indiana, durante la década de 1950. El reverendo Jim Jones y su primer centenar de seguidores se mudaron a Redwood Valley en el condado de Mendocino, California, creyendo que así estarían a salvo de los ataques nucleares de los que Estados Unidos podía ser blanco. En 1974, Jones arrendó más de doce kilómetros cuadrados de tierra del gobierno de Guyana, en el norte de América del Sur, y animó a todos sus seguidores a mudarse a Jonestown, la localidad que habían construido allí, el paraíso donde vivirían felices de las amenazas de invasión desde «el exterior». La incoherente doctrina de salvación de su líder, de convertir en realidad el Paraíso en la Tierra, duró poco. Jones creó una atmósfera de miedo y empezó a fomentar entre sus adeptos una sensación de que el mundo se acababa. Para ellos el fin llegó el sábado 18 de noviembre de 1978.

Casi una década antes, en 1969, en Los Ángeles, California, Charles Manson ya había engañado a la que llamaba su «Familia» para cometer una serie de espeluznantes asesinatos, el más tristemente famoso, el de Sharon Tate, esposa de Roman Polanski, que estaba embarazada de ocho meses, a la que asesinaron cruelmente junto a tres personas más en su propia casa. Manson, que se autodenominaba Satán (además de Jesucristo, el Espíritu, el Anticristo y el Demonio), predicaba una curiosa doctrina en la que se mezclaban conceptos orientalistas y una reinterpretación de la Biblia. Según su filosofía, como también la del reverendo Jim Jones y la de David Koresh, únicamente los que les siguiesen se salvarían del Apocalipsis. Predicando la palabra del ecologismo y del amor libre, Manson captó la atención de numerosos seguidores, en una época de hippies, drogas, rock... encajó bien en Los Ángeles. El «maravilloso» líder y sus aventuras con la Familia terminaron cuando la policía detuvo a Manson el 12 de octubre junto a otros miembros del clan.

¿Eran Manson, Jones y Koresh marionetas de Satanás que reclutaban almas para su ejército? La respuesta nos la da el historiador y escritor Peter Stanford: «Tenemos tendencia a querer personificar sensaciones o sentimientos que nos producen los acontecimientos que suceden en el mundo. A menudo, cuando un individuo o un grupo de infames criminales cometen algún terrible acto de terrorismo, actos de violencia inhumana, nos esforzamos por entender la razón. Creo que así fue como empezamos a forjar la idea de que existe una fuerza maléfica en el mundo muy superior a cualquier individuo».

Entre los grupos más moderados está la Iglesia de Satán, fundada en San Francisco, California, en 1966, por Anton Szandor LaVey, que tiene muchos adeptos en Estados Unidos. Sus creencias tienden más hacia el hedonismo, a considerar los placeres carnales una vía para adquirir mayor conocimiento sobre uno mismo. En los años ochenta y noventa, sus miembros fueron muy activos produciendo películas, música, novelas y actos dedicados al satanismo. «Seguimos una filosofía racional, secular, basada en la autoindulgencia responsable. Radica en el ateísmo. No hay ninguna fe en ella, ni Dios ni nada parecido. Está fundada en la naturaleza humana y en el verdadero comportamiento humano», la describe el escritor y miembro de la Iglesia de Satán Bryan Moore. Entre sus preceptos se incluye que Satán representa la indulgencia en vez de la abstinencia, así como la sabiduría de uno mismo frente a la hipocresía, o la venganza en vez de ofrecer la otra mejilla. «Satán representa al hombre como uno más entre los animales, mejor a veces, pero con frecuencia peor que ellos debido a su desarrollo espiritual e intelectual, lo que lo ha convertido en el animal más vicioso de todos», aseguran. Además, defienden que Satán ha sido «el mejor amigo que la Iglesia ha tenido, pues él le ha mantenido el negocio todos estos años». En los últimos tiempos, uno de sus actos más famosos fue celebrar en Hollywood una misa negra en la que participaron satánicos de todo el mundo; el día escogido fue el 6 de junio de 2006, es decir el 6/6/6, el número del diablo, el 666, según la Biblia.

Exorcismos en pleno siglo XXI

Los cristianos creyentes asumen que, en el final de los días, los que caigan seducidos por Satán pagarán un alto precio: la esclavitud en su diabólico ejército. Algunos también creen que aquellos que se resistan al poder seductor de Satanás serán igualmente controlados por él a través de la posesión diabólica. «Según mi estudio de los casos o supuestos casos de posesión demoníaca, siempre, en algún momento, hay una voluntad de la persona de permitir la entrada al demonio. Él o ella se pierden en esa oscuridad», afirma el reverendo Jeffrey Grob. «La posesión demoníaca es real. Es una de las pruebas, quizá una de las más concluyentes para aquellos que la han experimentado, de que los demonios existen, de que Satanás es real», sostiene David C. Pack.

Según un reciente estudio de la Universidad Católica de Fordham, en Nueva York —en cuyas instalaciones se rodó una de las escenas de la famosa película *El exorcista*, de 1973: el momento en que el padre Karras (Jason Miller) analiza la cinta que grabó de Regan (Linda Blair)—, el exorcismo nunca ha estado tan de moda como hoy. En 2007, el papa Benedicto XVI ordenó a sus obispos que formaran unos equipos conocidos como «escuadrones exorcistas», para detener lo que la Iglesia considera un incremento de la influencia de Satán. En Roma se ha creado incluso una escuela especial para formar a exorcistas, dependiente de la Pontificia Universidad Apostólica Regina, donde los estudiantes, en su mayoría curas de diversos lugares del mundo, aprenden los aspectos pastorales, espirituales, teológicos, litúrgicos, médicos, legales y criminológicos del satanismo, así como a vencer al diablo, por si alguna vez deben enfrentarse con él, y a cómo discernir entre una posesión demoníaca y un caso propiamente médico. «Lo primero es que el sacerdote debe saber si el demonio está activo en una persona o si el problema está en otro lado», afirma el padre Gabriele Nanni, el exorcista jefe del Vaticano. Según este experto, hay cuatro señales que permiten estar seguro de que se trata de una posesión demoníaca y no un trastorno psiquiátrico. «Cuando alguien habla o entiende idiomas que normalmente no comprende; cuando su fuerza física no es proporcional a su tamaño corporal o edad; cuando de pronto tiene conocimiento sobre prácticas ocultas; cuando tiene aversión física a cosas sagradas, como a quien dirige una comunión o a los predicadores».

No obstante, las posesiones demoníacas siguen despertando un gran escepticismo. Para muchos, creyentes y no creyentes, el exorcismo es sólo un argumento de película de terror o una práctica medieval. «No hay demasiados casos de exorcismos verdaderos hoy en día. Antes abundaban porque conocíamos muy poco sobre la psicología humana y sobre lo traicionero que puede ser el subconsciente», explica Jeffrey Burton Russell. Sin embargo, para el sacerdote mexicano Pedro Mendoza —México es el país que encabeza el ranking de casos de exorcismo en el siglo XXI— luchar contra Satán forma parte de la tarea de un sacerdote, «ya que está dentro de la misión que Jesús dio a sus apóstoles: sanar a los enfermos, liberar a los oprimidos y expulsar a los demonios», enumera. Así, ciertos cristianos devotos dan credibilidad a las posesiones demoníacas. Temen, además, que Satanás se sirva de ellas para seguir engrosando las filas de su ejército.

Las señales previas al fin

> Miré y había un caballo blanco; y el que lo montaba tenía un arco; se le dio una corona, y salió como vencedor, y para seguir venciendo.
>
> Apocalipsis 6, 2

Quienes creen en las profecías bíblicas aseguran que, antes de que Satán pueda implantar su plan para exterminar a la humanidad, debe reclutar a dos «tenientes» para que le ayuden con su ejército. Juntos, formarán la pagana trinidad y su comunión será uno de los últimos indicadores de la inminencia del Armagedón, término bíblico para designar el fin del mundo o el fin del tiempo. De esta forma, antes de que su ejército esté capacitado para atacar, una serie de señales deben revelarse; después, los acontecimientos se sucederán en efecto dominó hasta llegar al choque definitivo. Una cadena de catástrofes y la llegada de dos monstruos —el Anticristo y el Falso Profeta— son las indicaciones que advertirán que Satanás ya está reuniendo su tropa destructora.

Según algunos de estos creyentes, uno de los ejemplos de la presencia de Satanás en la Tierra es el aumento de las limpiezas étnicas, un eufemismo con el que se designan las persecuciones o exterminios de una parte determinada de la población. Cabe recordar lo que ocurrió en Ruanda, durante un período de tres meses, en 1994. La milicia liderada por los hutus asesinó a unos ochocientos mil tutsis en lo que se ha llamado el genocidio ruandés. Para aquellos que creen en la existencia de Satán, estos actos horripilantes sólo son explicables si se atribuyen a su mano. «Satanás nos enseña muchas cosas. Lo primero, que volverá y que nosotros debemos preparar el ejército para su regreso», señala GM Blackwood, fundador y líder del satanismo teísta. «Allí donde hay mal, genocidios, atrocidades, violaciones de derechos humanos, destrucción de la naturaleza, todo este tipo de actos maléficos, en esencia, tienen sus raíces en las enseñanzas de Satán y los cometen los que caen en sus tentaciones», afirma el imán Jihad Turk.

En este sentido, los que creen que tales profecías van a realizarse, también hablan, por ejemplo, del calentamiento global, del aumento del terrorismo o de las armas nucleares como designio de Satán. «Por supuesto, todas esas cosas siempre han existido —explica Jeffrey Burton Russell—. Siempre ha habido guerras, enfermedades y hambruna. No hay un motivo especial para suponer ahora que cualquiera de esas fatalidades sean obra de Satán.» Sin embargo, David C. Pack tiene otra visión. «Ciertamente —dice—, en todas las épocas ha habido desgracias, pero ahora asistimos a una notable intensificación. Ésos son los dos factores clave: más intensidad y más cantidad. Y nadie parece saber muy bien qué hacer al respecto.»

De acuerdo con las pistas que proporciona el Apocalipsis sobre el modo en que Satán liderará a la humanidad hasta el Armagedón, antes ascenderá al poder a dos aliados clave, ambos hombres, el Anticristo y el Falso Profeta.

El primero que aparecerá en la escena mundial será el Anticristo. El primero de los cuatro famosos jinetes del Apocalipsis llegará proclamándose, falsamente, mensajero de la paz y empezará a consolidar su poder: «Se le concedió hacer la guerra a los santos y vencerlos; se le concedió poderío sobre toda raza, pueblo, lengua y nación» (Apocalipsis 13, 7). Según Randall Price, «originará conflictos internacionales de tal envergadura que se deseará la llegada de alguna especie de salvador, de un mesías, de alguien que aparezca en la escena política y sea capaz de solucionar los problemas del mundo. El Anticristo traerá la guerra, traerá la inestabilidad, pero sabrá cómo implantar una sensación de unión». «Es probable que el Anticristo conquiste nuestros corazones ofreciéndonos todo tipo de bondades; una vez nos tenga ganados, seremos suyos», añade Jeffrey Burton Russell.

Nostradamus, el célebre visionario del siglo XVI, también profetizó sobre un Anticristo. En una cuarteta escrita en 1555, parece describir el mismo ser del que nos habla el Apocalipsis: «Uno a quien los dioses de

Aníbal infernales harán renacer, terror de los humanos: Nunca más horror pudieron contar las jornadas, que sucedido venga por Babel a los Romanos». Babel es el antiguo nombre que recibía Irak. «Irak nace como Mesopotamia, a la que llega un ejército cruzado y pierde la guerra. Aníbal rendía culto a los dioses fenicios. ¿Y en qué regiones se los adoraba? Por todo el norte de África y la zona que actualmente es Oriente Próximo, hasta Persia, es decir: Líbano, Israel, Siria e Irak», explica John Hogue, considerado como uno de los mayores expertos en Nostradamus y cuyos libros se han traducido a casi una veintena de idiomas. Para algunos, esto indicaría que Nostradamus también predijo que el Anticristo llegará desde Oriente Próximo. Es más, según Joel C. Rosenberg, «el Anticristo seguramente ya esté aquí y puede que ni siquiera él mismo sepa que lo es». Según la Primera Epístola de Juan 2, 18: «[...] Muchos anticristos han aparecido, por lo cual nos damos cuenta que es ya la última hora».

El enfrentamiento definitivo

> Se le concedió infundir el aliento a la imagen de la Bestia, de suerte que pudiera incluso hablar la imagen de la Bestia y hacer que fueran exterminados cuantos no adoraran la imagen de la Bestia.
>
> Apocalipsis 13, 15

El texto antiguo del Apocalipsis señala que debe aparecer otra marioneta de Satán para preparar el camino al Armagedón. La Biblia llama a este segundo emisario del demonio el Falso Profeta. «Le atribuye la capacidad para obrar pseudomilagros, señales y maravillas de manera que consiga engañar a los pueblos», indica Randall Price. La descripción guarda cierta semejanza con algunos predicadores modernos, pero con una diferencia crucial: el Apocalipsis afirma que, a través de un milagro, el Falso Profeta engañará al mundo para que rinda culto al Anticristo.

El Apocalipsis también advierte de los asombrosos poderes que empleará el Falso Profeta: «Realiza grandes señales, hasta hacer bajar ante la gente fuego del cielo a la tierra». «Debe ser una figura religiosa respetable y venerada de la que nadie pueda sospechar su verdadera naturaleza, oscura y maléfica», sostiene David C. Pack. Este Falso Profeta obligará al resto del mundo a llevar la marca de la Bestia: «Y hace que todos, pequeños y grandes, ricos y pobres, libres y esclavos, se hagan una marca en la mano derecha o en la frente y que nadie pueda comprar nada ni vender, sino el que lleve la marca con el nombre de la Bestia o con la cifra de su nombre».

Algunos intérpretes que toman la Biblia al pie de la letra defienden que este escenario podría estar dándose ya hoy en día mediante la tecnología actual. Así, por ejemplo, los códigos de barras, originalmente utilizados en los supermercados desde los años setenta, se emplean ahora para rastrear infinidad de artículos, incluidas las mascotas y el ganado. Pero esta tecnología de rastreo también puede aplicarse para el control y seguimiento de los seres humanos. «Actualmente, disponemos de la tecnología de identificación por radiofrecuencia, con la que sería posible seguir el rastro de todos y cada uno de los habitantes del mundo y localizarlos allí donde estén. Además, se están desarrollando otros avances tecnológicos como la nanotecnología, que podría ser la vía por la que se cumplieran otras tantas profecías bíblicas», mantiene el antropólogo y escritor Daniel J. Gansle, autor de varios libros proféticos.

Las profecías bíblicas describen cómo dos fuerzas se enfrentarán en una batalla a vida o muerte por las almas de la humanidad. Eso marcará el principio del fin y precipitará la siguiente cadena de acontecimientos clave. Primero, el Anticristo cerrará un acuerdo que permitirá a Israel reconstruir el Templo de Jerusalén. Luego, él mismo, en nombre de Satanás, se proclamará Dios y se trasladará al Templo reconstruido: «Hasta el extremo de sentarse él mismo en el Santuario de Dios y proclamar que él mismo es Dios» (Segunda Epístola de san Pablo a los Tesalonicenses 2, 4). «Satanás siempre ha querido ser aclamado, considerado Dios, adorado como Dios», indica Randall Price.

Según el Apocalipsis, el Anticristo y el Falso Profeta implantarán un reinado de terror y asesinarán a todos sus detractores. En respuesta, Dios retará a los seguidores del demonio con una serie de tragedias, cada una mucho peor que la anterior. Un pasaje del texto bíblico describe cómo una estrella caerá y envenenará un tercio de toda el agua del mundo, descripción muy similar a la profecía del fin del mundo de los indios hopi. También advierte que la destrucción se intensificará con virulentas tormentas. Un terremoto de gran magnitud reducirá a escombros ciudades y montañas; las islas desaparecerán, tragadas por maremotos. El texto describe asimismo una lluvia de granizo de casi cuarenta y cinco kilogramos cada uno. La batalla final se librará mientras el mundo se transforma. «El Juicio Final se acerca y será el instrumento determinante que indicará la culminación de todo. Cuando el demonio levante a las naciones contra Dios, las conducirá a todas a Jerusalén para iniciar la batalla», sostiene Randall Price.

Arder en el fuego eterno

> Y fueron soltados los cuatro Ángeles [...] para matar a la tercera parte de los hombres. El número de su tropa de caballería era de doscientos millones.
>
> Apocalipsis 9, 15-16

Algunos exégetas de la Biblia creen que el Libro de Daniel habla de grandiosas potencias militares que presentarán batalla al Anticristo, atacándolo de norte a sur. Aseguran que Satanás afrontará la batalla con un ejército aún mayor, de doscientos millones de efectivos, que se aproximará por el este. «Atravesarán el cauce seco del río Éufrates y se reunirán en un lugar llamado Megido, al norte de Jerusalén», señala David C. Pack. El escenario de la profecía es un amplio valle llamado Armagedón. En él, de acuerdo con la Biblia, Jesús hará su extraordinaria aparición para liderar las fuerzas del bien: «Saldrá entonces Yahveh y combatirá contra esas naciones como el día en que él combate, el día de la batalla» (Zacarías 14, 3).

La batalla definitiva entre Dios y Satanás sucederá tal como dejó escrito en el Libro del Apocalipsis el apóstol san Juan hace dos mil años: «Luego vi a un Ángel de pie sobre el Sol que gritaba con fuerte voz a todas las aves que volaban por lo alto del cielo: "Venid, reuníos para el gran banquete de Dios, para que comáis carne de reyes, carne de tribunos y carne de valientes, carne de caballos y de sus jinetes, y carne de toda clase de gente, libres y exclavos, pequeños y grandes".» (Apocalipsis 19, 17-18). El Apocalipsis no ofrece más detalles de esta batalla, tan sólo que Cristo y su ejército saldrán victoriosos. No obstante, algunos creen que el profeta Zacarías podría haber pronosticado el sufrimiento posterior. «Pudrirá su carne estando ellos todavía en pie, sus ojos se pudrirán en sus cuencas, y su lengua se pudrirá en su boca» (Zacarías 14, 12). «Cristo los disolverá, literalmente, sobre sí mismos. Es una imagen espeluznante la que nos ofrece Zacarías sobre lo que Jesús hará con ese enorme ejército. Una imagen horripilante», afirma David C. Pack.

El Apocalipsis dice que el Anticristo y el Falso Profeta serán destruidos y que Satanás será encadenado y apresado, por fin, sin que le quede ni un resquicio de poder. «Por último, en la culminación de los tiempos, será expulsado al fuego eterno, que no es otra cosa que él mismo», cuenta Randall Price. La profecía finaliza con Cristo gobernando la Tierra en paz durante mil años.

Si el final es inminente, ¿hay alguna forma de prepararse para los acontecimientos? Algunos creyentes aconsejan recurrir también a los profetas en busca de directrices. Para el imán Jihad Turk, «Mahoma, el profeta del islam, enseña a sus seguidores a vivir esta vida como si fuéramos a vivir para siempre, pero a prepararse para el encuentro con Dios como si fuera a producirse mañana». «Mateo 25 también nos da un consejo sobre cómo vivir nuestras vidas. El mensaje es que nos cuidemos mutuamente, que seamos compasivos y que trabajemos por la paz y la justicia», indica el pastor Brett Petterson. Para Daniel Smith-Christopher, «la profecía nos abre los ojos ante nuestro potencial, para bien y para mal. Nos obliga a elegir el camino que queremos seguir. Si vamos a alistarnos en el ejército del mal y la destrucción o a luchar en las filas del ejército del bien».

10

Los secretos de Fátima

En la primavera de 1917, a las afueras del pueblo de Fátima, Portugal, tres niños pastores afirmaron haber visto a la Virgen. Según la leyenda, María compartió con ellos tres secretos en clave sobre el oscuro futuro que esperaba a la humanidad. Envuelta en misterio durante ochenta y tres años, la tercera profecía podría referirse al cataclismo definitivo, a un mundo ahogado por las llamas de la Tercera Guerra Mundial o a la llegada de fenómenos tan devastadores que significarían el fin del mundo tal como lo conocemos. El Vaticano temió que el explosivo contenido de esta última revelación conmocionara a todo el planeta, así que lo mantuvo en secreto durante casi cinco décadas.

Una misión grandiosa

En la primavera de 1917, el derramamiento de sangre, las enfermedades y la muerte provocados por la Primera Guerra Mundial sacudían Europa. En estos dramáticos tiempos llegaron noticias de un extraño mensaje, quizá entregado por un emisario de Dios. El 13 de mayo, Lucía Dos Santos, de diez años, y sus primos, Jacinta y Francisco Marto, de seis y nueve años, estaban vigilando las ovejas en un prado en Cova da Iria, a las afueras del pueblo de Fátima, cuando, según contaron, vieron de repente una luz cegadora y una figura celestial apareció ante ellos sobre una nube, encima de una encina. Era una mujer vestida completamente de blanco que brillaba más que el Sol. Según el testimonio de Lucía, le preguntaron quién era y ella dijo que Nuestra Señora. Le preguntaron de dónde venía y ella contestó que del cielo. Por último, le preguntaron qué quería y ella respondió que deseaba que volviesen el día 13 de cada mes.

A partir de entonces, desde mayo hasta octubre, la imagen se les apareció cada día 13 (excepto en el mes de agosto, debido a que encarcelaron a los niños para que revelaran el «secreto»; en esa ocasión la cita se produjo el día 15, una vez que los pastorcillos fueron liberados) y fue transmitiéndoles una importante información. Para muchos creyentes, en el fondo de ese mensaje había una advertencia para la humanidad: Dios estaba enfadado con nuestro estilo de vida pecaminoso y el castigo sería la guerra y la aniquilación. La Virgen prometió a los niños que si volvían cada día 13, iría desvelándoles cómo podríamos redimirnos.

Después de la primera visita de la Virgen, Lucía decidió mantener el secreto, pero Jacinta, la más pequeña, no fue capaz de contener su emoción y se lo contó a su madre. Enseguida empezaron a circular rumores por el pueblo. La mayoría de la gente dudaba de la historia de los niños. Se corrió la voz, pero muchos no le concedieron ningún crédito por considerarlo simples fantasías infantiles. No obstante, incluso sometiéndolos a un exhaustivo interrogatorio, los testimonios de los niños, separadamente, guardaban una coherencia sorprendente. Los tres recordaban con absoluta minuciosidad detalles del encuentro, algo nada habitual en unos niños tan pequeños. Los pastorcillos siempre se mantuvieron fieles a la misma versión de los hechos. Esto sembró la duda en muchos descreídos, porque se preguntaban cómo tres niños, amenazados incluso de muerte para que confesaran, podían seguir defendiendo su historia si no era cierta.

Al mes siguiente, unos cuantos vecinos del pueblo acompañaron a Lucía, Jacinta y Francisco hasta el prado, para comprobar si la Virgen aparecía, como había prometido. Según los testimonios posteriores, algunos de ellos fueron con el ánimo de desacreditar a los niños. Pero también había muchos que tenían una intención verdadera de creer. Sin embargo, lo único que vieron fue cómo los pequeños se sumían en un trance durante la supuesta aparición de María. Ninguno de los espectadores podía ver o escuchar a la «Señora». Francisco tampoco la escuchaba ni hablaba con ella, sólo la veía. Con el paso de las semanas, el interés y la fama de las apariciones iban en aumento, y el número de personas que acompañaban a los niños a Cova da Iria crecía exponencialmente. Según describe el diácono norteamericano Bob Ellis, «la muchedumbre era cada vez más numerosa, más y más gente creía, a pesar de no ver nada».

Según los niños, el 13 de julio de 1917, la fecha de la tercera supuesta visita, María cumplió su promesa de revelar a la humanidad la manera de redimirse de sus pecados y los horrores que nos esperaban si, por el contrario, optábamos por seguir ofendiendo a Dios. Además, parece que anunció tres profecías secretas que los niños no debían desvelar a nadie hasta que fuera el momento oportuno. La revelación de estos secretos debería esperar décadas, hasta que Lucía presintió que había llegado el momento.

El milagro del sol, reconocido por el Vaticano

Hacer creer a los demás tales advertencias no iba a ser fácil a menos que existieran pruebas irrefutables de que procedían del cielo. Los niños, según su narración, dijeron a la Virgen: «Tratamos de que la gente nos crea, pero no lo hacen, es muy difícil». Entonces ella les contestó que el 13 de octubre, en torno al mediodía, realizaría un milagro para que todo el mundo lo viera. Ese día, según los testimonios, en el prado se congregaron unas setenta mil personas, procedentes de todo Portugal. La copiosa lluvia que caía sobre Fátima convertía el escenario de las apariciones en un lodazal intransitable. La gente, empapada por la lluvia, esperaba espectante sobre la tierra fangosa.

Cuando la Virgen estaba a punto aparecer, Lucía, emocionada, pidió a los allí presentes que cerraran sus paraguas para rezar y señaló hacia el Sol. Todos miraron al cielo. La lluvia había cesado, las nubes se abrían y el Sol brillaba, pero no con su brillo habitual. «En su lugar, apareció una especie de disco de plata, pálido como la Luna, al que todos podían contemplar sin entornar los ojos. De repente, impulsado por una fuerza misteriosa, el disco comenzó a girar en el cielo, arrojando grandes rayos de luz multicolor; rojos, verdes, azules, amarillos, violetas... Los rayos eran como enormes disparos a través del cielo dirigidos en todas las direcciones que iluminaban el campo en un radio de muchos kilómetros. Los rostros de las setenta mil personas estaban hechizados», así describe el momento el sacerdote Edward Carter en su libro *The Spirituality of Fatima*. «El Sol tembló, realizó movimientos bruscos nunca vistos, fuera de todas las leyes cósmicas. "Bailó", según la típica expresión de los campesinos», escribió el periodista Avelino de Almeida, redactor jefe del periódico lisboeta *O Seculo*, presente en Cova da Iria aquella mañana.

El fenómeno se repitió tres veces en un lapso de doce minutos. «Parecía que el mundo entero estaba en llamas, con el Sol girando a una velocidad cada vez mayor —indica Edward Carter—. Después, un grito de terror se elevó de la multitud, porque el Sol parecía una lágrima de los cielos a punto de derramarse sobre la multitud horrorizada... Justo cuando parecía que la bola de fuego caería sobre ellos, el milagro cesó y el Sol volvió a la normalidad en el cielo, brillando con su tranquilidad habitual.» «Muchos de los enfermos y lisiados se habían curado de sus aflicciones», añade. «Mi abuelo lo describía como que los cielos se abrieron y ahí estaba el Sol, con unos colores preciosos, espléndidos. Fue como si el Sol bailara a su alrededor. Algunos creyeron, incluso, que se trataba del fin del mundo», cuenta Nuno Prazeres, nieto de uno de aquellos testigos y director del Secretariado Internacional del Apostolado Mundial de Fátima. «En un radio de varios kilómetros, la gente pudo contemplar esta maravillosa señal en el cielo. Otras quince mil personas la vieron de más lejos, a unos treinta y dos kilómetros alrededor del lugar. Tuvo que ser algo realmente cataclísmico para explicar tal histeria colectiva», señala el monje franciscano Andrew Apostoli.

No hay constancia fotográfica de la supuesta aparición, pero sí de la enorme concentración de personas que se reunieron esa mañana en el prado. La mayoría de los expertos coinciden en afirmar que, apoyándonos en las leyes de la física que rigen el universo, es simplemente imposible que el Sol zigzagueara tal como describieron los testigos. En opinión del astrónomo y astrofísico Hugh Ross: «Desde un punto de vista científico, puedo afirmar que físicamente aquello no ocurrió. El Sol no puede variar su índice de rotación. No puede cambiar su posición en ningún sentido porque, si esto sucediera, la vida en el planeta Tierra se extinguiría inmediatamente. No estoy negando su experiencia, sino el modo en que la interpretaron». Por aquellas fechas, el director del Observatorio Astronómico de Lisboa declaró en el diario *O Seculo* que «si fuese un fenómeno cósmico, los observatorios astronómicos lo habrían detectado con exactitud. Pero eso es precisamente lo que falta, el registro inevitable de alguna perturbación en el Sistema Solar... por pequeña que ésta fuese».

Aun así, la institución católica más importante del mundo, el Vaticano, mantiene hasta la fecha una posición clara respecto a los insólitos acontecimientos que sucedieron aquella lluviosa mañana. «La Iglesia es tremendamente cauta a la hora de determinar si existen o no motivos para creer que aquella aparición se produjo realmente y están llevando a cabo minuciosas evaluaciones e investigaciones para proteger su credibilidad. El milagro del Sol que se obró el 13 de octubre de 1917 fue tan profundo, y presenciado por setenta mil testigos, que la Iglesia lo considera una intervención divina. Acepta que fue un milagro», señala Michael Lacorte, director en Estados Unidos del Apostolado Mundial de Fátima. Este suceso, aunque no quedara registrado por ningún observatorio astronómico, lo observaron miles de personas allí presentes, entre los que se encontraban creyentes, escépticos, campesinos, librepensadores e intelectuales, y salió publicado en numerosos rotativos de la época. La diversidad y cantidad de testigos otorga, sin duda, un especial interés al «fenómeno solar», ya que el resto de las apariciones de Fátima se limitaron a los tres niños videntes.

Según contó Lucía Dos Santos, en esa ocasión pidió a la Señora que curara a los enfermos que se encontraban allí, pero ella respondió que sólo sanaría a aquellos que pidieran perdón por sus pecados. La Virgen hizo hincapié en la importancia de rezar el rosario para la conversión de los pecadores y del mundo entero y pidió la construcción de una capilla en ese lugar, origen del actual Santuario de Nuestra Señora del Rosario de Fátima, que recibe anualmente cuatro millones de peregrinos de todo el mundo.

Un año después de las supuestas apariciones, una epidemia de gripe asoló Europa. Jacinta y Francisco, los dos pastorcillos más jóvenes, terminaron sucumbiendo a la enfermedad. Francisco murió el 4 de abril de 1919 a punto de cumplir los doce años de edad, y Jacinta el 20 de febrero del año siguiente, con diez años, sin haber revelado jamás ni una palabra de las profecías secretas. En el año 2000, la Iglesia católica los beatificó a ambos. Pero la niña mayor, Lucía, sobrevivió, y en 1921, con catorce años de edad, y cuatro después de los hechos de Fátima, ingresó en el colegio de las Hermanas Doroteas en la localidad de Vilar, cerca de Oporto. En 1928 se trasladó al convento de esta orden en Tuy, Pontevedra, España, donde residió hasta 1948. Al año siguiente, Lucía profesó como carmelita descalza con el nombre de María Lucía del Corazón Inmaculado y regresó a Portugal.

La primera y la segunda revelación

Tras aprender a leer y escribir, la hermana Lucía recibió la petición de José Alves Correia da Silva, obispo de Leiria, diócesis donde está Fátima, de describir los sucesos. Lucía terminó sus primeras memorias a finales de 1935. En años sucesivos le pidieron que escribiera otros «recuerdos» de aquellas apariciones; de ese modo completó dos libros, publicados con los títulos de *Memorias* y *Llamamientos del mensaje de Fátima*. Estos escritos son la única fuente documental disponible para conocer la historia oficial de Fátima, y a través de ellos se desarrolló y difundió el mito de que estas profecías se cumplirían algún día.

Para la publicación de 1941, la hermana Lucía presintió que había llegado el momento de desvelar parte de las revelaciones. Habían pasado veinticuatro años desde que proclamó haber recibido la visita de la Virgen. Fue ese año cuando Lucía mencionó por primera vez que las revelaciones se dividían en tres partes: «El secreto está compuesto de tres temas diferentes y voy a revelar dos de ellos», escribió. Con el objetivo de colaborar en la canonización de sus primos, decidió que el mundo por fin estaba preparado para escuchar los dos primeros de los tres secretos de Fátima. La tercera, y más escalofriante, de las profecías permanecería oculta otros sesenta años.

Según lo que indicó Lucía en sus escritos, la Virgen les mostró «un inmenso mar de fuego que parecía estar bajo la Tierra. Sumergidos en ese fuego —escribió— había demonios y almas con forma humana, como ascuas incandescentes, negras o de bronce entre gritos de dolor y gemidos de desesperación». La interpretación de esta visión que hizo el padre franciscano Andrew Apostoli es que «Nuestra Señora nos dice que todos encontraremos la muerte y seremos juzgados si perpetuamos este estilo de vida disoluto, pecaminoso. Moriremos sin contar con la gracia de Dios, lo habremos ofendido y estaremos perdidos. Creo que ése es el motivo por el que Dios permitió que aquellos niños vieran el infierno».

A la vista del testimonio de Lucía, las aterradoras imágenes del infierno reveladas a los niños se parecen asombrosamente a la narración que del infierno hace el Libro del Apocalipsis, de la Biblia. Así, en el Apocalipsis 21, 8 se indica: «Pero los cobardes, los incrédulos, los abominables, los asesinos, los impuros, los hechiceros, los idólatras y todos los embusteros tendrán su parte en el lago que arde con fuego y azufre: que es la muerte segunda». El Libro del Apocalipsis termina con aquellos que han pecado quemándose en ese mismo infierno, el que se describe en el primer secreto de Fátima.

Sin embargo, hay quienes defienden que esa espeluznante visión de un infierno en llamas es quizá un mensaje sobre los horrores de la Primera Guerra Mundial, una contienda que conmocionaba Europa en la misma época en que tuvo lugar la revelación a los niños, en 1917. Según Lucía, María les dijo: «Esta guerra ha de terminar muy pronto, pero si la humanidad no deja de ofender a Dios, otra ha de llegar y estallará durante el pontificado de Pío XI». Para algunos, la relación de este secreto con los hechos reales es auténtica. La Primera Guerra Mundial terminó al año siguiente de que la Virgen, supuestamente, se apareciera en Fátima. También llama la atención que en aquella época, 1917, no existía ningún papa Pío XI. «El Papa regente en la época en que se produjeron las visiones era Benedicto XV, así que Nuestra Señora incluso dio el nombre del futuro Papa, Pío XI», indica el franciscano Andrew Apostoli.

Pero no acaba ahí la intriga de esta profecía. Lucía indicó un misterioso augurio que señalaba el comienzo de una nueva gran guerra: «Cuando veáis una noche iluminada por una luz desconocida, sabed que ésa es la señal enviada por Dios de que está a punto de castigar al mundo por sus crímenes». El 25 de enero de 1938, dos meses después de que Adolf Hitler mantuviera una reunión secreta para revelar sus planes de guerra a su círculo más íntimo de asesores, una extraña serie de patrones de luz iluminaron el cielo nocturno sobre toda Europa y África y en parte de América y Asia. ¿Fue ésta la premonitoria señal descrita en el segundo secreto o sólo una coincidencia cósmica? Según el hermano Michael Dimond, experto en la Biblia, estas espectaculares auroras boreales se vieron con claridad en toda Europa, hasta el punto que «en Suiza se podía leer el periódico en la calle a las once de la noche». Él no lo duda: «Ésa fue la señal de que Dios iba a castigar al mundo», afirma.

Sin embargo, la causa de este fenómeno natural tiene una clara explicación científica según Hugh Ross: «No es frecuente que las auroras boreales se vean en latitudes tan al sur. Pero en 1938 se produjo un máximo solar, y cuando esto sucede se originan tormentas solares, patrones de campos magnéticos del Sol que interactúan con el campo magnético de la Tierra y provocan auroras boreales muy visibles». Algunos creen que la aparición de estas inusuales luces del norte en 1938 aportan credibilidad a la leyenda, que el castigo del mundo estaba cerca. «Cuarenta y siete días después de aquel fenómeno, Hitler invadió Austria», recuerda Michael Dimond. Esto ocurría en 1938, pero la Segunda Guerra Mundial no estalló hasta el año 1939. «No obstante, los historiadores coinciden en indicar que la guerra realmente empezó a gestarse cuando Hitler movilizó sus tropas hasta Austria, y eso sí sucedió durante el pontificado del papa Pío XI», mantiene Andrew Apostoli.

El segundo secreto culmina con una nueva advertencia, esta vez sobre el fenómeno político y económico que por entonces ganaba terreno en el mundo, el comunismo, y su principal valedor, Rusia. Según lo que Lucía escribió, María dijo: «Vendré a pedir la consagración de Rusia a mi Inmaculado Corazón. Si se atienden mis deseos, Rusia se convertirá y habrá la paz; si no, esparcirá sus errores a través del mundo, causando las guerras y las persecuciones de la Iglesia. El bueno será martirizado; el Santo Padre sufrirá mucho; varias naciones serán aniquiladas. Al fin, el Corazón Inmaculado triunfará. El Santo Padre consagrará Rusia a mí, y ella será convertida, y un período de paz será otorgado al mundo». El acto de Consagración a María consiste en ofrecer una «conversión del corazón» a la Virgen, para que ella haga de intermediaria para llegar a Jesús, ya que se supone que conoce mejor el camino hasta él. Esto evidencia que la Virgen María tiene un papel en el plan de salvación, según la tradición católica. El creyente, por devoción al Inmaculado Corazón de María, se pone en sus manos, a su servicio y disposición, y ella lo guiará hacia Jesús.

El franciscano Andrew Apostoli sostiene que la Virgen nos advirtió de que en Rusia se desencadenaría un infierno, que fue el comunismo. «A través del comunismo se llega a los gobiernos sin dioses, porque son ateos», indica. En 1917, la Revolución rusa derrocó al régimen zarista y poco después implantó una dictadura comunista, la Unión Soviética. Los rivales del poder establecido no tardaron en ser eliminados, incluidos los líderes religiosos. «Destruyeron iglesias, motivos religiosos, asesinaron a cientos de civiles y anunciaron que serían el poder y la autoridad del gobierno los que sustituirían a Dios en nuestras vidas», cuenta Michael Lacorte. En opinión de David John Marley, profesor de la Universidad Vanguard, centro cristiano situado en Orange, California, el pueblo de la Unión Soviética realmente creyó que «asistía al fin del mundo, que Lenin era el Anticristo, porque les dijo que no había Dios, que el Estado era el único dios, el encargado de proveerles de cuanto necesitaran. Era casi como si se creara un nuevo dios».

El 13 de junio de 1929, Nuestra Señora se le apareció de nuevo a la hermana Lucía y le dijo que había llegado el momento de que «Dios pide al Papa, en unión con todos los obispos del mundo, que consagre a Rusia para que cierto período de paz le sea garantizado a la humanidad». En la nueva visión le reveló un mensaje urgente. Lucía, tal como le había sido anunciado, se lo comunicó rápidamente al Papa de entonces, Pío XI, pero éste decidió no cumplir el mandato divino. «El Papa creía en la predicción, pero por algún motivo no actuó en consecuencia, y no consagró a Rusia. Algunos creen que, de hecho, Lucía señala este retraso como un factor que favoreció la expansión de los demonios comunistas», explica Andrew Apostoli. La mayoría de los historiadores están en desacuerdo con tal interpretación. Para ellos la explicación de la difusión del comunismo no tiene nada de paranormal, sino que se basó en el creciente poder de la Unión Soviética.

INSISTENCIA ANTE LAS ADVERTENCIAS CELESTIALES

En 1942, Europa estaba asolada por la guerra y el régimen comunista exprimía sin contemplación al pueblo ruso en su batalla contra el nazismo. La pérdida de vidas humanas era enorme tanto en los campos de batalla como en los de trabajo o exterminio. En un intento por detener tanta barbaridad, el siguiente Papa, Pío XII, procedió en una misa a consagrar el mundo —y por tanto a Rusia— al Inmaculado Corazón de María, el 31 de octubre de 1942, con estas palabras: «Ante tu trono nos postramos suplicantes, seguros de alcanzar misericordia, de recibir gracias y el auxilio oportuno... Obtén paz y libertad completa a la Iglesia santa de Dios; detén el diluvio del neopaganismo; fomenta en los fieles el amor a la pureza, la práctica de la vida cristiana y del celo apostólico, para que los que sirven a Dios aumenten en mérito y número». Sin embargo, como Lucía dijo entonces, esta consagración no se llevó a cabo según los requisitos exigidos por la Virgen, «ya que el Papa la realizó unilateralmente, sin contar con la opinión de los obispos del resto del mundo», indica Nuno Prazeres. La hermana Lucía comunicó entonces al Sumo Pontífice que el acto «fue incompleto». La religiosa insistió una y otra vez ante los sucesivos papas para que concretaran la consagración que Nuestra Señora deseaba y pedía, incluida la «comunión de reparación» el primer sábado de cada mes. Se realizaron dos intentos más de consagración en 1952 y 1964, pero, según las palabras de la hermana Lucía, Dios no quedó satisfecho y el mundo sufrió por ello.

En una entrevista publicada en 1998 en la revista mensual católica portuguesa *Christus*, una de las escasas que concedió la religiosa portuguesa a la prensa, aportó un dato curioso. Cuando la Virgen les pidió a los tres pequeños pastores que rezaran por Rusia, ella no sabía a qué se refería, nunca había oído ese nombre. «Nosotros pensábamos que era una mujer muy mala», recordó. Con el paso del tiempo, la hermana Lucía llegaría a conocer la dramática historia de este pueblo y la expansión del comunismo.

Justo como María supuestamente había anunciado sobre «las persecuciones de la Iglesia y del Santo Padre», China se convirtió en un estado comunista en 1949. En 1961, Fidel Castro declaró oficialmente que Cuba era comunista. A principios de los ochenta, casi la tercera parte de la población mundial vivía bajo este régimen. Rusia había expandido eficazmente por todo el planeta su movimiento sociopolítico y el ateísmo. Algunos intérpretes de la Biblia señalan que el Libro del Apocalipsis ya había pronosticado la expansión del comunismo. «En el Apocalipsis 12, 3 se menciona a un enorme dragón rojo que sacude con su cola un tercio de las estrellas. Esta cifra también es interesante porque, en su momento de mayor expansión, el imperio comunista dominaba un tercio de la población mundial», dice el hermano Michael Dimond.

Es más, en la actualidad hay quien asegura que un análisis más profundo podría arrojar luz sobre una posible conexión entre estos secretos y la inestabilidad actual del mundo. Son los que advierten que existe una relación directa entre las profecías apocalípticas de María y los actuales conflictos entre las dos religiones mayoritarias del planeta. La teoría es la siguiente: las apariciones se produjeron en Fátima, localidad ocupada en el pasado por los árabes y que recibió ese nombre en honor de la hija más querida del profeta Mahoma, el fundador de la religión islámica, que hoy en día practican entre mil y mil doscientos millones de musulmanes en el mundo. Mahoma creía que Fátima era una de las cuatro «mujeres perfectas» que había conocido. Algunos creen que no es una coincidencia que dos de las figuras femeninas religiosas más importantes, María y Fátima, tengan un papel protagonista en esta historia. «Los musulmanes profesan un gran respeto a la Virgen María. Es la única mujer a la que se menciona en el Corán», señala el franciscano Andrew Apostoli. En esta misma línea se manifiesta el diácono Bob Ellis: «María, nuestra madre celestial, aparece más veces en el Corán que en la Biblia. Existe una misteriosa conexión en todo esto».

Los creyentes señalan que esta afinidad pudo ser el motivo por el que María eligió precisamente el pueblo de Fátima para revelar sus profecías. «María se apareció en Fátima —dice Andrew Apostoli— como muestra de su agradecimiento a los musulmanes por el respeto que le profesan.» Siguiendo este hilo conductor, ¿podrían las profecías de Fátima esconder la clave para apaciguar el turbulento mundo actual? ¿Podría ser ésta una progresión de acontecimientos que empezara durante la primera mitad del siglo XX? La respuesta sólo la tendría la única testigo superviviente de las apariciones de María.

El retraso en divulgar el tercer secreto

Cuando la hermana Lucía cayó enferma en 1943, el obispo de Leiria-Fátima le ordenó que escribiera el tercer secreto, el que había mantenido tantos años oculto. La religiosa accedió, pero el mundo tendría que esperar varias décadas para conocerlo. Escribió el secreto, lo metió en un sobre sellado con lacre y pidió que no se abriese hasta 1960, ya que «para entonces se entenderá más claramente» o después de su muerte.

Y llegó 1960. Muchos devotos católicos de todo el mundo estaban convencidos de que las profecías de los dos primeros secretos ya se habían hecho realidad. Pero la tercera revelación, y todo lo que pudiera esconder, seguía siendo tan misteriosa como la orden de la hermana Lucía de que no debía revelarse hasta 1960 cuando, según ella, el mundo estaría preparado para interpretarlo. «A partir de ese año, a cada Papa se le entregó el secreto en un sobre lacrado. El Papa lo leía y decidía si había llegado el momento oportuno para revelarlo o no. Todos decidieron que no era el momento, así que el secreto volvió al sobre y éste a los archivos vaticanos», explica Michael Lacorte.

A medida que se iban sucediendo los papas y la revelación no salía a la luz pública, muchos católicos empezaron a preguntarse por qué el Vaticano actuaba, supuestamente, contra los deseos de Lucía. Ante tan larga espera, surgieron numerosas y variadas teorías que circularon en la Iglesia y fuera de ella sobre el contenido de ese secreto. Algunas aseguraban que su contenido vaticinaba la aniquilación nuclear. Otras hablaban de derribar al Papa, tal vez asesinarlo o poner en su lugar a un impostor, incluso proclamaban profundas escisiones en el seno de la Iglesia católica.

Cabe recordar que en 1960 se alcanzó el momento más tenso de la Guerra Fría. Estados Unidos y la Unión Soviética estaban bloqueados en un «punto muerto nuclear». La expansión del comunismo acechaba, como resultado directo de la Segunda Guerra Mundial, y media Europa estaba condenada a vivir bajo regímenes que perseguían el Evangelio. Cuando Cuba cayó en manos de los comunistas rebeldes, la ideología marxista ganó adeptos en el hemisferio occidental. Según David John Marley, fue entonces cuando surgió la teoría del dominó, según la cual una vez que un país abrazaba el comunismo, en un efecto dominó, iban cayendo el resto de los gobiernos a su alrededor. En respuesta a esa posible proliferación, la CIA planeó la invasión de la bahía de Cochinos, en la costa sur de Cuba, para derrocar el régimen cubano de Fidel Castro.

El 17 de abril de 1961, los servicios secretos norteamericanos dirigieron el desembarco en Cochinos. Esta operación militar —también conocida como la Invasión de Playa Girón— la llevaron a cabo tropas anticastristas, entrenadas y dirigidas por la CIA. Intentaron invadir la isla, pero la acción fracasó en menos de setenta y dos horas. Ese ataque desencadenó la crisis de los misiles en Cuba, en octubre de 1962, «en la que las dos superpotencias nucleares más importantes se enfrentaron en un tira y afloja que podría haber destruido el mundo tal como hoy lo conocemos», explica Michael Lacorte. La tensión entre Estados Unidos y la protectora de Cuba, que no era otra que la Unión Soviética, fue en aumento. Quienes creían en las profecías de Fátima temieron que la amenaza de una guerra nuclear fuera la advertencia del tercer secreto. «Rusia había instalado misiles atómicos en Cuba, muy cerca de la costa estadounidense, y el presidente John F. Kennedy no estaba dispuesto a consentirlo. Instó al gobierno soviético a que los retirara inmediatamente, pero Rusia respondió que de ningún modo. Kennedy consideraría cualquier ataque con misiles nucleares lanzados desde Cuba contra cualquier país occidental como una agresión de la Unión Soviética a Estados Unidos», señala Lacorte.

La Guerra Fría despertó el miedo a desencadenar el apocalipsis nuclear en un tablero donde cada nación tenía asignado un papel. «De modo que si eso hubiera sucedido, Estados Unidos habría atacado con misiles a la Unión Soviética y ellos, lógicamente, habrían respondido al ataque. El resultado habría sido la destrucción del mundo», especula David John Marley. Los historiadores creen que la habilidad diplomática del presidente Kennedy —casualmente, el primer presidente católico de Estados Unidos— evitó la catástrofe que hubiera supuesto un posible enfrentamiento nuclear.

Otras hipótesis sostenían que el tercer y último secreto se refería específicamente a la Iglesia católica. Es más, para algunos, éste podría estar relacionado con las predicciones de Nostradamus, el legendario místico del siglo XVI que por lo visto escribió acerca de los papas en ciertas cuartetas que tienen intrigados a los expertos desde entonces. Según la Centuria V, cuarteta 42 de Nostradamus: «Tras la sede mantenida diecisiete años / Cinco cambiarán en tan girado plazo / Después uno será elegido al mismo tiempo / Quien de los romanos no está muy conforme».

El papa Pío XI, el único que aparentemente se menciona en la narración de Lucía en el segundo secreto de Fátima, murió el 10 de febrero de 1939. Mantuvo su papado durante diecisiete años, exactamente el mismo período especificado por Nostradamus. Además, fue durante su pontificado cuando se gestó la Segunda Guerra Mundial, como también se predijo en el segundo secreto, de acuerdo con el testimonio de Lucía. ¿Significaba esto que existía una conexión, todavía no explorada, entre los tres secretos de Fátima y Nostradamus?

Después de este Papa, Nostradamus profetizó en la misma cuarteta que habría cinco papas más y del último de ellos dijo que los romanos no estarían contentos con él. Su sucesor, Pío XII, dirigió la Iglesia del 2 de marzo de 1939 al 9 de octubre de 1958. Después, Juan XXIII, el segundo, llegó hasta junio de 1963. Pablo VI, el tercero, fue el primer pontífice que visitó Fátima para conmemorar el cincuenta aniversario de las apariciones, en 1967, y su papado llegó hasta el 6 de agosto de 1978. El de Juan Pablo I, el cuarto, duró hasta septiembre de 1978. El quinto Papa después de Pío XI fue Juan Pablo II, el primer pontífice no italiano en cuatrocientos cincuenta años. Un Papa polaco irrumpía en un mundo dividido en bloques y, guiada por él, la Iglesia se acercó al tercer milenio.

Muchos católicos creen que Juan Pablo II es el núcleo en torno al que realmente gira el tercer secreto de Fátima; entre ellos, Bob Ellis. Para el diácono norteamericno, este Papa «dedicó su pontificado a Nuestra Señora y dijo que "el mensaje de Fátima nunca ha sido tan importante como hoy"». Pero, exactamente, ¿cuál era ese mensaje? Para algunos expertos se trataría del aviso de una trama de corrupción en el Vaticano, el abandono de los principios de las Escrituras católicas y la posible desaparición de la Iglesia. «Una apostasía, una renuncia completa a la fe católica que, aparentemente, se fraguaría desde dentro de la Iglesia católica y desde los estamentos más altos de su jerarquía», afirma Michael Dimond.

Aquellos que no creen que esa destrucción era lo que el Vaticano estaba ocultando, defienden que el último secreto de Fátima podría contener una profecía mucho más terrorífica sobre el Apocalipsis nuclear y la aniquilación definitiva de la humanidad.

La Tercera Guerra Mundial y la catástrofe final

Durante más de ochenta años, el misterio del tercer secreto de Fátima desafió toda explicación ya que, supuestamente, la segunda revelación proclamaba que si Rusia no era consagrada, las naciones sufrirían una violenta destrucción. A la vista de que esto no ocurrió, según las instrucciones que la Virgen dio a Lucía, se temía que el último secreto pronosticara una guerra nuclear. Sin embargo, el 13 de mayo de 2000, cuando se cumplían ochenta y tres años de la primera aparición, el papa Juan Pablo II, con Lucía presente, anunció al mundo, al final de la misa en Fátima de beatificación de los pastorcillos videntes Francisco y Jacinta, que por fin iba a revelar el tercer secreto. El Vaticano publicó el intrigante contenido de la carta de la hermana Lucía, que guardaba en sus archivos desde 1944; lo hizo el 26 de junio de 2000 junto con varios comentarios del cardenal Ratzinger, quien más adelante llegaría a ser elegido como el sucesor de Juan Pablo II.

La primera parte del tercer secreto hablaba de una catástrofe anunciada: «Hemos visto, al lado izquierdo de Nuestra Señora y un poco más en lo alto, a un ángel con una espada de fuego centelleante en la mano izquierda; emitía llamas que parecía que iban a incendiar al mundo, pero éstas se apagaban al entrar en contacto con el esplendor que Nuestra Señora enviaba con su mano derecha dirigida hacia él», escribió Lucía. La interpretación del padre Andrew Apostoli es que esta visión transmite la idea de que «se declarará un terrible incendio en la Tierra pero que, cuando el ángel se disponga a destruir el mundo, la Virgen María pondrá su mano en medio y evitará que la espada de fuego haga contacto con la superficie. Esto significa que nos salva de una posible guerra atómica».

Pero este terrorífico mensaje, ¿era una profecía para el futuro o ya ha pasado? Cuando escribió la carta, la hermana Lucía advirtió de que no debía abrirse hasta 1960. Habían transcurrido cuarenta años desde entonces y el mundo había cambiado. Desde la década de los ochenta, el comunismo fue perdiendo terreno hasta que las relaciones entre Estados Unidos y la Unión Soviética se suavizaron considerablemente. Los devotos católicos atribuyen parte del mérito al más querido de sus pontífices, Juan Pablo II, y a su vínculo personal con Lucía y con el tercer secreto de Fátima. «El papa Juan Pablo II también leyó ese tercer secreto», sostiene Andrew Apostoli. Como una de las figuras capitales del Vaticano desde los años sesenta, Karol Józef Wojtyła podría haber conocido el contenido del secreto desde hacía décadas, pero no fue hasta el momento de su revelación cuando esta conexión por fin se hizo evidente.

En la narración del tercer secreto, Lucía añadía: «Hemos visto a un obispo vestido de blanco. Hemos tenido el presentimiento de que era el Santo Padre. Subió una montaña empinada. El Santo Padre, antes de llegar a ella, atravesó una gran ciudad medio en ruinas. Cuando él y otras figuras religiosas llegaron a la cima del monte, fue asesinado por un grupo de soldados que le dispararon con armas de fuego y flechas».

Para muchos, esta parte describe los acontecimientos ocurridos el 13 de mayo de 1981, exactamente sesenta y cuatro años después de la primera supuesta aparición de la Virgen en Fátima. Ese espléndido día, alrededor de veinte mil devotos estaban congregados en la plaza de San Pedro para seguir el sermón del Papa en su audiencia general de los miércoles. Un joven, mal afeitado, de tez oscura, traje gris y camisa blanca se abrió paso entre la muchedumbre. En su bolsillo empuñaba una pistola Browning de letal eficacia. Buscaba situarse cerca de la trayectoria que seguiría el Toyota blanco con el escudo pontificio, donde viajaba el Papa en la parte trasera. De repente se oyeron unos disparos. El desconcierto fue total. Mehmet Alí Agca había disparado al pontífice a escasa distancia desde la multitud, en un intento de asesinarle.

«Durante las tres semanas que duró su convalecencia, el Papa solicitó que le llevaran toda la documentación sobre Fátima», señala Andrew Apostoli. Para Michael Lacorte, no hay ninguna duda. Este intento de asesinato motivó que Juan Pablo II revisara el tercer secreto; entonces «se dio cuenta de que hablaba de él y de que la profecía se había cumplido». Es más, como recuerda Apostoli, el pontífice dijo: «"Según la visión de los pastores, yo debía haber muerto y, de hecho, estuve a punto de morir, pero la madre celestial lo impidió". Dijo que la Virgen guió la bala a través de su cuerpo y no tocó ningún órgano vital en su trayectoria, pasó a apenas milésimas de milímetro». Dos años después, cuando el Papa acudió a la cárcel para perdonar a Alí Agca, éste le confesó que aquella tarde no dudó de que había conseguido su objetivo. «Sé que el proyectil era devastador y mortal... ¿Por qué, entonces, usted no ha muerto?», le preguntó al Papa.

Un año después del atentado que lo había herido gravemente en la plaza de San Pedro, Juan Pablo II se dirigió a Fátima en peregrinación, para agradecer a la Virgen su maternal y milagrosa protección. En señal de reconocimiento, hizo incrustar en la corona que ciñe la frente de la imagen que allí se venera el proyectil que lo alcanzó. Curiosamente, se produjo un segundo intento de arrebatarle la vida durante una visita a los santos lugares de Fátima. Un sacerdote católico trató de apuñalar a Juan Pablo II con una bayoneta, pero el personal de seguridad consiguió reducirlo.

Poco después de este segundo intento frustrado de asesinato, Juan Pablo decidió que era el momento de consagrar Rusia como era debido. Escribió una carta a todos los obispos, también a los ortodoxos, invitándolos a unirse a él para la consagración del mundo, Rusia incluida, al Inmaculado Corazón de María. El 25 de marzo de 1984, más de cincuenta años después de la fecha indicada por Lucía, por fin el Vaticano consagraba a Rusia. Según la religiosa portuguesa, en esta ocasión el cielo aceptó la bendición. Entonces sucedieron una serie de acontecimientos maravillosos.

La Unión Soviética y la intervención divina

En 1985, Mijaíl Gorbachov llegó al poder con un espíritu distinto, y decidió hacer una visita al Papa. Así, respaldado por el KGB, el líder comunista más poderoso del mundo modificó su postura respecto a la Iglesia. Su primer encuentro con el Papa tuvo lugar en Castelgandolfo, la residencia veraniega del pontífice, el 23 de septiembre de 1989. El 1 de diciembre del mismo año realizó una visita oficial al Vaticano. «El Papa —dijo Gorbachov entonces— es la autoridad moral más importante del mundo y es eslavo.» A partir de esa visita, mantuvieron un intenso intercambio epistolar. «Existió entre nosotros un profundo sentimiento de simpatía y de comprensión que, por lo demás, nos testimoniamos mutuamente en cada mensaje. Creo que puedo decir que existió en nosotros la voluntad de llevar adelante y de completar algo que habíamos creado juntos», explicó el dirigente ruso. El entendimiento entre ambas personalidades sin duda facilitó el camino hacia la democracia en el bloque oriental. Juan Pablo II había conseguido transformar la historia y conciliar las ideologías que dividían el mundo. Prendió la mecha que terminaría por cambiar el mundo tal como se había conocido durante décadas. «Simplificando mucho —escribió Gorbachov— podría decir que, al estar cerca de él, me di cuenta y comprendí el papel del Papa en la creación de eso que se ha dado en llamar "el nuevo pensamiento político".» El dirigente ruso acabó valorando el papel del Papa hasta el punto de decir que «todo lo que ha ocurrido en Europa oriental no habría sucedido sin la presencia de este Papa [...] Más allá de lo que nosotros hayamos podido hacer en mi país, yo sigo convencido de la trascendental importancia de este Papa en estos años».

En este sentido, algunos apuntan a la intervención de un poder superior que restableció las prácticas religiosas en una región que había vivido oprimida durante más de setenta años. «Debemos tener en cuenta que se trataba del país más ateo del mundo, en el que se imponía el ateísmo. Gorbachov visitó al Papa. Al poco tiempo, la bandera comunista se arrió por última vez en Rusia, el muro de Berlín cayó y se proclamó de nuevo en Rusia la libertad religiosa, con un resurgimiento espiritual asombroso desde entonces hasta ahora en el país», indica Michael Lacorte.

Sin embargo, algunos expertos discrepan de que el colapso de la antigua Unión Soviética se debiera a una intervención divina. Ven en ello, por el contrario, una estrategia de supervivencia y un intento de Rusia de perpetuarse en un mundo que cambiaba a gran velocidad. «Cuando Gorbachov llegó al poder, la Unión Soviética llevaba veinte años estancada como país y como economía. Su sistema financiero se había derrumbado. La gente tenía que hacer horas de cola para conseguir lo más elemental, como pan o papel higiénico. Gorbachov quería transmitir una sensación de apertura y reestructuración porque se dio cuenta de que no tenía alternativa. Mijaíl Gorbachov no cambió de opinión respecto al comunismo. Simplemente inició una reforma que se le fue de las manos», señala David John Marley. De lo que no hay duda es de que el líder soviético renunció al uso de la fuerza para evitar que el imperio levantado por Stalin se viniera abajo.

¿Aquellos momentos decisivos de la Guerra Fría, desde la crisis de los misiles a los intentos de asesinato del Papa, junto con la caída del comunismo, eran sólo una mera coincidencia? ¿Podría tratarse de la materialización definitiva de la profecía de Fátima? «En 1989, el muro de Berlín cayó de manera pacífica. El mismo pueblo que lo levantó, lo derrumbó. Eso es una conversión, un profundo cambio en el corazón», opina Andrew Apostoli. «La Guerra Fría terminó y, con ello, la amenaza inminente de una destrucción nuclear que pendía sobre el mundo desde principios de los años cincuenta», indica David John Marley.

La interpretación del Papa actual

Cuando en junio de 2000 el Vaticano publicó el tercer secreto, el actual Papa, Benedicto XVI, entonces cardenal Ratzinger, como prefecto de la Congregación para la Doctrina de la Fe, realizó su comentario teológico sobre la revelación tantos años guardada. «El ángel con la espada de fuego a la derecha de la Madre de Dios —escribió— recuerda imágenes análogas en el Apocalipsis. Representa la amenaza del juicio que recaerá sobre el mundo. La perspectiva de que el mundo podría quedar reducido a cenizas en un mar de llamas, hoy no se considera que sea pura fantasía: el hombre ha preparado con sus inventos la espada de fuego.» Según él, la visión después muestra la fuerza que se opone al poder de destrucción: el esplendor de la Madre de Dios; «de este modo se subraya la importancia de la libertad del hombre: el futuro no está determinado de un modo inmutable, y la imagen que vieron los niños no es una película anticipada del futuro, de la cual nada podría cambiarse. En realidad, toda la visión pretende únicamente llamar la atención sobre la libertad, para dirigirla en una dirección positiva [...] Su sentido es el de movilizar las fuerzas del cambio hacia el bien. Por eso están totalmente fuera de lugar las explicaciones fatalistas del "secreto" que dicen que el atentado del 13 de mayo de 1981 habría sido en definitiva un instrumento de la Providencia. [...] La visión habla más bien de los peligros y del camino para salvarse de ellos».

El primer secreto anunciaba almas abrasándose en el infierno. El segundo advertía de una guerra devastadora. Los creyentes afirman que ambos se han cumplido, en la Primera y la Segunda Guerra Mundial. Pero hay quienes defienden que la tercera profecía aún no se ha hecho realidad. Mantienen que el misterio no estaría aún resuelto del todo, que existe una profecía más misteriosa y siniestra escondida en el tercer secreto, y que, por tanto, el texto hecho público por la Santa Sede en el año 2000, aunque verdadero, no es completo. Se fundamentan en varias publicaciones y supuestas declaraciones del Papa a la Conferencia Episcopal alemana en 1981. Insisten en que el Vaticano todavía oculta algo. «Una persona que tuvo la oportunidad de leer el tercer secreto dijo que ocupaba de veinte a veinticinco líneas. La versión publicada por el Vaticano consta de sesenta y dos líneas. Además, no lleva la firma de la hermana Lucía al final del escrito. Todas las cartas de la religiosa anteriormente publicadas, las auténticas, llevaban su firma al final», asegura Michael Lacorte.

De cualquier forma, ésta es una de las polémicas más intrigantes y prolongadas de la Iglesia católica. «Creo que el motivo de tanta especulación es la naturaleza humana, que anhela saber y saber con claridad. Necesitamos encontrar respuestas», señala Nuno Prazeres. Pero la mayoría de los estudiosos vaticanos se sienten satisfechos con la Iglesia y con el modo en que ha ido revelando las palabras de la hermana Lucía sobre las visiones de la Virgen. Según explica la filósofa Catherine Moran, «plantear que el tercer secreto no ha sido revelado del todo no tiene más sentido que el puro sensacionalismo. Se ha publicado en su totalidad. El asunto es que el Vaticano disponía de los originales de la hermana Lucía escritos en portugués. Se pueden buscar abiertamente en internet. No hay trampa». El franciscano Andrew Apostoli está en la misma línea: «El papa

Juan Pablo II dijo que el mensaje se había transmitido. El actual Santo Padre, el papa Benedicto XVI, afirmó exactamente lo mismo. La hermana Lucía, me consta por gente que la conoció personalmente, se molestó mucho al enterarse de la desconfianza de la gente sobre la posible ocultación de parte del mensaje».

El 13 de febrero de 2005, después de una vida dedicada a satisfacer los que, a su juicio, eran los deseos de la Santa Madre en cuanto a la difusión de los mensajes de Fátima, la hermana Lucía murió por causas naturales a los noventa y siete años en el convento de clausura del Carmelo de Coimbra, Portugal, donde había vivido sus últimos cincuenta años. El famoso experto en el Vaticano Vittorio Messori escribió: «Fátima forma un ovillo inquietante de misterios. La desaparición de la última vidente no cerró el caso. Tal vez, más bien, lo reabrió hacia horizontes desconocidos».

Dos meses después moría Juan Pablo II, a los ochenta y cuatro años. El primer Papa no italiano desde el siglo XVI —y el bicentésimo sexagésimo cuarto de la historia de la Iglesia católica— fue el primero que entró en una iglesia luterana y en una sinagoga judía, el primero que habló ante una asamblea islámica (durante su visita en Casablanca, 1985) y que viajó a Turquía, el primero que visitó Grecia, Rumanía, Ucrania y Kazajstán con la vana esperanza de superar el Cisma de Oriente del año 1054 y de entrar finalmente en Rusia. Además, elevó al rango de prelatura personal al Opus Dei, en agradecimiento por la ayuda prestada al Vaticano durante los años de enfrentamiento contra el comunismo. Tras los atentados del 11 de septiembre, vio en la guerra de Irak, como ya había visto en la de Kuwait de 1992, el riesgo de una confrontación entre civilizaciones; entre el cristianismo y el islam. Para contrarrestar ese peligro, a comienzos de 2002 convocó en Asís a los líderes religiosos de todo el mundo para rezar por la paz, frente a la confrontación que podría de nuevo desestabilizar el mundo.

Hoy, el Vaticano sigue manteniendo su postura de absoluta fidelidad a los hechos que sucedieron en Fátima en 1917. «En la visión podemos reconocer el siglo pasado como el siglo de los mártires, como el siglo de los sufrimientos y de las persecuciones contra la Iglesia, como el siglo de las guerras mundiales y de muchas guerras locales que han ocupado toda su segunda mitad y han llevado a experimentar nuevas formas de crueldad [...] Los acontecimientos a los que se refiere la tercera parte del "secreto" de Fátima parecen pertenecer ya al pasado», escribió el cardenal Ratzinger cuando era el prefecto de la Congregación de la Doctrina de la Fe. «El papa Benedicto XVI escribió una minuciosa y extensa explicación sobre Fátima. Las apariciones contaban con el respaldo de la Iglesia. Todas las profecías se habían hecho realidad», sostiene el diácono Bob Ellis.

Augurios muy pesimistas

Sin embargo, para algunos no está tan claro que las profecías se hayan cumplido íntegramente. Creen que podemos seguir en el camino hacia la desaparición. «La profecía comprende dos vías —indica Michael Lacorte—: una nos lleva a sanguinarias guerras que destruirían naciones, y otra, a la paz mundial.» Para algunos fieles católicos, la advertencia sigue siendo apremiante. «Al mensaje que nos confió Nuestra Señora —dice Andrew Apostoli— a menudo se le llama "el plan de paz de los cielos". María vino a decirnos que debíamos vivir vidas responsables.» Para Nuno Prazeres, las apariciones de la Virgen en Fátima «constituyen una de las muchas manifestaciones de Dios en el mundo y nos advierten: "Tened cuidado. Algo no va bien. El mundo corre peligro. No nos gusta lo que está sucediendo"».

Algunos acontecimientos acaecidos en el siglo XXI llevan a muchos creyentes a afirmar que nos encontramos al borde del precipicio de la aniquilación contra el que nos advirtió la Virgen. «Cuando hablamos de aniquilación, la mayoría de la gente piensa en una nube con forma de seta y una explosión a escala masiva. Sin embargo, hay muchas formas de aniquilación, porque si haces fracasar la economía de un país, lo estás aniquilando», explica el diácono Bob Ellis en referencia a la crisis de los mercados financieros de estos últimos años. Los intérpretes de los acontecimientos actuales señalan que aún existe esa posibilidad, mientras la crisis de Wall Street no cese y las armas nucleares sigan en poder de radicales extremistas. «Estados Unidos es el único país que ha utilizado alguna vez las armas nucleares, pero creo que si alguna vez lo hiciera otro sería mucho más fácil para un tercero y un cuarto y un quinto. Se rompería el hielo hacia la autodestrucción de este mundo», mantiene David John Marley.

Otros creen que tenemos una oportunidad para cambiar el curso de las cosas. Para los más fervientes católicos, a través de la fe y la oración. «No existe un destino inmutable. La fe y la oración son poderosas, pueden influir en la historia y, al final, la oración es más fuerte que las balas, y la fe más potente que las divisiones», escribió el cardenal Ratzinger. «La verdadera cuestión es si empleamos nuestro libre albedrío para traer la paz a la Tierra o para implantar el infierno. Porque lo que está en juego es la salvación de las almas y la paz del mundo», señala Michael Lacorte.

Bajo la presidencia de Barack Obama, comenzaron a darse los primeros pasos hacia el desarme nuclear. En abril de 2009, el presidente de Estados Unidos declaró en Praga que su gobierno iniciaría la reducción de su arsenal nuclear. Obama afirmó que el riesgo de un ataque nuclear en el mundo había aumentado en estos últimos años y que esa tecnología se había extendido, lo que hacía más peligrosos a los terroristas. «Debemos estar unidos por el derecho de todos los pueblos a vivir libres del temor», señaló al mismo tiempo que advertía que mientras haya una amenaza potencial por parte de Irán, Estados Unidos continuará presionando con sus planes para instalar un sistema antimisiles en Europa. En marzo de 2010 anunció un nuevo tratado de desarme que hacía el mundo más seguro: el nuevo START, que permitirá en los próximos años eliminar tres de cada diez cabezas nucleares de Estados Unidos y Rusia. El tratado sirve, además, para cimentar un clima de cooperación entre ambos países y para encarar con renovada autoridad la tarea de contener la proliferación nuclear. Es el primer acuerdo de desarme que Estados Unidos suscribe con la Rusia postsoviética; la primera prueba efectiva de que las dos grandes potencias nucleares deciden trabajar a favor de la paz.

Si la profecía de Fátima coincide con la paz entre los pueblos, podríamos considerarlo la reivindicación y confirmación definitiva de las visiones de los tres niños.

11

Apariciones marianas

María, una muchacha campesina, fue elegida por Dios para ser la madre de su hijo. En los dos milenios que han seguido a su muerte, miles de personas aseguran haber experimentado fenómenos sobrenaturales conocidos como apariciones marianas, una herencia mística que se mantiene aún en los corazones de algunos seguidores de la fe católica. Los expertos religiosos dicen que hay signos que confirman una verdadera aparición, pero ¿pueden considerarse auténticos las visiones y mensajes de los videntes?

Así en el cielo…

En el siglo III d. C., Gregorio Taumaturgo, un obispo cristiano de Asia Menor, estaba en la cama sin poder dormir, preocupado porque debía escribir un sermón difícil. De repente aparecieron en su dormitorio un hombre mayor y una mujer rodeados por una luz tan brillante que Gregorio tuvo que apartar la mirada. La pareja comenzó a discutir cuestiones teológicas delante de él. Es la primera visión privada de María que ha quedado registrada en la historia. «El teólogo santo Tomás de Aquino sostiene que, en su mayoría, las apariciones son una experiencia interior. Es una gracia especial que Dios otorga. Así, miles de personas pueden estar ante la aparición sin verla y sólo una persona, el vidente, es capaz de contemplarla», explica el monje franciscano Benedict Groeschel.

Las apariciones marianas siguen siendo una parte muy importante de la cultura católica. Los católicos veneran a María, una niña judía que nació en el siglo primero. Su relación con Dios a través del nacimiento de Jesús la ha elevado a un puesto muy significativo en la Iglesia católica romana. Más allá de su papel en el nacimiento de Jesús descrito en el

Evangelio según san Lucas, la Biblia contiene muy poca información sobre sus orígenes, familia o muerte. Según afirma Lesley Hazleton, periodista y psicóloga, cuyo trabajo se ha centrado en la religión, «de hecho hay más de ella en el Corán que en el Nuevo Testamento. Lo que sí sabemos es que dio a luz a Jesús en un lugar llamado Belén, y que en algún momento se casó con José». Esta autora, que ha realizado una especie de biografía con leyendas en torno a la figura de la Virgen, afirma que, probablemente, María dio a luz al hijo de Dios a la edad de trece años. En los tres años de vida pública de Jesucristo, hallamos a María en tres momentos: abogando por los necesitados en las Bodas de Canaán de Galilea; saliendo al encuentro de Jesús, que cargaba con el peso de la cruz, y en el Calvario.

Sin embargo, tal vez por esta falta de referencias bíblicas, el protagonismo de María creció en los corazones y las mentes de los fieles católicos. Ella es un misterio y, como tal, deja mucho a la imaginación de cada cual. Durante la Edad Media, el miedo al día del Juicio Final se extendió por Europa y aumentó la devoción por la Virgen; la gente veía a María como la persona que podía interceder ante su hijo y como representación de la misericordia, especialmente en el momento de la muerte. A partir del siglo XII, en las catedrales empezaron a añadirse capillas de devoción mariana y se escribieron más himnos sobre la Virgen. Y también se registraron más apariciones. En España, por esa época, los relatos de apariciones se hicieron sumamente populares. En la literatura surgen textos como *Los milagros de Nuestra Señora*, de Gonzalo de Berceo (hacia 1260), o las *Cantigas* de Alfonso X el Sabio (mediados del siglo XIII), que reflejan la función de María: salvar de peligros, consolar a sus devotos, implantar un espíritu de misericordia, renovar la fe o, incluso, reconquistar regiones enteras para la fe católica.

Desde entonces, la forma en que María se aparece se ha mantenido bastante constante; suelen repetirse unas descripciones, unos escenarios y unos mensajes muy similares. «Aparece como una mujer joven, en la adolescencia o en torno a los veinte años; por lo general, vestida con una túnica blanca, pero a veces azul; levita, y en ocasiones lleva objetos en la cabeza, una corona, estrellas, una flor, que tienen su significado, con distintos valores simbólicos», indica Randall Sullivan, autor de *The Miracle Detectiv*, una especie de novela policíaca espiritual, donde este escritor lleva a los lectores en un viaje por el laberíntico mundo de las apariciones religiosas y las investigaciones sobre los milagros de la Virgen. Además,

María tiene la capacidad de adaptarse a cualquier cultura, de manera que puedan entenderla y siempre habla la lengua del pueblo donde aparece. Aquellos a quienes se les aparece la ven habitualmente como una persona en tres dimensiones, es decir, como una persona real delante de ellos, aunque hay casos en los que la definen como transparente o semitransparente.

Durante el primer milenio del cristianismo, María sólo se aparecía a sacerdotes, monjas o ermitaños, todos ellos personas con una consolidada vida religiosa. Después, sus testigos directos fueron de origen muy modesto; además, no siempre eran muy creyentes y nunca esperaban ni buscaban tener visiones. De modo que fueron una sorpresa para ellos. «A partir de ahí, las apariciones de la Virgen siempre tienen relación con una persona que la sociedad no valora, con escasa instrucción y que no resaltaría por sus valores naturales; sin embargo, Nuestra Señora la ha elegido para indicar que es alguien especial», sostiene el monje franciscano Virgilio Elizondo.

Hasta el siglo XIII, las apariciones fueron fácilmente aceptadas por la Iglesia. Pero, a partir de esa época, el clima dejó de ser tan favorable y empezaron a exigirse «pruebas» como método de verificación. Lo cual llevó, sobre todo, a un juicio negativo por parte del poder eclesiástico, que se sentía amenazado ante el movimiento espontáneo que se producía cuando el pueblo conocía la existencia de una aparición.

En el siglo XVI, la aparición de la Virgen, en México, a un pobre indio, Cuauhtlatoatzin, conocido como Juan Diego, fue uno de los acontecimientos más importantes para el catolicismo en el Nuevo Mundo. Juan Diego fue uno de los nativos que adoptó el cristianismo después de que los conquistadores españoles llegaran a América y derrotaran al Imperio azteca. Según cuenta la leyenda, el 9 de diciembre 1531, se dirigía a la iglesia cuando María se le apareció en el cerro Tepeyac, donde había un templo de la diosa azteca Tonantzin. Estaba envuelta en una nube dorada, y habló al atónito indio en su lengua nativa. Le pidió que hablara con el obispo Juan de Zumárraga para que construyera un santuario en la cima de la colina, desde donde ella podría ayudar a todos aquellos que rezaran. En su primera visita al obispo, éste no le creyó y Juan Diego se desanimó. Pero María insistió en que su elegido era en verdad su embajador de confianza, «con lo que realmente restablecía la dignidad de Juan Diego y del pueblo indio», explica Elizondo.

Al día siguiente, el obispo, todavía escéptico, pidió al indio una señal de la autenticidad del mensaje de María. El 12 de diciembre, la Virgen le mostró a Juan Diego un rosal en plena floración en la colina, algo inusual en invierno, y sobre todo en aquellos pedregales. Ella le dio instrucciones para que recogiera flores y las llevara al obispo como prueba. Cuando Juan Diego se presentó ante Zumárraga, abrió su manto, una especie de poncho llamado tilma, para extender las rosas en el suelo. «Al caer las flores al suelo, la imagen de la Virgen apareció en la tilma», cuenta Elizondo. Este suceso se conoce popularmente como «la estampación milagrosa».

Conocida como Nuestra Señora de Guadalupe, la imagen ha tenido una enorme importancia religiosa y cultural para los mexicanos, a quien consideran su patrona. Hoy en día, la tilma se protege tras un cristal a prueba de balas detrás del altar en una basílica construida en la década de 1970. Aunque este manto está fabricado con fibra de cactus, que por lo general se descompone en aproximadamente dos décadas, aún se mantiene intacto casi cinco siglos después, incluso después de haber estado expuesto sin protección hasta hace poco.

Además, desde principios del siglo XX diversos investigadores, fotógrafos y oftalmólogos han afirmado haber descubierto en los ojos de la Virgen de Guadalupe el reflejo de figuras que parecen corresponder a siluetas humanas, según precisa la página web de la basílica de Guadalupe. La más precisa fue la digitalización de la pupila de la Virgen realizada en los años setenta del pasado siglo, por el ingeniero peruano José Aste Tonsmanse, quien asegura que en ese espacio tan pequeño se aprecian las imágenes de todas las personas que estaban presentes el día de la aparición. «Es como si la Virgen hubiera retenido en sus ojos esa escena en el momento de estamparse en el poncho de Juan Diego», señaló el experto durante la presentación de su estudio en la Universidad Francisco Vitoria en Madrid, en octubre de 2006. Pero también aparece una segunda imagen, explicó, que hace referencia a un grupo familiar compuesto por un padre, una madre y varios niños, además de una pareja de adultos. El ingeniero, que asegura no haber encontrado una explicación científica a este fenómeno, señaló que esta escena «probablemente puede ser un mensaje de la Virgen en favor de la familia».

Lo cierto es que la naturaleza divina del poncho se sigue debatiendo. Algunas pruebas científicas ponen en duda la autenticidad de la imagen, mientras que otras la validan. Para el investigador y escritor Joe Nickell, es obvio que la imagen está pintada, algo que se comprueba en las partes en las que se está resquebrajando. Los devotos de Guadalupe reconocen que hay fragmentos que se han retocado en las sucesivas restauraciones que se le han practicado en estos siglos. «Pero detrás hay una imagen primitiva que se corresponde con la imagen original de Nuestra Señora de Guadalupe», afirma Virgilio Elizondo.

A los pocos años de que la imagen se diera a conocer en todo México, millones de indios abandonaron su religión pagana y fueron bautizados. En este sentido, algunos críticos afirman que Guadalupe fue una artimaña de los conquistadores españoles para someter a los indígenas del Nuevo Mundo. «Es demasiado parecida a una Virgen española y, además, María pidió que se levantara una iglesia precisamente donde durante siglos se había adorado a la diosa Tonantzin», indica Nickell. Los escépticos argumentan también que no se conservan registros escritos de la existencia de Juan Diego antes de 1548. La Iglesia, sin embargo, cree que algo similar al certificado de defunción de Juan Diego fue descubierto en 1997 por un jesuita español. Un documento llamado el *Códice Escalada*, fechado en 1548 y que cuenta con una imagen de Guadalupe junto con el nombre indígena de Juan Diego. Además, existe una larga tradición oral indígena de Juan Diego que el Vaticano ha aceptado como fiable. Así, el 31 de julio de 2002, Juan Diego fue canonizado por el papa Juan Pablo II.

Al rescate de la fe

Trescientos años después de que se le apareciese a Juan Diego, María fue vista de nuevo en la aparición que los estudiosos consideran la más notable de la era moderna. En esa ocasión, la Virgen eligió una sencilla capilla en la rue du Bac, en París, para manifestarse a una joven de veinticuatro años llamada Catherine Labouré, una campesina analfabeta y huérfana de madre desde los ocho años. Algunos creen que Catherine era una mística; otros, que era un ejemplo clásico de lo que los psicólogos llaman una personalidad propensa a la fantasía.

Desde los catorce años, Catherine quería ser religiosa, pero su padre no le permitía ir a un convento, ya que la necesitaba para atender a sus muchos hermanos —ella era la octava de diez— y hacer los trabajos de la casa. La muchacha tenía una larga historia de visiones, sobre todo de Jesús y de san Vicente de Paúl, el fundador de la orden en la que Catherine acabó ingresando, la Congregación de las Hijas de la Caridad. La primera vez que vio a la Virgen fue un noche de julio de 1830. Despertó repentinamente al escuchar que alguien decía su nombre. Un niño la invitaba a ir a la capilla. Lo siguió hasta allí y él la llevó ante la imagen de la Virgen, quien le comunicó varias profecías relacionadas con la Iglesia católica y le anunció numerosos desastres. Según parece, María le comunicó a Catherine que el rey de Francia, Carlos X, perdería su trono, que la Iglesia de Francia se arruinaría y los sacerdotes tendrían que huir. «Las apariciones —cuenta Joe Nickell— tuvieron lugar en el contexto de la secularización de Francia. Era una época de gran agitación social y religiosa, el momento de la separación de Iglesia y Estado y la pérdida de poder por parte de la Iglesia.»

Una semana después de la aparición a Catherine, en París estalló la famosa Revolución de Julio de 1830. Cuando un miembro del gabinete del rey Carlos X abolió la libertad de prensa, miles de personas salieron a las calles. La protesta acabó en sangrientas peleas callejeras y muchos franceses fueron asesinados. Catherine se sorprendió al ver que el vaticinio de la Virgen se había cumplido. Las iglesias fueron destruidas y entre los presos y los muertos se encontraban varios obispos. Finalmente, el rey huyó a Inglaterra.

Pero la aparición más famosa fue la del 27 de noviembre de 1830. Mientras estaba por la noche en una capilla, de pronto vio que la Virgen se le aparecía totalmente resplandeciente, sosteniendo un globo de oro entre sus dedos y derramando con sus manos rayos de luz hacia la tierra. Ella le encomendó que acuñara una medalla con una imagen de Nuestra Señora, tal como se le había aparecido, y que tuviera por un lado las iniciales de la Virgen MA, con esta frase: «Oh María, sin pecado concebida, ruega por nosotros que recurrimos a Ti». También le prometió ayudas muy especiales para quienes llevasen esta medalla y rezasen esa oración.

Tras intentar durante dos años convencer a su confesor y, después, al obispo, Catherine hizo las primeras medallas en el verano de 1832. Tuvieron un enorme éxito y se llegaron a conocer como la Medalla Milagrosa. En 1836 se repartieron más de ciento treinta mil y cuentan que hasta el emperador de Francia la llevaba. Muchos estudiosos católicos señalan que la popularidad de la medalla ayudó a preparar el camino para la proclamación, en 1854, por parte del papa Pío IX, de la Inmaculada Concepción. La doctrina católica sostiene que María, como se señala en la medalla, fue concebida sin pecado original, una idea que ha sido muy controvertida desde la Edad Media. «El argumento es que no sería apropiado que una mujer pecadora —aunque no fuese más que por el pecado original— fuese la portadora del Mesías. Los protestantes dudan que María sólo tuviera un hijo, ya que en las Escrituras se cita a los "hermanos de Jesús"», señala Sandra Zimdars-Swartz, profesora de Estudios Religiosos de la Universidad de Kansas, en Estados Unidos.

Mientras la medalla adquiría fama internacional, Catherine Labouré se mantuvo en el anonimato. Después de escribir un relato con sus experiencias, pasó en el convento cuarenta y cinco años dedicada a tareas humildes y sin que a nadie se le ocurriera que ella era a la que se le había aparecido la Virgen para pedirle que hiciera la Medalla Milagrosa. Murió a los setenta años, en 1876. Su cuerpo se exhumó en 1933, y se encontró en perfecto estado de conservación; actualmente se encuentra en un féretro de cristal en la capilla de Nuestra Señora de la Medalla Milagrosa, en la rue du Bac, París. Fue declarada santa en 1947.

También en Francia, en 1846, el pueblo alpino de La Salette, perteneciente a la diócesis de Grenoble, fue el escenario de una aparición, pero en esta ocasión había un factor nuevo: los videntes eran niños. A partir de entonces, los niños han sido protagonistas en muchas de las apariciones marianas más importantes de los últimos doscientos años. «La gente ve en ellos a criaturas inocentes, incapaces de engañar o, al menos, de ser capaces de mantener una mentira tras un intenso escrutinio público», explica Zimdars-Swartz. Sin embargo, ni Melanie Calvat, de catorce años, ni Maximino Giraud, de once, tenían una infancia ideal cuando se les manifestó la Virgen. Ambos habían sido maltratados y abandonados por sus familias; eran pobres, ignorantes y con escasa formación religiosa.

El 19 de septiembre de 1846, mientras acompañaban a las vacas a pastar vieron, en un barranco, un gran círculo brillante de luz que se abrió y en el que apareció una mujer que lloraba sentada sobre una roca. Su hijo, les dijo, estaba muy molesto por la falta de devoción religiosa. A menos que aquello cambiase inmediatamente, algo desastroso ocurriría a la humanidad. Dios enviaría castigos que se sucederían durante más de treinta y cinco años. Dio instrucciones a Melanie y a Maximino para que rezaran todos los días. «El mensaje era diferente al que había dado la Virgen hasta entonces. Antes solía pedir que construyeran una iglesia donde ella se aparecía, pero en esta ocasión les pedía que se portaran bien e hicieran penitencia con el rezo. La Salette fue el primer lugar donde apareció este enfoque que después se repetiría en varias apariciones», cuenta Mark Garvey, autor de *Searching for Mary*, libro en el que trata de resolver el misterio que envuelve el fenómeno de las apariciones marianas de nuestro siglo, sobre todo las ocurridas en Estados Unidos.

Además, la Virgen profetizó el deterioro de las cosechas y la hambruna. Dijo que habría un castigo y que las uvas se marchitarían. Después de las apariciones, un hongo parásito atacó a las vides francesas y esparció el oidio, una enfermedad de la vid nunca vista en Francia hasta entonces. Cuando desapareció, se manifestó la filoxera, un piojo microscópico que destruyó la mitad de las viñas de todo el país. Después apareció la peronospera, una enfermedad desconocida en Europa, originaria de América. Para muchos creyentes fue una terrible predicción que se cumplió totalmente. Además, la Virgen reveló dos secretos, uno a Melanie y otro a Maximino.

La Iglesia se tomó en serio la aparición y realizaron numerosas entrevistas a los niños. «Eran bastante callados y, sin embargo, incluso los sacerdotes más escépticos admitieron que cuando empezaban a hablar sobre las apariciones cambiaban completamente. De repente se volvían muy elocuentes. Resistieron interrogatorios inquisidores que se prolongaron durante años», indica el escritor Randall Sullivan. Al poco tiempo, los sucesos sobrenaturales comenzaron a ocurrir alrededor del lugar de la aparición y miles de fieles empezaron a acudir al lugar.

Años después de su experiencia mística, Melanie y Maximino intentaron convertirse en religiosos, pero no los aceptaron. Aun así, dedicaron sus vidas a la Iglesia católica. Melanie, estigmatizada y bajo la constante supervisión espiritual del obispo de Lecce, murió prácticamente de incógnito, en Italia, el 14 de diciembre de 1904, a los setenta y tres años. Maximino quiso estudiar Teología, pero fue siervo papal; murió en su patria a los treinta y ocho años. «Los videntes no llevaron vidas ejemplares. Pero la Iglesia los justificó diciendo que ellos habían cumplido su función de mensajeros y ahora eran los teólogos los que debían encargarse de la interpretación de la visión», dice Sandra Zimdars-Swartz.

Dos décadas después de la muerte de Melanie, en 1922, se dio a conocer todo lo que María había revelado a la pastorcilla en el «Secreto de La Salette». La Virgen anunció «un tiempo en que la Iglesia será entregada a grandes persecuciones [...] El Santo Padre sufrirá mucho. Los malvados atentarán muchas veces contra su vida, sin poder poner fin a sus días; pero ni él ni su sucesor verán el triunfo de la Iglesia de Dios. Los gobernantes civiles tendrán todos un mismo plan, que será abolir y hacer desaparecer todo principio religioso para dar lugar al materialismo, al ateísmo, a toda clase de vicios». El punto central del mensaje de La Salette era que «vendrán una serie de castigos y catástrofes», castigos también anunciados en Fátima, y que «muchas casas religiosas se apartarán de la verdadera fe». También María advirtió que «Francia, Italia, España e Inglaterra estarán en guerra; la sangre correrá por las calles [...] Habrá una guerra universal que será espantosa». Y las cosas irían empeorando hasta «que varias grandes ciudades serán sacudidas y engullidas por terremotos»; la Tierra será castigada con todo género de plagas y quedará como un desierto. Se habla del nacimiento y de la actuación del Anticristo. Pero al final habrá «un triunfo definitivo de la Iglesia, después del Juicio de las Naciones o purificación de la humanidad, en el que todo será renovado y habrá entonces un solo rebaño y un solo pastor». Actualmente, en La Salette hay un santuario mariano donde acuden miles de peregrinos todos los años.

Después de La Salette, hubo una intensa presión sobre los videntes, y los creyentes comenzaron a esperar profecías de la Virgen, incluso cuando anunciaban fatalidades, catástrofes y señales de la llegada del fin de los tiempos. Entonces comenzó una especie de avalancha de avistamientos. Según los expertos, a partir de finales del siglo XIX se informó de unas ciento cincuenta apariciones en Europa, pero el Vaticano sólo aprobó la de Lourdes.

Curaciones milagrosas en Lourdes

En los Pirineos franceses, en Lourdes, se alza el santuario mariano más famoso del mundo y refugio para los enfermos y afligidos de todas partes del planeta. Un lugar que ha destilado aroma de plegaria, fervor y milagro a lo largo de más de ciento cincuenta años. Todo comenzó el 11 de febrero de 1858, cuando una campesina muy pobre, analfabeta y de salud delicada, llamada Bernadette Soubirous, de catorce años, estaba recogiendo leña en la orilla del río acompañada por su hermana Toinette y su amiga Baloume, y oyó un ruido que provenía de una gruta cercana.

Bernadette afirmó haber visto una niña vestida de blanco resplandeciente, de su misma edad, que llevaba un rosario, a quien ella, en el dialecto local —el patois—, llamó *Aqueró* («Aquello»). En ese momento no identificó a María. Cuando se produjo la tercera aparición, el 18 de febrero, la mayoría de los aldeanos de la humilde y desconocida localidad ya identificaban la imagen como la de la Virgen. En el espacio de seis meses, Bernadette se encontró con la Virgen dieciocho veces en la gruta de Massabielle. De nuevo María había elegido a una adolescente enferma, analfabeta y socialmente marginada, para anunciarle su mensaje de oración y penitencia.

En la aparición del 24 de febrero, la Virgen le dijo: «Besa el suelo como penitencia y conversión por los pecadores». Lo mismo volvería a decir en manifestaciones sucesivas. Ese día, todos los observadores que estaban alrededor de la muchacha se quedaron asombrados. «Ella se arrastró de rodillas y comenzó a arañar la tierra hasta que finalmente alcanzó una especie de lodo burbujeante y comenzó a untarse de barro la cara y las manos. La gente no sabía qué pensar», explica el escritor Randall Sullivan. Horas después, algunos aldeanos encontraron en el lugar un manantial. Casi de inmediato se atribuyeron numerosas curas milagrosas a su agua.

El 2 de marzo, Bernadette escuchó estas palabras: «Ve a decir a los sacerdotes que vengan aquí en procesión y que se edifique una capilla». A partir de entonces, la muchacha tuvo que soportar acusaciones y burlas de muchos aldeanos, dirigidos por el párroco Domingo Peyramale, quien consideraba que todo aquello era un engaño escandaloso de la joven. «Se la sometió a tortuosos interrogatorios por su humilde condición social y porque era incapaz de retener en su cabeza las fórmulas del catecismo. La interrogaron el procurador imperial, el comisario de policía, el párroco y los visitantes. Cuando monseñor le preguntó a Bernadette si esperaba que él creyera que había visto a la Santísima Virgen, ella humildemente contestó: "No, monseñor, no espero que lo crea. No es mi trabajo que usted lo crea. Mi trabajo es decir lo que me dijo la Virgen"», cuenta Sullivan.

«En su última aparición, Bernadette dijo que la figura tenía los brazos sobre el pecho en actitud de oración; luego los abrió y dijo: "Yo soy la Inmaculada Concepción". En aquel momento era una declaración sorprendente», indica Sandra Zimdars-Swartz. De nuevo surgía la creencia de que María había nacido sin pecado original, dogma de la fe católica e idea que se recogía explícitamente en la oración de la Medalla Milagrosa.

A pesar de los esfuerzos de las autoridades locales para desacreditar todos los sucesos relacionados con el agua milagrosa y sus propiedades sobrenaturales, la gruta de Lourdes se convirtió en un santuario. El debate entre escépticos y creyentes ha continuado durante décadas. Según explica Randall Sullivan, «en Lourdes hay un dicho: para aquellos que no creen, no hay explicación posible; y para aquellos que creen, no hay necesidad de explicación». Y es que explicar lo inexplicable no es sencillo. Así, sólo un número relativamente pequeño de casos están oficialmente autentificados como milagrosos por la Oficina Médica de Lourdes. El 11 de noviembre de 2007, el arzobispo de Salerno, en el sur de Italia, monseñor Gerardo Pierro, proclamaba oficialmente el sesenta y siete milagro obrado en Lourdes desde 1858, cuando ocurrió el primero: la curación de Catherine Latapie, enferma de parálisis total. «Para que se declare un milagro en Lourdes, en primer lugar hay que tener documentación médica completa del enfermo antes de visitar el santuario. La cura debe ser instantánea y completa. Debe tener una duración de al menos cinco años. A continuación, toda la documentación médica se presenta a una comunidad internacional de médicos, no todos ellos católicos, para que den su veredicto.»

Paradójicamente, Bernadette tuvo mala salud toda su vida. Padecía asma y nunca encontró alivio en el agua de Lourdes. Dos años después de experimentar las apariciones, entró en un convento en Nevers y llevó una vida ejemplar. «Ella dijo que era una escoba: "Mi propósito ha terminado y ahora estoy arrinconada"», señala Sandra Zimdars-Swartz. La Virgen se había valido de la criatura más «inútil» —así lo declaraba ella— para anunciar su mensaje y, cumplido este designio, Bernadette prefirió pasar inadvertida. Murió en el convento el 16 de abril de 1879 a los treinta y cinco años. Fue canonizada en 1933 por el papa Pío XI. «Bernadette Soubirous es el modelo de vidente para la Iglesia católica. La forma en que lo contó, dotada de sentido común, sufrida, dócil y servicial en todo; la forma en que vivió su vida después de las apariciones es la más admirada dentro de la Iglesia. Cumple fielmente el esquema esencial de la auténtica vidente», sostiene Randall Sullivan.

Cada año, alrededor de cuatro millones de peregrinos desfilan por la gruta de Massabielle y aunque las curaciones milagrosas son escasas, «es un singular centro que irradia fe, oración; un lugar cualificado para el recogimiento y la conversión interior, donde se hace visible y palpable la presencia inefablemente dulce de María, Madre y Maestra», señala el teólogo y sacerdote Andrés Molina Prieto.

Las cuatro niñas de Garabandal

Colgada en la montaña, sin tren, sin carretera y sin teléfono, se alzaba la pequeña aldea de San Sebastián de Garabandal, en Cantabria, cuando el 18 de junio de 1961 cuatro niñas fueron supuestamente elegidas por María para ofrecerles una profecía apocalíptica.

Conchita González y sus tres amigas, Mari Cruz González, Jacinta González y Mari Loli Mazón, con edades entre los diez y los doce años, robaron unas manzanas del árbol de un vecino. Se sentaron a comer en un camino rocoso a las afueras del pueblo cuando de pronto se les apareció una figura «con muchos resplandores que no me lastimaban los ojos. Las otras niñas, al verme en este estado, creyeron que me daba un ataque, pero cuando ellas miraron se quedaron en el mismo estado que yo y exclamamos a la vez: "¡Ay, el Ángel!"», contaba Conchita. Según su narración, el ángel se identificó como san Miguel Arcángel, que se les apareció en ocho ocasiones y les anunció la visita de la Virgen del Carmen. El domingo, 2 de julio, sobre las seis de la tarde, las niñas fueron hacia la calleja que conducía a un solitario pinar que destacaba elevado sobre el pueblo. Las seguía una multitud, entre la cual había varios sacerdotes y médicos. Nada más acercarse al lugar, las videntes, asombradas, se encontraron con la Virgen que venía acompañada de dos ángeles, uno de ellos san Miguel y el otro desconocido.

A partir de esa fecha todo iba a cambiar en ese rincón perdido de la cordillera cantábrica. A lo largo de más de cuatro años, desde 1961 hasta 1965, se produjeron en Garabandal más de dos mil apariciones ante millares de personas, que acudían a la pequeña aldea de menos de trescientos habitantes impulsadas por la devoción, la esperanza y la curiosidad. Las niñas caían en un trance profundo mientras miraban directamente a un punto situado por encima de ellas. Durante el estado de éxtasis, las videntes realizaban proezas que desafiaban a la física, mientras la Virgen les comunicaba mensajes con una elevada dosis de dramatismo. Ante las miradas atónitas de los sacerdotes, los aldeanos probaban a las niñas videntes dirigiendo las luces brillantes de las linternas hacia sus ojos, golpeándolas, e incluso pinchándolas con alfileres. Según algunos observadores, las niñas no se inmutaban, nada les sacaba de su éxtasis. Así nació el que fue uno de los eventos marianos españoles más destacables del siglo XX, no sólo por el gran número de apariciones, sino también por el extraño comportamiento de las niñas durante las visiones. «Las habilidades que demostraron para regresar a casa desde el lugar de las apariciones, como si estuvieran completamente hipnotizadas, asombraban a la multitud. Simplemente parecían estar levitando, caminaban de espaldas colina abajo o arriba, en terrenos pedregosos, a toda velocidad, incluso sobre sus rodillas», recuerda Randall Sullivan.

En otoño de 1961, ante miles de personas, las videntes dieron a conocer al mundo el primer mensaje de la Virgen: «Hay que hacer muchos sacrificios y mucha penitencia, y tenemos que visitar mucho al Santísimo, pero antes tenemos que ser muy buenos. Ya se está llenando la copa, y si no cambiamos, vendrá un castigo». Cuatro años después, hacia el final de las apariciones, comunicó su segundo mensaje. La Virgen le dijo a Conchita que puesto que «los sacerdotes van muchos por el camino de la perdición, y con ellos llevan a muchas más almas», había que enmendarse. «Ya estáis en los últimos avisos. Os quiero mucho y no quiero vuestra condenación.» Todos interpretaron que María anunciaba que «el fin del mundo se avecinaba».

En este anuncio profético de Garabandal, Conchita hablaba de un aviso, un milagro y un castigo para la humanidad. El aviso, según contó la muchacha, comenzaría con un signo visible, que la Virgen no describió pero «que sería algo que en todo el mundo se vería y nadie podría negarlo». «Ese aviso —añadía la vidente— es como un castigo, para los buenos y los malos: para los buenos, para acercarlos más a Dios, y para los malos, para anunciarles que viene el fin de los tiempos y que éstos son los últimos avisos.» Tampoco podía decir en qué consistía el milagro, pero después de que ocurriera, «si el mundo no se convierte, Dios enviará un Gran Castigo sobre la humanidad endurecida e incrédula, sólo un pequeño número será preservado». Según contó, transcurriría menos de un año entre el aviso y el milagro y Conchita lo anunciaría al mundo ocho días antes de su fecha. Sería el milagro mayor que Jesús había hecho para el mundo, visible en Garabandal y en las montañas de los alrededores; y podría ser filmado, fotografiado y televisado. Explicó que el castigo dependía de si la humanidad hacía caso o no de los mensajes de la Virgen y del milagro. «En caso de que suceda, yo sé en qué consistirá, porque lo he visto. Puedo asegurar que si viene será peor que si estuviéramos envueltos en fuego; peor que si tuviéramos lumbre por arriba y lumbre por abajo.»

Las apariciones de Garabandal terminaron el 18 de junio de 1965 en extrañas circunstancias. «Las videntes ya habían anunciado con anterioridad que la Virgen les había dicho que negarían las apariciones en determinado momento, que llegarían tiempos en que ellas mismas dudarían y que se contradirían, y así lo hicieron. Poco después las rechazaron y declararon que no habían sido ciertas», cuenta Randall Sullivan. Algunos devotos de Garabandal explican que esa retractación fue el resultado de la presión que había ejercido sobre las niñas la diócesis de la iglesia local. A pesar de que las videntes ya no hablaban en público, tres de ellas insistían en que el Apocalipsis ocurriría durante sus vidas. El obispo local declaró que los acontecimientos ocurridos no eran de orden sobrenatural. Roma nunca ha querido intervenir y no ha reconocido los hechos.

Desde que las apariciones de Garabandal terminaron, sólo las videntes Conchita, Mari Loli y Jacinta concedieron entrevistas y muy de vez en cuando. En esas entrevistas, las tres revelaban lo que les estaba permitido decir acerca del futuro: el aviso a todo el mundo y el gran milagro que se avecinaba. En abril de 2009, Mari Loli Mazón falleció en Plaistow, New Hampshire, Estados Unidos, a los cincuenta y nueve años de edad. Conchita y Jacinta, también afincadas durante décadas en Estados Unidos, siguen vivas, como el movimiento garabandalista, que ha logrado perdurar, particularmente en Estados Unidos, a través de los Trabajadores de Nuestra Señora del Monte Carmelo de Garabandal, organización creada en 1968 por el neoyorquino Joey Lomangino, quien conoció a Conchita en 1963, durante la primera visita que él realizó a Garabandal. Joey, que presenta una ceguera total e irreversible, volvió regularmente al lugar y estuvo allí el 18 de junio de 1965, durante el segundo mensaje mariano. A partir de entonces dedicó su vida a difundir el mensaje de la Virgen. La cuarta vidente, Mari Cruz, fue la única que se quedó en España; reside en Avilés, Asturias, y desde 1965 no ha vuelto a hablar de las apariciones. En lo alto del pueblo, en el enclave de las apariciones, se levantó un pequeño santuario al cual acuden en peregrinación devotos católicos de todo el mundo, en particular llegados desde Norteamérica.

Con la aprobación del Vaticano

Ni la Santa Sede ni la Iglesia local han reconocido lo que ocurrió en Garabandal, pero sí aprobó una de las primeras apariciones recogidas por la tradición católica, la de la Virgen del Pilar, que, según la leyenda, se presentó el año 40 al apóstol Santiago a orillas del río Ebro y, como testimonio de su visita, habría dejado una columna de jaspe conocida popularmente como «el Pilar». Además, cuentan con el visto bueno del Vaticano las apariciones ocurridas en Francia de Nuestra Señora de la Medalla Milagrosa por la vidente Catherine Labouré (1830), La Salette (1846), Lourdes (1858) y Pellevoisin (1876), así como las que tuvieron lugar en 1917 en Fátima, Portugal, con Lucía, Jacinta y Francisco Marto, y en Bélgica, cuando la Virgen visitó a cinco niños en Beauraing (1932) o en nueve ocasiones a la niña pobre Mariette Beco, en Banneux (1932). La última manifestación mariana que ha aprobado el Vaticano tuvo lugar en 1953, en Siracusa, Italia, cuando una imagen del Inmaculado Corazón de María derramó lágrimas durante cuatro días consecutivos. «De hecho, de unas ochenta mil reclamaciones de apariciones marianas ocurridas desde el siglo III, menos del 1 por ciento han recibido la aprobación de la Iglesia católica», indica Elizabeth A. Johnson, profesora de Teología de la Universidad de Forham, centro universitario de los jesuitas ubicado en Nueva York. E incluso las reconocidas se consideran «revelaciones privadas», y por tanto se deja a los fieles la libertad de creer en ellas o no.

Según la tradición cristiana, Dios puede entrar en comunicación con la humanidad del modo que le parezca más adecuado. La Iglesia católica cree que, históricamente, una de esas formas ha sido a través de las apariciones marianas. De hecho, la Virgen se ha aparecido en lugares bastante extraños, como en depósitos de agua en Ohio, graneros de maíz en Georgia o en un remolque de Oregón, y con mucha frecuencia ha dado mensajes de oración, penitencia, conversión y reparación. Generalmente exhorta a vivir el Evangelio, para recordar algo que se está olvidando. Llama al arrepentimiento, a volver a Dios, y si no se hace «vendrá un castigo» para la humanidad. Además, en varias ocasiones, ha pedido que el día 13 de cada mes se consagre como día mariano.

En 1978, la Congregación para la Doctrina de la Fe publicó unas directrices estándar para poder autentificar las afirmaciones de que se había producido una «revelación privada». En ellas se hace hincapié en que el obispo de la diócesis local es la primera y principal autoridad que debe valorar los casos de aparición. Sin embargo, en los fenómenos más difíciles, la Congregación también se involucraría. En algunas ocasiones, la diócesis concede permiso para celebrar una liturgia en el lugar de las apariciones. La mayoría de las apariciones se quedan en este grado de aprobación oficial y no es necesario más. El hecho de que no haya una aprobación explícita de la Santa Sede no indica rechazo. Otra de las formas de mostrar el apoyo oficial consiste en que un Papa visite el lugar, «así se da a entender que, de alguna forma, el Vaticano concede su aprobación. Es una declaración pública de que él mismo tiene una disposición favorable con relación a los eventos y al contenido de la aparición. Pero no es nada formal», indica el franciscano Benedict Groeschel. El reconocimiento litúrgico es el grado más alto de aprobación, ya que se incluye oficialmente la aparición en el calendario de misas de la Iglesia católica.

La valoración final de la Iglesia acerca de si una aparición es verdadera o no depende en gran medida de la personalidad del vidente. Lo primero que se investiga es si se trata de una persona psicológicamente estable. Después, si los acontecimientos tienen efectos positivos en la vida de esa persona, que debe seguir con humildad el Evangelio... «Generalmente, cualquier tipo de espectáculo o sensacionalismo se considera una razón suficiente para no continuar con la investigación», señala Sandra Zimdars-Swartz.

La Iglesia también se encarga de juzgar si el mensaje que María transmite a un vidente es completamente coherente con la fe cristiana y con las enseñanzas de la Iglesia, y está basado en el sentido común. «He hablado —cuenta Groeschel— con bastantes personas que me dijeron que el mundo iba a estallar el martes siguiente o cosas así. En esos casos el Vaticano se mantiene al margen de la revelación. La Iglesia es muy prudente. En cierto sentido, une su buen nombre a la aparición, por eso que hay un número de apariciones muy populares que no han recibido la aprobación de la Iglesia, como la de Garabandal.»

Aunque la lista de manifestaciones de la Virgen aceptadas por el Vaticano es reducida, hay una mucho más amplia que incluye los lugares que cuentan con su visto bueno para el culto, y muchos de ellos han recibido la visita de varios papas. Entre otros, son famosos: Lavang (Vietnam), donde la Virgen se apareció a muchas personas por espacio de un siglo (1798-1898); Nuestra Señora de todos los Pueblos, en Amsterdam (Holanda), vista por Ida Peerdeman de 1945 a 1959; Montichiari (Italia), donde la Virgen María Rosa Mística se manifestó en 1947 a Pierina Gili; Akita (Japón), cuando en 1969 fue vista por la religiosa Agnes Sasagawa Katsuko; o la iglesia copta de San Marcos, en Zeitoun (Egipto), donde durante tres años, desde 1968, grandes multitudes, entre cristianos, judíos, musulmanes y no creyentes, pudieron ver la figura de la Virgen rezando en el tejado de la iglesia. «Hubo más de un millón de personas y la mayoría de ellos no cristianos, que decían ver a María en la cúpula de la iglesia. Uno de ellos fue el presidente de Egipto Gamal Abdel Nasser», cuenta Randall Sullivan. En este caso la Virgen no habló, pero, según los creyentes, su presencia fue muy elocuente para inspirar y fortalecer la fe. «Los musulmanes consideraban que los cristianos habían sido bendecidos y también se presentan aquí porque creían en María. Exclamaban utilizando un pasaje del Corán: "María, Dios te ha escogido; te ha purificado; te ha escogido entre todas las mujeres". Representó cierta unidad entre algunos musulmanes y cristianos», señala el monje franciscano Gawarqious Kolta.

En esta amplia lista también destaca Nuestra Señora de Knock, situada en el condado de Mayo, en el oeste de Irlanda. La aparición ocurrió una sola vez, el 21 de agosto de 1879, y la Virgen estaba junto a san José, el Cordero y san Juan Evangelista, lo cual se ha interpretado como un profundo simbolismo relacionado con el Libro del Apocalipsis. Todos aparecieron envueltos en una brillante luz celestial, en el aguilón sur de la iglesia parroquial de Knock. Quince personas fueron testigos oculares, entre ellos jóvenes y ancianos, hombres, mujeres y niños. Juan Pablo II visitó el santuario el 30 de septiembre de 1979 para conmemorar el centenario de la aparición y darle el reconocimiento papal. Un millón y medio de peregrinos lo visitan anualmente.

Las revelaciones secretas

En el siglo xx, dos series de apariciones marianas, una en Fátima, Portugal, y la otra en Bosnia-Herzegovina, han captado especialmente la atención de los estudiosos. Treinta y seis años las separan, pero en ambas revelaciones hubo una parte secreta, que muchos aseguran que eran profecías sobre los acontecimientos del futuro. En Fátima, Lucía dos Santos, de diez años, que vio a la Virgen junto a sus primos Jacinta y Francisco Marto, fue la única depositaria del secreto.*

Sin embargo, siguen sin ver la luz los secretos que el 25 de junio 1981 la Virgen reveló a seis jóvenes, de edades comprendidas entre diez y veinte años, en el pequeño pueblo de montaña de Medjugorje, en Bosnia-Herzegovina. Después de varios meses de apariciones, los videntes afirmaron que María les había prometido que daría a cada uno de ellos diez secretos. Dijeron que tratarían del futuro de la Iglesia católica y del mundo entero y que serían revelados poco a poco. «Las profecías apocalípticas de Medjugorje son mucho más siniestras que las de apariciones marianas anteriores», indica Randall Sullivan. Lo cierto es que no está muy claro si fueron diez secretos para cada uno de los videntes o si eran iguales para todos ellos.

Hubo cierto escepticismo que se centró en el comportamiento de los

* Véase capítulo 10.

jóvenes durante sus apariciones: todos hacían lo mismo a la vez. «Se comprobó que guardaban silencio, hablaban, caían de rodillas... en el mismo instante, y parecían ver a la Virgen en el mismo lugar», explica Sullivan. A los videntes se les realizaron electroencefalogramas para medir las ondas cerebrales; esas pruebas se llevaron a cabo hasta 1998. Se concluyó que los jóvenes estaban sanos física y mentalmente. No eran alucinaciones o mentiras y experimentaban algo inexplicable, más allá de la comprensión científica. «Se decía que durante sus experiencias estaban en un estado de trance. Por supuesto, esto no garantiza necesariamente el contenido auténtico de su visión, pero para los devotos es un signo de autenticidad», considera Sandra Zimdars-Swartz.

En 2001, tres de los videntes, Mirjana, Jakov e Ivan, declararon que habían recibido los diez secretos, pero que María les había dicho que no los divulgaran. «Lo único que cuentan es que les revelaron los secretos como si se tratara de una película de cine, y que las tres últimas profecías eran las cosas más terribles que habían visto u oído y que no podían pensar en ellas sin asustarse terriblemente», prosigue Sullivan. Los videntes afirmaron que un signo sobrenatural aparecerá en la colina de Podbrdo, el primer sitio donde tuvo lugar la aparición de Medjugorje. «La señal —cuenta Sullivan— dará paso al tercer secreto, que supondrá un período de acontecimientos que serán los más terribles de la historia de la humanidad.»

Unos veinte millones de devotos han visitado Medjugorje, lo que lo convierte en uno de los sitios de peregrinación más visitados del planeta y han nacido en todo el mundo movimientos de oración y asociaciones marianas de todo tipo. Sin embargo, el 10 de abril de 1991 los prelados yugoslavos dijeron: «En virtud de las investigaciones realizadas hasta ahora, no es posible afirmar que se trate de apariciones o revelaciones sobrenaturales». Así, hasta la fecha, las presuntas manifestaciones de la Virgen a los jóvenes no han sido ni confirmadas ni rechazadas por la Iglesia, sobre todo por la cantidad y el carácter de los mensajes atribuidos a María. Con motivo del vigésimo aniversario de las apariciones, en junio de 2001, el secretario de la Congregación para la Doctrina de la Fe confirmó la prohibición de organizar peregrinaciones oficiales, pero permitió aquellas que se celebrasen «en privado».

INTERVENCIONES CELESTIALES RECHAZADAS POR LA IGLESIA

Tampoco cuentan con la autorización eclesiástica las apariciones en el desierto de Mojave, en el sur de California, unas de las más famosas de Estados Unidos. Desde hace dos décadas, el día 13 de cada mes, miles de peregrinos acuden a este desolado lugar atraídos por la aparición de Nuestra Señora de la Roca. Mientras esperan la llegada de la carismática vidente María Paula Acuña, los reunidos oran, bajo un Sol de justicia, con la esperanza de curarse de alguna enfermedad y deseosos de experimentar un milagro. Muchos de ellos incluso buscan comprenderse a sí mismos, el mundo en que viven y, sobre todo, el que vendrá después.

La vidente María Paula Acuña afirma que regularmente ve a María y que recibe mensajes de ella desde 1990. «La Santa Madre me dijo que, en nombre de Cristo, debía formar un ejército al servicio de Dios en la Tierra. Somos como las hermanas de la caridad, es una misión de fe», repite una y otra vez María Paula. «No sé por qué me eligió a mí. Sólo Dios sabe a quién va a dirigirse para que le sirva en su eterno trabajo», añade. Hasta ahora los mensajes que ha recibido de María son bastante dramáticos y oscuros. Hablan de que tenemos que amarnos los unos a los otros y orar más, aunque también anuncia un desastre inminente. «Si el hombre quiere, puede tener paz en la Tierra. Pero si el hombre no escucha a Dios, irá de mal en peor», advierte la vidente.

Una práctica común es fotografiar las supuestas formas milagrosas que aparecen en el cielo. «A veces, en las imágenes se ven extrañas luces o incluso a la propia Virgen», cuenta el director del Instituto de Estudios de la Religión Americana, Gordon Melton. Una de las imágenes más famosas es la llamada «La Puerta de Oro del Cielo», en referencia a un pasaje del Apocalipsis que habla de la existencia en el cielo de una puerta abierta. Supuestamente, es la que aparece en las fotografías sobrenaturales. Claro que sólo puede captarse apuntando directamente al Sol con una cámara Polaroid, lo cual hace pensar que tal fenómeno sea sólo una ilusión óptica. «Al disparar a algo tan brillante como el Sol o, por ejemplo, directamente a una lámpara halógena, la cámara se sobrecarga para poder captar el objeto reluciente; entonces se forma una mancha de la que salen rayos de luz, lo cual se interpreta como la entrada al cielo. Pero en realidad es sólo la puerta de entrada a la cámara fotográfica», explica Joe Nickell.

En septiembre de 1995, después de más de un año investigando a María Paula, la archidiócesis católica de Los Ángeles envió una carta a sus sacerdotes para informarles que el fenómeno de Nuestra Señora de la Roca no tenía la aprobación de la Iglesia. «Existe una línea muy fina entre la devoción y la superstición. La Iglesia se toma las apariciones de la Santísima Virgen muy en serio. Investiga tanto como puede, porque tiene el deber de asegurarse de que no se engaña a los fieles, ni se les perjudica con una aparición», indica el portavoz de la archidiócesis de Los Ángeles Tom Tamberg. Pero parece que a María Paula no le preocupa que la Iglesia oficial rechace sus visiones. «Obedezco la ley de la Iglesia en la Tierra, pero también obedezco a Dios y su mandamiento sagrado de consolar a mis hermanos trayéndolos a la paz de Dios», se defiende ella. Los devotos de Nuestra Señora de la Roca tampoco parecen afectados por la decisión de la Iglesia sobre María Paula. «Ella tiene una conexión emocional y espiritual muy fuerte con ellos. La gente sólo quiere verla, tocarla y ser tocados por ella», cuenta Mark Garvey.

En España, el Vaticano tampoco reconoce las apariciones ocurridas desde el 30 de marzo de 1968, en las afueras del pueblo de Palmar de Troya, a unos cuarenta kilómetros de Sevilla. La Virgen se apareció sobre un árbol a cuatro niñas: Rafaela, Ana, Josefa y Ana. Pronto muchos lugareños empezaron a frecuentar el sitio para orar. Durante los meses siguientes, María se manifestó a varios videntes locales que, con estigmas visibles y marchas extáticas —caminar casi levitando como les ocurría a las niñas de Garabandal—, fueron elegidos como instrumentos para comunicar los mensajes divinos. Con el tiempo, se erigió un santuario en la finca donde la Virgen aparecía. En la actualidad, allí se levanta el templo de la Orden de los Carmelitas de la Santa Faz, que fue una escisión de la Iglesia católica y que acabó convirtiéndose en la Iglesia Católica Palmariana. La fundó Clemente Domínguez y Gómez, que se autoproclamó Papa en 1978 con el nombre de Gregorio XVII, junto con Manuel Alonso Corral. La Iglesia católica considera a los papas del Palmar como antipapas y muchos católicos ven esta organización como una secta.

«Acudid, hijos míos, a este lugar; son tiempos muy graves, y aquí os enseño a amar a la Iglesia, amar a Dios y a todo lo que compone el camino recto y seguro para llegar al cielo.» Éste fue el mensaje que María transmitió a Luz Amparo Cuevas el 1 de mayo de 1999, uno de tantos en los que pedía que se rezara más desde que el 14 de junio de 1981 se iniciaron las denominadas «apariciones de El Escorial», en la finca de Prado Nuevo, a poco más de cincuenta kilómetros de Madrid. Sobre la copa de un fresno, situado junto a una fuente, la Virgen se presentó a Luz Amparo y le pidió que se construyera una capilla en su honor para meditar la Pasión de su Hijo, tan olvidada de los hombres. Añadió que si se cumplían sus deseos, el agua de la fuente curaría y ella bendeciría a los que acudiesen allí a rezar el rosario. Desde entonces, miles de devotos van a ese lugar, especialmente el primer sábado de cada mes.

En febrero de 2009, tras cerca de tres décadas de silencio eclesiástico, el cardenal arzobispo de Madrid, Antonio María Rouco Varela, autorizó la celebración de la misa todos los primeros sábados de mes en la nave «Ave María», construida junto a Prado Nuevo. Con anterioridad, Rouco había nombrado a diversos capellanes para la atención espiritual de las comunidades creadas en torno a Amparo Cuevas, englobadas en la Fundación Virgen de los Dolores, y que cuenta ya con varios sacerdotes, seminaristas y numerosas monjas. A pesar del reconocimiento público de esta asociación eclesiástica, la diócesis de Madrid todavía no se ha pronunciado sobre las distintas denuncias que se han formulado contra Amparo Cuevas y sus seguidores, acusándoles de «supuesta estafa», hasta el punto de que se ha creado una Asociación de Víctimas de las supuestas apariciones de El Escorial.

Desde 1980 ha habido aproximadamente quinientos informes de apariciones marianas. Mientras el Vaticano guarda silencio o continúa con sus largas investigaciones, millones de personas siguen viajando a los sitios en los que la Virgen se ha manifestado en busca de un mensaje que pueda consolar y aportar esperanza, aunque la aparición no esté autentificada por la Iglesia. Muchos católicos argumentan que creer en la bondad, la justicia y el amor, todo lo que realmente representa María, es el verdadero milagro.

12

La guerra de Irak y el fin del mundo

La antigua ciudad iraquí de Babilonia es legendaria. Hace casi tres mil años, profetas como Jeremías, Isaías o Daniel profetizaron su destrucción. Es más, en el Libro de las Revelaciones *(Apocalipsis) hay numerosas referencias que hablan de futuros desastres y de un final catastrófico, lo cual algunos expertos han interpretado como la descripción de una guerra nuclear en la ciudad de Babilonia. ¿Es posible que el Antiguo Testamento predijera el fin del mundo precisamente en Irak?*

Los vaticinios bíblicos

> Porque subió contra ella una gente del norte, que va a covertir su territorio en desolación, y no habrá en él habitante. Tanto personas como bestias emigraron, se fueron.
>
> Jeremías 50, 3

2 de agosto de 1990. Saddam Hussein cruza la frontera de Kuwait con trescientos tanques y más de cien mil soldados. En menos de dos horas el país estaba bajo su control. La invasión de Kuwait por parte de Irak desencadena una grave crisis en el golfo Pérsico y pone en peligro la reserva petrolera más abundante del mundo. El presidente George H. W. Bush advierte en el Capitolio: «Nuestros objetivos en el golfo Pérsico están claros. Nuestra meta está bien definida y es conocida. Irak debe retirarse de Kuwait. No se trata de Estados Unidos contra Irak, como Saddam Hussein quiere dar a entender. ¡Se trata de Irak contra el mundo!».

7 de agosto de 1990. Cuatrocientos quince mil soldados estadouni-

denses comienzan a llegar a Arabia Saudí y se preparan para la guerra en la frontera kuwaití. A primera hora del 17 de enero de 1991 da comienzo la Operación Tormenta del Desierto. Se iniciaba la guerra del Golfo entre Irak y una coalición internacional, compuesta por treinta y cuatro naciones y dirigida por Estados Unidos, con unas fuerzas conjuntas de seiscientos ochenta mil hombres. Desde la Segunda Guerra Mundial, nunca tantas naciones se habían unido para luchar contra un solo país. «Sabed que enviaré a Babilonia una alianza de grandes pueblos del norte, y todos se unirán para luchar contra ella.» Estas palabras fueron pronunciadas hace veintiséis siglos por el profeta Jeremías. Ya antes, el primero de los profetas del Antiguo Testamento, Isaías, en el año 738 a. C., advirtió: «Vienen de lejana tierra, del cabo de los cielos, Yahveh y los instrumentos de su enojo, para arrasar toda la Tierra» (Isaías 13, 5). La zona de Babilonia, es decir, la tierra que antiguamente ocupaban los territorios de Súmer y Acad, es el Irak meridional de hoy. Babilonia se encuentra a ochenta kilómetros al sur de la actual capital de Irak, Bagdad, situada en el centro este del país. En este sentido, algunos expertos, como el doctor Mark Hitchcock, pastor de la Iglesia Bíblica de Fe y autor de *The Second Coming of Babylon*, creen que esos pueblos de los que hablan ambos profetas se refieren claramente a la coalición formada contra Irak. Pero ¿es posible que la guerra del siglo XX en Irak sea la representación en la antigua Babilonia, de una profecía bíblica?

A las afueras de la moderna ciudad de Bagdad se hallan las ruinas de la que, en su tiempo, los antiguos griegos consideraron una de las Siete Maravillas del Mundo: los famosos Jardines Colgantes de Babilonia. Además, si se visita el Museo de Pérgamo de Berlín se puede contemplar la majestuosidad de la famosa Puerta de Ishtar, construida en el año 575 a. C. por el rey Nabucodonosor II y descubierta durante las campañas arqueológicas alemanas de 1902 a 1914. Con sus catorce metros de altura por diez de ancho y sus bellos ladrillos vidriados azules, sus diseños de siluetas de dragones, toros, leones y seres mitológicos, en colores dorados y cobrizos, muestran el esplendor y la riqueza de la que fue originalmente una de las seis puertas monumentales de la muralla interior de Babilonia. Según el relato del historiador y geógrafo griego Heródoto (484-425 a. C.), la ciudad interior conformaba un rectángulo irregular con un perímetro de unos ocho kilómetros y estaba dividida en dos partes por el río Éufrates. A su alrededor se alzaba una doble muralla, con torres a intervalos de veinte metros, y un foso navegable conectado con el río, que era atravesado por puentes frente a las seis puertas principales de la ciudad. Pero no sólo destacaba por su belleza.

La historia de la antigua Babilonia está plagada de guerras sangrientas y reyes crueles, desde sus inicios, en el año 1764 a. C., con Hammurabi hasta su caída en el año 539 a. C. Su primer rey, Hammurabi (1792-1750 a. C.) realizó una gran campaña de conquistas por el resto de Mesopotamia y sentó las bases de su imperio —unificó su lengua, su religión y sus leyes en el código que lleva su nombre y que sirvió de modelo para muchos otros códigos posteriores— hasta que Babilonia se convirtió en la capital de la Baja y Media Mesopotamia y sustituyó a la ciudad de Ur como dominadora de la zona. A su muerte, sobrevino un período de anarquía en el que varios personajes se disputaron el trono. Esta primera dinastía de Babilonia terminó cuando los hititas saquearon la ciudad hacia el año 1595 a. C. De nuevo, los asirios destruyeron la ciudad por completo hacia el año 689 a. C. Una nueva dinastía de reyes independientes, entre los que destaca Nabucodonosor II, logró deshacerse del yugo asirio y devolver a Babilonia su esplendor original e incluso crear un imperio comparable al de Asiria.

Entre el año 800 y el 400 a. C., los profetas del Antiguo Testamento mencionan Babilonia en más de sesenta ocasiones. Muchos de estos vaticinios se refieren al rey Nabucodonosor II, el gobernante del país en el momento de su mayor poder. «La Biblia es el libro con mayor número de profecías que existe, de las cuales casi el 70 por ciento se han hecho realidad. Es un libro sobre hechos históricos y sobre predicciones que, a lo largo de la historia, se han ido cumpliendo. Es verdaderamente enigmático», explica el periodista, experto en Oriente Próximo, Michael D. Evans, autor de *La movida final. Más allá de Irak*, donde contrasta las Escrituras con los eventos actuales en la zona y explora la ideología tras la revolución islámica, o el fascismo islámico.

Nabucodonosor II reinó desde 605 hasta 562 a. C. «Heredó el trono del Imperio babilonio de su padre, Nabopolasar, quien fue su auténtico fundador. Una vez en el trono, el nuevo rey se dedicó a ampliar el área de influencia de Babilonia, hasta hacer de ella un vasto imperio», señala Richard Nelson, profesor en la Universidad Metodista del Sur, en Dallas, Texas. Demostró ser un consumado estratega y un experto militar; combatió incesantemente, sobre todo en la zona sirio-palestina, y supo gobernar su imperio y construir una fabulosa ciudad que reflejara el esplendor que merecía su condición de capital de un vasto imperio: fue el impulsor de la construcción de la doble muralla con puertas monumentales, la adornó con jardines colgantes —dicen que para que su esposa, hija de un rey medo, no echara de menos el paisaje montañoso de su tierra natal—, levantó puentes y canales y construyó un santuario con un zigurat de noventa metros de altura —identificado con la Torre de Babel del relato bíblico— y un templo al que se accedía por una gran vía procesional. Levantó un gran palacio al oeste de la Puerta de Isthar, estructurado en torno a cuatro patios principales, recordando a los palacios asirios. «Nabucodonosor II ha pasado a la historia como uno de los grandes conquistadores y como el mayor arquitecto de su siglo», recuerda Tim Lahaye, coautor de *La profecía de Babilonia*, novela protagonizada por un arqueólogo bíblico, que busca pruebas físicas de que los sucesos que se relatan en la Biblia son reales.

Lo cierto es que los relatos sobre la magnífica ciudad de Nabucodonosor se ven oscurecidos por la ferocidad y ambición del rey. En 605 a. C., durante el primer año de su reinado, invadió el reino de Judea y su capital, Jerusalén, y desterró a parte de su población a Babilonia. «En las transcripciones del propio Nabucodonosor se indica que capturó a todas las gentes de la región de Judea, y él mismo afirma: "Los obligué a sujetar las cestas de ladrillo y los puse a trabajar en los templos". Lo que nos hace pensar que los prisioneros de guerra realizaban trabajos forzados», señala el profesor de Teología Daniel L. Smith-Christopher. Pero en 597 a. C. el rey Joaquín de Judea se rebeló, en alianza con los egipcios. Tras recuperar Jerusalén, Nabucodonosor los castigó con una segunda deportación judía a Babilonia. Puso entonces en el trono de Judea a Sedecías, quien también le traicionó, rebelándose de nuevo en alianza con Tiro y Egipto (586 a. C.). Durante un año y medio Jerusalén estuvo asediada por el rey babilonio. Al final, Nabucodonosor tomó Jerusalén por tercera vez, mandó destruir el Templo de Salomón —que era clave de la identidad del pueblo judío— y envió un tercer contingente de judíos deportados a Babilonia.

Pero Babilonia caería definitivamente tal como predijeron los profetas del Antiguo Testamento, en el siglo VII a. C.

Isaías y la caída de Babilonia

> He aquí que yo despierto contra ellos a los medos [...] Babilonia, la flor de los reinos, prez y orgullo de Caldea, será semejante a Sodoma y Gomorra, destruidas por Dios.
>
> Isaías 13, 17-19

> Dirigirás esta sátira al rey de Babilonia. Dirás: ¡Cómo ha acabado el tirano, cómo ha cesado su arrogancia!
>
> Isaías 14, 4

El primero en tener una visión sobre la caída de Babilonia fue, a finales del siglo VIII a. C., Isaías, hijo de Amós, de la tierra de Judea. Según el escritor Tim Lahaye, «era un profeta muy instruido, conocía bien su entorno y posiblemente procedía de la familia real de Judea». Durante cerca de medio siglo se dedicó a realizar predicciones con un estilo poético y preciso y con imágenes rebosantes de esplendor y originalidad; ningún otro profeta judío vio con tanta claridad al futuro Redentor. Según Isaías, la verdadera paz, la justicia y la equidad sólo serán accesibles al ser humano cuando llegue el Mesías, que será descendiente de la Casa de David.

En la tradición cristiana se considera a Isaías uno de los profetas mayores —junto a Jeremías, Ezequiel y Daniel— por la extensión del libro que escribió, que se recoge en el Antiguo Testamento cristiano y en la Biblia hebrea (Tanaj). El nombre de la Congregación de los Testigos de Jehová fue tomado en 1931 de las profecías de Isaías y se basa en la afirmación de Dios, en la que se compara la escena mundial a un juicio: «Vosotros sois mis testigos —oráculo de Yahveh— y mi siervo a quien elegí, para que me conozcáis y me creáis a mí mismo, y entendáis que soy yo: Antes de mí no fue formado otro dios, ni después de mí lo habrá. Y, yo soy Yahveh, y fuera de mí no hay salvador» (Isaías 43, 10-11).

La primera parte del Libro de Isaías (de los capítulos 2 al 35) es una colección de profecías, exhortaciones y amonestaciones, que tienen como punto de partida el peligro asirio, y contiene vaticinios sobre Judea e Israel —los dos reinos en que se había dividido el pueblo israelita—, oráculos contra las naciones paganas, profecías escatológicas, amenazas contra la falsa seguridad y la promesa de la salvación de Israel. Después hay cuatro capítulos a modo de recorrido histórico, que muchos expertos afirman que no fueron escritos por él, sino por algún discípulo. En la segunda parte del libro, del capítulo 40 hasta el 66, realiza veintisiete discursos con la intención de consolar con las promesas divinas a los que iban a ser desterrados a Babilonia. Esta parte es conocida como *Libro de la Consolación de Israel*, y también se discute su autoría.

En el siglo VIII a. C., cuando Isaías hizo sus vaticinios, Israel era un país pequeño y débil atrapado entre las dos grandes potencias del mundo de su época: Babilonia y Egipto, aunque para entonces ambas estaban en decadencia. Sin embargo, otro gran poder estaba apareciendo en la escena geopolítica: el Imperio asirio. Sargón II había saqueado a todas las civilizaciones circundantes y poco faltaba para que se autodenominara «Señor del Mundo». De modo que Isaías habló al pueblo de Judea en un período en el que este reino corría un gran peligro. Judea, el Reino del Sur, y su capital, Jerusalén, estaban amenazados por el Imperio asirio, en la Mesopotamia septentrional. Tras la invasión y la conquista, en 721 a. C., del Reino del Norte, muchos israelitas del sur temblaban ante la llegada inminente de los asirios a Jerusalén. «Los asirios aplastaban a quienes se encontrasen en su camino, y tanto Judea como Jerusalén eran conscientes de lo ocurrido a los sumerios cien años atrás», señala Robert R. Cargill, profesor de Religión en la Universidad de Pepperdine, Malibú, California. En opinión del escritor Tim Lahaye, Isaías habló muchas veces sobre la destrucción de Babilonia, «porque ésta tenía un gran poder en aquella época. Predijo que sería una herramienta de la que se serviría Dios para imponer la humildad entre los hijos de Israel».

«Por eso fue deportado mi pueblo sin sentirlo, sus notables estaban muertos de hambre, y su plebe se resecaba de sed» (Isaías 5, 13). El profeta aseguró que a Judea le aguardaba la misma suerte que a Israel: Vendrán días en que todo cuanto hay en tu casa y cuanto reunieron tus padres hasta el día de hoy, será llevado a Babilonia; nada quedará, dice Yahveh. (Isaías 39, 6). Así, para este profeta las tribulaciones de su pueblo eran consecuencia de sus pecados, el verdadero judaísmo saldría de los supervivientes a este castigo y sólo Dios los salvaría y no las alianzas políticas. Para el historiador Charles H. Dyer, del Instituto Bíblico Moody de Chicago, Isaías era descendiente de David y tenía acceso a la corte real de Jerusalén, por lo que era normal que defendiera a Israel y a Judea contra los reinos vecinos. «Sin embargo, de pronto vaticinó que los habitantes de Judea serían llevados en cautividad a Babilonia. Le dijo a su pueblo: "Experimentaréis el aguijón de ese imperio llamado Babilonia". Además, en el

Las siete trompetas, Durero, 1497-1498. Del mismo modo que anunciaban muchas predicciones que datan de varios siglos atrás, en la actualidad algunos expertos afirman que basta con mirar a nuestro alrededor para comprobar que las fuerzas predominantes del mundo moderno están desequilibradas. El último oráculo en presagiar el Juicio Final en 2012 proviene de un programa de ordenador que obtiene datos escalofriantes de internet. ¿Podrá la ciencia respaldar la teoría del futuro apocalipsis?

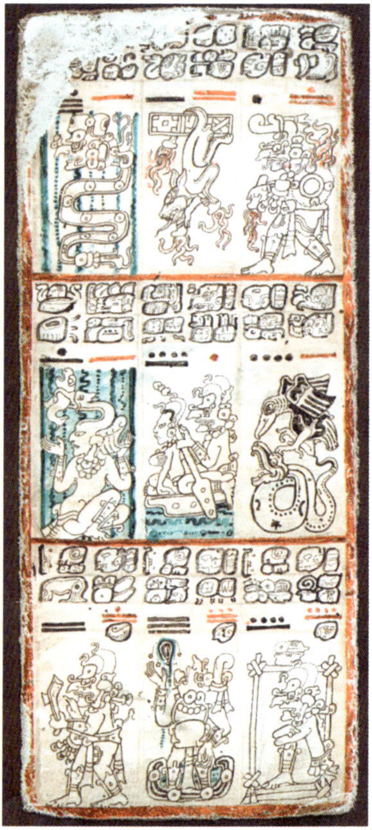

Página del manuscrito maya de Dresde que muestra una sección del Tonalamatl, una estación sagrada de 260 días. La civilización maya, obsesionada con la medición del tiempo y la astrología, creó calendarios tan precisos que podían predecir los eclipses lunares miles de años antes de que se produjesen. Algunos de esos calendarios, que registran más de diez millones de años, terminan misteriosamente en el solsticio de invierno del año 2012. ¿Será el 21 de diciembre de 2012 nuestro último día en la Tierra?

Sacerdotes del antiguo Egipto observando los astros desde la gran pirámide de Keops. Grabado de la revista *Nature* de 1891. Los egipcios creían que la Luna, el Sol, las estrellas y los planetas dictaban el destino de la Tierra. Atribuían divinidad a esos cuerpos celestes, y sostenían que las estrellas y la posición del Sol imponían y regulaban todo lo acontecido en la Tierra. Algunos autores afirman que sus jeroglíficos tratan de avisarnos de que la hecatombe final provendrá del cielo.

Las cuevas de Qumram. Desierto de Judea. En 1947, en una colina que se alza cerca del Mar Muerto, en Judea, dos beduinos encontraron siete rollos de manuscritos de más de dos mil años de antigüedad. Entre ellos se hallaba el llamado *Manuscrito de la Guerra*, la única versión original legada por un grupo de judíos místicos que afirmaban conocer cómo sería la última gran guerra. Algunos investigadores aseguran que nuestro destino final está escrito en él.

Grabado en color del oráculo de Delfos, 1865. Durante cientos de años, el oráculo de Delfos fue un centro de poder incomparable gracias a sus profecías. Según los textos antiguos, el trípode de la pitonisa o pitia se hallaba sobre una grieta muy profunda de la roca. Por esa grieta emanaban unos gases tóxicos que hacían que la mujer entrara rápidamente en un estado de embriaguez.

La tierra pura del buda Maitreya, 940. Pintura en seda proveniente de Asia Central. Las escuelas budistas hablan de la llegada del próximo Buda histórico, llamado Maitreya, una especie de mesías que nacerá en la Tierra para enseñar la doctrina budista (el dharma) y lograr la completa iluminación de todos los seres humanos.

Grabado del Apocalipsis, 1878. «Tocó el quinto Ángel... Entonces vi una estrella que había caído del cielo a la tierra. Se le dio la llave del pozo del Abismo. Abrió el pozo del Abismo y subió del pozo una humareda como la de un horno grande, y el sol y el aire se oscurecieron con la humareda del pozo. De la humareda salieron langostas sobre la tierra, y se les dio un poder como el que tienen los escorpiones de la tierra. Se les dijo que no causaran daño a la hierba de la tierra, ni a nada verde, ni a ningún árbol; sólo a los hombres que no llevaran en la frente el sello de Dios. Se les dio poder, no para matarlos, sino para atormentarlos durante cinco meses. El tormento que producen es como el del escorpión cuando pica a alguien. En aquellos días, buscarán los hombres la muerte y no la encontrarán; desearán morir y la muerte huirá de ellos.» (Apocalipsis 9, 1)

Subida al Empíreo, El Bosco, 1500-1503. Retablo sobre el Juicio Final en el que los ángeles salvarán las almas puras del infierno desatado en la Tierra. «Después nosotros, los que vivamos, los que quedemos, seremos arrebatados en nubes, junto con ellos, al encuentro del Señor en los aires. Y así estaremos siempre con el Señor.» (Primera Epístola a los Tesalonicenses 4, 17)

Caricatura en color, 1814-1815. El diablo y la muerte acompañan a Napoleón y a sus sanguinarios mientras observan París desde una ventana de las Tullerías. Según la Biblia, un carismático líder vendrá a seducir a la humanidad, pero no será un salvador, será el rey del terror y traerá consigo el Armagedón. El famoso profeta Nostradamus también anuncia la llegada de un tercer Anticristo. Los estudiosos señalan a Napoleón y a Hitler como sus predecesores... ¿Quién será el tercero?

Foto de la ficha policial de Charles Manson conocido por asesinar, junto a tres personas más, a la mujer del director de cine Roman Polanski, Sharon Tate, cuando estaba embarazada de ocho meses. Manson, que se autodenominaba Satán (además de Jesucristo, el Espíritu, el Anticristo y el Demonio), predicó una doctrina, mezcla de conceptos orientalistas y una reinterpretación de la Biblia. Según su filosofía, únicamente los que le siguieran se salvarían del Apocalipsis.

De izquierda a derecha, Lucía do Santos y Francisco y Jacinta Marto fotografiados en el año en que vieron a la Virgen. En primavera de 1917, a las afueras del pueblo de Fátima, Portugal, tres niños pastores afirmaron haber visto a la Virgen. Según la leyenda, María compartió con ellos tres secretos sobre el oscuro futuro que le esperaba a la humanidad. Envuelta en misterio durante ochenta y tres años, la tercera de las profecías podría referirse al cataclismo definitivo, a un mundo ahogado por las llamas de la Tercera Guerra Mundial o a la llegada de fenómenos tan devastadores que significarían el fin del mundo tal y como lo conocemos.

Retrato de Bernadette Soubirous, vidente que inició el culto a Nuestra Señora de Lourdes. Escuela francesa, siglo XX. En los dos milenios que han seguido a la muerte de la Virgen María, miles de personas aseguran haber experimentado fenómenos sobrenaturales conocidos como apariciones marianas, una herencia mística que se mantiene aún en los corazones de algunos seguidores de la fe católica. Los expertos religiosos dicen que hay signos que confirman una verdadera aparición, pero ¿pueden considerarse auténticas las visiones y los mensajes de los videntes?

Retrato de Michel de Nostradamus (1503-1566). Poco científico, muy polémico y envuelto en el misterio, el legado del vidente más famoso de todos los tiempos perdura desde hace más de cuatrocientos años, y todavía en la actualidad sus predicciones se consideran de gran precisión. De acuerdo con varios intérpretes de sus profecías, las catástrofes alcanzarán su cénit en 2012 y están empezando ya a recaer sobre nosotros. ¿Queda alguna esperanza?

Retrato de César Nostradamus (1555-1629). Antes de morir, Michel de Nostradamus legó a su hijo, César, su última gran obra, un compendio de ilustraciones proféticas que transmiten funestas advertencias sobre lo que nos deparará el año 2012.

San Juan Bautista, Leonardo da Vinci, 1513-1515. Según varios expertos, Da Vinci siempre estuvo interesado en la pintura como un modo de transmitir sus conocimientos y su forma de entender la vida. Muchos de ellos ven en este cuadro una advertencia sobre un futuro desastroso amenazado por un gran diluvio.

Retrato de Newton (1643-1727). Sir Isaac Newton, padre de la física, creador del cálculo y descubridor de las leyes que rigen el universo, poseía un lado oscuro, una obsesión que lo llevó a creer que había hallado una profecía bíblica secreta que señalaba el año 2060 como el del Armagedón.

Retrato de Edgar Cayce (1877-1945). Todavía nadie ha sabido explicar de forma científica cómo algunas personas tienen excepcionales facultades psíquicas para detallar el futuro, cómo pueden pronunciar augurios mediante signos y presagios… y que se cumplan. Es el caso del estadounidense Edgar Cayce, quien hizo predicciones extraordinarias, más allá de lo imaginable, hasta el punto de que ha sido calificado como el vidente con más talento del siglo XX.

John Dee y Edward Kelly convocando a un fantasma. Grabado en color, siglo XIX. John Dee (1527–1609) fue un notorio matemático, astrónomo, astrólogo y geógrafo, además de un hombre intensamente piadoso y cristiano, lo cual no le impidió dedicarse también a la alquimia, la adivinación, el ocultismo y la magia. Tras conocer al ocultista y médium Edward Kelly (1555-1597) trató de comunicarse con los ángeles a fin de aprender el lenguaje universal de la creación y lograr que los seres humanos se unieran antes de la llegada del Apocalipsis.

Retrato de Abraham Lincoln (1809-1865). Considerado por muchos uno de los mejores presidentes de Estados Unidos, Abraham Lincoln tuvo, a lo largo de su vida, frecuentes e inquietantes visiones que él consideró premonitorias. Hay constancia escrita de que la noche anterior a su asesinato soñó con la muerte y de que, a raíz del fallecimiento de uno de sus hijos, realizó varias sesiones de espiritismo.

Imagen de la catástrofe del 11-S. El 11 de septiembre de 2001 el mundo entero veía incrédulo cómo las Torres Gemelas del World Trade Center caían abatidas en un atroz atentado. Seis años antes, un hombre llamado Rick Rescorla auguró la catástrofe.

Representación de Hitler, Goering y Goebbels como los jinetes del Apocalipsis basada en la pintura *Los jinetes del Apocalipsis* de Arnold Boecklin, 1940. Más de seis décadas después de su caída, los símbolos del Tercer Reich sobreviven. No son pocos los que creen que el mensaje de Hitler no sólo ha logrado sobrevivir a lo largo de los años, sino que ha cobrado fuerza en nuestro tiempo. ¿Sigue el Führer inspirando la creencia en un nuevo orden mundial? ¿Podría hacerse realidad su deseo oculto de renacer de sus cenizas para liderar el denominado Tercer Reich milenario?

Primer plano de un texto de una Biblia antigua. Desde que existe la Biblia hay quien ha creído que había un código oculto entre sus páginas que claramente describe los acontecimientos pasados y futuros. Grandes secretos que sólo conocían los altos sacerdotes, revelaciones que respondían a una fórmula esotérica o mágica y que han retado a las mentes más brillantes de la historia a intentar descubrirlos. En estos momentos, muchos investigadores bíblicos insisten en que es científicamente demostrable la existencia de una clave digital.

Ilustración que plasma el desastre de Krakatoa, 1969. El 26 de agosto de 1883 la isla de Krakatoa explotó con una energía diez mil veces mayor que la bomba atómica de Hiroshima. Pueblos enteros se inundaron y murieron más de treinta y seis mil personas. La ceniza de la explosión alcanzó los ochenta kilómetros de altitud y viajó por la superficie del mar. Tres años después, los observadores de todo el mundo describían el crepúsculo y el alba de brillante colorido, producido por la refracción de los rayos solares en esas partículas minúsculas. ¿Podría volver a ocurrir algo así?

Vista del cometa Halley pasando por Francia el 26 de mayo de 1910. Desde el comienzo de la humanidad, los cometas han llamado poderosamente la atención de diferentes culturas. La aparición repentina de un cometa se asociaba a grandes males o augurios de cambio. En la actualidad, astrólogos de todo el mundo continúan estudiando los cometas, no sólo porque pueden informarnos sobre nuestros orígenes y la posibilidad de vida en el universo sino también porque lo que aprendamos con ellos puede salvar nuestra especie.

Detalle del grabado *La gran prostituta de Babilonia*, Durero, 1497-1498. «Y en su frente un nombre escrito —un misterio—: "La Gran Babilonia, la madre de las rameras y de las abominaciones de la tierra."» (Apocalipsis 17, 5). Según algunos expertos, los ejércitos de Nabucodonosor convirtieron a la antigua Babilonia en símbolo de maldad. Muchos de ellos creen que Irak es la nueva Babilonia. ¿Es posible que el Antiguo Testamento predijera el fin del mundo precisamente allí?

mensaje a la nación dijo: "Y a propósito, Babilonia, también tú experimentarás el mismo aguijón de la mano del Señor".»

Pero ¿cuándo ocurriría tal desastre? Isaías dijo que Babilonia sería destruida «en el día del Señor», y lo describió de la siguiente manera: «¡Será cuando el Sol, la Luna y las estrellas se oscurezcan, cuando la Tierra tiemble hasta sus cimientos, cuando Dios entre en la Historia para juzgar a los que se han opuesto a él!», cuenta Dyer.

El violento final anunciado por Jeremías

> He aquí que yo mando a buscar a todos los linajes del norte (—oráculo de Yahveh— y a mi siervo Nabucodonosor, rey de Babilonia), y los traeré contra esta tierra y contra sus moradores (y contra todas estas gentes de alderedor); los anatematizaré y les pondré por pasmo, rechifla y ruinas eternos.
>
> Jeremías 25, 9

Más de un siglo después de las profecías de Isaías, surgió Jeremías, nacido en 650 a. C., en Anatoth, a cuatro kilómetros al norte de Jerusalén. Hijo del sacerdote Helcías, Jeremías creía que Dios le había destinado a convertirse en profeta. «Jeremías estaba llamado a ser profeta aun antes de nacer, y ésta es la clave para comprender su vida. Su capacidad para adivinar el futuro era totalmente innata, ya que lo hacía de forma espontánea», indica la profesora de Estudios Religiosos Naomi Steinberg. Empezó a ejercer su misión en 625 a. C. y la realizó durante más de cuarenta años, bajo los reyes Josías, Joacaz, Joaquim, Joaquín (Jeconías) y Sedecías, a los que advirtió de la destrucción de Jerusalén a manos de Babilonia, por aquel entonces el gran poder que dominaba Oriente Próximo. Según Jeremías, el pueblo de Jerusalén se había alejado de Dios, y Él los castigaría. «La gente no respondía a sus prédicas, y Jeremías, que era un hombre de Dios, se sentía descorazonado viendo tanta corrupción y tantos pecadores. Se lamentaba de la terrible situación de Israel. Por eso vaticinó "llanto y crujir de dientes" para la siguiente generación», explica el escritor Tim Lahaye.

Jeremías es un ejemplo de vida religiosa y austera; padeció dolores y angustias por amor a su pueblo obstinado, y tuvo una paciencia invencible frente a las persecuciones de aquellos a los cuales amaba y advertía.

«Tenía fama de ser un "profeta llorica", porque siempre se estaba lamentando. No sólo por los maltratos que recibía, sino porque lloraba por Jerusalén. No paraba de pedir a la gente que cambiara su forma de vida», afirma el profesor Cargill. Su libro, también recogido en el Antiguo Testamento, se divide en dos partes, la primera de las cuales contiene las profecías que versan sobre Judea y Jerusalén (capítulos 2-45), y la segunda reúne los vaticinios contra otros pueblos (capítulos 46-51). En resumen, Jeremías predijo la redención del hombre por medio de la vuelta del pueblo de Israel del cautiverio de Babilonia, y que la liberación del pueblo hebreo estaba próxima.

Durante su tiempo, se ridiculizó y criticó a Jeremías, pero la historia acabó por darle la razón. Cuando se avecinaba la conquista de Jerusalén por parte de los babilonios, Jeremías lanzó un rotundo mensaje al rey Sedecías de Judea y a su pueblo. «Le dijo que los pecados de la gente impedirían su salvación. "Enfrentaos a ello: vamos a ser destruidos." Esto provocó la animadversión de la gente; lo encerraron en un depósito de agua e intentaron quitarle la vida», cuenta la teóloga y profesora de Estudios del Antiguo Testamento Dianne Bergant. Fue entonces cuando los vaticinios de Jeremías sobre la caída de Jerusalén se cumplieron. «En el año 586, los babilonios pusieron cerco a Jerusalén. Y, a consecuencia de ello, comenzó a escasear la comida y la situación se volvió cada vez más difícil. Los babilonios consiguieron penetrar en la ciudad, destruyeron los muros y también el Templo», indica Richard Nelson. Así, Jeremías, encarcelado, fue testigo de la destrucción de Jerusalén a manos del ejército babilonio. Sus días habrían acabado entonces de no ser porque los babilonios, al tomar la ciudad, lo liberaron. «Le ofrecieron protección para salir de Judea, pero él la rechazó. Estaba entregado al pueblo de Dios y quiso quedarse con ellos y sufrir su mismo destino», indica Naomi Steinberg.

Tras la conquista, los babilonios permitieron a Jeremías que se quedase en el país para evitar la esclavitud a perpetuidad. Sin embargo, gran parte de la población de Judea tuvo que ir al exilio, a Babilonia, tal como había vaticinado Jeremías: «Y después, dijo el Señor: "Y tras de esto —oráculo de Yahveh— entregaré al rey de Judea, Sedecías, a sus siervos y al pueblo que en esta ciudad quedare de la peste, de la espada y del hambre, en manos de Nabucodonosor, rey de Babilonia.» (Jeremías 21, 7). Pero durante ese tiempo de pesadumbre y consternación, Jeremías aseguró al pueblo que la destrucción de Jerusalén no pasaría inadvertida a los ojos de Dios, y profetizó una destrucción para Babilonia mucho más apocalíptica: «Será reducida toda esta tierra [...] luego, en cumpliéndose los setenta años, visitaré al rey de Babilonia y a dicha gente por su delito —dijo el Señor— y a la tierra de los caldeos trocándola en ruinas eternas.» (Jeremías 25, 11-12). Según Richard Nelson, «las palabras de Jeremías, que hasta entonces habían pronosticado el éxito de Babilonia, se convirtieron de pronto en una amenaza de perdición. Babilonia será destruida porque Dios no ayuda a imperios injustos».

En 539 a. C., aproximadamente ciento cincuenta años después de las profecías de Isaías, Babilonia cayó ante Ciro el Grande, el gran gobernante del Imperio persa, que derrotó a los babilonios de forma aplastante. Conquistaron el país, pero no destruyeron la ciudad, por lo que los estudiosos se preguntan si esta toma de Babilonia fue realmente el hecho augurado por Isaías y Jeremías. Para Randall Price, profesor de Arqueología y de Estudios Bíblicos, «Babilonia no fue destruida por sus enemigos, y la toma de la ciudad no se corresponde en absoluto con la destrucción de Sodoma y Gomorra, llevada a cabo por Dios». «Teniendo en cuenta que el Libro de Isaías data de 700 a. C., la duda que se plantea en este capítulo es a qué destrucción de Babilonia se refiere este profeta. Si es la que tuvo lugar en diciembre de 689 a. C., con Senaquerib de Asiria, o el ataque del persa Ciro, quien tomó la ciudad sin destruirla, en 539 a. C. O quizá hace referencia a la destrucción definitiva de Babilonia, en el futuro», especula el escritor Mark Hitchcock.

«En algunos relatos se afirma que los babilonios estaban celebrando su gran fiesta de Año Nuevo. Estaban borrachos y los persas se aprovecharon de la situación para atacar y apoderarse de la ciudad. Sin embargo, según el historiador griego Heródoto, las fuerzas persas embalsaron el río, soltaron el agua sobre los muros de Babilonia y entraron en la ciudad. A la mañana siguiente, cuando los habitantes despertaron de su embriaguez, Ciro ya ejercía el control», explica Daniel L. Smith-Christopher. En opinión de Charles H. Dyer, «lo que llama la atención de las profecías de Jeremías sobre Babilonia es que hablaba de una destrucción absoluta: los enemigos asolarán la ciudad, asesinarán a mujeres y niños, los muros caerán y la ciudad será saqueada». Ciro estaba preparado para marchar sobre Babilonia y tomarla sin derramar ni una gota de sangre. «Por tanto —afirma Nelson— es extraño que Jeremías vaticinara un final tan violento cuando en los acontecimientos reales no hubo ningún tipo de violencia.» Más tarde, Babilonia cayó en poder de Alejandro Magno, que la convirtió en capital de todos sus dominios; fue allí donde murió. Por último, perdió su posición preeminente ante la ciudad griega de Seleucia, a orillas del Tigris. En el primer siglo de nuestra era, Babilonia permanecía en pie, pues el apóstol Pedro la menciona (I Epístola de san Pedro 5, 13). Sin embargo, expertos en las Sagradas Escrituras interpretan que, cuando san Pedro dice en su Epístola «os saluda la Iglesia de Babilonia», quiere decir «la Iglesia de Roma».

Entonces, ¿fueron erróneas las profecías de Jeremías? ¿O todavía tienen que cumplirse? ¿Se refería a los judíos y Jerusalén, o a una destrucción universal y posterior sobre toda la faz de la Tierra? En la actualidad, estudiosos, investigadores y académicos de diferente índole especulan sobre estas profecías bíblicas, para dilucidar si se referían a su época o, por el contrario, a una Babilonia futura. La polémica parte de cómo se leen e interpretan los textos religiosos: recurriendo a la eiségesis o a la exégesis. Exégesis quiere decir en griego «guiar hacia fuera» y remite a una interpretación crítica y completa de un texto, extraer su significado real. Se suele contrastar con la eiségesis, que significa «insertar las interpretaciones personales en un texto dado». La eiségesis es el proceso de leer en un pasaje algo que no está ahí, insertar un significado que deriva de un interés personal. «Tiene una connotación negativa, porque quiere decir: "Leer en el texto lo que uno desea leer". Por tanto, podría acabar en censura si la interpretación no gusta al autor, al que se le denominaría eiségeta», indica Smith-Christopher. En general, la exégesis presupone un intento de ver el texto objetivamente, mientras que la eiségesis implica una visión más subjetiva. Según la teóloga Dianne Bergant, «todo el mundo cae un poco en la eiségesis, porque nosotros leemos con ojos de nuestro tiempo».

Para los creyentes, la Biblia se define como una colección de libros sagrados que fueron compuestos bajo la influencia del Espíritu Santo, escritos en diversas épocas y en distintos lugares por hombres a quienes Dios había escogido para este fin. Sin embargo, los expertos alejados de la devoción cristiana y hebrea no creen que constituya la puerta de la Revelación divina y, sin carácter sagrado, no deja de ser un libro de gran valor histórico pero sometido a diferentes versiones, revisiones y traducciones y, por tanto, no ven en el Antiguo Testamento más que un reflejo de ideas y mitologías sometidas a la mayor o menor objetividad de los diferentes autores que intervienen en su redacción. En este sentido, varias escuelas racionalistas diferentes trabajan para interpretar todas las Escrituras en forma natural de manera que se elimine cualquier rastro de milagros o profecías, o fines del mundo inminentes.

DANIEL, EL APOCALÍPTICO ASESOR IMPERIAL

> El año tercero del reinado de Joaquín, rey de Judea, Nabucodonosor, el rey de Babilonia, vino a Jerusalén y la sitió.
>
> Daniel 1, 1

Daniel era aún un adolescente cuando fue conducido cautivo a Babilonia, tras la destrucción de Jerusalén a manos de Nabucodonosor II, junto con tres compañeros suyos: Ananías, Misael y Azarías. «Era un prisionero de guerra judío, que fue deportado después de la conquista de Jerusalén, en 587 a. C. La historia nos dice que Daniel era miembro de la familia real, y que fue incluido en un programa de entrenamiento, que convertía en "ayudantes" a jóvenes prisioneros de guerra. Más tarde se convirtió en intérprete de los sueños y, por ello, era considerado un hombre de gran sabiduría», señala Daniel L. Smith-Christopher. Interpretó los sueños del rey Nabucodonosor, lo cual quedó recogido en el segundo capítulo del Libro de Daniel, incluido en el Antiguo Testamento y en el Tanaj hebreo.

Al parecer, en el segundo año de su reinado, Nabucodonosor tuvo una pesadilla. «Al despertar a la mañana siguiente, llamó a los sabios de palacio y les dijo: "Necesito que interpretéis el sueño que he tenido; me mortifica". Sus consejeros se arrodillaron ante él y le dijeron: "Oh, rey bienaventurado, cuéntanos tu sueño y lo interpretaremos para ti". Sin embargo, el rey Nabucodonosor no recordaba el sueño, así que quería que ellos se lo contaran. "Por favor, emperador nuestro —le decían los sabios—, nadie nos ha pedido nunca algo así. Cuéntanos tu sueño y te diremos lo que significa"», explica Smith-Christopher. Ante la impotencia mostrada por sus sabios, el rey se irritó y ordenó que les cortaran la cabeza.

Daniel también fue arrestado y, al enterarse del problema, pidió una oportunidad a Nabucodonosor para interpretar el contenido de su sueño: «Tú, oh rey, has tenido esta visión: una estatua, una enorme estatua, de extraordinario brillo, de aspecto terrible, se levantaba ante ti. La cabeza de esta estatua era de oro puro, su pecho y sus brazos de plata, su vientre y sus lomos de bronce, sus piernas de hierro, sus pies parte de hierro y parte de arcilla. Tú estabas mirando, cuando de pronto una piedra se desprendió, sin intervención de mano alguna, vino a dar a la estatua en sus pies de hierro y arcilla, y los pulverizó.» (Daniel 2, 31-34). El significado que dio Daniel de ese sueño fue que la cabeza de oro era el rey «"y después de ti viene otro reino de menos valor, de plata. Y detrás de ése vendrá otro de bronce. Por último, llegará una época de inestabilidad, ya que el hierro y la arcilla no pueden amalgamarse. Entonces, el Reino de Dios destrozará la estatua y pondrá fin al reino, que será arrastrado por los vientos de la Historia". El prisionero judío se atrevió a decir a Nabucodonosor, el gran rey, el gran conquistador, que su régimen se mantendría un tiempo, pero que perecería. Daniel fue recompensado por ello y pasó a ser uno de los principales consejeros del emperador», cuenta Smith-Christopher.

La interpretación de Daniel, según explica Tim Lahaye, fue que se sucederían cuatro reinos universales hasta el fin del mundo: Babilonia, los persas y los medos, el imperio helenístico de Alejandro y Roma —otros interpretan que el cuarto sería el reino de los diádocos, los sucesores de Alejandro—. «Lo más interesante es que el Imperio romano se dividió en dos, simbolizado por las dos piernas», afirma. «Mientras la palabra estaba en boca del rey, se oyó una voz desde el cielo que decía: "Oh, rey Nabucodonosor, a ti te hablo. El reino se apartará de ti".» A pesar de este mal augurio, Daniel fue nombrado gobernador de la provincia de Babilonia y jefe de los sabios, cargo que ostentó incluso durante el reinado del siguiente monarca, Belsasar.

Sesenta años después de la profecía de Daniel sobre el rey Nabucodonosor, Babilonia fue conquistada por los medos, comandados por Darío el Medo —personaje citado en su libro pero desconocido por la historia—. Fue en esta época cuando los sátrapas urdieron un complot contra Daniel y consiguieron que lo echaran al foso de los leones, donde el profeta no sufrió daño alguno. Cuando Darío comprobó el milagro, ordenó liberar a Daniel y echar al foso a sus acusadores, que perecieron devorados por las bestias. Daniel continuó en sus altos cargos; luego, cuando los medos fueron sometidos por los persas, el profeta gozó del favor de Ciro hasta su muerte.

A lo largo de su vida, Daniel conservó su honradez visionaria en circunstancias difíciles y en medio de la fascinación de diversas cortes. La Biblia le cita como prototipo de santidad y rectitud (Ezequiel 14, 14-20) y de sabiduría (Ezequiel 28, 3) —aunque algunos estudiosos bíblicos sostienen que ese Daniel citado por Ezequiel es otro personaje distinto—, y el mismo Jesús habla del «profeta Daniel» (Mateo 24, 15), repitiendo el sobrecogedor término, «la abominación de la desolación» (con el que se refiere a la destrucción del mundo) del capítulo 9, 27 de su libro. Incluso, en la tradición islámica, aunque no se le menciona en el Corán, se le considera un profeta. Tanto de joven como ya de anciano, tuvo diversas visiones apocalípticas que anunciaban, por medio de símbolos y claves numéricas, el final de los tiempos para dar paso a la instauración del Reino de Dios sobre la Tierra.

Para algunos expertos, el Libro de Daniel —escrito en hebreo y arameo— es uno de los más misteriosos y de difícil interpretación del Antiguo Testamento, y lo llaman «el primer Apocalipsis», cuyas visiones serían en gran parte incomprensibles, si no tuviéramos en el Nuevo Testamento un libro paralelo, el Apocalipsis de san Juan. Además, muchos se preguntan si los sucesos históricos que sirven de marco para sus visiones y profecías, al igual que las de Isaías y Jeremías, deben tomarse en sentido literal e histórico, como pistas de algún suceso, o si se trata sencillamente de tradiciones legendarias y creaciones de la fantasía. También se preguntan si aquellas profecías se aplicarían sólo a la época en que fueron escritas, o si podrían referirse también al presente. En este sentido, durante siglos, estudiosos, académicos y religiosos han ponderado el auténtico significado de los vaticinios sobre Babilonia. Aquel glorioso reino se acercaba a su final. Pero ¿y si la predicción de estos profetas mayores sobre el final de Babilonia tuviera lugar dos mil años después? Sus vaticinios sobre Babilonia ¿podrían ser relevantes hoy en día? Algunos expertos aseguran que hay signos que están cumpliéndose en la actualidad.

La conexión con Saddam Hussein

> Un Ángel poderoso alzó entonces una piedra, como una gran rueda de molino, y la arrojó al mar diciendo: «Así, de golpe, será arrojada Babilonia, la Gran Ciudad, y no aparecerá ya más...».
>
> Apocalipsis 18, 21

A lo largo de la historia, los expertos no se han puesto de acuerdo para interpretar la cantidad de símbolos, eventos y profecías de las revelaciones de Isaías, Jeremías o Daniel. En dos capítulos del *Libro de las Revelaciones* (o Apocalipsis de san Juan) se describe Babilonia como la Gran Ramera, lo cual también es motivo de debate entre los investigadores, que intentan aclarar si se refiere a Babilonia como ciudad, o debe interpretarse en sentido metafórico. El enigmático pasaje que habla de Babilonia como si se tratase de una prostituta dice: «Y en su frente un nombre escrito, un misterio: "La Gran Babilonia, la madre de las rameras y de las abominaciones de la tierra".» (Apocalipsis 17, 5). Según las explicaciones de Daniel L. Smith-Christopher, «a causa de los ejércitos de Nabucodonosor que destruyeron la ciudad, Babilonia se convirtió en símbolo de maldad. Y así, los judíos llamaron Babilonia a imperios posteriores». Para Tim Lahaye, «Babilonia representa la rebelión contra Dios, la idolatría y la herejía. Y también representa los deseos humanos de dominio sobre el prójimo».

Babilonia suele identificarse, según algunos investigadores, con la Roma imperial, no con el imperio de Nabucodonosor. En particular, hay un pasaje del libro que parece referirse expresamente a Roma: «Aquí es donde se requiere inteligencia, tener sabiduría. Las siete cabezas son siete colinas, sobre las que se asienta la mujer» (Apocalipsis 17, 9). «En la extrapolación que se hace del *Libro de las Revelaciones* al Nuevo Testamento, se advierte claramente que se refiere al Imperio romano; sobre todo donde se habla de Babilonia "la prostituta". Esto es así porque cuando el Imperio romano empezó a perseguir a los cristianos, fue considerado la viva imagen del mal, que amenazaba los propósitos de Dios», mantiene Walter Brueggemann, profesor del Antiguo Testamento de la Universidad de Columbia, Nueva York. También el reverendo Fredrick W. Schmidt Jr., profesor en la Universidad Metodista del Sur, comparte la idea de que existe una conexión entre la ciudad de Babilonia y Roma, conocida como la «Ciudad de las Siete Colinas». En este sentido, «la prostituta» de la que habla el Apocalipsis tendría el mismo significado de perversión, idolatría y desenfreno característicos de la alta sociedad romana de entonces.

Sin embargo, en el otro plato de la balanza hay expertos como el escritor Mark Hitchcock que aseguran que «no se trata de siete montañas ni de las siete colinas de Roma, sino de siete reyes». Asimismo, el profesor de Teología Daniel L. Smith-Christopher sostiene que las profecías sólo se refieren a la antigua Babilonia: «Yo no creo que los profetas bíblicos de la época de Babilonia se refiriesen a un régimen de siglos posteriores. Debemos tratar de hacer historia con seriedad. Y eso significa leer a los profetas situándonos en su tiempo».

Otros expertos identifican Babilonia con Jerusalén —que, como Roma, también tiene siete colinas—, y que contrastaría radicalmente con la Nueva Jerusalén —la cual gobernaría el mismo Dios—, que se cita en los dos últimos capítulos del Apocalipsis. Parte de las catástrofes que se citan en las *Revelaciones* podrían asociarse con el asedio y la destrucción de Jerusalén y su Templo en el año 70, por las legiones romanas, comandadas por el general Tito. Ese hecho supuso el final de la Primera Guerra Judeo-Romana, la primera de las tres principales rebeliones en la provincia de Judea contra el Imperio romano y que supuso la esclavización o matanza de gran parte de la población judía.

Al margen de cuándo o dónde estuviera esa Babilonia, los conflictos acaecidos en la región, a partir del siglo XX, han aumentado el interés por estas profecías. «A la gente le gustan porque predicen el futuro. De hecho, el *Libro de las Revelaciones* sólo tiene sentido si lo tomamos al pie de la letra, salvo alguna variante, y reconocemos que es una predicción sobre hechos que pueden suceder», dice Tim Lahaye.

Es más, hay quienes aseguran que hay una parte de la profecía babilónica que aún debe cumplirse: «En un solo día llegarán sus plagas: peste, llanto y hambre, y será consumida por el fuego. Porque poderoso es el Señor Dios que la ha condenado.» (Apocalipsis 18, 8). Según escribe Mark Hitchcock en su libro *The Second Coming of Babylon*, Irak es la zona geográfica del planeta donde más actividad demoníaca existe, según el Apocalipsis 9, 13-15. Es más, en el Apocalipsis 18 se dice que se construirá una nueva Babilonia, la cual será el centro comercial más grande del mundo. Es precisamente en este punto donde él y otros expertos vieron en el intento de Saddam Hussein por recuperar el esplendor de la legendaria urbe los vaticinios de hace más de dos mil seiscientos años. «Al año siguiente de acceder al poder, en 1979, Saddam Hussein inició la guerra contra Irán y comenzó la reconstrucción de Babilonia. En 1987 se terminó una parte del palacio de Nabucodonosor y muchos templos de la zona, así como el teatro levantado por Alejandro el Grande y sus sucesores. Un año después había construido tres colinas gigantes que encuadraban la ciudad de Babilonia; con tal motivo dijo: "Nabucodonosor tenía un palacio en Babilonia; yo tengo Babilonia en mi palacio"», cuenta Charles H. Dyer.

Hussein reconstruyó el palacio de Nabucodonosor con sus seiscientas habitaciones elevando un zigurat de cemento en un montículo sobre los restos arqueológicos de la antigua ciudad. La construcción indignó a los expertos en historia antigua como Dan Cruikshank, que visitó la versión de Hussein del palacio, y quedó «conmocionado al ver lo horroroso que era». «Nabucodonosor —cuenta Dyer— había construido la mayor parte de la ciudad original y estampado su nombre en los ladrillos, con una leyenda que indicaba que él era su constructor. Saddam Hussein excavó para buscar los cimientos de los antiguos edificios. Limpió la zona y empezó a construir, directamente, sobre esos cimientos originales. Sustituyó las inscripciones antiguas por las suyas, e incluso utilizó la misma leyenda, no en escritura cuneiforme, sino en árabe y decía: "En la era de Saddam Hussein, protector de Irak, quien reconstruyó la civilización y reconstruyó Babilonia".»

Adyacente al antiguo palacio de Nabucodonosor, Saddam construyó un ostentoso palacio para él, nuevo emblema de su poder. El edificio de cuatro pisos se extiende a través de un área tan grande como cinco campos de fútbol y en él se invirtieron enormes sumas de dinero, para crear lagos artificiales y cascadas, magníficos jardines, habitaciones cubiertas de mármol y otros lujos. Incluso levantó un modelo a escala de la Puerta de Ishtar. Tras más de dos mil años bajo las arenas del desierto, Babilonia reviviría y, como el poderoso Nabucodonosor II, conquistador de Jerusalén, así Saddam Hussein reinaría en el mayor imperio del mundo.

La reconstrucción de la ciudad de Babilonia conduce a las visiones más apocalípticas del *Libro de las Revelaciones* y a la proximidad del fin del mundo. Fue ahí donde se inició la civilización (Génesis 2, 10-14) y se dice que también ahí se librará la Tercera Guerra Mundial, como si la historia sólo girara en círculo. Allí se anunció por primera vez —de forma críptica— la venida del Mesías (Génesis 3, 15); se originó la primera rebelión mundial masiva en contra de Dios, cuando los seres humanos quisieron construir la torre de Babel (Génesis 11, 2-4), y se construyó el primer reino de la historia (Génesis 10, 10). De esta tierra (la Ur de los caldeos) salió el primer hombre que Dios llamó para fundar la nación hebrea: Abraham (Génesis 11, 31). «El argumento sobre el fin de los tiempos consiste en que Dios dio comienzo al mundo, y por tanto será Dios quien le ponga fin. Así como hubo un primer día, habrá también un último. La Tierra será destruida. Los hombres se adelantarán para ser juzgados. Los justos serán recompensados y los perversos, castigados», indica Amir Hussain, profesor de la Universidad Loyola Marymount, de la Compañía de Jesús, ubicada en Santa Clara, California.

En este sentido, algunos investigadores creen que este fin del mundo encaja con las profecías sobre Babilonia, el Irak moderno, e incluso con la guerra nuclear. En opinión de Hussain, «muchos temen que se usen armas nucleares en Oriente Próximo, y son ese tipo de armas las que podrían producir el conflicto final». En el capítulo 9, 15 del *Libro de las Revelaciones* se dice: «Y soltaron a los cuatro ángeles, que se habían preparado durante una hora, y un día, y un mes, y un año, para matar a la tercera parte de los hombres». «Se habla de dos ángeles, o demonios, atados sobre el río Éufrates. Se sabe que ése es el territorio que corresponde a Babilonia, en Irak. Se dice que cuando sean liberados, caerán sobre la Tierra y matarán a trescientos millones de personas. Se refiere a un momento de la historia en que los hombres serán asesinados en masa. Un tiempo en que la tercera parte de la Tierra será destruida. Con esas cifras, tiene que ser una guerra nuclear», sostiene el escritor Michael D. Evans. «Es probable —añade— que seamos testigos de un desastre más grave y más peligroso de lo que nadie pueda imaginar, y seguramente ocurra antes de lo que pensamos.» Sin embargo, Adrian Lewis, profesor de Historia de la Universidad de Texas, es escéptico sobre el riesgo de un holocausto nuclear en un futuro próximo. «Yo no veo a Estados Unidos —dice— usando armas nucleares en esa región y, por ahora, Irak no tiene capacidad para fabricarlas. Así que no comparto esa idea.»

Carros de combate en el Antiguo Testamento

¿Existe una relación entre los acontecimientos actuales y las antiguas profecías? ¿La Babilonia sentenciada por los profetas podría ser el Irak moderno? ¿Qué leen entre líneas aquellos que defienden estas teorías tan catastrofistas para que apunten a nuestra era? Durante la segunda guerra en Irak, ¿el mundo estuvo al borde de una Tercera Guerra Mundial?

El 20 de marzo de 2003, la segunda coalición de fuerzas militares estadounidenses entró en Irak, al frente de la Operación Libertad Iraquí. Para muchos observadores, Bush hijo quiso retomar la guerra del Golfo donde la dejó su padre, lo que provocó la desunión entre los europeos, la OTAN, la ONU y el mundo árabe. «En palabras del profeta Isaías: "Los cautivos, salid. Los que estáis en la oscuridad, liberaos"», dijo el presidente George W. Bush. Al igual que ocurrió con la primera guerra del Golfo, de 1991, hay quien afirma que también existen paralelismos entre aquellos vaticinios y la segunda guerra del Golfo.

Los defensores de que hay pasajes del Antiguo Testamento que profetizan sobre el destino de Saddam y su familia se basan fundamentalmente en dos predicciones de Isaías. «Yo me alzaré contra ellos —dijo el Señor a las multitudes— y suprimiré en Babilonia el nombre y resto, hijos y nietos» (Isaías 14, 22). En estas palabras hay quienes encuentran una relación directa con la caída de Saddam Hussein y sus dos hijos, Uday y Qusay. Los dos murieron el 22 de julio de 2003, en un tiroteo con las tropas estadounidenses, en una residencia del extremo norte de Mosul, Irak. La otra profecía encontrada en Isaías parece referirse directamente a lo que sucedería tras la ocupación militar de Irak: «[...] y todas las estatuas de sus dioses se han estrellado contra el suelo!» (Isaías 21, 9). El 9 de abril de 2003, en la plaza Fardos, una gran estatua de Saddam Hussein fue derribada con ayuda de los soldados estadounidenses. A muchos expertos, como Tim Lahaye, les parece exagerada esa comparación. «Intentar utilizar las profecías hasta ese punto puede resultar peligroso», afirma el escritor.

Hay quienes opinan que, además, Isaías vaticinó las armas utilizadas en las guerras de Irak: «Pues bien: por ahí vienen jinetes, troncos de caballos. Replicó y dijo: "Cayó, cayó Babilonia [...]"» (Isaías 21, 9). Para Michael D. Evans, este versículo del Antiguo Testamento podría hacer referencia a los carros de combate M1 Abrams, el tanque más perfeccionado que existe, con un cañón de ciento veinte milímetros y una gran potencia de fuego, que empleó el ejército de Estados Unidos en la segunda guerra contra Irak. «Se trata de una descripción metafórica de lo que vio, pero no cabe duda de que los Abrams representan a la perfección lo que predijo Isaías.» Por el contrario, Daniel L. Smith-Christopher sostiene que «los carros eran una de las armas más temibles de la época antigua. Eran la plataforma móvil usada por egipcios, asirios y babilonios para lanzar flechas contra el enemigo. Sin embargo, me parece arriesgado asumir que la referencia a un carro, un arma temible de los tiempos bíblicos, implique automáticamente la referencia a un arma del futuro. Ése es un paso muy peligroso, porque se termina justificando el uso de algunos de los inventos más espantosos de nuestro tiempo».

Por otra parte, algunos creen que la captura de Saddam se predijo en el Libro de Daniel: «Y al punto se cumplió la palabra en Nabucodonosor: fue arrojado de entre los hombres, se alimentó de hierba como los bueyes, su cuerpo fue bañado del rocío del cielo, hasta crecerle sus cabellos como plumas de águila y sus uñas como las de las aves» (Daniel 4, 30). La explicación de Michael D. Evans es que, según la predicción, Nabucodonosor acabaría volviéndose loco y buscaría refugio en el campo. «Según Daniel, ese hombre perdería su imperio, huiría para salvar la vida y terminaría completamente desorientado. Y fue precisamente eso lo que le ocurrió a

Saddam Hussein: tuvo que huir y acabó escondido en una cueva, completamente al margen del mundo. No hay diferencia.» Según este experto, así ocurrió el 13 de diciembre de 2003, durante la captura de Saddam Hussein, cuando un delator condujo a los soldados norteamericanos hasta un pequeño agujero bajo tierra cerca de Tikrit, la ciudad natal del ex líder iraquí.

No obstante, todavía hoy se desconocen las auténticas intenciones de las profecías, sus verdaderos significados y, lo más importante, nadie se atreve a determinar las fechas en las que podrían suceder. En opinión del reverendo Fredrick W. Schmidt Jr., «hay gente que se ha dedicado a leer el *Libro de las Revelaciones* y el Libro de Daniel, ambos de contenido apocalíptico, y a extrapolar determinados pasajes a la actualidad. En definitiva, crean sus pronósticos a partir de la literatura. La gente debe saber que las *Revelaciones* no pueden interpretarse en función de las noticias publicadas en los medios». «En la actualidad no hay un concepto claro de qué es una profecía, porque en realidad los profetas no hacían predicciones sobre nuestra época. Su mensaje iba dirigido, en primer término, a sus contemporáneos, aunque a menudo ese mensaje puede tener alguna relevancia para nosotros hoy en día. Pero eso no es lo mismo que decir que, cuando los profetas hablaron, pensaban concretamente en determinados años, en el siglo XXI», afirma Daniel L. Smith-Christopher. En este mismo sentido opina Amir Hussain: «Dios habla a los profetas, y ellos transmiten sus palabras para salvar a la humanidad. Así que, más que profecías sobre el futuro, son advertencias: "¡Mirad lo que Dios les hizo a ellos!"».

Tercera parte

GRANDES VISIONARIOS Y ADIVINOS

13

Nostradamus y sus predicciones para el siglo XXI

Poco científico, muy polémico y rodeado de misterio, el legado del vidente más famoso de todos los tiempos perdura desde hace más de cuatrocientos años y todavía hoy sus predicciones se consideran de gran precisión. Nostradamus observó las estrellas y vio el futuro en peligro. Nos advierte de la inminencia de una catástrofe de dimensiones épicas. ¿Queda alguna esperanza?

El hombre tras la leyenda

Michel de Nôtre-Dame, Nostradamus, el más renombrado y famoso profeta de cuantos han sabido interpretar los astros, nació en Saint-Rémy-de-Provence, en el sur de Francia, el 14 de diciembre de 1503. Hijo de Jacobo de Nôtre-Dame, notario de aquel lugar, su familia era de origen judío, según algunos autores, de la tribu de Isacar —al parecer, pródiga en adivinos—, convertidos al cristianismo en torno a 1480 ante la amenaza de que a los hebreos de Provenza les confiscaran todos sus bienes si no se bautizaban. El abuelo, Abraham Salomón, al cambiar de religión tomó el apellido de Nôtre-Dame (Nuestra Señora), en alusión a la Virgen, una práctica común entre los conversos, que más tarde Michel latinizaría y convertiría en Nostradamus. De sus abuelos recibió el conocimiento de las ciencias matemáticas y la Kabbalah hebraica (la Cábala), lo que por aquel entonces significaba adentrarse en la astrología, en la medicina y en la farmacia. En el prólogo de *Las Centurias*, él mismo afirma que ellos le transmitieron el don de predecir el futuro.

Jean Amié de Chavigny, magistrado de la ciudad de Beaune en 1548 y doctor en Derecho y Teología, escribió sobre sus primeros años de vida.

Parece ser que Michel, desde muy joven, aprendió a manejar el astrolabio para determinar la posición de las estrellas sobre la bóveda celeste y a descubrir el destino de los hombres en sus aparentemente caprichosas conjunciones. Nostradamus fue enviado a Aviñón para cursar letras y formarse en humanidades. Después se marchó a Montpellier, donde estudió Medicina en su célebre universidad. En 1525, una grave epidemia de peste asoló Narbona, Tolosa y Burdeos, y Michel, sin haber obtenido todavía de forma oficial su título, puso al servicio de los enfermos el fruto de cuanto había aprendido durante sus estudios. Con sólo veintidós años, inventó unos polvos preventivos que tuvieron mucho éxito.

Cuando Montpellier se liberó de la epidemia de peste, regresó a esta ciudad, donde por fin obtuvo el título de doctor, y a continuación se estableció en Agen, donde se casó y tuvo dos hijos, pero muy pronto toda su familia falleció. Nostradamus había curado a mucha gente, pero no pudo salvar de la peste a su esposa e hijos, que fueron víctimas de la epidemia que él había aprendido a dominar. Si sabía cómo curar la enfermedad, ¿por qué no atendió a su familia antes de que fuese demasiado tarde? Para quienes eran sus vecinos de Agen, esas muertes significaron un claro signo de «castigo divino» por sus insólitas prácticas médicas, que comenzaron a considerarse simplemente brujería. Roto de dolor, se vio obligado a abandonar la ciudad con la sombra del Tribunal de la Inquisición persiguiéndole. Su tragedia personal le llevó a emprender un largo viaje, de más de diez años, por Francia e Italia. En su deambular encontró e intercambió información clandestinamente con varios doctores, alquimistas, cabalistas y místicos renacentistas. En su peregrinar atendió a numerosos enfermos de peste con tratamientos que consistían en respirar aire puro y tomar agua limpia y hierbas medicinales.

De aquella época data la famosa anécdota sobre la primera manifestación pública de su don profético. Sucedió en una aldea en la campiña de Ancona. La historia cuenta que se cruzó con tres monjes mendicantes, unos franciscanos harapientos; humildemente se arrodilló ante uno de ellos, llamado Felice Peretti. El grupo, sorprendido por su comportamiento, le instó a levantarse del barro, pero el médico se negó y respondió: «No hago otra cosa que rendir el debido respeto a Su Santidad». Felice Peretti estaba llamado a cumplir con un gran destino. Diecinueve años después de la muerte de Nostradamus, en 1585, el humilde monje Peretti subiría al trono pontificio bajo el nombre de Sixto V.

En el año 1544, Nostradamus se casó con una viuda adinerada, Anne

Ponsarde Gemelle, en la villa de Salon, que entonces se llamaba Salon-de-Crau, donde fijó su residencia y abrió su consulta en la que atendía a una nutrida clientela ansiosa por adquirir sus aceites, pócimas y bebedizos contra todo tipo de males. Ese período de paz y de comodidad fue muy fructífero y tuvo varios hijos con su bondadosa y comprensiva segunda mujer, con la que Nostradamus compartiría la última etapa de su vida y en quien encontraría siempre un gran apoyo. Fue en esos primeros años en Salon cuando elaboró una de sus más apreciadas pócimas, capaz de curar la esterilidad. Se cuenta que empleó este remedio con la florentina Catalina de Médicis, nieta del papa Clemente VII, hija de Lorenzo II de Médicis y esposa del rey de Francia, Enrique II. Durante once años de matrimonio, Catalina no tuvo hijos. Tras ingerir el preparado de Nostradamus —elaborado con orina de cordero, sangre de liebre, la pata izquierda de una comadreja sumergida en vinagre fuerte, cuerno de ciervo en polvo, estiércol de vaca y leche de burra—, llegó a parir de forma prodigiosa hasta alumbrar a diez hijos.

En Salon también se dedicó a escribir diversas obras médicas y a profundizar en libros de astrología y adivinación, que lo acercaron a lo oculto. Con su supuesta habilidad para prever el futuro, escribió una serie de almanaques anuales, el primero de los cuales se publicó en 1550. Tras obtener un gran éxito, comenzó a redactar sus célebres *Prophéties* (o *Las verdaderas centurias astrológicas y profecías*), cuya primera edición, que incluía cuatro Centurias o volúmenes con cien profecías escritas en forma de cuartetas o estrofas de cuatro versos cada una, vio la luz en el año 1555. Tres años más tarde, la colección quedó completada con otros seis volúmenes. Redactadas en un lenguaje ambiguo y hermético, y en cuartetos rimados, lo cual dificulta aún más su interpretación, sin orden cronológico, las Centurias exponen confusas profecías y pronósticos sobre un período histórico que llega hasta el año 3797.

Estas crípticas cuartetas causaron un auténtico revuelo. El éxito fue inmediato y granjeó a Nostradamus el reconocimiento de toda Francia. Muchas personas acudían a él buscando lo que les depararía el futuro. Nostradamus fue reclamado en París, donde Enrique II y su esposa Catalina le pidieron que profetizara el futuro de sus pequeños hijos. Los monarcas lo colmaron de regalos y su personalidad e impresionante figura barbada hechizó a los cortesanos. El heredero de la corona o delfín de Francia era el primogénito Francisco, comprometido desde la infancia con María Estuardo, hija del rey de Escocia. Tras la muerte de Luis, el segundo hijo, le seguía Carlos. Sin embargo, el favorito de Catalina era Enrique, entonces duque de Angulema. Cuando Nostradamus le dijo que éste y no su hermano mayor sería rey de Francia, Catalina no dudó de la veracidad de sus vaticinios. En los años siguientes, su prestigio aumentó hasta límites inconcebibles cuando una de sus predicciones, la relativa a la muerte del rey, se cumplió tal como él había escrito.

Explorador de lo desconocido

Durante las noches en vela, un estado de trance conducía a Nostradamus hasta la clarividencia, según él mismo escribió, durante la cual los siglos por venir se abrían ante sus ojos; veía las imágenes del futuro como si estuvieran en un recipiente de agua. Pero además de vidente también fue un inteligente astrólogo que creía que el mapa del futuro está escrito en las estrellas. El conocimiento sobre los cielos fue imprescindible en su trabajo. «La idea de predecir el futuro se apoya en la asunción de que el tiempo es cíclico. Que los movimientos del Sol, de la Luna y de las estrellas siguen unos patrones y que las posiciones de unos planetas respecto de otros se repiten, lo que provoca acontecimientos similares», indica el historiador que se autoproclama «antropólogo de lo extraño», Vincent Bridges.

Sus mil predicciones, de las que sólo se conservan novecientas cuarenta y dos, están envueltas en una serie de referencias simbólicas y arcanas, escritas en un estilo oscuro y artificioso, y sus contenidos enigmáticos mezclan varios idiomas que se pueden interpretar de muchas maneras. Probablemente, Nostradamus temía las repercusiones de sus funestos vaticinios y por ello las disfrazó en forma de complicados poemas de cuatro versos. «Estamos corriendo la cortina de una materia esotérica de la que hace apenas unos siglos no se podía ni hablar en Occidente. Si en aquella época alguien hubiera osado reconocer abiertamente que sabía cuándo iba a acabarse el mundo, lo habrían quemado en la hoguera. Se trata, por tanto, de un conocimiento peligroso y muy relevante del que sólo ahora podemos hablar con total libertad», explica Bridges. Es posible que Nostradamus fuera consciente del poder de todos esos saberes prohibidos, ya que chocaban de frente con las autoridades eclesiásticas. Para Dolores Cannon, autora de *Conversaciones con Nostradamus*, era una muestra del poder de la Iglesia de entonces. «La más mínima relación que hubieran podido establecer entre las cuartetas y la Iglesia o el futuro habría significado su muerte. Ése es el motivo de tanto misterio y la razón por la que se servía de tantos trucos para escribirlas.»

No obstante, hay quienes argumentan que con sus profecías Nostradamus no pretendía ser riguroso, sino simplemente dejarse llevar por la inspiración. Así, en 1542 escribió a su hijo César:* «Estando a veces durante toda una semana penetrado de la inspiración que llenaba de suave olor mis estudios nocturnos, he compuesto, mediante largos cálculos, libros de profecías un poco oscuramente redactados, y que son vaticinios perpetuos desde hoy hasta el año 3797. Es posible que algunas personas muevan con escepticismo la cabeza en razón de la extensión de mis profecías sobre tan largo período, y sin embargo todas ellas se realizarán y se comprenderán inteligiblemente en toda la Tierra». Más adelante escribió: «Y los hombres que vendrán después de mí conocerán la verdad de lo que digo, porque habrán visto que infaliblemente se realizaban varios acontecimientos vaticinados por mí. También sabrán los que quedan por cumplir, pues los he indicado con claridad».

En sus Centurias hay una cuarteta que dio a Nostradamus reputación mientras vivió, una fama que no decaería hasta su muerte. La cuarteta fue la siguiente: «El joven león dominará al viejo / En campo bélico, por duelo singular / En jaula de oro le saltará los ojos / Dos clases una, luego morir con muerte cruel» (Centuria I, cuarteta 35). Cuatro años después de haberse publicado esta profecía, Enrique II, para celebrar la boda de su hija mayor, Isabel, con el rey de España Felipe II, que se celebró por poderes en París en junio de 1559 (con el duque de Alba en representación del monarca español), dispuso todo lo necesario para una fiesta que duró tres días y en la que se revivieron los torneos o justas de caballería, caídas en desuso, pero a las que el rey era muy aficionado. Enrique II participó activamente en los torneos y encontró allí su destino. El león —signo astrológico de Francia y de su rey— murió entre terribles dolores a causa de una astilla que atravesó el yelmo de oro de su majestad y le perforó un ojo. La fatídica astilla saltó de la lanza del león heráldico de Escocia al partirse, bajo cuyo blasón combatía el conde de Montgomery, lugarteniente entonces de la guardia escocesa en la corte de Francia, y doce años más joven que el rey francés. Como auguraba la profecía, de las dos heri-

* El primogénito de su segundo matrimonio, con Anne Ponsarde Gemelle. Véase el capítulo 20.

das —fractura de cráneo y un ojo atravesado— sólo la segunda fue mortal. La agonía de Enrique duró doce días; murió el 10 de julio de 1559. Nostradamus únicamente se equivocó en un detalle: no fueron los dos ojos sino uno solo el herido. Cuentan que el rey maldijo al profeta en su lecho de muerte, al comprender entonces el alcance de su fatídica profecía.

Aunque Nostradamus no fue el único en profetizar la desgracia, pues también lo hizo el astrólogo oficial de Catalina de Médicis, Luca Gaurico, vidente de gran prestigio a quien el papa Paulo III Farnese consagró obispo, a raíz de este hecho, a su fama de médico se unió la faceta de visionario, y Nostradamus se convirtió en una mezcla de terapeuta y mago a los ojos de la sociedad de la época. El reinado del heredero de Enrique, Francisco II —rey de Escocia tras el matrimonio con María Estuardo en 1558— duró poco más de un año. A su muerte por culpa de una otitis, Catalina de Médicis se convirtió en Regente del monarca Carlos IX, de sólo catorce años, y Francia no tardó en comprobar que una nueva etapa había comenzado. Pero a Nostradamus las cosas no le fueron mal. Incluso Catalina viajó a Salon con toda su corte para entrevistarse con él. El hecho de que la regente fuera al encuentro del profeta, en lugar de reclamar su presencia en París, no escapó a la perspicacia de los cortesanos, habituados a conservar su vida y fortuna acomodándose al humor de los reyes. La reputación de Nostradamus aumentó cuando, en 1564, Carlos IX de Francia lo nombró médico de la corte.

La admiración social que despertaba el profeta no dejó de aumentar, incluso tras su muerte el 2 de julio de 1566, día en el que, como había predicho, falleció. Según la narración de su secretario Chavigny, Nostradamus sabía el día y la hora de su muerte, «puesto que, a finales de junio de dicho año, había escrito de su propia mano estas palabras latinas: "*Hic prope mors est*" (mi muerte está próxima). Y el día antes de pasar de esta vida a la otra, habiéndolo yo asistido durante largo tiempo y habiendo estado cuidándolo desde el anochecer hasta el día siguiente por la mañana, me dijo estas palabras: "¡No me verá con vida la salida del Sol!"». Según dejó escrito en su testamento, no deseaba ser «enterrado a la manera habitual, sino colocado verticalmente contra la pared de la iglesia de los franciscanos. De esta manera, incluso después de mi muerte, ni los estúpidos ni los cobardes, ni los cretinos ni los mal nacidos podrán venir a bailar sobre mi tumba». Su disposición se cumplió y fue enterrado en el convento de les Cordeliers, pero, años después, sus restos se trasladaron a la iglesia de Saint Laurent, donde miles de curiosos y peregrinos viajan cada año para visitar el lugar de su eterno descanso.

Tan sólo unos años después de su muerte, nuevos acontecimientos volverían a cimentar su fama. O quizá una vez más, según los escépticos, son los acontecimientos los que se ajustan a los vaticinios y no al revés. Fuera como fuese, Nostradamus dejó escrito en la Centuria X, cuarteta 95 lo siguiente: «A las Españas llegará un Rey muy poderoso / Por mar y tierra subyugando nuestro Mediodía / Éste mal hará, rebajando a la Media Luna, / Bajar las alas a los del viernes». Los intérpretes sostienen que Nostradamus vio la batalla de Lepanto, ocurrida en 1571. Felipe II, que reinó entre 1555 y 1598, ocuparía París (Mediodía francés) y se enfrentaría militarmente a los sultanes otomanos (la Media Luna) por el control del Mediterráneo.

Claro que también se puede decir que Nostradamus acertó cuando le comunicó a Catalina de Médicis que su hijo predilecto llegaría a ser rey de Francia. A la muerte de Carlos IX, el sexto hijo de Catalina, Enrique, duque de Anjou desde 1566, y al que le habían procurado la corona electiva de Polonia en 1572, se convertiría en el soberano francés en 1574. El vidente no vivió para ver a Enrique III como último rey de la dinastía de Valois, que reinó en Francia entre 1328 hasta su muerte sin hijos en 1589.

Entre la realidad y el mito, entre la fe en Dios y la hechicería, entre lo consciente y lo inconsciente, difícilmente se puede definir cuánto hay de verdad y en cuántos de los hechos que supuestamente predijo acertó, pero muchos asumen que Nostradamus habló de Napoleón Bonaparte (Centuria I, cuarteta 60) y de Hitler (Centuria III, cuarteta 35), como los dos anticristos.* Para muchos, vaticinó la independencia de Estados Unidos (Centuria IV, cuarteta 96), el gobierno de Vichy en Francia (Centuria III, cuarteta 49), la bomba atómica de Hiroshima y Nagasaki (Centuria II, cuarteta 6), la creación del Estado de Israel (Centuria III, cuarteta 97), la guerra de los Seis Días (Centuria III, cuarteta 22), la guerra en Yugoslavia (Centuria II, cuarteta 32), el atentado del papa Juan Pablo II (Centuria X, cuarteta 12), además de las dos guerras mundiales, la destrucción de Nueva York, París, Roma, Londres, incluso una Tercera Guerra Mundial... y anticipó la existencia de casi todos los reyes de Francia; Cromwell y Carlos I; la muerte de varios papas; incluso, según muchos, el asesinato de

* Según el profeta francés, habrá tres anticristos: Napoleon Roy (al que muchos identifican con Napoleón Bonaparte); Hister (que podría ser Hitler), y el tercero, un tal Mabus. Véase el capítulo 8.

John F. Kennedy y otros personajes. En lo que a España se refiere, se dice que predijo la Guerra Civil con estas palabras: «De castillo Franco saldrá la asamblea / El embajador no grato hará cisma: / Los de Ribiera entrarán en la pelea / Y del gran abismo negarán la entrada» (Centuria IX, cuarteta 16). «Predijo muchos de los grandes acontecimientos de la historia, cambios en el plano político, religioso, incluso en el de la ciencia y los inventos», afirma el experto en antiguas civilizaciones Joseph Jochman. En sus cuartetas muchos intrepretan que Nostradamus anticipó la llegada del cine mudo y el sonoro, el aeroplano, el telégrafo, el teléfono y la electricidad.

Tras los secretos de la alquimia y los astros

Las culturas de todo el mundo y de todos los tiempos han disfrazado sus profecías más apocalípticas de muy distintos modos. En uno de los más intrigantes métodos de «camuflaje» interviene la alquimia, un modo de pensar y comunicarse con el que Nostradamus estaba familiarizado. Conocida comúnmente como la búsqueda del método para transformar plomo en oro, se trata en realidad de una disciplina científica mucho más ambiciosa que se sirve de su terminología y simbología únicas y exclusivas. «Todos los que por aquel entonces eran tan inteligentes como Nostradamus estudiaban alquimia. En esa época no existía la ciencia. La ciencia moderna le debe todo su legado a la alquimia. Newton era alquimista y descubrió la gravedad. Einstein también coqueteaba con la alquimia. De hecho, aunque parezca increíble, según su mujer, los libros que Einstein leía antes de dormir eran antiguas obras de alquimia», señala el escritor y cineasta Jay Weidner.

Con el paso de los siglos, la química y la física han ido sustituyendo a la alquimia como ciencia dominante, pero su papel como lenguaje de símbolos y su filosofía sobre la transformación espiritual sobreviven al paso del tiempo. «El alquimista —añade Weidner— concentra sus energías mental y espiritual en los elementos básicos para tratar de transmutarlos y extraerles el espíritu. Podían escudriñar un cuenco de agua hasta la extenuación para ver el futuro; ésa podía ser la singularidad o el milagro que podía obrarse en un experimento realizado por Nostradamus.»

En la época del vidente francés, la alquimia se aplicaba como ciencia predominante. No obstante, quienes la practicaban lo hacían en secreto, con la esperanza de guardar sus descubrimientos, potencialmente peligrosos, para sí mismos. Según el escritor y autonombrado «profeta actual» John Hogue, sus descubrimientos en este terreno pudieron ser lo que lo llevó a formular las profecías de forma más opaca. Así, Nostradamus había potenciado intencionadamente el carácter confuso de sus vaticinios, «de este modo mantenía a todos los mentecatos de cada nueva generación ocupados. Los iniciados sabrían descifrar el código y encontrar algo más en la oscuridad, algo más que metal; hablamos de la esencia del espíritu». Nostradamus subrayaba la necesidad de tal hermetismo en una carta dirigida al rey Enrique II: «Para conservar el secreto de estos acontecimientos, conviene emplear frases y palabras enigmáticas en sí mismas, aunque cada una responda a un significado concreto». Además, insistía sobre el origen cósmico y divino de sus visiones, «visiones que Dios me ha dado a conocer a través de una revolución cósmica».

Nostradamus creía que en las estrellas y los planetas residía el significado de la vida. Todos los acontecimientos y fenómenos terrestres, y, por tanto, la historia de la humanidad, están relacionados con los movimientos cíclicos de los astros: «Todo está regido y gobernado por el inestimable poder de Dios —escribió—, que se manifiesta no en medio de furores báquicos, sino en las relaciones astrológicas». Leía el cielo como un mapa y trataba de vislumbrar datos reveladores sobre el fin de los días. Una creencia que encontramos también en los fundamentos de la astrología egipcia, que incorporan estos diseños celestes a sus construcciones más relevantes. Es más, según algunos expertos en el profeta francés, él previó en sus escritos el cataclismo de estos monumentos y presagió la destrucción, en un futuro, de la Gran Pirámide de Giza.*

Para identificar los acontecimientos venideros, Nostradamus estudió los cambios en el cielo nocturno, cambios que tardan décadas en producirse. «Parece que conocía lo que llamamos precesión de los equinoccios, es decir, el movimiento que el cielo de la noche realiza lentamente hacia atrás, un grado cada setenta y dos años», indica Vincent Bridges. Para este experto, es obvio que este extraño profeta tenía conocimientos sobre el intervalo comprendido entre 1992 y 2012 o 2014 y que «lo consideraba una etapa muy relevante, por el número de cuartetas que pueden relacionarse directamente con este período. Se cree que señaló astronómicamente el momento en que el Sol se alinea perfectamente con el centro de la ga-

* Algunos expertos afirman que esta pirámide oculta entre sus piedras un calendario en clave que predice el día del Juicio Final. Véase el capítulo 2.

laxia. Lo predijo con mucho tino». De ser cierto, ésta sería otra de las referencias que hace al alineamiento galáctico y al fin de los tiempos. Así, en la Centuria I, cuarteta 56 escribió: «Veréis tarde o temprano hacer gran cambio / Horrores extremos y vindicaciones: / Que si la Luna por su ángel conducida / El cielo se acerca a las inclinaciones».

Si la Tierra girara perfectamente en torno a su eje, nuestra visión de los cielos nunca cambiaría. La fuerza gravitatoria del Sol y de la Luna provoca que la Tierra oscile ligeramente hacia el exterior del centro, lo que implica que la visión de las constelaciones desde la perspectiva de la Tierra se modifica, en concreto, un grado cada setenta y dos años. Este fenómeno recibe el nombre de precesión de los equinoccios. Durante veintiséis mil años, estas constelaciones van describiendo un círculo completo hasta volver a la posición de partida. Así, cada veintiséis mil años, el paisaje de los cielos se alinea de modo que el Sol parece elevarse directamente enfrente del centro de la galaxia, creando lo que se ha dado en llamar alineamiento galáctico. «Los mayas y Nostradamus llegaron a la misma conclusión. Surge ahora la pregunta de por qué, ahora que se aproxima la fecha, el mundo parece sumirse en un pozo cada vez más profundo, lo que, por otro lado, coincide con lo que predijeron ellos», dice Jay Weidner. A esta hipótesis Vincent Bridges añade: «Muchas personas, frustradas por causa de la imposibilidad de la ciencia para contestar algunas de las preguntas más acuciantes de nuestro tiempo, se remiten al pasado, a grandes profetas de otras épocas como Nostradamus».

Y es que el debilitamiento del campo magnético terrestre, que algunos expertos creen ver en sus presagios, es una funesta profecía sobre el fin del mundo que se repite con demasiada frecuencia a lo largo de la historia de la humanidad. Lawrence Joseph, conservador del Museo de Bellas Artes de Boston, da una explicación para tal fenómeno: «El campo magnético de la Tierra se encuentra en proceso de cambio, y quizá de debilitamiento en determinados puntos, por lo que nos muestra su vulnerabilidad. Cuando los campos magnéticos tienen fuerza, desvían el viento solar y las partículas que nos llegan desde más allá del universo». A medida que el campo magnético de la Tierra pierde intensidad, la Tierra queda expuesta a una aterradora sucesión de problemas: mayor incidencia del Sol en nuestro planeta, más calor en la atmósfera, casquetes polares derritiéndose a más velocidad, aumento del nivel del mar... Si los campos magnéticos de la Tierra se redujeran completamente a cero y se invirtieran, sería un desastre de proprociones inimaginables para un planeta con más de seis mil millones de personas. Significaría que los polos Norte y Sur cambiarían sus cargas magnéticas. El resultado más leve sería que las interferencias serían desastrosas para las señales de telecomunicación terrestres, algo fundamental para el modo de vida actual, en las que se apoya la tecnología informática y los satélites GPS, señales que nuestra sociedad moderna envía a través del cielo. «En la Tierra se traduciría en un bloqueo de todas las comunicaciones electrónicas. Las comunicaciones por satélite se interrumpirían, los móviles dejarían de funcionar... todo lo que enviase o recibiese señales a través de un campo magnético se bloquearía», imagina Bridges.

Según cuenta este experto, a la vuelta de la esquina de la que fue la casa de Nostradamus en Salon hay una iglesia «donde se ve una representación del regreso de Jesús al final de los tiempos. Está en la misma posición que se espera que el Sol alcance en 2012, alineado con el centro de la galaxia. Una parte de ese conocimiento caló en la mente de Nostradamus y encaminó su teoría, indicándole cuándo se produciría el apocalíptico momento». Es más, para muchos de sus intérpretes, Nostradamus predijo un tiempo de transformaciones violentas que recuerdan, de manera preocupante, los cambios medioambientales a los que se enfrenta el mundo hoy en día. En la Centuria V, cuarteta 98 indica: «A cuarenta y ocho grados climáticos / Al fin de Cáncer tan gran sequía: / Peces en mar, ríos, lago desecado / Bearne, Bigorre por fuego cielo en angustia». La lectura que hacen muchos intérpretes es que Nostradamus advierte del calentamiento global y de los dramáticos resultados del cambio climático como el desencadenante de la crisis inminente. «Parece tratar de describir el calentamiento global como fuego en el cielo, algo como un Sol abrasador», explica Hogue. Según este experto, si cogemos un mapa y miramos el hemisferio norte, veremos que las grandes regiones productoras de cereales del mundo están a cuarenta y ocho grados de latitud.

En la Centuria X, cuarteta 99 dice: «El fin; el lobo, el león, el buey y el asno, / Tímida dama estarán con mastines: / No caerá ya más para ellos el dulce maná, / Mayor vigilancia y custodia a los mastines». Según el experto Joseph Jochman, estas palabras contienen una profecía muy grave. «Menciona a varios animales distintos intencionadamente, pero además habla de plantas de las que dependemos y de su extinción. Si desaparecen estaremos en serios apuros, porque ¿qué otro recurso podría sustituirlas en términos de alimento?», se pregunta Jochman.

Nostradamus también creyó que había encontrado la pista para fechar la posible catástrofe. Le dijo a Enrique II que «cuando sea renovado otro Ciclo de Saturno», lo cual se interpreta como la primera década del Tercer Milenio. La teoría de Joseph Jochman es que Nostradamus se refería a un eclipse de Sol particularmente intenso que marcaría el punto de inicio de los grandes desastres que sufriría el planeta. Y para muchos de sus intérpretes, el desastre vendrá de la mano del alineamiento galáctico. El fin podría comenzar por una grieta oscura en el centro de la Vía Láctea.

La Vía Láctea es plana y tiene los brazos curvados hacia fuera, lo cual le da esa forma de espiral. Desde la perspectiva de la Tierra, cuando se produzca el alineamiento galáctico, parecerá como si el Sol se elevara directamente en línea con el centro de la galaxia. Las siniestras profecías de Nostradamus que hablan del momento de la alineación se repiten en una sorprendente —por lo extensa— lista de culturas antiguas.* Si eso es cierto, tal como podría pensarse por los erráticos patrones climáticos actuales, ¿podríamos considerarlo un indicador de la inminente crisis?

Guerras, fundamentalismo y crisis

Nostradamus desplegó una amplia red en su afán por capturar las esquivas verdades de la vida y el destino humanos. Consultó la sabiduría más valiosa del pasado, desde la de las antiguas civilizaciones hasta la de los grandes profetas bíblicos, todo en un intento de trazar el mapa del futuro del hombre. Además, también percibió los peligros que se deducían de la Biblia. En la Centuria VIII, cuarteta 70 dice: «Entrará villano, mezquino, infame / Tiranizando la Mesopotamia / Todos amigos hecho de adulterina dama, / Tierra horrible negro de fisonomía». Una vez más, muchos ven una conexión con las profecías que aluden al conflicto en Oriente Próximo y parece que, más específicamente, el profeta francés advertía de la guerra de Irak. «Nunca, en la época de las cruzadas —aclara John Hogue—, un ejército de cruzados puso los pies en Irak, que es el nombre actual, el que hoy recibe lo que era Mesopotamia.» Los investigadores creen que Nostradamus vio la guerra de Irak como un conflicto religioso.

Es más, en opinión de Vincent Bridges, el mensaje más importante de Nostradamus respecto a nuestra época es que nos advierte contra las

* Véase el capítulo 1.

guerras y el fundamentalismo religioso. En la Centuria III, cuarteta 61 dice: «La gran banda y secta crucífera / Se levantará en Mesopotamia: / Del próximo río compañía ligera, / Que tal ley tendrá por enemiga». Según Hogue, «el presidente Bush calificó la guerra contra el terror como la gran cruzada. Pero la clave para entender esta profecía está en la última línea. Está diciendo que Estados Unidos perderá la guerra». También muchos interpretan que Nostradamus quiso advertirnos de una invasión árabe de Europa, cuando leemos en la Centuria V, cuarteta 55: «De la comarca de Arabia Feliz / Nacerá un poderoso de la ley Mahomética / Vejar España, conquistar Granada, / Y luego por mar a la gente Ligústica».

En esta misma línea se encuentran aquellos que sostienen que Nostradamus presagió la crisis económica de 2008 con su devastadora caída en picado de los mercados financieros como una especie de plaga que incide actualmente en todo el mundo. En la Centuria III, cuarteta 6 se lee: «El templo cerrado, un rayo atravesará / Y herirá a los ciudadanos en su fuerte / Caballos, vacas, hombres, la onda hará explotar las murallas / Y traerá hambre y sequía para los peores armados». «Si pensamos en el templo cerrado como en la Bolsa y en los templos de dinero como Wall Street —aclara Vincent Bridges— efectivamente, han sido atravesados por un rayo. Han quedado destrozados. A nadie le son ajenas la debilidad y la inestabilidad provocadas por la crisis económica en los últimos años.» También para Joseph Jochman, Nostradamus anuncia, básicamente, el fin de los sistemas bancarios. «Dice que habrá una marea humana de hombres y mujeres que abordarán los bancos para que les devuelvan su dinero, pero que los bancos estarán cerrados. El dinero no valdrá para nada y será arrojado a la hoguera y quemado como el papel.»

Las cuartetas de Nostradamus parecen sostener la idea de que la naturaleza se prepara para una hecatombe. «No sólo menciona una tormenta, sino una serie de ellas que azotarán la Tierra una tras otra, tras otra», afirma Jochman. Así, en la Centuria IX, cuarteta 48 escribe: «La gran ciudad de Océano marítimo / Rodeada de almenas de cristal: / En el solsticio de invierno y primavera / Será tentada de viento aterrador». Según Hogue, para un hombre del siglo XVI que tratara de describir «los rascacielos cubiertos con neones iluminados artificialmente, con las formas angulosas y geométricas de sus ventanas de cristal y sus carteles luminosos, lo describiría como una ciudad, una ciudad hundida en un lago de cristal. Así que Nostradamus podría estar hablando del centro de Nueva Orleans inundado por el huracán Katrina».

El fin del mundo en las cuartetas proféticas

A lo largo de sus Centurias, en varias ocasiones describe «lluvias, heladas harán tierras inicuas», «el paso de la lluvia de largo tiempo», «lluvias de piedras», «grandes oleadas»... Si Nostradamus predijo una escalada de estas tormentas devastadoras, ¿cuál podría ser el culmen? Cerca de la ciudad de Salon, en el sur de Francia, donde vivió Nostradamus, hay una enigmática cruz, la Cruz de Hendaya, que podría dar respuesta a esta pregunta. Esta modesta cruz de piedra ubicada en la localidad francesa de Hendaya, fronteriza con España, junto a la iglesia de San Vicente, según muchos apunta directamente a que el Apocalipsis tendrá lugar en 2012 como indica el mensaje de Nostradamus en la Centuria III, cuarteta 46: «El cielo (de Planco la ciudad) nos presagia, / Con señales insignes y con estrellas fijas, / Que de su cambio súbito se acerca el tiempo, / Ni por su bien, ni por sus maleficios» ¿Acaso los «claros signos» y las «estrellas fijas» de estos versos podrían ser referencias al Sol elevándose en línea con la grieta oscura de la galaxia que desencadenará la repentina «edad del cambio»?

El alquimista conocido por el apodo de Fulcanelli —su misterioso origen parece indicar que era el nombre bajo el cual se ocultaba un grupo de alquimistas—, en la década de 1920 publica un impactante texto, *El misterio de las catedrales*, en el que sostenía que las cofradías de constructores o albañiles (*maçons* en francés, de donde viene el término «masón») que levantaron las catedrales góticas europeas emplearon símbolos con significado alquímico para ocultar mensajes sobre la forma y el momento en que se produciría un futuro desastre. «La catedral de Nôtre-Dame de París es un ejemplo de fachada que esconde en forma de código, información secreta de enorme importancia», indica Vincent Bridges. Fulcanelli también habla de que, haciéndose eco de las predicciones de los masones, codificado en el pedestal de la columna y la propia Cruz de Hendaya hay un mensaje sobre el fin de los tiempos, mensaje que para muchos es alarmantemente parecido a algunas cuartetas del famoso profeta francés.

Aunque poco se sabe acerca de los orígenes de dicha cruz, se estima que se construyó entre los siglos XVII y XVIII. Los estudios de los simbolismos y revelaciones cataclísmicas del misterioso alquimista señalan en cada una de las cuatro caras del zócalo la presencia de distintos símbolos: en el primer frontal aparece la imagen del Sol con rostro humano con dieciséis rayos, rodeado de cuatro estrellas con tres puntas; en el siguiente, se representa a la Luna menguante, también con rostro humano; la tercera cara muestra una estrella de ocho puntas, que podría significar la regeneración o Venus; y en la última está grabado un círculo ovalado, dividido perfectamente en cuatro, donde en cada espacio aparece una letra A, que representa las cuatro eras de la humanidad: Oro, Plata, Bronce, y Hierro, que corresponde a nuestros días. En el brazo transversal de la cruz se lee: *O crux ave spes unica*, que significa «La cruz es la única esperanza». Según afirma Jay Weidner, «lo que sostiene Fulcanelli, que fue el primero en escribir sobre la Cruz de Hendaya, es que el monumento presagia lo que está a punto de ocurrirnos y que esta época está marcada con el sello inconfundible de la muerte».

Así, un pequeño grupo de investigadores cree que los símbolos grabados en la base de esta cruz revelan no sólo la fecha del advenimiento del peligro sino también la secuencia en que se desencadenarán los acontecimientos. «Cuando empecé a descifrar minuciosamente los símbolos de la cruz de Hendaya, me di cuenta de que la estrella del pedestal representaba el centro de la galaxia y que estaba justamente frente al Sol, la cara enfadada del Sol del pedestal. Vi, además, que la Luna se hallaba al otro lado de este extraño óvalo. Ahondando en el estudio, descubrí que el extraño óvalo es la precesión de los equinoccios. Es como si estuviéramos mirando al gran reloj del tiempo», explica Weidner.

Y parece que el reloj ha iniciado la cuenta atrás hacia el alineamiento galáctico con un ritmo muy determinado. Según una de las interpretaciones, la cruz, como el calendario maya, utiliza la última alineación galáctica ocurrida hace veintiséis mil años como punto de partida para la cuenta atrás hasta la siguiente, prevista para 2012. «Si analizamos la cruz, se ven claramente las imágenes como conjunto y se llega a la conclusión de que lo que está describiendo es esta época y que coincide casi exactamente con el calendario maya, del año 1992-1993 a 2012. Eso era también lo que Nostradamus quería señalarnos con sus cuartetas y lo que Fulcanelli pretendía demostrar con la teoría sobre la Cruz de Hendaya. Que ya llega, que nos preparemos, que va a suceder, que estemos listos y prevenidos», sostiene Vincent Bridges.

Por ejemplo, en la Centuria II, cuarteta 3 Nostradamus escribe: «Por el calor del Sol subido del mar / Los peces del Negroponte medio cocidos, / Los habitantes vendrán a comerlos, / Cuando a Rodi y Gennes les faltará el bizcocho». Más adelante, advierte: «Después de gran discordia humana otra mayor se apresta / El gran motor los siglos renueva: / Lluvia, sangre, leche, hambre, hierro y peste / En el cielo visto fuego, corriendo larga centella» (Centuria II, cuarteta 46). Y las citas de un futuro dramático y repleto de catástrofes se repiten una y otra vez: «peste y hambre todo devorarán», «cerca del cielo sangre humana derramada», «habrá guerras crueles. La plaga antigua será peor que el enemigo», «en varias noches la tierra temblará», «tras el río de sangre la tierra teñida»... En la Centuria VI, cuarteta 5 expresa: «Si gran carestía por ola pestífera / Por abundante lluvia a lo largo del polo ártico / Samatobryn cien leguas del hemisferio, / Vivirán sin ley, exentos de política». De acuerdo con la interpretación actual, podría hacer referencia a un cambio de la vida como se conoce, donde se dependerá de la influencia de los gobiernos para defendernos.

La cuenta atrás ha comenzado

De acuerdo con estos intérpretes de las profecías de Nostradamus, las catástrofes que alcanzarán su cénit en 2012 están empezando ya a caer sobre nosotros. En la Centuria I, cuarteta 29 se lee: «Cuando el pez terrestre y acuático / Por una fuerza vaga sea arrojado a tierra, / Su forma extraña suave y horrorífica, / Por el mar a los muros muy pronto los enemigos». Unas palabras que para algunos pronostican el terremoto del océano Índico, el tsunami letal del 26 de diciembre de 2004, el mayor maremoto en cuarenta años, con el epicentro en la costa del oeste de Sumatra, Indonesia, y una magnitud de 9 en la escala Richter. El azote devastador produjo unas olas gigantes que golpearon las costas de los países vecinos y acabaron con la vida de cerca de doscientas mil personas. «Nostradamus nos habla del crecimiento del océano, su enfurecimiento y su incursión en la tierra, y dice que los peces y los animales marinos serán arrastrados hasta la orilla», explica Joseph Jochman.

En la Centuria V, cuarteta 32 advirtió: «Donde está todo lo bueno, todo el bien Sol y Luna, / Es abundante, se acerca a ruina: / Del cielo se avanza a aventurar tu fortuna, / En el mismo estado que la séptima roca». En la Centuria V, cuarteta 8 también dice: «Será dejado fuego vivo, muerto escondido, / Dentro de los globos horribles espantosos, / De noche sobre naval ciudad en polvo convertida, / La ciudad al fuego, el enemigo favorecido». La interpretación de Joseph Jochman es que Nostradamus parece hablar de una especie de holocausto nuclear o algún tipo de fuga radiactiva o una tormenta de radiación cósmica cuya capacidad destructiva equivaldría a la de una explosión nuclear. «Nostradamus veía el futuro y, por lo general, le horrorizaba. Es obvia la descripción de un desastre cósmico», dice Hogue. Así, a partir de las cuartetas del vidente, cuando un cometa o centella de larga cola sea visible en el cielo, la guerra estará en su apogeo. ¿Se refería a una posible Tercera Guerra Mundial? Además, en varias profecías anuncia que al acercarse el «fin de los tiempos», llegará el tercer Anticristo.*

En la Centuria II, cuarteta 91 sentencia: «Al nacer el Sol se verá un gran fuego, / Ruido y claridad haca Aquilón tendientes, / Dentro del círculo se oirán gritos y muerte: / Muerte que será por guerra, fuego y hambre». Según John Hogue, Nostradamus trata de alertarnos para que no nos destruyamos los unos a los otros, «para que evitemos que los océanos sigan aumentando de nivel, que nuestros niños sigan muriendo de hambre, que el clima siga estando fuera de nuestro control». La interpretación de Joseph Jochman es que muchas épocas y muchas civilizaciones han fracasado en el intento de cambiar y «por eso han desaparecido por completo. Incluso han desaparecido de nuestra memoria. Nostradamus nos dice que eso es exactamente lo que pasa ahora y que si no somos capaces de cambiar, seremos la próxima Atlántida».

En este sentido, muchos creen que si el hombre moderno prosigue por el mismo camino, los peores augurios de Nostradamus se harán realidad coincidiendo con el momento del alineamiento galáctico. Pero ¿dice algo sobre si es posible alterar ese futuro? ¿Podemos hacer algo para cambiar lo que parece inevitable? ¿Se puede alterar el curso de los acontecimientos hacia otro rumbo completamente desconocido? Nostradamus estaba convencido de que el hombre tiene la facultad de poder cambiar su destino y el curso de la historia. Según algunos expertos, tal vez nos quede una oportunidad. Paul Laviolette, autor de *Genesis of the Cosmos: The Ancient Science of Continuous Creation*, es optimista: «Es posible que el cataclismo al que aluden las profecías no sea algo tan trágico. Podría ser una llamada a la acción». También lo ve así Vincent Bridges. «Si hay algo que pueda inferirse de las profecías de Nostradamus —dice— es la sensación de esperanza. Por mal que vayan las cosas, por violentas que sean las guerras y las hambrunas y los holocaustos nucleares, la humanidad sobrevivirá.»

A pesar de todas sus inquietantes visiones, el propio Nostradamus describió muchos resultados posibles para los días venideros. Este desta-

* Véase el capítulo 8.

cado profeta no hablaba de un futuro inamovible grabado en la piedra, sino de uno en el que el hombre crea su propio destino. «Hablamos del profeta que le ofreció a su rey dos futuros para elegir. Uno en el que lo describe como el gran unificador, el Carlomagno de Francia, y otro en el que muere en una justa. Podría haber cumplido ambos futuros, le ofrecieron la oportunidad. A todos se nos ofrece la oportunidad. O allanamos el camino para una nueva humanidad, o esperamos de brazos cruzados a que otros lo arreglen y, entretanto, sobrevenga el Apocalipsis», dice John Hogue.

Vincent Bridges, como muchos otros expertos en Nostradamus, no cree que vaya a producirse ningún cambio significativo la mañana del 21 de diciembre de 2012. «No va a aterrizar ningún OVNI ni va a chocar ningún cometa contra nosotros. Pero estoy convencido de que llegará un momento en que, echando la vista atrás, todos podremos decir: "Efectivamente, ahí terminó todo". Aquél fue el año en que cayó el nuevo Imperio romano y Estados Unidos se transformó y, por suerte, todos empezamos a avanzar juntos hacia el futuro.» Y como vaticinaron tantos profetas, el surgimiento de esta «nueva era» quizá dependa en parte de nosotros mismos y sean nuestro esfuerzo y nuestra voluntad de cambio los motores que impulsen futuras generaciones hacia un mundo mejor.

A lo largo de más de cuatro siglos, Nostradamus ha sido objeto de estudio y de una ininterrumpida búsqueda por parte de cuantos se han esforzado en descubrir el secreto que se encierra en sus famosas profecías, convertidas en el mayor best seller de todos los tiempos. Los más racionalistas reducen su obra de vidente a un mero producto de la alucinada imaginación de un loco, que no puede satisfacer a quienes la examinan usando la razón. Para otros, su capacidad visionaria simple y llanamente desafía todos nuestros conocimientos científicos actuales. Pero incluso el influyente profeta Nostradamus, al final, no era más que un simple mortal. En su tumba, una placa de mármol reproduce el epitafio compuesto por su querida Anne: «Osamentas del muy ilustre Michel de Nostradamus, el único, al juicio de todos los mortales, que con su pluma casi divina haya podido consignar los acontecimientos futuros del Universo entero a partir de los astros. Vivió 62 años, 6 meses, 17 días y murió en Salon en el año 1566. Que la posteridad no moleste su descanso. Anne Ponsarde, su esposa, le desea la verdadera felicidad». El mensaje inmortal de Nostradamus perdura, instándonos a prevalecer juntos o a perecer. «La transformación será muy difícil. Ciudades y provincias ganarán con los cambios. Los corazones se alegrarán, se impondrá la prudencia, los maliciosos serán expulsados. El mar, la tierra y la armonía humana despertarán», escribió. Tal vez entonces, como predijo, «comenzará la era del pueblo espiritual».

14

El libro perdido de Nostradamus

Escondida durante siglos entre los volúmenes de la Biblioteca Nacional de Italia, en Roma, estuvo la que podría haber sido la obra profética más importante de la historia. Como las famosas cuartetas de Nostradamus, estas ilustraciones transmiten funestas advertencias que, según los investigadores que han tenido la oportunidad de ver el documento, podrían encubrir pistas codificadas, y muy difíciles de obviar, sobre lo que podría depararnos el año 2012.

El legado del vidente francés

La historia del hallazgo de este manuscrito inédito se remonta a 1983. Una periodista italiana, Enza Massa, se encontraba realizando una investigación rutinaria con textos antiguos que pudieran interesar a su revista *Giornali dei Misteri* en la Biblioteca Nacional de Italia, cuando se topó con un raro ejemplar. El libro contenía una serie de acuarelas, sin ningún significado claro, y estaba fechado en el año 1629. Pero lo que más le llamó la atención fue su título, *Nostradamus Vaticinia Codex* (traducido al castellano como *Vaticinios de Nostradamus*) y, sobre todo, la firma del autor en tinta indeleble: Michel de Nôtre-Dame.

La posibilidad de que se hubiera descubierto un libro inédito del profeta francés puso en alerta a numerosos investigadores de todo el mundo. Así, en 1994, el italiano Ottavio Cesare Ramotti, analista programador del Centro Informático Inter-Fuerzas de Roma, se interesó por las imágenes y creó un programa de software mediante el cual descifró el código para entender los dibujos; de este modo añadía más leña al fuego de la pasión que provoca este vidente que nació hace más de cinco siglos. Dado que el título incluye el nombre del renombrado vidente, muchos asumieron que él debía de ser el autor. No obstante, no existe registro alguno donde conste que publicara nunca tal libro. Por tanto, la identidad de su autor sigue siendo un misterio. En la actualidad, estas profecías se encuentran catalogadas en la biblioteca bajo el nombre de *Fondo Vittorio Emanuele 307*, pero se las conoce como *El libro perdido de Nostradamus.*

El manuscrito cuenta con ochenta ilustraciones en color, realizadas con técnicas de acuarela, y al parecer son, en efecto, del siglo XVII y no una falsificación moderna. Al menos así lo certifican los especialistas de la prestigiosa biblioteca. El libro está lleno de extrañas imágenes y chocantes símbolos que no guardan ninguna relación con nada que jamás publicara Nostradamus. Entre todos los dibujos, esta polémica obra contiene una serie de siete imágenes que muestran a demonios, espíritus malignos y escenas de destrucción que, según algunos expertos, podrían ser una cronología detallada, un mensaje codificado que especifica el momento en el que un cataclismo definitivo destruirá nuestro mundo. Y lo que es aún más preocupante, no son pocos los estudiosos que afirman que en realidad ese acontecimiento crucial será inminente: nos azotará en 2012.

Nostradamus se casó dos veces, su primera mujer y sus dos hijos murieron a causa de la peste. En su segundo matrimonio, celebrado en 1547, tuvo varios hijos; al primogénito, César, le habría confiado *El libro perdido*, acompañado de dos cartas, una introductoria y otra a modo de conclusión. En la ficha bibliotecaria original de los padres cartujos adjunta al manuscrito se dice que las imágenes pertenecían al médico vidente francés de nombre Michel de Nôtre-Dame, Nostradamus, y que el código llegó a Roma de manos de su hijo mayor, César de Nôtre-Dame. En la nota se da a entender que, hacia el final de su vida, entre 1623 y 1629 César entregó en mano su libro al cardenal Maffeo Barberini; era tal su obsesión por hacer perdurar su mensaje, que al parecer osó atravesar una Francia asolada por la peste para encontrarse con el prelado. Barberini se convirtió en Papa pocos años más tarde, en 1623, con el nombre de Urbano VIII. ¿Había adivinado Nostradamus el brillante futuro que esperaba al religioso? ¿Acaso el cardenal consideró que el libro era demasiado alarmante para ponerlo en conocimiento de los comunes mortales? ¿Guardó, por tanto, el libro en un archivo secreto del Vaticano?

Maffeo Barberini fue un gran defensor de los franceses durante la guerra de los Treinta Años (librada en Europa central, principalmente

Alemania, entre los años 1618 y 1648), hasta tal punto que apoyó al célebre cardenal Richelieu, responsable de que Francia entrara en la contienda para encabezar el bando protestante (por lo que fue acusado de traicionar a la Iglesia católica), después de que el ejército español acabara con la hegemonía militar sueca. La decisión de Richelieu no tenía nada que ver con cuestiones religiosas, sólo pretendía frenar a España, la potencia rival. Embajador de Roma en París, hombre culto y conocedor de la literatura griega y latina, Barberini fue elegido Papa con el apoyo francés; ésa era la respuesta de Richelieu a la serie de pontífices filoespañoles que ocuparon la silla de san Pedro en la primera mitad del siglo XVII. Fue uno de los mayores mecenas de las artes y las ciencias de la Roma barroca, aunque los romanos decían que «lo que no hicieron los bárbaros, lo hicieron los Barberini», en referencia al saqueo de monumentos antiguos que perpetraron. En este contexto, no resulta extraño que Nostradamus lo eligiera para salvaguardar su preciado códice. Como tampoco lo es que, una vez nombrado Papa, colocara, en 1627, a su sobrino Francesco al frente de la Biblioteca Vaticana, en un intento de controlar el conocimiento que ocultaba ese gigantesco archivo. Francesco construyó el gran Palacio Barberini y fundó la famosa Biblioteca Barberini, que fue adquirida en 1902 por León XIII y pasó a formar parte de la Biblioteca Vaticana.

Es posible que Maffeo Barberini, convertido ya en Urbano VIII, fuera consciente del poder que albergaban todas esas ilustraciones y saberes prohibidos. Bajo su mandato se llevó a cabo una de las mayores persecuciones intelectuales de la historia de la Iglesia: la del célebre proceso a Galileo. Este Papa obligó al científico a retractarse de su teoría heliocéntrica y lo condenó a un arresto domiciliario de por vida. Además, Urbano VIII fue un firme defensor de las hogueras inquisitoriales, con particular predilección por los astrólogos que vaticinaban el futuro.

La teoría de Vincent Bridges, historiador que se autoproclama «antropólogo de lo extraño» y coautor de *A Monument to the End of Time*, es que el libro debió de languidecer en algún rincón de un monasterio y, en determinado momento, fue trasladado al cuidado de la Biblioteca Vaticana, aunque, curiosamente, no hay ni rastro de él en los inventarios vaticanos. Olvidado, el misterioso libro acumuló polvo durante siglos hasta que reapareció en 1994. Es más, este libro salió a la luz muy «oportunamente» en una época en que las imágenes, desde la aparición de los medios audiovisuales, habían cobrado mucha importancia en el mundo.

En busca del autor

Pese a existir pruebas de su antigüedad, nadie ha podido confirmar que estas imágenes sean verdaderamente acuarelas de Nostradamus. Es significativo que, a diferencia de sus célebres cuartetas, el contenido profético de *El libro perdido* se componga única y exclusivamente de imágenes. En opinión de la periodista que lo descubrió, este detalle acerca el códice a la actual era de la información, mucho más volcada en los aspectos visuales que en el texto. De ahí que haya aparecido precisamente en esta época. Frente a quienes lo atribuyen a la mano del famoso adivino, un segundo grupo de expertos invitan cuando menos a reconsiderar esta conclusión; aunque afirman que si resolviéramos el enigma de su autoría, se estaría más cerca de descifrar las advertencias codificadas del libro.

Así, muchos expertos consideran que no hay ninguna constancia de que Nostradamus tuviera dotes para el dibujo. Es más, según Vincent Bridges, «dada su pésima caligrafía y su escasa habilidad para dibujar hasta la imagen más sencilla, como los símbolos astrológicos o alquímicos, seguro que no nos equivocamos si afirmamos que él no tuvo nada que ver ni con el dibujo ni con el diseño de las ilustraciones de *El libro perdido*». De hecho, hacia el final de su vida, en la década de 1560, Nostradamus apenas podía ya escribir. Aquejado de una artritis que se había extendido por todo su cuerpo, era su secretario Jean Amié Chavigny quien transcribía sus profecías. Por este motivo, para muchos investigadores la incapacidad física de Nostradamus lo descarta como autor de las ilustraciones.

Para otros investigadores, el libro podría conformar un código apocalíptico pero desarrollado de una forma muy infantil y demasiado sencilla. Victor Baines, presidente de la Sociedad Nostradamus de América y autor de *Remember the Future: The Prophecies of Nostradamus*, lo justifica diciendo que para quienes crearon este compendio de dibujos «era mucho más importante transmitir la creencia sobre el momento en que sobrevendría el desastre que describir los detalles gráficos de dicho desastre». «Si analizamos el conjunto de las imágenes, la presentación, el diseño... se comprueba que es una obra llevada a cabo por una sola mano; hay una coherencia continuada en los trazos, en el sistema elegido para pintarlas a mano. No hay rastro de diversidad en ellas», explica Ron Picco, catedrático de Historia del arte y Simbología.

César, el hijo de Nostradamus, tenía once años cuando su padre murió. ¿Podría haber creado él estos dibujos bajo las directrices del profeta moribundo? Algunos creen que es bastante improbable que Nostradamus expusiera a su hijo tan pequeño al oscuro mundo de la profecía apocalíptica, ya que, según parece, él atribuía el don de la predicción a una maldición, y por tanto una horripilante visión de muerte y destrucción que querría ahorrar a su primogénito.

Se sabe que, a la muerte del profeta, César heredó el astrolabio que su padre utilizaba para determinar la posición de los cuerpos celestes, pero lo que no parece que heredara fue el don de la profecía, al menos según las palabras de Nostradamus en el prefacio de su libro *Las verdaderas centurias astrológicas y profecías*, donde se puede leer: «Puesto que la palabra hereditaria de la oculta predicción pervivirá en mi cuerpo». En estas palabras, «Nostradamus dejó absolutamente claro, sin margen para la ambigüedad, que el don que poseía para ver el futuro moriría con él. Ninguno de sus hijos lo heredaría», señala John Hogue, especialista en profecías y autor de *Nostradamus and the Anticristi*.

A pesar de no poseer este don, ¿podría haber aprendido César lo suficiente de las artes místicas de su padre para crear sus propias visiones fatídicas del futuro y registrarlas, en imágenes, en *El libro perdido*? Se sabe que César llegó a ser pintor y que, muchos años después de la muerte de su padre, pintó un fiel retrato del profeta. Tal vez realizó las pinturas por encargo de su padre.

Pero las dotes de César como pintor no son la única pista que lo señalaría como autor del libro. Además era historiador, es decir, poseía conocimientos para comprender la simbología empleada en el manuscrito, antiguos símbolos de alquimia, islámicos, del cristianismo medieval y de astrología. «El siglo XVI está marcado por un creciente interés en este tipo de imágenes, que no representan nada específico pero guardan una relación simbólica con conceptos esotéricos. Por esa misma razón, parece plausible que César fuera el autor», añade Rebecca Zorach, profesora de Historia del arte de la Universidad de Chicago. Posiblemente, lo que ocurrió fue que César quisiera ocultar voluntariamente su verdadera identidad como autor sirviéndose de trucos similares a los empleados por su padre. Nostradamus padre disfrazaba sus profecías como adivinanzas, para evitar acusaciones de herejía por parte de la institución más poderosa del siglo XVI, la Iglesia.

Sin embargo, incluso si César fuese el pintor de las enigmáticas imágenes de *El libro perdido*, esto no demostraría que pretendiera que fueran proféticas ni que fuesen una predicción precisa del futuro. En el conjunto de imágenes que ilustran el libro se aprecia una gran profundidad espiritual. En su amplia variedad de símbolos hay un conocimiento metódico del cosmos. «En la consistencia de la técnica del ilustrador se distingue la mano de un dotado profeta que advierte a las generaciones futuras sobre el fin de los días. Independientemente de quién o quiénes fueran los autores e ilustradores del libro, el hecho es que sin duda poseían grandes conocimientos místicos», indica Vincent Bridges.

Algunos expertos en el vidente francés barajan la posibilidad de que César lo realizara para promocionar el legado de su padre, ya que como indica Bridges, era el mejor relaciones públicas del profeta francés, después de su secretario personal, Jean Amié Chavigny. «Le preocupaba mucho que se preservara la leyenda de su padre. Se afanó en asegurarse de que las profecías siguieran editándose y, por extensión, que siguieran generando dinero.» También hay quienes sostienen que César de Nôtre-Dame podría haber pasado toda su vida luchando por destacar y huir de la sombra de su famoso padre. «Parece como si tuviera una imperiosa necesidad de emularlo en muchos sentidos, no sólo para superar la grandeza de la memoria de su padre sino para beneficiarse de ella», afirma John Hogue.

Otros se preguntan si no lo hizo con intenciones más siniestras, como la avaricia. Ésta es la teoría de Victor Baines, quien, según su investigación, afirma que César era considerado un charlatán. «Creo que, después de la muerte de su padre, trató de sacar dinero sirviéndose del nombre de su padre y de sus actividades.» Es más, para algunos el libro podría ser la cínica venganza de un hijo resentido con su padre. Un padre que, por su parte, había proclamado a los cuatro vientos que César no poseía dotes adivinatorias, por lo que si el hijo fue el autor, la credibilidad de *El libro perdido* como hoja de ruta definitiva del Juicio Final se desvanecería.

Algunos estudiosos opinan que es posible que Jean Amié Chavigny, contratado para transcribir las profecías, sea el autor que buscamos. Tenía acceso a la biblioteca del adivino y a sus escritos. «En Chavigny, al igual que en su hijo, encontramos esa combinación de querer brillar un poco con luz propia y huir de la sombra de Nostradamus», indica Hogue. Chavigny escribió la primera biografía de Nostradamus y publicó una interpretación de algunas de las cuartetas, pero son sólo suposiciones, ya que no existe indicio alguno que le señale como autor de *El libro perdido*.

¿Podría ser obra de los cátaros?

Nadie sabe por qué César de Nôtre-Dame confió el libro a Barberini ni existe texto alguno sobre la opinión que le produjo. Lo único seguro es que César murió poco después, en 1629, y que el libro y sus secretos permanecieron supuestamente ocultos durante siglos. Vincent Bridges cree que la jerarquía eclesiástica lo escondió a propósito porque vieron en sus imágenes crípticas una amenaza para la Iglesia. «Es un claro manifiesto contra Roma. Las imágenes transmiten un mensaje del tipo "debemos destruir la autoridad, cuando no a la persona del Papa". En una de ellas se muestra al Papa asumiendo la autoridad de Jesús. Pero el Papa es, claramente, un demonio, el Anticristo. Hay imágenes que muestran al Papa siendo degollado, siendo expulsado de Roma...»

En un tiempo en el que la Iglesia acumulaba tanto poder e influencia, tales profecías podrían haberse considerado blasfemas, porque además demuestran un conocimiento sobre un hecho cósmico, que en principio sólo puede poseer Dios. Asimismo, la Iglesia podría haber reconocido otra amenaza en las imágenes del manuscrito, ya que los dibujos parecen llevar la firma espiritual de un grupo de cristianos herejes que precedieron a Nostradamus y a César unos trescientos años: los cátaros. Este movimiento religioso de carácter gnóstico se extendió por Europa occidental a principios del siglo XI, y logró asentarse hacia los siglos XII y XIII en tierras del Mediodía francés, particularmente en el Languedoc, donde contaba con la protección de algunos señores feudales vasallos de la corona de Aragón. «Sus creencias no coincidían exactamente con las de la Iglesia. Por ejemplo, algunos de ellos creían que Jesús era un espíritu y que estaba casado con María Magdalena», dice Bridges.

El nombre de cátaros (del griego *kazarós*, es decir «puro») no se lo pusieron ellos mismos; se llamaban cristianos u «hombres buenos». También eran conocidos como los albigenses, por la importancia que tuvieron sus comunidades en la ciudad y región de Albi. Se consideraban a sí mismos herederos de los apóstoles y de un Jesús espiritual, pero no material; su libro era el Evangelio de san Juan. Como descendientes del maniqueísmo, según el cual el bien estaba separado del mal como la luz de la oscuridad, su doctrina enseñaba la visión dualista del universo; con sus dos principios antagónicos: el bien y el mal, la luz y las tinieblas. Para ellos el mal poseía la misma fuerza que el bien. Uno de sus dogmas dicta que únicamente el espíritu es puro mientras que el cuerpo físico es corrupto; es decir, todo lo material simbolizaba lo negativo y pecaminoso. Por eso concebían al Papa, el regente de la Iglesia del mundo físico, la encarnación del demonio y no reconocían su autoridad, como tampoco la de los reyes ni los obispos. Según su tradición, también conocían la fecha exacta del fin del mundo.

Tras el asesinato en 1208, en extrañas circunstancias, de Pierre de Castelnau, legado pontificio, el papa Inocencio III inició una verdadera cruzada contra los cátaros, que continuó años más tarde con los procedimientos empleados por la Inquisición, creada precisamente para combatir la herejía albigense. Por ello, y debido al celo infatigable con que los persiguieron, los cátaros no son muy conocidos. El mito del Santo Grial se incorporó a la naciente literatura europea a partir del exterminio cátaro.

Algunos expertos señalan que si comparamos las ilustraciones de *El libro perdido* con las de los cátaros, el parecido es abrumador. En particular en las imágenes en que se representa al Papa, que podrían derivar de la creencia cátara de que el pontífice no era santo, sino demonio. «La conexión entre el papado y el fin del mundo es un aspecto clave», indica Bridges. Tanto los cátaros como Nostradamus señalan que el Anticristo, independientemente de su identidad, es la figura que precipitará el fin de los días.

Si los cátaros fuesen los autores de *El libro perdido*, para los seguidores de la profecía surgiría una intrigante y nueva perspectiva sobre los datos concretos del Apocalipsis que anunciaron. Los cátaros creían en la antigua doctrina cristiana llamada milenarismo. El movimiento milenarista es tan antiguo como el cristianismo, pues es una herencia del judaísmo, y se encuentra desde los seguidores del hereje Cerinto, contemporáneo de san Pablo, hasta las modernas iglesias de los adventistas del Séptimo Día o testigos de Jehová; su elemento común es la creencia escatológica en la Segunda Venida de Jesucristo o Parusía, para reinar en paz durante mil años. «Es una herejía del siglo II. Creían que cuando Jesús regresara, no sólo se impondrían un cielo y una tierra nuevos y un Jerusalén nuevo, sino que conseguiríamos nuevos cuerpos. No habría pecado y todo sería como una gran fiesta perpetua; estaríamos de fiesta mil años», explica Bridges.

EL CONTENIDO OCULTO

¿Son realmente estas imágenes manifestaciones visuales de las cuartetas de Nostradamus? Según algunos investigadores, este códice mostraría representaciones proféticas de importantes hechos que podrían ocurrir en un intervalo de cuatrocientos años; desde las primeras décadas del siglo XVII hasta comienzos del siglo XXI. Las profecías se representan con gráficos, textos y dibujos muy esquemáticos formados por velas, banderas, animales, bastones pastorales, cruces y letras que componen un código que podría aludir veladamente a apellidos concretos, como, por ejemplo, una que parece referirse al papa Pío X (Giuseppe Sarto) representado en un trono con una tela que sostienen unos ángeles en el fondo (ya que Sarto significa «sastre»).

En el libro también se pueden contemplar dibujos sobre el papado. De hecho, hay una ilustración que muestra a un Papa gigante con una imagen de la Virgen, al que ataca un soldado con una espada curva típica del mundo árabe. Para los imaginativos estudiosos, esta figura representa a Juan Pablo II, conocido no sólo por su devoción a la Virgen, sino también porque sobrevivió a un atentado cometido el 13 de mayo de 1981 por el turco Mehmet Alí Agca gracias a una medalla de la Virgen María que absorbió el impacto de la bala. Además, un sol destaca en la parte superior de la imagen, lo que para muchos recuerda las profecías de san Malaquías, quien calificó a Juan Pablo II con la expresión: «De la labor del Sol».

En la ilustración número treinta y tres del libro, por ejemplo, puede verse a una mujer ataviada con una corona real y un vestido rojo. Para la periodista Enza Massa, descubridora del manuscrito, esta imagen alude a María Antonieta y a Luis XVI durante la Revolución francesa.

Hay una imagen en la que se ve a un clérigo y a un rey amenazados por una cuchilla, representación en la que algunos ven una clara referencia a la guillotina y el baño de sangre de la Revolución francesa. «Es una imagen muy extraña —interpreta Vincent Bridges— porque se ve una mano y dos cabezas sobre unos pilares o pedestales. Esto podría ser una indicación de su autoridad, de su posición superior sobre la norma. Quizá sean el rey y la reina de Francia. A lo mejor quiere decir que el juicio de Dios llegará para cortar las cabezas del rey y de la reina en la Revolución francesa.»

En la imagen treinta y ocho se observa a un Papa presentando batalla a un oso, el símbolo que en el siglo XIX se empleaba para representar a Rusia. «El modo en que el Papa y el oso se mantienen en tablas es, sin duda, una referencia simbólica clara a la Guerra Fría entre Occidente y Rusia», cuenta Victor Baines.

Como en el resto de las ilustraciones de *El libro perdido*, los diversos estudiosos interpretan de forma distinta cada dibujo. Una de las imágenes más conocidas y divulgadas en internet muestra a un ser que es una mezcla de dragón y ave, cuyo rostro, según muchos, tiene un gran parecido a Osama bin Laden. El aspecto de dragón significa guerra, que muchos interpretan con lo sucedido en Afganistán e Irak. En la parte superior de la ilustración hay una media luna que representa el islam. Dentro de la media luna se ven unas estrellas que indicarían que las naciones islámicas se unen a raíz de estos acontecimientos. El fuego que hay debajo del extraño animal podría indicar la acción destructora que crecería en Estados Unidos por influencia del islam. Las estrellas en la cola se interpretan como países que son arrastrados en la vorágine de violencia, tal como hizo Estados Unidos, que arrastró a países europeos, a Japón, a Canadá y a Australia en su afán de invadir Afganistán.

Los expertos que creen ver la firma de Nostradamus en las imágenes de *El libro perdido* aseveran que uno de los ejemplos más convincentes es la ilustración cuarenta y seis, donde aparece una gran torre en llamas. Según Baines, es un anuncio del ataque a las Torres Gemelas de Nueva York del año 2001. «Es casi como si alguien estuviera viendo Nueva York desde arriba, con esas grandes llamas que sobresalen del castillo. En este caso no es uno, sino dos castillos en llamas.» Según Enza Massa, «las llamas parecen salir de grandes ventanales de la torre como si obedecieran a una explosión, más que a un incendio», tal como el mundo pudo ver en las imágenes televisadas del trágico día, antes de que las torres cayeran.

Frente a quienes sostienen que se trata solamente de imágenes sin sentido, expertos en Nostradamus como Ottavio Cesare Ramotti afirman que también en los misteriosos versos incluidos en su libro, *Las verdaderas centurias astrológicas y profecías*, publicado por primera vez en el año 1555, también aparecen reflejados los atentados de Nueva York. Así, en la Centuria IV, cuarteta 66 se puede leer: «Bajo color fingido de siete cabezas rapadas, / Serán sembrados diversos exploradores, / Pozos y fontanas de venenos rociados, / En el fuerte de Génova humanos devoradores». Según Ramotti, estas líneas aluden a los siete suicidas de al-Qaeda que perpetraron los atentados del 11 de septiembre, aunque las cuentas no salen, pues en realidad fueron diecinueve los terroristas que secuestraron los cuatro aviones norteamericanos, diez de los cuales murieron en los choques contra las Torres Gemelas y otros cinco en el Pentágono.

Lo cierto es que en diversas centurias Nostradamus hablaba reiteradamente de la Ciudad Nueva. En la Centuria VI, cuarteta 97 dejó escrito: «Cinco y cuarenta grados el cielo quemará, / Fuego se aproxima a la gran ciudad nueva, / Al instante gran llama dispersa saltará, / Cuando se quiera de los Normandos hacer prueba». Muchos creen que la gran ciudad es Nueva York, que se encuentra a casi cuarenta y un grados de latitud. Curiosamente, en una de las acuarelas de *El libro perdido* se ve una ciudad, pero no de estilo medieval, sino de estilo moderno, y esa ilustración es muy parecida a Nueva York, según algunos de los seguidores del profeta galo.

Es más, para John Hogue, la referencia de Nostradamus a los normandos es una prueba de la precisión de la cuarteta. «Normandos sería la referencia en código a los franceses. Es sabido que el 10 de septiembre, el día anterior al atentado, el servicio de inteligencia francés alertó sobre un inminente ataque que podía producirse o bien contra la embajada de Estados Unidos en París, o bien en territorio estadounidense. La misma mañana en que el Pentágono trataba de actuar en consecuencia con la información recibida, uno de los tres aviones se estrelló contra el complejo militar y los otros dos, contra las Torres Gemelas», mantiene Hogue.

Siete imágenes tenebrosas

El libro perdido de Nostradamus señala una era en la que la profecía y la astronomía convergen de manera capaz de cambiar, literalmente, el mundo. Si damos por cierta su autenticidad, la escalofriante profecía supuestamente oculta en este libro codificado que incluye el nombre de Nostradamus apunta directamente al siglo XXI. Los escépticos rechazan esta posibilidad y afirman que tanto las cuartetas de Nostradamus como estas imágenes son como manchas del test Rorschach, las que se usan en psiquiatría para determinar la personalidad, las fobias y la capacidad de imaginación del sujeto analizado.

Sin embargo, otros especialistas en el profeta francés aceptan que el mundo podría caer en una espiral hacia una destrucción sin precedentes, y defienden que las últimas siete páginas del códice parecen ser el relato exacto de cuándo y cómo podría ocurrir el fin del mundo.

Algunos expertos, como el historiador Vincent Bridges, sostienen que en la imagen sesenta y seis (la primera de esta serie de siete) el Sol, que se encuentra en una alineación astronómica que coincide con la primera década del siglo XXI, está prominente, resaltando la que podría ser la fecha del acontecimiento que cambiará la Tierra. La siguiente imagen, la sesenta y siete, representa la constelación de Ofiuco u Ophiuchus, supuesto decimotercer signo zodiacal que se halla entre Escorpio y Sagitario y que desempeñará un papel primordial en estos acontecimientos, pues se encuentra justo en el centro de la Vía Láctea. En esa ilustración, entre las pinzas del escorpión, algunos ven la constelación de Escorpión y una imagen de nuestra galaxia en espiral. «Esto es muy importante, porque en el siglo XIV no existía el telescopio. Hasta 1917, la ciencia moderna no descubrió que formamos parte de una galaxia con un núcleo central en espiral. Pero es obvio que alguien, allá por el siglo XVI, tenía conocimiento de que esta alineación, en el instante crucial en que el Sol se encontrara entre la flecha de Sagitario y el aguijón de Escorpio, marcaría un momento crítico. En el solsticio de invierno, el Sol se eleva justo por debajo de los pies de san Miguel, entre Escorpio y Sagitario. Tal acontecimiento, el alineamiento galáctico, como algunos lo llaman, se ha producido regularmente cada solsticio de invierno desde 1996. Pero será más preciso, y empezará a cambiar, a partir del 21 de diciembre de 2012, fecha que casualmente coincide con el final del calendario maya», asegura Bridges.

Además, en esta imagen aparece un hombre con un arco, Sagitario. En el campo de la astronomía, Sagitario apunta con la flecha casi directamente al centro de la galaxia. «Algunos intérpretes creen que la flecha de esta ilustración apunta al lugar exacto por donde está previsto que se eleve el Sol en 2012», indica el escritor y cineasta Jay Weidner, productor de las películas documentales *2012, La Odisea* y *Timewave 2013*. Pero la imagen que nos daría la hora exacta del Apocalipsis se puede ver en la parte superior: tres eclipses conectados con un eclipse de Luna. «Si buscamos cuándo ocurrirán estos tres eclipses nos encontramos con un período de veinte años entre 1992 hasta el 2012, lo cual coincide con las profecías mayas», añade.

La imagen sesenta y ocho muestra un libro con el árbol de la vida atacado por un monstruo, además de la estrella de ocho puntas y la rueda de ocho líneas que para muchos indicaría una alineación estelar. «El árbol parece amenazado por algo semejante a un bastón, quizá algo arrancado de un árbol. Eso significa que estamos en un tiempo peligroso, que nos acercamos a la verdad sobre el bien y el mal, un punto que sin duda marca una inflexión», sostiene Vincent Bridges. La imagen sesenta y nueve podría señalar el mismo instante en que la humanidad se encontrará asomada al precipicio de la aniquilación, ya que la imagen muestra una mujer amenazada por un arquero ciego.

La imagen siguiente, la setenta, es la verdaderamente significativa de toda la serie. Muestra el momento justo en que llegará el Apocalipsis. En la parte superior vemos la alineación de la Cruz Divina y la Cruz Terrestre. Debajo vemos tres eclipses relacionados con un eclipse lunar. Si buscamos un período de tiempo en el que coincidan tres eclipses de Sol y también eclipses lunares realmente significativos, surge el período de 20 años desde 1992 hasta 2012.

La setenta y uno, según algunos, habla del futuro de nuestra generación. Tal como la describe Victor Baines, vemos a un científico o un hombre instruido estudiando el *Libro de la vida*. «En la parte superior de la imagen —explica— observamos un velo que cubre el período de tiempo. El significado literal de la palabra griega Apocalipsis es, sencillamente, "quitar el velo". De modo que apunta directamente a que nos encontramos en la época en la que habrá que levantar el velo. Pero Apocalipsis es también revelación, el momento en que se revelarán los secretos y se desvelarán los misterios.»

Bajo el *Libro de la vida*, con sus hojas escritas, hay tres mujeres que representan los tres destinos. «Una leyenda griega cuenta que los destinos son tres mujeres que tejen el tiempo y el devenir, las Parcas. Nostradamus nos está diciendo que tenemos que elegir y que esa elección determinará nuestro futuro», asegura Jay Weidner. En la última ilustración, la setenta y dos, «vemos sólo dos mujeres, un destino ha desaparecido. Además, otro aspecto interesante es que la ruleta del tiempo ya no tiene radios, lo que significa que va a caerse. Y el último aspecto preocupante de esta ilustración es que el *Libro de la vida* aparece vacío, sin nada escrito, una señal de la posible extinción», añade.

Para Jay Weidner, estas siete ilustraciones de *El libro perdido* de Nostradamus parecen ser secuenciales y presentan una historia con la que se advierte a la gente de los acontecimientos antes de su llegada. «En las siete imágenes, como elemento unificador se repite la rueda de la fortuna, o del tiempo, en la parte superior, la parte que el autor de los dibujos quiere destacar, en la que quiere que nos fijemos. La serie de siete imágenes empieza con una ilustración que representa un gran Sol bajo el cual hay un león, que claramente nos llama la atención sobre el hecho de que cuando el Sol esté en Leo, pasará algo importante. Cuando esté en Leo o en el signo opuesto, Acuario, es decir, cuando estemos en el alineamiento galáctico.» Weidner también es de la opinión que el verdadero desencadenante de todo serán los tres eclipses seguidos que se producirán en 2012. «Habrá un eclipse de Sol, otro de Venus con el Sol y otro, el gran eclipse de todos los tiempos, el del Sol con el centro de la galaxia. Todo esto, según el libro, culminará en 2012», dice.

Para algunos estudiosos, *El libro perdido* de Nostradamus nos está enviando un sencillo pero inconfundible mensaje: hacer caso omiso de sus advertencias puede traer consecuencias nefastas. «Está diciéndonos que podemos continuar con nuestra vida tal como la vivimos hoy, que *El Libro de la vida* seguirá escribiéndose, o que existe la posibilidad de que todo se acabe y tengamos que hacer frente a una suerte de extinción», afirma Weidner, quien sin embargo atisba un rayo de esperanza. «Estas predicciones —afirma— las realizó alguien que sabía lo que estaba haciendo, por eso nos indica que está en nuestras manos, que nosotros debemos decidir qué hacer. Es, en definitiva, la obra de un genio compasivo, porque trata de enviarnos un mensaje para salvarnos, para que salvemos nuestra civilización y nuestras vidas.»

Dudas y fraudes

En el análisis de *El libro perdido*, publicado en su trabajo *The Nostradamus Code: World War III*, el escritor Michael Rathford sostiene que estamos ya inmersos en un tiempo de tribulación que se inició en 2008 y que durará hasta 2012, coincidiendo justamente con la fecha señalada en las profecías mayas. Utilizando nuevas técnicas, Rathford tamiza este rompecabezas de imágenes complejas en busca de patrones significativos y para establecer las relaciones que existen con el texto de Nostradamus. Afirma que al descifrar estas profecías dentro de las profecías, se revela la Tercera Guerra Mundial, pero antes tendrá lugar un gran ataque terrorista en Estados Unidos, la destrucción nuclear de Roma, una confrontación entre Estados Unidos y China y Rusia. Al igual que afirma Ottavio Cesare Ramotti, Rathford cree que Nostradamus cambió el orden de las cuartetas y codificó sus dibujos para impedir que la humanidad los descifrara hasta que estuviera preparada para ello. Ese momento es ahora.

Sin embargo, tras analizar la composición química de las acuarelas, se llegó a la conclusión de que no pueden datar del siglo XVI, pues contienen zinc, elemento que comenzó a emplearse en el siglo XVIII. Una explicación posible es que las imágenes se hayan retocado o que se haya reemplazado algún original deteriorado. Sus seguidores afirman que esto no niega su autenticidad, ya que podría tratarse de una copia de un original realizado por Nostradamus o por su hijo, algo muy común ya que con las copias se protegían y preservaban los originales del paso del tiempo y su deterioro.

Además, las hojas del manuscrito llevan como filigrana una flor de lis. Esto es una pista de su datación, y efectivamente podría pertenecer a la época de Nostradamus ya que estas marcas de agua se utilizaron en Roma desde el siglo XVI hasta el XVIII. Asimismo, el texto que aparece en *El libro perdido* así como la tinta utilizada son distintos, lo cual podría dar a entender que fueron escritos en diferentes períodos.

De momento, nadie se atreve a asegurar que *El libro perdido* es obra del prestigioso profeta Nostradamus. Pero ¿significa esto que el poder profético del libro debe ser descartado? Para muchos lectores de Nostradamus, el profeta francés estaba advirtiendo al mundo y, ante sus avisos, cabe la posibilidad de tomar medidas al respecto. Claro que decidir si las profecías de Nostradamus y otros profetas son fiables es cuestión de opiniones. No obstante, es un hecho que las revelaciones sobre el fin de los días y los acontecimientos que vivimos en la actualidad empiezan a converger. La tormenta podría acechar en el horizonte.

15

El simbolismo secreto de Leonardo

Leonardo da Vinci creía en el inmenso poder de la naturaleza, particularmente del agua. Eso influyó en sus trabajos de ingeniería, alimentó sus logros intelectuales y dio color a su arte. Sin embargo, algunos creen que la obsesión por el agua pudo llevarle a predecir una catástrofe global en forma de enorme diluvio que inundaría el mundo y destruiría a la humanidad. Y sus advertencias podrían estar ocultas en símbolos camuflados en sus obras maestras.

El diluvio que acaba con todo

> Los hombres, las mujeres y los niños se hacinaban en las balsas, aterrorizados por la furia de los vientos.
>
> Las olas pasaban por encima de ellos, y sobre los cadáveres de aquellos que se habían ahogado.
>
> Leonardo da Vinci

Leonardo di ser Piero da Vinci puede considerarse un polifacético sabio, con una necesidad casi neurótica de descubrir y saber. Este *uomo universale*, como le llamaban sus contemporáneos, es conocido por sus pinturas, aunque también se dedicó con maestría a la escultura, música, mecánica, física, biología, paleontología, filosofía, arquitectura, anatomía, óptica, astronomía, cartografía, geografía, geología, hidráulica y matemáticas. Así, de las mismas manos que pintaron *La Gioconda* o *La última cena*, salieron numerosos proyectos de ingeniería, atrevidos y futuristas, de los que dejó constancia en dibujos y anotaciones con las que proyectaba redactar una enciclopedia que reuniera todo el saber del hombre y la explicación de distintos fenómenos naturales. Sus investigaciones en los campos de la anatomía, la óptica y la hidráulica anticiparon muchos avances de la ciencia moderna.

Pero, según parece, fue mucho más allá. Los estudiosos de este genio renacentista creen que, en sus obras, hay oculto un código de símbolos donde advertía a las futuras generaciones del destino que les aguardaba. «Cuando admiras sus obras, te adentras en un mundo complejo y enrevesado. En los detalles y las creaciones de Leonardo, nada está nunca totalmente claro», afirma Christopher Witcombe, profesor de Historia del arte en el Sweet Briar College en Virginia, Estados Unidos, y especialista en arte del Renacimiento. «No hay duda de que Leonardo pensaba en la llegada del Apocalipsis. En aquella época existía el temor generalizado de que un desastre apocalíptico azotaría el planeta. La mayoría de la gente esperaba algún tipo de diluvio», afirma el escritor Michael Baigent, coautor de *El enigma sagrado*. Si examinamos detenidamente la oscura época que atravesaba Italia en aquellos años, encontraremos pistas sobre las enigmáticas ideas de Leonardo da Vinci, posiblemente influenciado por las terribles descripciones referentes al fin del mundo del *Libro de las Revelaciones* o Apocalipsis que atemorizaron a Europa occidental durante los siglos XV y XVI.

Hacia el año 1482, obsesionado con descubrir los secretos de la naturaleza, Leonardo redactó una serie de escritos a los que se refería como «enigmas». En la actualidad, muchos los llaman sus «profecías». Tras su muerte en Clos Lucé (Francia), en 1519, sus discípulos se repartieron sus más de trece mil manuscritos, aunque la mayoría llegaron a manos de sus alumnos favoritos Francesco Melzi y Giacomo Salai, que llenaron un carro con cajas de papeles atados con cordeles, pinturas y maquetas de madera y metal para volver con ellos a Italia. Ellos ignoraban la importancia de lo que habían heredado; esto explica que almacenaran los dibujos y manuscritos de Leonardo en un desván, o regalaran o vendieran muy baratos algunos de ellos a amigos y coleccionistas. Así dio comienzo su gran diáspora. Sus cuadernos fueron finalmente descifrados en la segunda mitad del siglo XIX. Jean Paul Richter fue la primera persona que publicó sus escritos en *The Literary Works of Leonardo da Vinci*, en 1883.

Actualmente, los dibujos y manuscritos —con casi siete mil folios— de Leonardo están agrupados en diez códices que se conservan en distintos museos y bibliotecas. El *Códice Arundel* está en la Biblioteca Británica de Londres; el *Códice Atlántico* y el *Códice Trivulziano*, en las bibliotecas

Ambrosiana y Trivulziana de Milán; el *Códice del Vuelo de los Pájaros*, en la Biblioteca Real de Turín; los *Códices franceses* y el *Códice Ashburnham*, en el Instituto Francés de París; el *Códice Foster*, en el Museo Victoria y Alberto de Londres; los folios Windsor en la Colección Real Británica, y el *Códice de Madrid*, en la Biblioteca Nacional española. Por último, el *Códice Leicester* pertenece a Bill Gates, que lo compró en 1994 y por el cual pagó treinta millones de dólares.

En sus «enigmas», Leonardo describió escenas en las que «el agua del mar se elevará por encima de las montañas más altas, hacia el cielo, y volverá a caer sobre las viviendas de los hombres», y continuaba con narraciones de las aguas embravecidas que «parecen querer embestir la orilla con los cuerpos de los ahogados». Para expertos como Marina Wallace, profesora de Arte de la Universidad de Londres, sus palabras son impactantes y un aviso en unos años en los que Europa atravesaba uno de los momentos más extraordinarios de su historia. El Viejo Continente estaba emergiendo de una época oscura y entraba en un período de exploración y descubrimiento. La poderosa Iglesia católica empezaba a sentir los primeros efectos de la Reforma protestante, que dividiría el cristianismo en Occidente. Es evidente que esta situación afectó e influyó a Leonardo. Incluso en ese momento, vio el poder de la naturaleza como una gran amenaza y un peligro para la humanidad.

Además, una experiencia de su juventud pudo marcarle para el resto de su vida. En el año 1466, cuando Leonardo tenía catorce años, en su aldea de Anchiano, presenció el desbordamiento del río Arno. El tranquilo río inundó la ciudad. Posiblemente vio cosechas arrasadas, edificios destruidos y cadáveres que flotaban en el agua. La catástrofe lo dejó impresionado por la enorme destrucción que causó. Comprobó el poder de la naturaleza en la erosión provocada por la velocidad de las corrientes. Más tarde, también vivió una de las mayores inundaciones debidas a las crecidas del río Arno en Florencia, ocurrida en 1478. Tal vez por ello, como muchos investigadores han determinado, Leonardo desarrolló a lo largo de su vida una gran fascinación por el agua.

Con el paso de los años, investigó las claves para aprovechar la inmensa fuerza del agua; explicó desde cómo se forman las nubes y la lluvia hasta cómo aprovechar su energía creando diques o modificando el curso de los ríos en las muchas guerras en las que participó como asesor. También son numerosas sus aportaciones al mundo marítimo con diseños de barcos, botes, campanas para buzos, sistemas de propulsión, transmisiones mecánicas, buques artillados... Igualmente, trabajó en proyectos relacionados con la hidrodinámica, como el estudio del flujo del agua en canales y orificios o alrededor de los pilares de los puentes o la propagación de las olas. Y también documentó el temor que sentía ante su capacidad destructiva. En este sentido, algunos intérpretes de la obra de Leonardo sospechan que hay pasajes poco conocidos en sus diarios en los que advierte sobre una catástrofe climática en nuestra era, donde prevé que una inundación destruirá el mundo moderno.

«Lloverá sobre la Tierra durante cuarenta días y cuarenta noches, y cualquier ser vivo que yo haya creado será eliminado de la faz de la Tierra.» Esta profecía recogida en el Apocalipsis se ha repetido a lo largo de los tiempos, en diferentes culturas. Desde la epopeya de Gilgamesh de Babilonia —una narración de la Mesopotamia de origen sumerio, considerada la narración escrita más antigua de la historia—, pasando por el mítico emperador chino que fundó la I Dinastía sólo después de haber desviado las inundaciones que llegaban hasta el cielo, hasta la mitología de los indios hopi de Estados Unidos, todos hablan de un devastador torrente que arrastrará a las personas corruptas, de diluvios apocalípticos que destruirán la humanidad. ¿Por qué Leonardo también imaginó que todo comenzaría con un aumento del nivel del mar, y que se producirían cambios geológicos? Además, ¿cuándo llegará el momento definitivo en que se cumplan estas amenazas?

Diarios encriptados

> Alrededor, podrán verse árboles venerables, arrancados de raíz y destrozados por la furia de los vientos... Los ríos se desbordarán y sumergirán las tierras bajas y a sus habitantes.
>
> Leonardo da Vinci

Por lo que parece, Leonardo utilizó imágenes alegóricas para transmitir muchas ideas distintas, y algunas de ellas han intrigado a los historiadores desde hace décadas. Por ejemplo, en algunos retratos, el cabello de sus personajes parece representar una tormenta. «Lo dibuja como un extraordinario torbellino de rizos. Es un rasgo particular de Leonardo, que repite en varias de sus obras», explica el profesor de Historia del arte de la

Universidad de Oxford, Martin Kemp, una de las principales autoridades del mundo sobre Leonardo, autor de *Leonardo da Vinci: The Marvellous Works of Nature and Man*, una obra sobre los logros artísticos y tecnológicos del genio del Renacimiento mientras buscaba las normas científicas que rigen tanto el hombre como el universo. Pero ¿por qué intentó plasmar y, al mismo tiempo, ocultar estas revelaciones en sus cuadros?

Para Brian Copenhaver, profesor de Filosofía de la Universidad de Los Ángeles UCLA, hay que tener en cuenta la personalidad del genio y el contexto histórico en el que le tocó vivir. «Por un lado, tenía un don para la observación y, por otro, para la representación. Es decir, podía ver con mayor profundidad y detalle lo que otros no lograban captar a simple vista.» En aquella época, en Italia, la Iglesia católica era muy autoritaria, así que consideraba que un hombre tan creativo e inquisitivo debía de ser, por fuerza, sacrílego y peligroso. Intentaba imponer unas normas y unos dogmas que no aprobaban la investigación científica ni la experimentación. Ante tantos elementos en contra, Leonardo intentó esconder sus escritos de las autoridades eclesiásticas; por eso sus diarios estaban encriptados. Solamente podían descifrarse con la ayuda de un espejo. «Era muy hábil y, para él, resultaba fácil escribir al revés. Escribía de esa forma porque no esperaba que nadie leyese sus manuscritos, salvo él mismo», afirma Copenhaver. Aquélla era la única manera de que Leonardo pudiera desarrollar sin riesgos su pasión por la ciencia y la ingeniería.

Más allá de Dan Brown y sus tramas, pistas e historias en la famosa y controvertida novela *El código Da Vinci*, según los especialistas, toda la obra de Leonardo parece aludir a las inundaciones mediante códigos y símbolos. Estos símbolos podrían coincidir con profecías anteriores, de otras culturas, que también advertían sobre inundaciones. Es más, hay quienes aseguran que pudo prever, quinientos años antes del calentamiento global, que el deshielo de los polos acabaría siendo una terrible amenaza, ya que era muy consciente de los peligros inherentes a la naturaleza. «Estudiaba con particular interés aquellos aspectos en los que no se mantenía el equilibrio, en los que se rompía la estabilidad. Observó los desastres naturales y escribió acerca de ellos. Y trató de predecir qué pasaría si el equilibrio desapareciese», sostiene Marina Wallace.

La vida de Leonardo se caracterizó por ser tremendamente inestable, siempre en medio de interminables guerras entre las diferentes ciudades-estado italianas y entre éstas y el rey francés, con alianzas que cambiaban cada poco tiempo. Esto obligó a Leonardo a buscarse mecenas en Florencia, Roma, Milán, Venecia, e incluso a depender del rey francés. Viajó y vivió en todas estas ciudades, donde realizó encargos artísticos —que frecuentemente dejaba inacabados— y se dedicó a sus múltiples intereses e investigaciones.

Florencia era entonces una de las ciudades más ricas de Europa; el gran centro comercial de la península Itálica, alrededor de la corte de los Médicis. Mientras vivía allí, Leonardo decidió poner sus conocimientos sobre hidrodinámica a disposición de una causa cívica. Propuso desviar el río Arno —el mismo río que vio cómo se desbordaba en su juventud— hacia las afueras de la ciudad rival: Pisa. Así, proyectó un canal navegable entre Pisa y Florencia, para que ésta tuviera una salida al mar.

Cuando Leonardo, con treinta años, comprobó que no conseguía de Lorenzo el Magnífico más que alabanzas a sus virtudes de buen cortesano, decidió buscar nuevos retos y mejores ingresos. En Milán fue músico y diseñador de instrumentos musicales. Esto le permitió llegar hasta la corte de Ludovico Sforza, que confió en él para que desarrollara alguno de sus inventos de guerra; se encargó de diseñar, inspeccionar y mantener las fortificaciones. La reputación de Leonardo como ingeniero de gran talento aumentó durante esta estancia en Milán, en 1485. Allí permaneció diecisiete años trabajando en proyectos tanto artísticos como científicos, en los que el deseo de experimentar era su principal objetivo. Diseñó armas vanguardistas; verdaderas máquinas de matar que, de haberse construido, habrían concedido a su mecenas una gran ventaja bélica en aquella época tan violenta pero en la cual el esplendor de las cortes no tenía límites. «Era un período caótico y muy inestable. Leonardo fue testigo de muchas muertes. Entonces, la muerte era mucho más frecuente. Formaba parte del curso natural de la vida», cuenta el profesor Martin Kemp.

El papel que desempeñaban las máquinas le intrigaba, y su obsesión por ellas fue en aumento. Como resultado, diseñó un artilugio para volar, que conquistaría el cielo, y un submarino que llegaría a las profundidades del océano en el mundo moderno, varios siglos después de su muerte. En una época en que los hombres pensaban que el mundo podía acabar en cualquier momento, imaginó muchas de las armas que utilizamos actualmente para matarnos los unos a los otros. «Fue un visionario. Hoy en día, damos por sentados muchos conceptos de ingeniería, pero en aquella época esos conceptos no existían. Da Vinci pensaba que se podía aprender mucho de la naturaleza, y aplicar estos conocimientos para construir máquinas más potentes», explica el científico e inventor Ray Kurzweil. Realizó estudios a escala y sobre todos los sucesos físicos, ya que para él no existían «conocimientos más elevados o menos, sino un conocimiento único que emana de la experimentación». Sin embargo, la mayoría de los proyectos de ingeniería que se encuentran en sus papeles no pudo llevarlos a cabo, como tampoco solía terminar los cuadros que le encargaban.

Según afirma el escritor ruso Dimitri Merezhkovski en su libro *El romance de Leonardo*, Da Vinci intentó superar los conflictos espirituales de su tiempo, pero fue «un hombre que despertó demasiado pronto, cuando aún estaba oscuro y todo dormía».

La rebeldía violenta de la naturaleza

> El agua girará dentro del lago que la contiene. Y los remolinos arrastrarán sucesivamente varios objetos que serán arrojados al aire junto con un barro espumoso... Alrededor, podrán verse árboles venerables, arrancados de raíz y destrozados por la furia de los vientos.
>
> Leonardo da Vinci

Sobre todo en sus últimos treinta años de vida, Leonardo describió de un modo muy gráfico las catástrofes que causarían el ocaso de la humanidad. «Y fragmentos de las montañas, desprendidos por los torrentes, caerán dentro de esos torrentes y atascarán los valles, hasta que los ríos crecidos se desborden y sumerjan todas las tierras bajas y a sus habitantes», escribió. Según sostiene Marina Wallace, «explicó con detalle, con una especie de acertijos, lo que ocurriría si los seres humanos no empezaban a respetar la fuerza de la naturaleza. Primero, vaticinaba lo que iba a pasar y, después, daba una conclusión final desconcertante». A menudo recitaba los acertijos en público, ante su rico mecenas, el duque de Milán. «Al principio era una especie de entretenimiento, pero las enigmáticas profecías de Leonardo empezaron a asustar a sus oyentes», dice Martin Kemp. Según este experto, Leonardo utilizaba algunos recursos literarios y una gran pasión, en particular cuando sus profecías hablaban de la destrucción provocada por las armas. «Los niños pequeños serán arrancados de los brazos de sus madres, arrojados al suelo y hechos pedazos... Se oirán gritos de profunda tristeza. Y serán torturados, despojados y abandonados, al final, desnudos e inmóviles», escribió Da Vinci. Casi al mismo tiempo que auguraba: «Sobre los cuerpos inertes, multitudes de hombres lucharán para salvar sus vidas».

En las profecías de Leonardo, «siempre había una lectura moral y ética, aunque él mismo, como autor de acertijos, reconocía que sus profecías podían ser totalmente ilógicas y desconcertantes», explica el director del Museo Ideale Leonardo da Vinci, Alessandro Vezzosi. Por su parte, el historiador, crítico de arte y director de la National Gallery de Londres, Kenneth Clark, indica en su libro *Leonardo da Vinci* que las advertencias del prolífico inventor están escritas «en una forma que parece que era popular entre los talentos de Milán» y que competían con las profecías de Bramante, el arquitecto que realizó el diseño de la basílica de San Pedro en el Vaticano por encargo de Julio II. «Consisten en descripciones de sucesos ordinarios, expresados para que parezcan catástrofes espantosas. Por ejemplo, cuando decía "muchas personas lanzando un soplido con demasiado apremio perderán la visión y poco después toda conciencia"; aunque suena muy dramático, según la explicación de Leonardo sólo se estaba refiriendo a "apagar la luz al irse a la cama". Pero en algunos casos creo que Leonardo utilizaba esta forma para expresar sus propias convicciones. Muchas de ellas describen actos de crueldad e injusticia que suenan increíbles», explica Kenneth Clark.

Otros expertos señalan que con ello expresaba la idea de que la naturaleza podría rebelarse de un modo violento, como cuando escribió: «Los hombres creerán ver que el poder destructor procede del cielo. Parecerá que el cielo se inunda de llamas y huirán despavoridos de ellas». Y es que, según Alessandro Vezzosi, el genio de la pintura «era consciente de que el poder del universo podría arrasar el mundo y provocar la ruina». Es más, Leonardo también pensaba que el hombre sería responsable de su propia destrucción. «Para Leonardo, el concepto de equilibrio era fundamental: el equilibrio entre las fuerzas, las energías, las situaciones, los elementos que componen el mundo que nos rodea. Pero si la estabilidad se rompe, existe el riesgo de la devastación», añade Vezzosi. Y las claves de esta creencia pueden estar en forma de código en las obras de Leonardo.

Los escritos sobre la vida de Leonardo demuestran que no podía reprimir esas visiones apocalípticas. Las imágenes recurrentes sobre los desastres naturales y la crueldad del hombre le perseguían desde su infancia; ya entonces tenía un gran talento para dibujar animales mitológicos de su invención. Aproximadamente tres décadas después de la muerte de Leonardo, Giorgio Vasari, su primer biógrafo, relató cómo Leonardo, siendo aún un niño, creó un escudo de Medusa con dragones que aterrorizó a su padre cuando se topó con él por sorpresa.

Las advertencias impactantes sobre cataclismos inundaron su arte. «A Leonardo le interesaba esta destrucción enorme y definitiva. Le fascinaba y horrorizaba a la vez», mantiene Martin Kemp. Leonardo da Vinci recoge en su *Tratado de pintura* lo necesario que a veces puede llegar a ser «copiar los rasgos completos, aunque éstos sean deformes e incluso exagerarlos, con el fin de poder oponer mejor lo bello a lo feo, a fin de que del contraste resulte, por uno y por otro lado, un aumento del poder emotivo...». Así, en las primeras series de bocetos-retratos de Da Vinci, cargados de un naturalismo exagerado, los expertos destacan su tendencia a resaltar la deformidad y las formas humanas grotescas, lo cual según algunos de ellos podría revelar su miedo a que una catástrofe natural destruyera a la humanidad. Sus pinturas supusieron una ruptura con los modelos universales establecidos durante el Quattrocento. En este sentido, se opuso al concepto de «belleza» ideal y optó por representar la naturaleza fielmente, sin tratar de mejorarla. Plasmó la fealdad en sus dibujos de personajes deformes y cómicos, y utilizó lo feo con una funcionalidad estética; por ello podrían considerarse las primeras caricaturas de la historia del arte.

Tras los cadáveres

El Renacimiento es, en el campo de la medicina, la época del pensamiento anatómico: de la anatomía, de la cirugía y de la anatomía patológica. La aportación de Leonardo da Vinci al conocimiento anatómico también fue enorme. Una sabiduría que adquirió diseccionando cadáveres, que conseguía de manera ilegal. Leonardo tenía que ser extremadamente discreto. En esa época, la disección de cuerpos humanos sólo se permitía con un permiso especial de las autoridades eclesiásticas. En la mayoría de los casos se consideraba una práctica ilegal. «La Iglesia no concebía la idea de cortar un cuerpo en partes. Se pensaba que nuestro cuerpo seguía existiendo después de la muerte, y tener el cuerpo seccionado para toda la eternidad no era aceptable», explica Marina Wallace.

Entonces no existían la refrigeración ni la conservación con formol y los cuerpos se descomponían muy rápidamente, por lo que Leonardo debía trabajar velozmente, para realizar sus observaciones y apuntes, movido por su gran curiosidad. En 1489 hizo una serie de dibujos del cráneo muy estimables; más tarde, realizó otra del sistema cardiovascular y del sistema genitourinario femenino. Incluso, representó el corazón como un músculo por vez primera. Describió también el sistema nervioso, el respiratorio y el digestivo y fue el inventor de los cortes anatómicos y de la representación de la figura humana en diferentes planos. Semejante tarea, en la que invirtió cerca de cuarenta años, dio como resultado una colección de setecientos setenta y nueve dibujos de los que se conservan unos seiscientos. «Diseccionar cadáveres le conectó con la muerte. Se había familiarizado con sus formas. Además, Leonardo había visto cadáveres desde una edad muy temprana, y estaba más concienciado de lo que estamos hoy en día», indica Christopher Witcombe.

La fascinación que sentía por la muerte le animó a buscar las claves y las respuestas en los cadáveres de las lúgubres salas mortuorias de los hospitales. A veces ni siquiera comprendería lo que su lápiz dibujaba, pero quería encontrar pistas sobre la naturaleza de la muerte: «Los cuerpos, sin la voluntad del alma, dictarán la sentencia. Y nos enseñarán las normas para morir con honor», escribió Leonardo. Incluso se dice que asistía a ejecuciones públicas para observar las contorsiones de los ajusticiados en sus últimos momentos.

A juzgar por la precisión de sus dibujos, Leonardo dedicó largas horas al estudio de la anatomía humana. Diseccionaba fetos que extraía del vientre de mujeres fallecidas e inspeccionaba los cuerpos hasta quedar exhausto, movido por una obsesiva búsqueda: el conocimiento sobre la vida y la muerte. Practicaba autopsias en secreto e intentaba hallar conexiones más profundas entre las fuerzas de la naturaleza y la posición del hombre ante ellas. «Leonardo —explica Marina Wallace— pretendía descubrir la raíz de las cosas, la razón de todos los orígenes. Y la buscaba, literalmente, en el interior del cuerpo humano diseccionando cuerpos y cabezas.» Según Ray Kurzweil, tuvo la idea de practicar en el cuerpo humano una especie de «ingeniería inversa». No se trataba sólo de observar su interior, «había que descifrar cómo funcionaba, y utilizó esos paradigmas biológicos como inspiración para sus inventos». ¿Cuál era el objetivo final de Leonardo? Según Wallace, «Leonardo tenía una visión global del mundo. El mundo exterior no estaba separado de lo que sucedía en el interior de nuestro cuerpo, y, de hecho, gran parte de sus estudios giraban en torno a esta idea. Observaba la naturaleza con mucha atención y buscaba las similitudes entre lo que sucedía en el cuerpo de la Tierra, como él lo llamaba, y lo que sucedía en el cuerpo del hombre».

Para Leonardo, al igual que el cuerpo humano estaba hecho de carne y huesos, venas y sangre, la Tierra estaba hecha de tierra, rocas, ríos y agua. «Comparaba —prosigue Wallace— la circulación sanguínea del cuerpo humano con la circulación del agua en el cuerpo de la Tierra.» Por eso quizá llegó a la conclusión de que, igual que una hemorragia puede matar a un hombre, el movimiento del agua y un clima extremo podían destruir el planeta.

Desentrañar mensajes ocultos

Para transmitir y al mismo tiempo ocultar estas creencias, Leonardo codificó todo su conocimiento en sus pinturas. Lo escondió en la composición, la textura, el estilo, el color e incluso en las pinceladas. Para muchos, el destino de la humanidad quedó sellado en sus lienzos. «Creo que ni Leonardo da Vinci ni ninguna de las personas que vivieron en aquella época podían imaginar una situación en la que reinara la paz. Y desde esa perspectiva, buscaban desesperadamente un final definitivo para el caos», considera Michael Baigent.

En opinión de diversos estudiosos e historiadores del arte, las obras de Leonardo representan la naturaleza caótica de la Tierra. En su obra maestra, *La última cena*, muchos ven elementos alegóricos y mensajes ocultos en el momento intensamente dramático que reproduce. El mural, realizado entre 1495 y 1497, está pintado en una pared del refectorio de Santa Maria delle Grazie, en Milán, sobre una gruesa capa de temple al huevo sobre yeso seco, lo cual no fue una buena elección ya que, pocos años después de terminarlo, la pintura empezó a perder color y a desconcharse. En el libro *El código Da Vinci*, Dan Brown trabaja con la idea de que Leonardo cifró un gran secreto en el cuadro. Pero no es el único. En *La revelación de los templarios*, Lynn Picknett y Clive Prince afirman que hay varios elementos en la estructura de la obra que revelan un simbolismo codificado en ésta y en muchas otras de las composiciones de Leonardo, lo que ha dado lugar a numerosas especulaciones y teorías.

Pero las obras que contienen más claves de la visión apocalíptica de Leonardo, según los expertos, son tres pinturas de Leonardo, muy importantes para él, que conservó hasta el final de sus días: *La Gioconda* —también conocido como *La Mona Lisa*—, *La Virgen con el niño Jesús y Santa Ana* y *San Juan Bautista*. «A Leonardo siempre le interesó la pintura como un medio para transmitir sus conocimientos y su forma de entender la vida. De algún modo, *La Mona Lisa* parece un simple retrato, pero fue una obra revolucionaria para su época. En primer lugar, ella nos mira fijamente, lo cual era muy atrevido para una mujer. Además, reacciona, sonríe, lo que hace que nos preguntemos en qué está pensando.»

Este cuadro —pintado entre 1503 y 1505, que destaca por contener una serie de innovaciones técnicas como el *sfumato* y el claroscuro— no sólo ha suscitado varias hipótesis sobre la identidad de la mujer con esa sonrisa tan enigmática. Para los que han interpretado su obra, la obsesión de Leonardo por la destrucción queda patente en las inundaciones representadas en los mechones rizados del pelo de *La Gioconda* y en los pliegues de su vestido, una característica que Leonardo repitió en varias de sus pinturas. En este sentido, en el cuadro se refleja la amenaza de un cataclismo geológico. «Uno se pregunta por qué la dibujó de ese modo», dice el profesor de Arte Christopher Witcombe. Para muchos, estas alegorías podrían ser advertencias ocultas de futuros desastres. Aunque no todo el mundo está de acuerdo con esta teoría.

En *La Virgen con el niño Jesús y Santa Ana*, que data de 1510-1513, parece llevar más lejos estas ideas catastrofistas, en opinión de Martin Kemp. «En este cuadro —dice— hay varios temas relacionados. El personaje de santa Ana parece conocer el misterio. El niño está abrazando al cordero, que simboliza el sacrificio de Jesús por la humanidad. Y santa Ana supervisa ese pequeño drama espiritual. Por otro lado, las figuras del cuadro están situadas, peligrosamente, cerca del borde de un precipicio. Es posible que, en esta pintura, Leonardo quisiera representar a la humanidad al borde de la aniquilación.»

En *San Juan Bautista* hay otro detalle significativo: Da Vinci recurre, de nuevo, a los remolinos en los rizos, una de sus señas de identidad. En la oscuridad, el largo cabello de san Juan cae desordenado, y lo rodea como un torrente de agua embravecida. «Siempre que Leonardo observaba un fenómeno lo asociaba con una imagen simbólica. Por ejemplo, cuando veía agua, pensaba en cabello. Y ésta es una actitud recurrente», asegura Martin Kemp. Además, el dedo de san Juan está apuntando hacia la única salida posible, como si anunciara que va a venir alguien. «El santo está sonriendo, y parece decirnos: "Algo llegará pronto, algo inexplicable e increíble"», comenta Kemp.

Muchos expertos se preguntan si Leonardo escondió en estas tres obras su definición personal de la Trinidad: la creación, el equilibrio natural y el fin del mundo. Los hay que van aún más lejos: tal vez el genio se anticipó a los problemas y preocupaciones actuales, ahora que la humanidad parece dirigirse hacia el desastre. Pero no todos los expertos están de acuerdo. «Podemos comparar a Leonardo con un director de cine que hubiese imaginado un fin del mundo apocalíptico y se dejó llevar por una visión artística muy extrema», señala Alessandro Vezzosi. Martin Kemp lo explica de la siguiente forma: «Debemos comprender el modo en que Leonardo veía el mundo. No es nuestra visión actual. Sabemos que existe una fuerza exterior, pero no sabemos cuál es exactamente».

Tinieblas y tempestad del mar

> Y hubo un gran terremoto; y el Sol se volvió negro como un hábito de penitencia, y la Luna se tiñó de sangre, y las estrellas del cielo cayeron sobre la Tierra.
>
> Leonardo da Vinci

En los últimos años de su vida, Leonardo realizó una serie de inquietantes dibujos sobre el diluvio universal que hacen sospechar que las visiones sobre la extinción del hombre seguían atormentando al pintor. Estas ilustraciones representan grandes olas, vendavales, tormentas e inundaciones que arrasan el mundo, visiones que recuerdan a lo que describe la Biblia en el Apocalipsis. Así, junto a las advertencias que anotó en su diario, Leonardo plasmó en sus dibujos del diluvio una última y sombría profecía. Estos trabajos tan complejos fueron su legado final. «Todas las ideas de Leonardo cobran sentido al final de su vida. Así que, de alguna manera, esa profecía sobre el diluvio es la conclusión de todo lo que él estuvo observando desde su niñez», dice Marina Wallace.

«El horizonte y el hemisferio todo aparecían turbios y encendidos por las llamas de las continuas centellas. Veíase a hombres y pájaros abarrotar los grandes árboles aún no sepultados por las dilatadas ondas, causa de las trombas que los inmensos abismos circundaban», escribía Leonardo en su *Tratado de la pintura*. Su fijación por el agua tiene un significado muy siniestro en su serie de dibujos sobre el diluvio. No se trata de unos simples bocetos, y tampoco se cree que tuvieran un propósito determinado. Según Alessandro Vezzosi, «sus pinturas reflejan una terrible desesperación y resultan sobrecogedoras. Representó las inundaciones utilizando colores e imágenes muy simbólicos. Utilizó negro sobre negro y sacrificó el color, porque de ese modo acentuaba el extremismo de su visión».

Leonardo nació y vivió en una cultura integrada en el catolicismo. Desde muy joven conocía la historia del diluvio universal que, según la Biblia, arrasó el planeta; sólo sobrevivieron Noé, su familia y el arca llena de animales. Con el tiempo, la tierra volvería a aparecer, por encima de las olas. Martin Kemp sostiene que las ideas de Leonardo proceden de esa tradición cristiana. Para explicar que los océanos cubriesen las montañas, Leonardo recurrió a la teoría de las placas tectónicas. «La prueba principal de la edad de la Tierra la encontró en los fósiles. Se dio cuenta de que en los estratos de la tierra se habían preservado fósiles de criaturas marinas. Principalmente, encontró conchas, y estaban en las montañas», indica Kemp.

Antes que él, durante la Edad Media prevaleció la idea de Aristóteles de que una fuerza creadora de la naturaleza tallaba en piedra imitaciones caprichosas de seres vivos. Pero, según Leonardo, los fósiles tenían que ser restos de seres vivientes. Las actuales tierras firmes, pensó, habían quedado inundadas repetidamente en épocas pretéritas por el mar. En estas marismas se asentaron entonces toda clase de especies de la fauna marina. Cuando las aguas se retiraron, la capa que formaba el suelo del mar se fue endureciendo más y más hasta convertirse en piedra. Las conchas de los moluscos se llenaron de fango, que a su vez se convirtió en piedra con el paso del tiempo. Sin embargo, la Iglesia se negaba a aceptar que los fósiles hubiesen sido seres vivos y proclamaba la inalterabilidad de todas las cosas.

En el siglo XVI existía la creencia de que el diluvio universal había arrastrado a esos animales hacia las cumbres de las montañas. Leonardo fue uno de los primeros en cuestionar el relato bíblico del diluvio. Tras ver los fósiles de criaturas marinas en las cimas de las montañas rechazó esa idea, porque la disposición ordenada de muchos de ellos sería imposible si hubiesen sido arrastrados violenta y desordenadamente tal como aseguraba la teoría diluviana. Estudió los valles fluviales e hizo numerosos cálculos. Él creía que la Tierra era mucho más antigua de lo que hasta entonces se imaginaba. «Aseguró —añade Kemp— que existían pruebas de que habían sucedido múltiples cambios: inundaciones, huracanes, terremotos... Y todo quedaba registrado en el cuerpo de la Tierra.»

Leonardo escribió: «Todos los elementos se mezclarán provocando grandes alteraciones, precipitándose hacia el centro de la Tierra y luego hacia el cielo. Algunas veces de este a oeste, y también de un hemisferio al otro». Según Kemp, «Leonardo era capaz de imaginar cómo la Tierra se desmoronaba y se elevaba. No contaba con la tecnología que tenemos hoy en día. Ahora sabemos que las placas tectónicas se desplazan, pero Leonardo da Vinci ya lo imaginó hace siglos. Y ese movimiento afectaba al planeta entero».

En sus dibujos del diluvio, el pintor representó vientos huracanados que arrastraban a ejércitos enteros, olas inmensas que se tragaban los barcos y torrentes que caían sobre las ciudades. El mundo quedaba destruido por los terremotos y los océanos. «Los elementos de la naturaleza se rebelan. Las rocas saltan por el aire, lo que demuestra que se trata de una situación apocalíptica. Son los elementos en su forma extrema», explica Kemp.

Aunque estas imágenes son aterradoras por sí mismas, se vuelven más siniestras cuando van acompañadas de los escritos de Leonardo: «Las aguas embravecidas parecen querer embestir la orilla con los cuerpos de los ahogados».

«Para que sus palabras fuesen más efectivas, realizó una serie de dibujos en los que representaba su idea del diluvio. Basta con mirar las imágenes con atención, apreciar todos los detalles y leer las palabras y profecías de Leonardo», alerta Marina Wallace. «Y entre las batientes olas —escribía Leonardo—, donde unos a otros se zarandeaban, rebotando como pelotas henchidas de viento, encontraban sepultura los cadáveres. Y por encima de calamidades tales veíase el cielo cubierto de negros nubarrones que rompía la quebrada carrera de los rayos, alumbrando aquí y allá la oscuridad de las tinieblas.»

Hay quienes interpretan las imágenes del diluvio de Leonardo como una representación de nuestro futuro. En nuestra época, las fuerzas de la naturaleza parecen haber iniciado un ciclo de destrucción. Como consecuencia del calentamiento global, los casquetes polares se están derritiendo, lo cual ha provocado un aumento del nivel del mar. «Árboles desarraigados y arrancados por el furor de los vientos, y los montes arruinados y descarnados por el ímpetu de los torrentes, en ellos desplomándose y sus valles cegando, y los ríos rebosantes, anegando y sumergiendo innumerables tierras y a sus gentes [...] ¡Oh, a cuántos habríais visto taparse los oídos con sus propias manos por esquivar los inmensos rumores que en medio de una atmósfera tenebrosa causaban los furiosos vientos confundidos con la lluvia, los celestes truenos y el furor de las centellas!», describía Leonardo en lo que muchos creen que era una profecía con la que advertía a nuestra generación sobre una inundación catastrófica. Los defensores de esta teoría aseguran que su apocalíptico diluvio refleja con precisión todos los desastres medioambientales actuales, con efectos tan devastadores como el huracán Katrina o como el terremoto que asoló la costa de Sumatra en el año 2004 o el de Haití en enero de 2010. Eso demostraría que las predicciones de Leonardo se están haciendo realidad. «Entre los terrores más irremediables y destructivos —escribió—, una inundación, provocada por la crecida de los ríos, sin duda, debe anteponerse a cualquier otro espantoso acontecimiento[...] El barro será tan profundo que los hombres deberán caminar por encima de los árboles.»

Cada año, las advertencias de los científicos sobre las consecuencias del calentamiento global y de la inestabilidad geológica son más inquietantes. El planeta sigue deteriorándose a gran velocidad. En el océano Atlántico se generan huracanes cada vez más violentos y frecuentes. En el Pacífico, los tsunamis han devastado zonas inmensas. La preocupación de los expertos va en aumento, sin que nadie se atreva a prever la magnitud de los futuros desastres medioambientales y ecológicos. «Para Leonardo eran las leyes de la naturaleza las que provocaban el movimiento, en ellas estaban la clave de la muerte y la respuesta sobre el principio y el final de todo. Y es comprensible que, precisamente en sus últimos días, pensara en el final de las cosas; el fin de todo aquello que había conocido desde su juventud», precisa Wallace. Incluso, según piensan muchos, podría haberse referido a nuestra actual crisis económica: «Monedas invisibles serán el triunfo de muchos de aquellos que las gastaron», advirtió.

Para algunos expertos, los últimos trabajos de Leonardo apuntan a dos teorías diferentes respecto al futuro de la humanidad. Su última pintura, *San Juan Bautista*, ofrece esperanza en medio de un diluvio: san Juan sonríe con orgullosa sabiduría y con su dedo apunta hacia el cielo, mostrando el camino hacia Dios y la salvación. Pero sus últimos dibujos sobre el diluvio muestran exactamente lo contrario: un mundo desequilibrado, donde reina el caos y que sobrevive bajo la amenaza de otra inundación bíblica. En palabras de Leonardo: «Se oirán gritos de profunda tristeza y llantos[...] Y los roncos y débiles lamentos de aquellos que son torturados, despojados y abandonados, al final, desnudos e inmóviles».

En sus últimos días, tras sufrir una parálisis a causa de un derrame, Leonardo se convirtió en una persona melancólica. Sus visiones sobre el futuro se volvieron más violentas. El pintor intentó recopilar y organizar todas sus obras, pero la mayor parte se dispersó y fue vendida. Tras su muerte, gran parte de sus pinturas y sus escritos desaparecieron y aún se desconoce su paradero. Actualmente tenemos acceso a cientos de páginas de sus notas, apuntes, bocetos, garabatos y reflexiones, incluidos la lista de los libros que leía y fragmentos de sus registros financieros. Pero quizá haya más profecías de Leonardo da Vinci que esperan a ser descubiertas. La mayoría de los inventos que Leonardo imaginó se han construido en los quinientos años que han transcurrido desde su muerte. Pero ¿qué ocurre con sus visiones de una inundación global? ¿Qué pensaría este profeta de la extrema inestabilidad que sufre hoy el planeta Tierra? Tal vez quede poco para la muerte de la humanidad, según sus palabras: «Se extinguirán innumerables vidas, e innumerables agujeros aparecerán en la Tierra».

Leonardo da Vinci vivió en una época de actividad brillante y tumultuosa, centrada en el mundo de la naturaleza y en la vida de los seres humanos en ella, y fue un visionario. Posiblemente es una de las figuras intelectuales más intrigantes de la historia occidental. Pero, en la actualidad, ha quedado demostrado que fue increíblemente perceptivo. Y nosotros, ¿cambiaremos nuestra suerte? ¿O está la humanidad destinada a un final terrorífico tal como predijo Leonardo?

16

El código apocalíptico de Newton

Sir Isaac Newton, padre de la física, creador del cálculo y descubridor de las leyes que rigen el universo, poseía un lado oscuro, una obsesión que lo llevó a creer que había hallado una profecía bíblica secreta que señalaba el año 2060 como el año del Armagedón. Los intérpretes de su obra consideran que fue un estudioso compulsivo de la Biblia, sobre todo del Libro de Daniel y del Apocalipsis. ¿Qué trataba de descubrir exactamente? ¿Qué uso dio a las matemáticas para descifrar esos antiguos textos bíblicos?

La encrucijada intelectual

En 1936, en Sotheby's, en Londres, se subastó una caja que contenía unos misteriosos documentos, unos manuscritos que habían permanecido ocultos durante más de dos siglos y que albergaban un sobrecogedor secreto. Los textos guardaban mensajes codificados y complejas fórmulas matemáticas que, según su autor, revelaban el año exacto en el que el mundo tocaría a su fin: 2060. La información en la que se basa esta profecía procede de la Biblia. ¿Y el descifrador del código? Isaac Newton (1643-1727), un nombre más asociado a la racionalidad de la ciencia que a las supercherías. «Muy pocos pensarían que Isaac Newton, un hombre considerado tradicionalmente como un intelectual sensato y racional, consagrara su vida a las profecías de la Biblia y acabara asegurando que el fin del mundo se produciría en 2060. Creo que uno de los motivos que hacen tan atractiva la historia de 2060 para la opinión general es que es una teoría completamente inesperada», explica Stephen Snobelen, profesor de Historia de la ciencia y la tecnología en la Universidad de King's College en Halifax, Canadá.

Considerado el padre de la investigación científica racional, sería lógico pensar que la mayor parte de estos escritos versaran sobre cuestiones físicas o matemáticas. Sin embargo, este legado se refiere a asuntos como la alquimia, las profecías bíblicas y otras muchas cuestiones teológicas basadas en su estudio minucioso de la Biblia. Según los expertos, Newton no tuvo el valor de publicarlos en su tiempo por su contenido altamente sacrílego. «Los asuntos relacionados con la fe eran entonces muy peligrosos. Newton tenía una creencia sobre la naturaleza de Dios que debió mantener en secreto durante toda su vida. A mediados del siglo XVII, aún se llevaban a cabo muchas ejecuciones y se imponían castigos por motivos religiosos en Inglaterra», señala Brian Copenhaver, coautor de *Newton's Scientific and Philosophical Legacy*. Lo cierto es que la jerarquía eclesiástica podría considerar que sus creencias eran blasfemas, ya que amenazaban el *statu quo* de esta institución. Sin duda lo hubieran condenado por hereje, a causa de cuestiones tan peligrosas en la época como la búsqueda de la piedra filosofal, las interpretaciones del Apocalipsis o la negación de la Trinidad; incluso llegaba a identificar a la Iglesia católica con la Bestia del Apocalipsis. Newton sabía que, si alguien descubría su trabajo, podría ser incluso condenado a muerte. No obstante, descifrar el código secreto de la Biblia se convirtió en una obsesión para el afamado científico, pasión que terminó doblegando su razón.

El científico británico estaba convencido de haber resuelto un rompecabezas secreto, escondido en las Sagradas Escrituras, y de que sólo él sabía cuándo la humanidad iba a extinguirse. Pero lo mantuvo en secreto: «Sé lo que me conviene y eso pasa por mantener en secreto mis escritos hasta que yo haya desaparecido...». Harían falta más de doscientos años para que la aparentemente terrible verdad, oculta en su legado, saliera a la luz. «Le interesaba profundamente tratar de componer un orden y darle un significado a distintos pasajes de la Biblia que, según él, debían servir para calcular la secuencia de los acontecimientos que conducían al fin del mundo», sostiene Matt Goldish, profesor de la Universidad estatal de Ohio y experto en el Talmud, una compilación que recoge la tradición oral de los rabinos judíos. Pero ¿cómo concilió su búsqueda espiritual con sus investigaciones científicas?

«Creo que Newton se consideraba a sí mismo un buen cristiano porque trabajaba concienzudamente para tratar de comprender las Escrituras. En la Biblia, Newton veía a Dios hablando a la humanidad», explica Matt Goldish. Además, Newton también hacía suya la tradicional creencia cristiana de que el mundo debe acabar un día u otro. «Debe terminar porque Dios intervendrá. De hecho, eso es lo que originalmente significa la palabra "apocalipsis". Por eso Newton demuestra tanto interés en calcular la fecha del Apocalipsis y por eso hace una cronología de la Biblia», afirma Brian Copenhaver.

Las dos caras del padre de la ciencia moderna

Todo el mundo tiene la imagen de Newton sentado en un jardín y de una manzana que cae sobre su cabeza; este incidente le llevaría a descubrir la ley de la gravitación universal. El legendario científico renovó los fundamentos de las matemáticas, la óptica, la astronomía y la mecánica a finales del siglo XVII, durante los primeros años en que la ciencia misma se estaba formando como una nueva disciplina. También trató de cambiar la historia de la civilización. «Isaac Newton está considerado, junto con Albert Einstein, uno de los científicos más magistrales de la historia de la humanidad. Estrictamente hablando, casi todo cuanto hoy conocemos tiene sus raíces en alguno de sus descubrimientos. En esencia, todo lo que sucede en la Tierra en cuanto a luz y a movimientos de cuerpos responde a algo descubierto por Newton», recuerda Jed Buchwald, profesor de Historia en el Instituto de Tecnología de California.

Este dinámico genio ayudó a definir la lógica observable que rige el mundo que todos conocemos. Para su época, Newton manejaba los datos de forma muy innovadora. «Por ejemplo —explica Buchwald—, un astrónomo observa la posición de una estrella en diversos momentos y lo normal es que obtenga un número distinto cada vez, porque las personas no son perfectas. ¿Qué hacer con todos esos números diferentes? Desde finales del siglo XVIII hasta nuestros días se toma lo que se llama un promedio. Pero casi nadie lo hizo hasta mediados del siglo XVIII, excepto Newton. Era una novedad importante en el proceso de cómo construir una estructura matemática. Él es el ejemplo de una forma nueva de hacer ciencia, basada en generar datos en el laboratorio y en manejar datos complejos de forma concertada. Para mí, en cierto modo, representa el nacimiento de la ética de la ciencia cuantitativa.» Así, su mayor contribución fue la introducción de un método. Según Newton, las leyes se obtienen por generalización, mediante la inducción y el análisis matemático de los fenómenos o experimentos sistemáticos, y constituyen la única base fiable del conocimiento.

En opinión del escritor Brian Copenhaver, cuando Newton murió, en 1727, seguramente era la persona más famosa de toda Europa. A su muerte, su sobrina Catherine Barton Conduitt, heredó todos sus documentos. Después se publicaron las partes que se consideraron útiles y el resto, la mayoría de los documentos, se descartaron ya que se pensó que podrían manchar el buen nombre y la fama intachable del gran sabio. Así, su faceta oscura y extravagante no se reveló hasta que se descubrieron los miles de textos que habían permanecido tanto tiempo ocultos a los ojos de las distinguidas academias y del público. En ellos, supuestamente, se recogen sus heterodoxas interpretaciones de la Biblia y de la naturaleza de Dios. Esos miles de páginas muestran, según muchos investigadores, el intento obsesivo de Newton para descodificar la Biblia, que él creía que contenía las leyes secretas de Dios para el universo, y tratar de predecir cuándo se produciría el fin del mundo. «Newton sabía más de las Escrituras que muchos teólogos de su tiempo. Pensaba que había un antiguo conocimiento sobre el mundo natural que los científicos o filósofos también debían tratar de descubrir», afirma Andrew Janiak, autor de *Newton as Philosopher*, donde defiende que Newton fue un filósofo de la naturaleza, pero que cambió los términos del debate, y «se negó a enredarse en polémicas estériles sobre la metafísica».

Y es que Newton contemplaba el universo como un enigma, como un secreto que podía leerse aplicando el pensamiento puro a ciertos indicios místicos que Dios había diseminado por el mundo para permitir una especie de búsqueda del tesoro filosófico. Para él, Dios había guardado la llave de la sabiduría sobre los secretos de la naturaleza en textos antiguos, pero ese conocimiento se había perdido con el paso de los milenios. Sólo quedaban algunos rastros y restos en las tradiciones y mitos del pasado. Para encontrar los mensajes ocultos, el antiguo saber perdido, Newton estudió y experimentó con los textos de la Antigüedad, tanto alquímicos como teológicos. Investigadores con amplio conocimiento sobre su vida y su trabajo aseguran que, en su búsqueda de pistas, el científico se dedicó obsesivamente a estudiar sobre todo el Libro de Daniel y el Apocalipsis, aunque prácticamente analizó —casi desmenuzó— todos los textos sagrados que pudo encontrar, ya fueran hebreos, egipcios o babilonios.

Lector compulsivo, inconformista, buscador de la verdad, aprendió sin necesidad de maestros, y preguntó directamente a la naturaleza, que estudió por su cuenta. Algunos creen que Newton, que nunca se casó y a quien no se le conoce una relación íntima con nadie, pretendía emplear su tiempo y sus dotes, sobre todo para las matemáticas, para hallar esa revelación bíblica. Es más, a la vista de este legado, algunos afirman que era, en secreto, un misterioso hereje. Sin embargo, él se consideraba todo lo contrario, se tenía por un auténtico creyente, un representante, según sus propios argumentos, del verdadero cristianismo.

El descubrimiento de esta personalidad oculta de Newton ha llevado a pensar a otros estudiosos que tras su compulsiva ansia de conocer podría incluso esconderse un neurótico, debido a que era un hijo póstumo. Su padre murió meses antes de su nacimiento. Cuando el pequeño Isaac acababa de cumplir tres años, su madre contrajo de nuevo matrimonio con el reverendo Barnabas Smith, rector de North Witham, y se vio obligado a convivir con su abuela materna, lejos de su odiado padrastro. La búsqueda del «padre divino», dicen, impulsó su interés por las antiguas cronologías, la alquimia y el mundo natural. De cualquier forma, a la vista de sus documentos ocultos, surge una nueva idea de quién fue realmente Newton, un heterodoxo, bastante alejado de la visión racionalista idílica que dibujaron sus biógrafos y científicos de siglos posteriores.

Contra el dogma de la Trinidad

En el año 325 d. C. se estableció en el Concilio de Nicea, convocado por el emperador Constantino, el axioma de la Iglesia católica de la creencia en la Santísima Trinidad: Padre, Hijo y Espíritu Santo, tres en uno y uno en tres. Newton rechazó este concepto. Consideraba a Cristo un enviado de Dios, pero no consustancial a Él; para ello se apoyaba en su propia interpretación de la Biblia. «El Apocalipsis era para Newton la historia del cristianismo, de la difusión inicial de las verdades de Cristo y de su corrupción progresiva a manos, según él, de los católicos que creen en la Santísima Trinidad», indica Rob Ilife, editor de *History of Science* y de *Newton Project*, así como autor de *Newton: A Very Short Introduction*, donde recurre a los escritos privados y a los manuscritos inéditos para explorar los complejos resortes internos del legendario científico. «Newton negaba la Trinidad, algo que era delito en la Inglaterra del siglo XVII», indica Bill Newman, profesor de Filosofía de la ciencia de la Universidad de Indiana y editor de *The Chymistry of Isaac Newton*, un proyecto en el que se combinan las nuevas investigaciones sobre Newton y experimentos históricos basados en cuadernos del científico. «La alquimia de

Newton, por ejemplo, sigue siendo un gran misterio sin resolver. Estos cuadernos experimentales recogen información desde 1678. Hubo un incendio en el laboratorio de Newton inmediatamente antes. Así que es probable que hubiera más material que quedara destruido. Además, Newton no se molesta en explicar su terminología, porque realizaba esos experimentos para sí mismo. Utilizaba sobrenombres para encubrir sus operaciones, pero los usaba de una manera que no correspondía al estándar *decknamen*, es decir, no lo hacía tal como estaba estandarizado en esa época, sino que seguía su propio código. Así que debemos llevar a cabo un enorme esfuerzo para determinar de qué sustancias está hablando. Además, Newton no indicó por qué estaba haciendo los experimentos, tenemos que deducirlo nosotros. Es realmente un gigantesco rompecabezas, y estamos sólo al principio de resolverlo.»

Según este experto, Newton dedicó grandes esfuerzos a la alquimia, como medio para entender y explorar el mundo natural y descubrir los entresijos del proyecto cósmico divino dejado por Dios, y como una llave para unir ciencia y religión. Sin embargo, mucha gente se sorprende al saber que Newton era alquimista. «Creo que es porque la alquimia se ha presentado siempre como un compendio de irracionalidad y una especie de locura de avaro. Algo así como seres siniestros, vestidos de oscuros hechiceros tratando de convertir el plomo en oro», dice el profesor Newman. Pero la alquimia era una actividad permitida durante la época de Newton. A pesar de ello, su vida podía correr peligro debido a sus estudios secretos de la Biblia, y aun así siguió estudiando de manera obsesiva los textos bíblicos. Su mente matemática detectaba intuitivamente patrones, cifras, fechas. Empezó a ordenar y a reordenar esos números de forma metódica, convencido de que escondían un mensaje codificado enviado por el mismísimo Dios. Decidido a encajar todas las piezas y poseído por su misión, Newton se sumergió en sus cálculos durante años con el fin de conocer la fecha exacta en que acabaría el mundo. Buscó la exactitud de las fechas y los textos originales, analizando largas cronologías y comparando diferentes escritos en griego, latín o distintas escrituras de la Antigüedad.

Otro de los enigmas de su vida es por qué pasaron casi veinte años entre el descubrimiento de las leyes que rigen la gravitación y su publicación en los *Principia*. El análisis de estos manuscritos ocultos parece indicar que durante ese tiempo se centró en los estudios de la alquimia y la teología, y dejó en un segundo plano los asuntos de la ciencia física. Y es que, para él, el descubrimiento de la fuerza de la gravedad no constituía una explicación final. Siempre buscaba más allá, causas y efectos. No se conformaba con una sola vía de investigación. Según él, «la gravedad explica el movimiento de los planetas, pero no puede explicar quién pone los planetas en movimiento. Dios gobierna sobre todas las cosas y sabe todo lo que pasa o puede pasar». Para Newton, el universo tendía, por razones físicas, a perder estabilidad, lo cual hacía necesaria la existencia de un Dios, como gran relojero, para recuperar el orden perdido. En los *Principia* sostiene que existe un espacio y un tiempo absolutos que rigen todos los fenómenos. Al espacio también lo llama «el sensorio de Dios».

Newton opinaba que la Biblia es la fuente documental teológica más antigua y fiel que tenemos, a pesar de las muchas corrupciones que el tiempo y los hombres han introducido en ella. Intentó demostrar que muchos hechos sucedidos en la historia ya se habían descrito con anterioridad, de forma encriptada, en la Biblia. En particular, se centró en estudiar el Libro de Daniel y el Apocalipsis, porque ambos hablan de los planes de Dios para el fin del mundo, de las batallas definitivas entre Cristo y el Anticristo, así como del triunfo final del bien sobre el mal. «Escudriñó los libros versículo a versículo, analizó los símbolos y trató de encajarlos en una interpretación general. Newton creía que el Apocalipsis narraba, más o menos, una historia continua desde la época de Cristo hasta su segunda venida. Desde este punto de vista, es una historia que abarca un lapso de casi dos mil años», señala Stephen Snobelen.

Para Newton, el Apocalipsis era inevitable, ya que estaba convencido de que Dios lo había prometido así en los pasajes bíblicos, que él interpretaba como profecías, producto de la palabra de Dios. Estaba convencido de que si conseguía relacionar lógicamente los mensajes ocultos en esos textos, descubriría la fecha exacta en la que se produciría ese fin del mundo. Llamó a las profecías de la Biblia *Historia de lo que va a pasar*. «Básicamente quiere decir que la profecía bíblica es una previsión de los hechos históricos. Como si la historia hubiera sido escrita siglos antes de que sucediera», explica Snobelen.

Las peligrosas pistas bíblicas

Según sus cálculos matemáticos, hay tres fechas que destacan en particular, relacionadas con los acontecimientos clave que, según él, desatarían el Armagedón. Estos tres acontecimientos se producirían en Tierra Santa y culminarían con la venida del Anticristo y el regreso de Cristo, lo cual marcaría el final de los tiempos.

Los documentos de Newton demuestran que su primer paso en el proceso de descodificación de la Biblia se centró en el estudio de los pasajes que describían el Templo de Salomón, que interesó no sólo al prominente científico sino también a muchos estudiosos de los siglos XVII y XVIII, incluso en la actualidad continúa siendo motivo de numerosas teorías apocalípticas. Así, las profecías sobre el Templo constituyen una pista fundamental para todos los cálculos de Newton sobre el Juicio Final y sobre cómo llegará, en 2060, el Armagedón.

Este templo fue un santuario del pueblo de Israel, situado en una explanada elevada sobre la ciudad de Jerusalén, que Salomón creó artificialmente allanando el monte Moria, lugar sagrado donde había subido Abraham para ofrecer a Dios el sacrificio de su hijo Isaac. Actualmente se levantan allí algunos lugares santos musulmanes: el santuario de la Cúpula de la Roca y la Mezquita de al-Aqsa. Allí se construyó el Templo de Salomón original en torno al año 1000 a. C.; fue destruido por la invasión babilonia, al mando de Nabucodonosor, cuatrocientos años después, en el año 587 a. C. Era un lugar de misterio, el pueblo solamente podía acceder al patio exterior, ya que en el interior la élite sacerdotal celebraba sus rituales. La roca sobre la que se erigía el Templo se consideraba el punto central a partir del que Dios había creado el mundo, la piedra de la fundación. Zorobabel levantó un segundo Templo sobre las ruinas del primero, setenta años más tarde, a la vuelta del exilio de Babilonia. Éste fue profanado durante el período de dominio helenístico de los seleúcidas, aunque no quedó destruido. Ya en época romana, poco antes del nacimiento de Cristo, Herodes el Grande construyó un nuevo Templo —el tercero para los historiadores, pero el segundo para los judíos ortodoxos— a escala mucho mayor y más fastuosa. Finalmente, en el año 70 d. C., los legionarios romanos arrasaron este tercer Templo. Este hecho marca una época en que los romanos expulsan a los judíos de Israel y los condenan al exilio. La Biblia anuncia que cuando el final de los días esté cerca, los judíos regresarán al antiguo Israel y reconstruirán su Templo para la llegada del fin.

«Según los exégetas de la Biblia, lo que Dios promete en el Apocalipsis es que el nuevo Templo desencadenará una serie de tribulaciones espeluznantes que conducirán al Armagedón, la batalla final que, supuestamente, acabará con nuestro mundo», señala Rob Ilife. Pero antes de que llegue ese día, se da por sentado que el Templo de Jerusalén será reconstruido y «deberá hacerse siguiendo exactamente las mismas especificaciones del original», asegura Mordechai Feingold, autor de *The New Science and Jesuit Science: Seventeenth Century Perspectives*. «Así, cuanto mejor comprendamos el Templo, mejor o más profundamente entenderemos a Dios y Su creación. El Templo es el esquema de la mente de Dios», añade.

Convencido de la presencia de una mano divina en los textos sagrados, Newton dedicó años a transformar los pasajes de la Biblia en complejos dibujos y fórmulas matemáticas, convencido de que el mismo Dios era el diseñador del Templo de Salomón original. Era una pieza fundamental de la historia sagrada y fuente de iluminación para comprender el plan de Dios. Preparó diversos escritos en los que analizó minuciosamente la geometría y las medidas del Templo, y aportó planos y comentarios históricos. Vivía cautivado por su arquitectura, convencido de que escondía el misterio de la creación, del regreso del pueblo judío a Israel y, por último, del Apocalipsis.

Según el Libro de Daniel, el primer paso hacia el cataclismo definitivo es el regreso de los judíos a Jerusalén. Sirviéndose de cifras seleccionadas en el Libro de Daniel y en el Apocalipsis, Newton creyó haber calculado la secuencia temporal de acontecimientos que conducirían al fin de los tiempos, una especie de cronómetro apocalíptico. Para predecir la fecha en que el mundo terminaría, Newton nos remite al capítulo final del Nuevo Testamento y al Libro de Daniel. Este profeta dejó escrito: «"¿Cuándo será el cumplimiento de estas mravillas?" Y oí al hombre vestido de lino, que estaba sobre las aguas del río, jurar, levantando al cielo la mano derecha y la izquierda, por Aquel que vive eternamente: "Un tiempo, tiempos y medio tiempo, y todas estas cosas se cumplirán cuando termine el quebrantamiento de la fuerza del Pueblo santo"». (Daniel 12, 7). La misma cifra aparece también en el Apocalipsis 12,14: «Pero se le dieron a la Mujer las dos alas del águila grande para volar al desierto, a su lugar, lejos del Dragón, donde tiene que ser alimentada un tiempo y dos tiempos y medio tiempo». Los intérpretes dicen que estas profecías son la clave de la obsesión de Newton. «Parece que por "tiempo" Newton cree que se está haciendo referencia a un año; por "dos tiempos", a dos años, y por "medio tiempo", a medio año. También creía que el Libro de Daniel medía los años como períodos de trescientos sesenta días. Es decir, tendríamos un total de mil doscientos sesenta días. Newton también estaba de acuerdo con el principio "un día un año" por el que esos días representaban años», explica Snobelen. Así, Newton interpretó que «los días de Daniel son años, de modo que de ahí surge ya la primera cifra, mil doscientos noventa años», deduce el escritor Mordechai Feingold.

Mil doscientos noventa años, pero ¿a partir de cuándo? «Newton, a lo largo de su vida, barajó varias fechas de inicio del cronómetro apocalíptico. Una de las hipótesis que barajó situaba ese inicio en el año 609 de nuestra era, porque es el año en que el Imperio romano cedió parte de su autoridad a la Iglesia. Si a eso le sumamos los mil doscientos noventa años que provienen del Libro de Daniel, el resultado es 1899, fecha en la que el sionismo ganó más adeptos», indica Stephen Snobelen. Ésta es la primera de las tres fechas que empleó Newton para calcular la fecha del Armagedón. En la década de 1890 se celebró el primer congreso sionista, el movimiento que promovió el regreso de los judíos a Tierra Santa. «Es, sin duda, el hito que marca el inicio del sionismo judío. Lo cual hace creer a muchos que esta predicción sobre el período de mil doscientos noventa años ya se ha cumplido», prosigue el profesor Snobelen.

El último capítulo del Libro de Daniel también hace referencia a otra cifra: mil trescientos treinta y cinco. Si contamos 1.335 años a partir de 609 d. C., el resultado es 1944, año del desembarco de Normandia, el principio del fin del Tercer Reich. «Dos acontecimientos —dice Snobelen— que precipitaron el nacimiento de Israel en 1948. Así las cosas, es posible tomar esta cronología como referencia y concluir que quizá Newton, efectivamente, estaba sobre la pista de algo.» Así, la segunda fecha clave que Newton extrajo del Libro de Daniel fue 1944.

En esta búsqueda de la fecha del supuesto Apocalipsis, Newton analizó las referencias cruzadas en varios libros apocalípticos y definió una especie de panorama general. «Además, desarrolló una serie muy interesante de tablas temporales apocalípticas. Dispuso todos los símbolos hallados en el Libro del Apocalipsis en una sucesión cronológica», cuenta Snobelen. Las tablas de Newton muestran el momento del inicio en la parte superior y la progresión hacia el Apocalipsis con una acumulación de acontecimientos en la parte de abajo, los que estarían directamente asociados con el fin del mundo: una resurrección, una gran batalla, el retorno de los judíos a Israel y, por último, la reconstrucción del Templo de Salomón.

Sin embargo, más tarde, Newton descartó empezar a calcular a partir del año 609 d. C. Estableció el pistoletazo de salida a partir del que contar el marco temporal que conduce al fin del mundo en 800 d. C., un año que resultó ser un hito para la historia de la Iglesia y de Europa. «El año 800 d. C. fue importantísimo porque el Papa coronó rey a Carlomagno, el emperador de lo que terminó siendo el Sacro Imperio Romano. Fue coronado el día de Navidad del año 800 d. C. Su sistema político se instauró y perduró más de mil años, el tiempo que duró el Sacro Imperio Romano Germánico», añade Snobelen. El Sacro Imperio fue en efecto disuelto por Napoleón tras su victoria de Austerlitz sobre el emperador germánico, que a partir de entonces solamente fue el «emperador de Austria».

En definitiva, si sumamos 1.260 años, el intervalo de tiempo hasta el Armagedón calculado por Newton basándose en el profeta Daniel, al año 800, fecha de la coronación de Carlomagno, llegamos a 2060 d. C., año en que, según Newton, ocurrirá el Apocalipsis. Él mismo lo dejó registrado con estas palabras: «El período de un tiempo, dos tiempos y medio tiempo no terminará antes de 2060 ni después...». La tercera fecha, la fecha final.

El destino de los escritos malditos

Newton fue tan sólo uno más de los muchos que se aventuraron a lanzar afirmaciones proféticas a finales del siglo XVII y principios del XVIII, la época de las profecías por excelencia, no sólo sobre el final de los tiempos sino en general. Si él creía que sabía el año del fin del mundo profetizado por la Biblia, también sabía que no viviría para verlo. El científico nunca sabría si al fin se harían públicos a tiempo sus documentos para servir a su principal objetivo: advertir a la humanidad de su destrucción.

De cualquier forma, algunos expertos coinciden en afirmar que Newton no escribió esos vaticinios para sus contemporáneos, sino para los hombres y mujeres del futuro, aquellos que vivieran en el año 2060, cuando él consideraba que realmente se produciría el Armagedón. Además, existía el peligro de que los cálculos se descartaran por considerarlos el trabajo de un lunático, ya que con el mismo afán con el que buscaba pistas del Apocalipsis en la Biblia, también escudriñaba sus pasajes para encontrar fórmulas supuestamente escondidas que desentrañaran los secretos de la alquimia, el mítico proceso que convierte los metales básicos, como el plomo, en oro.

Después de haber sido profesor durante cerca de treinta años, y miembro del Parlamento —aunque no muy activo durante los debates—, en 1696 lo nombraron director de la Casa de la Moneda británica, y por tanto responsable de acuñar las monedas y todos los metales preciosos del reino británico. Las funciones de su puesto incluían, además, enviar a los falsificadores a la horca, una tarea espeluznante que tal vez alimentó el tormentoso interés de Newton por el Juicio Final que Dios impondría a la humanidad, ya que «creía de verdad que las profecías del Libro de Daniel y del Apocalipsis debían tomarse al pie de la letra y que, efectivamente, el mundo terminaría antes o después», explica Mordechai Feingold. Según James E. Force, profesor de la Universidad de Kentucky, Newton «consideraba la interpretación de las profecías bíblicas una ciencia al mismo nivel que la astronomía o las matemáticas». Tras comenzar a investigarse seriamente su legado y a la vista de su biografía, muchos expertos sostienen que toda la búsqueda e investigaciones de Newton tenían un vínculo común. «El objetivo que dominó todo su trabajo fue descubrir a Dios», afirma Stephen Snobelen.

Es más, los especialistas dicen que es probable que Newton considerase sus profecías como su trabajo más relevante, y sin duda más peligroso. Permanecieron ocultas incluso después de su muerte en 1727, en Londres, tras una larga enfermedad debida seguramente a un envenenamiento con mercurio. Su Sobrina, Catherine Barton Conduitt, se casó con el aristócrata John Wallop en 1740 y los papeles de Newton pasaron a la custodia de su descendiente, el conde de Portsmouth, perteneciente a una familia aristócrata de Hampshire. La Universidad de Cambridge los adquirió junto con los papeles científicos en 1872. A partir de la Ilustración se comenzó a reconocer a Newton como el mayor genio de la ciencia y se consideró aberrante cualquiera de sus otras facetas, con lo que sus posiciones teológicas y alquímicas se olvidaron. Así, esta parte de su legado permaneció escondida durante casi doscientos años, sin que prácticamente nadie tuviera acceso a sus papeles. En 1936, los documentos ocultos volvieron a aparecer.

Uno de los compradores fue el economista más influyente del siglo XX, John Maynard Keynes, cuyas ideas tuvieron una fuerte repercusión en las teorías económicas y políticas modernas, así como en las políticas fiscales de muchos gobiernos. «Creo que Keynes pensó que cualquier cosa que hubiera sido producto de una mente como la de Newton merecía la pena conservarse y estudiarse», opina Matt Goldish. Otra importante cantidad de documentos la adquirió el empresario y erudito Abraham Yehuda. «Se trata de un personaje muy curioso. Era judío palestino. Toda su vida había sido un apasionado de la Biblia y de las profecías bíblicas. Así que para él fue una oportunidad para conocer a sir Isaac Newton, una de las mentes más privilegiadas de la historia, y compartir con él los mismos asuntos que tanto le interesaban», concluye Goldish.

Pero, curiosamente, ambos propietarios mantuvieron los manuscritos ocultos al público hasta después de sus respectivas muertes, así que tuvo que pasar más de medio siglo para que por fin se revelara su contenido. A la muerte de Maynard Keynes, en 1946, se donaron sus documentos al King's College de Cambridge, universidad a la que perteneció Isaac Newton. Yehuda, que murió al año siguiente, los legó a la Universidad Hebrea de Jerusalén del recientemente creado Estado de Israel, después de que varias universidades norteamericanas rechazaran hacerse cargo de ellos. Curiosamente, los documentos originales que contienen los cálculos de Newton acerca de la llegada del fin del mundo están, actualmente, en la ciudad donde se anunciaba que ocurrirían muchos de los acontecimientos asociados con el Apocalipsis bíblico y custodiados por un país que muchos consideran la tierra más sagrada del planeta.

«Estos documentos no se conocieron hasta principios de los setenta y no se analizaron detenidamente hasta finales de los ochenta y durante los noventa», indica Rob Ilife. Ahora que las profecías bíblicas de Newton se han revelado finalmente al mundo moderno, ¿qué precisión puede otorgárseles? ¿De verdad pudo calcular la fecha en que los judíos volverían a Israel? ¿Reveló con precisión otros indicios de que el Armagedón bíblico podría no tardar en llegar? ¿Acaso las verdaderas pruebas se ocultan en la inestable región de Oriente Próximo, como creía el famoso científico?

Jerusalén, la ciudad más sagrada de la Tierra

«Si Newton estuviera vivo y pudiera ver el Estado de Israel, en cierto sentido estaría muy satisfecho, porque lo consideraría una prueba evidente, muy precisa, de la materialización de la profecía bíblica», asegura Stephen Snobelen. Newton creía que el papel del pueblo judío en los planes de Dios estaba aterradoramente claro en el último capítulo del Libro de Daniel, que anuncia ese regreso a Israel como el principio del fin. Newton también pronosticó que un Estado amigo sería el que lo haría posible. Escribe: «El mandamiento de volver y reconstruir Jerusalén quizá no lo cumplan los propios judíos, sino otro reino amigo de ellos, que intercederá por ellos para abandonar la esclavitud y creará las condiciones idóneas para ello». Newton tampoco especificó qué país tenía en mente, pero es muy posible que estuviera pensando en Gran Bretaña, precisamente el país que, con la Declaración Balfour de 1917, sentó las bases del moderno Estado de Israel, aunque luego, tras la Segunda Guerra Mundial, se enfrentara a los proyectos de los sionistas, que de hecho combatieron por medio del terrorismo a las autoridades del Mandato Británico de Palestina. Estados Unidos fue, por su parte, el primer país que lo reconoció oficialmente como nación en 1948. «Me inclino a pensar que si Newton viviese hoy en día y hubiera sido testigo del regreso de los judíos a la tierra de Israel, estaría entusiasmado», señala Randall Price, director de estudios judaicos en la Universidad Liberty, en Virginia, Estados Unidos.

En junio de 1967, en sólo seis días, el ejército de Israel salió victorioso de la decisiva batalla contra la coalición árabe formada por Egipto, Jordania, Irak y Siria. Al finalizar la guerra, Israel ganó nuevos territorios: la península del Sinaí, la Franja de Gaza, Cisjordania, los Altos del Golán y, lo más importante, Jerusalén Este, incluida la Ciudad Vieja, con la Explanada del Templo o de las Mezquitas. Durante siglos, este pedazo de tierra de catorce hectáreas de superficie estuvo bajo control musulmán, quienes lo señalan como el lugar donde se produjo la ascensión de Mahoma a los cielos. Hay quienes creen firmemente que este hecho encaja con las numerosas profecías que vaticinan que el pueblo de Israel recuperará Jerusalén como primera señal antes del fin del mundo. En ese mismo lugar de Jerusalén hoy se levanta la Cúpula de la Roca, uno de los santuarios más significativos para el islam, y un lugar central para la profecía de Newton, las profecías del Juicio Final descritas en la Biblia hebrea o Antiguo Testamento, en concreto en el Libro de Daniel, incluso para los sucesos descritos en los textos del *Manuscrito de la Guerra.* Aquí se erige la Montaña del Templo, los cimientos de la Cúpula de la Roca. Es el lugar donde se ubicaba el Templo de Salomón. Así, tal como indica la Biblia, Newton estaba convencido de que a medida que se acercara el fin de los días, el pueblo judío volvería a Israel y reconstruiría su Templo en el centro neurálgico de Jerusalén, para asistir al Apocalipsis. «Confería a Jerusalén la categoría de ser la ciudad más importante de la Tierra. Para él, ése era el enclave de la capital del futuro Reino de Dios, así como fue la capital del reino israelita en tiempos de David y Salomón», afirma Stephen Snobelen.

Pero, además, en este punto geográfico convergen las tres religiones más importantes del mundo: el cristianismo, el islam y el judaísmo. Es una zona donde durante más de medio siglo se ha exaltado la pasión religiosa y la inestabilidad social hasta cotas sin precedentes.

Según la secuencia temporal que calculó, Newton creía que del mismo modo en que Dios había creado el mundo, también lo destruiría. Para los creyentes, muchos indicios de ese supuesto Apocalipsis parecen haber sucedido justo como él pronosticó. Para ellos, la inestabilidad y la violencia políticas que azotan sobre todo Oriente Próximo no son actos casuales de hostilidad sino indicios de augurios mucho más aterradores. Así, Newton escribió: «La ruina de las naciones perversas, el final del sufrimiento y de los problemas, el regreso de los judíos de la esclavitud y su establecimiento y prosperidad y reinado eterno...». Los mismos acontecimientos que Nostradamus y otros profetas han anunciado como señales del fin del mundo. «Uno de los aspectos relevantes de la creencia de Newton en el regreso de los judíos es que estaba convencido de que, cuando sucediera, representaría uno de los indicadores más inequívocos de que su profecía era cierta, de que la Biblia era la Palabra literal de Dios», indica Stephen Snobelen.

Y también, como indican muchas profecías, desde las de la Biblia a las cuartetas de Nostradamus, según los trabajos de Isaac Newton, el síntoma más evidente de la amenaza inminente lo representa, justo después del regreso de los judíos a Jerusalén, la presencia de un personaje esencial, cuya llegada se ha pronosticado durante miles de años: el Anticristo. Según la Biblia, primero conducirá a la gente hasta una falsa religión, y después a su engaño final. Newton escribió: «Esto no es una especulación vana, sino un hecho inevitable del momento culminante». Para Newton es ciencia pura y dura, «porque las pruebas están en los hechos históricos. Son los acontecimientos inevitables que demostrarán el Apocalipsis», indica James E. Force.

De acuerdo con la Biblia, a éste seguirán otros acontecimientos desencadenantes: el retorno de Jesús, la resurrección de los muertos y, por último, la batalla definitiva entre Dios y el Diablo, el Armagedón. «Una batalla grandiosa en la que Cristo y las fuerzas del bien intervendrán, derrotando al Anticristo en la llanura de Armagedón y la explosión definitiva, que destruirá la Tierra que conocemos y, quizá, añadía Newton, la convierta en una estrella errante, un cometa que surcará los cielos», señala Scott Mandelbrote, profesor de Historia moderna en la Universidad de Cambridge.

Alterar el rumbo de la ciencia y del destino

En la actualidad, algunos cristianos modernos están de acuerdo con esta visión apocalíptica de Newton. Para ellos, las conclusiones que extrajo de la Biblia son pruebas irrefutables de que la Segunda Venida de Jesús no sólo es inminente, sino que muchos de nosotros seremos testigos de ella. «Los fundamentalistas cristianos señalan tres indicios antes de la llegada de Jesús. El primero, la reunión de todos los judíos en Israel, algo que obviamente sucedió ya en 1948, cuando se creó el Estado de Israel. El segundo, la toma de Jerusalén por parte de los judíos, a lo que también asistimos después de la guerra de 1967. Y el tercero, la reconstrucción del Templo», explica el escritor Michael Baigent, coautor de *El enigma sagrado*.

En su escrito *Theologiae gentilis origines philosophicae*, Newton afirma que en la Antigüedad todos los pueblos adoraron a doce dioses bajo diferentes nombres, a los que identificaban con elementos, planetas o antepasados, los descendientes reales de Noé divinizados. Sin embargo, la fe inicial en un solo Dios creador se corrompió por la tendencia a la idolatría de los hombres. Newton consideraba que el pueblo hebreo era el elegido por la divinidad para volver al monoteísmo, y por ello le envió a Moisés. Pero volvieron a caer de nuevo en la idolatría y fue necesario un nuevo enviado, Jesucristo, que para él no era consustancial con Dios. Así, el estudio de los documentos escritos que habían dejado las antiguas culturas serviría para definir la fe original y restaurarla. Newton era el elegido por Dios para proteger la forma original y pura del cristianismo, para desentrañar los mensajes que Dios había dejado encriptados en los textos sagrados antiguos, en el lenguaje de los profetas, para descubrir el secreto plan que Dios reservaba a la humanidad.

Aquellos que creen en el inminente regreso de Jesús apoyan la teoría de Isaac Newton de que Dios eligió deliberadamente al pueblo de Israel para iniciar el fin de los días. Por este motivo, muchos lo consideran hoy el primer cristiano sionista. Según Stephen Sizer, autor de *Sionismo cristiano*, este movimiento religioso se define en gran parte por la idea de que la humanidad debe pasar por siete períodos de pruebas divinas que culminarán en el Armagedón y en la Segunda Venida de Cristo. Además, aunque es un sistema teológico cristiano, los sionistas afirman que los judíos continúan siendo el pueblo elegido de Dios. En opinión del imán Jihad Turk, «el sionismo cristiano es un movimiento que trata de precipitar el fin del mundo».

A pesar de que nadie puede estar seguro de que 2060 marque el fin de todo, tal como reveló Newton, a medida que estamos más cerca de esa fecha, los conflictos y guerras religiosas no parecen apaciguarse, más bien al contrario. El Apocalipsis dice: «Dichoso el que lea y los que escuchen las palabras de esta profecía y guarden lo escrito en ella, porque el Tiempo está cerca». Y añade: «Se produjeron relámpagos, fragor, truenos y un violento terremoto... Entonces todas las islas huyeron, y las montañas desaparecieron. Y un gran pedrisco cayó del cielo sobre los hombres». Sin embargo, aunque la visión del Armagedón en los pasajes de la Biblia presagia una destrucción dramática, se dice que Isaac Newton vio, en último término, más allá de esos horrores. Así, algunos expertos opinan que le preocupaba más conocer el objetivo final de Dios. En este sentido, parece centrarse más en el después, descrito en el Apocalipsis como un período de mil años del Paraíso de Dios en la Tierra. Una vez más, el científico se remite al Apocalipsis: «Dios con ellos será su Dios. Y enjugará toda lágrima de sus ojos, y no habrá ya muerte ni habrá llanto, ni gritos ni fatigas».

Pero mientras llega ese momento y se discuten las controvertidas teorías teológicas de los escritos inéditos del genio inquieto de Newton, en la mente de todos prima la visión fascinante de este gigante intelectual, del hombre que alteró la dirección de la ciencia y contribuyó a nuestra comprensión de los cielos y la tierra como nadie nunca antes había hecho, sea o no cierta la leyenda de la manzana o del fin del mundo dentro de tan sólo unas décadas.

17

Edgar Cayce, el profeta durmiente

Desde la Antigüedad hasta nuestros días, son muchos los que han tratado de desvelar los misterios que esconde el futuro, y muy pocos los que lo han logrado. Es muy extensa la lista de adivinos y clarividentes, con una supuesta capacidad de percepción extrasensorial, que gozan de más o menos reconocimiento cuando realizan aseveraciones de lo más asombrosas. Entre ellos destaca el norteamericano Edgar Cayce, quien hizo unas predicciones extraordinarias, lo que le sirvió para ser conocido como el vidente con más talento del siglo XX.

El profeta durmiente

El visionario más famoso de Estados Unidos fue Edgar Cayce (1877-1945), un hombre que sólo contaba con estudios de primaria y predijo avances médicos, que llegaron años después; la segunda ascensión de Alemania dos décadas antes de que sucediera; la depresión económica de 1929; desveló secretos del pasado que ningún historiador conocía hasta entonces; vaticinó la Segunda Guerra Mundial y que Estados Unidos entraría en el conflicto; diagnosticó y curó enfermedades, e intuyó grandes cambios en el planeta que sólo podría haber descrito un científico. Y todo ello lo hizo mientras dormía. «Edgar Cayce está considerado como el mayor parapsicólogo de la era moderna. Pero muchas personas darían un paso más y dirían que fue un profeta», explica su biógrafo, Sidney Kirkpatrick, autor de *Edgar Cayce: An American Prophet.* Fue una de las personas más influyentes de su época, un hombre que utilizó sus habilidades psíquicas para ofrecer información detallada sobre prácticamente cualquier cosa que se le preguntase del presente, el pasado o el futuro. Ni el FBI ni el famoso mago Houdini pudieron refutar o explicar los sorprendentes fenómenos protagonizados por Cayce.

Durante cuarenta y tres años, Cayce realizó catorce mil trescientas seis lecturas psíquicas mientras se encontraba en estado de trance; este material lo ha archivado y catalogado la Asociación para la Investigación y la Iluminación Espiritual (ARE, Association for Research and Enlightenment, Inc., Virginia Beach, Estados Unidos), que él fundó en 1931, y constituye la mayor colección de material psíquico procedente de una sola persona. Tenía la habilidad de dormirse a voluntad y hablar de temas que en estado consciente ignoraba. Se recostaba en un sofá, entraba en trance y, por lo general, dormía un instante; luego, con voz clara manifestaba «tener el cuerpo» y podía disertar sobre cualquier materia, contestar cualquier pregunta, describir cualquier escena y hablar de todo lo que concernía a una persona: su salud, sus emociones, sus cualidades, su entorno, su vida en ese momento, sus encarnaciones pasadas... Realizó vaticinios sobre una enorme variedad de temas. Aunque esencialmente se le conoce por sus lecturas sobre la salud y el tratamiento de las enfermedades, abarcó unos diez mil asuntos distintos. Nostradamus no fue tan ecléctico.

Si bien algunos lo han calificado de profeta, Cayce nunca tuvo esta pretensión. De hecho, en una lectura se describió como «un servidor humilde, débil y sin mérito». Y es que, al igual que Nostradamus, Cayce siempre se mostró muy humilde respecto a sus dotes. «Ambos hombres compartieron un profundo sentimiento de compasión y asumieron la tarea de servir a sus semejantes. Los dos sentían mucho interés por la salud y la curación. Nostradamus era médico. Edgar Cayce diagnosticaba enfermedades de forma intuitiva. Ambos empezaron como sanadores, pero acabaron haciéndose famosos como profetas», señala Mark Thurston, autor de *Edgar Cayce's Predictions for the 21st Century*, libro en el que analiza las predicciones de Cayce sobre las transformaciones geológicas del planeta en distintas épocas, la agitación política y el florecimiento de una humanidad renovada para el siglo XXI.

La increíble vida de Edgar Cayce comenzó en 1877, en los alrededores de Hopkinsville, una pequeña población dedicada al cultivo de tabaco en la zona rural de Kentucky. «Nació en el seno de una típica familia de clase media del ámbito rural norteamericano de comienzos del siglo XX. Era el mayor de cinco hijos. Vivían principalmente del cultivo de tabaco, trigo y maíz, y de la ganadería. Eran gente que acudía a misa los domingos, personas sencillas y decorosas», explica el historiador William Turner. En aquella época, en gran parte de Estados Unidos se experimentaba un renacimiento religioso, lo cual podría explicar el fervor y la profunda atracción que sentía Edgar por la Biblia y su aspiración de llegar a ser un médico misionero. Durante su infancia a menudo tuvo visiones mientras leía la Biblia en el bosque. En 1881, después de que presenciara el accidente mortal de su abuelo Thomas Jefferson Cayce mientras montaba a caballo, el joven Cayce declaró verlo con frecuencia deambulando por la propiedad. También dicen que, durante su época escolar, tenía la extraña capacidad de memorizar libros enteros durmiendo sobre ellos. «De haber nacido en otro entorno, y no en una pequeña comunidad rural, es posible que Edgar hubiese acabado como atracción de feria. Por suerte, creció rodeado de gente que lo quería y lo protegía», sostiene, Sidney Kirkpatrick.

Su don más sorprendente, y que le valdría el apelativo de «profeta durmiente», se manifestó años más tarde, cuando tenía veintipocos años. En esa época trabajaba de agente de seguros. Viajaba de ciudad en ciudad y padeció una laringitis aguda crónica. Como no podía hablar, Cayce consiguió un trabajo de fotógrafo, pero la dolencia no remitía, así que finalmente se decidió a buscar ayuda. Edgar mantenía cierta amistad con el doctor Al Layne, el homeópata que le propuso que probara con la autohipnosis. «El 30 de marzo de 1901, en una casa situada en el número 7 de West Street, en Hopkinsville, Kentucky, Edgar Cayce yacía en un sofá en un estado contemplativo y meditativo de autohipnosis. En ese instante, ante sus padres y otras personas que había en la habitación, dejó a todos boquiabiertos describiendo lo que le pasaba a su garganta y el tratamiento que debía seguir. Ésa fue su primera lectura», explica William Turner. Mientras dormía, Cayce describió clara y minuciosamente su dolencia y el remedio. A los pocos días, se repuso y sus cuerdas vocales, paralizadas desde hacía un año, volvieron a funcionar perfectamente.

Comenzó a dictar lecturas para los pacientes del doctor Layne y no tardaron en llegar médicos y enfermos de todas partes de Estados Unidos para que les diagnosticase y curase sus males. «Uno de los aspectos más sorprendentes de las lecturas de Edgar Cayce era la agudeza con que captaba lo que había en el cuerpo de cada persona. Leía el cuerpo humano como una máquina de rayos X. Y empleaba terminología médica, lo cual resultaba desconcertante», indica Ann Hunt, coeditora de *True Health Newsletter*, de la ARE.

En 1905, Cayce explicó a los cirujanos cómo debían tratar la pierna de George Dalton, un vecino que había sufrido graves fracturas y a quien los médicos habían dicho que jamás volvería a caminar; les aconsejó que unieran el hueso con un clavo. «Por lo que sabemos, fue la primera vez que se empleó un clavo en la historia de la medicina», afirma Turner. En el verano de 1911, los médicos le dijeron a Cayce que Gertrudis, su mujer, padecía una tuberculosis grave e iba a morir. Ella siguió el tratamiento que le recomendó su marido y se recuperó rápidamente. Entonces creó la Sociedad de Lecturas Psíquicas y empezó a realizar cada día lecturas sobre los problemas médicos más variados.

Su fama como sanador no tardó en propagarse. En un extenso artículo sobre las facultades psíquicas de Edgar Cayce publicado en *The New York Times*, los médicos mostraban su entusiasmo por él con los siguientes comentarios: «Su empleo de la jerga de la psicología está a la altura de la de cualquier profesor de anatomía nerviosa, aunque al recobrar su estado normal carece de formación, sobre todo en lo que respecta a cuestiones médicas, quirúrgicas o farmacéuticas, de las que no sabe nada...».

La visualización remota

Cayce seguía un proceso muy sencillo: se sentaba en un sofá, se aflojaba la corbata o el cuello de la camisa, se desataba los cordones de los zapatos, cruzaba las manos sobre el estómago y se relajaba. «En un determinado momento, sus ojos comenzaban a moverse, durante treinta o sesenta segundos, y ése era el momento en que podía planteársele una pregunta», explica Sidney Kirkpatrick. Sólo necesitaba saber el nombre de la persona para la que realizaba la lectura y dónde se encontraba en ese momento. De ese modo podía tratar casos de pacientes que lo consultaban tanto en persona como por carta. Curiosamente, Cayce no recordaba nada al abrir los ojos, tanto si realizaba un diagnóstico como si recetaba un remedio o predecía el futuro.

Pronto, algunos clientes se dieron cuenta de las posibilidades de su don. Según narra su hijo menor, Edgar Evans Cayce, la gente se aprovechaba y «deslizaba una pregunta sobre qué caballo iba a ganar cierta carrera o qué iba a suceder en la Bolsa, y él respondía». Mientras sus clientes se enriquecían gracias a sus predicciones, Cayce padecía inexplicables dolores de cabeza. «Cuando intervenían intereses egoístas era como si la pantalla del radar se volviese borrosa. Sus predicciones no resultaban igual de claras o precisas», afirma Charles Thomas Cayce, presidente de Organización Edgar Cayce. Al final decidió no volver a utilizar sus capacidades psíquicas.

En 1912, Cayce, desencantado, dejó Hopkinsville junto a su joven esposa, Gertrude, y Hugh Lynn, su hijo. Se mudaron a Selma, Alabama. «Allí trabajó de fotógrafo hasta que a mi hermano se le cayó una cerilla en una lata de pólvora del flash fotográfico y se quemó la cara. Todos los médicos aseguraron que no recuperaría la vista de un ojo, pero mi hermano le pidió a mi padre que hiciera una lectura», explica su hijo menor, Edgar Evans. Dos semanas después, tras seguir los consejos de su padre, el ojo de Hugh Lynn estaba curado. «Mi padre —dice Edgar Evans— se dio cuenta de que debía volver a ayudar a la gente. Pero instauró una norma, según la cual mi madre sería la única que formularía las preguntas, para evitar que se repitiera lo de Hopkinsville.»

En esos años, sus clientes realizaban consultas de muy diversa naturaleza. A fin de reunir los fondos necesarios para construir un hospital, Edgar hizo numerosas lecturas para personas deseosas de encontrar petróleo en Texas. Los responsables de las prospecciones petrolíferas le visitaban para preguntarle sobre la situación de los pozos de petróleo. «Eran predicciones en las cuales Edgar Cayce facilitaba informes casi milimétricos sobre las condiciones geofísicas de un determinado lugar. Y siempre acertaba», asegura Sidney Kirkpatrick. Según este autor, Cayce hizo vaticinios para personajes como Thomas Edison, sobre la naturaleza de la electricidad; Woodrow Wilson,* presidente de Estados Unidos, quien sufrió una apoplejía en septiembre de 1919 y estaba preocupado por su salud y su futuro político, así como para el millonario Nelson Rockefeller, quien llegaría a convertirse en el cuadragésimo primer vicepresidente de Estados Unidos con Gerald Ford.

Sus predicciones sobre hechos mundiales, que incluían fechas y descripciones detalladas de sucesos futuros, son una prueba de sus poderes proféticos. Un día de 1925, cuando estaba en trance, un cliente le preguntó sobre el futuro económico y él contestó: «Habrá que tener cuidado ante las fuerzas adversas que surgirán en 1929, para que no salga perdiendo la entidad», y le aconsejó que vendiera sus acciones. Así, según sus seguido-

* Véase el capítulo 19.

res, Cayce predijo la llegada de la Gran Depresión con cuatro años de antelación. En 1931 acertó al pronosticar el fin de la mala racha que castigaba al país un año antes de que sucediera. La elección como presidente de Franklin Delano Roosevelt y el establecimiento del New Deal en 1932 marcó el inicio de la recuperación de Estados Unidos. En la primavera de 1933 aseguró que se produciría una mejoría económica definitiva, tal como ocurrió.

El historiador Mark Thurston sostiene que Edgar Cayce también predijo la Segunda Guerra Mundial. «Ciertamente, las noticias que llegaban presagiaban un posible conflicto —afirma—, pero él adivinó el momento en que todo comenzaría e incluso su final, y muchas de las cosas que sucedieron durante los años de la guerra.» Según parece, en 1935 realizó una lectura en trance para un transportista de veintinueve años que deseaba obtener información sobre la expansión internacional de su negocio. «Cayce predijo una alianza entre austríacos, alemanes y japoneses. Y dijo que si la divinidad no interviene, el mundo arderá. En 1935 nadie podía imaginar que algo así fuese a suceder», asegura Kevin J. Todeschi, autor de *Edgar Cayce on the Akashic Records*. Según Kirkpatrick, también vaticinó que Estados Unidos entraría en guerra en 1941 y anunció que 1945 sería el año de la victoria aliada.

Cayce también previno revueltas sociales debidas a la segregación racial, que se produjeron mucho después de su muerte en 1945, y advirtió sobre la necesidad de que se realizaran algunos cambios sociales: «Surgirá la división en vuestra propia tierra, antes de que llegue el segundo presidente que morirá durante su mandato... la ley de la calle», dejó escrito. En abril de 1945, Roosevelt murió mientras ocupaba la presidencia. En noviembre de 1963 se produjo el asesinato de Kennedy, en el momento en el que se intensificaba el movimiento por los derechos civiles. «Este ejemplo —dice Thurston— nos demuestra que Edgar Cayce fue también un fino analista de cuestiones sociales. Declaró que si no se reordenaba en cierta medida la sociedad, si no se equilibraban las cosas, habría dos leyes diferentes: una para los ricos y privilegiados y otra para los pobres. Y que se avecinaban cambios enormes y complicados para nuestra cultura. No era ni republicano ni demócrata. No defendía unas ideas políticas determinadas. Pero sí tenía un claro compromiso moral sobre lo que debíamos hacer para cumplir nuestro destino como nación.» Profetizó que en Rusia se produciría una gran transformación individual y que, gracias a ella, se ofrecería una gran esperanza a la humanidad y que en el futuro establecerían una alianza para hacer frente a China. Recomendó que se prestara mucha atención a Libia, Egipto, Turquía, Siria y el golfo Pérsico.

En septiembre de 1923, Cayce contrató a una secretaria que lo acompañaría de forma permanente, Gladys Davis, de dieciocho años de edad. A partir de ese momento, ella formaría parte de la familia. Las visiones de Cayce se habrían perdido de no haber sido por ella. La joven taquígrafa tomaba notas durante la lectura y después las pasaba a máquina y enviaba una copia a la persona interesada. Para mantener la confidencialidad, se eliminaban los nombres de las personas que encargaban las lecturas y se sustituían por números.

Cayce nunca cobró dinero por sus lecturas; dependía de las donaciones que recibía. Su mayor ambición era abrir un hospital en el que tratar a sus pacientes tal como indicaban sus lecturas. Morton Blumenthal, un agente de bolsa neoyorquino, aceptó financiar el centro en Virginia Beach. En 1925, toda la familia se mudó allí definitivamente y Cayce consiguió abrir el hospital tres años más tarde, pero tuvo que cerrarlo en 1931, en plena Depresión. Lo perdió todo menos su don profético. Ese mismo año creó la ARE.

Descubrir la Atlántida

En estado de trance, Edgar Cayce realizaba un viaje en el espacio y en el tiempo que le permitía predecir el futuro y, en lecturas más misteriosas, también reescribir la historia. De hecho, suministró gran cantidad de información sobre el mundo antiguo y el mundo prehistórico. Según algunos expertos, la percepción extrasensorial le permitía tener nociones de cosas y hechos que nunca había estudiado, o de ver gente, lugares y sucesos que no se encontraban en su campo visual normal. «Al estudiar las predicciones de Edgar Cayce, resulta interesante detenerse en algunas de sus declaraciones retrocognitivas, en las que echaba la vista atrás y hablaba de cosas que no se encuentran en los libros de historia», mantiene Mark Thurston.

Así, Cayce parecía conocer secretos del pasado que sólo, posteriormente, se pudieron confirmar con aparatos de alta tecnología y años de excavaciones. Por ejemplo, en 1936, once años antes del descubrimiento de los *Manuscritos del Mar Muerto*, en 1947, Cayce habló de una antigua secta del judaísmo, los esenios, que llevaban una vida monástica y tremendamente austera.* Sus lecturas contaron que dicha secta apareció unos cuatrocientos años antes del nacimiento de Jesucristo y se extinguió a causa de la persecución de los primeros cristianos. Edgar Cayce dio amplios detalles sobre su manera de vivir y trabajar. Según los especialistas, estaba formada solamente por hombres. Sin embargo, él dijo que era una comunidad compuesta por hombres, mujeres y niños. Los expertos tenían sus dudas. En 1951, seis años después de la muerte de Cayce, excavaciones arqueológicas evidenciaron la existencia de una comunidad esenia en Qumrán, cerca del sitio donde se habían encontrado los *Manuscritos del Mar Muerto* y donde los arqueólogos desenterraron esqueletos de mujeres esenias.

«También habló de interesantes temas geológicos. Afirmaba que en algún momento el río Nilo había discurrido en dirección contraria a la actual y que desembocaba directamente en el océano Atlántico», afirma Thurston. En la década de 1980, imágenes captadas por los satélites revelaron la existencia de valles fluviales desconocidos bajo las zonas más áridas del Sahara. Las imágenes y los estudios realizados posteriormente en dichos lugares confirmaron que, en algún momento, el Nilo cruzó el Sahara para desembocar en el Atlántico, tal como Edgar había afirmado.

Cayce remonta la cultura egipcia hasta darle una antigüedad de doce mil quinientos años, lo cual la situaría hacia el año 10500 a. C. Realizó diversas alusiones e indicaciones de que había tumbas y pirámides «que todavía no se han descubierto» y que en Egipto se habían depositado registros históricos de la Atlántida. Desde que Platón escribió por primera vez acerca del continente perdido de la Atlántida, éste ha sido objeto de muchas especulaciones. Entre las lecturas históricas de Cayce, las más sorprendentes son las relacionadas con esta tierra perdida. Según John van Auken, director de la ARE, consideraba que la Atlántida era el primer gran Edén sobre la Tierra. «Es anterior al Edén que conocemos, el situado entre el Tigris y el Éufrates, el de Adán y Eva. Cayce pensaba que la Atlántida era un continente enorme en mitad del océano Atlántico. Los hombres que vivían allí poseían un profundo conocimiento de las fuerzas del universo y eran capaces de aprovechar dichos poderes para construir aparatos como objetos voladores, cristales, etc.» Sin embargo, según las lecturas, los atlantes abusaron de su poder sobre la naturaleza y la Atlántida desapareció a causa de un cataclismo hace unos diez mil años.

* Véase el capítulo 3.

Según vaticinó, partes de la Atlántida volverían a salir a la superficie en 1968. No lo hicieron, pero aquel año se descubrió en las Bahamas una extraña formación rocosa conocida como el Camino de Bimini. «Un extenso pavimento de piedras lisas, rectangulares y poligonales de diverso tamaño y grosor que estaban diseñadas y alineadas para formar una estructura muy armoniosa. Era obvio, también, que estas piedras habían permanecido sumergidas durante un largo período, a juzgar por los bordes de las más grandes, que se habían alisado y les daban una apariencia de almohadones o trozos de pan gigantescos», describía el doctor Manson Valentine, en 1968, cuando, con la ayuda de los buzos Harold Climo, Jacques Mayol y Robert Angove, descubrieron en las profundidades de las Bahamas una de las formaciones más llamativas encontradas en el fondo del mar. Adoptan un particular esquema en forma de «J» y algunos las consideran una de las pruebas más claras de la existencia de la mítica Atlántida en las actuales Bahamas, aunque nadie ha reunido pruebas concluyentes que lo demuestren.

Sin embargo, según Cayce, Bimini no es el único vínculo que tenemos con el continente perdido. Una de sus teorías era que los supervivientes de la Atlántida habían guardado registros de toda la sabiduría de su civilización y la historia completa de la humanidad en algunos lugares. «Uno de ellos es la península de Yucatán y el otro está en la zarpa izquierda de la Esfinge, en Egipto», cuenta Ann Hunt. En varias lecturas habló concretamente de cámaras, pirámides y túneles subterráneos bajo las patas de la Esfinge, y frente a ella. «Estos hallazgos pueden encontrarse en la base del antebrazo o la pata izquierda de la bestia tumbada; en la base de los cimientos. No en el canal subterráneo, sino en la verdadera base. Existe una cámara o pasadizo desde la pata delantera hasta esta entrada de la cámara de los registros...», indicó. A principios de la década de 1990, el doctor Robert Schoch, profesor de Geología de la Universidad de Boston, llevó a cabo estudios geológicos y sísmicos sobre la Esfinge y realizó un descubrimiento sorprendente.* «Conseguimos realizar un modelo de lo que se esconde bajo la Gran Esfinge. Bajo su zarpa izquierda, delante de ésta, a unos veinticinco metros de profundidad, hay una gran cámara. Por su forma regular, creemos que fue realizada por el hombre. Y no sólo eso, sino que por su forma de resonar, por su zumbido, creemos que hay algo en el interior de la cámara», señala Schoch.

* Véase el capítulo 2.

¿Se ocultarán en esa sala los documentos de los que habló Cayce? Nadie ha seguido explorando, por el momento, y hasta ahora las fascinantes profecías de Cayce sobre la Atlántida no han cumplido las expectativas. «Sólo el tiempo dirá en qué medida podrán comprobarse los datos históricos mencionados en las lecturas de Edgar Cayce sobre la Atlántida, Egipto, Persia y el pasado remoto de la humanidad», afirma John van Auken.

No obstante, hay quien defiende que será el método de Cayce, y no su material, el que tendrá mayores repercusiones en nuestra forma de entender el mundo y a nosotros mismos. Según él, la información a la que accedía cuando entraba en trance provenía del subconsciente del individuo para el que realizaba la lectura y de los registros *akásicos*, la fuente universal de conocimiento que contenía todos los pasados, presentes y futuros de la humanidad. Sostenía que el cuerpo humano es capaz de procesar mucha más información de lo que normalmente creemos. «Decía que, al ponerse en un plano superior, el tiempo y el espacio desaparecen. El futuro y el pasado no existen, todo sucede en un fascinante momento de expresión, aunque el tiempo es una ilusión con un propósito», explica Ann Hunt. Aunque la meditación ha sido siempre una práctica aceptada en Oriente, no fue hasta la década de 1960 cuando ganó aceptación en Occidente. Actualmente, la investigación clínica ha demostrado que la meditación tiene efectos positivos en la salud general de un individuo y en su bienestar, y muchos médicos ahora la recomiendan, algo que Edgar Cayce ya hacía a finales de 1920 y 1930, cuando destacaba sus beneficios mentales, así como el bienestar físico que producía.

Movimientos telúricos y demás catástrofes

Las lecturas de Cayce también indican que es posible cambiar el futuro, una idea que compartía con Nostradamus. «Ambos creían que el futuro es maleable, que se puede alterar. También es verdad que los profetas son a la vez "propagandistas", intentan convencer al futuro de que cambie de rumbo», señala el especialista en profecías John Hogue. Lo cierto es que las predicciones de Cayce para el nuevo milenio son tan alarmantes como las de los profetas que le precedieron. «Realizó predicciones espectaculares sobre cambios en el planeta, entre las que destaca la que se refiere a un cambio en el eje rotacional de la Tierra, lo cual sería catastrófico», señala

Mark Thurston. «Si el eje de inclinación de la Tierra cambiase ligeramente, toda la masa del planeta tendría que reconfigurarse. Cambiarían las cuencas oceánicas, la situación de los valles y de las montañas», afirma Robert Schoch.

Entre las visiones más terroríficas de Cayce están el hundimiento de Japón en el océano; que todo el continente sudamericano sufrirá una sacudida de norte a sur; que en el sudeste de Estados Unidos habrá inundaciones, que quizá se produzcan de forma gradual, pero que serán permanentes, y además «parte de la costa Este de Nueva York, o la propia ciudad de Nueva York, desaparecerá en su mayor parte. Sin embargo, todo ello lo presenciará otra generación. Por el contrario, la desaparición del sur de Carolina y Georgia llegará mucho antes». También profetizó que se sucederán erupciones volcánicas en regiones tropicales y en el borde del Pacífico y habría que prestar especial atención a los mares del sudeste asiático y norte de Australia. «Dentro de las predicciones de Cayce sobre la alteración de los polos electromagnéticos, declaró que los Grandes Lagos descenderían hasta el valle del Mississippi, y que desde ahí llegarían hasta el golfo de México», explica el científico de sistemas Michael Mandeville, quien ha pasado cinco años de su vida analizando las lecturas realizadas por Cayce para tratar de evaluar su veracidad.

También señaló que en Europa se producirán repentinos cambios geológicos o climatológicos. En concreto, indicó que la Europa septentrional se «modificará en un abrir y cerrar de ojos». En 1941, su profecía establecía que los lugares donde en esos momentos se desarrollaban las batallas de la Segunda Guerra Mundial estaban destinados a convertirse en «océanos, mares y bahías». En aquellas fechas, la guerra afectaba a Inglaterra, Alemania y la Ucrania soviética.

Resulta sorprendente que Cayce, que no sabía nada en absoluto sobre tectónica de placas, dijese que en el interior de la Tierra habría señales que nos prevendrían de la llegada del cambio de los polos. «Habla de importantes cambios en el planeta, que se irían haciendo cada vez más patentes a partir de 1958 y hasta 1998. A partir de esa fecha, la tendencia se haría todavía más pronunciada, por lo que sabremos que se acerca la alteración de los polos», indica Mandeville. En palabras de Cayce: «Se producirán levantamientos en el Ártico y el Antártico que provocarán erupciones volcánicas en las zonas tórridas...».

Nostradamus y Edgar Cayce también coincidieron en otro aspecto. Según Cayce, los trastornos sísmicos irán aumentando progresivamente, lo que coincide con la confirmación de geólogos y sismólogos acerca del incremento en todo el mundo del número de temblores, terremotos, erupciones, etc. Según Mandeville, la actividad volcánica está aumentando en los últimos cincuenta años en un 500 por ciento. En 1999, unos investigadores alemanes registraron más de doscientos terremotos en el Círculo Polar Ártico en un período de tan solo siete meses.

¿Está a punto de desaparecer el mundo tal como lo conocemos? La hipótesis de John Hogue es que muchos profetas parecen coincidir en que «se producirá algún tipo de desastre relacionado con el cielo, con las cosechas, con la subida del nivel del mar. Cada uno hace hincapié en un aspecto determinado, pero están de acuerdo en que se aproxima una fase de crisis evolutiva». Las tradiciones proféticas hablan de períodos de destrucción, cataclismo, muerte y devastación. «Básicamente, esas predicciones son una advertencia para el ser humano sobre la necesidad de prestar atención a nuestra relación con el planeta, con la naturaleza, y entre nosotros mismos», mantiene Mark Thurston.

Tal como predijo, estalló la Segunda Guerra Mundial y, en 1941, Estados Unidos se vio envuelto en el conflicto. El caso es que Cayce empezó a recibir cartas y visitas de personas que le preguntaban sobre la suerte de sus seres queridos que estaban combatiendo en el extranjero. «Edgar, por experiencia, sabía que no debía realizar más de dos sesiones diarias, una por la mañana y otra por la tarde, porque acarreaba un gran desgaste emocional para su sistema nervioso. Pero no sabía decir que no, y eso supuso su perdición. Durante el verano de 1944, hacía siete u ocho lecturas al día», cuenta Turner. En septiembre de 1944, Edgar, agotado, sufrió un derrame cerebral. Murió el 3 de enero de 1945 en Virginia Beach. Fue enterrado en Hopkinsville, Kentucky, su ciudad natal. En el exterior del cementerio, una placa de bronce recuerda su trabajo.

Para Stephan Schwartz, investigador del Laboratorio de Ciencias Cognitivas —centro de investigación parapsicológica patrocinado por el gobierno norteamericano— y autor de numerosos libros sobre facultades psíquicas y visión remota, a Cayce «no podemos ponerle la etiqueta de místico, ni la de psíquico ni la de profeta. Al final poco importa si sus lecturas fueron acertadas o no con respecto a la historia de Egipto o de la Atlántida, o si dicha historia existió. Para mí lo verdaderamente importante es que nos ayudó a comprender mejor quiénes somos y por qué estamos aquí». En la actualidad, el material de Cayce sigue arrojando luz sobre numerosas materias. La información acumulada por Cayce ofrece un enfoque esperanzador e inspirador de la espiritualidad y la religión que están inextricablemente ligados a toda la humanidad. Desde su perspectiva, nuestro objetivo no es simplemente esperar para escapar de la Tierra, sino que tenemos el reto de tomar conciencia del Creador en nuestras vidas y en nuestro entorno dondequiera que estemos. Existe un lazo común que todos compartimos como seres humanos, una fuerza que implica que todas las cosas están relacionadas entre sí, con la Tierra, el universo y con Dios. Al igual que los grandes videntes que le precedieron, dejó una visión sobre nuestro posible futuro. Aún está por ver si sus predicciones se cumplirán.

18

Profetas y visionarios

La historia de la humanidad muestra la presencia continuada de visionarios del futuro, profetas que han servido de intermediarios entre los hombres y la divinidad y personajes que dicen haber tenido contacto con seres sobrenaturales o divinos y que han recibido de éstos la misión de comunicar sus revelaciones y hablar en su nombre. Para los más escépticos, todo es una inmensa maraña de supersticiones en las que los hombres intentan buscar a tientas su camino. Sin embargo, algunas de las mentes más brillantes se han ocupado de la predicción de complejas cuestiones.

Mecanismos para descifrar el destino

El deseo de conocer los hechos que sucederán en el futuro y la intención de atisbar el devenir están muy extendidos en todas las culturas. Ya en el siglo I a. C., el filósofo y orador romano Cicerón afirmó que no hay nación, civilizada o bárbara, que no crea que hay indicios del futuro y personas que puedan interpretarlos. Aunque no hay una explicación científica de por qué hay seres que tienen unas facultades excepcionales psíquicas para ver el futuro y por qué pueden pronunciar augurios mediante signos y presagios, los expertos y seguidores hacen una distinción entre profetas y videntes o adivinos; todos aquellos que pretenden adivinar el porvenir o esclarecer lo que está oculto.

Se suele entender por adivinación la búsqueda del conocimiento de cosas futuras o escondidas por «medios inadecuados», es decir, gracias a algún poder que, por lo general, se ha representado a través de la historia como proveniente de dioses o malos espíritus. Cicerón, en su *De Divinatione*, hablaba de una adivinación natural, no aprendida, que no requiere habilidad y que incluye los sueños proféticos, los momentos de éxtasis y los oráculos. En estos casos, el adivinador es un sujeto pasivo de la inspiración, y la predicción procede de un supuesto poder que está dentro de él. Por el contrario, los augurios o estudios a través de otras técnicas como la contemplación de los astros son para este filósofo una adivinación artificial, aprendida, en la que los vaticinios provienen de signos encontrados en la naturaleza o producidos por el hombre y en la cual la predicción es fruto de la habilidad y observación del adivino. También el teólogo y doctor de la Iglesia Tomás de Aquino estableció una división parecida.

En el mundo antiguo, para conocer qué deparaba el destino se acudía a los llamados oráculos. Entre ellos, además del famoso Oráculo de Delfos* y sus pitonisas, ha llegado hasta nuestros días la leyenda de la Sibila, un personaje de la mitología griega y romana, también presente en las tradiciones cristianas, que basándose en la tradición judía consideraban que había profetizado la venida de Cristo. Las leyendas clásicas hablan de distintas sibilas ubicadas en varias partes de la Hélade. La más célebre de todas era la de Eritras, en Lidia (actual Turquía), a la que Apolo había concedido el privilegio de vivir tantos años como granos de arena le cupieran en la mano, a condición de que no regresara nunca a Eritras. Por esta razón se instaló en una cueva de Cumas, en Campania, cerca de la actual Nápoles. Se le adjudicaron varios nombres: Amaltea, Demófila, Herófila, aunque generalmente se la conoce por Sibila de Cumas o Cumana. Según la tradición romana, en tiempos de Tarquino el Soberbio, último rey de Roma antes de la República, la Cumana llegó hasta Roma con nueve libros de oráculos que ofreció a Tarquino. El rey consideró que el precio era demasiado alto e intentó regatear; entonces ella quemó tres, pero no bajó el precio. Luego quemó otros tres; y al final Tarquino tuvo que pagar lo que había pedido en un principio aunque solamente por los tres últimos.

«Estadistas, aristócratas y miembros de la clase alta de la sociedad romana acudían a consultar las profecías de la Sibila sobre cualquier materia: guerras, asuntos de estado, asuntos domésticos...», explica Mitch Horowitz, editor jefe de Tarcher/Penguin.

Quien quisiera consultar a la Sibila debía acudir a la cueva donde ella vivía y atravesar su larga y recta galería, flanqueada por otras doce galerías

* Este lugar sagrado tuvo su apogeo en los siglos VII, VI y V a. C., cuando era la fuente de sabiduría más importante del mundo griego. Véase el capítulo 4.

más cortas a través de las cuales entraban los rayos del Sol creando un vistoso efecto de alternancia de luz y oscuridad. Al final había un vestíbulo en el cual el visitante esperaba a que se le comunicase el veredicto de la Sibila. Según cuenta Virgilio en la *Eneida*, ésta transmitía su oráculo a través de aquellas aberturas laterales mediante cien voces distintas. Antes de ofrecer sus profecías, la Sibila entraba en un trance durante el cual, según se decía, el dios Apolo se adueñaba de su cuerpo. «El dios poseía a la Sibila, ella emitía sonidos, a veces en un estado alterado y colérico, y sus mensajes a menudo resultaban confusos», cuenta el escritor Richard Smoley, experto en las tradiciones místicas y esotéricas de la civilización occidental y autor de *The Essential Nostradamus*.

En la época del Imperio romano hacía ya tiempo que la Sibila Cumana había callado para siempre. Sin embargo, su fama y prestigio se conservaban intactos.

Las profecías de la Sibila se recopilaron en una serie de rollos, los *Libros sibilinos*, que se guardaron en el templo de Júpiter, situado en el Capitolio romano. Su custodia recaía sobre un colegio sacerdotal. Ellos eran los únicos que podían leer los libros, y quienes los interpretaban cuando el Senado aprobaba su consulta. En el año 82 a. C., un incendio destruyó el templo de Júpiter, y con él los libros proféticos, que fueron reemplazados por una recopilación de oráculos procedentes de distintas fuentes latinas, griegas y orientales. Octavio Augusto ordenó copiar estos nuevos libros, que eran nueve, y depositarlos en dos cofres de oro ubicados en el templo de Apolo del Palatino. A finales del siglo IV o principios del V, el general bizantino Estilicón (359-408) mandó destruirlos.

Entre los vaticinios de la Sibila figura un Apocalipsis. Predijo que el mundo tendría una duración de nueve períodos de ochocientos años cada uno. La Décima Generación comenzaría aproximadamente en el año 2000. Y sería la última. «Esto es lo que ocurrirá durante la Décima Generación. La Tierra será sacudida por un gran terremoto que arrojará muchas ciudades al mar. Habrá guerra. El fuego caerá centelleando de los cielos y muchas ciudades arderán. Cenizas negras llenarán el gran cielo. Entonces conocerán la ira de los dioses», relatan los Oráculos Sibilinos.

En el siglo VI a. C., la Sibila predijo la invasión de Italia por Aníbal setecientos años antes de que sucediese, y también que sería su última derrota. Predijo el ascenso del emperador Constantino citando su nombre ocho siglos antes de su nacimiento. Pero su profecía más relevante le supuso un puesto de honor entre los primeros cristianos. «Virgilio, en su cuarta égloga, cuenta cómo la Sibila profetizó la llegada de una nueva era y el nacimiento de un niño que daría comienzo a esa nueva edad de oro. Más adelante, los cristianos lo consideraron una profecía sobre el advenimiento de Jesús», cuenta Richard Smoley.

La profecía de la Sibila sobre la llegada de Jesús hizo que fuese venerada por los primeros cristianos, e incluso Miguel Ángel incluyó en el techo de la Capilla Sixtina a las cinco sibilas legendarias, la Délfica, la Eritrea, la Cumana, la Persa y la Líbica, junto a los profetas del Antiguo Testamento.

Lo cierto es que el arte de la adivinación resultó tan atractivo entre los primeros cristianos que los sínodos la prohibieron y los concilios legislaron contra ella. El Concilio de Ancira, de 314, decretó cinco años de penitencia a los consultores de adivinos, y el de Laodicea, de 360, prohibió a los clérigos convertirse en magos o hacer amuletos, y a los que los usaran se les expulsaría de la Iglesia. Un canon de Orleans, del año 511, excomulgó a los que practicaban la adivinación, augurios o las suertes falsamente llamadas *Sortes Sanctorum* (*Bibliorum*), que decidían el futuro del consultante por el primer pasaje encontrado al abrir una Biblia. Los papas Sixto IV y Sixto V y el Concilio V de Letrán también condenaron la adivinación.

San Malaquías y el futuro de la Iglesia

Mientras los adivinos serían como videntes tenebrosos, magos negros, los profetas son personas llamadas por Dios para que transmitan Su palabra a los demás, misión por la que no obtienen ningún beneficio, excepto servir a Dios. De este modo, a menudo se presenta como una llamada a la que el profeta es incapaz de resistirse. El ejemplo obvio es el de los profetas bíblicos. Para los cristianos, Juan el Bautista se considera el último profeta anterior a Jesús de Nazaret, quien también es considerado el mayor profeta. Después de Jesús han seguido apareciendo mensajeros divinos que han intentado iluminar la marcha de la humanidad, anticiparse en el tiempo o actuar de altavoces para advertir, sobre todo, de la llegada del Apocalipsis.

La palabra *profeta* deriva del griego, cuyo significado etimológico es el de «hablar en nombre de» o «ser portavoz de» otro. En este sentido, entre los antiguos helenos, los profetas eran sacerdotes adscritos a los templos, en particular los oráculos, que se encargaban de interpretar los vaticinios divinos. Esta palabra la usaron los traductores de la Biblia al griego como equivalente del hebreo, y así pasó a usarse para referirse a los profetas del judaísmo anterior a Jesús y a quienes, posteriormente, cumplieron una función profética en la Iglesia cristiana. Más tarde pasó al latín y de ahí a las lenguas románicas y germánicas.

Las tres grandes religiones monoteístas, el islam, el cristianismo y el judaísmo, otorgan gran importancia a las profecías como mensajes del designio de Dios. La Biblia cita a veintitrés profetas. El islam cuenta con veintiséis, aunque muchos de ellos coinciden con los citados por los cristianos y los judíos. Sus seguidores afirman que las profecías de sus libros sagrados se han cumplido. Sin embargo, para las mentes más científicas, la veracidad de sus mensajes no resulta fácil de confirmar. Según Dale Beyerstein, profesor de Filosofía en el Langara College, en Vancouver, Canadá, «los profetas son como arqueros que disparan su flecha para que alguien dibuje la diana a su alrededor. Sus afirmaciones son enormemente vagas, pueden leerse de muchas maneras distintas y permiten que el público las interprete de la forma que estime conveniente». Es más, hay quien opina que los temas que se repiten en las distintas profecías no son más que ciclos de la historia, de ahí que haya tantas coincidencias entre las aseveraciones realizadas por diferentes profetas en distintos siglos. «Todos los profetas hablan de temas parecidos. Básicamente, nos hablan de los ciclos de la historia, de cómo se repiten el mismo tipo de cosas una y otra vez», afirma Beyerstein.

Muy lejos de esos profetas instrumentos de Dios, reconocidos por la Iglesia, está el que popularmente se percibe como el profeta más famoso, Michel de Nôtre-Dame, Nostradamus.* Este «profeta del desastre», por sus lúgubres visiones del futuro, casi quinientos años después de muerto sigue ocupando un puesto de honor entre los autores de vaticinios y todavía hoy sus predicciones se consideran de una gran precisión. Sin embargo, cuatro siglos antes que Nostradamus, san Malaquías (1094-1148) hizo varias predicciones sobre los papas y el futuro de la Iglesia. Al igual que Nostradamus, este monje y arzobispo irlandés ha sido uno de los pocos profetas que ha acertado más o menos en sus predicciones pontificias, recogidas en un texto que supuestamente le fue revelado al santo al final de una peregrinación a Roma. Se dice que san Malaquías reveló dos pre-

* Véase el capítulo 13.

sagios, pero ambos se conocieron siglos después, cuando varios de los sucesos predichos ya habían sucedido, por lo que hay muchas dudas sobre su autenticidad. También se dice que incluso acertó la fecha de su muerte: el 2 de noviembre; pero no el año, 1148, en brazos de su amigo san Bernardo.

En la primera profecía, el santo habló de las persecuciones y calamidades que sufriría su Irlanda natal. Anunció que su patria sería oprimida y perseguida por Inglaterra, lo que le acarrearía calamidades por «una semana de siglos», pero que preservaría la fidelidad a Dios y a Su Iglesia a pesar de todas esas pruebas. Al final de ese período sería liberada y sus opresores serían entonces castigados. Irlanda sería el instrumento principal en la conversión de Inglaterra al catolicismo. Esta profecía es en apariencia extraordinaria, dado que san Malaquías murió siglos antes de que surgiera el anglicanismo e Inglaterra lo asumiera. La conquista anglo-normanda de Irlanda se produjo a finales del siglo XII, y la isla solamente recuperó —parcialmente— su independencia en 1922.

Sin embargo, lo que realmente ha dado fama a san Malaquías como profeta ha sido su segundo vaticinio, conocido como la «Profecía de los Papas». Se publicó, en 1595, en el *Lignum Vitae*, del monje benedictino francés, Arnold de Wyon. Según el abad Cucherat (1871), san Malaquías escribió la profecía en Roma, entre los años 1139 y 1140 cuando visitaba al papa Inocencio II. Entregó su manuscrito al pontífice para consolarlo en sus tribulaciones. El Papa guardó el manuscrito en los archivos romanos, donde quedó olvidado hasta su descubrimiento en 1590. Onofrio Panvinio, uno de los historiadores más respetados del siglo XVI, corregidor y revisor de la Biblioteca Vaticana en 1556, al parecer aceptó por completo su autenticidad. La historiografía moderna, sin embargo, en general considera que la atribución a san Malaquías fue un invento del autor de los pronósticos a finales del siglo XVI.

En la Profecía de los Papas, san Malaquías pronunció ciento once lemas en latín que definían a cada uno de los papas que gobernarían la Iglesia católica. Así, cada Papa supuestamente está relacionado con un símbolo del país de origen, nombre, escudo de armas, talento o cualquier otra cosa conectada con él. La lista hace alusión alegórica a todos los papas desde Celestino II (1143-1144) hasta un supuesto Pedro el Romano, el último, incluidos a los antipapas. Hasta el lema número setenta y tres, *Axis in medietate signi*, correspondiente a Sixto V, elegido en 1585, las misteriosas frases no lo son, sino que hacen referencia exacta a sus escudos de armas, sus apellidos, sus ciudades... A partir de la fecha de 1590, en que fue descubierto el manuscrito, las analogías entre lema y personaje son más rebuscadas, lo que refuerza la hipótesis de la falsificación de finales del siglo XVI. Sin embargo, para muchos, algunas de las frases con las que se les califica parecen demasiado precisas para ser meras coincidencias. Así, por ejemplo, el lema de Urbano VIII (elegido en 1623) era *Lilium et Rosa*. Él era de Florencia, en cuyo escudo aparece la flor de lis. Juan XXIII, el centésimo séptimo Papa de la profecía, aparece como *Pastor et Nauta*, «el pastor y navegante». Antes de llegar al papado, en 1958, fue Patriarca de Venecia, la ciudad marítima por excelencia. Pablo VI es *Flos Florum*, es decir, «flor de flores». Su escudo de armas tenía tres flores de lis. A Juan Pablo II se refiere como *De Labore Solis*, que significa el «eclipse de Sol», «la labor del Sol». «Es el único pontífice de la lista cuyo nacimiento coincidió con un eclipse y fue enterrado también durante un eclipse», señala el especialista en profecías John Hogue.

Es más, sus seguidores dicen que el santo profetizó la llegada de Juan Pablo I, *De Medietate Lunae*, según el listado de lemas, o el «Papa bueno», como lo llamó, de quien aseguró que duraría muy poco en el trono y luego sería asesinado. Juan Pablo I duró treinta y tres días en la silla de san Pedro y hay investigadores que sospechan que murió envenenado. El centésimo undécimo, y último, Papa de la profecía, *De Gloria Olivae*, «la gloria del olivo», John Hogue no tiene ninguna duda de que se refiere a Benedicto XVI, Papa que toma su nombre por san Benito y Benedicto XV. En el siglo XIII, la Congregación de Nuestra Señora del Monte de los Olivos, conocida también por los olivetanos, adoptó la regla de san Benito, aunque no formen parte de la orden benedictina.

Al final de la lista, supuestamente, san Malaquías pronunció una última y lúgubre frase, que no está numerada: «En la persecución final, en la Santa Iglesia Romana reinará Pedro el Romano, que apacentará a su rebaño en medio de muchas tribulaciones; pasadas las cuales la ciudad de las siete colinas será destruida, y el temible Juez juzgará a su pueblo». Las interpretaciones son varias. San Malaquías podría estar describiendo el fin de la Iglesia católica; otros ven una referencia a su renovación espiritual o fin del mundo que conocemos. Pedro el Romano podría ser el último Papa, sucesor del actual Benedicto XVI. Algunos expertos creen que el nombre no está numerado porque se refiere a una sola persona. Estudiosos de las profecías sobre el Vaticano y el fin del mundo creen que con el último Papa podría comenzar una fusión de todas la religiones monoteístas, una futura Iglesia mundial cuya sede se ubicaría en Jerusalén. El Nuevo Orden Mundial y la globalización política tendrían su reflejo también en la religión. Según esta interpretación, el nuevo responsable que se colocará al frente de esa «Iglesia Global» será reconocido por los judíos pero no por los cristianos verdaderos, que se mantendrán al margen y, tal como dicen las profecías, en los últimos tiempos serán perseguidos por la Bestia y el gobierno de Satanás, representado por el número 666.

Marcelo Jiménez, el experto español en el estudio de predicciones y adivinaciones, sostiene que después de Juan Pablo II vendrían sólo dos papas más. «Muchos interpretan esto como si fuera a llegar el fin del mundo. Yo no lo veo así: lo que sigue es el fin de la dinastía papal y el comienzo de otra era dentro del Vaticano», concreta Jiménez. En cualquier caso, la veracidad del contenido de la «Profecía de los Papas» no está respaldada por la Iglesia católica, por lo que oficialmente se le ha dado poca importancia.

Las leyendas de Merlín

Conocemos a Merlín como el sabio mago del gorro puntiagudo de las leyendas del rey Arturo. Pero el Merlín histórico era muy diferente de su imagen popular. Su protagonismo en los relatos del ciclo artúrico pertenece al mundo de la ficción, por su poder de atracción, misterio y por su encanto genuino, que ha persistido en el tiempo. Sin embargo, el verdadero Merlín fue un personaje mucho más oscuro, cuyas visiones también predijeron el fin del mundo. De hecho, durante la Edad Media, Merlín se consideraba uno de los oráculos más importantes de Europa. Y una vez más, como es frecuente entre los profetas que se precien, según sus intérpretes, sus vaticinios incluyen ataques terroristas, el calentamiento global y catástrofes planetarias que, según algunos, posiblemente podrían suceder en nuestra época. «En este momento destaca el número de profecías que parecen indicar que algo ocurrirá en el siglo XXI. La escala temporal de algunas de las profecías tradicionales de Sudamérica es la misma que la escala temporal de algunas de las profecías medievales realizadas por Merlín», asegura el escritor especialista en la tradición celta R. J. Stewart.

Las leyendas de Merlín tienen su origen en la antigua Inglaterra. Sus profecías se recopilaron en el año 1450, pero se basaban en textos que se remontan al siglo V. Estos textos describen a Merlín como un chamán celta, mitad hombre mitad demonio. Es más, el nombre Merlín es una adaptación inglesa del nombre galés Myrddin. Los antiguos galeses lo llamaban Myrddin Emrys o Myrddin Wilt, algo así como «Merlín el salvaje», un profeta medio loco que vivía en el bosque. Así, los expertos cuentan que Merlín no hace referencia al nombre de una persona, sino a un título. Los investigadores y escritores creen que se refiere al menos a dos o tres personajes históricos con el mismo sobrenombre. «Existen dos importantes textos medievales que citan a Merlín. De hecho, son tan relevantes que, antes de que fueran escritos, poco se sabía de él», indica Stewart.

Las dos fuentes históricas fundamentales de donde proviene la leyenda son la tradición de Lailoken y la historia de Ambrosio el Niño. Lailoken era un poeta y un importante consejero del rey bretón Gwenddolau, que vivía en el sudoeste de Escocia. Cuando su señor fue derrotado y murió en la batalla de Arfderydd (actual Arthuret) en el año 574, se volvió loco y huyó a los bosques de Celidon donde pasó tres días sollozando y allí se dedicó a profetizar en compañía de un lobo. La leyenda de Lailoken llegó a Gales donde el personaje tomó el nombre de Myrddin. La otra fuente histórica del mito se centra en la figura de Ambrosio el Niño, quien profetizó en la fortaleza de Dinas Emrys la victoria del dragón blanco (que representaba a los sajones) sobre el dragón rojo (emblema de los Pendragon y aún hoy símbolo nacional galés).

El actual nombre de Merlín lo estableció el cronista galés Geoffrey de Monmouth (1100-1155), una de las figuras principales en el desarrollo de la historia británica, quien alteró el original galés para evitar resonancias con el francés —la lengua hablada por los nuevos amos de Inglaterra, los conquistadores normandos *merde* («mierda») y lo introdujo como consejero y profeta del rey Arturo en su *Historia de los reyes de Britania*, hacia 1135.

En cualquier caso, la historia de Merlín está repleta de misterios. Según otras leyendas que tienen al mago como protagonista, siempre llenas de episodios mágicos y caballerescos, Merlín fue engendrado por el demonio Asmodeo, que se unió ilícitamente con una monja. En algunas obras, la madre de Merlín es la hija célibe de un rey menor de Gales del sur. Otras versiones apuntan que Merlín fue concebido por su madre sin ninguna intervención masculina; que lo engendró la fuerza mágica de la Antigüedad, o que fue el hijo bastardo de uno de los reyes de Britania, Aurelius Ambrosius, hermano mayor de Uther Pendragon. En todo caso, parece ser que al principio Merlín atraía a los humanos a su lado oscuro, pero al crecer decidió cambiar y se convirtió en guía espiritual de su época y en consejero de diversos reyes, como el famoso Arturo de Camelot.

Las profecías de Merlín ocupan diez páginas escritas en latín, se dividen en dos partes sin transición entre ambas y parecen predecir acontecimientos que ocurrieron siglos después. Los estudiosos de su obra no han logrado ponerse de acuerdo sobre la precisión de las interpretaciones y mucho menos sobre su cumplimiento. Tal como ocurre en todas las profecías, utiliza un lenguaje oscuro, abstracto, plagado de menciones a animales y seres mitológicos. Según algunos, vaticinó las cruzadas para la liberación de Jerusalén con estas palabras: «Después de que la cosa nacida antaño de Jerusalén tenga 1.250 años de edad, gran multitud de cristianos irá a ultramar para combatir a los sarracenos y tales cristianos serán casi todos muertos». Algunas de sus profecías describen cómo serían expulsados de la isla los anglosajones, así como la llegada de un libertador. Mil años antes de que nadie supiese de la existencia de América, Merlín predijo también la primera colonia inglesa allí, Virginia, citando su nombre: «Una colonia será fundada por vírgenes en tierra virgen». Y predijo la esclavitud de los negros en América: «Los hombres salvajes conocerán a los que vienen del mar. Después las naves se llevarán oro. Entonces África será esclava, pero África esclava dominará».

Merlín también predijo la Revolución francesa: «En ese tiempo los franceses serán más odiados que dichos antepasados. De sangre se teñirá la Galia y la cabeza del rey será cortada. La cabeza de la reina será cortada. La cabeza del príncipe será cortada. Y la cabeza de los amigos del rey serán cortadas. Tiempos de horror vendrán y muchos derramarán su sangre. Con nuevos vientos vendrán nuevas leyes». Según sus intérpretes, predijo la pérdida del poder papal y la destrucción de Roma, la victoria británica sobre Napoleón en Waterloo y los horrores del Holocausto nazi. Pero su profecía más asombrosa es la que hace referencia al siglo XX. «En esa época —dice R. J. Stewart—, predijo que un hombre en la costa de Inglaterra se comunicaría al instante con un hombre que esté en la costa de Francia por medio de una piedra parlante. Me hace pensar que hablaba del teléfono móvil y de la tecnología del cuarzo, las pequeñas piedras parlantes que utilizamos.»

Pero, a continuación, las profecías de Merlín se vuelven más siniestras. En primer lugar, predice un desastre en Gran Bretaña. Las palabras de Merlín fueron: «El Mar de Severn se descarga y el río arde durante siete meses. Los peces morirán por este calor y les nacerán múltiples colas». La interpretación de Stewart es que posiblemente estaba describiendo una fusión nuclear, ya que en Gran Bretaña hay centrales nucleares junto al río Severn.

Más adelante los vaticinios empeoran. Según Merlín: «Londres verá morir a 20.000, y el Támesis se convertirá en un río de sangre», palabras que para algunos hacen referencia a un ataque terrorista. A continuación, Merlín predice un problema a escala global: «Los mares se elevarán en un abrir y cerrar de ojos. Los vientos lucharán juntos con una terrible explosión». Para el escritor Richard Smoley, muchas de estas conclusiones sobre inundaciones se parecen mucho a las predicciones científicas actuales sobre el calentamiento global. «Empiezan a parecerse un poco a profecías interconectadas, ya que terminan con su propia visión del Apocalipsis.» Un final astrológico descrito así: «Cuando el Sol y la Luna cambiarán, los grifos vendrán a comer trigo. Los países estarán llenos de lágrimas. El Sol se demorará en el Este y la Luna en el Occidente; y ellos no seguirán más su curso». Según R. J. Stewart, Merlín advirtió que los planetas abandonarán sus trayectorias y atravesarán los signos sin control. «Sólo hay una forma de que eso pueda ocurrir: que el movimiento de nuestro planeta cambie su rotación.» Así, al igual que el calendario maya y varias culturas indígenas, o según el *I Ching* chino,* las profecías de Merlín parecen referirse a una inversión polar, que podría ocurrir en el año 2012. «Si es cierto que estos cambios de los polos magnéticos van a producirse y que serán tan dramáticos como algunos científicos los han descrito, la naturaleza del planeta cambiará, lo que se relaciona con las profecías de otras tradiciones», sostiene Stewart.

La Madre Shipton y más presagios siniestros

En la misma época que Nostradamus, en Yorkshire, Inglaterra, vivió otra vidente que captaba imágenes muy poderosas de lo que iba a suceder y que ha pasado a ser conocida como la Madre Shipton. De ella no se sabe mucho. La leyenda cuenta que en 1488, Agatha, con sólo quince años, dio a luz una hija de padre desconocido, en una cueva en Knaresborough, en North Yorkshire. La llamó Úrsula Sontheil. La niña vivió en la cueva junto a su madre hasta que cumplió los dos años. Después ésta la entregó en adopción. Ya a una edad temprana exhibió habilidades proféticas y psí-

* Véase el capítulo 1.

quicas. A los veinticuatro años se casó con un carpintero llamado Toby Shipton, del cual tomó el apellido. Murió en 1561, cinco años antes que Nostradamus.

Según la leyenda, la Madre Shipton describió minuciosamente, en verso, hechos que aún no se habían producido y que acontecerían en siglos posteriores. Vio —o imaginó— el futuro. «El castigo vendrá cuando las pinturas parezcan estar vivas y movibles. El pensar del hombre volará, veloz como del ojo parpadear. Bajo las aguas, el hombre caminará, cabalgará, dormirá y hasta hablará. En esos asombrosos días, las mujeres sentirán el deseo de vestir como hombres, de usar pantalones, y cortarse los mechones del cabello», dejó escrito. Según muchos, esta predicción adelanta lo que fueron los grandes inventos tecnológicos del siglo XX: la televisión, los vehículos de combustión, los satélites, los aviones, barcos y submarinos, así como la moda del siglo pasado, y «las señales estarán a la vista de todos» antes de que llegue «el justo castigo», sentencia la Madre Shipton.

Algunas de sus profecías se acercan asombrosamente a lo que dejó escrito su contemporáneo Nostradamus. Así, la Madre Shipton advertía: «Tres veces la soleada y bella Francia, jugará una sangrienta danza antes que el pueblo se libere. Tres dictadores tiranos ella verá. Tres dictadores de diferentes dinastías. El hombre huye del terror, pero mata, viola y en sangre miente Y derrama la sangre de la humanidad». La interpretación que de estas palabras hacen algunos es que Francia deberá enfrentarse a tres anticristos. El primero, un hijo de su tierra (de la primera dinastía) y sería Napoleón. El segundo, Hitler (segunda dinastía), que asoló Francia durante la Segunda Guerra Mundial. El tercero será el peor de los tres, el Mendosus (El mentiroso). El príncipe de la tercera dinastía, el Hijo del Este, el Asolador. Pero el hombre lo habrá merecido. Es más, cuando trate de huir del terror se encontrará de frente con sus delitos y pecados, y llegará a matar y violar.

También hay quien cree que predijo la Segunda Guerra Mundial y el fin del mundo tal como lo conocemos en la actualidad: «En 1926, casas de paja y palos construiréis, pues se planearán sangrientas guerras, y el fuego y la espada arrasarán las tierras. Los que vivan el siglo entero, lo harán con pavor y miedo, ante el rugido de los océanos y las tormentas, cuando Gabriel se alce sobre mares y tierras; y cuando haga sonar su fantástico cuerno, desaparecerá nuestro mundo, y nacerá uno nuevo».

Al igual que otros profetas y visionarios, advierte de diversos cataclismos y desastres naturales antes del final: «Cuando el hombre se aproxime al último siglo, tres montañas que duermen unirán su respiración, lanzarán llamas, hielo y muerte. Los terremotos engullirán ciudades y ciudades», dice. A partir de este momento su profecía se vuelve completamente apocalíptica. Entonces, afirma que el hombre tratará de sobrevivir a cualquier precio y se desatará la violencia. «La fuente de la nueva y final dinastía humana. Aquellos que sobrevivan a la catástrofe temerán el paso del dragón por muchos años, luego el tiempo apagará el recuerdo, esto ocurrirá.»

La leyenda de la Madre Shipton se ha ido transmitiendo a través de la tradición oral, desde 1641, año en que se publicaron *Las profecías de la Madre Shipton* por primera vez, pero los investigadores no han localizado los textos originales. Así, a pesar de su fama, ni siquiera hay pruebas de que existiera. Hay teorías de que la Madre Shipton podría haber sido un invento del escritor londinense Richard Head, cuya vacilante carrera literaria mejoró considerablemente cuando comenzó a publicar estas profecías en 1668. Él fue el primero en afirmar que había presagiado acertadamente la victoria de Enrique VIII de Inglaterra sobre Francia, en 1513, en la batalla de las Espuelas; la derrota de la Armada española en 1588 o el Gran Fuego de Londres, en 1666, puesto que escribió sobre estos hechos años después de que sucediesen. Los expertos denominan esta técnica «post-dicción» en lugar de «pre-dicción».

El caso es que, aunque Richard Head se hubiese inventado las de la Madre Shipton, muchas de sus predicciones futuras, datadas más allá del siglo XVII, se han confirmado en los siglos posteriores. Por ejemplo, predijo la subida al trono de la reina Victoria (1819-1901) cuando citó su nombre dos siglos antes o el estallido de la Segunda Guerra Mundial. ¿Consiguió el astuto Richard Head percibir algún tipo de visión oracular mientras escribía las profecías? ¿O trabajó a partir de un libro profético real que se ha perdido para la historia? Según el escritor R. J. Stewart, «cuando los editores de la época en que se publicaron las *Profecías de la Madre Shipton*, trabajaban en algún libro, lo más habitual era que no fuese por entero obra de un solo autor. Con frecuencia se basaban en varias profecías de la tradición oral. En mi opinión, ésa es la razón de que algunas se hayan hecho realidad». Para Stewart, la mayoría de las profecías de la Madre Shipton las divulgaron personas que vivieron posteriormente, «personas que escribían libritos en verso y los titulaban *Las nuevas profecías de la Madre Shipton recién descubiertas*. Algo parecido al *National Enquirer* o a las revistas de cotilleos».

La primacía de los ángeles y espíritus de John Dee

Mientras a la Madre Shipton se la asocia más con las tradicionales brujas, el londinense John Dee (1527-1609) fue un notorio matemático, astrónomo, astrólogo y geógrafo, además de un hombre muy intensamente piadoso y cristiano, lo cual no le impidió también dedicarse —como otros pensadores de su época— a la alquimia, la adivinación, el ocultismo y la magia. Fue uno de los hombres más eruditos de su época, un respetado sabio experto en navegación y creador del concepto del meridiano cero de Greenwich (Inglaterra) donde tienen origen los demás meridianos y los husos horarios de todo el planeta.

Sin embargo, a partir de cierto momento de su vida —especialmente tras conocer al ocultista y médium Edward Kelly (1555-1597), quien para algunos no fue más que un charlatán que se aprovechó de las ansias de conocimiento de Dee, pero para otros ayudó a éste a iniciarse en los secretos de la sabiduría arcana—, se dedicó a tratar de comunicarse con los ángeles mediante un *scryer* o bola de cristal —que se exhibe en el Museo Británico—, a fin de aprender el lenguaje universal de la creación y lograr que los seres humanos se unieran antes de la llegada del Apocalipsis. El *scryer* tenía la singularidad de darle la oportunidad de conversar con seres que se encontraban en otro plano de la existencia: bastaba con fijar intensamente la mirada para que los seres aparecieran en su superficie y predijeran el futuro. Para él, como para muchos de sus contemporáneos, no había diferencias entre sus investigaciones matemáticas y el estudio de la magia hermética, la invocación de ángeles y la adivinación. Todas eran distintas facetas de la misma búsqueda: la indagación de una comprensión trascendente de las formas divinas que subyacen en el mundo visible, que Dee llamó «verdades puras».

Dentro de su amplia visión del universo, Dee sostuvo que los ángeles le habían dictado varios libros en el idioma enoquiano —supuesta lengua hablada por los ángeles y por los humanos antes de la Torre de Babel, algo así como un verdadero esperanto o idioma universal, con su propio alfabeto y sintaxis— que le habían revelado a Dee y a su compañero Edward Kelley para contactar con ese mundo espiritual. En su libro *La mónada jeroglífica*, Dee introdujo conceptos premonitorios sobre diferentes fenómenos con una compleja simbología de la Tierra, el Sol y la Luna, de los cuatro elementos, del ariete, los siete astros errantes, mezclados con símbolos cabalísticos, esotéricos y de alquimia, a través de los que pretendía predecir el futuro. No debía de hacerlo demasiado mal cuando formó parte de la corte de la reina Isabel I de Inglaterra y se convirtió en su astrólogo personal.

A los quince años John Dee devoró con avidez el tratado de astrología de Robert Fludd. Tras graduarse en 1545, con las mejores menciones, se convirtió en un excelente astrólogo. Con el descubrimiento de la obra de Cornelius Agrippa de Nettesheim *De occulta philosophia libri tres* publicada en Amberes en 1530 y donde se recogía todo el conocimiento medieval sobre magia, astrología, alquimia, medicina y filosofía natural, John Dee se convirtió también en un maestro de las ciencias ocultas. Su sabiduría le sirvió para que el rey Eduardo VI lo llamara a la corte y le concediera los rectorados de Upton Upon Severn, en el condado de Worcester, y el de Long Leadenham, en el condado de Lincoln; además le otorgó una pensión a cambio de un servicio cuya naturaleza se sospecha que estaba ligada a la práctica de la magia.

Al acceder al trono María I, a quien los protestantes llamaban María la Sanguinaria, hermana del fallecido Eduardo VI y segunda esposa del muy católico Felipe II de España, las cosas cambiaron notablemente para Dee: las matemáticas y las artes mágicas pasaron a considerarse disciplinas idénticas y heréticas. Escapó por poco de una acusación de brujería contra la reina, de quien se decía que la había embrujado. Fue encarcelado durante un tiempo, pero al final consiguió convencer al arzobispo Bonneur de su inocencia, lo que le permitió librarse de la acusación de herejía. Entonces comenzó a trabajar de asistente de un inquisidor, lo que le permitió recuperar numerosos pergaminos y obras requisadas en los domicilios de los acusados. Poco a poco acumuló una impresionante biblioteca que reunía las obras completas de los mayores filósofos y ocultistas conocidos. A la muerte de María I, se convirtió en el principal astrólogo y mago de la reina Isabel I, para quien fue el oráculo con el que consultaba para tomar las decisiones más importantes del reino. Isabel visitaba a Dee con frecuencia en su casa de Mortlake, donde éste iba acumulando toda suerte de objetos insólitos destinados a sus estudios y a sus invocaciones mágicas y adivinatorias.

Si se realiza un recorrido histórico, se comprueba que todas las culturas han practicado alguna forma de adivinación. Desde los antiguos pueblos mesopotámicos, donde este arte era inseparable del sistema teológico de los asirios y los babilónicos, hasta otras religiones arcaicas, como las de Grecia, Egipto y la antigua Roma, se creía que las divinidades podían comunicarse con el hombre reflejando en la naturaleza un mensaje que debía ser descifrado; entre los antiguos romanos se conocía como el *auspicium*. Los sacerdotes eran quienes se ocupaban de las artes adivinatorias; eran depositarios de la sabiduría y los representantes de una aristocracia aureolada de un prestigio casi sobrenatural. Más tarde, durante los primeros años de la Edad Media, los adivinos comenzaron a vivir en secreto, ya que se los relacionaba con la idolatría, la cual es incompatible con el culto al Dios único y verdadero de la doctrina cristiana. Pero después de las cruzadas continuaron su actividad de forma más abierta. En la época del Renacimiento, contemporánea de John Dee, la Madre Shipton y Nostradamus, y de nuevo antes de la Revolución francesa, hubo un marcado crecimiento de los «expertos en predicciones». Un siglo después, comenzó una especie de auge de la clarividencia. Los personajes con una supuesta capacidad de percepción extrasensorial, que parecían recibir información «sobrenatural» por medios distintos a aquellos explicables de forma científica, eran un «espectáculo» en los salones más exclusivos de Europa.

Allan Kardec, el inventor del espiritismo

En esa época apareció una figura que ha pasado a la historia por sus habilidades de clarividencia: el escritor y pedagogo francés Hippolyte Léon Denizard Rivail (1804-1869), el creador de la doctrina Espírita o del espiritismo. Autor de numerosas obras didácticas y lingüista insigne, conocía a fondo y hablaba correctamente francés, alemán, inglés, italiano y español, y podía expresarse también en holandés. En 1854 oyó hablar por primera vez sobre los fenómenos de las mesas giratorias, muy de moda en la Europa de la época. Su escepticismo de que existieran «fuerzas invisibles», y su interés en los fenómenos del magnetismo le llevaron a convencerse de que todo tenía una explicación racional. Según relata, «de repente me encontraba en medio de un hecho extraño, contrario a primera vista a las leyes de la naturaleza, y ocurría en presencia de personas honradas y dignas de fe. Mas la idea de una mesa parlante aún no cabía en mi mente». En una de las sesiones recibió un mensaje de los espíritus: había sido escogido para dar vida a «una nueva doctrina filosófica, científica y moral». Así la premisa básica del espiritismo, tal como él lo veía, es que hay dos mundos: el visible y el invisible, que contienen seres materiales e «incorpóreos», respectivamente.

Comenzó a comunicarse con los espíritus a través de dos médiums, Julie y Caroline Baudin, de catorce y dieciséis años, dando origen a la conocida psicografía, la escritura bajo el dictado o la influencia del poder anímico. De las consultas que realizaba en cada sesión nació el *Libro de los Espíritus*, en 1857, en el que intentaba desvelar los grandes misterios de la vida y la muerte, del destino, todo ello a la luz de los postulados del cristianismo. A partir de entonces tomó el nombre que, según él mismo contó, había tenido en una existencia anterior, cuando vivía con los druidas en las Galias: Allan Kardec, pseudónimo con el que firmó sus libros de espiritismo, doctrina que definió como una «ciencia» de la observación. «El solo hecho de comunicarse con los espíritus, dijeran lo que dijesen, probaba la existencia de un mundo invisible, un campo inmenso abierto a nuestras exploraciones, la clave de una multitud de fenómenos inexplicables; el segundo punto era conocer el estado de ese mundo; pronto comprendí que cada espíritu, en virtud de su posición personal y sus conocimientos, me revelaba una fase», escribió. Kardec nunca pretendió que el espiritismo fuese una nueva religión, sino una filosofía racional basada en hechos demostrados repetidamente y que recuperaba el sentido original de todas las religiones.

En 1861 publicó *El libro de los médiums*, con entrevistas a espíritus por medio del trabajo llevado a cabo conjuntamente con distintos médiums. Aunque él nunca intentó sustituir al cristianismo —«La moral del espiritismo no es diferente de la de Jesús», escribió—, sus comentarios sobre el material recibido a través de ellos provocó cierto revuelo entre algunos católicos . Como «codificador del espiritismo» y organizador de un extenso material, que publicaba en su propio periódico, *Revue Spirite*, esa corriente floreció durante la última parte del siglo XIX, con miles de seguidores, particularmente en Estados Unidos e Inglaterra. «He visto, observado y estudiado los hechos con cuidado y perseverancia; los coordiné y deduje sus consecuencias; he aquí todo lo que me corresponde. Lo que hice también hubiera podido hacerlo otro en mi lugar. En todo ello he sido un simple instrumento de las miras de la providencia», escribió en sus *Obras póstumas*.

Kardec aseguraba que los últimos tiempos habían llegado ya, pero no se refería al fin del mundo material, sino al «fin del mundo moral», cuando llegaría la «era de la regeneración» de la sociedad caduca, que, a través de la observación de las fuerzas psíquicas y del contacto con los espíritus, debía ir hacia un ideal más sano y elevado, hacia un progreso intelectual y moral. Según sus seguidores, llegará el advenimiento del espiritismo, ya que esta doctrina «satisface la aspiración instintiva del hombre relacionada con su futuro y presenta al futuro bajo un aspecto que la razón puede admitir». «La renovación de la humanidad, el reinado del bien sucediendo al del mal, son hechos notables que pueden realizarse sin que haya un naufragio universal, una sucesión de fenómenos extraordinarios o la derogación de las leyes naturales. Es siempre en este sentido en que los espíritus se han expresado», afirma Dévora Viña Carrascoso, presidenta de la Asociación Internacional para el Progreso del Espiritismo (AIPE) y miembro de la Asociación Espírita Andaluza.

Helena Blavatsky, entre la sabiduría divina y la charlatanería

Dos décadas después de la creación de la doctrina Espírita de Kardec, la rusa Helena Blavatsky, también conocida como Madame Blavatsky (1831-1891), fundaba en 1875 en la ciudad de Nueva York, junto a dieciséis teósofos, la Sociedad Teosófica —término que significa literalmente «sabiduría divina»— con el objetivo de analizar y explicar los fenómenos relacionados con los médiums y el espiritismo, así como estudiar el ocultismo oriental, las religiones comparadas y difundir el conocimiento esotérico, todo ello con la misión de promover la regeneración espiritual del hombre. Los modernos teósofos señalan que esta doctrina está relacionada con las leyes de la naturaleza y de la vida del hombre físico, mental y espiritual, y se fundamentan en el cúmulo de testimonios de «innumerables generaciones de clarividentes iniciados». Así, pretenden alcanzar el conocimiento de Dios a través del éxtasis espiritual, la intuición directa o las relaciones individuales especiales, además de seguir las enseñanzas hindúes y budistas y buscar la fraternidad universal de la humanidad.

Según los testimonios de algunos contemporáneos suyos, Helena Blavatsky estaba dotada de ciertos poderes psíquicos o sobrenaturales. Dicen que sus facultades de clarividencia se manifestaron desde niña, y con frecuencia la nobleza rusa la consultaba sobre variados asuntos, al igual que la policía respecto de algunos delitos. Su familia pronto se familiarizó con los fenómenos inexplicables que se producían a su alrededor, como el movimiento de muebles y de objetos a través de las paredes, o a que Helena leyera palabra por palabra las cartas sin abrir.

Con dieciséis años comenzó a interesarse por los libros místicos. En 1848, estudió magia en Egipto con un copto anciano e ingresó en la comunidad religiosa de los drusos del Líbano, secta de características herméticas y gnósticas. Viajó a la India, el Tíbet y Cachemira hacia 1867, viajes que repetiría en numerosas ocasiones a lo largo de su vida. Introdujo y realizó una conceptualización occidentalizada de la sabiduría intuitiva de la India que desafiaba las convenciones sociales de la época. Entró en contacto con el espiritismo y aprendió a controlar las fuerzas ocultas para producir fenómenos a voluntad, así que más tarde desacreditó la «mediumnidad», muy popular durante la década de 1870, especialmente en Estados Unidos; aseguraba que fenómenos tales como la adivinación, las manifestaciones físicas o las levitaciones, podrían crearlas a voluntad los pensamientos de los asistentes sin la ayuda de ningún espíritu.

En sus dos libros más importantes, *Isis sin velo* y *La Doctrina Secreta*, escritos en 1875 y 1888, respectivamente, describe la historia y el desarrollo de las ciencias ocultas, la naturaleza y el origen de la magia, las raíces del cristianismo, los errores de la teología del cristianismo y los desaciertos establecidos por la ciencia ortodoxa; asimismo, realiza un exhaustivo estudio de la evolución del universo y de la antropogénesis, intentando fundir en un todo armonioso la religión, la ciencia y la mitología. En sus escritos revela el vasto plan de evolución de los orígenes universales y de las posibilidades de desarrollo del hombre, dándole, además, un significado y propósito a su progreso. «Tenía un profundo conocimiento de todo, y su método de trabajo era de lo más inusual. Escribía en la cama, desde las nueve de la mañana, fumando incontables cigarrillos, citando largos párrafos palabra por palabra de docenas de libros de los que tengo la absoluta seguridad que no existían copias en esa época en América, traduciendo fácilmente de varios idiomas», declaraba el profesor Corson de la Universidad de Cornell, con quien Helena Blavatsky se formó durante una temporada. Ella sostenía que los mahatmas hindúes, a través de su cuerpo físico inspiraban sus libros, en un proceso llamado *tulku*.

Según dejó escrito: «Existe un camino, escarpado y espinoso, lleno de peligros de toda clase —pero aun así es un camino—; y conduce al Corazón del Universo. Puedo deciros cómo encontrar a Aquellos que os mostrarán los portales secretos que sólo conducen hacia el interior... Para aquellos que logren avanzar, existe una recompensa más allá de toda definición: el poder de bendecir y salvar a la humanidad. Para aquellos que fracasen, hay otras vidas en las cuales el éxito les puede llegar». Actualmente, la sede internacional de la Sociedad Teosófica se encuentra en Adyar, Madrás, en la India. Tiene alcance mundial, con presencia en sesenta países.

El más destacado y clarividente alumno de Blavatsky fue Charles Webster Leadbeater (1847-1934), quien abandonó el sacerdocio anglicano para hacerse teósofo y seguirla hasta la India. En su libro *Man: Whence, How and Whither* predijo, entre otras cosas, la desaparición de los periódicos impresos, que serían sustituidos por «cajas» por medio de las cuales las noticias se leerían en las residencias. En *The Inner Life* afirmaba la existencia de una población de seres humanos en el planeta Marte, de los cuales describía en detalle su cultura, tecnología, vestimentas y construcciones.

Lo cierto es que muchos de los contemporáneos de Helena Blavatsky vieron sólo el aspecto superficial de su ciencia oculta y la malinterpretaron, acusándola de charlatana y farsante. Pero entre los clarividentes de finales del siglo XIX hay algunos que desconciertan a los escépticos más recalcitrantes. Es el caso de Mitar Tarabich (1829-1899), un campesino analfabeto, nacido en Kremna, Serbia, que tuvo una serie de visiones proféticas, que recogió su padrino, un sacerdote ortodoxo, en un cuaderno que todavía se conserva. Estos episodios narran con gran precisión hechos relevantes de la política del siglo XX ocurridos tras su muerte.

Una de sus profecías más famosas, conocida como la «Profecía negra», fue la que anunciaba la exclusión de la familia real de los Obrenovich del trono serbio, que ocurrió tal como él predijo. Cuatro años después de la muerte de Tarabich, en 1903, Alejandro Obrenovich y su esposa Draga, fueron asesinados durante un golpe de Estado de los militares ultranacionalistas, mientras Petar Karageorgevich subió al trono de Serbia con el nombre de Pedro I. Asimismo, predijo la guerra entre Serbia y Turquía, aliada con Grecia, Bulgaria y Montenegro en 1912, en la que su país venció extendiendo sus dominios hasta el río Lim. Además, dicen que también vaticinó la guerra contra el Imperio austro-húngaro, que dio origen a la Primera Guerra Mundial.

RASPUTÍN Y SUS PREDICCIONES

Nada más comenzar el siglo XX, Grigori Yefimovich Rasputín ejerció una enorme influencia sobre la familia imperial rusa en la época previa a la Revolución, por sus poderes «sobrenaturales». Nacido en Siberia, en fecha incierta, hacia 1869, en una familia de campesinos pobres, analfabeto, haragán y desenfrenado (su mote Rasputín quería decir «el Vicioso»), fue internado con dieciséis años en el monasterio correccional de Verjoture, donde tuvo una visión de la Virgen que le llevó al misticismo. Perteneció a la secta de los Flagelantes, que se azotaban después de entregarse a la lujuria, peregrinó al monte Athos y a Jerusalén, y llegó a San Petersburgo en 1903, donde se convirtió en curandero de la alta sociedad.

En 1905, convenció a la zarina Alejandra Fiódorovna de que podía detener las hemorragias de su único hijo varón, el heredero del trono de Rusia, Alexis Nikoláievich, afectado de hemofilia y que por aquel entonces sólo tenía tres años de edad. Desde 1907, el débil Nicolás II, dominado por la zarina, siguió ciegamente las indicaciones de Rasputín, a quien ambos consideraban «El Salvador».

El perfil de Rasputín, según creía casi todo el mundo en San Petersburgo, con la única e importante excepción de los zares, era el de un farsante, que con todo descaro se lucraba materialmente de sus capacidades hipnóticas y de su poder de sugestión; sin embargo, realizó una serie de predicciones sobre una gran variedad de temas. Y como ocurre también con Nostradamus, toda la serie de vaticinios que se adelantaban a hechos futuros se presta a una gran variedad de interpretaciones. Así, algunos sostienen que predijo la Revolución rusa acontecida un año después de su muerte, en 1917, con estas palabras: «Los hermanos matarán a los hermanos; ellos se matarán entre sí. Y durante veinticinco años no habrá nobles en el país. Zar de la tierra de Rusia, si tú oyes el tañido de las campanas que te anuncian que Grigorij ha sido asesinado, debes saber esto: Si han sido tus parientes quienes han provocado mi muerte, entonces ninguno de tu familia, o sea ninguno de tus hijos o de tus parientes, quedará vivo durante más de dos años. Ellos serán asesinados por el pueblo ruso... ¡Rogad, rogad, sed fuertes, pensad en vuestra bendita familia!». De hecho, tras compartir virtualmente el poder con el zar Nicolás II, Rasputín fue asesinado por un grupo de aristócratas después de una fiesta a la que había sido invitado la noche del 29 al 30 de diciembre de 1916. Entre los asesinos estaba el gran duque Dimitri, primo del zar, y antes de que transcurrieran dos años, el 17 de julio de 1918, Nicolás II fue asesinado junto a la familia imperial, incluidos los cinco hijos, el zarevich y las cuatro grandes duquesas.

También se dice que predijo la manipulación genética —«Día desventurado será aquel en que el útero materno será comercializado, como se comercializa la carne de los bovinos. En ese tiempo, el hombre, criatura de Dios, se convertirá en criatura de la ciencia»— y la degradación medioambiental advirtiendo de sus nefastas consecuencias. «El aire que hoy desciende a nuestros pulmones para llevar la vida —escribió— llevará un día la muerte. Y llegará el día en que no habrá montaña ni colina, no habrá mar ni lago que no estén envueltos por el hálito fétido de la Muerte. Y todos los hombres respirarán la Muerte, y todos los hombres morirán a causa de los venenos suspendidos en el aire.» A su descripción mortal le falta concretar si será el resultado de la contaminación de los carburantes y productos químicos o si será por alguna catástrofe natural o industrial.

Muchos creen ver en las palabras de Rasputín una predicción sobre las dos guerras mundiales ocurridas en el siglo pasado: «Y cuando los dos fuegos sean apagados, un tercer fuego quemará las cenizas. Pocos hombres y pocas cosas quedarán; pero lo que quede deberá ser sometido a una nueva purificación, antes de entrar en el nuevo paraíso terrestre». Lo que plantea, dicen, es que tras las dos grandes guerras vendrá una tercera que lo fulminará casi todo. Pero esta devastación será como arrancar las malas hierbas de un jardín, pues después de algunos cuidados ese lugar se transformará en un paraíso. Es más, hay quienes hacen una lectura sobre el vaticinio de la Guerra Fría, incluso una Tercera Guerra Mundial, cuando dice: «Dos príncipes sanguinarios tomarán posesión de la Tierra: Wiug vendrá de Oriente y volverá esclavo al hombre con la pobreza; Graiug vendrá de Occidente y volverá esclavo al hombre con la riqueza. Los príncipes se disputarán la tierra y el cielo y el terreno de la gran batalla será en la tierra de los cuatro demonios. Los dos príncipes serán vencedores y los dos príncipes serán vencidos. Pero Graiug entrará en casa de Wiug y sembrará sus antiguas palabras, que crecerán y devastarán la tierra. Así terminará el imperio de Wiug... Pero llegará el día en que también el imperio de Graiug será destruido, porque las dos leyes de vida eran equivocadas y ambas producían la muerte. Tampoco sus cenizas se podrán utilizar para cultivar el terreno, sobre el cual crecerá la nueva planta de la tercera luz».

Otra de sus famosas profecías dice: «Mahoma dejará su casa, para recorrer el camino de los padres. Y las guerras estallarán como temporales de verano, abatiendo plantas y devastando campos, hasta el día en que se descubrirá que la palabra de Dios es una aunque sea pronunciada en lenguas distintas. Entonces la mesa será única, como único será el pan». Sus intérpretes sostienen que se refiere a los numerosos problemas que enfrentan a las religiones en la actualidad y que el terrorismo de los extremistas fanáticos islámicos es la mejor prueba de ello, con actos como los atentados contra las Torres Gemelas de Nueva York, o los ocurridos el 11 de marzo de 2004, también conocidos como 11-M, contra cuatro trenes de la red de Cercanías de Madrid. Muchos creen que Rasputín predijo estos enfrentamientos religiosos impulsados por el fanatismo, de la *yihad* para los musulmanes, en los que se lucha por conquistar a los infieles e instaurar la religión que ellos consideran verdadera.

Las cosas irán de mal en peor según el hombre que tuvo por breves momentos todo el poder del imperio ruso: «Los hombres están caminando hacia la catástrofe. Serán los menos capaces quienes llevarán las riendas. Así será en Rusia, igual que en Francia, en Italia y otros lugares... La humanidad será aplastada por el alboroto de los locos y de los malhechores... El castigo de Dios llegará tarde, pero será tremendo». Según Rasputín, «ratas y serpientes tomarán dominio de la tierra. Y las ratas darán caza a las ratas; y los hombres, desorganizados y aturdidos, deberán abandonar ciudades enteras y campos enteros bajo el acoso de legiones de ratas gigantes, que lo destruirán todo e infectarán la tierra». Según anunció, en ese tiempo «una parte de la tierra estará humeante y un tercio de la simiente se quemará. Otra parte de la tierra será estéril y la simiente morirá. Pero la tercera parte dará cosechas tan copiosas como nunca habían sido vistas sobre la tierra. En este tiempo, toda la tierra estará bajo el signo de un evangelista, la gran isla estará bajo la sombra del león; pero el león perderá las garras, la tierra justa y el corazón de Europa». Para algunos de sus intérpretes, Rasputín podría haber tomado la referencia de la destrucción por el fuego de una tercera parte de la tierra del Apocalipsis de san Juan, donde se habla de una profecía muy similar.

Pero al final llegará un nuevo orden y «en la ciudad de las siete torres se desatará una chispa que enseñará una nueva palabra y una nueva ley. Y la nueva ley enseñará al hombre una nueva vida, porque en la casa nueva no se podrá entrar con los hábitos viejos. Y cuando el Sol se ponga, se descubrirá que la nueva ley es la antigua ley y que el hombre había sido creado por esta ley».

Elizabeth Prophet, en conexión con los maestros ascendidos

Mucho menos conocida que Rasputín, pero con un historial profético que la hace merecedora de estar en este capítulo, las enseñanzas y vaticinios de la norteamericana Elizabeth Clare Prophet son mensajes que combinan elementos del cristianismo, el budismo, el hinduismo, la teosofía, la cábala (judaísmo místico) y el taoísmo. Precursora del movimiento *new age*, esta profeta gurú es muy conocida sobre todo en Estados Unidos, donde se ganó la atención de los medios de comunicación en la década de los ochenta y los noventa del siglo XX por su peculiar movimiento religioso marginal, mientras anunciaba un inminente desastre nuclear.

En 1973, Elizabeth se hizo cargo de la dirección de la organización El Faro de la Cumbre, fundada en 1958 por su esposo, Mark L. Prophet, después de que éste falleciera a causa de un derrame cerebral. Ambos eran una especie de médiums que se llamaban a sí mismos «mensajeros». Juntos escribieron más de cien libros, que en la actualidad están traducidos a treinta idiomas y se venden en cuarenta países. Entre sus predicciones, «presagió el adviento de la espiritualidad moderna. Enseñó que la espiritualidad práctica podía proporcionar herramientas para superar no sólo los desafíos de la vida diaria, sino también los problemas del mundo», indica Valerie McBride, presidenta de la organización.

Nacida como Elizabeth Clare Wulf en Red Bank, New Jersey, en 1939, de padre alemán y madre suiza, desde su niñez tuvo interés por la religión; creía que había sido llamada por Dios, así que estudió minuciosamente la Biblia. Según contaba, tenía el recuerdo de varias vidas pasadas. Cuando tenía dieciocho años tuvo una experiencia que cambió su vida: abrió un libro y vio una imagen del Maestro Ascendido Saint Germain, al que reconoció como «el más antiguo amigo que había tenido desde siempre». Los Maestros Ascendidos, un concepto que deriva del movimiento teosófico de Helena P. Blavatsky, de los mahatmas o Maestros de la Sabiduría antigua, son supuestamente seres reales que, «por su esfuerzo consciente, han generado suficiente Amor y Poder dentro de sí mismos para romper las cadenas de la limitación humana» y, por lo tanto, librarse del ciclo de reencarnaciones. Estos maestros protegen y ayudan en la evolución de la humanidad, «guían y asisten la expansión de la Luz en este planeta. Son Seres Divinos libres de las ataduras del tiempo y del espacio. Ellos, al igual que toda la humanidad, también tuvieron que atravesar los portales del nacimiento, y caminaron sobre la Tierra obedeciendo los impulsos internos de su Presencia Divina, encarnación tras encarnación... Aprendieron las lecciones de la Vida, saldaron Su karma, cumplieron con Su misión terrenal y llegaron a ser Dios en Acción». A partir de este descubrimiento, Elizabeth se dio cuenta de que tenía que cumplir una misión.

Educada en el Antioch College, Ohio, y en la Universidad de Boston, donde se licenció en Ciencias Políticas, trabajó en las Naciones Unidas de asistente de los delegados. Después de un primer matrimonio fracasado, en 1963 se casó con Mark L. Prophet, a quien había oído hablar en Boston en una conferencia sobre El Faro de la Cumbre y que se consideraba un mensajero de los Maestros Ascendidos. En 1973 creó la Universidad Cumbre, una universidad de religión, ciencia y cultura. Ese año, después de ver «con mi ojo interior» la prematura muerte de su marido «me di cuenta de nuevo de que estaba siendo llamada por Dios».

En 1975 fundó la Iglesia Universal y Triunfante, heredera de El Faro de la Cumbre, una religión cuyas enseñanzas provenían de mensajes divinos supuestamente transmitidos por los Maestros Ascendidos, un panteón de seres celestiales que van desde Buda y Jesucristo a la «cabeza del Servicio Secreto Cósmico». Así, sus enseñanzas incluyen más de dos mil mensajes que llegaban a través del Espíritu Santo, de varios Maestros Ascendidos, de arcángeles y otros seres espirituales avanzados que la visitaban como la única «mensajera» de la Iglesia Universal y Triunfante. Era la única persona en la Tierra que podía tomar, en estado de trance, estos «dictados», que citaban con frecuencia la Biblia y otros libros sagrados de Oriente y Occidente y que fueron recopilados como *Pearls of Wisdom* (perlas de la sabiduría). La salvación individual y planetaria sólo era posible mediante una fuerte lealtad a la «Madre» y a través de repetir una amplia serie de oraciones e invocaciones para la purificación del planeta. Los devotos en todo el mundo consideran que Elizabeth era una líder espiritual con un enlace directo a Dios y a la que llamaban «Madre».

En 1983, Elizabeth Prophet trasladó su iglesia de Los Ángeles, California, a la pequeña localidad de Gardiner, en un lugar remoto en Montana, muy cerca del Parque Nacional de Yellowstone, un terreno comprado al editor de la revista *Forbes*, Malcolm Stevenson Forbes. La iglesia, preparándose para el Armagedón, construyó un refugio antinuclear subterráneo equipado para setecientas cincuenta personas en un bosque cercano. Allí, Elizabeth advirtió de un inminente ataque nuclear de la Unión Soviética contra Estados Unidos. Más de dos mil de sus seguidores salieron de sus casas y se reunieron en la iglesia de Montana. Acumularon en el refugio un arsenal de rifles de asalto y vehículos blindados, así como un suministro de alimentos y ropa. Cuando vieron que no pasaba nada, comenzaron a regresar a sus casas.

En 1986, Gregorio Mull, un antiguo seguidor de la iglesia que había sido expulsado tras una disputa por dinero, decidió arremeter contra la líder de la Iglesia Universal y Triunfante, y presentó una demanda contra ella alegando fraude, esclavitud psicológica y reclamando el dinero que le debía de seis años de servicios como arquitecto de la iglesia. Obtuvo un millón y medio de dólares tras ganar la demanda. El tercer marido de Elizabeth, Randall King, ex devoto y ex marido desde 1980, fue un testigo clave en el éxito de Mull.

A comienzos de la década de 1990, después de otra predicción de que el fin del mundo estaba a punto de llegar, los seguidores de esa peculiar iglesia estuvieron de acuerdo en no almacenar más armas a cambio de la exención de impuestos a la organización, una medida que había sido revocada en 1987. Elizabeth se quejó de que los medios de comunicación habían distorsionado sus declaraciones, «literalmente —dijo— fabricaron que yo había predicho el fin del mundo. Incluso si hay una guerra nuclear, creo que podemos sobrevivir. No creo que sea el final del planeta».

En noviembre de 1998 le diagnosticaron Alzheimer y dejó de dirigir la iglesia. Murió el 15 de octubre de 2009, con setenta años. Para entonces, muchos de sus devotos se habían convertido en sus enemigos al acusarla de ser una líder manipuladora, charlatana y estafadora. Le sobreviven tres hijas y dos hijos, uno de los cuales es el actual líder espiritual de la Iglesia Universal y Triunfante.

El determinismo cósmico de Robert Zoller

El siglo xx, junto con el aumento de los credos místicos e ideológicos alternativos y heterodoxos, como el de Elizabeth Prophet, ha renacido la creencia de que los astros pueden ayudar a conocer y predecir el destino de las personas, y con ese conocimiento, pronosticar los sucesos futuros. Así, a partir de una observación de la posición y el movimiento de los astros, el determinismo cósmico, y su especial aplicación en el comportamiento del ser humano, investiga los nexos existentes entre los factores astronómicamente determinables de un cuadro natal celeste (carta astral) y los acontecimientos de la vida de ese sujeto.

Nadie sabe por qué funciona, pero muchas civilizaciones antiguas creían que las estrellas y la naturaleza tenían las respuestas a los misterios de la vida. «Prácticamente todos los pueblos primitivos del mundo estaban muy conectados con el cielo», explica Mark Thurston, autor de *Edgar Cayce's Predictions for the 21st Century*. Los padres de la Iglesia, al comienzo del cristianismo, se dieron cuenta de que la astrología contradecía la doctrina católica, pues parecía que iba en contra del libre albedrío. Entonces, comenzó a condenar a sus seguidores. Así, por ejemplo, san Agustín condenó duramente la astrología porque absolvía a los pecadores y atribuía las culpas «al Creador y gobernante del cielo y las estrellas». Sin embargo, a pesar de las condenas oficiales, la astrología sobrevivió durante el oscurantismo de la Edad Media. Después, en la Edad Moderna, tuvo épocas de máximo desarrollo y de intensa decadencia. En el Renacimiento las prácticas astrológicas pasaron por un período de gran vitalidad y florecimiento, pero en los siglos XVII, XVIII y XIX las prohibiciones religiosas y legales, junto con el rápido desarrollo de un nuevo espíritu científico racionalista, fueron restándole vigencia.

Robert Zoller es un astrólogo medieval, una especie de Nostradamus o John Dee moderno. Nacido en 1947 en Mount Vernon, Nueva York, licenciado en estudios medievales por el Instituto de Estudios Medievales y Renacentistas, lleva treinta años observando las estrellas para predecir el futuro y ha realizado algunos pronósticos sorprendentemente certeros. Director de la Academia de Astrología Medieval y Predictiva, para él, «las predicciones deben ser claras y sin ambigüedades. Deben transmitirse consejos prácticos, para que puedan seguirse». «La astrología —añade— es un arte adivinatorio, pero en primer lugar es deductivo, así como la quiromancia o la fisonomía, y no debe confundirse con la puramente intuitiva videncia.»

Sus herramientas y técnicas le han convertido en un astrólogo predictivo que ha reformulado la tradición de la astrología, la alquimia y la magia, basándose en las técnicas de la Europa medieval, cuando la astrología occidental estaba en su apogeo. Así, en 1997 predijo: «Un nuevo presidente gobernará Estados Unidos, a la imagen de Bush. Una versión más joven e inexperta de la misma casa». Una revelación realizada en un momento en que nadie sabía que Bush hijo sería candidato a la Casa Blanca y mucho menos que llegaría a ser el presidente estadounidense. Tres años después advirtió que «una amenaza se cierne sobre los ciudadanos estadounidenses, especialmente los de la costa Este». Ese mismo año dijo que si Estados Unidos «no corrige su incompetencia, fomentará los estragos causados por desaprensivos como Osama bin Laden y Saddam. La etapa más peligrosa es septiembre de 2001», adelantándose así a lo que sucedería meses después con los ataques a las Torres Gemelas de Nueva York y al Pentágono. ¿Una simple coincidencia, o está el futuro realmente escrito en las estrellas?

Según explica el propio Robert Zoller, «los números son la clave de la astrología. Los antiguos consideraban que la secuencia de los números enteros del 1 al 9, más el 0, que llegó más tarde, contiene los principios básicos mediante los cuales el ser se transforma en algo. La astrología se basa en esa idea. Los propios signos se convierten en números». Contrario a la astrología del movimiento *new age*, y defensor de la unión de la historia de la ciencia y la historia de lo oculto, de la ciencia y el misticismo, Zoller considera que los números representan uno de los conceptos humanos más exactos y perfectos que existen. Se puede utilizar la numerología para descubrir qué destino se esconde detrás de cada cifra, como guía para el futuro, una creencia que proviene de los antiguos egipcios, aunque la idea la desarrolló Pitágoras. Más tarde, la astrología también comenzó a relacionarse con los números, y, de hecho, cada uno de los signos del zodíaco posee sus respectivos números de la suerte que pretenden predecir el destino de las personas, y, con ese conocimiento, pronosticar los sucesos futuros mediante la observación de la posición y el movimiento de los astros.

A pesar de lo poco concretas que son las predicciones de cualquier profeta, astrólogo, vidente, oráculo, chamán y demás especialistas en leer los signos del futuro, desde el comienzo de la humanidad, hombres y mujeres han mirado al cielo, a los textos sagrados, a una bola de cristal, a los huesos de animales, a los tallos de la planta aquilea, a los posos del café... incluso han consultado a los antepasados y a los espíritus con la esperanza de determinar los vaticinios de su destino individual y colectivo.

19

Los presidentes de Estados Unidos y sus profecías

El presidente de Estados Unidos es el hombre más poderoso del mundo. Sobre muchos de ellos se ha dicho que su poder conllevaba la habilidad de predecir el futuro. Además, hay pruebas de que a algunos de ellos los asesoraron videntes, médiums y astrólogos. Sin embargo, se ha hablado muy poco de los eventos paranormales documentados —la mayor parte de ellos ya desclasificados— que han sacudido las majestuosas columnas y pórticos de la Casa Blanca a lo largo de más de dos siglos.

George Washington y el ángel anunciador

Febrero de 1778. En plena guerra de la Independencia americana, el general George Washington vivía inmerso en una pesadilla, había perdido unas batallas clave en la defensa de Filadelfia, la capital de la Revolución americana. Su ejército carecía de todo lo necesario, estaba desorganizado, sin armas, sin pólvora, sin ropas y sin provisiones. Tampoco tenían los conocimientos tácticos de los bien organizados regimientos ingleses. Con la esperanza de defender otros lugares de Pensilvania, ordenó a sus tropas que acamparan cerca de Valley Forge, a unos treinta kilómetros de Filadelfia, lo suficientemente lejos para evitar los ataques sorpresa del ejército británico. Pero esta decisión acabó en desastre: el crudo invierno acabó con la cuarta parte de sus doce mil soldados rebeldes. «El invierno en Valley Forge fue el episodio más oscuro de la batalla por la independencia, y probablemente de toda la historia militar de Estados Unidos», explica el historiador y periodista Bruce Chadwick, autor de *George Washington's War*, donde relata la experiencia de Washington en tiempo de guerra.

Washington no fue un genio militar, las tropas bajo su mando directo sólo ganaron dos batallas importantes contra los británicos. Una tarde, meintras trabajaba en su campamento, algo le hizo alzar la vista. «Tuvo una visión, o creyó tener una visión de un ángel. Una bella mujer flotaba como un haz de luz ante él. Se le acercó y le habló; le dijo que no desesperara. Predijo el futuro del país y lo que iba a suceder», cuenta Joel Martin, autor de *The Haunting of the Presidents*, donde con la colaboración del periodista de *UFO Magazine* William J. Birnes, se recoge la historia de los fenómenos paranormales ocurridos en la residencia presidencial norteamericana.

En un periódico, el general Washington describió con todo detalle la inspiradora experiencia de aquel supuesto encuentro: «La atmósfera estaba impregnada de sensaciones y se iluminó. Oí una voz que me decía: "Hijo de la República, mira y aprende"». La figura angelical mostró a Washington una imagen en tres dimensiones del futuro de Estados Unidos. Dijo que a lo largo de ciento setenta años el país no sólo sobreviviría a la Revolución, sino que se pondría a prueba en una guerra global, de la cual Estados Unidos saldría líder del mundo libre. Según el escritor Bruce Chadwick, la leyenda dice que el ángel le confió a Washington que saldría victorioso. «Que habría una guerra de Secesión en la que ambos bandos se matarían mutuamente, para unirse posteriormente. Habría también una guerra mundial en la que los ejércitos europeos cruzarían el Atlántico para atacar a Estados Unidos.»

¿Podría esta visita haber inspirado a Washington, llevarlo a invertir el rumbo marcado por la derrota de Valley Forge y acabar venciendo a los británicos? Diversos historiadores y expertos siguen debatiendo acerca de la veracidad de esta teoría. Se llegó a afirmar que se había visto a Washington en oración. Chadwick investigó sobre la vida del que fue dos veces presidente de la república federal y no halló el menor indicio de que la visión fuera cierta. «Creo que esta historia es descabellada. No se habló de ella entonces, y él nunca mencionó nada en sus escritos», afirma. También una comisión de la Sociedad Histórica de Valley Forge revisó miles de páginas de correspondencia y diarios de George Washington y de su Estado Mayor, generales de división y de brigada, oficiales y soldados de los regimientos que se encontraban en el campamento, así como de los manuscritos de la Biblioteca del Congreso y otras instituciones, y concluyó que «en ninguno de éstos se ha encontrado un solo párrafo que confirme la leyenda de la Oración en Valley Forge» y menos aún de la visión del ángel.

Sin embargo, existe un relato publicado sobre la experiencia de Washington en ese lugar en el invierno de 1777-1778. Una entrevista al soldado Anthony Sherman en un periódico, casi un siglo más tarde de que los soldados acamparan en Valley Forge. Sherman afirmaba, a sus noventa y nueve años de edad, haber hablado con el general después de su estremecedora experiencia y asegura que él mismo le contó la visión.

Según parece, «la visión de Washington» en realidad es un cuento escrito por el periodista de Filadelfia Charles W. Alexander, bajo el título *El arca del soldado*, y publicado por primera vez en abril de 1861, justo cuando el país se encontraba inmerso en una dolorosa guerra civil. Durante la contienda, Alexander publicó visiones similares con otros personajes históricos como Lincoln, Jefferson o Grant; todas ellas fueron escritas con fines patrióticos y sin intención de hacer pasar estos sueños por auténticos. Además, el soldado Anthony Sherman no estaba destinado en Valley Forge durante ese invierno, por lo que fue mera coincidencia que Alexander utilizara ese nombre para el narrador de la visión de Washington.

De cualquier modo, hay expertos que creen que la visión pudo ser producto de la desesperación de Washington. «La situación por la que estaba pasando podía hacerle proclive a tener visiones premonitorias. Se daban en él todas las circunstancias para que sufriera ese tipo de visiones: apenas dormía, estaba sometido a una presión enorme, sabía que su vida pendía de un hilo», sostiene Larry Dossey, autor de *Reinventing Medicine*. Este autor, como científico y médico, sabe que conocer el futuro no es posible, pero, por su experiencia personal, cree en las premoniciones y en su influencia en la salud de la mente y de la espiritualidad. También Joel Martin cree que «cuando se atraviesan momentos terribles, dolorosos o traumáticos, hay personas que tienen visiones, que dicen haber visto ángeles o a alguien parecido a Dios».

El debate sobre la visión premonitoria de Washington demuestra que los historiadores han estudiado seriamente los fenómenos paranormales experimentados por algunos de los presidentes norteamericanos. A pesar del secretismo que existe en torno a este asunto, constantemente aparecen nuevos detalles que parecen indicar, incluso para las mentes más escépticas, que las premoniciones presidenciales pueden haber cambiado el curso de la historia de Estados Unidos.

La maldición del chamán a William H. Harrison y sus sucesores

En 1805, en territorio de Indiana, los ancianos de la tribu swhanee se reunieron para presenciar cómo su líder Tenskwatawa —cuyo nombre significa «quien abre la puerta»—, un poderoso chamán, pronunciaba una maldición de muerte. Según él, había recibido un mensaje del Gran Espíritu y tenía contacto con lo sobrenatural. Después de librar sangrientas batallas contra los soldados americanos, dirigidos por el gobernador de Indiana, William Henry Harrison, los shawnee casi fueron diezmados. El enfrentamiento más cruento tuvo lugar en 1811, en Tippecanoe, contra los guerreros de varios pueblos tribales aliados bajo el mando de Tecumseh, de la tribu de los shawnee, hermano de Tenskwatawa. Fue una batalla decisiva, principalmente porque era la última línea de resistencia que ofrecían los jefes indios al norte del río Ohio. En ella se desbarató la resistencia india, particularmente en el noroeste. Además, fue un duro golpe al sueño de Tecumseh de una confederación tribal unida.

Pero los soldados del gobernador no sólo destruyeron el sueño de los shawnee, sino que dos años más tarde, las tropas de Harrison acabaron con la vida del gran jefe Tekumseh, durante la guerra anglo-estadounidense, que enfrentó Estados Unidos contra el Reino Unido y sus colonias canadienses y donde los guerreros indios participaron como aliados del ejército británico. «Tenskwatawa —cuenta el escritor Joel Martin— quiso vengar la muerte de su hermano, y juró que haría algo contra los intrusos blancos que habían invadido los territorios indios. Y lo hizo, si creemos en su maldición.»

El heroísmo de Harrison le hizo ganar fama. Llegó a la Casa Blanca con un pintoresco apodo: Viejo Tippecanoe, que recordaba a los votantes su papel en las batallas contra los indios. En 1840 fue elegido el noveno presidente de Estados Unidos. Según Joel Martin, cuando Tenskwatawa pronunció su sortilegio, lo hizo para que «recayera sobre William Henry Harrison y, cuando salió elegido presidente, la maldición surtió efecto». Es más, Tenskwatawa envió un mensaje a Harrison dándole a conocer el maleficio. Si el presidente le creyó o no, es algo que se desconoce. Sin embargo, en la víspera de la jura de su cargo, cuando se disponía a partir de su estado natal de Ohio, Harrison pronunció un mensaje de mal agüero ante la multitud que se congregó para verle partir. «Se despidió diciendo: "Tengo que deciros adiós. Si no volvemos a encontrarnos, sabed que siempre os he tenido en mi pensamiento". Tenía el presentimiento de que no volvería a ver a sus paisanos. Fue una clara premonición de que algo le sucedería a su llegada a Washington», mantiene Martin.

Harrison llegó sin problemas a la capital de la nación, pero allí se encontró con un mal tiempo fuera de lo normal. A pesar de ello, el popular político pronunció frente al Capitolio el discurso inaugural más largo de la historia, casi dos horas, hablando bajo un viento huracanado y una fuerte lluvia. «Murió treinta días más tarde de pulmonía. Ha sido el tiempo más breve que un presidente americano ha ocupado el cargo. Su premonición se cumplió», asegura Martin.

Sin embargo, la muerte de Harrison fue sólo el comienzo de la venganza de Tenskwatawa. De acuerdo con la tradición popular, la noche que pronunció su maldición, el chamán cogió veinte piedras de la Madre Tierra que representaban veinte años. Al arrojar las piedras al fuego, inició un ciclo de muerte. «Y entonces dijo: "Un Gran Jefe morirá cada generación". Para ellos, veinte años representaban una generación. El maleficio se inició cuando Harrison fue elegido, en 1840, y sucedería cada generación, en un año que terminara en cero», indica Martin.

Desde que se pronunció el hechizo, siete presidentes americanos han muerto durante el ejercicio de su cargo, uno cada veinte años. «Harrison fue presidente en 1840. Ocupó el cargo treinta días, antes de morir en 1841. Siguiendo un orden cronológico, habría que añadir aquí a Zachary Taylor, elegido en 1848. No murió asesinado, sino por gastroenteritis en 1850. Abraham Lincoln, elegido por primera vez en 1860, fue asesinado tras recibir varios disparos. Garfield, elegido en 1880, también fue asesinado con arma de fuego. McKinley, reelegido en 1900, murió del mismo modo al año siguiente. El presidente Warren Harding, que llegó a la Casa Blanca en 1920 y cuya presidencia estuvo llena de escándalos, falleció en 1923, algunos especulan que envenenado. El presidente Roosevelt, que fue elegido en 1932, 1936, 1940 y 1944, falleció en 1945, al poco de su última reelección. Kennedy, que se convirtió en presidente en 1960, fue asesinado en 1963... «Sólo se rompió la maldición con el nombramiento de Ronald Reagan, en 1980, pero sufrió un atentado en 1981, dos meses después de jurar el cargo. Milagrosamente, Reagan no murió siendo presidente. Alguien rompió la maldición», dice el escritor Joel Martin. Cabe señalar que Roosevelt era un hombre con mala salud, paralítico, y que su muerte por causas naturales durante la presidencia parece lógica, pues la ocupó durante trece años, con el intenso desgaste que eso supone.

Los escépticos alegan que esta extraña cadena de muertes es tan sólo una macabra coincidencia. Pero ¿no habrá algo más? «¿Cuáles son las probabilidades de que cada veinte años, en años terminados en cero, a partir de 1840, muera un presidente elegido? Creo que son muy remotas, y por eso me parece que la maldición tiene algo que ver con esas muertes», afirma Martin. La teoría del escritor Larry Dossey es que, a tenor de cómo funcionan los maleficios y embrujos en muchas culturas, existe la posibilidad de que el hechizo fuera real. «Los antropólogos que han estudiado el caso seriamente mencionan algunos hechos convincentes que registran los mejores escritos de antropología. Determinan que ciertas personas pueden hacer daño, incluso matar a distancia, mediante maleficios, maldiciones y embrujos.»

Maldición o coincidencia, las palabras del Profeta Shawnee permanecerán siempre como una faceta oscura de la historia de los presidentes norteamericanos. «No creo que sea simplemente una leyenda. Los seres humanos rezamos para que ocurran cosas, y si existe un poder positivo, existe también uno negativo», sostiene Joel Martin.

Abraham Lincoln: espiritismo en la Casa Blanca

En 1860, con sólo el 39 por ciento del total de votos, se eligió al que muchos consideran el mejor presidente y uno de los personajes más fascinantes de la historia de Estados Unidos: Abraham Lincoln. Nacido en el seno de una familia de colonos cuáqueros, su infancia y su juventud estuvieron marcadas por la pobreza de su familia. Siempre fue una persona melancólica. La muerte de su madre cuando él era todavía un niño, el trabajo duro para ganarse la vida en el desierto y su lucha por conseguir una educación, se combinaron para hacer de él un hombre serio, incluso cuando bromeaba. Tras una formación autodidacta, en 1836 logró licenciarse en Derecho. Dos años antes, su posición contraria a la esclavitud le llevó a intervenir en política; fue diputado de Illinois en el período 1834-1842. Su defensa de mejores condiciones de vida para los negros y su gran elocuencia le dieron gran popularidad en todo el estado, hasta que ganó las elecciones a la presidencia de la Unión, lo que desencadenó la reacción de los estados esclavistas. Para aquel abogado idealista, las cosas fueron a contracorriente desde el principio. Antes de que asumiera oficialmente la presidencia, los estados sureños, encabezados por Carolina del Sur, se declararon independientes. Según cuenta Ronald C. White Jr., autor de *The Eloquent Pre-*

sident, Lincoln se vio sometido a una increíble presión. «Le atacaron, incluso, miembros de su propio partido. Sin embargo, gran parte del poder presidencial emanaba del liderazgo de su retórica; en muchas ocasiones, con un discurso marcadamente teológico.»

Al cabo de un mes de su elección, el país se vio sacudido por la guerra de Secesión y tuvo que enfrentarse a uno de los períodos más turbulentos de la historia norteamericana. Un día en que Lincoln pudo tomarse un respiro para ordenar sus ideas, ocurrió algo extraño. Agotado, de madrugada, entró en su dormitorio para descansar y se desplomó sobre un sofá. Cerca del sofá había una mesa grande con un espejo. Miró el espejo, a la izquierda, y vio su rostro reflejado. Parecía que su cara se dividía en dos imágenes. La visión desapareció, pero apareció de nuevo unos minutos más tarde de forma más clara y Lincoln se dio cuenta de que uno de los rostros era mucho más pálido que el otro, casi el de un moribundo. «Le contó a su esposa Mary Todd lo sucedido y los dos llegaron a la conclusión de que significaba que la cara sana era la "real", e indicaba que iba a servir en su primer mandato como presidente. La imagen pálida y fantasmal de la segunda cara, sin embargo, era una señal de que sería elegido para un segundo mandato pero que algo terrible le ocurriría», cuenta Joel Martin.

Ésta fue una de las muchas visiones que atemorizaron a Lincoln. A lo largo de su vida tuvo frecuentes visiones inquietantes, así como sueños y pesadillas que él interpretaba que eran avisos o cosas que podían hacerse realidad. «La prueba de que se los tomaba muy en serio es que, mientras muchos olvidan sus sueños o no les hacen caso, él pensaba en ellos durante largo tiempo y los comentaba con sus colaboradores», asegura Bruce Chadwick. También Scott Nelson, profesor de Historia del College of William and Mary, universidad pública situada en la localidad de Williamsburg, Virginia, afirma que Lincoln creía de verdad que sus sueños predecían su futuro. «Hablaba mucho con su mujer de ellos, de lo que podían significar y de si predecían el futuro. Los consideraban una especie de profecía.»

Lincoln perdió, de forma trágica, a tres de sus cuatro hijos, todos a una edad temprana. Sólo sobrevivió su primogénito, Robert Todd Lincoln (1843-1926). Uno de los mayores golpes que sufrió en la Casa Blanca fue la muerte de su tercer hijo, Willie, en 1862. El niño había nacido en Springfield en 1850, ocho meses después del funeral de su hermano, Eddie, quien nació en 1846, antes de que su padre fuera presidente, y murió un mes antes de su cuarto cumpleaños. Eddie murió de una enfermedad degenerativa, posiblemente un cáncer medular de tiroides o una neoplasia endocrina. Su hermano William Wallace «Willie» era un muchacho tranquilo, reflexivo, que destacaba en la lectura y en su buen comportamiento. El menor, Thomas «Tad», era todo lo contrario, ya que a los doce años todavía no sabía leer ni escribir, mientras que Willie tenía una memoria prodigiosa y podía recitar largos pasajes de la Biblia. Willie enfermó a principios de 1862, después de montar su caballo un día que hacía mal tiempo. Su estado empeoró rápidamente, posiblemente había contraído la fiebre tifoidea por beber agua contaminada. Cada vez más débil, sus padres pasaron mucho tiempo junto a su cama. Finalmente, murió en la Casa Blanca el 20 de febrero 1862, con tan sólo doce años (años después les seguiría Tad, que murió con dieciocho años).

Lincoln y Mary sufrieron profundamente por la muerte de Willie. La terrible pérdida llenó de angustia al presidente, y la primera dama no quiso ni entrar en la habitación de la mansión presidencial donde había fallecido. Para él fue, probablemente, la crisis personal más intensa de su vida. Incluso el presidente confederado Jefferson Davis expresó sus condolencias por la muerte del muchacho. Lincoln se encerró aún más en sí mismo y, según parece, empezó a interesarse por el espiritualismo. Es más, dicen que también comenzó a hablar de cómo el espíritu de Willie se había quedado con él y cómo su presencia se hacía sentir a menudo en su casa y oficina. A su vez, la pena hizo que Mary se refugiase en lo sobrenatural. «Se obsesionó con el espiritismo y creía firmemente en la comunicación con el más allá. Solía invitar a médiums para consultarles», señala Bruce Chadwick. Ronald C. White mantiene que se celebró una sesión de espiritismo en la Casa Blanca, en abril de 1863, en la que Mary trató de comunicarse con sus hijos y en la que participó una médium llamada Nettie Coburn Maynard.

La señora Lincoln conoció por casualidad a Nettie en la casa de Cranstoun Laurie, un alto funcionario de la Oficina de Correos. Ella quería ver a una médium en trance y la invitó a la Casa Blanca a los pocos días. «Mary Todd creía que era la única que podía ponerle en contacto con sus dos hijos fallecidos. Ella sufrió mucho con su muerte. Cuando empezó a practicar el espiritismo, su marido trató de apoyarla y, probablemente por esa razón, el presidente asistió a aquella sesión de espiritismo de abril de 1863.» Mientras Mary abrazó abiertamente las conexiones con los espiritistas de Washington, Lincoln públicamente las evitó, por lo que gran parte de lo que se ha escrito acerca de su contacto con ellos procede de los diarios de amigos y conocidos.

Como Nettie Coburn recordó más tarde sobre el encuentro —transcrito y anotado en el Centro Lincoln de Estudios, en Galesburg, Illinois—, varias personas se encontraban reunidas, cuando de repente un piano de cola comenzó levitar. Entonces apareció en la habitación el presidente. «Se puso de pie delante de mí, alto y amable, con una sonrisa en el rostro. Dejando caer su mano sobre mi cabeza, dijo, en tono humorístico: "Así que ésta es nuestra Nettie de la que hemos oído hablar tanto". Yo sólo podía sonreír y decir: "Sí, señor", como cualquier chica de la escuela, cuando él amablemente me llevó a una otomana. Sentado en una silla enfrente de mí, empezó a preguntarme amablemente sobre mis dotes de médium [...] entonces propuso que formáramos un círculo. Él dijo: "Bueno, ¿cómo lo haces?", mirándome. Unimos nuestras manos [...] y perdí la conciencia de mi entorno.»

Según cuenta Nettie Coburn, estuvo en trance cerca de una hora, tiempo en el que, según los testigos, un espíritu que se identificó como el doctor Bamford y que hablaba a través de ella, informó de las condiciones críticas del ejército de la Unión en el frente de batalla. Lincoln respondió que el espíritu parecía entender la situación y le preguntó qué debía hacer para remediarlo. El espíritu contestó que debería hacer una visita informal al frente de batalla, acompañado por la señora Lincoln, y mezclarse con los hombres, para escuchar sus quejas e historias. También le preguntaron sobre la todavía pendiente Proclamación de Emancipación. El espíritu aseguró al presidente que iba a ser «el acontecimiento de mayor trascendencia de su administración y de su vida». Según la vidente, Lincoln no debería seguir aplazando la proclamación; debía «mantenerse firme en sus convicciones y sin temor, realizar el trabajo y la misión para la que había sido elegido por la Providencia».

«Nunca olvidaré la escena que vi a mi alrededor cuando recobré la conciencia —narra Nettie Coburn—. Yo estaba de pie delante del señor Lincoln, y él estaba sentado en su silla, con los brazos cruzados sobre el pecho, la mirada fija en mí. Di un paso atrás, confundida por la situación, ya que no recordaba dónde estaba, y miré al grupo, en el que reinaba un silencio absoluto.» Cuenta que el presidente puso su mano sobre su cabeza y le dijo: «Posee un regalo muy singular, pero no tengo ninguna duda de que es de Dios».

Lincoln, no se sabe si siguiendo el consejo del espíritu, fue al campo de batalla y logró levantar la moral de las tropas y unirlas con fiel disciplina a su causa. En julio de ese año, la Unión dominaba en el frente occidental y en el oriental, con victorias en Vicksburg y Gettysburg.

Supuestamente, el presidente volvió a asistir a otra sesión de espiritismo en una casa del barrio residencial de Georgetown, en la ciudad de Washington, durante una época en la que estaba convencido de que una nube negra se cernía sobre su cabeza. De acuerdo con lo que contó la vidente en su libro *Was Abraham Lincoln a Spiritualist?*, durante esa sesión parece ser que Nettie le comunicó que «me han hablado de las sombras que todavía se ciernen sobre ti». Entonces, Lincoln le dijo que había recibido cartas de espiritistas de todo el país advirtiéndole de una inminente catástrofe. Cuando ella iba a marcharse, el presidente insistió en que fuera a visitarlos a él y a Mary el otoño siguiente. «Iré, por supuesto —respondió Nettie—, es decir, si usted todavía está entre nosotros.»

Se ha hablado mucho de los sueños proféticos de Lincoln y de su creencia en el mundo de los espíritus; incluso de las supuestas apariciones en su casa en Springfield y su tumba misteriosa. De cualquier forma, si el presidente Lincoln creía o no en lo sobrenatural son sólo rumores. Nadie puede asegurar si aceptó el espiritismo, pero es un hecho que sí creía que los sueños predecían el futuro. «Tenía un sueño que se repetía —explica White—. El día en que fue asesinado, el 14 de abril, mantuvo una reunión con su gabinete, y dos de sus miembros anotaron en sus diarios que Lincoln contó el sueño que había tenido la noche anterior.» Hablaba de una pesadilla que predecía su asesinato. En su sueño le despertaba el llanto de una mujer. Desorientado, Lincoln trató de encontrar de dónde provenía el ruido, y entonces oyó que había más gente llorando. Por curiosidad, quiso averiguar más. «Pasó por la Sala Este y vio hombres y mujeres que sollozaban abrazados. Había un guardia en la puerta, y Lincoln se dirigió a él y le preguntó: "¿Quién es aquel hombre?". Y el guardia contestó: "Es el presidente. Alguien ha asesinado al presidente". Allí, frente a él, en medio de la sala, vio un cadáver. En ese instante, Lincoln oyó el grito de una mujer, y despertó. Estaba empapado en sudor y temblando por la pesadilla. Al día siguiente fue asesinado», cuenta Bruce Chadwick.

En 1864, Lincoln fue reelegido para un nuevo mandato en el que llevaría a cabo un programa de reconstrucción nacional, pero no pudo realizarlo: a los cinco días de finalizar la guerra de Secesión, fue asesinado por un actor sudista llamado John Wilkes Booth mientras asistía, sin protección de ningún guardaespaldas, a una función en el teatro Ford, en Washington. Su cuerpo se exhibó en el Salón Este de la Casa Blanca. Mary repitió el sueño premonitorio de su marido en numerosas ocasiones en los días que siguieron al entierro.

Si Lincoln creía realmente que los sueños eran la clave del futuro, ¿por qué siguió haciendo apariciones públicas en las que arriesgaba su seguridad? Para White la explicación está en que, durante mucho tiempo, creyó en lo que se denomina el fatalismo. «En cierto sentido, nosotros actuamos, pero es Dios el que guía nuestros pasos en la Tierra. Lo que tenga que pasar, pasará», indica. Y en el caso de Lincoln, aunque creyera que sabía lo que iba a pasar, dejó que el destino obrara por él y por su país.

JAMES GARFIELD PRESINTIÓ SU MUERTE

Cien años después de la visión de Washington y dieciséis del asesinato de Lincoln, otro presidente tuvo otra experiencia extraordinaria sobre la vida y la muerte. El presidente era James Garfield, que fue elegido en 1880 con sólo un margen de diez mil votos y protagonizó las elecciones más reñidas de la historia norteamericana. James Garfield ni siquiera era el candidato favorito para representar a su partido, el Republicano, en la batalla hacia la Casa Blanca. Sin embargo, tras treinta y cinco votaciones en las que no se impuso ninguno de los dos favoritos, la Convención Republicana optó por él. Era como si su destino ya estuviera escrito.

Garfield, huérfano de padre desde los dos años, pasó de la pobreza a la política. Una vez en ella, luchó contra la corrupción imperante y recuperó para la presidencia el prestigio que había perdido durante el período de la Reconstrucción, de 1863 a 1877, los años posteriores a la guerra civil, después de que los Estados Confederados de América fueran derrotados y la esclavitud abolida. «Tuvo una premonición terrible poco tiempo después de ocupar el cargo: algo iba a ocurrirle. Soñó que iban a matarle siendo presidente», señala Joel Martin. La profecía de Garfield estaba alimentada por el clima político revuelto que rodeaba el cargo en aquellos días. «No era de extrañar que tuviera premoniciones sobre su muerte. Estaba en mitad de un desagradable conflicto, en el seno del Partido Republicano, entre los incondicionales y los que dudaban sobre quién debía ejercer el control del partido. La vida de Garfield estuvo en peligro casi desde el principio», afirma Scott Nelson.

Parece ser que el vigésimo presidente de Estados Unidos sabía, incluso antes de jurar el cargo, que le aguardaba una era política muy problemática. Según Nelson, poco después de jurar el cargo, Garfield firmó un seguro de vida por veinticinco mil dólares. «En ese sentido, tuvo una especie de presagio», asegura Nelson.

Quienes creen que Garfield trató de impedir lo que creía inevitable, afirman que incluso llegó a consultar al único hijo vivo de Abraham Lincoln, Robert, para que le contara con todo detalle lo ocurrido la noche en que mataron a su padre, en 1865. «Según le dijo Robert —sostiene Joel Martin—, la única manera que tenía Garfield de enfrentarse a su terrible premonición, a su espantoso temor, era saber qué era lo que iba a ocurrirle.» Pero el consejo del hijo de Lincoln no pudo cambiar el curso de la historia. El 2 de julio de 1881, dispararon contra Garfield cuando entraba en la estación de ferrocarril de Washington. Lo hizo Charles Guiteau, un abogado amargado porque no había conseguido un puesto de cónsul. Mortalmente herido, Garfield reposó en la Casa Blanca algunas semanas. Alexander Graham Bell, inventor del teléfono, intentó sin éxito encontrar la bala con un dispositivo eléctrico de inducción que él mismo había diseñado. El 6 de septiembre, Garfield fue trasladado a la costa de New Jersey. Durante algunos días pareció recuperarse, pero el 19 de septiembre de 1881, murió de una infección y de una hemorragia interna. Se convirtió en el segundo presidente de Estados Unidos asesinado, y su presidencia fue la segunda más corta en la historia de ese país, tras la de William H. Harrison, con sólo doscientos días de mandato.

Se crea o no en las teorías que hablan de las premoniciones presidenciales, lo que está claro es que ha habido casos en los que el máximo dirigente de Estados Unidos ha solicitado el consejo de astrólogos y médiums. «Basta con leer a Shakespeare para comprobar que todos los dirigentes, los más grandes y poderosos, han vivido atormentados, sobre todo en tiempos difíciles, de guerra y de crisis. Y siempre han estado solos, a pesar de todo su poder. Si alguien es poderoso e importante, buscará a otro que pueda ayudarle y animarle. Los presidentes se reconfortan como pueden», señala Haynes Johnson, el periodista ganador del Premio Pulitzer, autor de éxito y comentarista de televisión, que ha informado de la mayoría de los principales eventos nacionales e internacionales en las últimas cuatro décadas, incluidas las actividades de todos los presidentes desde Dwight D. Eisenhower hasta Bill Clinton.

Woodrow Wilson tras su sueño de paz

El demócrata Woodrow Wilson, el vigésimo octavo presidente de Estados Unidos, no pudo convencer al Congreso para que aprobara su proyecto de una Sociedad de Naciones (SDN). Hijo de un severo pastor presbiteriano, Wilson creía que el futuro del mundo dependía de una organización de cooperación internacional, en la cual la comunidad mundial podría reunirse y resolver bajo sus auspicios los problemas que pudieran llevar a otra guerra mundial.

El 8 de enero de 1918, desgranó en un célebre discurso en el Congreso de su país la «Lista de catorce puntos de Wilson»; el objetivo era poner punto final a la Primera Guerra Mundial, y habló, fundamentalmente, de una seguridad internacional en la que participaran todas las naciones, se arbitrara a favor del desarme, de la desaparición de barreras económicas y de la creación de una Liga de Naciones, claro antecedente de la SDN.

El 18 de enero de 1919, en París, se reunieron los países vencedores, también llamados «El Comité de los Cuatro»: Wilson por Estados Unidos; el primer ministro británico Lloyd George; Georges Clemenceau, primer ministro francés, y Vittorio Emmanuele Orlando, por Italia. De esa reunión nació la SDN. Pero la mayoría republicana en el Senado de Estados Unidos frenó la adhesión norteamericana a dicha Sociedad y la firma del Tratado de Versalles. Así, el gobierno estadounidense se autoexcluyó y Wilson se lanzó a una gira por todo el país para convencer a la opinión pública de su posición. Durante la gira, en septiembre de 1919, sufrió una embolia. «Su sorpresa y desesperación por la oposición republicana fueron enormes, así que trató de encontrar apoyos para sacar adelante su propuesta. Probablemente se excedió en su trabajo y sufrió una apoplejía», opina Scott Nelson.

Incapacitado físicamente, Wilson estaba obsesionado por saber si su sueño de una verdadera Organización por la Pacificación del Mundo llegaría a realizarse algún día. Al parecer, agotadas todas sus posibilidades, el presidente optó por solicitar los servicios de Edgar Cayce.* La reunión con Cayce en la Casa Blanca se mantuvo en el más estricto de los secretos. Sobre la salud de Wilson, la predicción de Cayce no fue la que el presidente esperaba: no se podía hacer nada para salvar su vida, era demasiado tarde.

* Se considera a Edgar Cayce el mayor parapsicólogo y vidente de la era moderna. Véase el capítulo 17.

En aquellos años, un ataque de apoplejía significaba una parálisis que precedía la muerte. «Era normal que nadie esperase que Woodrow Wilson pudiera superarlo, que nadie tuviera ninguna esperanza», dice Scott Nelson.

Respecto al sueño político de Wilson, las predicciones de Cayce eran, principalmente, que «si se quería conseguir la paz en el mundo, los norteamericanos tendrían que apoyar la SDN, pero no lo harían», explica Bruce Chadwick. El 15 de noviembre de 1920 se celebró en Ginebra la primera asamblea de la Sociedad, con la participación de cuarenta y dos países, entre los cuales no estaba Estados Unidos. Nunca formaría parte de la SDN, que cumplió a duras penas su objetivo inicial durante el período de entreguerras, pero no llegó a ser tan fuerte como para evitar la Segunda Guerra Mundial. En 1946, finalizada la gran contienda, la SDN se disolvió; la sucedió la Organización de las Naciones Unidas (ONU), de la que Estados Unidos es miembro fundador. Pero Wilson ya había muerto y el presidente era Franklin Delano Roosevelt.

Roosevelt y la devota que cumple la misión de Dios

Febrero de 1945, últimos días de la Segunda Guerra Mundial. El presidente Franklin Delano Roosevelt, el primer ministro británico Winston Churchill y el líder soviético Jósif Stalin se reúnen en Yalta para decidir juntos el futuro de Europa. Para ello tienen que resolver problemas complejos, sobre todo en lo concerniente al futuro de los países que había ocupado la Alemania nazi. El destino de millones de personas estaba en juego. No satisfecho con las especulaciones de sus más íntimos colaboradores, Roosevelt tomó un camino poco convencional. Según cuenta John Shreiner, conservador del Museo & Biblioteca Jeane Dixon, situado en Strasburg, Virginia, contrató los servicios de la parapsicóloga Jeane Dixon. «Ella no se involucró en el mundo de la política de forma premeditada. Las predicciones le salían de forma natural. Y su primera experiencia directa con un político fue con Roosevelt», afirma Shreiner.

Hija de unos adinerados inmigrantes alemanes y creyente católica, Jeane nació como Lidia Emma Pinckert en Medford, Wisconsin, pero se crió en Missouri y California. Afirmaba que desde los tres años sintió que tenía un don para la videncia. Sus visiones proféticas no seguían ningún procedimiento estándar. Llegaban a ella inesperadamente, en cualquier lugar y en diferentes estados de ánimo. Así, estaba convencida de que el don de la profecía que poseía estaba estrechamente asociado con el poder de Dios, que sus predicciones respondían a una misión divina y que tenía que ser cautelosa y no abusar de esta capacidad. Ella y su marido, James Dixon, se trasladaron a Washington poco antes de que comenzara la Segunda Guerra Mundial. Él se dedicaba al negocio inmobiliario y ella comenzó a atender a los soldados que requerían sus servicios. Pronto se empezó a hablar de ella en los periódicos y su fama fue en aumento, lo que despertó el interés de Roosevelt. «Sus predicciones siempre se cumplían. Roosevelt sintió curiosidad y, en otoño de 1944, le pidió que fuera a la Casa Blanca», cuenta Shreiner.

Para Roosevelt, las profecías de Jeane Dixon podían representar una ventaja a la hora de tomar decisiones sobre Europa. Pero a título personal, Roosevelt, muy enfermo ya, confiaba en conocer también la verdad sobre su delicada salud. Sus médicos personales no querían darle un pronóstico. Un jueves por la mañana, Dixon fue en secreto a su despacho personal, en la segunda planta de la Casa Blanca. Después de que ella contestara a sus preguntas acerca de los problemas en los distintos frentes militares, Roosevelt le preguntó cuánto tiempo le quedaba para terminar el trabajo que tenía que hacer. «Ella contestó: "No mucho, señor presidente, le quedan menos de seis meses". Según contó ella más tarde, la noticia conmocionó al presidente», explica Shreiner.

Sorprendido por su grave estado de salud, el presidente se centró en cómo sería el mundo en la posguerra. «Le dijo —señala Shreiner— que China se haría comunista, pero él no la creyó. Le avisó de que los rusos, que entonces eran sus aliados, se convertirían en sus enemigos. También le dijo que las revueltas raciales se agravarían durante los años sesenta pero aclaró que se extinguirían alrededor de 1980. A mediados de los años cuarenta, tales predicciones resultaban increíbles para Roosevelt.»

Hay quienes sostienen que Jeane Dixon fue la vidente que más acertó al predecir los acontecimientos políticos del siglo XX. En cualquier caso, el presidente quedó tan impresionado por su poder de predicción que volvió a invitarla unas semanas más tarde. «La citó por segunda vez en enero de 1945 —prosigue Shreiner—. Según ella contó, envolvió su pequeña bola de cristal y la mantuvo cerca de ella para que nadie pudiera ver lo que pasaba. Él volvió a preguntarle en tono de broma: "¿Cuánto tiempo dice ahora la bola que voy a vivir?". A lo que ella contestó que unas semanas. Fue entonces cuando se dio cuenta de que la cosa era muy seria.»

La predicción de que a Roosevelt le fallaría la salud también se cumplió; murió el 12 de abril de 1945, unas semanas después de aquella charla.

¿Qué influencia tuvo Jeane Dixon en las decisiones de Roosevelt? No existe ningún registro de esos dos encuentros clandestinos. La Casa Blanca hizo un gran esfuerzo por mantener tales reuniones en un secreto absoluto. Nada de aquello quedó registrado públicamente, ni siquiera se tomaron notas en privado. Sin embargo, según Shreiner, Elliot Roosevelt confirmó más tarde que había oído a su padre decir que se había entrevistado dos veces con Jeane Dixon. «Todos los presidentes quieren mantener ocultas cosas que resultarían embarazosas, o que podrían dañar su reputación», mantiene el periodista Haynes Johnson. Si Roosevelt hizo caso a las profecías de Jeane Dixon, éstas pudieron cambiar el curso de la historia norteamericana.

Cuentan que una mañana de 1952, Dixon tuvo una visión de la Casa Blanca: vio los números 1, 9, 6 y 0 sobre una nube oscura. Un hombre joven, de ojos azules, estaba en la puerta. Una voz le anunció que un demócrata, que llegaría a la presidencia en 1960, sería asesinado durante su mandato. En mayo de 1956, en la revista *Parade*, predijo que un demócrata ganaría las elecciones de 1960 pero que sería asesinado trágicamente o moriría en el cargo. El relato de la famosa predicción de Dixon sobre Kennedy se recogió en 1965 en un libro, *La bola de cristal (El don de la profecía)*, escrito por Ruth Montgomery; se vendieron más de tres millones de copias.

Pero antes de eso, la popularidad de Dixon ya era enorme. Después de la muerte de Stalin en 1953, el interés mundial se centró en el siguiente primer ministro de Rusia. Georgi Malenkov ocupó el puesto. Ante una audiencia de miles de personas, en la televisión nacional, el ex embajador de Estados Unidos en la Unión Soviética, Joseph Davies —que dudaba del poder profético de la vidente—, le preguntó a Jeane durante cuánto tiempo Malenkov sería primer ministro de la Unión Soviética. Como siempre hacía, miró su bola de cristal para enfocar su atención y contestó que menos de dos años. El ex embajador Davies no creyó a Dixon y se burló de ella. Estaba seguro de que ningún primer ministro de la Unión Soviética sería jamás reemplazado. O bien los asesinaban o fallecían de muerte natural antes de ser relevados. Pero Dixon se mantuvo firme: sería destituido y predijo que quien sustituiría a Malenkov sería un militar corpulento con el pelo ondulado, ojos verdes y una barba de chivo. Nikolái Bulganin, que era tal como lo describió Dixon, sustituyó a Malenkov.

La fama de Dixon le permitió escribir una columna de astrología en un periódico de ámbito nacional. Además, fue autora de siete libros, entre ellos su autobiografía, un libro de horóscopo para perros y un libro de cocina astrológica. En 1962 le anunció a Ronald Reagan que un día sería presidente; años después, dicen, se convirtió en la asesora astrológica de los Reagan durante su estancia en la Casa Blanca. Sin embargo, según parece, la mayoría de sus predicciones resultaron falsas, hasta el punto de que John Allen Paulos, matemático de la Universidad de Temple, acuñó el término «el efecto Jeane Dixon», en referencia a una tendencia a valorar unas pocas predicciones correctas sin tener en cuenta un mayor número de predicciones incorrectas. Ni el líder sindical Walter Reuther se presentó para presidente de Estados Unidos en 1964, ni los rusos fueron los primeros en llevar al hombre a la Luna, tal como ella predijo. Lo cierto es que Dixon tuvo más fracasos que aciertos en sus visiones de futuro.

Las pesadillas de Lyndon B. Johnson

Hubo otro presidente norteamericano que se tomó sus sueños muy en serio. De hecho, algunos historiadores consideran que Lyndon B. Johnson era muy parecido a Lincoln, el presidente que más creyó en las profecías. Johnson juró el cargo en 1963, tras el asesinato de John F. Kennedy. Inmediatamente, se vio atrapado entre la escalada de la guerra de Vietnam y las revueltas domésticas. Johnson tenía pesadillas que se repetían una y otra vez, sueños muy perturbadores. «Durante la época de Vietnam, se despertaba a media noche y miraba las paredes de la Casa Blanca; luego encendía una linterna y buscaba el retrato de Woodrow Wilson, porque a sus cincuenta y cinco años tenía miedo de sufrir un ataque al corazón o una apoplejía, perder el control sobre sí mismo y quedar como Wilson, tumbado, sin poder hablar y atrapado en su cuerpo», explica el periodista Haynes Johnson. Joel Martin cuenta que en una ocasión, el presidente soñó que estaba sentado en una silla y no podía moverse. Estaba paralizado, y unas vacas en estampida se dirigían hacia él desde todas las direcciones. Él lo interpretó como que le atacaban por todas partes y que no podía hacer nada para impedirlo.

Antes de terminar su mandato, el presidente empezó a tener otro sueño que se repetía constantemente, una visión que, una vez más, pudo alterar la historia de Estados Unidos. «En el sueño, él estaba en el agua y no podía llegar hasta la costa. Para Johnson, esto significaba que no podía hacer nada ante una adversidad. La pesadilla en la que se encontraba envuelto era el conflicto de Vietnam y él lo tomó como algo profético. Si hubo alguna vez un sueño que influyera tanto en un presidente como para cambiar el rumbo de la política del país, éste sería probablemente el mejor ejemplo», asegura Martin. Al poco tiempo, el presidente declaró que no aceptaría la designación de su partido para otro mandato en la Casa Blanca.

¿Cuál fue la razón real que hizo que Johnson se retirara, después de lograr su deseo de convertirse en presidente de Estados Unidos? ¿Acaso una profecía consiguió que se apartara del puesto más alto de la nación? Según explica Scott Nelson, tenía pesadillas en las que «perdía el control de sí mismo. Los sueños no le decían lo que tenía que hacer, sino que le mostraban cómo iba a ser su vida. Tenía miedo de ocupar un mal lugar en la historia, de perder su influencia política y de ser vilipendiado por todos. Por eso se retiró discretamente». Claro que la visión de la mayoría de los historiadores es otra. Los expertos apuntan a que el poder político de Johnson estaba decayendo, lo que hacía que su reelección fuera casi imposible.

Nixon y la parapsicóloga Jeane Dixon

En 1969, Richard Nixon sucedió a Johnson. Heredó una nación con problemas, pero no fue una pesadilla lo que previno a Nixon contra un terrible futuro. Esta vez, los hechos se revelaron de nuevo, por medio de la famosa parapsicóloga Jeane Dixon. Ésta anunció a Nixon que Estados Unidos sería el blanco del terrorismo. En 1972, después de la matanza de los atletas israelíes en las Olimpiadas de Munich, el consejero para la Seguridad Nacional, Henry Kissinger, advirtió al presidente que debía tratar la situación con sumo cuidado. Según Timothy Naftali, profesor de la Universidad de Virginia y autor de *Blind Spot: The Secret History of American Counterterrorism*, donde relata la historia completa de los esfuerzos que ha llevado a cabo durante décadas Estados Unidos en la lucha antiterrorista, Nixon analizó lo sucedido en Munich y se preguntó cómo debía actuar. «Probablemente no hubiera hecho nada, si no llega a ser por Jeane Dixon», afirma.

En el año 2004, Timothy Naftali estudiaba la historia del contraterrorismo norteamericano, para realizar un informe para la Comisión del

Once de Septiembre, cuando encontró una reveladora grabación de audio entre las más de tres mil horas de grabaciones de la administración de Nixon que actualmente se guardan en los archivos nacionales norteamericanos. «Descubrí que lo que llevó a Nixon a no atender el consejo de Kissinger de actuar contra el terrorismo con cuidado fueron precisamente las predicciones de Jeane Dixon, a quien contrató a través de su secretaria, Rosemary Woods. Esta secretaria hacía en cierto modo de intermediaria: informaba a Nixon sobre las profecías de Dixon que pudieran tener alguna relación con las decisiones que él iba a tomar», afirma el escritor.

Es significativo que, a diferencia de otros encuentros clandestinos en la Casa Blanca entre el presidente y un adivino, éste se grabara en una cinta de audio. El 19 de septiembre de 1972, entre las 15.27 y las 15.42 horas, Nixon mantuvo una conversación con su ayudante, Rosemary Woods. «En la cinta se oye a Rosemary hablando con el presidente semanas después de la matanza de Munich; le decía que había visto a Dixon y que ésta predecía un ataque terrorista contra Estados Unidos en el otoño de 1972.» En la conversación ella le advierte de que habrá una matanza: «Atentados contra judíos. Ha dicho que lo están planeando y que, en cuanto ocurra, saltarán contra usted por no haberlos protegido», se escucha decir a la secretaria.

Según Naftali, Nixon se tomó muy en serio esa información. Sus temores también tenían que ver con la predicción de Dixon de que el embajador israelí, Yizhak Rabin, iba a ser asesinado en Estados Unidos. A continuación, Nixon habló con Kissinger. También se grabó esta conversación. «Rose habla con su adivina constantemente —dice Nixon en la cinta—. Estuvo aquí y están desesperadas, porque van a raptar a alguien, o van a dispararle. Necesitamos un plan. Supongamos, Henry, que raptan a Rabin.» Posiblemente, Kissinger se extrañó de que el presidente se tomara en serio algo que había dicho una adivina, cuando sus servicios de inteligencia no preveían ningún atentado terrorista contra el país. Sin embargo, el resultado de esta conversación fue la creación de una rama ejecutiva del Comité contra el Terrorismo. «Se formó un Comité que se reunió inmediatamente. Pero Kissinger no quería que el presidente tuviera ningún tipo de atribuciones, y lo consiguió», asegura Naftali.

¿Fueron acertadas las predicciones de Dixon? El primer ministro israelí fue asesinado, pero ocurrió en Tel Aviv, en 1995. Sin embargo, esta vez nadie cuestionó que la advertencia de la vidente fuera la que puso en marcha al contraterrorismo norteamericano, el mayor punto ciego en la seguridad nacional estadounidense. Al igual que en otras sesiones presidenciales con médiums y adivinos, el intercambio Nixon-Dixon ha permanecido en absoluto secreto, hasta las investigaciones de Naftali, quien dos años después de su descubrimiento fue nombrado primer director de la Biblioteca Presidencial Richard Nixon.

Los Reagan y la maldición del año terminado en cero

Mucho antes de que llegaran a la Casa Blanca, Nancy y Ronald Reagan eran una pareja famosa de Hollywood. Muchos opinan que, en aquellos años, ambos creían en las predicciones astrológicas. Y es que en la meca del cine, en los años cuarenta y cincuenta, estaba de moda consultar a un astrólogo. El más famoso de esa época era Carroll Righter, que contaba entre sus clientes con Marlene Dietrich, Cary Grant y la princesa Grace de Mónaco cuando todavía era una actriz, además de ser confidente de muchos ricos y famosos y de publicar sus columnas sobre astrología en ciento sesenta y seis periódicos de Estados Unidos. Se cuenta que Nancy, que por aquel entonces todavía no estaba casada con el que llegaría a ser presidente de Estados Unidos, era una habitual de Righter. Ronald Reagan se casó con Nancy en 1952. A partir de entonces, él también buscó el consejo profesional de Righter.

En los años sesenta, el interés de Reagan se centraba en la política, e incluía entre sus asesores a Jeane Dixon. En ese entorno no es de extrañar que muchos pensaran que si los Reagan creían que el alineamiento de las estrellas y de los planetas podía influir en la vida de alguien, también creerían que podía prevenir su muerte.

El 20 de enero de 1981, Ronald Reagan juró su cargo como el cuadragésimo presidente de Estados Unidos. Siguiendo el dictado del sortilegio del chamán Tenskwatawa, las elecciones de 1980 convertían a Reagan en el último eslabón de una cadena maldita que se había iniciado en 1840: la maldición del año terminado en cero. Dos meses después de jurar el cargo, John Hinckley disparó contra Reagan, para impresionar a la actriz Jodie Foster, cuando el presidente salía de dar una conferencia en el hotel Hilton en la ciudad de Washington. Hinckley hirió, además de al presidente, al secretario de prensa James Brady, al oficial de policía Thomas Delahanty y al agente del Servicio Secreto Timothy McCarthy. Reagan no sólo sobrevivió, sino que llegó a completar dos legislaturas. Al hacerlo, se convirtió en el primer presidente, desde 1840, que no moría por ese maleficio. Algunos, como el escritor Joel Martin, aseguran que fue la astrología la que salvó la vida del presidente. «Nancy Reagan conocía bien esta maldición. Se han escrito varios libros y existen numerosas referencias sobre ella. Sin duda, ella sabía de la existencia del maleficio. Tal vez lo niegue, pero, con todo respeto, no me lo creo», sostiene Martin.

Lo que es cierto es que Nancy Reagan nunca admitió haber influido en la maldición, aunque se cuenta que durante los siguientes siete años de mandato de su marido, consultó a la astróloga Joan Quigley, hija de un prominente hotelero y licenciada en Historia del arte en Vassar College, Nueva York. Todos los días llamaba en secreto a la señora Reagan para aconsejarla sobre qué debía o no debía hacer el presidente. Las dos mujeres se habían conocido a principios de los años setenta; el periodista de televisión Merv Griffin las presentó. Quigley era una invitada habitual en su programa. Parece ser que, meses antes de las elecciones de 1980, Quigley anunció a Nancy Reagan que su marido ganaría la candidatura presidencial y ofreció sus servicios durante la campaña hacia la Casa Blanca. «Nancy Reagan no habría aceptado a Quigley —mantiene Martin— si no hubiera sido buena. De hecho, la consideraba la mejor, porque no volvió a consultar a los demás astrólogos.» Después de ganar la batalla electoral, la primera dama empezó a comunicar al jefe de gabinete algunas modificaciones en la agenda presidencial y cancelaciones de viajes; también restringió las actividades fuera de la Casa Blanca de acuerdo con los avisos celestiales, con lo que alteró en varias ocasiones la programación del presidente. Según publicó en mayo de 1988 la revista *People*, Reagan se vio obligado a tener un calendario con códigos de color en su escritorio, donde se marcaban los días «buenos», «malos» y «dudosos» y, al menos en una ocasión, Nancy dio al presidente una lista en la que indicaba cuándo «quedarse en casa», «tener cuidado» o «no exponerse en público».

Ronald Reagan confirmó en su autobiografía *Para que conste: de Wall Street a la Casa Blanca* que su esposa consultaba a Quigley. Sin embargo, la astróloga ha insistido siempre en que sólo se reunió con el presidente una vez, durante una cena de recepción al presidente de Argelia, en 1985, y ha negado con vehemencia haber tenido un papel político clave. Pero ¿influyó realmente Quigley en la política presidencial? En 1989, el periódico *Philadelphia Inquirer* publicó que el tratado entre americanos y soviéticos por el que se eliminaban los misiles nucleares de alcance medio lo habían firmado Reagan y Mijaíl Gorbachov, a la una y media de la tarde, siguiendo los consejos de Quigley. ¿Una iniciativa inofensiva o una estrategia seria? «Si Nancy le hubiera dicho a Ronald: "Éste parece el mejor momento astrológico para la reunión con Gorbachov" o "En este tratado tenemos que decir que no", ¿se habría negado Reagan sólo porque el consejo provenía de un astrólogo? Seguro que no», sostiene Joel Martin. Es más, se llegó a comentar que Reagan realizaba muchos de sus movimientos de acuerdo con la alineación favorable de los planetas, como el bombardeo de Libia y su anuncio para un segundo mandato.

Sin embargo el periodista Haynes Johnson tiene una opinión completamente distinta. «Se dejaba aconsejar por su gente de la CIA y de Defensa, por sus almirantes, sus generales, sus secretarios... Todos le presionaban y le hablaban de estrategia. Él les escuchaba y después decidía. Puedo afirmar, sin lugar a dudas, que él no siguió el consejo de Joan Quigley para negociar los tratados de armas nucleares con Mijaíl Gorbachov.»

Se ha dicho a menudo que ser presidente de Estados Unidos es el trabajo más difícil del mundo. En ocasiones, los hombres que han ocupado el cargo han sentido la necesidad de desoír las indicaciones de sus consejeros para encontrar respuestas a los complejos problemas que tenían que afrontar a diario. Lo que nadie sabe es cuánto han confiado estos líderes mundiales en el consejo de médiums y astrólogos. Hay quien afirma que la Declaración de la Independencia de Estados Unidos no se firmó hasta después de que los Padres Fundadores se aseguraran de que los astros estaban en una alineación favorable. De hecho, desde los tiempos de los antiguos romanos, la astrología ha tenido un papel importante en la vida pública. El escritor Sally Quinn, que ha investigado los hábitos astrológicos para el *Washington Post*, dice que se quedó sorprendido «por la cantidad de personas que toman decisiones políticas basándose en cartas astrológicas». Pero, aunque muchos miembros de la élite del poder en Washington consultan a los planetas, «nadie lo admite».

Sólo se puede suponer que el presidente de Estados Unidos, como hombre más poderoso de la Tierra, buscará respuestas, al igual que cualquier otro ser humano, con la ayuda de todos los métodos que crea más útiles y seguros. A veces siguiendo el criterio establecido, en otras ocasiones confiando en la magia de las bolas de cristal de los videntes y adivinos o en las cartas astrológicas, aunque en estos casos siempre entran por la puerta de atrás de la Casa Blanca.

20

El hombre que predijo el 11-S

El 11 de septiembre de 2001, el mundo entero veía incrédulo cómo las Torres Gemelas del World Trade Center caían abatidas en un atroz atentado. Seis años antes, un hombre había augurado la catástrofe.

Los iconos del capitalismo

Las Torres Gemelas del World Trade Center (Centro de Comercio Mundial, en castellano), inauguradas en 1973, constituían el complejo de edificios más alto del mundo. Dominaban el *skyline* de Manhattan. En sus oficinas se encontraban las sedes de algunas de las compañías más importantes del planeta. Entre ellas estaba Dean Witter, que más tarde se fusionaría con Morgan Stanley y se convertiría en uno de los centros financieros más importantes de Estados Unidos, con cerca de tres mil empleados. En 1997, esta empresa contrató a Rick Rescorla como jefe de seguridad. La suya es una de las historias más extraordinarias que salieron a la luz tras la tragedia del 11-S. Él fue uno de los héroes anónimos de aquella fatídica jornada.

El World Trade Center se ubicaba en el Bajo Manhattan, al sur de Nueva York y en el corazón del distrito financiero de la ciudad, a poca distancia de la famosa Wall Street, donde se encuentra la Bolsa de Nueva York. El complejo, que en total albergaba siete edificios, fue durante décadas el símbolo del mundo financiero de Estados Unidos y de Occidente. Sus iconos eran las dos Torres Gemelas.

Cuatro décadas antes del atentado de los dos aviones, el 20 de septiembre de 1962, Minoru Yamasaki —el mismo arquitecto que levantó en 1982 la Torre Picasso de Madrid—, como diseñador principal, y Emery

Roth & Sons, como arquitectos asociados, comenzaron a proyectar las Torres Gemelas, que serían durante varios años los edificios más altos del mundo: ciento once plantas cada uno. A pesar de su inmenso tamaño, siguiendo la filosofía de Yamasaki, centrada en el criterio de que cuando una persona entra en un edificio debe sentir serenidad, seguridad y alegría, los rascacielos se construyeron con materiales no agresivos, con formas sencillas y comprensibles, y con cuarenta y tres mil ventanas para que a todos sus inquilinos les llegara la luz natural. Los Rockefeller, una de las familias más ricas del planeta, aportaron el dinero para llevar a cabo esta gran apuesta de arquitectura e ingeniería.

El 5 de agosto de 1966 comenzó la construcción de la torre norte o Primera Torre y, a continuación, le siguió la torre sur o Segunda Torre. La Autoridad Portuaria —sociedad formada en 1921 por las autoridades de Nueva York y de New Jersey que comandaba la construcción— consiguió cambiar la ley de edificación de la ciudad por otra menos exigente en cuanto a la seguridad contra incendios. Con ello se pretendía abaratar el coste que soponía levantar ese entramado de toneladas de acero combinado con hormigón y cristal, en el que su gran altura suponía su principal atractivo y, al mismo tiempo, aumentar la superficie alquilable en el interior del edificio. Incluso el presidente de Estados Unidos Lyndon B. Johnson tuvo que autorizar la viabilidad del proyecto.

El 4 de abril de 1973, trescientas mil personas, incluido el presidente Richard Nixon, fueron testigos de la impresionante inauguración de las dos torres. En aquellos días, uno de los arquitectos que las diseñaron afirmó que estaban hechas a prueba del choque de cualquier avión. Claro que el mayor avión construido hasta la fecha era el Boeing 707, bastante más pequeño y ligero que los 767 que más tarde protagonizarían la catástrofe.

Las Torres Gemelas se convirtieron muy pronto en uno de los símbolos de la ciudad de Nueva York. Cada uno de los edificios tenía noventa y nueve ascensores, los cuales trasladaban hasta doscientos mil visitantes al día, entre empleados y turistas, desde la planta baja hasta los pisos más altos en tan sólo sesenta segundos a una velocidad aproximada de cuarenta kilómetros por hora. Desde el Observatorio del World Trade Center, en la parte superior de la torre sur, y desde el restaurante Windows on the World, en el último piso de la torre norte, las vistas eran espectaculares. El día de los atentados, aproximadamente dieciséis mil personas se encontraban en el complejo de siete inmuebles del World Trade Center. Si los aviones se hubieran estrellado tan sólo una hora más tarde, la cifra se hubiera multiplicado por diez.

Un tipo duro nacido para héroe

El día del atentado, Morgan Stanley era una de las mayores organizaciones mundiales en gestión de activos. Todavía hoy es líder en este sector. Opera en treinta y seis países, con más de seiscientas oficinas y una plantilla de más de sesenta mil trabajadores. Aquel fatídico 11 de septiembre trabajaban tres mil de sus empleados en el World Trade Center. Desde su fundación en 1935, en Wall Street, Morgan Stanley se ha dedicado a los servicios financieros y a asesorar a sus clientes —inversores privados e institucionales— en transacciones estratégicas. En febrero de 1997, la compañía se fusionó con la firma de valores Dean Witter. Esta compañía tenía sus oficinas, desde 1985, entre los pisos 59 y 74 de la torre sur del World Trade Center. Así que, tras la fusión, los empleados de Morgan Stanley se trasladaron a trabajar también al edificio, donde alquilaron varias plantas más. Con la unión de ambas compañías, Rick Rescorla, que trabajaba en Dean Witter desde 1984, fue nombrado director de seguridad de la nueva Morgan Stanley & Dean Witter. Su despacho estaba en la planta 44 de la torre sur.

Rick Rescorla nació en 1939 como Richard Cyril Rescorla en Hayle, Cornualles, Gran Bretaña. Desde muy joven demostró su talento como deportista: estableció un récord de lanzamiento de peso en su escuela y era un buen boxeador. Cuando, durante la Segunda Guerra Mundial, Estados Unidos unió sus fuerzas con las del ejército británico para luchar contra la Alemania nazi, Rick era aún muy joven, y vivía en su pueblo de Hayle, donde era frecuente ver soldados norteamericanos. En aquellos años, para los niños británicos, los estadounidenses eran unos héroes. Rick aspiraba a ser soldado, pero no un soldado inglés, sino americano. La victoria de los Aliados le marcó profundamente y, desde ese momento, vio Estados Unidos como una nación heroica y romántica. Empezó a imitar el acento norteamericano y renegó de su nombre inglés, Cyril se transformó en Rick, «probablemente porque creía que "Rick" sonaba más viril y aventurero, además de ser un nombre muy común en Estados Unidos», sostiene James Stewart, periodista ganador del Premio Pulitzer y autor de *Heart of a Soldier*, un libro sobre el ataque al World Trade Center y sobre la vida de Rick Rescorla.

Rescorla se alistó en el ejército británico en 1957, en el Regimiento de Paracaidistas, y luego sirvió en una unidad de inteligencia en Chipre. Él y su íntimo amigo Dan Hill, oficial del ejército norteamericano, llevaban una vida de aventura digna de Kipling y Conrad. También fue inspector de la policía paramilitar en el África colonial, en Rhodesia del Norte (en la actualidad Zambia). A su regreso a Londres y a la vida civil, se unió al Servicio de Policía Metropolitana, pero pronto se trasladó a Estados Unidos. Vivió una temporada en un centro de jóvenes de Brooklyn, Nueva York, hasta que se alistó en el ejército. El sueño de Rick, convertirse en un soldado americano, se hizo realidad en 1965, tras presentarse voluntario para luchar en Vietnam. Con sólo veintiséis años, ascendió a teniente en el legendario Séptimo de Caballería Americana. Le condecoraron varias veces por su heroísmo; le concedieron incluso la Estrella de Bronce y la de Plata. «Teníamos un enorme espíritu de equipo, y el compañerismo era nuestro lema. Compartíamos hasta la última botella de agua, la comida... todos cuidábamos de todos», recordaba Rick sobre aquellos años.

Para Dan Hill, a quien Rescorla salvó la vida en una ocasión, el único defecto de Rick como teniente era que se implicaba demasiado con sus hombres. «Sabía de dónde venían, en qué colegio habían estudiado, si estaban casados, cuántos hermanos y hermanas tenían... Lo conocía todo acerca de ellos. Yo nunca quise implicarme tanto, porque sabía que algunos de ellos morirían pronto en el campo de batalla, así que no quería establecer lazos de amistad con ellos.» Su superior en el mando, el teniente general Hal Moore, lo describió como «el mejor jefe de sección que he visto». La dedicación de Rick hacia sus hombres comportó que éstos le fueran fieles hasta límites insospechados. «Rick adoraba a sus hombres. Cuando uno de ellos fallecía, se lo tomaba como un asunto personal, se culpaba por su muerte, por no haberlo evitado. Quizá por eso fueron muy pocas las bajas que se produjeron bajo su mando. Si lo normal era tener un 50 por ciento de bajas, Rick sólo perdió a unos seis u ocho de sus hombres, y cada una de esas muertes era una espina clavada en su corazón», señala su biógrafo James Stewart.

En noviembre de 1965, Rick y sus hombres combatieron en el río Drang, en el Valle de la Muerte, en la primera gran batalla entre el ejército de Estados Unidos y el Ejército Popular de Vietnam (fuerzas regulares de Vietnam del Norte). Ambos bandos sufrieron numerosas pérdidas y ambos se atribuyeron la victoria. El 17 de noviembre tuvo lugar la emboscada más sangrienta para los estadounidenses en toda la guerra en el sudeste asiático, con 155 muertos y 126 heridos. A pesar de los esfuerzos de Rick, varios miembros de su unidad, con los que mantenía una gran amistad, perdieron la vida. «Lo único que veías era un cuerpo sin vida abrazado por el hombre que había intentado llevárselo del campo de batalla, pero al que habían matado en el intento», recordaba Rick con tristeza.

Rescorla parecía invencible; sobrevivió con gran valor y lealtad hacia sus camaradas. Aunque en su interior había un duro soldado y ganó varias condecoraciones por su valentía, nunca pudo acostumbrarse a los horrores de la guerra. Por eso decidió dejar la vida militar. Por haber servido en el ejército estadounidense, pudo solicitar la nacionalidad.

En 1972 se casó con Betsy, a quien conoció cuando ambos estudiaban en la Universidad de Oklahoma, donde se licenció en Derecho. En 1976, mientras ejercía de docente en Carolina del Sur, nació su primer hijo. Al poco tiempo la familia se mudó a Chicago, donde él trabajó en el Continental Illinois National Bank y en la Trust Company; allí nació el segundo hijo del matrimonio en 1978. En 1984 se mudaron a Nueva York para trabajar en Dean Witter Reynolds. Tras la fusión con Morgan Stanley en 1997, Rick Rescorla ascendió a jefe de seguridad de la nueva compañía.

La primera situación de alerta

«Desde el momento en que Rick Rescorla entró a trabajar en la seguridad de Morgan Stanley & Dean Witter supo que la torre podía ser un objetivo para los terroristas. Las razones eran obvias: era el edificio más importante de Nueva York, centro mundial del capitalismo; era un símbolo de poder; sus enormes dimensiones lo convertían en un blanco fácil, y el daño económico y social que provocaría su caída sería enorme», explica James Stewart.

Para que le aconsejara sobre los puntos débiles del edificio en lo que a seguridad se refiere, Rick contrató como consultor independiente a su amigo del ejército Dan Hill, por entonces capitán de infantería en la Reserva. Enseguida congeniaron, también en el mundo de la seguridad privada. En 1990, Dan se convirtió en el consejero de seguridad de Rick, quien ya llevaba tres años supervisando las plantas que Dean Witter ocupaba en la torre sur. Su empresa era el principal inquilino del World Trade Center. «Durante nuestro primer recorrido juntos sólo nos centramos en las oficinas que su empresa ocupaba en el World Trade Center. Él ya había analizado todos los puntos débiles del edificio, así que no podía decirle muchas cosas nuevas. Así que empezamos a recorrer la torre desde abajo hasta arriba, para asegurarnos de que no nos dejábamos ni un solo rincón por examinar», recuerda Dan Hill. En aquellos días, las puertas del garaje estaban siempre abiertas de par en par y no había guardias de seguridad. Los camiones entraban y salían sin ningún control. Cualquiera que quisiera cometer un atentado podía entrar en el edificio conduciendo un camión o un coche. «Él me preguntó si creía que ésa era la opción más clara y segura. Le contesté sin dudarlo. Robaría un camión, lo pintaría como los que traían el reparto, lo llenaría de dinamita y lo aparcaría entre las columnas principales para hacerlo estallar», cuenta Hill.

Para proteger su torre del World Trade Center, Rick también contrató los servicios del escritor y profesor universitario Fred McBee, quien, junto a Dan y Rick, formarían «el equipo Rescorla». «Rick había hecho muchos amigos en su juventud; con el tiempo, éstos se habían convertido en banqueros, políticos, escritores... y seguía en contacto con ellos. Así que nos pidió opinión a algunos para que imagináramos cómo y por qué alguien atentaría contra el Worl Trade Center», recuerda McBee. En 1990 se dirigió a la Autoridad Portuaria preocupado por el posible riesgo de que un camión-bomba entrara en los bajos del edificio. Hizo especial hincapié en el garaje, ya que sospechaba que era un punto débil del complejo. Como única respuesta obtuvo un: «Preocúpese por la seguridad de los pisos que Dean Witter nos alquila». Del resto se encargarían ellos.

El 26 de febrero de 1993, al mediodía, un grupo terrorista detonó un camión con seiscientos ochenta kilos de explosivos en los aparcamientos de la torre norte. A pesar de los avisos de Rescorla y de sus esfuerzos por reforzar las medidas de seguridad, el edificio era un objetivo fácil. «Estaba hablando por teléfono con Rick cuando el camión explotó casi bajo sus pies. Oí el impacto y pensé: "Ya está, ya ha sucedido" y puse la televisión para informarme. No supe nada de Rick durante dos o tres días. Aunque se mantuvo en contacto con Dan Hill, porque cuando las cosas salían mal, siempre acudía a él», señala McBee. Según recuerda Dan Hill, «recibí la llamada de Rick. Me dijo que la salida de incendios estaba llena de humo y que estaba intentando evacuar a todo el personal. Me gritó, enfurecido, que todo aquello no habría ocurrido si le hubiesen escuchado».

La explosión abrió un cráter de treinta metros de profundidad en la base de la torre. Durante este primer atentado contra el World Trade Center, Rick se quedó en el edificio en llamas durante doce horas, ayudando a los bomberos a rescatar a los atrapados y heridos y se aseguró de que a todos los empleados de su empresa los evacuasen de forma segura. La experiencia militar de Rick se hizo evidente cuando demostró sus dotes organizativas y su sangre fría tras el atentado. «Hay ciertas personas que, en las condiciones más extremas, son capaces de mantener la serenidad y la coherencia. Rick era una de ellas. Sabía hacer lo correcto cuando los demás perdíamos el control», así lo describe el directivo de Morgan Stanley Jack Kemp.

A pesar de los esfuerzos de Rescorla, la evacuación del World Trade Center fue un caos, y miles de personas quedaron atrapadas durante horas en sus oficinas, respirando un humo asfixiante. La tragedia causó seis muertos y trescientos heridos. Aquél era el mayor atentado terrorista sufrido por Estados Unidos hasta ese momento, y dañó gravemente uno de los símbolos más importantes de Nueva York. «Hasta entonces, en Estados Unidos no se conocía la sensación de terror. Jamás pensamos que alguien se atrevería a atacar nuestro país. Siempre nos sentimos seguros. Creo que Rick tenía muy claro que ese sentimiento general era falso; sabía que no éramos intocables», afirma John Olsen, director de Morgan Stanley.

Morgan Stanley & Dean Witter recibió alrededor de un cuarto de millón de dólares de indemnización por la negligencia de la Autoridad Portuaria en el atentado de 1993 al hacer caso omiso a las advertencias de su jefe de seguridad. A partir de ese momento, Rescorla se prometió a sí mismo que un desastre así no volvería a ocurrir. Él fue uno de los primeros en pensar que los terroristas que actuasen en Estados Unidos, de la misma manera que había sucedido en Europa desde los tiempos del terrorismo anarquista, tendrían como objetivo la población civil, para provocar un gran impacto social atentando contra oficinas llenas de trabajadores. Por eso cambió el plan de evacuación de la compañía Morgan Stanley & Dean Witter. «El atentado de 1993 afectó a Rescorla de una forma muy personal, así que comenzó a prepararse para que no ocurriese de nuevo, para que "su gente" no volviese a verse sometida a un riesgo como aquél», explica el directivo Jack Kem. Mientras se reparaban los daños estructurales del edificio, el «equipo Rescorla» estudiaba cómo y cuándo podría producirse el siguiente ataque.

Rescorla convocó en Nueva York a Dan Hill, su consejero de seguridad, para que valorase la situación. «Me pidió que evaluase de nuevo la seguridad del edificio. Le dije que podía haber posibilidades de que volvieran a atentar contra el World Trade Center. Me respondió que ya que las entradas a nivel del suelo estaban cerradas, la única forma sería desde el aire», indica Hill.

Simulacros de evacuación cada tres meses

Rescorla no tenía ninguna duda: los terroristas atacarían de nuevo las torres. Desde entonces se preparó por si sus temores se hacían realidad. Pidió a Fred McBee que estudiase la posibilidad de un ataque aéreo. Realizaron numerosas pruebas con un simulador de vuelo para obtener una imagen lo más realista posible. «Rick y yo comentamos lo fácil que resultaría estrellar un avión lleno de explosivos contra las torres. Era sin duda un objetivo tentador para un grupo terrorista, y nadie podría pararlos una vez estuvieran en el aire. Simulamos varios vuelos sobre la zona de Manhattan. Impactamos un avión contra la Estatua de la Libertad, otro contra el World Trade Center, otro contra el Empire State... Confirmamos que todos eran blancos fáciles», explica McBee.

Rescorla hizo todo lo que estuvo en sus manos para mejorar el protocolo de seguridad y de evacuación. Habló de nuevo con la Autoridad Portuaria responsable del World Trade Center, pero donde tenía más influencia era en su propia compañía, Morgan Stanley & Dean Witter. «Una de las cosas en las que Rick insistía incansablemente era en que aquello no se había acabado con el atentado de 1993. Por eso se sometió a los empleados de la compañía a un riguroso entrenamiento de evacuación rápida en caso de emergencia. Seguramente Rick presentía lo que iba a ocurrir, aun cuando nadie más pensaba que fuera posible. Él se adelantó al futuro y nos entrenó para darnos la oportunidad de escapar de la enorme tragedia que se cernía sobre nosotros», señala Kemp.

Sus esfuerzos por mejorar los protocolos ante una emergencia dieron fruto. Puso a trabajar a bomberos profesionales con los empleados de seguridad de la compañía. Se aseguró de que se instalaran luces de emergencia, así como extractores de humo en las salidas de incendios. Además, insistió en que todos los empleados de la empresa, incluso los altos directivos como John Olsen, realizaran el entrenamiento y los simulacros estipulados en el nuevo protocolo de seguridad, con procedimientos de evacuación precisos. «Realizábamos un simulacro cada tres meses, más o menos. Estabas en la oficina hablando por teléfono o en una reunión y, de repente, oías la alarma de incendios y tenías que dejarlo absolutamente todo para salir del edificio a toda prisa. Lo repetimos tantas veces que, al final, el personal sabía de memoria lo que tenía que hacer», dice Olsen.

Los empleados empezaron a olvidar el miedo que habían pasado durante el atentado de 1993, pero Rescorla no cesó de trabajar para mejorar un plan que, según él, salvaría muchas vidas algún día. «Rick seguía obligando a todo el mundo a realizar los simulacros. Con el paso del tiempo, la gente creía que ya no había necesidad de preocuparse más por el asunto y que había pasado el peligro, así que comenzaron a pensar que Rick se había obsesionado con la seguridad. Él siempre creyó que el edificio era vulnerable y que constituía un objetivo fácil», asegura James Stewart.

Las medidas de seguridad tomadas por Rick no gustaban a todo el mundo; pero tras el atentado de 1993, su autoridad en la empresa había aumentado y los empleados confiaban más en él. «Todos los que pensaban que Rick estaba obsesionado con la seguridad cambiaron de opinión tras el atentado de 1993. A partir de entonces, Rescorla ganó credibilidad entre sus superiores y entre los tres mil empleados de la compañía», señala Dan Hill. Es más, a pesar de las mejoras en la seguridad del edificio, Rick seguía pensando que el World Trade Center era un objetivo fácil, así que intentó persuadir a los responsables de Morgan Stanley para que trasladasen las oficinas a otro lugar, a algún edificio más bajo en New Jersey, donde el riesgo fuera casi nulo. Los directivos de la compañía financiera desestimaron la idea.

Rick y Betsy se separaron en 1996, después de casi veinticinco años de matrimonio. Su profesión le dejaba poco tiempo para la vida privada, pero, aun así, en el verano de 1998, Rick se enamoró de nuevo. Tenía cincuenta y nueve años y acababa de superar un cáncer. Susan Greer y él se casaron el 20 de febrero de 1999 en el Castillo de San Marcos, en Florida. «Él era el amor de mi vida. En el trabajo era un profesional muy estricto, pero en su vida personal era un hombre apasionado y muy especial. Amaba la vida. Ésa era una de las cosas que más me gustaban de él», cuenta su segunda esposa Susan.

Además de su espíritu aventurero, tenía una capacidad de previsión asombrosa. «La semana anterior al 11 de septiembre, Rick no podía conciliar el sueño. Tenía una agenda donde apuntaba las cosas importantes, y en ella dejó constancia de sus noches de insomnio. Estaba preocupado por la posibilidad de un atentado», señala Stewart. Sus peores temores se hicieron realidad con una precisión asombrosa. En una entrevista realizada tres años antes, en 1998, Rick predijo que «las fuerzas terroristas pueden atacar a las fuerzas convencionales y ponernos de rodillas. Basta con un hombre dispuesto a dar su vida por lo que cree, y elegir el momento y el lugar. No hay manera de evitarlo, porque ningún soldado puede estar constantemente alerta». Había llegado el momento para el que tanto se había preparado, y Rick sabía exactamente qué hacer.

El día que cambió el mundo

Eran las 8.45 de la mañana del 11 de septiembre de 2001. Algunos de los empleados de Morgan Stanley regresaban ese día de las vacaciones estivales. A Rick no le tocaba trabajar, pero había cambiado el turno de vacaciones con un colega unas semanas atrás. Las oficinas de la compañía, que ocupaban del piso 44 al 74 de la torre sur, empezaban a llenarse. El directivo Jack Kemp se encontraba en una reunión en la planta 71. «Sentimos una explosión, pero no sabíamos qué ocurría», recuerda. Muy poca gente vio cómo un avión se estrellaba contra la Primera Torre. Se trataba del vuelo 11 de American Airlines, un Boeing 767 con noventa y dos pasajeros a bordo, que había despegado hacía cuarenta y cinco minutos del Aeropuerto Internacional Logan de Boston hacia Los Ángeles.

Los empleados de Morgan Stanley siguieron trabajando en la Segunda Torre. Pero cuando empezaron a verse columnas de humo y llamaradas que salían del edificio de enfrente, comenzaron a correr los rumores de que había habido una explosión en el edificio. En ese momento John Olsen se encontraba en la planta 69. «Estaba leyendo mi correo tranquilamente cuando, de pronto, el cielo se llenó de papeles y de cenizas que revoloteaban, pero en vez de caer al suelo, se elevaban en el aire. Todos nos preguntábamos qué era aquello», cuenta.

Rick Rescorla se encontraba en su oficina de la planta 44, en la Segunda Torre. Sabía que algo grave estaba ocurriendo. Como había predicho, uno de los edificios acababa de sufrir un nuevo atentado, pero en esos momentos de caos nadie sabía qué sucedía. El personal de la empresa estaba entrenado para abandonar el edificio a la menor señal de peligro, tal como él les había inculcado en tantos simulacros. «Muchos empleados habían vivido el atentado de 1993, por lo que siempre estaban alerta. Si dabas un portazo fuerte, muchos de ellos se preparaban para correr hacia las salidas de emergencia», cuenta Jack Kemp. «Nos pusimos en pie y dijimos: "Dejémoslo todo y salgamos de aquí". Sabíamos muy bien lo que teníamos que hacer y lo hicimos», dice Kathy Comerford, empleada de Morgan Stanley. Casi al mismo tiempo, por los altavoces de la Segunda Torre se pidió a los empleados que permanecieran en el interior del edificio, que no abandonaran sus puestos de trabajo, para no entorpecer las labores de rescate de la torre siniestrada.

A las 8.50 de la mañana, las cadenas de televisión transmitían imágenes de la torre norte en llamas, y los teléfonos de las oficinas de Morgan Stanley no dejaban de sonar. Eran los familiares de los empleados, que querían saber cómo se encontraban. Barbara Williams trabajaba con Rick en el departamento de seguridad y recuerda que la esposa de Rescorla llamó para saber qué estaba pasando. «Ella me dijo que no me preocupara, que creía que había un incendio en la torre norte. "Rick está asegurándose de que todo el mundo evacua el edificio, pero todo está bien", me indicó Barbara. Nos despedimos y colgué», cuenta Susan.

Minutos después de que el avión se estrellase contra la Primera Torre, Rick llamó con su teléfono móvil a su viejo amigo Dan Hill, que se encontraba en la costa Oeste, en Florida. Aunque no tenía confirmación al respecto, sospechaba que se trataba de un atentado terrorista y no de un accidente. «Me preguntó si sabía qué estaba pasando. Le respondí que podía ser un atentado, pero que en cualquier caso lo que estaba claro era que tenía que evacuar a todo el mundo y salir de allí lo antes posible. Él me respondió que estaba en ello», cuenta Hill. En medio del pánico y la desesperación que siguió, Rick Rescorla comenzó a guiar a los empleados de su compañía fuera de la torre sur. Había que llevarlos a un lugar seguro.

A las 8.55 Rick telefoneó a su esposa desde su móvil. «Desde el primer momento, él sabía que se trataba de un atentado. Mientras me lo explicaba, yo no dejaba de llorar. Me dijo que me tranquilizase y que debía colgar porque todos tenían que salir del edificio.» El incendio de la Primera Torre estaba fuera de control. El simulacro de atentado aéreo que Fred McBee había realizado para Rick en una ocasión, se había convertido en realidad. «Era algo que sabía que antes o después pasaría. No fue una sorpresa», asegura Fred McBee.

Desde el momento en que el avión se estrelló contra la Primera Torre, los servicios de emergencia empezaron a llegar desde todas partes de la ciudad. Pero parecía que era demasiado tarde. El mundo entero contemplaba lo que ocurría totalmente perplejo, aturdido, sin entender muy bien qué estaba pasando. Los empleados que se encontraban trabajando entre los pisos 93 y 99 quedaron atrapados tras el impacto del primer avión. Había que evacuar urgentemente el resto del edificio. «Miré enfrente y me encontré con una o dos personas que miraban por la ventana hacia la Primera Torre; observaban cómo las llamas la envolvían y cómo la gente salía por las ventanas para quedarse sobre el alféizar pidiendo ayuda con sus pañuelos o sus manos. Algunos de ellos, sin hallar otra salida, saltaban al vacío. El calor era tan abrasador que no podían esperar a que los rescataran. Había varias personas contemplando el trágico espectáculo sin moverse, atraídas por él como las polillas a la luz», señala Jack Kemp. «Cuando miré hacia arriba, no podía distinguir qué era lo que estaba cayendo. Sólo cuando me fijé bien y vi piernas y brazos, me di cuenta de que eran personas. Nunca pensé que llegaría a ver algo así. Jamás creí que fuera a ver a alguien tirándose por la ventana de un rascacielos», cuenta Patti Monachino, empleada de Morgan Stanley.

Mientras la Primera Torre ardía envuelta en llamas, la Segunda parecía segura. Al menos eso pensó Bill McMahon, que trabajaba en la planta 69: «Había miles de razones para no dejar el edificio. Los teléfonos no paraban de sonar y había que responder. La única razón real para evacuar era poner en práctica lo que Rick nos había enseñado: ante la primera señal de alarma, había que desalojar el edificio. No importaba lo que quedara atrás. Sólo había que preocuparse por salir, nos decía». Patti Monachino se encontraba también en la planta 69. Sin embargo, ella quería esperar a su jefe, John Olsen, antes de evacuar el edificio. «Bill McMahon me empujó hasta la puerta de emergencia —recuerda ella, todavía impresionada— y me obligó a bajar por la escalera de incendios. Sin embargo, yo sabía que John se encontraba en algún lugar de la planta 69 y me resistía.» Mientras, John Olsen estaba hablando por teléfono con su hijo, que trabajaba en la planta 60. «Hubo un momento en que tuve que dejarle en espera para contestar otra llamada. Era un familiar de un empleado que quería saber qué estaba sucediendo, pues estaba viendo las imágenes por televisión y se temía lo peor. Cuando retomé la conversación con mi hijo, éste, nervioso, me regañó por haberle dejado en espera. Me dijo que jamás volviese a hacerlo. Se había asustado. Acto seguido, hablé con Rick y me confirmó que todo el personal estaba siendo desalojado.»

A las 9.00 seguían comunicando al personal de la Segunda Torre que no debía evacuar el edificio, porque la operación de rescate de la Primera Torre no había terminado. Patti Monachino estaba intentando salir del rascacielos donde trabajaba cuando escuchó el aviso de permanecer dentro. «Nos hicieron saber que se estaba evacuando la Primera Torre y que la Segunda Torre era segura y no había que desalojarla. Nos dijeron que podíamos volver a nuestras oficinas, que todo estaba bien. Yo sabía que mi jefe John se encontraba en la planta 69, y quise regresar junto a él.» El comunicado de no desalojar venía de la Autoridad Portuaria, responsable del World Trade Center. La gente no sabía qué hacer, si quedarse o no. Camelli Preli trabajaba en la planta 44. «Tomamos el ascensor para bajar hasta la entrada principal del edificio, pero alguien nos increpó por ello y nos dijo que, si la Autoridad Portuaria acababa de decir que nos quedásemos, eso era lo que debíamos hacer; que sería lo mejor para todos, lo más seguro. Así que nos miramos los unos a los otros y volvimos a nuestros puestos. Atendí un par de llamadas y luego miré a mi compañera Sue y le dije: "Debemos salir de aquí. Rick dijo que evacuásemos y en cambio seguimos dentro. No estamos siguiendo el procedimiento de emergencia". Sue me contestó: "Tienes razón, vámonos". Así que nos fuimos.» Una decisión que les salvó la vida.

Patti Monachino seguía dudando si abandonar definitivamente el edificio y dejar a su jefe John en el piso 69 mientras ella se marchaba, o coger el ascensor para ir a buscarlo. «Cuando estaba a punto de tomar el ascensor, una mujer me agarró del brazo y me preguntó si no me acordaba del atentado del 93. La miré y respondí que sí. "Entonces abandona el edificio ahora mismo", me dijo. Intenté hacerle comprender que mi jefe estaba arriba y que no quería abandonarle, pero ella insistió en que me fuese inmediatamente.» «Recuerdo —explica su jefe, John Olsen— que llamé a mi hijo y le dije que permaneciese en su puesto, que había mucha gente llamando por teléfono para saber de sus familiares y que él debía estar allí para responder y tranquilizarlos. Le dije que quizá todo aquello acabaría a tiempo de ir a comer juntos.»

Ataque al corazón de Occidente

A esas alturas, la policía empezaba a sospechar que la Primera Torre había sufrido un atentado terrorista. Rick Rescorla había puesto en marcha su plan de emergencia. Sin embargo, ni siquiera él podía imaginarse que atacarían la Segunda Torre sólo dieciséis minutos después que la Primera. Era el vuelo 175 de United Airlines, un Boeing exactamente igual que el anterior y que también había despegado del Aeropuerto Internacional

Logan de Boston en ruta hacia Los Ángeles; en él viajaban sesenta y cinco pasajeros. Diversas cámaras de televisión que enfocaban a las Torres Gemelas a causa del incendio de la torre norte transmitieron en directo la tragedia.

Cuando el segundo avión impactó contra la Segunda Torre del World Trade Center, Jack Kemp seguía trabajando en su despacho del piso 71. El avión penetró en el edificio entre la planta 78 y la 83, justo por encima de dónde él se encontraba. «Mi mujer —explica— estaba hablando conmigo por teléfono mientras veía las noticias. Pudo ver cómo se estrellaba el segundo avión y oír la explosión a través del teléfono.» Las oficinas de Morgan Stanley se encontraban debajo del boquete abierto por el impacto del segundo avión, entre las plantas 44 y 71 de la Segunda Torre. El impacto fue tan brutal que incluso por debajo de la planta 44, donde trabajaba Patti Monachino, los daños eran irreversibles. Todo el edificio tembló. «Vi saltar por los aires objetos que no pude reconocer, y la onda expansiva fue tan fuerte que nos tiró a todos al suelo», cuenta.

Mientras, Kathy Comerford se encontraba con Rick Rescorla en la planta 44. «Cuando el avión impactó contra el edificio —explica—, la fuerza de la explosión me lanzó por los aires y me estrelló contra la pared de mármol en la que Rick se encontraba, y luego caímos los dos al suelo. Durante todo ese tiempo estuve a escasos centímetros de Rick. Él no dejaba de tranquilizar a la gente y de decir que enseguida se encenderían las luces de emergencia. Estaba intentando evitar que cundiera el pánico.» Rick, megáfono en mano, trataba de controlar la situación. Puso su máximo empeño en que nadie utilizase los ascensores y en que el desalojo se efectuase por la escalera de incendios. En poco tiempo, controló la situación y organizó la evacuación rápida y ordenada del edificio. «Yo intentaba salir del edificio. Estábamos bajando la escalera y vi a Rick. Me tranquilizó saber que estaba allí. Si Rick permanecía a nuestro lado, todo iría bien. Estábamos en la escalera de incendios. Él mantenía la calma y no dejaba de repetir: "Comportaos como buenos ciudadanos, caminad despacio, sed buenos americanos"», explica Cameli Prelli.

Cuando el segundo avión impactó contra la torre sur, cundió el pánico en la calle. Era como si hubiese comenzado una guerra y todo Nueva York estuviese amenazado. John Olsen permanecía en la planta 69. «Todo se colapsó. Era como si hubiese estallado una bomba. No dejaba de pensar que iba a morir allí. Creía que era el único que permanecía en el edificio. Me lamentaba por no haber salido antes», recuerda. Pero otro directivo de la empresa permanecía dos plantas más arriba, en el piso 71, donde estaba Jack Kemp a punto de perder la calma. «Nos dirigimos a la escalera de incendios C, que era la que nos correspondía durante los simulacros; pero la puerta estaba bloqueada y era imposible utilizar esa salida.» Junto a él se encontraba Nancy Kennedy, su secretaria: «Empecé a rezar el Ave María y el Padre Nuestro y, francamente, sentí cierta paz. Me estaba preparando para morir». «De repente, cegados por el humo, oímos una voz que decía que, si alguien permanecía con vida, que hiciese algún ruido. Así que hicimos todo el que pudimos», cuenta Kemp. A Jack y Nancy los rescató un miembro del equipo de seguridad de Rick, que los condujo a otra escalera de incendios por la que pudieron salir. «Empezamos a contar el número de plantas que bajábamos para saber dónde nos encontrábamos en cada momento. Tratábamos de mantener la calma y animarnos mutuamente, ya que era un largo camino de descenso. Bajar 71 plantas no es fácil, y menos cuando estás aterrorizado», recuerda Kemp.

A las 9.45 los incendios en ambas torres avanzaban sin control. Los servicios de rescate se enfrentaban a una misión imposible. Rick Rescorla mantenía la calma mientras acompañaba al último de sus compañeros a la escalera de incendios. «Seguíamos bajando y bajando. Recuerdo que constantemente oía: "Mantened la calma, seguid caminando, todo va a salir bien". Cuando vi a Rick le dije que él también tenía que salir de allí. Me contestó: "Lo haré, John, en cuanto me asegure de que todo el mundo está fuera"», recuerda John Olsen. Varios empleados de Morgan Stanley aseguran que Rescorla les iba diciendo «hoy es un día para estar orgulloso de ser americano» y daba ánimos repitiendo «mañana, en el mundo entero se hablará de ti». Cuentan que también cantó el himno americano y canciones populares de Cornualles mientras bajaban la escalera. A Rick siempre le gustaba cantar en los momentos de crisis.

Cuando su compañero, Bill McMahon, que se encontraba en la planta 69 y presenció el impacto del avión, pudo salir del edificio, no daba crédito a sus ojos: «Recuerdo que, ya en la calle, miré hacia las Torres Gemelas. Las dos ardían. La visión era terriblemente desoladora; sin duda, es la imagen más devastadora que jamás haya visto. En ese momento, de repente, un amigo me encontró, me dio un gran abrazo y dijo: "Dios mío, gracias a Dios que estás vivo"». Los supervivientes de la tragedia intentaban alejarse del World Trade Center como podían. La mayoría estaban conmocionados. «Cuando cruzamos la calle —explica Barbara Williams— y volvimos la vista atrás, vimos un montón de gente que venía en avalancha. Habían visto el impacto del segundo avión en el edificio y cómo ardían las dos torres. En ese momento empecé a gritar, presa del pánico. Cuando al fin recuperé la serenidad, pregunté si alguien de los presentes era cristiano, tres mujeres respondieron afirmativamente y empezamos a rezar.» Kathy Comerford y un grupo de compañeros consiguieron salir del edificio desde el piso 71. «Una vez en la calle, paramos un segundo para coger aliento y, acto seguido, seguimos adelante. Nuestro único pensamiento era alejarnos lo máximo posible del edificio. Yo sabía que antes o después la torre se vendría abajo.»

En el interior de la torre, Rick trabajaba junto al equipo de rescate intentando llegar hasta los cientos de personas que habían quedado rezagadas o atrapadas y permanecían con vida. En aquel momento, él ya había supervisado la evacuación de los dos mil setecientos empleados de Morgan Stanley. «Tras conseguir con éxito evacuar a los miembros de la compañía, Rick podía haber abandonado el edificio y habría sido igualmente un héroe. Sin embargo, prefirió subir de nuevo por la escalera de incendios, para prestar su ayuda a quien la necesitara», señala James Stewart.

El trágico final

Rick sabía lo que tenía que hacer. «Creo que, para él, regresar al edificio para intentar salvar más vidas cuando éste se estaba derrumbando fue como redimirse de aquellas muertes que no pudo evitar en Vietnam. Mientras hubiese una vida que salvar, Rick no se marcharía», cuenta James Stewart. Stephan Newhouse, presidente de Morgan Stanley International, aseguró que habían visto a Rescorla en el piso 72 y, a continuación, se abrió camino de nuevo hacia abajo, barriendo cada piso mientras buscaba supervivientes. «Me llamó —explica su amigo y colega Dan Hill— y dijo que iba a hacer un barrido final, para asegurarse de que nadie se hubiera quedado atrás porque estuviese herido o perdido. Me pidió que llamase a su mujer, ya que la última vez que había hablado con ella estaba muy preocupada, presa del pánico. Así que la llamé, le dije que se tranquilizara, que Rick ya había estado en otras situaciones difíciles y siempre había conseguido salir adelante; mientras hablábamos, ella desde su casa de New Jersey y yo desde la mía en Florida, no le quitábamos ojo a la televisión. De repente vimos cómo se derrumbaban las Torres Gemelas.»

La primera en caer fue la Segunda Torre, tras arder durante cincuenta y seis minutos. Su estructura de acero no resistió el fuego. El derrumbe empezó desde el punto del impacto y fue bajando verticalmente. Los pisos cedían en cadena; la torre se desplomaba sobre sí misma. Eran las 9.58 de la mañana. La esposa de Rick lo recuerda con horror: «Me quedé sobrecogida cuando vi que la torre sur se desplomaba. Era el fin. No podía dejar de llorar y gritar». Al otro lado de la línea telefónica, Dan Hill intentó tranquilizarla. «Le dije: "Si alguien puede sobrevivir a esto, es Rick". Y colgué el teléfono, pero me dije a mí mismo: "Rick ha muerto".» «La muerte de Rescorla el 11 de septiembre —añade Hill— estaba predestinada. Creo que desde el momento en que nació, todos los pasos que dio en su vida estaban dirigidos a prepararse para salvar a las dos mil setecientas personas que hoy le deben la vida.» Fred McBee también sabía que ése era el fin de Rick Rescorla: «Cuando vi que se desplomaba la torre, sabiendo que Rick estaba en su interior, fui totalmente consciente de que no saldría vivo de aquella situación. No sabría explicar cómo me sentí en aquel momento. Por una parte era horrible, pero por otra, Rescorla había muerto como él querría que sucediera. Una muerte noble para un hombre noble».

Patti Monachino había podido salir pero aún estaba en las inmediaciones. Sabía que el hombre que predijo el atentado y que le había salvado la vida estaba en el interior, junto a muchos bomberos, policías y trabajadores cuando el edificio se vino abajo. «Cuando vi caer la Segunda Torre... no pude soportarlo. Me quedé conmocionada. Mi corazón se rompió en mil pedazos», se lamenta con dolor.

Rick Rescorla había conseguido evacuar a los empleados de la compañía para la que trabajaba. Pero éstos permanecían en los alrededores de las Torres Gemelas, y seguían en peligro. Como la compañera del departamento de Rick, Barbara Williams, que corría para salvar su vida. «Oímos un ruido terrible, como un inmenso trueno, pero no dejamos de correr para alejarnos del lugar. Después se oyó algo parecido a una fuga de gas.» La torre que había tardado diez años en construirse, se desplomó en diez segundos. Cincuenta mil toneladas de cemento y acero se vinieron abajo, levantando una densa nube que envolvió toda la zona. «La nube de polvo venía directamente hacia nosotros. Estábamos de nuevo en peligro. Empezamos a correr. No podíamos parar. Nos dirigimos al puente de Brooklyn», recuerda Patti Monachino. También Kathy Comerford intentaba alejarse de allí: «El polvo y el humo lo invadían todo. Se hizo de noche durante un par de minutos. Cuando la luz volvió, pudimos ver toda la zona cubierta por unos veinte centímetros de polvo blanco».

El derrumbamiento del edificio había hecho que la tragedia se convirtiese en una catástrofe. John Olsen se sentía muy afortunado por haber podido salir del rascacielos con vida. Sin embargo, estaba terriblemente arrepentido de haber insistido para que su hijo permaneciese en su puesto y contestase a las llamadas de teléfono. «Jamás sospeché que iba a ocurrir algo semejante —recuerda—. Una vez en la calle, no sabía qué había sido de él. No quería ni pensar que podía haber muerto por mi culpa.» A las 10.15 de la mañana, a medida que el polvo se asentaba, se empezaba a apreciar la devastación. Al mundo entero y a Jack Kemp le parecía increíble lo acontecido: «Cuando miré atrás y vi la torre derrumbada, el lugar en el que había trabajado durante los últimos veinte años de mi vida, me di cuenta de la cruel y traumática realidad».

Media hora más tarde, a las 10.28, la Primera Torre se derrumbó mientras los servicios de rescate intentaban evacuar al mayor número de personas posible. «Sólo podía ver —describe Nancy Kennedy— una gran nube de polvo y humo negro saliendo de lo que había sido el World Trade Center. Le dije a Jack que nuestras familias creerían que estábamos muertos. No sospecharían que habíamos logrado sobrevivir.» Los supervivientes intentaban ponerse en contacto con sus familiares, pero la mayoría de los teléfonos no funcionaban porque varias antenas de comunicación y redes telefónicas se habían caído. «No pude contactar con mi marido para decirle que estaba viva. De hecho, no pude hablar con ninguno de mis familiares o amigos. Nadie sabía que me encontraba a salvo», cuenta Patti. Tras cinco horas intentándolo, John Olsen por fin pudo hablar con su familia. «Llamé a casa —dice— y mi nuera cogió el teléfono. Estaba muy nerviosa, pero su alegría fue enorme al oírme. Le pregunté por mi hijo John y me dijo que estaba bien, que había salido con vida del edificio. Así que, finalmente, pude respirar hondo y relajarme.»

Horas después, a las 13.04, el presidente George W. Bush declaró la «alerta máxima» en todo el mundo y se dirigió a la nación a través de los medios de comunicación desde la base aérea de Barksdale, en Luisiana. Una hora más tarde, la Marina enviaba destructores con misiles a Nueva York, mientras el mundo entero presenciaba cómo el terror había sacudido el corazón de Occidente. La dimensión de la catástrofe y la profundidad del trauma no se han olvidado. Estados Unidos y el mundo viven en estado de alerta desde entonces.

EL ÚLTIMO CAPÍTULO DE UNA PREDICCIÓN

El plan de evacuación de Rescorla estaba muy bien elaborado, y los empleados lo conocían tan a fondo que sólo seis de los dos mil setecientos trabajadores no pudieron volver con sus familias aquel día. Junto con Rick murieron tres de sus hombres de seguridad —Wesley Mercer, Jorge Velázquez y Forde Godwin, quienes recorrieron las escaleras hacia la torre en llamas, intentando encontrar supervivientes y perecieron con él cuando el edificio se vino abajo—, además de dos compañeros que quedaron atrapados en la torre sur. El resto, 2.694 empleados, cenaron en sus casas aquella noche. «Finalmente localicé a mi hermano y le dije que estaba bien. Vino en coche a buscarme y me llevó a casa, donde me esperaba mi marido, que me dio un abrazo interminable», narra Patti Monachino. Muchas horas después, Nancy Kennedy llegaba a su casa, en New Jersey: «Lo primero que hice al llegar a casa fue darle a mi marido un fortísimo abrazo. Después me dediqué a llamar a los compañeros de la oficina para saber cómo estaban».

A las siete de la tarde, los equipos de rescate rastreaban la zona, con más de trescientos cincuenta perros especialmente entrenados, buscando supervivientes entre los escombros. Sólo lograron encontrar a unos pocos supervivientes malheridos, y en las semanas posteriores se hizo evidente que no hallarían más. John Olsen había visto a Rescorla en la planta décima, minutos antes del derrumbamiento. Sabía que no podía haber salido con vida. «No sé si fui la última persona que habló con Rick, pero lo que sé es que jamás podré olvidarle», dice emocionado. Susan Rescorla esperaba ansiosa noticias de Rick. Siempre había sobrevivido en situaciones difíciles, pero en esta ocasión habría sido un milagro. «En el fondo de mi corazón sabía que estaba muerto, pero no podía aceptarlo; hasta que hubiese una confirmación, quedaba un mínimo rayo de esperanza. Quería creer que quizá, de alguna forma, había conseguido salir y que volvería a casa.»

Dos mil doscientos trabajadores del World Trade Center fallecieron, además de los pasajeros de los aparatos estrellados, trescientos cuarenta y tres bomberos de Nueva York y sesenta policías y miembros de recate. Según los últimos datos, en total murieron 2.792 personas —veinticuatro todavía están desaparecidas— y 2.337 resultaron heridas. Según un estudio realizado en el tercer aniversario del atentado por el diario *The New York Times*, trescientos cuarenta familiares y amigos de fallecidos tuvieron que recibir ayuda psicológica, y la mayoría creían que su vida nunca volvería a la normalidad. La mitad de los familiares de las víctimas aún no habían conseguido dormir una noche entera; la tercera parte había dejado su trabajo; el 20 por ciento había cambiado de casa, y otro porcentaje similar lo habría hecho si hubiera podido.

Una de las víctimas mortales fue Brad, el hijo de Mary Fetchet. Su muerte hizo que Mary crease la Asociación Voces del 11 de Septiembre, cuyo objetivo es dar apoyo a los familiares de las víctimas de actos terroristas. «Brad era un joven deportista. Era muy fuerte, inteligente y decidido, así que pensé que sobreviviría. Pero fue bastante evidente desde el principio que se encontrarían pocos supervivientes entre los escombros. Incluso resultó difícil encontrar cadáveres, pues la mayoría de los cuerpos quedaron carbonizados», cuenta su madre. La tarea de recuperación de cadáveres duró meses. Se tardaron semanas simplemente en apagar todos los fuegos que ardían entre los escombros, y hasta mayo de 2002 no se acabó de limpiar todos los escombros.

A causa de los atentados, la opinión pública estadounidense se centró en la seguridad nacional, e incluso se creó una nueva agencia federal, el Departamento de Seguridad Nacional, destinado a organizar la lucha antiterrorista. El ejemplo de Rick Rescorla también inspiró a muchos para mejorar las medidas de seguridad en las empresas. Él predijo la tragedia seis años antes e intentó evitarla advirtiendo a las autoridades. Finalmente, él mismo fue víctima de sus propias predicciones. Su cuerpo nunca fue encontrado. «Sé que hizo lo que tenía que hacer —afirma su viuda—. Fue un hombre valiente y con mucho coraje, y siempre se preocupó por los demás. Su muerte fue un fiel reflejo de los valores que le habían guiado durante toda su vida. Era un hombre excepcional, y puedo decir que estoy muy orgullosa de él.» Susan Rescorla, junto con los amigos de Rick, decidió crear la Fundación Memorial Richard C. Rescorla para mantener viva su memoria. Una estatua de bronce de Rick vestido de soldado, que reproduce su imagen cuando luchaba en Vietnam, se expone desde 2009 en el Museo Nacional de Infantería en Fort Benning, Georgia. Fue el hombre adecuado que estuvo en el lugar correcto en el momento más trágico. Pero de haberle hecho caso, ¿podrían haberse evitado las dramáticas consecuencias de ese fatídico día?

Cuarta parte

PROFECÍAS MODERNAS

21

El juramento de sangre de Hitler

Más de seis décadas después de su caída, los símbolos del Tercer Reich sobreviven. No son pocos los que creen que el mensaje de Hitler, el falso mesías cuya llegada profetizó Nostradamus, no sólo ha logrado sobrevivir a lo largo de los años, sino que ha cobrado fuerza en nuestro tiempo. ¿Sigue el Führer inspirando la creencia en un nuevo orden mundial? ¿Podría hacerse realidad su deseo oculto de renacer de las cenizas de su destrucción para liderar el denominado Reich milenario?

Las profecías sobre un falso salvador

Sangre. Biblia. Uniforme. Bandera. Son, en el caso de la Alemania nazi, los símbolos del odio. Hace años impulsaron a una nación a seguir a un falso salvador que prometió la liberación y luego los condujo a la destrucción. Los alemanes se sintieron fascinados por los logros del Tercer Reich. Sólo así puede entenderse el respaldo que obtuvo ese detestable régimen hasta el final, hasta que descubrieron todo el horror que escondía esa deslumbrante fachada. Hoy en día, las asociaciones de extremistas intolerantes crecen en todo el mundo, y sus numerosos miembros tienen un objetivo principal: exterminar una raza para sustituirla por otra, la raza superior. Movidos por el odio, pretenden crear un nuevo orden mundial basado en los ideales de un hombre que se ungió a sí mismo como mesías, Hitler. Su visión de una única raza pura reclama la muerte de millones de personas para que el poder blanco conquiste el dominio supremo. ¿Es este creciente extremismo la prueba de que la visión profética del Reich milenario de Hitler se está haciendo realidad? Hitler afirmó que su distorsionada religión de la pureza racial se difundiría y duraría mil años.

Movimientos sociales y políticos como los neonazis, los *skinheads* o los de la supremacía de la raza blanca son cada vez más numerosos, y esta nueva alianza mundial de la intolerancia se sustenta en el legado del Tercer Reich. «Los objetivos del movimiento nacionalsocialista apuntan a un futuro blanco y una nación blanca. Básicamente, pretendemos conseguir políticamente lo que Adolf Hitler consiguió para Alemania», afirma, luciendo orgulloso su uniforme de comandante de los neonazis y su cabeza rapada, Jeff Schoep, líder del Movimiento Nacional Socialista (NSM), con sede en Minnesota. Ésta pretende ser la mayor organización neonazi de Estados Unidos, aunque sólo cuenta con unos doscientos miembros, y pone especial énfasis en el reclutamiento de adolescentes. «Obviamente, Hitler no consiguió su objetivo final, que era instaurar un Tercer Reich que durara mil años, pero, en cierto sentido, sus profecías sí se hicieron realidad porque anunció que la creencia en el Nacionalsocialismo nunca desaparecería. Hoy en día, en la vanguardia del futuro, somos testigos de cómo este pensamiento gana adeptos en todo el mundo —añade Schoep—. Creemos en aquello por lo que luchamos y no hay nadie más temible que una persona que cree en lo que lucha y es un fanático.»

Adolf Hitler es posiblemente el personaje más maléfico de la historia de la humanidad, un profeta frustrado que anunciaba la destrucción del mundo. Sinónimo del odio, el extremismo y la intolerancia más viscerales y sanguinarios, algunos dicen que su intención era crear su propia religión, el Partido Nazi, sustentada en creencias sociópatas destinadas, en último término, a enfrentar a la humanidad. «El Partido Nazi era una especie de culto con Hitler a la cabeza y el Führer como mesías de ese culto», explica Peter Levenda, autor de *Unholy Alliance: A History of Nazi Involvement with the Occult*, libro que recoge sus investigaciones sobre la relación de los nazis con el ocultismo.

Si bien Hitler sería el único profeta que daría la bienvenida a ese desolador futuro, sin duda no fue el único en predecirlo. Los textos bíblicos, las cuartetas del famoso vidente Nostradamus, e incluso los propios ocultistas contemporáneos de Hitler coinciden en pintar un panorama de satánica depravación. Según algunos expertos, la historia de Hitler podría haber empezado hace dos mil años, con el Nuevo Testamento, en concreto, con el libro del Apocalipsis de san Juan, donde se habla de la Bestia, el Anticristo, que engañaría a toda la humanidad: «Y vi surgir del mar una Bestia, que tenía diez cuernos y siete cabezas, y en sus cuernos diez diademas, y en sus cabezas títulos blasfemos» (Apocalipsis 13, 1). ¿Esta indicación se puede considerar el primer indicio de lo que habría de venir? ¿Fue Adolf Hitler el Anticristo que la Biblia anunciaba?

Pocos líderes en la historia han sido tan vilipendiados como él, y al mismo tiempo, pocos pueden presumir de haber contado con una masa de seguidores tan convencidos. El mismo Hitler se veía como un salvador para su pueblo, incluso pensaba que llegaría a resucitar para dirigir a sus desventurados acólitos. Por el contrario, otros ven en Hitler el Anticristo de las profecías de Nostradamus, escritas trescientos años antes de que él naciera. Aseguran que quizá el vidente más prestigioso de la historia preveía el ascenso de Hitler al poder cuando advertía de la llegada del Anticristo en Alemania con estas palabras recogidas en la Centuria IX, cuarteta 90: «Un capitán de la gran Germania / Vendrá a rendirse por simulado auxilio / Al Rey de Reyes ayuda de Panonia / Y su revuelta hará de sangre gran corso». Al analizar detalles específicos, para muchos, las visiones del Anticristo de Nostradamus parecen apuntar inequívocamente a Hitler. «De lo más profundo del Occidente de Europa / De pobres gentes un niño nacerá, / Que con su hablar seducirá a muchos, / Su fama en el reino de Oriente más crecerá», indica la Centuria III, cuarteta 35. Así, los partidarios de esta teoría no dudan en afirmar que Nostradamus predijo que este gran impostor sólo traería angustia y sufrimiento. «La libertad no será recobrada / La conseguirá un negro, fiero, inicuo, villano, / Cuando la materia del puente sea abierta, / De Hister, Venecia la república alterada», escribió en la Centuria V, cuarteta 29.

«A menudo, Hitler aparece en las interpretaciones de Nostradamus donde habla con frecuencia de un personaje llamado «Hister», palabra muy parecida a «Hitler». Por tanto, la gente de su época no tardó en asociar a Hitler con ese personaje», sostiene Richard Smoley, escritor experto en las tradiciones místicas y esotéricas de la civilización occidental y autor de *The Essential Nostradamus*. Es más, aparentemente, las predicciones de Nostradamus reforzaron el compromiso de Hitler con su propia y retorcida profecía de que un día dominaría toda Europa. En su momento, Hitler contempló un mundo nuevo liderado por una poderosa Alemania y completamente exento de grupos de hombres que él consideraba inferiores.

El ocultismo y la Sociedad Thule

Tales aires de suprema grandeza podrían considerarse ridículos procediendo del hijo de un aduanero austríaco, de escasa formación y autodidacta, un fracasado escolar y un pintor frustrado como era Adolf Hitler, que malvivió como vagabundo hasta 1913, año en que huyó de Viena, se refugió en Munich y, más tarde, se enroló en el ejército alemán para combatir en la Primera Guerra Mundial. La derrota germana en esa contienda hizo que se pasara a la política, donde enarboló un ideario de reacción nacionalista y rechazó el nuevo régimen democrático de la República de Weimar. Acusaba a los políticos de haber traicionado a Alemania al aceptar las humillantes condiciones de paz del Tratado de Versalles (1919). Ante tal situación, Hitler se presentó como un insólito salvador.

Hitler vivió convencido de que sería el señor y redentor del mundo, que «había sido enviado providencialmente a Alemania cuando el país más lo necesitaba y que era el elegido para sacarla de aquel abismo de desesperación», explica el profesor de Historia de la Universidad Kent State, en Ohio (Estados Unidos), Richard Steigmann-Gall, autor de *El Reich sagrado: concepciones nazis sobre el cristianismo, 1919-1945*, un libro polémico sobre la relación del partido de Hitler con las iglesias cristianas alemanas. Hitler consideraba que estaba librando una cruzada. Nada se interpondría entre él y la realización de su visión. La historia reivindicaría su papel. Y para tener una confirmación sobrenatural de su supuesto destino, «buscó en la astrología un oráculo que dijera: "Sí, eres el Führer, eres el líder, eres el Mesías de tu pueblo". Quería oír una justificación para lo que estaba haciendo, una especie de confirmación procedente de una fuente antigua y reputada, de que iba por el buen camino», señala el escritor Peter Levenda, quien añade que Hitler se veía a sí mismo como «un líder militar y espiritual. Era el sacerdote supremo de la Alemania nazi, así como su comandante militar».

Desde muy joven, a Hitler le fascinó el ocultismo. En su época de estudiante comenzó a leer la revista *Ostara*, fundada por el periodista y escritor austríaco Adolf Josef Lanz (1874-1954), quien se llamaba a sí mismo Lanz von Liebenfels, en la que se publicaban teorías antisemitas y *völkisch* (la versión alemana del Movimiento Populista, con un enfoque romántico del folclore). Su amigo Josef Greiner recuerda en sus memorias cómo el joven Adolf estaba obsesionado con la astrología, la religión, el ocultismo, la magia y el yoga. Hitler adoraba al compositor Richard Wagner, sobre todo su tetralogía *El anillo de los nibelungos* y las óperas *Parsifal*, *Lohengrin* y *Rienzi*. Dicen que fue a raíz de Wagner que Hitler se aficionó por la caballería y la búsqueda del Santo Grial. «No hay duda de que el interés de Hitler en el ocultismo y el paganismo era profundo, pero dudo que Hitler realmente llevara a cabo alguna operación mágica por sí mismo. No estaba en su naturaleza, una naturaleza inclinada hacia la acción, a lograr cosas aquí en la Tierra. No tenía el tiempo ni la paciencia necesarios para los esfuerzos espirituales reales. No creo que Hitler realizara rituales mágicos, pero había otros que lo hacían en su nombre —mantiene Levenda—. Era un paranoico, y lo oculto está lleno de atractivos especiales para un paranoico.»

En 1919 combinó su ambición política con el interés por lo oculto y se unió a la Sociedad Thule (Thule Gesellschaft, en alemán). Este movimiento fue clave para el desarrollo posterior de su visión de una nueva Alemania aria. «La Sociedad Thule era un club de hombres interesados en el ocultismo. Sus símbolos eran la esvástica y la daga. Tenían claros prejuicios raciales y eran antisemitas», explica Peter Levenda. Esta sociedad esotérica fue fundada por el ex masón y místico oriental, barón Rudolf von Sebottendorff. Se reunían todos los sábados en el hotel Vier Jahreszeiten (Las cuatro estaciones) de Munich a hablar de las runas (el alfabeto alemán antiguo), la evolución racial, la mitología nórdica y el nacionalismo alemán. «Estaba inscrita como una "sociedad literario-cultural". Sin embargo, este grupo se conocía como la Germanenorden o la Orden del Santo Grial», añade el escritor.

Según Levenda, en la Germanenorden había una impresionante serie de rituales, con caballeros de brillante armadura, reyes sabios, místicos, bardos, ninfas del bosque; la iniciación era secreta y requería la cooperación mutua, «rituales al estilo de la masonería, aunque era una organización que en esencia combatía a la masonería». Ellos creían que la raza aria era la única «verdadera humanidad» y que los judíos, como otros indeseables o *minderwertigen* (seres de un valor inferior), habían ido minando su fuerza y pureza a través de la malvada maquinación del cristianismo, la masonería, el capitalismo y el comunismo. Aseguraban que la raza aria procedía de un lugar llamado Thule, el Polo Norte, donde había una entrada a una vasta gruta subterránea habitada por gigantes. «Creían que, tan pronto como los alemanes purificasen el planeta de la contaminación de las razas inferiores —escribe Levenda—, estos Maestros Ocultos, estos superhombres de Thule, se darían a conocer, y el vínculo que se había perdido entre el hombre y Dios se forjaría de nuevo.»

Más adelante, bajo la creciente influencia de Hitler, el brazo político de la Sociedad Thule evolucionó. Pronto se convirtió en su principal dirigente y lo rebautizó como Partido Nacionalsocialista Alemán de los Trabajadores (NSDAP), un partido que se declaraba nacionalista, antisemita, anticomunista, antisocialista, antiliberal, antidemócrata, antipacifista y anticapitalista.

Aunque aún con poco peso político, Hitler planificó su ascenso al poder en un precipitado intento de derrocar al gobierno alemán. Así, el 8 de noviembre de 1923 fracasó en un primer intento de tomar el poder desde Munich, apoyándose en las milicias armadas de Ludendorff (golpe de Estado conocido por «*Putsch* de Munich» o «*Putsch* de la Cervecería»). Fue detenido, juzgado y encarcelado, aunque tan sólo pasó en la cárcel un año y medio. En 1924, en una celda de una prisión al norte de Baviera, Hitler canalizó su ira en lo que se convertirá en el manifiesto de odio más vehemente de la historia: *Mein Kampf*, traducido al español como *Mi lucha*. Es el texto sagrado de Hitler, la profecía de un imperio alemán unido, un nuevo orden mundial construido sobre la base de la muerte y la destrucción de cualquiera que osara interponerse en su camino. «Se empieza entonces a ver más claramente la figura del profeta, el futuro Führer emerge a partir de 1924», señala David Welch, profesor de Historia moderna de la Universidad de Kent (Reino Unido), experto en propaganda política del siglo XX y autor de *The Third Reich. Politics and Propaganda*.

Publicado en 1925, *Mi lucha* no tardó en convertirse en la Biblia nazi, la hoja de ruta sobre las intenciones de Hitler para el futuro y que sigue guiando en la actualidad a los movimientos por la supremacía blanca. En el libro, por ejemplo, se dice: «El Reich Alemán, como Estado, tiene que abarcar a todos los alemanes e imponerse la misión, no sólo de cohesionar y de conservar las reservas más preciadas de los elementos raciales originarios de este pueblo, sino también la de conducirlos lenta y firmemente a una posición dominante». En él Hitler también advirtió que su cruzada sería implacable: «La crueldad impresiona. La gente quiere tener miedo a algo. Las masas lo necesitan». En opinión de algunos historiadores, el éxito del conglomerado ideológico del Partido Nazi está en que se alimentaba de los temores de las clases medias alemanas ante las incertidumbres del mundo moderno.

«Hitler no quería sentir que el destino lo controlaba —asegura Peter Levenda—. Quería sentir que era él quien controlaba el destino. A medida que conquistaba parcelas de poder en Alemania, empezó a hacer realidad las profecías de su propia Biblia, *Mi lucha*, y las advertencias anunciadas por Nostradamus y por el Apocalipsis. A partir de entonces, discípulos ocultistas dentro del propio Partido Nazi, apoyaron su siniestra visión y lo ayudarían a apoderarse del mundo.» En este sentido, en opinión del escritor Steigmann-Gall, «creía que Dios había ideado un papel para él, que lo había puesto en la Tierra en ese momento para librar a Alemania del yugo del judaísmo».

LLEGA AL PODER EL MESÍAS ANUNCIADO

Cuando Adolf Hitler subió al poder en Alemania durante la década de los treinta, los alemanes no sabían el desastre al que se encaminaban. Incluso en la prensa extranjera de aquellos primeros años se hablaban maravillas de la Alemania nazi. Hasta Churchill publicó una carta de alabanza a Hitler. Algunos, sin embargo, enseguida creyeron que se estaban cumpliendo las antiguas profecías que auguraban la venida del Anticristo, en especial cuando creó su propia religión basada en la pureza racial. Este legado pervive y sigue inspirando a los grupos neonazis y defensores de la supremacía blanca de hoy en día, a quienes sirve de argumento contra la actual crisis. «Es esa ventana abierta que estamos buscando, para que la gente se aleje de los partidos políticos de uno y otro bando y nos vea como el futuro y nos dé la oportunidad de arreglar todo lo que se ha estado haciendo mal», declara el líder del NSM en Estados Unidos, Jeff Schoep.

Actualmente, los grupos racistas seguidores de Hitler lo ven como su salvador porque supo labrarse con maestría esa imagen. Los socios ocultistas de Hitler, sus discípulos, reforzaron su imagen pública de líder espiritual y profeta. De hecho, varias personas relacionadas con el ocultismo tuvieron una gran influencia en él y desempeñaron un papel esencial en el desarrollo del Tercer Reich. El más significativo de ellos fue el autoproclamado vidente Erik Jan Hanussen, un adinerado editor austríaco de revistas, mago, adivino y espiritualista, a quien Hitler había conocido en 1926. Hanussen se había hecho muy popular con sus actuaciones de hipnosis y leyendo la mente en los teatros de variedades de Berlín. El 25 de marzo de 1932, su revista de ocultismo, *Hanussen Magazin*, un tabloide popular que incluía columnas de astrología, publicaba: «Hanussen en trance, predice el futuro de Hitler». Según él, Hitler sería proclamado canciller. La mayoría de los alemanes se lo tomaron a risa. Pero el 30 de enero de 1933 sucedió lo impensable. La predicción de Hanussen se hizo realidad.

Las leyendas sobre las reuniones entre Erik Jan Hanussen y Adolf Hitler son abundantes. Se cuenta que Hitler, ya en el poder, llamó al vidente para concertar una reunión, ávido por saber más sobre los poderes místicos y ocultos de Hanussen. «Él le leyó las manos e inmediatamente entró en un extraño trance y anunció a Hitler que iba a cosechar un gran éxito», cuenta el sobrino nieto del adivino, Phil Steinschneider. Después de recibir la información que tanto ansiaba, Hitler siguió consultando con el vidente sus asuntos espirituales. Hanussen llegó incluso a revelar a Hitler sus secretos para cautivar al público. «Le enseñó —señala Peter Levenda— a hablar en público, qué gestos emplear, cómo y cuándo alzar y bajar la voz... Creó una especie de Hitler consciente de las cámaras, alguien que sabía dónde ponerse, cómo ponerse y cómo gesticular.» El lenguaje corporal se entiende como un medio de comunicación subliminal desde no hace mucho tiempo. «Creo que Hanussen se adelantó a su tiempo al entender la importancia de la postura y el gesto, a comunicar de forma subliminal y eficaz. En 1930, en Berlín, esto se consideraba un arte oculto y no algo propio de un libro de psicología, como lo es en la actualidad», dice Levenda.

El 26 de febrero de 1933, Hanussen tuvo otra siniestra premonición. Durante una sesión, afirmó haber visto un incendio devastador en el edificio del Parlamento en Berlín. Justo al día siguiente, el fuego devoraba el Reichstag. El caos desatado permitió a Hitler asumir plenos poderes en Alemania. La clarividencia de Hanussen había confirmado, al menos a ojos del Führer, que su capacidad para predecir el futuro existía de verdad. Sin embargo, sus talentos místicos no fueron de mucha utilidad para augurar su propio e irónico destino. Muy pocos sabían que el verdadero nombre de Erik Jan Hanussen era Hermann Steinschneider, y que era judío. «En el momento en que Hitler adquirió poderes plenos y dictatoriales sobre Alemania, fue cuando el martillo cayó en particular sobre los judíos y cuando la situación empezó a volverse realmente precaria para Hanussen», señala Phil Steinschneider.

El vidente fue violentamente asesinado el 25 de marzo de 1933, un año después de su primera predicción sobre la victoria de Hitler. A finales de abril, un campesino encontró su cadáver en un pequeño bosque a unos veinticuatro kilómetros de Berlín. El cuerpo, acribillado a balazos, había sido apresuradamente sepultado en una tumba poco profunda. Las lluvias de primavera habían arrastrado la capa de arena de la superficie y un pie sobresalía del fango. Fue identificado como Erik Jan Hanussen, pero nadie reclamó nunca su cadáver. Menos de tres meses antes había obtenido un enorme éxito en la Scala de Berlín. Poseía su propio teatro, dos periódicos, automóviles, joyas, una fabulosa villa y un yate, pero terminó en un ataúd de madera de pino barata, en una fosa común. No se publicó ni una palabra de su asesinato en los periódicos alemanes. La teoría del escritor Peter Levenda es que Hermann Goering y Joseph Goebbels estaban ya recopilando archivos sobre Hanussen para desenmascararlo en un intento por apartarlo de su camino. El adivino ya no haría nunca más competencia en la atención del Führer al creador de la policía secreta del Estado nazi, la Gestapo, ni al hombrecillo cojo inventor de la propaganda moderna, sus más fieles colaboradores en las altas jerarquías del Partido Nacionalsocialista.

Como canciller de Alemania, Hitler siguió consolidando su posición de salvador de la patria en la que él mismo se había colocado. Para hacer realidad la profecía de un nuevo orden mundial, puso en marcha la siguiente fase de su plan: el exterminio sistemático de aquellos que consideraba racial, moral, física o mentalmente inferiores, como los judíos, los gitanos, los homosexuales, los comunistas, además de los enfermos crónicos e incluso los ancianos.

Durante este tiempo, la sangre se convirtió en un importante símbolo nazi arraigado en las enseñanzas ocultas de una raza superior. ¿Acaso trataba Hitler de hacer cumplir las profecías racistas de la sociedad ocultista Thule? «Existía la creencia de que había una raza con raíces profundas que era la que debía tomar las riendas del mundo, pues, a causa de los cruces y la contaminación de las líneas de sangre raciales, Alemania estaba perdiendo su poder, su superioridad», añade Levenda. Según la intolerante profecía racial de Hitler, la solución pasaba por purificar la raza alemana o aria, y era una purificación que debía iniciarse desde dentro.

En 1933, Hitler trasladó sus creencias ocultistas a un experimento científico mediante una campaña en favor de la evolución a través de la selección genética. Esto incluía la esterilización y la eutanasia como medios para erradicar los llamados «defectos genéticos» de la línea de sangre. «Su primer homicidio en masa a gran escala se dirigió contra los que considera afectados por enfermedades físicas o mentales hereditarias», explica Richard Steigmann-Gall.

Para conseguir el respaldo de la opinión pública, los nazis difundieron la diabólica visión de Hitler a través de los medios de comunicación alemanes. La propaganda del odio se divulgó por la radio, el cine y los carteles publicitarios. Como ministro de Propaganda, de las Artes y las Letras de la Alemania nazi, también el cine, el teatro y la prensa cayeron bajo el poder absoluto de Joseph Goebbels. Y es que, desde sus comienzos, los nazis tuvieron una intuición especial para vislumbrar el advenimiento de la actual sociedad de masas y la necesidad de controlarla. Goebbels se encargaría de organizar la cultura alemana como una industria proveedora de adhesiones y obediencia al Partido Nazi.

La pureza racial, fuente de la fuerza espiritual

La verdadera amenaza para la raza aria, según Hitler, siempre fue el enemigo judío. Hitler y los nazis recurrían a mitos históricos para demostrar que los judíos eran biológica y espiritualmente inferiores. A partir de entonces, mantener la sangre aria pura frente a las incursiones de sangre judía se convirtió en prioridad. «Para los nazis —indica Levenda— la sangre era fuente de fuerza espiritual. Se creía que acostarse con alguien de raza judía o de otras razas podía contaminar la espiritualidad de la sangre. La sangre debía mantenerse pura. Para pertenecer a las SS, por ejemplo, había que demostrar una pureza racial que se remontara a 1750.» «Se trata de un concepto ocultista. Un concepto que sólo podría proceder de una ideología distorsionada y mística. Se produce una mistificación de la sangre y de la genética», añade.

Bajo la dirección de Goebbels, los nazis enarbolaron la bandera del racismo haciendo circular ilustraciones gráficas que envilecían a los judíos. Una propaganda en la que se les acusaba de matar a niños inocentes y emplear su sangre para perversos rituales; así recuperaba viejos tópicos, pues la discriminación antisemita es muy antigua y generalizada en todos los países donde llegó la diáspora judía. En este sentido, según cuenta Levenda, «la matanza de los judíos —y los gitanos, homosexuales, comunistas, etc.— se diseñó para purificar el planeta de la sangre y el espíritu enfermos a los ojos de los nazis. Por esta razón, se siguió adelante hasta el final, costara lo que costase y sin importar que los recursos que se utilizaban para mantener los campos de concentración podrían haber sido más útiles en la defensa de Berlín. No era tanto un sacrificio como una purificación de la Tierra. Los nazis creían que los judíos eran los representantes de una fuerza maligna en la Tierra que tenía que ser destruida, a cualquier precio. Los nazis consideraban que si su raza desaparecía, habrían hecho un favor al planeta y serían recordados para siempre por su contribución».

Hitler predijo que Alemania y los arios de raza pura pronto reivindicarían su papel como líderes de Europa y del mundo. En 1939, en el sexto aniversario de su ascensión al poder, proclamó públicamente su siniestra profecía sobre el pueblo judío: «Hoy seré profeta una vez más: si los financieros judíos internacionales de Europa y de fuera de ella logran sumir de nuevo a las naciones en una guerra mundial, el resultado no será la bolchevización de la Tierra y, por lo tanto, la victoria de los judíos, sino la aniquilación de la raza judía en Europa». Esta escalofriante retórica marca el principio del exterminio en masa y sistemático de los judíos. «Es un pensamiento que defiende que existen diferencias en la sangre que marca la religión. Las diferencias ideológicas infectan, de algún modo, la sangre y para salvar a la raza propia, la otra raza debe ser exterminada. Hoy todavía sufrimos las consecuencias de la vigencia de ese pensamiento. Debió haber quedado desterrado en 1945, pero no ha sido así», alega Peter Levenda.

Y es que este sentimiento tiene su eco en los grupos de extrema intolerancia actuales, en particular, en el Ku Klux Klan, cuya doctrina exhorta a mantener pura la sangre estadounidense «no contaminada con sangres mestizas y protegida de la contaminación racial». Pero eso fue cuando Albert Pike creó el Ku Klux Klan, en 1865, junto con veteranos del ejército de los Estados Confederados de América, quienes, después de la guerra de Secesión, se resistían a la reconstrucción norteamericana, y ocurrió mucho antes de que existiera el nazismo. Durante muchos años, el movimiento se vio como un símbolo romántico del Viejo Sur de Estados Unidos y como un movimiento de resistencia a los aventureros codiciosos y otros *yankees* que habían bajado desde el norte del país. «Por la misma razón que los nazis son emulados por ciertos elementos de la sociedad actual, los caballeros sureños vencidos, los oficiales de la Confederación, fueron idolatrados en sus comienzos por sus uniformes, su aura de refinamiento y gentileza [...]. El problema para mí es que la moral de moda de una época se concreta y petrifica en el sistema, en la sociedad. Una vez más, tenemos un perdedor —esta vez, un miembro de la Confederación— y la creación de un culto secreto para oponerse al estado totalitario de Norteamérica», explica Levenda.

Todos los indicios apuntan a que la profecía de Hitler se impone rápidamente en los movimientos nezonazis y defensores de la supremacía blanca actuales. La sangre sigue siendo para ellos el símbolo recurrente de unidad. «El objetivo siempre es aniquilar a una raza, exterminar la sangre, una sangre que se considera inferior y contaminante. Es un rocambolesco tipo de guerra espiritual que los nazis elevaron a la categoría de arte, si es que podemos decirlo así, durante la Segunda Guerra Mundial», dice Levenda.

A medida que las ambiciones de Hitler conducían inevitablemente a una nueva guerra mundial, los cimientos de su nueva religión ocultista se fueron asentando en sí mismo, en el papel de profeta y salvador. Pero, para que esta religión perdurase, debía sobrevivir a sus fundadores. Hitler aseguró la perpetuación de su legado apropiándose de los símbolos del cristianismo.

El simbolismo y la propaganda en el Tercer Reich

Se sabe que altos mandos nazis como Heinrich Himmler, Richard Walther Darré o Rudolf Hess tenían mucho interés en el ocultismo. Otro firme creyente del ocultismo fue Alfred Rosenberg, miembro de la Sociedad Thule desde 1919 y uno de los primeros socios políticos de Hitler. Antimarxista y antisemita convencido, Rosenberg fue un elemento clave en la configuración del programa racista nazi. «Rosenberg tenía una relación directa con las primeras ideas políticas sobre la necesidad de desarrollar una sociedad racialmente pura. Cuando los nazis llegaron al poder, se le puso a cargo de la doctrina racial nazi», señala el profesor de Historia moderna David Welch. Brazo derecho de Adolf Hitler, considerado el más importante ideólogo del nazismo, su trayectoria fue imparable. En 1941, el Reich le nombró ministro de los Territorios Ocupados del Este, donde puso en marcha las teorías de Goering sobre la superioridad racial que provocaría el exterminio y la deportación de millones de personas «de razas inferiores».

En su libro *El mito del siglo XX* (*Der Mythus des 20. Jahrhunderts*), escrito en 1939, Rosenberg reclamaba una nueva religión de la sangre, una doctrina racista que parte del concepto del *Übermensch* (superhombre) del filósofo Friedrich Nietzsche, materializado en tres puntos clave: la supremacía blanca, el nacionalismo extremo y el antisemitismo cruel. Rosenberg creía que el arte, la ciencia, la cultura y la historia mundial estaban determinados por la raza y la sangre. Estas creencias culminaron en el llamado Movimiento Cristiano Alemán de la década de los años treinta, que reivindicaba la procedencia aria de Jesús, como súbdito de un enclave nórdico de Galilea que luchó contra el judaísmo. «Hitler creía que Jesús era un personaje antisemita que luchó contra el materialismo judío, y le servía de inspiración. La lucha de Jesús era también la suya. Una lucha por la redención, que era por lo que Hitler peleaba», manifiesta Richard Steigmann-Gall. Así, Hitler y sus seguidores se embarcaron en un proyecto para eliminar de la Biblia todos los fragmentos que ponderaran el papel de los judíos.

El simbolismo a través de la línea de sangre se utilizaba en los iconos más potentes de los nazis para despertar el patriotismo y añadir credibilidad a su ideología. «Para los alemanes —indica Levenda— la sangre era el alma, era el espíritu. Cuando Hitler trató de tomar Alemania por primera vez, en 1923, una de las banderas que enarbolaban durante el golpe de Estado quedó manchada con la sangre de los camaradas caídos. Ese emblema ensangrentado era sagrado, se convirtió en una especie de reliquia. Cada vez que se ungían nuevas banderas o se bautizaban nuevas unidades de las SS o del ejército, Hitler portaba la bandera manchada de sangre y tocaba con ella los nuevos estandartes de las unidades, para conferirles el mismo poder espiritual de la sangre de la bandera reliquia.»

La sangre de los mártires se convirtió en el agua bendita del Tercer Reich y la bandera sagrada era el cáliz de plata. Algunos defienden que todo aquello lo ideó Hitler para crear oscuros y misteriosos rituales en el marco de una religión esculpida según las ceremonias y los ritos del cristianismo. Y al igual que el cristianismo tiene su representación en la cruz, el Tercer Reich posee su propio símbolo religioso, la esvástica, reconocida en todo el mundo como emblema de las mayores atrocidades. Adolf Hitler la adoptó de la Sociedad Thule como símbolo del Partido Nazi a principios de los años veinte, para estamparla en banderas, insignias y brazaletes, pero sus orígenes son un misterio. Los hindúes se refieren a ella como el disco giratorio con el que el dios Vishnu hizo girar el universo para que existiera. Según David Welch, ya en la Antigua Grecia y en el siglo IV en Irán se reproducían dibujos de esvásticas. «Y en la modernidad, vemos algunos grupos de indios americanos que utilizan este símbolo. Para cada grupo ha albergado un significado distinto a lo largo del tiempo», dice. En realidad la esvástica es un símbolo solar por su carácter de emblema helicoidal, y está presente en muchas culturas antiguas, como China, la India, Grecia —se ha encontrado en las excavaciones de Troya—, los íberos, México o Perú.

La palabra alemana para denominar a esta cruz es *hakenkreuz*, que significa, literalmente, la «cruz torcida». Ya era un símbolo popular en Alemania antes de que los nazis se apropiaran de él. De hecho, las tropas lo utilizaron durante la Primera Guerra Mundial como una especie de talismán. «La esvástica, tal y como nos la presenta el universo simbólico nazi, sigue la dirección de las agujas del reloj. Cuando la dirección es la contraria, entonces se trata de un símbolo hinduista. Es perfectamente posible que los nazis decidieran que poseía unos orígenes suficientemente misteriosos como para apropiársela», asegura Phil Steinschneider. Los nazis idolatraban el Tíbet y los cultos del norte de la India. La llamada raza aria, para ellos, había tenido su origen allí, y la India, Nepal, Bután y el Tíbet están repletos de motivos con esvásticas. «La utilizan los budistas, los taoístas y en templos hindúes por igual. En Asia representa, específicamente, «buen augurio», pero se toma como símbolo de las energías polares en el universo. Los alemanes sintieron que tenía conexiones raciales con ellos y que era más representativa de su pueblo que la cruz cristiana», explica Levenda. Lo que nadie duda es que se trata de un símbolo del todo reconocible, «se sabe perfectamente qué representa y todo el mundo conoce el contexto en que debe situarlo. ¿Qué otro partido político o asociación nacional posee un símbolo tan reconocible, tan obvio, tan llamativo?», se pregunta Levenda.

Una vez estuvieron implantados los símbolos quasirreligiosos, la siguiente tarea de Hitler fue difundir su mensaje. Los nazis diseñaron una campaña de propaganda para convencer a los alemanes de que la visión de Hitler contenía su salvación, incluso cuando esa visión conllevaba la eliminación de significativas mayorías dentro de la sociedad germana. En manos del maestro propagandista Joseph Goebbels, Hitler, con sus potentes símbolos nazis, se convirtió en una reconocible y provocativa marca. Goebbels y sus colegas se servirían de esos símbolos para lanzar un bombardeo masivo a través de los medios de comunicación. Hay quien atribuye la rápida ascensión al poder de Hitler al genio propagandístico de Goebbels, y no es ninguna exageración, ya que el más inteligente y quizá el más avieso de los que formaban el círculo más íntimo de Adolf Hitler sabía cómo movilizar las masas, intoxicarlas y ponerlas en acción.

Hitler estaba ya listo para cumplir su misión como el Anticristo de la profecía que prometería la esperanza y la prosperidad al pueblo alemán, tal como Nostradamus supuestamente auguró cuatro siglos atrás.

«Goebbels, junto con otros miembros del partido, presentaron a Hitler no sólo como un político, sino como el individuo que Alemania estaba esperando, alguien imbuido con poderes extraordinarios, dinámico, robusto, decidido; alguien que, en un plano místico, encarnaba las esperanzas y los sueños de una nación. Lo más interesante sobre el mito del Führer no es la manera como se difundió en los medios, el cine, la radio, los periódicos, los panfletos, los poemas, la pintura, la escultura, etc., sino cómo Goebbels fue haciendo que, poco a poco y muy inteligentemente, ascendiera a un plano superior al de la política del día a día del régimen», asegura el historiador David Welch.

Otro de los personajes que contribuyeron a crear y potenciar el simbolismo nazi fue la famosa actriz y cineasta Leni Riefensthal, célebre por sus producciones propagandísticas en la Alemania nazi. En 1932, su película *Das Blaue Licht* (La luz azul) fue premiada en el Festival de Venecia, lo que la lanzó a la fama internacional. Ese mismo año, escuchó a Adolf Hitler en un mitin y le ofreció su talento y colaboración. A través de Rudolf Hess, Hitler le propuso filmar la concentración del Partido Nazi en el Campo Zeppelín de Nuremberg, en 1933. Riefenstahl realizó lo que hoy se conoce como *La Trilogía de Nuremberg*, compuesta por *Der Sieg des Glaubens* (Victoria de fe, 1933), *Triumph des Willens* (El triunfo de la voluntad, 1934) y *Unsere Wehrmacht* (Día de libertad: nuestras Fuerzas Armadas, 1935), uno de los documentales político-propagandísticos más efectivos jamás filmado, en el que aparecían los populares desfiles nazis en mitad de la noche en los que se portaban antorchas y donde se presenta a Hitler como el Führer omnipotente e incorruptible. Los potentes símbolos y rituales aparentemente religiosos del nuevo credo nazi son omnipresentes en las tres películas.

«Al principio del documental *El triunfo de la voluntad*, lo primero que se ve es a Hitler en su avión y la sombra del avión sobre el suelo, recorriendo la ciudad. La sombra forma una cruz que va surcando el paisaje alemán. Es una metáfora donde vemos a Hitler a modo de Mesías descendiendo literalmente desde los cielos para salvar a Alemania», describe Phil Steinschneider. «Lo que Hitler buscaba era una respuesta emocional inmediata. Era lo que entendía, lo que sabía controlar, una especie de lavado de cerebro, de guerra psicológica, que los alemanes denominaron "guerra ideológica". Hitler era consciente del poder del cine y de la música para crear la atmósfera emocional que él necesitaba para tener a todo el mundo bailando a su ritmo», sostiene Peter Levenda.

La avanzada y esplendorosa sociedad alemana se convirtió en una galería de los horrores. «Sólo veían la cara más espectacular de la nueva Alemania, y miraban hacia otro lado ante los abusos de poder del régimen, pensando que era un precio asumible. Al final se darían cuenta de que el precio había sido demasiado caro», explica el historiador y escritor Jesús Hernández, autor de *El Reich de los Mil Años*. Mientras, los historiadores aún no se ponen de acuerdo sobre cómo fue posible que surgiese ese régimen monstruoso en una nación que estaba a la cabeza del mundo civilizado. «Considero que, en líneas muy generales, fue debido a una irrepetible mezcla de factores que dio lugar a una combinación explosiva», afirma Hernández. Pero ¿sería impensable que volviera a ocurrir algo parecido en la actualidad?

¿Preparándose para la resurrección?

A Adolf Hitler se le considera el primer jefe de Estado que comprendió perfectamente el poder de la iconografía y la utilizó a gran escala al servicio de su objetivo de manipular a su pueblo. A medida que la población alemana iba sintiéndose cada vez más seducida, más se acercaba él a ver cumplida la profecía de dominación plena y del Reich milenario. Hoy en día, los dictadores de todo el mundo imitan el modo en que Hitler manipulaba a los medios. Las herramientas para influir en los pensamientos y acciones de un pueblo tienen dimensión mundial e inmediata. Durante la última década, la propaganda a favor de la intolerancia ha alcanzado cotas alarmantes. «En la actualidad, cualquiera con un ordenador y conexión a internet puede crear una página web dedicada a difundir el odio. Abundan las páginas de corte nazi, ultraderechistas, del Ku Klux Klan o las extremistas islámicas, dedicadas específicamente a divulgar el odio por los que no son iguales a sus creadores», indica Peter Levenda.

La manipulación de la información de Hitler tuvo tanto éxito que incluso mientras su adorado Tercer Reich se tambaleaba a sus pies, muchos de sus colaboradores ni siquiera lo advirtieron. «La ironía es que, hasta la última semana de la Segunda Guerra Mundial, la mitad de la población alemana pensaba que Hitler era un gran hombre y muy beneficioso para Alemania», explica Victor Baines, miembro de la Sociedad de Nostradamus de América y autor de *Remember the Future: The Prophecies of Nostradamus*. Los alemanes no descubrirían la terrible realidad de la existencia de los campos de exterminio hasta 1945.

Pero hacia 1944, ya era obvio que Hitler había subestimado a sus enemigos y, a medida que la guerra se acercaba a su fin, se refugió una vez más en sus creencias sobrenaturales para la liberación. Algunos incluso sugieren que estas prácticas ocultistas misteriosas podrían haber tenido que ver con las circunstancias de la derrota de Hitler. ¿Formaba parte su muerte de un plan maestro ideado para hacerla coincidir con el día de los muertos pagano según el rito ocultista?

En la primavera de 1945, la visión de Hitler del Reich milenario se desvaneció bajo sus pies. Confinado en un búnker a 15,24 metros de profundidad bajo los edificios de la Cancillería en Berlín, el Führerbunker, Hitler ejercía la presidencia de un Tercer Reich en proceso de desintegración. A medida que los Aliados avanzaban tanto por el este como por el oeste, él estaba más acorralado. Cuando los rusos entraron en la capital alemana, supo que sus días estaban contados. «Hacia el final de la guerra, cuando todo hacía aguas a su alrededor, llegó a declarar en ciertas ocasiones que las consecuencias desastrosas de la guerra eran culpa de los propios alemanes, que habían incumplido su parte del trato, y que si le hubieran prestado atención, si lo hubieran seguido, su destino habría sido otro muy distinto», cuenta Mark Weitzman, director del Grupo de Trabajo Contra el Odio, del Centro Simon Wiesenthal, en Estados Unidos.

El misterio y la controversia persiguieron a Hitler hasta el último momento. Hay todo tipo de versiones sobre lo que aconteció en el Führerbunker. Los expertos aseguran que Hitler escogió su propia muerte. Es más, hay quien cree que Erik Jan Hanussen, el famoso vidente que fue consejero de Hitler durante el principio de los años treinta, pudo haber predicho la muerte del Führer. En 1933, la noche de su muerte, Hanussen escribió un mensaje en clave con tinta invisible. El mensaje, descifrado posteriormente y hecho público por sus familiares, decía: «Cuenta los días. El primer día que cuentes marcará la caída del hombre que quiere dominar el mundo por la fuerza bruta. El segundo día marcará aquel en que se produzca la entrada triunfante de los victoriosos». ¿Acaso Hanussen, el judío que ayudó a Hitler a poner en marcha su profecía de terror, anticipó el avance del ejército ruso y la destrucción definitiva de Hitler?

Cuando Hitler se preparó para morir, empleó las mismas fuerzas sobrenaturales y ocultas que lo habían llevado al poder y ritualizó sus últimos momentos en la Tierra, quizá con la esperanza de imbuir sus diabólicas profecías de inmortalidad. Hay quienes dicen que podría responder a un intento por asegurarse su propia resurrección de entre los muertos, como la de Cristo. Apuntan que la interpretación de Hitler de las profecías de Nostradamus del siglo XVI pudo incidir directamente en la elección del ritual de su muerte. Así, en la Centuria II, cuarteta 24 se puede leer: «Bestias enfurecidas codiciosas de beber en los ríos, / Gran parte del campo será frente a Hister, / En jaula de hierro el jefe se desplazará, / Cuando nada observe el hijo Germánico».

Según la interpretación del escritor y autonombrado profeta actual, John Hogue, «quizá esté anunciando una de las batallas fluviales más significativas para la defensa de Hitler de su Tercer Reich, cuando estaba empezando a perder la guerra. En esos momentos había unos cincuenta millones de personas en armas contra el Tercer Reich, que disponía de unos diez o quince millones de soldados en su ejército. Dice que "en una jaula de hierro, el grande será transportado". En Berlín cavaron una trinchera enorme reforzada con barras de hierro que, una vez cubierta de cemento, se convirtió en el búnker del Führer», explica. Sin posibilidad de huir, Hitler acabó suicidándose en ese mismo búnker. Para el historiador militar Gerhard Weinberg, no sólo fue su propio suicidio, «quería prepararlo todo para que el país entero cometiera un suicidio en masa». Lo que no duda John Hogue es que «la humanidad ha dado cuenta de que algunas profecías de Nostradamus han sido ciertas, entre ellas la predicción del primer Anticristo en la figura de Napoleón Bonaparte y el segundo en la de Adolf Hitler».

El 22 de abril, según algunos historiadores, Hitler sufrió una crisis nerviosa durante uno de sus despachos informativos diarios para examinar la situación militar. Al admitir que la derrota era inminente y que Alemania perdería la guerra, expresó su intención de matarse y, más tarde, solicitó al médico Werner Haase que le recomendara un método confiable de suicidio. Combinar una dosis de cianuro con un disparo en la cabeza sería lo más seguro. Su Estado Mayor intentó sin éxito convencerle de que huyese a las montañas alrededor de Berchtesgaden y se pusiera al mando de las tropas que quedaban, para prolongar el Reich. Pero Hitler les dijo a sus generales que su decisión era definitiva.

Una semana después, Hitler empezó a mostrar síntomas de paranoia. La fe que tenía en su propia profecía le impidió ver la realidad y lo condujo a su destino final. El miedo se apoderó de él. Había oído historias espeluznantes acerca de la muerte del que había sido su compañero de conspiración del Eje, Benito Mussolini, según las cuales había sido capturado, ejecutado y su cuerpo colgado en un gancho de carne y descuartizado por la muchedumbre. «Supo cómo habían acabado Mussolini y su amante, y era un final que no quería en absoluto para él», indica el profesor emérito de Historia en la Universidad de Carolina del Norte, Gerhard Weinberg, experto en Hitler e historiador militar conocido por sus estudios sobre la Segunda Guerra Mundial. También argumenta que Hitler tenía planes para conquistar el mundo entero —y no sólo Europa— y que ya antes de llegar al poder en su mente estaba la idea del genocidio de los judíos como quedó reflejado en su libro *Mi lucha* y no como defienden otros historiadores, que afirman que los nazis tomaron la decisión de activar la solución final «al problema judío» en septiembre-octubre de 1941.

El ministro de Propaganda Joseph Goebbels llevó a su mujer y a sus seis hijos a vivir con Hitler en el búnker. Hitler comenzó a clasificar sus papeles y a seleccionar los documentos que debían ser quemados. Dio permiso al personal del búnker para que salieran. Sólo se quedaron un puñado de colaboradores personales, como su principal asesor Martin Bormann, la familia Goebbels, ayudantes militares y de las SS, dos de sus secretarias personales y su fiel compañera de toda la vida, Eva Braun.

El golpe final llegó el día 28, cuando Hitler se enteró a través de Goebbels de que los servicios del Ministerio de Información británico notificaban que el Reichsführer de las SS, Heinrich Himmler, había intentado negociar con los Aliados la rendición y había ofrecido incluso entregar los ejércitos alemanes en el oeste a Eisenhower. Según testigos presenciales en el búnker, Hitler «se enfureció como un loco», con una ira nunca antes vista. Himmler había estado con Hitler desde el principio y se había ganado el apodo de *Heinrich der treue* (el fiel Heinrich) tras muchos años de servicio a su Führer. Hitler ordenó su detención. De poco serviría. A última hora de la tarde del día 28 dictó su última voluntad y su testamento político en el que expresó muchos de los sentimientos escritos en *Mi lucha.* Culpó a los judíos de todo, incluso de la Segunda Guerra Mundial. Justo antes de la medianoche, se casó con Eva Braun en una breve ceremonia civil.

A mediodía del 30 de abril, Hitler asistió a su última reunión sobre la situación militar. Los soviéticos estaban a pocos metros de distancia. A las 14.00 horas, Hitler tomó su último almuerzo vegetariano. Él y su esposa Eva se despidieron de Bormann, Goebbels, Krebs y Burgdorf y del resto de ayudantes militares y miembros de su personal. La pareja entró en sus aposentos privados y momentos más tarde se escuchó un disparo. A las 15.30 horas, Bormann y Goebbels entraron y encontraron el cadáver de

Hitler tendido en el sofá, con un disparo en la sien derecha. Eva Braun había muerto por ingestión de veneno. Hitler murió un día en que, según los creyentes, los muertos resucitarían.

El 30 de abril de 1945, sacaron del búnker el cuerpo de Hitler, junto con el de Eva Braun, los rociaron con combustible y los quemaron hasta convertirse en cenizas. ¿Fue este acto decisivo cometido el último día de abril el intento definitivo de Hitler de asegurarse la inmortalidad? «El 30 de abril es un día de importancia capital para los alemanes —señala Peter Levenda— porque se celebra el Walpurgisnacht, la Noche de Walpurgis, una especie de día de los muertos. En *Drácula*, de Bram Stoker, se menciona este día como una fecha espeluznante, de tremenda energía y misticismo, y casualmente fue el día elegido por Hitler para suicidarse.» Las antiguas costumbres paganas decían que en esta noche las brujas se reunían para celebrar la resurrección y dar la bienvenida a la primavera. «Hitler había leído todos estos textos ocultistas de joven —añade Levenda—, cuando se movía casi íntegramente en esos círculos y se relacionaba con Heinrich Himmler y con Rudolf Hess. Todo ello alimentó sus ideas sobre el misticismo y la grandeza, de modo que cuando decidió suicidarse el 30 de abril y ordenó que quemaran su cuerpo, es posible que buscara deliberadamente una cremación ritual. Quizá Hitler pensaba que así despertaría y terminaría de conducir a Alemania hacia la victoria.»

Pero ¿qué indujo a Goebbels a elegir la misma muerte? El día 1 de mayo de 1945, al atardecer, el ministro de Propaganda llevó a sus seis hijos a una de las estancias del búnker habilitada como dormitorio, y allí el mismo médico que la víspera había envenenado a los perros de Hitler les administró un somnífero diluido en agua; minutos después, su madre los envenenó. Seguidamente, Goebbels pidió a su asistente, Günther Schwaegermann, que preparase contenedores con gasolina porque había decidido morir con su mujer. Le dijo que tras su fallecimiento los rociasen con gasolina y les prendiesen fuego. A las 20.30 horas de aquel día, cuando ya comenzaba a oscurecer, los Goebbels subieron al jardín del búnker y allí un hombre de las SS les disparó en la nuca. Los rociaron de gasolina y les prendieron fuego. Al día siguiente, los rusos los encontraron medio carbonizados, por ello reconocieron sus rostros inmediatamente. No había quedado nadie vivo en el búnker para mantener vivas las llamas.

Cuarenta años después de la guerra, las autoridades soviéticas aseguraron que quemaron totalmente los cuerpos de Hitler, Eva Braun y el matrimonio Goebbels después de encontrarlos, y que esparcieron sus cenizas al viento el 5 de abril de 1970. A finales del siglo XX, abrieron los archivos históricos al público. En uno de los documentos aparece una fotografía de los «posibles restos de Adolf Hitler», algo que muchos dudan que sea cierto y que contradecía la versión anterior. En abril de 2000, los rusos mostraron en una exposición una minúscula pieza craneana con un agujero de bala, perteneciente, según ellos, a Adolf Hitler. También se filtró una noticia extraña: durante todos estos años las autoridades aliadas habían mantenido en secreto una zona del famoso búnker de Berlín donde Hitler se habría quitado la vida, ante el temor de que el lugar se convirtiera en sitio de peregrinaje para neonazis. Más de seis décadas después de la muerte del Führer, aún quedan hechos desconocidos por la opinión pública.

El odio se extiende por el mundo

Puede que finalmente Hitler triunfara en su búsqueda de la resurrección. Hoy en día estamos asistiendo al resurgimiento de grupos de intolerancia que se sirven de la violencia para implantar la visión del nuevo orden de Hitler. «Si la gente entendiera completamente la verdadera naturaleza de Hitler, le tendríamos mucho más miedo ahora del que se le tuvo en su momento», afirma el clérigo investigador, Michal Deschausses, autor de *Nostradamus Centuries of the Divine Plan, Rise to Consciousness*, quien también defiende la idea de que la llegada de Hitler se predecía hace más de cuatrocientos cincuenta años en los textos cifrados ocultos escritos por Nostradamus.

Si siguen creándose movimientos que niegan la existencia del Holocausto y reivindican el legado de la supremacía blanca del Tercer Reich, si la antorcha de la profecía de Hitler se pasa de mano en mano, el resultado podría ser la devastación absoluta. «Cualquier estudio que intente arrojar luz sobre el antisemitismo debe hacerlo a la sombra del Holocausto, la manifestación más extrema del antisemitismo en nuestro o en cualquier tiempo. Esto no quiere decir que tengamos que vivir en el pasado, pero no hay que olvidar que el pasado crea nuestro presente», afirma Mark Weitzman.

Adolf Hitler dejó una huella indeleble en la historia de la humanidad, un legado de atrocidades que nunca se olvidará, pero su visión demoníaca de la pureza racial sigue muy viva. Hay quienes creen que el imperio racista del terror de Hitler está vinculado a profecías del pasado, recogidas en la Biblia y en las predicciones de Nostradamus. Algunos llegan más lejos y lo relacionan con acontecimientos actuales, como el incremento de grupos cada vez más violentos, la inestabilidad interna en los países, los ataques racistas, el simbolismo ocultista o la agresión política. ¿Podría estar materializándose la profecía de Hitler del Reich milenario? «Una de las grandes lecciones que el período nazi alemán nos enseña es que debemos mantenernos alerta frente a los políticos que se autoproclaman ungidos por la Providencia o por Dios para salvar a un país en un momento de desesperación y que parte de esa salvación implica la eliminación de los enemigos del país, de dentro y de fuera», sostiene Phil Steinschneider. En opinión de Mark Weitzman, «Alemania era el centro de la cultura, cuna de filósofos, científicos, escritores, teólogos, músicos, etc. Hitler se puso a la cabeza de este país y lo impulsó literalmente hacia el genocidio en masa más generalizado y organizado que se había producido en ningún país del mundo hasta ese momento». Muchos historiadores siguen preguntándose cómo fue posible.

Los neonazis y los racistas siguen encontrando inspiración en las teorías de Hitler, a pesar de llevar muerto más de sesenta años. «No es una cuestión de si la historia se repetirá o no, es una cuestión de cuándo lo hará. Los europeos blancos volverán a reunirse en un solo pueblo como una nación y bajo la bandera de la esvástica otra vez», asegura Jeff Schoep, líder del NSM en Estados Unidos. A estos fanáticos, Peter Levenda los describe como «personas desencantadas, gente que cree que ha perdido el control sobre sus propias vidas y que buscan a un culpable al que señalar. La única manera que tienen de sentirse integrados es empuñando una pistola y peleando».

A ex soldados de las SS, ya muy ancianos, se les trata como héroes en las concentraciones de los neonazis. Antes y durante la Segunda Guerra Mundial, ¿creyeron realmente en Hitler como su Mesías, *Mi lucha* como su Biblia y en la Solución Final como su llamada a las armas? Y si lo hicieron, ¿lo siguen creyendo hoy en día? Portavoces que imitan la retórica de intolerancia del Partido Nazi suben a los podios, más de seis décadas después, para arengar a una muchedumbre consagrada, como Hitler, a una religión de odio. Los extremistas más radicales, con sus creencias antioccidentales y antisemitas, son el legado de Hitler, su profecía. Terrorismo promovido por el Estado, ésa es la profecía de Hitler. «El régimen nazi y Hitler representaron un cisma en la civilización. Introdujeron en la política moderna la idea de que un grupo de gente o un Estado podía decidir que otro grupo de gente no debía existir. Una vez roto ese tabú, no sólo el del asesinato, sino también el del asesinato en masa, hemos descubierto en los últimos setenta años que ha vuelto a suceder», proclama Jeffrey Herf, profesor de historia de la Universidad de Maryland.

Muchos dictadores, muy carismáticos, han gobernado durante el siglo XX y han ejercido la violencia impunemente... pero pocos han igualado la crueldad y la notoriedad de Adolf Hitler, ni tampoco han poseído su carisma ni su habilidad para embaucar a todo un país. Para el escritor Peter Levenda es difícil encontrar a alguien comparable. «Stalin y Mussolini se acercaron mucho, pero ninguno de ellos tuvo la fuerza de atracción ni el poder de Hitler.» Además, muchos expertos coinciden en afirmar que el perdurable legado de Hitler podría ser el camino que allanó a otros déspotas para que se autoproclamaran también salvadores. «En lugar de fomentar la evolución de la civilización —considera Mark Weitzman—, provocó un paso atrás y demostró, en la cuna de la civilización, el poder del genocidio. Ha penetrado en nuestras conciencias como una advertencia contra aquello en lo que podemos convertirnos y que debemos evitar.»

Hitler fue un profeta autoproclamado que ideó un plan para instaurar un orden mundial nuevo, una Biblia de odio racista, el programa de su Reich milenario capaz de destruir el mundo tal y como hoy lo conocemos. Las extendidas creencias extremistas en el mundo occidental, el aumento en las ventas de pistolas y todo tipo de armas, el incremento anual de los crímenes motivados por el odio y el terrorismo, el elevado número de casos de intolerancia y el racismo, ¿no serán señales de que la profecía de un nuevo orden estaría empezando a cumplirse?

22

La búsqueda de autenticidad en las predicciones bíblicas

Desde que existe la Biblia hay quienes han creído que escondía un código entre sus páginas con el que claramente describía los acontecimientos pasados y futuros. Grandes secretos que sólo conocían los altos sacerdotes, revelaciones que respondían a una fórmula esotérica o a la magia y que han retado a las mentes más brillantes de la historia a intentar descubrirlos. Ahora, muchos investigadores bíblicos insisten en que es científicamente demostrable la existencia de una clave digital. Los secretos ocultos durante tres siglos han sido desvelados y han dejado perplejos y frustrados a teólogos, investigadores y matemáticos.

Las pruebas científicas del código de la Biblia

Desde los tiempos más remotos hemos tratado de saber qué nos deparaba el futuro, para ir un paso por delante del destino. El futuro nos ha dejado perplejos e hipnotizados durante miles de años. ¿Han estado siempre las respuestas ante nosotros, encerradas en uno de los textos más antiguos conocidos por el hombre, el Antiguo Testamento? Un grupo de científicos están convencidos de ello. Con la aparición de los ordenadores, una herramienta capaz de analizar millones de datos bloqueados durante siglos con una clave digital, ha sido posible descifrarlo. Y es que para algunos estudiosos bíblicos, estos textos escritos en hebreo son el primer programa informático de la historia. De momento, nadie ha podido aclarar si ese código de la Biblia está ahí para darnos las respuestas que buscamos o para advertirnos de lo que pasará.

En el año 1997 se publicó en Estados Unidos *El código secreto de la Bi-*

blia, que rápidamente se convirtió en un best seller mundial y encabezó las listas de los libros más vendidos en Israel, Estados Unidos, Gran Bretaña y Alemania. En él su autor, el periodista Michael Drosnin, expone audazmente una tesis tan asombrosa como fascinante: en lo que los cristianos conocen como el Antiguo Testamento, y los judíos como Tanaj, se halla oculto de modo criptográfico un código que contiene información de innumerables personalidades y acontecimientos importantes para la humanidad a lo largo de toda su historia pasada, presente y futura. Aplicando su método, Drosnin predijo, un año antes de que sucediera, el asesinato del primer ministro israelí y premio Nobel de la Paz, Isaac Rabin. La guerra mundial, el holocausto atómico, el fin de los días; incluso, los atentados del 11 de septiembre aparecen codificados en la Biblia, sostiene el periodista. «Yo no soy religioso, ni siquiera creo en Dios, de manera que no puedo ni imaginar cómo es posible que exista un código en la Biblia que revele acontecimientos acaecidos después de la redacción de la misma. Pero de una cosa estoy seguro: el código es real», escribe Drosnin en el prólogo de su libro.

Las primeras investigaciones de la existencia de un posible código secreto en la Biblia datan del siglo XII, cuando se cree que los rabinos judíos comenzaron a buscar la firma de Dios en la Biblia. Pensaban que si encontraban mensajes en el Antiguo Testamento podrían hallar la palabra de Dios dirigiéndose a ellos. Se dedicaron a intentar resolver los enigmas del gran libro, y sus búsquedas desataron la curiosidad de las siguientes generaciones. «La historia comienza en la época medieval, cuando los grandes místicos cabalistas hicieron la siguiente afirmación: "Todo lo que alguna vez fue, es y será", frase que se encuentra en la Torah, un conjunto de escrituras incluido en la Biblia. Para los místicos, la Biblia no es un texto, es un organismo vivo y es parte de la divinidad. No la escribió Dios, es el propio Dios», explica el experto en estudios judaicos Mordechai Gafni, de la Universidad de Oxford. Torah o Torá es una palabra hebrea que significa «instrucción» o «ley». Se usa con respecto a la Biblia tanto en el sentido general de todas las Escrituras y mandamientos divinos como al referirse a los primeros cinco libros de la Biblia, llamados Pentateuco, nombre griego dado a los libros tradicionalmente atribuidos a Moisés y de inspiración directa de Dios: Génesis, Éxodo, Levítico, Números y Deuteronomio. Los cristianos la denominan Pentateuco o *Los libros de Moisés*.

En el siglo XVIII vivió uno de los mayores eruditos de la Biblia, conocido como Gaón de Vilna (1720-1797), aunque su verdadero nombre era

Eliyohu Ben Shlomó Zalman «Kremer». Este rabino fue el único de su generación que recibió, con sólo treinta y tres años de edad, el nombre de Gaón (que significa «genio»), título que únicamente se había concedido con anterioridad a los dirigentes de las dos grandes academias de Babilonia, Hillel y Shamai. Desde muy joven dominaba la literatura halájica (legal) y la Torah (Pentateuco), y más adelante se concentró en el estudio de la Cábala o Qabbalah (misticismo judío), la astronomía, las matemáticas y la anatomía.

Para Gaón, la razón y la ortodoxia debían ocupar el centro de la existencia judía. Aplicó esta actitud «científica» a la vasta literatura judía, desde la Torah hasta los trabajos de su época. Consideraba la Biblia un texto divino, por tanto cada palabra poseía gran importancia. Sin embargo, las palabras no estaban aisladas, sino que se combinaban en oraciones cuyo significado podía cambiar de acuerdo con la puntuación, los acentos y las reglas sintácticas. Estaba convencido de que era imposible comprender las Escrituras sin dominar perfectamente el hebreo y su gramática. Este análisis era muy novedoso en su tiempo, ya que insistía en que se debía interpretar la Torah de acuerdo con el *peshat*, es decir, según el significado lógico y gramático. Su objetivo era encontrar el significado esencial que se hallaba oculto en los cientos de interpretaciones realizadas durante generaciones.

El sabio Gaón de Vilna escribió: «Es regla que todo lo que fue, es y será hasta el fin de los tiempos está incluido en la Torah, desde la primera hasta la última palabra. Y no tan sólo en un sentido general, sino hasta el menor detalle de cada especie y cada uno de sus individuos, y hasta el detalle de cada detalle de cuanto le ocurra a éste desde que nace hasta que deja de existir». Desde entonces, el significado de esta idea ha sido objeto de numerosos debates. Hasta tal punto que algunos creen que el erudito estaba declarando que la Biblia es una guía para la vida, mientras que otros sostienen que avisaba de la existencia de unos códigos bíblicos que revelarían los secretos del universo. «Gaón de Vilna comenzó investigando las primeras fuentes, corrigiendo y escribiendo comentarios. Fue un lector muy meticuloso, analizaba las estructuras del texto y buscaba todo lo importante que se ocultaba en él. Buscaba las notas y tildes en el encabezamiento de la carta y su interpretación. Así que para él, pensar en la estructura del código secreto era algo muy natural», cuenta Gafni.

El siguiente investigador del código fue el ilustre científico Isaac Newton. Él, que fue un religioso devoto, quería probar la verdad de la Biblia con medios científicos. Aprendió hebreo y trató de encontrar los códigos en el texto bíblico con el fin de demostrar la validez de la Biblia. Ni Newton ni muchos otros sabios y lograron encontrarlo a pesar de dedicar años de estudio intenso y meticuloso. «Es muy interesante constatar que Isaac Newton, que no era judío, también creyó que podía existir un código y pasó mucho tiempo tratando de encontrarlo», indica Eliyahu Rips, profesor de Matemáticas de origen lituano de la Universidad Hebrea de Jerusalén, uno de los mayores expertos mundiales en la teoría de grupos (el campo de las matemáticas en el que se basa la física cuántica) y que afirmó haber logrado, en 1994, uno de los viejos sueños de los cabalistas: descifrar el código oculto con el que Dios escribió la Torah.

Todo está escrito desde hace tres mil años

La investigación del código se interrumpió hasta unos años antes de la Segunda Guerra Mundial, cuando un rabino de Praga, sin conocimientos científicos, llamado Michael Ber Weissmandl (1903-1957) se convirtió en el primer investigador moderno en afirmar que existía un código detallado en el texto de la Biblia. Weissmandl retomó el viejo reto de buscar las claves bíblicas, pero su estudio tendría que esperar porque los alemanes lo capturaron. Después de escapar de un tren con destino a Auschwitz, Weissmandl se convirtió en un héroe por tratar de salvar a miles de judíos de Eslovaquia de los campos de exterminio nazis.

Al terminar la guerra, reanudó su búsqueda del código de la Biblia y, finalmente, logró resultados donde otros investigadores habían fracasado. Weissmandl copió a mano cuidadosamente grandes partes de la Torah, en cuadrículas de diez caracteres por diez caracteres. En estos cientos de fichas utilizó un sistema muy sencillo que consistía en saltarse un intervalo constante de letras, llamado Secuencias de Letras Equidistantes o ELS (*Equisdistant Letter Sequences*). Con este sistema encontró la palabra «Torah» en hebreo al comienzo de cada uno de los cinco libros del Antiguo Testamento, un hecho que no podía ser resultado del azar. Las palabras se formaban saltando un número constante de caracteres entre las palabras del texto. Para ello escogió el intervalo de cincuenta caracteres o letras, ya que desde que el pueblo judío salió de Egipto hasta que Yahveh dio la Torah a Moisés pasaron exactamente cincuenta días. «El rabino Weissmandl fue el pionero en introducir los códigos en la era moderna. Lo que buscaba era precisamente este fenómeno de ELS, de secuencia o saltos entre letras equidistantes. Se trata de un trabajo monumental. Por aquel entonces no existían los ordenadores, por lo que no pudo determinar un ELS básico», señala Barry Simon, profesor del Instituto Tecnológico de California.

Aunque la proeza de Weissmandl de descubrir los códigos de la Biblia a mano fue impresionante, los investigadores tendrían que esperar a la llegada de los ordenadores para poder descifrar con éxito el código. Sólo esta herramienta podía analizar a la velocidad necesaria las combinaciones y asociaciones para poder desentrañar la información entretejida y realizar una lectura codificada. «La investigación del código podría haber llevado millones de años sin un ordenador, pero con la informática podemos encontrarlo en unos segundos sin problema», afirma el analista informático Art Levitt.

Como si de un gigantesco crucigrama se tratara, la Biblia está codificada de principio a fin con palabras que, al conectarse entre sí, revelan una historia oculta. El código de la Biblia intenta demostrar que en este texto original en hebreo hay mensajes cruciales que aparecen cuando se saltan intervalos constantes de una letra a otra. El código se descifra mediante un programa informático que muestra secuencias de palabras en una estructura de contenido organizado. Así, las palabras clave que se intentan hallar se introducen en el programa informático, que examina todo el texto de la Biblia usando una serie de saltos de letras, el ya antes mencionado ELS. Es importante señalar que cuanto más corto es el intervalo que genera el ordenador, más sorprendente es el hallazgo. Si halla la palabra, el buscador del código se sitúa en el lugar de la Biblia donde la ha encontrado. Esta zona se denomina cuadrícula o matriz. Entonces se examina minuciosamente la cuadrícula en busca de otras palabras que estén relacionadas con la primera pista que encontró el ordenador.

Los científicos más críticos con este método localizador de palabras, como Brendan McKay, profesor del Departamento de Ciencias de la Computación de la Universidad Nacional de Australia, afirman que las reglas son tan flexibles, hay tantos puntos de partida y los patrones de salto tan amplios, que es normal que aparezcan muchas de las palabras que se buscan. «Se puede comenzar con la letra que se desee y se puede elegir la secuencia que se desee. Lo principal es que una vez que se ha elegido un número determinado de caracteres o letras que hay que saltar, se debe seguir con ese mismo patrón. A veces el resultado es una palabra o frase con sentido, pero muchas otras sólo son galimatías», dice.

Un gigantesco puzle de millones de piezas

Eliyahu Rips se considera el descubridor del moderno código de la Biblia. Expulsado de la Unión Soviética tras haber sido encarcelado por oponerse a la invasión de Checoslovaquia, se trasladó a vivir a Israel. En 1985, Rips, junto con su equipo de investigadores, formado por el doctor en Física Doron Witztum y el programador informático Yoav Rosenberg, desarrolló un programa informático para encontrar mensajes ocultos en el texto bíblico. Todo comenzó tras leer los trabajos del rabino Michael Ber Weissmandl, publicados por sus estudiantes tras su muerte en 1957. «Enseguida me di cuenta de que se trataba de algo muy interesante que debía estudiar en profundidad», cuenta el matemático. Para dar con el código, Rips eliminó los espacios entre palabras y las marcas de puntuación y convirtió todo el texto bíblico en una hilera continua compuesta por trescientas cuatro mil ochocientas cinco letras hebreas. Ésta era la forma primigenia de la Torah, según le atribuyen los grandes eruditos judíos, pues ésa es la manera legendaria en que Moisés habría recibido la Biblia de Dios: «ininterrumpida, sin solución de continuidad».

El programa informático que ideó permitiría llevar a cabo ese tipo de saltos entre letras o caracteres a una gran velocidad comparado con el rudimentario método de Weissmandl, que consistía en una búsqueda manual. Para probar su descubrimiento, Rips y su equipo llevaron a cabo dos experimentos y escribieron un artículo que revolucionó el mundo científico y religioso. Primero, los investigadores seleccionaron en *The Encyclopaedia of Prominent Jewish Scholars* una lista de treinta y dos rabinos a los que la Enciclopedia definía como más destacados, y buscó para cada uno una fecha que le fuera característica. A continuación, exploraron con el sistema ELS en el Génesis hebreo. Nombres como Shlomo Yitzzhaki, Avraham Ibn-Ezza, Moshe Ben Maimon-Maimonides, Auraham, el hijo de Rambam, Yosef Caro, David Gonz, Moshe Chaim Luzzato e Ysrael Ben Eleazar fueron apareciendo junto a sus respectivas fechas de nacimiento y muerte. Las probabilidades de encontrar estos resultados por azar era de uno entre diez millones. Parecía que la información biográfica acerca de estos rabinos famosos se había codificado en el texto de la Biblia siglos antes de que estos eruditos vivieran. Los resultados fueron escalofriantes y constituyen, tras haber pasado rigurosos análisis de comprobación, una de las pruebas más sólidas de la existencia del código.

Este experimento se publicó en 1994 en la prestigiosa revista de matemáticas *Statistical Science*, del Instituto de Matemáticas y Estadística de Estados Unidos, una de las principales publicaciones científicas del mundo, bajo el título «Secuencias de Letras Equidistantes en el Libro del Génesis». De inmediato se desató una tormentosa controversia. «Obviamente era un estudio inusual para una revista científica. Nuestra mayor preocupación era que al publicarlo podría interpretarse como si le estuviéramos otorgando un sello de aprobación científica. Y nosotros no queríamos que se entendiera así», señala Robert E. Kass, editor de la publicación y profesor de Estadística de la Universidad de Carnegie-Mellon. «Nuestros revisores estaban desconcertados. La posibilidad de que el Libro del Génesis contuviera información significativa acerca de personajes actuales iba contra todas sus convicciones. No obstante, las pruebas adicionales confirmaron el fenómeno», añade. Antes de su publicación, el editor consultó la opinión de tres matemáticos de prestigio, quienes no encontraron ninguna objeción a la validez del trabajo. En todo caso, en el prefacio de la revista aclaró que «el documento se ofrece a nuestros lectores como un desafiante rompecabezas».

A partir del «experimento de los grandes rabinos» el término «Código de la Biblia» se popularizó para referirse específicamente a la información codificada a través del método de ELS. Más tarde, Harold Gans, criptólogo y matemático de la Agencia Nacional de Seguridad de Estados Unidos realizó otro experimento utilizando su propio programa informático y apareció, junto a la información localizada por Rips y su equipo, los nombres de las ciudades donde nacieron y murieron los rabinos, en lugar de las fechas. Una vez más los resultados se interpretaron como una prueba de que este fenómeno era real.

Otro famoso matemático judío, Robert Aumann, realizó una investigación de los resultados obtenidos y, en marzo de 1996, comunicó a la Academia de Ciencias de Israel que su conclusión era que el código de la Biblia encontrado por Rips era un hecho demostrado, que desafiaba a la formación matemática y al conocimiento científico. Ninguno de los destacados matemáticos consultados en el ámbito mundial pudo hallar el menor fallo. «Ningún crítico encontró evidencia alguna de que el código bíblico no fuera real. Todo lo contrario: cada vez se acumulaban más evidencias de que la Biblia predecía el futuro», afirma Michael Drosnin.

El programa desarrollado por Rips y su equipo permite explorar la Biblia en busca de nombres, hechos, fechas (cada letra hebrea es también un número), palabras relacionadas, etc. Para ello se verifican desde la primera letra todas las secuencias alternas posibles, las cuales dan palabras en saltos de uno a miles de espacios entre letras. Después se repite la secuencia comenzando por la segunda letra encontrada, hasta formar el nombre, palabra o frase solicitado al programa. Una vez se halla la palabra, el ordenador puede buscar palabras relacionadas; así va confeccionando una especie de crucigrama, cruzando palabras en sentido horizontal, diagonal o vertical, de delante hacia atrás y viceversa, para cada consulta realizada. El ordenador analiza las palabras emparejadas mediante dos verificaciones: comprueba que su proximidad sea significativa y no aleatoria, y que los saltos entre letras que forman la palabra sean los más cortos.

Mensajes encriptados en un acertijo matemático

Tras estos resultados se analizaron varios libros en hebreo, pero en ninguno se descubrió código alguno. Sólo aparecieron algunas coincidencias aleatorias y sin significado estadístico válido. Únicamente la Biblia hebrea, analizada mediante este programa específico, mostraba estas pautas. A partir del descubrimiento del código, los investigadores se apresuraron a estudiar el contenido de los mensajes. A medida que profundizaban en sus trabajos, las predicciones seguían apareciendo. Se podían leer frases que citaban el primer vuelo de los hermanos Wright o el *Kitty Hawk*, la llegada a la Luna, el Watergate, la guerra del Golfo, la reciente epidemia de SARS (síndrome respiratorio agudo severo), a numerosos jefes de Estado, los atentados terroristas al World Trade Center…

Los investigadores que han seguido el ejemplo de Rips han encontrado multitud de relaciones fascinantes que describen los acontecimientos más cruciales que han marcado el curso de la historia. «Podemos hacer todos los días cuadrículas con los sucesos históricos que aparecen en los medios de comunicación, para estudiarlos», explica Roy A. Reinhold, investigador bíblico y experto cabalista. «Los investigadores del código de la Torah han encontrado muchas historias por casualidad. A veces, cuando no hacen un experimento en concreto, sino que simplemente están estudiando una tabla, empiezan a descubrir diferentes palabras clave y asociaciones e intersecciones asombrosas» indica Robert M. Haralick, profesor de la Universidad de Nueva York.

Las revelaciones del código versan sobre una amplia variedad de temas en la historia del mundo. Por ejemplo, el código de la Biblia habla de Shakespeare y de algunas de sus principales obras. Así, en la misma secuencia aparece: «Shakespeare», «llevó al teatro», «Macbeth» y «Hamlet». También aparecen juntas en el texto bíblico las palabras «hermanos Wright» y «aeroplano». Asimismo, se refleja el espíritu pionero del hombre en una secuencia del código donde se puede leer «hombre en la Luna» y «nave espacial» en la misma cuadrícula (para muchos en una alusión directa al *Apolo 11*). El nombre del legendario emperador francés y acontecimientos significativos de su vida se encuentran dentro de una misma matriz que indica «Napoleón», «Francia», «Waterloo» y «Elba».

El código también se puede aplicar a muchos de los científicos más importantes del mundo y al impacto que tuvieron sus descubrimientos, como por ejemplo el invento de Thomas Edison. Así, aparecen juntas las palabras «Edison», «electricidad» y «bombilla». La teoría de Albert Einstein de la relatividad, que revolucionó la ciencia moderna, aparece en una cuadrícula que contiene las palabras «Einstein», «ciencia» y la frase completa «derrumbó la realidad presente». «Newton» está codificado junto a «gravedad».

El código también ha revelado acontecimientos que han cambiado el curso de la historia. El devastador impacto económico y social de la crisis bursátil de 1929 se puede leer en los términos «colapso económico», «depresión», «bolsa» y la cifra «1929». Las victorias y las tragedias de la guerra también se encuentran ocultas, como el nacimiento de Estados Unidos, que se cita con las palabras «Revolución Americana» y la fecha «5536» del calendario hebreo que corresponde a 1776. También se pueden leer en la misma cuadrícula «revolución en Rusia» y «5677-5678», años que corresponden a 1917 en nuestro calendario gregoriano. Las palabras «Bush», «Arafat» y «Sharon» están codificadas junto a la expresión «fin de los días». El código predijo incluso la guerra del Golfo y cita a Saddam Hussein.

Tal vez uno de los argumentos más convincentes para defender la existencia del código de la Biblia son los mensajes ocultos que hablan de uno de los acontecimientos más terribles de la historia moderna: la Segunda Guerra Mundial. Además de aparecer juntas las palabras «Hitler», «nazi», «enemigo», «hombre malvado» y «matanza», también se definen claramente en una matriz los nombres de los países clave: «Estados Unidos», «Francia», «Rusia», «Japón» e «Inglaterra», así como los nombres de Roosevelt, Churchill y Stalin, además de Hitler. También hay quienes aseguran que el ataque japonés a Pearl Harbor aparece en una secuencia de un pasaje bíblico que indica «los golpearán», «destruir» y «aniquilar». Y en esta misma cuadrícula se halla la entrada en el conflicto de Estados Unidos con las palabras «Guerra Mundial». El código especifica con sorprendente claridad la utilización por parte de los norteamericanos de armas atómicas; así, en la misma cuadrícula concurren «Japón», «holocausto nuclear» y el año específico «5705» que corresponde a 1945 en nuestro calendario, año en el que se realizaron los bombardeos atómicos sobre Hiroshima y Nagasaki.

Según explica Mordechai Gafni, la naturaleza de este texto es tal que hay distintos niveles de códigos solapados, «capas sobre capas de información superpuestas, con una infinidad de niveles de significado correcto. Los códigos no son sino uno de esos significados, pero puede haber otros». Para el analista informático Art Levitt, si tenemos en cuenta todo el conjunto, «no hay manera de que esto apareciera en el texto por azar».

El trágico asesinato en 1963 de John F. Kennedy y las misteriosas circunstancias que rodearon su muerte se destacan en tres formaciones distintas. En la primera aparecen juntas «presidente Kennedy», «morir» y «Dallas». En la segunda, el nombre del asesino de Kennedy, «Oswald», «francotirador» y «nombre del asesino que asesinará». El nombre de Oswald aparece de nuevo en una secuencia de código que describe los acontecimientos que rodearon su muerte a manos de Jack Ruby: «Oswald», «Ruby» y «él matará al asesino», como una predicción de lo que ocurrió.

El nombre del hermano del presidente asesinado, Robert Kennedy, se encuentra en una matriz junto a su asesino: «RF Kennedy» al lado de «S. Sirhan». La misma secuencia del código parece indicar que Robert Kennedy se habría convertido en presidente de Estados Unidos en 1968 junto a la frase «el segundo mandatario será asesinado».

El origen del código es tan controvertido como el mismo código. ¿Fue Dios quien codificó la Biblia para que nosotros la descodificáramos en la actualidad, para que nos sirviera de guía de nuestro pasado y, posiblemente, como presagio de los días por venir? ¿Fue una inteligencia que podía ver el futuro y que diseñó un lenguaje para que sólo pudiera descubrirse mediante la potencia de cálculo de un ordenador? Algunos creen que el origen del código bíblico es aún más asombroso que el mismo código. Así, hay quienes están convencidos de que lo codificaron unos extraterrestres que visitaron nuestro planeta hace miles de años, y dejaron tras de sí una hoja de ruta de nuestro destino. Sin embargo, para Roy A. Reinhold, esta hipótesis es descabellada. «Los extraterrestres tendrían que haber conocido una cantidad de información impresionante y saber al detalle un gran número de acontecimientos a lo largo de la historia. El código no habla de sucesos importantes de un país, sino de hechos individuales relacionados con personas concretas. Entonces, ¿cómo es posible que un viajero del tiempo o un extraterrestre conozca tantos detalles específicos de una persona? No creo que exista la menor posibilidad de que los extraterrestres escribieran la Biblia e introdujeran un código secreto para advertirnos de nada.»

Para Robert M. Haralick, ésta puede ser una prueba irrefutable de la existencia de Dios: «Si los ateos no creen que el texto esté escrito por la divinidad, entonces es normal que piensen que vino del espacio exterior. Esto fue creado por una fuerza poderosa. Nosotros denominamos a esta fuerza poderosa Dios». Y añade: «Los estadísticos no pueden responder a la pregunta de quién puso ahí el código. Ellos sólo pueden abordar la cuestión de si existe un código o si los resultados son fruto del azar». Según Yitzchok Adlerstein, profesor de la Universidad de Loyola, «la misma gente que habla del regreso de Elvis o del monstruo del lago Ness, ahora habla de la predicción del 11 de septiembre o del código de la Biblia. Es un gran mercado. Existe cierta tendencia a pensar que las posibilidades que señala el código no son fruto de la casualidad; además, cualquier ser humano razonable se da cuenta de que esto no es cosa del azar, que es un hecho extraordinario. Sin embargo, espero que la gente no preste demasiada atención a esto». Y es que junto con Brendan McKay, profesor de la Universidad Nacional de Australia, Yitzchok Adlerstein es uno de los escépticos de la existencia del código más conocidos.

Una posible pista de su origen se refleja en la secuencia del código que dice «se hizo por ordenador» junto a la frase «las escrituras de Dios grabadas en las tablas». «Creo que hay sólo tres posibilidades. Una de ellas es rechazarlo por completo y demostrar de alguna manera que es falso. La segunda es asumir que los extraterrestres nos dieron la Torah y la tercera consiste en suponer que un ser sobrenatural nos dio la Torah. No hay muchas más opciones. Es un proceso gradual que la gente tiene que superar a medida que se buscan los códigos y sus significados», señala Art Levitt. Sin embargo, son muchos los que sostienen que las contradicciones en la Biblia, reconocidas por muchos devotos, hacen imposible entender este texto como un escrito totalmente inspirado o dictado por inteligencias superiores y, mucho menos, por Dios.

Los escépticos del cabalismo digital

En los años posteriores a la publicación del libro de Michael Drosnin proliferaron los «descodificadores de la Biblia» que, incansables, analizaban este texto. Pero a pesar de que los resultados de muchos de ellos tienen una precisión asombrosa y el código ha revelado acontecimientos pasados con una exactitud sorprendente, los escépticos dicen que no existe tal código, que es esencialmente una anomalía estadística, incluso un truco no ajeno a la infalibilidad y muy alejado de ser un «hecho científico». Hay quienes no creen en el cabalismo digital, opinan que se trata de una «teoría infundada» y poco convincente; de ahí que la comunidad científica internacional no haya puesto ninguna atención en dicho fenómeno. Otros, en cambio, no son tan radicales en sus críticas. No pueden poner ningún reparo a las investigaciones, pero no son capaces de creer en sus resultados. Una de las objeciones que suele hacérsele es que las predicciones del código se pueden encontrar en cualquier libro de longitud similar a la Biblia. Así, varios investigadores han asumido el reto de refutar el código de la Biblia tratando de invalidar científicamente las pruebas utilizadas para demostrar su existencia.

En 1999, Brendan McKay, junto con los matemáticos israelíes Dror Bar-Natan y Gil Kalai, y la psicóloga Maya Bar-Hillel, publicaron un documento en *Statistical Science* titulado «Resolviendo el rompecabezas del Código de la Biblia», donde echan abajo las investigaciones de Witztum y Rips. McKay y sus colegas aseguraron haber encontrado resultados similares en la traducción hebrea de la novela de Leon Tolstoi *Guerra y Paz*.

El cabalista Roy A. Reinhold, basándose en los datos del código bíblico, elaboró un calendario apocalíptico en el cual el 20 de septiembre de 2002 se firmaría un tratado internacional de paz; la Tercera Guerra Mundial se iniciaría el 1 de febrero de 2006; el 3 de octubre de 2009 tendría lugar el Juicio Final, que duraría ocho días. Nada de ello ha sucedido... Tampoco Michael Drosnin acertó en sus predicciones, basadas en diferentes matrices. Por ejemplo, cuando publicó la segunda parte de su best seller, *El nuevo código de la Biblia*, su segundo libro en el año 2002, este periodista anunció un «holocausto atómico» y una «guerra mundial» en el año judío 5760 (2000) y todavía con más probabilidades de que ocurriera en el 5766 (2006). También avisó que el presidente de la Autoridad Nacional Palestina Yasser Arafat sería asesinado por hombres armados pertenecientes al movimiento palestino Hamas. Asimismo, alertó de la llegada de misiles teledirigidos a Nueva York en 5764 (2004); o de un atentado terrorista en el año 2005, en el que se utilizaría como arma el virus de la viruela. Afortunadamente, el código bíblico parece que no fue muy eficaz al predecir estos acontecimientos.

Sin embargo, los que niegan la existencia de este código, a pesar de sus sólidos experimentos científicos, no han podido explicar ciertos eventos que realmente se han predicho antes de que ocurrieran. Así, sus defensores aportan como prueba de la existencia del código el anuncio del asesinato del primer ministro israelí Isaac Rabin, hecho por dos investigadores distintos, Moshe Katz y Michael Drosnin. Todavía vivía Rabin cuando ambos vieron el versículo que hablaba de un «asesino que va a matar» junto al nombre del primer ministro israelí, cuyo nombre codificado sólo aparece una vez en toda la Biblia, en el Deuteronomio. Según cuenta Robert M. Haralick, «ambos se alarmaron y escribieron sendas cartas a la oficina de seguridad del primer ministro con la esperanza de que tomaran medidas adicionales para que pudiera evitarse ese suceso. Pero ocurrió». A pesar de los intentos de advertir a Rabin, fue asesinado un año después, el 4 de noviembre de 1995.

Después del atentado, el nombre del asesino —«Amir»— saltó de inmediato a la vista en la cuadrícula. Siempre había estado allí, encima del de su víctima, perfectamente descifrable, pero hasta que no se conoció no pudo ser interpretado. Más aún; las palabras «nombre del asesino» aparecían en el texto de la Biblia en el mismo versículo que contenía el nombre de «Amir». Y todo ello junto a «golpeó, mató al primer ministro» y la frase «su asesino, uno de su gente, aquel que se acercó», por lo cual lo identificaba con un israelí que dispararía casi a quemarropa, como lamentablemente sucedió. Así comenzó un debate entre los defensores del código: por una parte estaban los que creían que este mensaje era una advertencia y, por otro, los que opinaban que el descubrimiento de todos los datos a posteriori significaba que simplemente era un mensaje más de los innumerables resultados posibles y, en cualquier caso, no había predicho el futuro.

Por este motivo, Michael Drosnin retó públicamente a que alguien encontrara la referencia al asesinato de Rabin en la versión inglesa de

Moby Dick. El profesor Brendan McKay aceptó el desafío. «Esto me impulsó —explica McKay— a buscar en esta novela los asesinatos de los primeros ministros y otra gente famosa y encontré unos cuantos. Por ejemplo, encontré el asesinato de Indira Gandhi, Leon Trotsky, Martin Luther King, del presidente Kennedy, que aparecía junto a las palabras "asesinato" y "en coche", una frase muy apropiada en relación con su muerte. Por desgracia, cuando muestro fotos de los códigos y detallo las predicciones de los asesinatos y otros sucesos que he encontrado en *Moby Dick*, hay visitantes de mi página web que me escriben diciendo que es lógico que ocurra así, ya que tanto *Moby Dick* como la Biblia fueron escritas por Dios.» También el examen del clásico *Moby Dick* reveló una secuencia con la muerte de la princesa Diana de Gales, así como el asesinato de Abraham Lincoln e incluso de Isaac Rabin. El código relacionado con el asesinato de Rabin contiene el nombre y apellido del asesino y la universidad a la que éste asistió, así como el motivo indicando la palabra «Oslo» (relativa a los Acuerdos de Oslo, un hito en el conflicto palestino-israelí que permitió la firma de un acuerdo de paz en Washington, el 13 de septiembre de 1993, y que supuso la creación de la Autoridad Nacional Palestina, lo cual según parece indignó al israelí que acabó asesinando a Rabin).

A través de su investigación, McKay llegó a sus propias conclusiones. «Es una tontería. He pasado mucho tiempo estudiándolo. Lo intentamos una y otra vez, hicimos cientos de experimentos. ¿Qué encontramos? Nada. No hay ninguna prueba de que los códigos de la Biblia sean reales», afirma con rotundidad. En esta misma línea se manifestó Robert E.Kass, quien publicó la investigación de Eliyahu Rips, Doron Witztum y Yoav Rosenberg en *Statistical Science*: «Nunca he oído a un solo experto en estadística que crea en los códigos de la Biblia». Así, quienes no creen en dicho fenómeno afirman que muchos científicos que defienden la teoría del código oculto son judíos ortodoxos, es decir, personas que están más influenciadas por la religión que por la estadística.

Sin embargo, hay quienes proponen que las probabilidades estadísticas de que ciertas palabras aparezcan en distintas formaciones es tan pequeña que no es posible que sea obra del azar. «Hay una pequeña posibilidad en *Moby Dick* mientras que hay muchas en la Torah. Esto no significa nada. No es un experimento; es un truco y McKay no es más que un mago», dice Haralick. Según Levitt, se han encontrado tantos códigos que «estadísticamente sólo llegan a la explicación de que hay algo aquí que no puede ser aleatorio». Reinhold afirma que ya se ha llegado al punto en el que se ha probado que existe el código de la Biblia. «Se ha utilizado el desarrollo de matrices muy avanzadas con frases que sobrepasan la posibilidad de azar que se da incluso en el universo. Y una vez que haces eso, has probado que el código de la Biblia existe.»

Otros investigadores argumentan que, dejando las probabilidades estadísticas a un lado, se debe analizar la validez del código de una manera distinta. La teoría del experto en estudios judaicos Mordechai Gafni es que no hay que creer que se trata de un sistema que funciona perfectamente y que puede predecir acontecimientos sin ningún margen de error; pero, al mismo tiempo, no hay que empecinarse en la idea de que no existen los códigos, que los mensajes codificados no son una posibilidad. «Si no piensas que estamos viviendo en un mundo codificado, te estás perdiendo algo precioso sobre la complejidad del mundo. No vivir en un mundo codificado es, en realidad, vivir en un lugar muy monótono.»

Predecir los acontecimientos futuros

A pesar de los contundentes argumentos de McKay y sus seguidores, en cuanto a la no existencia del código, sus partidarios muestran más ejemplos de actuales predicciones basadas en los titulares de los periódicos y alertan sobre el hecho de que no podemos ignorar que algunos vaticinios de la Biblia se han hecho realidad. Todo un desafío, ya que algunos sostienen que el futuro no se conoce hasta que se ha convertido en pasado y por lo tanto ya es historia. Por el contrario, otros creen que si se hacen las preguntas correctas se puede predecir el futuro.

Los acontecimientos del 11 de septiembre hicieron que los investigadores volvieran a retomar la Biblia para comprobar si el trágico acontecimiento había sido predicho. Tras ver en la televisión lo que ocurrió aquel día, Michael Drosnin recordó que ya en 1993 hubo un primer atentado a una de las torres.* Por aquel entonces había hallado las palabras «torres gemelas» junto con «el aviso» y «matanza», y todo ello cruzado por la palabra «terror»; más adelante aparecía la expresión «caerán y se derrumba-

* El 26 de febrero de 1993, a las 12.17 del mediodía, se cometió un atentado terrorista con un camión cargado con 680 kilogramos de explosivos en el aparcamiento de la torre norte del World Trade Center. Véase el capítulo 20.

rán». Sin embargo, el periodista no buscó la palabra «avión» porque por aquel entonces nadie imaginaba que éste fuera a ser el sistema elegido para atentar contra los edificios por segunda vez años después. También encontró la palabra «Pentágono» atravesado por «dañado». Desde aquellos descubrimientos de los años noventa, «me pasé años intentando avisar a los gobernantes de Washington y Oriente Próximo de que se avecinaba un peligro de dimensiones bíblicas [...]. Yo tenía claro que esto era sólo el inicio», cuenta en su libro. Según Drosnin, el código de la Biblia es real, pero «el mundo no escuchará sus advertencias hasta que ya sea demasiado tarde»; luego añade que el peligro más grave del que nos avisa este texto sagrado son «los fanáticos religiosos apocalípticos, los terroristas provistos de armas de destrucción masiva, hombres que creen estar cumpliendo una misión encomendada por Dios».

El equipo de investigadores del profesor Robert M. Haralick, de la Universidad de Nueva York, una vez ocurrida la tragedia del World Trade Center del 11 de septiembre de 2001, descubrió las palabras «gemelas», «torres» y «avión» en una misma secuencia. «Se trata de unas posiciones poco usuales de estas tres palabras. Además, hallamos otras palabras que tenían relación con el suceso, entre ellas "once de septiembre", los nombres de los pilotos, varias descripciones como la caída de los edificios y su destrucción, la tragedia ante los ojos de la gente... Y todo ello se halló en un fragmento del texto bíblico muy pequeño», asegura Haralick. También Roy A. Reinhold hizo una matriz con el ataque al World Trade Center y encontró más de treinta términos que formaban frases completas relacionadas con el suceso. «Las probabilidades estadísticas de que aparezca una matriz así es de una entre trescientas por diez elevado a la cuarenta potencia», sostiene.

En la revisión bíblica que realizó el analista informático Art Levitt aparecieron las palabras «Bin Laden» junto a «mata a miles de personas», «sucesos terroríficos», así como «torres gemelas». «Lo que hace extraordinaria a esta cuadrícula —cuenta Levitt— es la agrupación en la que aparece. Estas palabras están muy cerca: «suceso terrorífico» aparece con sólo un salto de dos letras. Es el intervalo más pequeño en la Torah. Éste es uno de los tres mejores ejemplos de la asociación con «torres gemelas». ¿Por qué aparecen juntas en la misma cuadrícula? La respuesta es porque hay una intención clara. Es una advertencia.»

Otro de los sucesos que aparecen en las revelaciones del código de la Biblia se refiere el desastre del transbordador espacial *Columbia* ocurrido el 1 de febrero de 2003. El profesor Eliyahu Rips encontró las siguientes asociaciones: «transbordador espacial», «Columbia», «morirán» y «fuego devorador». «Pero el profesor Rips no vio otro ELS: la colocación de estas palabras sobre la matriz en forma de una especie de "Y", con un diseño muy similar a una nave espacial. En una de las alas, escrito hacia abajo, dice "consumido por el fuego"», explica Levitt.

Algunos investigadores afirman que el código de la Biblia hace una predicción final: que el fin de los tiempos podría haber comenzado, que el mundo pronto llegará a su fin. El código predijo un devastador terremoto en Los Ángeles en 1984. En esa misma secuencia indica que un enorme terremoto de nuevo golpeará a esta misma ciudad en 2010. También alerta de que un cometa asolará la Tierra en 2012. Indica que el reciente aumento del terrorismo global podría ser un anuncio de la llegada del fin de los días. Según Michael Drosnin, la «batalla final» comenzará en Israel, con un ataque a Jerusalén, y finalmente se extenderá al mundo entero. Sin embargo, algunos investigadores advierten que el código no es inmutable, que se puede cambiar. «De hecho, en realidad, no tenemos un libro de instrucciones que nos diga qué palabra hay que leer primero y cuál después o si estamos dejando a un lado alguna palabra en la lectura. Lo que hacemos es destacar una palabra aquí y otra allá, pero no tenemos forma de saber lo que realmente estamos buscando. Utilizar el código para predecir el futuro es darle un uso incorrecto. No puedes buscar en la Torah esa precisión sobre el futuro», explica Art Levitt. En esta misma línea habla Robert M. Haralick: «No todo lo que aparece en una colocación compacta se corresponde con algo que se puede narrar de forma histórica y lógica».

Para Reinhold, hacer matrices sobre el futuro es teóricamente posible, pero en la práctica es muy difícil, «sobre todo porque no sabemos qué estamos buscando. Tenemos que adivinarlo todo, y cuando trabajas así se pueden cometer muchos errores. Así que, lógicamente, si se puede desarrollar una matriz sobre un evento pasado, también puedes hacerlo sobre un acontecimiento futuro, porque no es más que un suceso del pasado que todavía no ha ocurrido. El problema es que no sabemos qué buscar en una matriz del futuro; ahí está la limitación». Según Haralick, sólo vemos la punta del iceberg. «Todavía no hemos sido capaces de descubrir de forma sistemática todos los aspectos de cómo se codifica. Es decir, una descripción completa del código, una clave matemática. Sólo vemos una parte aquí y un pedazo allá.»

Por ello, incluso los que creen en dicho fenómeno son conscientes de que es un enorme riesgo adentrarse en la búsqueda de hechos futuros como si la Biblia fuese un oráculo del tiempo. Creamos o no en el código, sean o no las antiguas escrituras un «criptograma enviado por el Todopoderoso», como creía Isaac Newton, hay algo cierto: nunca sabremos si las predicciones de estos mensajes ocultos son ciertas hasta que los sucesos se vuelvan historia. Por eso nunca sabremos si el mundo está llegando a su fin.

23

La cuenta atrás: amenazas al planeta

Nuestro planeta afronta una crisis de alarmante complejidad: escasez de recursos petrolíferos, calentamiento global, desaparición de especies, maremotos letales, enfermedades, caos económico, amenazas nucleares... No hay duda: hoy en día, el mundo está siendo testigo de una nueva ola de fervor apocalíptico. ¿Son nuestros temores exagerados?

El reloj de alarma: desastres naturales

Desde que los primeros seres humanos comenzaron a reflexionar sobre su mortalidad, nos hemos esforzado por hacer las paces con la idea de que algún día nuestro mundo físico pudiera llegar a un final dramático. Muchos piensan que nuestra generación tiene más razones para creer que el fin del mundo podría llegar durante nuestra vida que cualquier otra generación anterior. Numerosos desastres potenciales amenazan la vida en la Tierra. Libros, películas, vídeos, medios de comunicación, webs... Todos los productos creados por nuestros miedos más profundos bombardean nuestros sentidos con hipótesis y teorías sobre el fin de los tiempos. Cuando no son bestias y jinetes de pesadilla o aterradoras matanzas sangrientas o un desastre nuclear, son las autoridades médicas que predicen una pandemia mayor que la anterior y que amenaza nuestra existencia.

Nuestro planeta se esfuerza por hacer frente a amenazas naturales que parecen ser cada vez más peligrosas. Desde 1970 hasta el año 2000, el número de personas afectadas por desastres naturales aumentó de setenta millones a doscientos millones. Al inicio del siglo XXI se estima que una de cada treinta personas ha sufrido algún tipo de calamidad natural. Los científicos afirman que el aumento de la destrucción tiene que ver con el rápido crecimiento de la población mundial y las peligrosas condiciones de vida creadas por la pobreza. Algunos expertos como Vincent Bridges, historiador que se autoproclama «antropólogo de lo extraño» y coautor de *A Monument to the End of Time*, sostiene que estamos en un momento de convergencia de unas circunstancias «en que o bien el mundo se destruye, se renueva, o ambas cosas».

No hay duda de que la fuerza de las amenazas naturales puede ser muy intimidatoria y hay muchas cosas que la ciencia aún no puede explicar. Quizá por ello la gente se refugia en la religión. Calvinistas, adventistas, cuáqueros, puritanos y otros grupos religiosos de Estados Unidos se han unido en torno a líderes apocalípticos que insisten en proclamar que el fin del mundo está cerca. La cosa viene de atrás; muchos de los primeros colonos de Estados Unidos veían signos apocalípticos en todas partes: terremotos, terribles tormentas, cosechas destruidas por plagas, buques perdidos en el mar... cualquier cosa alimentaba las predicciones catastrofistas desde los púlpitos coloniales de los siglos XVII y XVIII. Sus herederos actuales, los numerosos televangelistas apocalípticos, parecen proliferar en todo el continente americano.

En la actualidad hay muchos cristianos que creen que las amenazas de la naturaleza son signos de que el fin del mundo está cerca, el castigo prometido en la Biblia. «He leído artículos que indican que los terremotos están aumentando en número y en intensidad. La Biblia dice que son una de las señales del fin del mundo», afirma el televangelista y escritor John Hagee. Pero la mayoría de los científicos que estudian la actividad sísmica están en desacuerdo. «Los desastres naturales actuales no son más peligrosos de lo que eran en el pasado», nos recuerda John Ebel, profesor del Departamento de Geología y Geofísica de la Universidad de Boston. También Bill McGuire, vulcanólogo, profesor en el University College de Londres y director del Centro de Investigaciones de Riesgo Benfield, que agrupa a unos cincuenta geólogos, meteorólogos y especialistas en gestión de desastres naturales, cree que forman parte del modo como trabaja la Tierra. De acuerdo con los registros que realiza a largo plazo el Programa Nacional de Terremotos de Estados Unidos, donde se recogen datos desde aproximadamente 1900, el número de grandes seísmos (de magnitud 6 o más en la escala de Richter) se ha mantenido relativamente constante. Las previsiones anuncian cerca de diecisiete terremotos importantes (de magnitud 7,0-7,9) y un gran terremoto (de magnitud 8 o superior) en un año normal.

El 15 de julio de 2009, un terremoto de magnitud 7,8 azotó la costa Oeste de Nueva Zelanda y desplazó el extremo sur de la isla más de treinta centímetros hacia Australia. No obstante, sólo fue el primero de una serie de potentes y, aparentemente, cada vez más frecuentes seísmos. Nueva Zelanda, Indonesia, Japón y el extremo occidental de América del Norte y del Sur rodean, peligrosamente, las placas tectónicas del Pacífico, las cuales están en permanente fricción. Este círculo conforma lo que se conoce como el «Anillo de Fuego», un inmenso aro de una extensión de veinte mil kilómetros que se caracteriza por concentrar algunas de las zonas de subducción más importantes del mundo, lo que ocasiona una intensa actividad sísmica y volcánica, con un riesgo sin precedentes de provocar un desastre natural de gran magnitud. «Cada año hay cerca de medio millón de terremotos. Muchos pasan inadvertidos debido a que se producen en zonas remotas o tienen magnitudes muy pequeñas, por lo que no podemos detectarlos. Pero hay unos tres mil que son lo suficientemente grandes para provocar importantes daños, y hay dos grandes terremotos, de magnitud 8 o superior, con enormes bajas», señala el vulcanólogo Bill McGuire.

Sin embargo, y aunque los datos científicos lo contradigan, son muchas las voces empeñadas en advertir que la Tierra se resquebraja a una velocidad inusual. Una explicación parcial de este fenómeno alarmante puede estar en que en los últimos veinte años ha aumentado enormemente el número de estaciones sismográficas en el mundo, y en que las numerosas mejoras en las comunicaciones mundiales permiten el seguimiento de lo que ocurre hasta en las zonas más remotas del planeta. En 1931 había cerca de trescientas estaciones. Hoy en día hay más de ocho mil estaciones que vigilan el comportamiento sísmico del planeta y son capaces de localizar gran cantidad de pequeños terremotos, antes inadvertidos, y enviar a gran velocidad los datos vía internet y por satélite.

La actividad volcánica y sus efectos en el medio ambiente

La actividad volcánica es otro de los grandes temores del hombre. Desde la Prehistoria, los seres humanos han contemplado horrorizados la visión de la tierra arrojando con fuerza su interior fundido. Los romanos nos legaron la palabra *volcano*, que proviene del dios Vulcano, hijo de Júpiter y Juno y marido de Venus, una divinidad que introdujo en Roma Tito Tacio;

era el equivalente de Hefesto, el dios griego del fuego, los metales y la metalurgia, que trabajaba en su fragua en lo profundo de una montaña. Los antiguos hawaianos creían que los volcanes eran manifestaciones de la diosa del fuego, Pelée. Fue el filósofo romano Séneca (4 a. C.-65 d. C.) quien identificó el origen de los volcanes; explicó que se trataba de emplazamientos por los que salía el material fundido del interior de la Tierra. Hoy en día sabemos mucho más acerca de los volcanes, pero seguimos siendo incapaces de evitar su terrible ira. «Hay alrededor de tres mil volcanes, algunos de los cuales están en erupción casi continuamente, como son los casos del Etna en Sicilia o el Kilauea en Hawai, que ha permanecido activo casi constantemente desde principios de 1980», señala Bill McGuire. Lo cierto es que es arriesgado clasificar definitivamente a un volcán como activo, latente o extinto, ya que hoy por hoy a los científicos les resulta imposible predecir cómo se comportará un volcán en el futuro.

El Anillo de Fuego del Pacífico contiene cuatrocientos cincuenta y dos volcanes, que suponen más del 75 por ciento de los activos e inactivos del mundo. La mayor parte de los volcanes actuales activos están en la franja del mar Mediterráneo y los Himalayas. Una zona menos amplia de propagación sísmica es la franja atlántica, que se extiende desde Islandia, a través de las islas Azores o las islas Canarias, hasta las islas de Cabo Verde. Por último, un pequeño grupo de volcanes se sitúa en la zona oriental africana.

La mayoría de los estadounidenses todavía recuerdan la gran erupción del monte Saint Helens, en el estado de Washington, la más destructiva de la historia volcánica de Estados Unidos. La explosión fue precedida por dos largos meses de terremotos y expulsiones de vapor. El 18 de mayo de 1980, a las 8.32 de la mañana, un terremoto de magnitud 5,1 en la escala de Richter sacudió la tierra y la debilitada cara norte del monte Saint Helens se desplomó repentinamente, liberando gran cantidad de gases, lava y rocas calientes. Una gran columna de ceniza volcánica comenzó a elevarse hacia la atmósfera y llegó a depositarse en once estados norteamericanos; cientos de kilómetros cuadrados de terreno quedaron totalmente arrasados.

Pero la erupción del Saint Helens fue una pequeña bocanada de humo comparada con una de las mayores explosiones volcánicas de la historia, que tuvo lugar el 26 de agosto de 1883, cuando estalló en pedazos la isla de Krakatoa, situada en el estrecho de la Sonda, entre Java y Sumatra, en Indonesia. La isla explosionó con una energía de doscientos megatones, es decir, una explosión diez mil veces más poderosa que la de la bomba atómica de Hiroshima. Los enormes tsunamis que se generaron en Krakatoa lanzaron buques transoceánicos varias millas tierra adentro. Pueblos enteros se inundaron y murieron más de treinta y seis mil hombres, mujeres y niños. La ceniza de la explosión alcanzó los ochenta kilómetros de altitud y además se desplazó por la superficie del mar. Tres años después, los observadores de todo el mundo describían el crepúsculo y el alba de brillante colorido que producían la refracción de los rayos solares en esas partículas minúsculas.

Otra de las grandes erupciones volcánicas tuvo lugar casi dos décadas después en la isla caribeña de Martinica, en las Pequeñas Antillas Francesas del este del Caribe. En mayo 1902, el monte Pelée (montaña pelada) se hizo tristemente famoso por su actividad, pues entró en erupción y destruyó Saint-Pierre, una de las principales ciudades de la isla. Veintinueve mil personas murieron como consecuencia de este desastre. El riesgo de muerte cuando un volcán entra en erupción no proviene, por lo general, de la lava al rojo vivo —que puede alcanzar temperaturas entre setecientos y mil doscientos grados—, sino de los gases calientes, denominados «flujo piroclástico», una mezcla de partículas sólidas o fundidas y gases a alta temperatura que pueden comportarse como líquido de gran movilidad y poder destructivo y que puede incinerar personas en escasos segundos. Las cenizas y gases volcánicos, además, envenenan las reservas de agua con grave riesgo para la salud humana, la agricultura y la ganadería. La lava puede también obstruir los cauces de los ríos y canales artificiales y causar inundaciones en unos lugares y sequías en otros. Las erupciones con una gran cantidad de vapor y ceniza llegan a causar alte raciones climáticas a escala mundial: provocan huracanes, olas de frío o calor y crean aguaceros torrenciales y lluvias ácidas... Los efectos de un volcán en erupción, tanto por las emanaciones gaseosas como por las cenizas volcánicas, pueden ser devastadores.

La cantidad de ceniza liberada por la erupción del volcán Tambora, en Indonesia, en 1815, provocó efectos claramente perceptibles a miles de kilómetros. Las corrientes atmosféricas propiciaron su dispersión alrededor del planeta, provocando un oscurecimiento generalizado y un descenso marcado de la temperatura que dio lugar al llamado «año sin verano» de 1816. Las erupciones del volcán el Chichonal, en México, en 1982, y la del monte Pinatubo, en Filipinas, en 1991, arrojaron una cantidad colosal de sulfatos a la estratosfera, lo que produjo una reducción de la cantidad de rayos solares y un descenso de la temperatura mundial que se prolongó durante dos años.

La segunda erupción volcánica más devastadora en el siglo XX se produjo, en 1985, en el Nevado del Ruiz, en Colombia. Las cenizas expulsadas cayeron durante varias horas sobre el glaciar y la nieve de la cumbre, fundiéndolos y formando un flujo de lodo que arrasó la población de Armero, a cincuenta y cinco kilómetros de distancia. Murieron casi veintiún mil de sus veinticinco mil habitantes y produjo cinco mil heridos.

El 14 de abril de 2010, la erupción del volcán Eyjafjallajökull, en Islandia, arrojó ceniza volcánica a varios kilómetros de altura en la atmósfera, lo que llevó a cerrar el espacio aéreo sobre la mayor parte del norte de Europa. Durante varios días el temor fue en aumento, hasta el punto que el presidente de Islandia, Ólafur Ragnar Grímsson, en una entrevista a la BBC instó a las autoridades mundiales a prepararse para una eventual erupción del volcán Katla, puesto que, según él, la erupción del Eyjafjallajökull era sólo un «pequeño ensayo» de lo que estaría por llegar. Al final no se produjo la catástrofe anunciada. Además, la nube de cenizas no alcanzó la estratosfera. De haberlo hecho, el resultado hubiera sido un descenso de la temperatura global, al igual que sucedió en 1982 por culpa del Chichonal y en 1991 tras la erupción del monte Pinatubo.

Sin embargo, las consecuencias económicas fueron importantes en una época de crisis: las aerolíneas aseguraron haber perdido mil trescientos millones de euros. Y las cenizas del volcán impactaron de lleno en el principal motor de la economía de nuestro país: el turismo español perdió doscientos cincuenta millones de euros, según datos de Exceltur, la asociación de grandes empresas del sector.

El derrumbe de un volcán en las islas Canarias

Pero las erupciones de volcanes como el monte Pelée, el Nevado del Ruiz y el Krakatoa fueron tan sólo fuegos artificiales comparados con la fuerza impresionante de lo que la ciencia llama «supervolcanes». Así, cada vez es mayor el temor de que los terremotos y los maremotos puedan ser sólo el principio de los desastres naturales que podrían azotar al mundo como resultado de potentes erupciones de estos gigantes dormidos. Dicen que si uno de ellos erupcionara, el volumen de magma —cincuenta veces mayor que la cantidad de material que expulsó el Krakatoa— sería suficiente para alterar radicalmente el clima global durante años, con un efecto cataclísmico para la vida, similar al que pudiera tener un invierno nuclear.

La última gran erupción en cadena de un supervolcán se produjo en el lago Toba, Indonesia, hace unos setenta mil años. «Como consecuencia de ello, casi el 90 por ciento de lo que entonces era la raza humana se extinguió. Eso, traducido en cifras actuales, serían seis mil millones de personas», indica el físico Lawrence E. Joseph, autor de *Apocalipsis 2012*. La característica de un supervolcán es la gran acumulación subterránea de magma: al no poder liberar presión por estar bajo tierra, el magma va acumulándose, algo así como «inflando» el terreno, lo que aumenta la presión espectacularmente hasta que estalla.

Se sabe que uno de los volcanes más potentes de la Tierra, un verdadero supervolcán, está situado bajo el parque de Yellowstone, en el estado de Wyoming, al noroeste de Estados Unidos. Erupcionó por última vez hace seiscientos cuarenta mil años, con una fuerza tres mil veces superior a la erupción del Vesubio en el año 79 d. C. o mil veces mayor que la erupción del monte Saint Helens, en 1980. «Dejó la mitad de los cuarenta y ocho estados norteamericanos cubiertos por una espesa capa de ceniza, la explosión creó una nube de polvo que envolvió la Tierra y provocó un cambio climático», indica el astrónomo y astrofísico Hugh Ross. Este supervolcán subterráneo ha entrado en lo que los científicos llaman «zona roja», una categoría que señala que podría estar preparándose para activarse. Ya ha entrado en erupción tres veces en los últimos dos millones de años. Según calculan los científicos, hace mucho tiempo que debería haber entrado en erupción otra vez.

Según explica el sismólogo estadounidense Thomas Heaton, conocido por sus aportaciones a la detección temprana de terremotos, un volcán del tamaño del de Yellowstone «lanzaría una astronómica cantidad de polvo y aerosoles a la atmósfera. Los hidrosulfuros penetrarían en el aire y cambiarían la reflectividad de la luz solar sobre la superficie de la Tierra. Si esto pasara, cabría esperar décadas de enfriamiento global debido al efecto de los aerosoles. Además, la superficie de Estados Unidos quedaría cubierta por una capa inmensa de ceniza». Si entrara en erupción Yellowstone, las cenizas resultantes podrían bloquear el paso de la luz del Sol durante cuarenta años y todo el centro de Norteamérica quedaría devastado. El granero de Estados Unidos sería estéril. Los principales ríos, como el Mississippi y el Missouri, se convertirían en flujos de lodo sin vida.

Algunos creen que esa activación podría producirse como consecuencia de un clímax de la actividad solar que tendrá lugar en el año 2012. La teoría de que el alineamiento galáctico que se formará en torno al solsticio de 2012 coincidirá con un peligroso pico en la actividad solar es una de las más escuchadas en los últimos años entre los que anuncian el fin de los tiempos. Sus partidarios afirman que, a mayor actividad solar, mayor actividad sísmica. Al tener en cuenta que el punto álgido del nuevo máximo solar (período de mayor actividad que se produce cada once años) se espera para 2012, sostienen que el impacto del Sol sobre la Tierra podría provocar alteraciones a gran escala, incluso una catástrofe planetaria, ya que no es difícil asumir que la Tierra deberá «reacomodarse» de alguna manera, sobre todo porque, según parece, su campo magnético se está debilitando.

De momento, las autoridades del parque de Yellowstone siguen muy de cerca la actividad sísmica. Los científicos miden permanentemente los movimientos de la meseta, que se eleva alrededor de un centímetro y medio al año. Un aumento brusco de esta velocidad de desplazamiento podría anunciar un peligro grave, ya que sería sinónimo de inestabilidad del magma y creación de gas.

Los científicos están de acuerdo en que la superficie de la Tierra es una bomba de relojería sísmica. Otro evento de proporciones apocalípticas podría ocurrir en un volcán de las islas Canarias. Cumbre Vieja, en la isla de La Palma, se alza dos kilómetros por encima de la superficie terrestre, si bien es un volcán de seis kilómetros de altura desde el fondo oceánico. Es el más activo de Canarias y uno de los más activos del planeta. En los últimos cinco siglos ha entrado en erupción siete veces, la última de las cuales, acaecida en 1949, formó una inmensa falla a lo largo de la cresta del volcán que desplazó su flanco oeste hacia abajo, hacia el mar. Según los datos radiométricos tomados por el Instituto de Ciencias del Clima y del Medio Ambiente de Gif-sur-Yvette, en París, esta falla es la primera que sufre el volcán en los últimos veinticinco mil años.

Más de cincuenta años después, la falla sigue su avance progresivo hacia el mar, abombándose y amenazando con fracturarse. En algún momento esta enorme masa, probablemente después de una erupción, podría derrumbarse en el Atlántico. Esta gigantesca masa tendría un volumen de más de quinientos kilómetros cúbicos. «Cuando ocurra, generará una masa de agua de kilómetro y medio de alto. Estimamos que las olas, cuando lleguen a Estados Unidos, tendrán entre diez y treinta metros de altura», explica Bill McGuire. Los tsunamis recorrerían el mar a gran velocidad y aumentarían su peso cuando llegaran a aguas menos profundas, con lo cual golpearían toda la costa Oeste del Atlántico. Horas antes de su llegada a América, las costas canarias, las del oeste africano y las de Europa también habrán recibido el impacto de las olas creadas en la isla de La Palma. Tal como explica McGuire, podría desencadenarse una catástrofe natural de dimensiones casi planetarias.

Nadie asegura cuándo podría ocurrir. La mayoría de los científicos son de la opinión que el eventual colapso no será inminente. Las erupciones se producen en intervalos de décadas; pero, aun así, estos especialistas indican que la rotura podría darse dentro de cinco mil años, aunque advierten que podría ser mucho antes. Sin embargo, el vulcanólogo McGuire es mucho más alarmista. Afirma que la isla de La Palma podría hundirse mucho antes porque se está moviendo; es muy probable que una nueva erupción del volcán haría que se derrumbara el flanco occidental de la isla. Si esto ocurriera, todo el proceso podría durar noventa segundos. Sin embargo, la Sociedad Tsunami minimiza este escenario catastrofista y considera muy poco probable que, en caso de una nueva erupción, parte del volcán Cumbre Vieja cayera al océano. Un informe realizado por la prestigiosa Universidad Tecnológica de Delft, Holanda, también critica los estudios científicos que alertan del peligroso tsunami de La Palma, ya que, en su opinión, no hay suficiente base científica. Geólogos de las islas Canarias, como Juan Carlos Carracedo, afirman que estas informaciones tremendistas distorsionan la realidad. La polémica está servida.

Cambio climático y hambruna

La capacidad de nuestro planeta para alimentar a una población superior a los seis mil millones de habitantes es cada vez más limitada. Más de mil millones de personas luchan por el sustento que proporciona la tierra, que rápidamente se está secando. Cada año, casi once millones de niños y niñas menores de cinco años mueren como consecuencia directa o indirecta del hambre y la alimentación inadecuada o insuficiente. Los medios de comunicación nos muestran escenas del hambre y la sequía en el África subsahariana, Asia central, América Latina y la India. Las causas son diversas: la deforestación, el sobrepastoreo, las técnicas deficientes de riego... Cada año, la arena del desierto invade veinticinco mil kilómetros cuadrados de tierra. Y la situación puede empeorar debido a un hecho primordial que está amenazando al mundo: la Tierra se está calentando. Según afirma Bill McGuire, el planeta está más caliente ahora de lo que lo ha estado en los últimos cuatrocientos mil años. «Las previsiones son que podría aumentar entre siete y diez grados centígrados para el año 2100. Nunca hemos visto una tasa de calentamiento así. Es una situación alarmante.»

Los resultados perjudiciales son fácilmente visibles. El efecto más inmediato es que los glaciares se están derritiendo con rapidez. Uno de los puntos más afectados por el calentamiento global es el Polo Norte: el hielo ártico se está resquebrajando más que nunca. En verano de 2008, estuvo gran parte del año libre de hielo por primera vez en la historia de la humanidad. Muchos estudios científicos insisten una y otra vez en los peores pronósticos y los expertos aseguran que el Ártico verá su primer verano sin hielo en el año 2013. Zonas de Groenlandia que no han visto el Sol en decenas de miles de años también están expuestas al deshielo.

El agua fría procedente de la fusión del hielo se vierte en el Atlántico Norte donde se encuentra con las aguas cálidas de la corriente del golfo de México, que fluyen hacia el norte del Caribe. Esta agua fría amenaza con afectar a la corriente del Golfo e impedirle regresar a los trópicos para recalentarlos. Sin la corriente del Golfo, muchos expertos predicen que la temperatura en esta parte del mundo descenderá hasta los veinte grados centígrados. «En veinte años las temperaturas comenzarán a caer diez grados en Estados Unidos y hasta veinte grados de media en Europa», afirma el editor de la revista *Discover* Stephen Petranik, para quien el colapso ecológico será uno de los mayores retos al que nos enfrentaremos para preservar la raza humana.

Pero entonces, ¿las temperaturas suben o bajan? En opinión del futurólogo John Peterson, el clima se está comportando de una forma completamente distinta de la que estamos acostumbrados y no se trata de la confluencia casual de una serie de acontecimientos. Es un proceso de transición mucho más trascendente y desconocido hasta ahora. «Carecemos de experiencia al respecto y tampoco sabemos qué herramientas emplear ni cómo actuar ante tales cambios. El verdadero problema es que el sistema climático del globo es un mecanismo muy complejo y no tiene un comportamiento lineal.»

La diferencia entre una edad de hielo y el clima actual es de sólo siete grados. Quizá el resultado más alarmante de toda esta fusión del hielo es que el nivel de los océanos del mundo está comenzando a aumentar. Si el hielo de Groenlandia y la Antártida se derriten por completo, una posibilidad que es muy real, los niveles del mar podrían aumentar en diez metros al final del siglo XXI. El resultado sería que todas las grandes ciudades costeras del mundo acabarían bajo el agua; las fortísimas tormentas inundarían las áreas costeras y las islas en todo el mundo desaparecerían por completo. Sin embargo, hay científicos que no comparten esta teoría, ya que aseguran que la banquisa ártica no es más que mar congelado, de un espesor que oscila entre uno y tres metros y, aunque se deshelara totalmente, el nivel del mar no subiría absolutamente nada. El problema está en el Polo Sur. La Antártida sí es una masa de hielo sobre un continente, y por tanto si se deshelara, afectaría al nivel del mar, y mucho, ya que la cantidad de hielo que hay sobre el continente helado es enorme. Pero mientras la masa de hielo del Ártico está disminuyendo, la de la Antártida está aumentando. No obstante, cierto aumento del nivel del mar sí se está produciendo por el deshielo de los glaciares montañosos y del casquete polar de Groenlandia, así como por la expansión térmica de los mares. Si suben las temperaturas oceánicas, el agua se expande y ocupa mayor volumen.

En cualquier caso, que desaparezca el hielo del Polo Norte no es buena señal, porque el hielo refleja la mayor parte de la radiación solar que le llega y, por tanto, la devuelve al espacio sin calentar la superficie terrestre; mientras que si se funde y se convierte en agua, ésta sí absorbe parte de esa radiación solar y calienta la superficie de la Tierra, de tal forma que suben las temperaturas.

En el siglo XXI, los efectos del calentamiento global ya están empezando a acarrear graves consecuencias para la agricultura en todo el mundo. El aumento de las temperaturas y las precipitaciones está reduciendo drásticamente los rendimientos de los cultivos en muchas partes del planeta. Pero lo peor podría estar todavía por llegar. Los demógrafos dicen que, a finales del siglo XXI, podría haber hasta tres mil millones de bocas más que alimentar. «Será muy difícil cultivar lo suficiente para alimentar a esa población que alcanzará, por lo menos, ocho o nueve mil millones de personas. Y el suministro de agua va a ser un problema aún mayor. Potencialmente, podríamos ver una hambruna de proporciones bíblicas en la segunda mitad de este siglo», anuncia Bill McGuire.

Muchos ecologistas destacan que estamos llegando a los límites de la capacidad de carga del planeta. No sólo la superpoblación mundial, la disponibilidad mundial de agua y de semillas o la sobreexplotación de los recursos pesqueros pondrán en jaque el bienestar y la supervivencia de millones de personas, sino un sinfín de indicadores, tales como la quema de combustibles fósiles, que está contribuyendo enormemente al problema del calentamiento global, o la desaparición de numerosas especies (como las abejas o los murciélagos) disparan las alarmas más catastrofistas.

La pregunta es: ¿qué se puede hacer? Muchos de los que creen que este dramático cambio climático estaba previsto en la Biblia opinan que no se puede hacer nada. Pero otros no aceptan que esta crisis sea inevitable. «Creo que tenemos que cambiar nuestra manera de vivir. Tan simple como eso. Podemos mantener el calentamiento global bajo control, pero si no hacemos nada, la situación irá a peor», asegura McGuire. La Tierra está a punto de experimentar un gran cambio y nosotros deberíamos dar más importancia a los sectores clave del medio ambiente: las energías renovables, la eficiencia energética, el transporte, la arquitectura bioclimática, la producción de alimentos, los recursos naturales y las comunicaciones. Los científicos afirman que sólo la mejora de la agricultura y las plantaciones forestales pueden mantener bajo control la desertificación, y que la drástica reducción de los combustibles fósiles ayudaría a frenar la alarmante tasa de calentamiento global.

En cuanto al hambre que asola al planeta, ya en 1981 el economista indio y premio Nobel Amartya Sen publicaba en su libro *Poverty and Famines* que, generalmente, la hambruna no es la causa de la falta de alimentos, sino que se centra en la capacidad de acceso a la comida. La aportación más importante de su teoría ha sido demostrar que las grandes hambrunas del siglo XX se produjeron sin que hubiera una disminución de las existencias de alimentos; Sen considera que las desigualdades sociales son la principal causa de que se produzcan. Aunque, evidentemente, la crisis económica no hace más que aumentar las desigualdades y el número de pobres. «Si Estados Unidos dejara de exportar alimentos a causa de la crisis, cien países se verían directamente afectados por la hambruna. En un año, quinientos millones de africanos podrían perecer a causa de la escasez de alimentos», sostiene John Hogue.

Sin embargo, la disponibilidad de alimentos y la posibilidad de adquirirlos también están relacionadas con otros factores como las guerras, los conflictos sociales, la deuda externa, la concentración de tierras, las sequías prolongadas y los desastres naturales. «Por lo que sabemos, allí donde hay hambruna hay plagas. Allí donde las personas no reciben una alimentación adecuada, la enfermedad se ceba con ellas y no pueden trabajar para ganarse la vida cultivando y transportando la comida; así que la hambruna es aún más grave», explica Lawrence E. Joseph. Si no logramos controlar este círculo vicioso de enfermedad y escasez, podría acarrear una inestabilidad social y política capaz de asolar el planeta. No atajar este efecto dominó podría suponer una espantosa amenaza para la supervivencia de la raza humana.

Pandemias letales para la humanidad

En la Edad Media, mucha gente creía que la peste bubónica traía consigo el fin del mundo. Hoy en día, incluso con los importantes logros de la medicina moderna, muchos están convencidos de que se están extendiendo nuevas enfermedades apocalípticas. «Todos los gérmenes que pensábamos que habían desaparecido hacía tiempo todavía están a nuestro alrededor. De hecho, en toda la historia del ser humano sólo hemos erradicado un virus, el de la viruela», señala Chris Holmes, médico y autora de *Los cuatro jinetes del Apocalipsis.*

Aunque ahora está erradicada por completo, se estima que la cifra de muertes por la viruela pudo alcanzar varios cientos de millones. En México, por ejemplo, se calcula que tres millones y medio de indígenas murieron por esta enfermedad desde la llegada de los europeos. La Organización Mundial de la Salud (OMS) informó que en el siglo XX murieron cerca de quinientos millones. El 16 de octubre de 1975 se registró el que sería el último caso. La paciente Rahuna Banu, de tres años de edad y de Bangladesh, fue el último ser humano que padeció la viruela. La victoria sobre esta enfermedad se consiguió gracias a la prevención, con la vacunación. Sin embargo, nunca hubo un tratamiento eficaz contra la misma.

En la actualidad, la OMS pretende erradicar otra enfermedad de la faz de la Tierra, la poliomielitis, mal de origen vírico que provoca una elevada mortalidad y unas graves secuelas. De momento no lo ha conseguido, como tampoco ha podido hacer nada contra la gripe, una enfermedad que aparece descrita en los textos antiguos de medicina tanto oriental como occidental de hace casi tres mil años, con distintos nombres.

En 1918, una nueva plaga, la llamada «gripe española», recorrió el mundo con una virulencia y velocidad sin precedentes desde la aparición de la peste. Los aliados de la Primera Guerra Mundial la denominaron así porque la pandemia recibió una mayor atención de la prensa en España que en el resto del mundo, ya que nuestro país no participó en la contienda y, por tanto, no censuró la información sobre la enfermedad. La gripe de 1918 fue una de las pandemias más letales en la historia de la humanidad. Se originó en Estados Unidos y estaba relacionada con el virus A N1H1 que afectó a muchos adultos sanos y fuertes. En Estados Unidos murieron seiscientas cincuenta mil personas; más de doscientas mil sólo en octubre de 1918. En todo el mundo, la gripe española mató a entre veinticinco y cuarenta millones las personas (según los cálculos más fiables de Patterson y Pyley) y, al igual que en la Europa del siglo XIV, mucha gente pensó que el día del Juicio Final había llegado. En las Hurdes, la región más miserable de España en la época, condenada a una hambruna perpetua y a enfermedades endémicas, la gente, pensando que efectivamente era el fin del mundo, según registró un párroco local, sacrificó a los animales domésticos para comérselos, «y mejoraron». Es significativo comparar la cifra de víctimas de la gripe española con los entre ocho y nueve millones de muertos entre 1914 y 1918 durante la Primera Guerra Mundial, la mayor matanza entre seres humanos hasta ese momento, aunque luego fue superada por la Segunda Guerra Mundial.

Hoy en día se da por supuesto que la medicina moderna puede impedir una plaga similar, pero es una suposición peligrosa. El virus de la gripe es capaz de mutar con mucha facilidad; por eso las cepas son diferentes de unos años a otros. A lo largo de la historia ha causado grandes estragos entre la población mundial y, según el Centro para el Control de Enfermedades en Atlanta, Georgia, existe la posibilidad de otra gran pandemia, si no lo evitamos. Ésta superaría con creces a la gripe española de 1918. Quizá por eso han despertado tanto temor las dos pandemias que se han producido en las últimas décadas. La primera ocurrió en Hong Kong en 1997 cuando la cepa H5N1 causó una enfermedad respiratoria grave a dieciocho personas, de las cuales seis murieron. Se trataba de la gripe aviar, también conocida como «gripe del pollo».

Esta enfermedad infecciosa vírica, que primero afectó a las aves y luego infectó a distintas especies de mamíferos, entre ellos el ser humano, el cerdo y el gato doméstico, se originó en las granjas chinas. En octubre de 2005 se confirmó el primer caso de H5N1 en la Unión Europea: un loro murió en Gran Bretaña y, pocos días después, varios cisnes en Croacia, cuando ya había matado a más de sesenta personas en Asia. En febrero de 2006, la gripe aviar se extendió por Italia, Grecia, Austria, Alemania,

Hungría, Eslovaquia, Eslovenia y Francia. En julio de 2006 se confirmó el primer caso de gripe aviar en España: un ave había aparecido muerta en un humedal de Álava. En 2009 ya habían muerto doscientas ochenta y dos personas en el mundo. Unas cifras que estaban muy lejos de los millones de víctimas de la gripe española de 1918.

El problema radicaba en que el virus mutase y llegase a transmitirse entre personas y no sólo de aves a humanos. Entonces hubiera sido cuando se habría declarado una situación de pandemia. Éste fue el escenario para el que se prepararon tanto los organismos internacionales como los países de todo el mundo.

Pero en el año 2009 llegó la gripe A, una pandemia causada por una variante del virus A de origen porcino (subtipo H1N1). Empezó en abril, en México. La velocidad de propagación entre las personas con los viajes aéreos extendió el virus a un ritmo mucho más rápido que la gripe de 1918. El 11 de junio de 2009, la OMS clasificó la situación de máxima alerta, nivel seis, ya que aparecieron brotes comunitarios (que se producen localmente sin la intervención de una persona infectada proveniente de la región del brote inicial). Es decir, el virus se transmitía de humano a humano. El nivel de alerta definía la enorme gravedad de la enfermedad producida por el virus, su extensión geográfica y su mortalidad. «Esta gripe ha saltado de una especie a otra. Cuando ocurre esto, es capaz de infectar a mucha más gente, personas que nunca han estado expuestas al virus, de modo que no cuenta con defensas. Nunca habíamos visto nada igual», explica el patólogo James Shamonki.

Las predicciones de la OMS plantearon, desde el principio hasta el final, el riesgo de una gran catástrofe. Se dio la voz de alarma y en el mundo entero se activaron planes de contingencia que correspondían a los de una gripe como la de 1918 y en los que se dispuso de recursos humanos y farmacológicos extraordinarios. Particularmente, las embarazadas y los jóvenes podían sucumbir al virus en pocos días. Las predicciones hablaban de miles de muertos y de decenas de miles de ingresados en las unidades de cuidados intensivos. El pico máximo se dio a mediados de noviembre de 2009. Se decía que podría haber atacado al 40 por ciento de la población estadounidense y haber matado a cientos de miles en el mundo entero. Las autoridades sanitarias esperaban proporcionar vacunas a millones de personas, pero otros virus resistentes, más potentes que el de la gripe A, podían elevar los índices de mortalidad al 80 por ciento y superar de ese modo la capacidad de respuesta de las organizaciones sanitarias.

Eso significaba que podíamos estar prácticamente indefensos ante una plaga de proporciones descomunales.

Catorce meses después, el 10 de agosto de 2010, la OMS anunció el fin de la pandemia, que tuvo una mortalidad baja, a pesar de su amplio radio de acción. Dejó tras de sí unas diecinueve mil víctimas, una mortalidad diez veces menor que la de la gripe estacional habitual. En España murieron setenta y una personas, frente a las dieciocho mil «esperadas». En el mundo entero, muchos hablaron del principio de precaución para justificar medidas imprudentes y decisiones excesivas. Otros, del gran negocio que había representado para la industria farmacéutica y de crisis sanitaria por su mal control por parte de las autoridades. El prestigio de la OMS bajó varios enteros.

Otros virus siguen afectando gravemente a la salud, para vergüenza de la medicina moderna. El sida ha matado a más de veinte millones de personas. Casi cuarenta millones están infectados por el VIH, un virus que se transfirió de los animales a los humanos a comienzos del siglo XX. Esta enfermedad, que produce la incapacidad del sistema inmunitario para hacer frente a las infecciones y a otros procesos patológicos, todavía no tiene una cura efectiva a la vista. Así, es uno de los principales problemas de salud pública y causa de muerte en África: el 72 por ciento de las muertes relacionadas con el sida en el mundo, en 2007, ocurrieron en el África subsahariana.

Y la lista lúgubre de nuevas enfermedades infecciosas sin cura es larga. El síndrome respiratorio agudo severo (SARS, del inglés *Severe Acute Respiratory Syndrome*) es una neumonía atípica que apareció por primera vez en noviembre de 2002 en la provincia china de Guangdong y que en la actualidad tiene altos índices de mortalidad. El virus del Ébola, también altamente contagioso y sin cura, afecta tanto a animales como a seres humanos; la legionelosis o enfermedad de los legionarios, un tipo de neumonía causada por bacterias, se identificó por primera vez en 1976; la fiebre de Lassa, que se transmite a los humanos a través del contacto con alimentos u objetos que han sido contaminados por los excrementos de roedores y que se registró por primera vez en la década de los cincuenta, aunque el virus no se aisló hasta 1969; nuevas cepas de cólera, como la que se ha extendido en Haití tras el terremoto... Todos ofrecen sorprendentes retos para los investigadores médicos. «Pero en cualquier momento puede aparecer una nueva enfermedad que podría ser mucho más transmisible y que originaría una pandemia mundial», sostiene el profesor de Ciencias en la Universidad de Filadelfia Paul Halpern. Incluso las enfermedades antiguas, como la tuberculosis y la polio, parece que adoptan nuevas y más mortíferas formas. «No podemos subestimar la capacidad de los microorganismos para cambiar y adaptarse a su entorno, incluso a pesar de la existencia de nuevos antibióticos. Nos olvidamos de que la evolución, que consiste en el cambio genético, se aplica también a los microbios», explica Chris Holmes.

La amenaza de las enfermedades modernas se ha hecho aún más alarmante por el terrorismo. El ántrax —una infección bacteriana que puede atacar a todos los animales de sangre caliente— se ha convertido para los terroristas en una potente y aterradora arma, ya que sus esporas aeróbicas pueden diseminar la muerte en una escala similar a una explosión nuclear con un coste mucho menor. Se ha estimado que si se liberara en la ciudad de Washington, el peso de cuatro bolsas de fertilizante de césped de ántrax sería suficiente para matar a casi cien mil personas. Las esporas del ántrax son resistentes a los cambios del ambiente, soportan el calor seco y diversos desinfectantes químicos, y además persisten en la tierra durante años. Mediante la ingeniería genética, incluso tienen la capacidad de hacerse resistentes a los antibióticos conocidos, disminuir el período de incubación, aumentar la virulencia... y podrían provocar una epidemia de proporciones verdaderamente bíblicas.

Arsenal nuclear y microchips apocalípticos

En el último siglo los conflictos bélicos han causado estragos en la humanidad como nunca hasta entonces; aunque, en términos relativos, los historiadores consideren más mortíferas algunas guerras del pasado, como la de los Treinta Años en el siglo XVII, que se calcula que provocó en Alemania, a lo largo de esas tres décadas, los daños equivalentes a una guerra nuclear. «No se puede olvidar que hay crisis humanitarias muy graves a las que la comunidad internacional vuelve la espalda y que continúan aumentando las inversiones en armamento», alerta la Escuela de Cultura de Paz.

Hoy en día, los conflictos bélicos se cobran su peaje en casi todos los continentes. En la actualidad hay cerca de cuarenta conflictos distintos en los que se mata a un ser humano cada dos minutos. Es más, si se tienen en cuenta las muertes indirectas debidas a, por ejemplo, el genocidio, el desplazamiento forzoso, el asesinato masivo planificado, la hambruna, las crisis humanitarias... entonces esa cifra es aún más alta. En cambio, si estas cifras se reducen a pura estadística, dan una mortalidad anual del 0,004 por ciento de la población mundial, es decir, cuatro muertos por cada cien mil personas, una cifra inapreciable.

«En el siglo XX, cada veinte segundos alguien murió como resultado directo o indirecto de la guerra», afirma el profesor Paul Halpern. Fue un siglo de conflictos bélicos casi ininterrumpidos; hubo pocos y breves períodos en los que no hubiera algún conflicto armado en alguna parte del mundo. Las cifras son escalofriantes. Desde que acabó la Segunda Guerra Mundial, ha habido ciento veinte conflictos. Desde comienzos del siglo XXI, dieciséis países africanos, con unos ciento cincuenta millones de habitantes, se han convertido en escenario de guerras. Existen en el mundo trescientos mil niños soldados a los que se entrena para matar. La segunda industria más importante, después del petróleo, es la armamentística.

Sin embargo, la guerra no es nada nuevo para la raza humana. La diferencia está en que, a partir de la segunda la mitad del siglo XX, adquirió un nuevo potencial inimaginable para las matanzas. El jinete del apocalíptico caballo blanco tiene una nueva arma en su aljaba de horror, una que podría destruir el mundo entero en apenas unas horas. Hoy en día, incluso a pesar de que la Guerra Fría terminó hace tiempo, ocho países poseen aún un arsenal de más de cuarenta mil ojivas nucleares. Según el Tratado de No Proliferación Nuclear (NPT, del inglés *Non-Proliferation Treaty*) los países con armas nucleares son: Estados Unidos, la Federación Rusa, Reino Unido, Francia, República Popular de China, India, Pakistán y Corea del Norte. Se tiene la seguridad de que Israel posee un arsenal de armas nucleares, aunque ese país nunca lo haya confirmado ni desmentido. Desde el año 2006, se habla de que Arabia Saudí habría podido recibir ayuda de Pakistán para adquirir misiles y cabezas nucleares. Es posible que Irán no tarde en unirse al club del miedo de las potencias nucleares. Pero tal vez lo más preocupante es que en teoría existe la tecnología para que los terroristas puedan fabricar armas nucleares del tamaño de una maleta. Según algunos cristianos, un versículo de la Biblia predice que la guerra nuclear comenzará en Oriente Próximo y que finalmente consumirá el planeta.

Claro que también el Apocalipsis anuncia que cuando llegue el Anticristo marcará a sus seguidores con el número 666, y a quienes no lleven esta marca se les prohibirá comprar y vender, profecía que ha utilizado una de las contribuciones recientes más extrañas a las teorías del fin del mundo: el llamado Sistema 666, y su forma de expresarse y expandirse en el sistema binario que utilizan los ordenadores. Así, la escritora Mary Stewart Relfe, en su libro *When Your Money Fails*, al igual que algunos creyentes fundamentalistas, asegura que el Sistema 666, como implementación de una tecnología de identificación humana, está muy avanzado en programas informáticos, tarjetas de crédito y, especialmente, en los sistemas de código de barras electrónicos que aparecen en la mayoría de los productos. Ven en todo ello el camino que guiará al Anticristo y al diablo a nuestras casas, hasta el punto que aconsejan que en todas las transacciones económicas se use dinero en efectivo y se descarten las tarjetas de crédito, que no son más que una forma de controlar a las personas. Los que creen en esta teoría están convencidos de que el Anticristo obligará a todas las personas a llevar un chip implantado debajo de la piel en la mano derecha o en la frente para poder comprar y vender.

Esperemos que ésta sea una de tantas profecías que nunca llegan a cumplirse. Una amenaza tecnológica como ocurrió con el Efecto 2000 o Y2K, el catastrófico error de software debido a la costumbre de los programadores de omitir la centuria en el año cuando se almacenaban fechas, que no tuvo ni mucho menos las terribles consecuencias con que tantos expertos nos alarmaron antes del comienzo del siglo XXI.

La mayoría de los científicos creen que las amenazas tecnológicas y físicas al planeta, aunque graves, no conseguirán destruir a la raza humana. No son ninguna señal del fin. Incluso para los problemas más terribles tenemos solución, y coinciden en afirmar que si nuestro mundo está a punto para el Armagedón, es en gran parte debido a una crisis de nuestra forma de vida. Nuestra supervivencia terrenal podría estar más que nunca en nuestras manos. Tal vez, si los cuatro jinetes del Apocalipsis montan sus caballos de terror es porque nosotros los hemos dejado sueltos en el mundo.

24

Los cometas: profetas del destino

Los cometas bombardearon nuestro planeta hace millones de años e hicieron la Tierra inhabitable, aunque también llevaban los componentes básicos de la vida en el carbono congelado en su interior. Actualmente, los científicos buscan, rastrean y estudian estos misteriosos y aterradores vagabundos celestes que pueden revelar nuestro pasado y predecir el futuro. Estos responsables de la mayor extinción ocurrida nunca ¿podrían golpear ahora nuestro planeta y condenar a la humanidad?

Mensajeros de infortunios

Desde el comienzo de la humanidad, los cometas han llamado la atención de pueblos de diversas culturas. La aparición repentina de un cometa se asociaba a grandes males o augurios de cambio. El hecho de que no siguieran el movimiento de los planetas no hacía más que fortalecer esta creencia que llevó a considerarlos responsables de acontecimientos históricos generalmente graves. Se sabe que a los antiguos astrónomos chinos se les ejecutaba si no eran capaces de predecir la aparición de un cometa o de un eclipse solar.

Los historiadores Sozomeno y Sócrates de Constantinopla cuentan que en el año 400 de nuestra era apareció un cometa con forma de espada que brilló sobre Constantinopla en el momento de la gran revuelta popular contra Gainas, el ambicioso general godo. En el siglo I a. C., el escritor, científico, naturalista y militar romano Plinio atribuyó la causa de la sangrienta guerra entre Julio César y Pompeyo al paso de un cometa. En el año 729, el paso de un cometa se interpretó como una señal de la invasión sarracena de Francia. En 1066, en la batalla de Hastings, cuando el duque de Normandía Guillermo el Conquistador desembarcó en Inglaterra y mató al rey Harold II, proclamándose nuevo rey inglés, se avistó otro cometa. Hoy sabemos que se trataba del cometa Halley, el representante más famoso de esta categoría de astros, que regresa de manera periódica a visitarnos y que también apareció en el año 66 de nuestra era, justo cuatro años antes de la destrucción de Jerusalén, según relata el historiador Josefo.

Por aquel entonces, la opinión científica sobre la naturaleza de los cometas era la que Aristóteles estableció alrededor de 350 a. C. Según su teoría, tanto los cometas como los meteoros eran fenómenos atmosféricos causados por vapores en ebullición que desprendía la Tierra y eran impulsados hacia la parte superior de la atmósfera. Incluso después de saber que el Sol era el centro del Sistema Solar, se creía que los planetas orbitaban alrededor del Sol en trayectorias ordenadas y en intervalos regulares. Sin embargo, estos objetos celestes aparecían al azar desde cualquier dirección. Así, la convicción de Aristóteles sobre los cometas sobrevivió durante siglos y el propio Galileo no logró resolver el enigma de sus trayectorias, aunque el astrónomo danés Tycho Brahe (1546-1601), considerado el más grande observador del cielo en el período anterior a la invención del telescopio, ya había logrado en 1577 calcular casi con total precisión sus enormes distancias con respecto a la Tierra y usó la triangulación para demostrar que la teoría de Aristóteles era incorrecta. «Haciendo observaciones en diferentes momentos del día y desde distintos lugares, pudo demostrar que un cometa estaba mucho más lejos que la Luna. Aquello ya era algo. Fue el primer paso», explica Brian Marsden, experto del Centro de Planetas Menores, institución científica que pertenece al Observatorio Astrofísico Smithsoniano, en Estados Unidos.

Esta idea preocupó enormemente a los hombres que creían que Dios había creado las estrellas y los planetas en sus órbitas y que el cielo de Dios era ordenado. Pero, a medida que la Reforma protestante del siglo XVI avanzaba por toda Europa, los líderes religiosos percibían que el caos se reflejaba en los cielos. Condenaron a los cometas por ser estrellas que impedían que el cielo mantuviera el orden. Martin Lutero incluso los llamó «estrellas rameras» porque su comportamiento era diferente al de otras estrellas.

En el Libro del Apocalipsis, o *Libro de las Revelaciones*, se menciona que una montaña de fuego golpeará la Tierra. «Hoy podemos interpretar eso como el choque de un meteoro, de un cometa o algo de tal magnitud que podría provocar la extinción del ser humano. Aún hay muchos eruditos actuales de la Torah que ante la pregunta de qué causó el diluvio universal responden que fue un accidente astronómico. Afirman que un cuerpo procedente del espacio exterior que giraba alrededor del Sol chocó con el campo gravitatorio terrestre, lo cual hizo que los mares desbordaran de sus lechos y alteró y transformó, literalmente, la órbita del planeta. ¿Sería posible que algo así volviera a suceder? Hay quienes creen que sí y que será muy pronto», explica el rabino Ariel Bar Tzadok.

También los relatos de los indígenas de América del Norte, Central y del Sur, así como de las islas del Pacífico, se refieren a los cometas como anunciadores de catástrofes. Estas creencias todavía perduran en nuestros días y algunas de las amenazas espaciales más populares sobre la Tierra y el fin de la humanidad de las últimas décadas se centran en los impactos de meteoritos, agujeros negros, estallidos de rayos gamma de galaxias cercanas, una brusca edad del hielo y un desplazamiento de los polos magnéticos causada por una entidad cósmica incontrolable que llegará desde el cielo. Algunos lo llaman el Planeta X; otros recurren a la teoría de que un cometa, que actualmente se encuentra en el espacio profundo, hará su lenta aproximación final en su órbita parabólica hacia la Tierra y los pedazos de hielo y rocas de su cola arremeterán a toda velocidad contra un mundo desprevenido.

Este suceso puede parecer poco probable, pero las posibilidades de que un cometa roce nuestro planeta son reales, y sus consecuencias, muy graves. Lo cierto es que los científicos no pueden descartar que los pedazos de un cometa impacten contra la Tierra. Peor aún: si su trayectoria finalizara en nuestro planeta, habría una posibilidad muy real de que se produjera la aniquilación total y absoluta. «Los impactos de los cometas son un fenómeno que ha sucedido en el pasado y seguirá sucediendo. Es el ejemplo más extremo de una catástrofe de mínimas probabilidades pero de enorme magnitud. Y nuestra civilización no puede correr el riesgo de ser golpeada por un gran cometa o asteroide», afirma David Morrison, del Centro de Investigación AMES, en Silicon Valley, California, entidad responsable del desarrollo de las tecnologías necesarias para hacer posible las misiones de la NASA y apoyar los programas aeronáuticos y espaciales de Estados Unidos.

Los grandes descubrimientos cósmicos

En la segunda mitad del siglo XVII, gracias a los estudios de Isaac Newton y de su amigo Edmund Halley, se logró saber que los cometas están bajo la influencia de la fuerza de atracción del Sol, pero que, al contrario de los planetas, siguen trayectorias extremadamente alargadas. En su monumental obra *Principia*, Newton expuso que los objetos con masa ejercen una atracción sobre otros objetos con masa, una fuerza a la que llamó gravedad. «Newton y Halley trabajaron estrechamente en esta cuestión. Newton observó dos grandes cometas, uno en 1680 y otro en 1682. Ambos estaban convencidos de que el cometa trazaba una curva cerrada alrededor del Sol y que esos dos cometas eran realmente uno solo», cuenta la profesora de la Universidad de Harvard Sara Schechner. Newton descubrió que «su nueva teoría de la gravitación universal se podía usar para explicar la trayectoria de este cometa, igual que para esclarecer la órbita de la Luna o la de la Tierra alrededor del Sol. El cometa de 1680-1681 se convirtió en el eje de su obra *Principia*», prosigue Schechner.

Para confirmar la teoría de Newton, Halley aportó observaciones históricas de cometas anteriores. Durante el proceso hizo un descubrimiento excepcional: se dio cuenta de que las descripciones de los cometas de 1456, 1531 y 1607 encajaban perfectamente con la de 1682. Estaba convencido de que esos cuatro cometas eran uno, que regresaba a la Tierra en intervalos de setenta y seis años debido a la fuerza gravitatoria del Sol. Predijo que ese cometa regresaría en 1758. A medida que se aproximaba la fecha, la expectación aumentó y no faltaron predicciones catastróficas que auguraron la colisión del cometa con la Tierra. El día de Navidad de ese año regresó, pero, desgraciadamente, Halley ya no estaba allí para verlo. Había muerto hacía diecisiete años. El cometa, tras mostrarse en todo su esplendor, pasó por su perihelio (el punto más cercano al Sol de la órbita de un cuerpo celeste) en marzo de 1759 y emprendió el camino de vuelta. Su órbita retrógrada era la misma que la de los cometas de 1531, 1607 y 1682. Claramente se trataba de un mismo objeto, un único cometa: el cometa Halley.

Aún hoy, aquella reaparición —como la de todos los cometas— se considera una de las más bellas pruebas de la capacidad predictiva de la ciencia. Sin embargo, tanto Newton como Halley le dieron una interpretación divina: creían que Dios usó los cometas para crear el mundo y provocar el diluvio universal. Aunque los cometas se habían comportado según ciertas leyes físicas, en el fondo eran herramientas que usaba Dios para expresar sus deseos.

Gracias a los descubrimientos de ambos científicos, se sabe que la mayoría de los cometas giran alrededor del Sol en grandes órbitas. La gravedad atrae a algunos de ellos hacia el Sol, donde terminan abrasados. Raramente cruzan la órbita de los planetas, incluida la Tierra. Y lo que es más raro aún es que cometas y planetas se encuentren en el mismo lugar y en el mismo momento e impacten. Todo está regulado por la gravedad. «Un cometa es un pequeño cuerpo que gira alrededor del Sol. Por lo general, en una especie de órbita excéntrica, no con una órbita casi circular, como los planetas. Básicamente es una bola de hielo y rocas y otras sustancias como el monóxido de carbono congelado y dióxido de carbono, el metano», explica el experto del Instituto de Investigación Southwest Luke Dones.

Los cometas se crean en los confines del Sistema Solar. Viajan en gigantes órbitas alargadas hacia el Sol. Durante la mayor parte de su trayecto son cuerpos sólidos congelados. Cuando se acercan al Sol, el calor de éste empieza a vaporizar sus capas externas con lo que se convierte en un astro de aspecto muy dinámico, con partes diferenciadas. Cuando están suficientemente cerca del Sol, los hielos y los gases llamados volátiles se vaporizan para producir la cola en un proceso llamado sublimación. De modo que desarrollan una nube de material difuso denominada coma, que aumenta de tamaño y brillo a medida que el cometa se calienta por la radiación solar. Suelen mostrar también un pequeño núcleo, semioculto por la neblina de la coma. La coma y el núcleo constituyen la «cabeza» del cometa. El término «cometa» proviene del griego clásico y significa «astro con larga cabellera», en referencia a sus largas colas.

Mientras se mantiene congelado, el cometa es simplemente un núcleo y su aspecto es muy similar al de un asteroide. Los asteroides son cuerpos que también orbitan alrededor del Sol pero están compuestos por rocas y no por hielos, como los cometas. Están en órbita, ya sea en una banda de escombros de asteroides llamado Cinturón de Asteroides, o en otra banda más distante de desechos llamado Cinturón de Kuiper. «Los asteroides son rocas desiguales, sobre todo entre Marte y Júpiter, pero a veces se encuentran en otro lugar de la galaxia», cuenta Scott Sandford, del Centro de Investigación AMES de la NASA.

El Cinturón de Kuiper, localizado más allá de la órbita de Neptuno, es un conjunto de cuerpos celestes tipo cometa que poseen tamaños de entre cien y mil kilómetros de diámetro, que orbitan alrededor del Sol. Recibe su nombre en honor a Gerard Kuiper, científico que predijo su existencia en 1960, tres décadas antes de que se observaran por primera vez estos cuerpos (ocurrió en 1992 a cargo de un equipo de la Universidad de Hawai). Los cometas, por la duración de sus períodos orbitales, se dividen en cometas de corto período —aquellos que necesitan menos de veinte años para describir una órbita completa alrededor del Sol— y cometas de largo período —los que completan su órbita en más de doscientos años—. También hay cometas de período medio, que poseen períodos orbitales entre veinte y doscientos años. Se conocen varias docenas de ellos y cuatro se mueven en sentido retrógrado. El más famoso es el cometa Halley.

Se cree que el Cinturón de Kuiper es también la fuente de los cometas de corto período, pero algunos de ellos se han encontrado en regiones exteriores del cinturón. Es decir, más lejos aún hay una formación difusa de cometas que orbitan en la llamada Nube de Oort. En los años cincuenta del siglo pasado, el astrónomo holandés Jan Oort predijo que debía de existir un gran enjambre de cometas en una gran «nube» externa en los confines del Sistema Solar, a la que años más tarde se llamó Nube de Oort en su honor. Hoy se calcula que situados a siete millones y medio de kilómetros del Sol —esto es, unas mil doscientas veces más lejos que Plutón— hay más de un billón de bolas rocosas de nieve, que periódicamente inician su largo viaje hacia el Sol. La existencia de esta nube es sólo teórica, y de momento nunca se ha detectado directamente.

Explosiones misteriosas en la galaxia

A pesar de que el polvo de los cometas no deja de caer desde el espacio cuando nuestro planeta intercepta el rastro dejado por sus estelas, hasta el año 2000 los científicos estaban de acuerdo en que ningún meteorito podía relacionarse con un cometa. Ese año, una espectacular bola de fuego sobrevoló el lago Tagish, territorio del Yukón, en el extremo noroeste de Canadá, y pareció resolverse el misterio. Los meteoritos que produjo esta bola de fuego no se parecían a ningún otro. Eran los objetos más antiguos registrados nunca. Pronto se especuló con la posibilidad de que pudieran provenir de un cometa. Alan R. Hildebrand, de la Universidad de Calgary, y su colega Peter Brawn, de la Universidad de Ontario, organizaron una expedición al lago para recoger los fragmentos del meteorito. Tuvieron suerte de que éste colisionase en un lugar completamente helado. Antes de llevarlo al laboratorio ya sabían que no era normal. «Un fragmento de meteorito suele ser muy pesado. Es lo que lo diferencia de una roca corriente. Pero el del lago Tagish resultó que era el meteorito menos denso recuperado nunca», señala Margaret Campbell-Brown, de la Universidad de Ontario del Sur. También era excepcionalmente frágil y parecía tener una alta concentración de materia orgánica. Tras analizarlo, los científicos pudieron confirmar que no era un fragmento de un cometa. Pero al ser el meteorito más antiguo y menos denso jamás encontrado, ha servido para enriquecer los conocimientos sobre estos objetos espaciales.

De momento, los científicos continúan discutiendo si los cometas pueden producir meteoritos. «La cuestión es si hay elementos grandes de material sólido que logran atravesar la atmósfera. Pero si sólo llegan pequeños granos, no lograrán atravesar la atmósfera y nunca podremos llegar a tener un meteorito de un cometa», dice el astrónomo Keith Noll. Sin embargo, no todo el mundo está de acuerdo con esta teoría. «Los cometas podrían llevar incrustados trozos del tamaño de planetas. Algunos cometas podrían tener un impacto considerable», sostiene Daniel W. E. Green.

Aunque no disponemos de fechas concretas, sabemos que los cometas impactan contra la Tierra desde hace unos cuatro mil millones de años. Contrariamente a la creencia popular, el fenómeno conocido como una lluvia de meteoritos se atribuye sobre todo a los cometas y asteroides. El término meteoro proviene del griego *meteoron*, que significa «fenómeno en el cielo». Un meteoroide es una materia que gira alrededor del Sol o cualquier objeto del espacio interplanetario que es demasiado pequeño para considerarse un asteroide o un cometa. Un meteorito es un meteoroide que alcanza la superficie terrestre sin que se haya vaporizado completamente. Es decir, un meteorito es un objeto que ha venido desde otra parte del espacio y que alcanza la superficie de un planeta debido a que no se desintegra por completo en su atmósfera. Al entrar en contacto con la atmósfera de la Tierra, se calienta tanto por el rozamiento con el aire que comienza a brillar y forma un meteoro, bola de fuego o estrella fugaz. A diferencia de un meteoro, que aparece casi de forma instantánea, un cometa es un evento de larga duración, a veces visible durante semanas.

Los grandes meteoritos pueden chocar contra la Tierra con una fracción de su velocidad cósmica, originando un cráter de hipervelocidad de impacto. El tamaño y tipo del cráter dependerán del tamaño, de la composición, del grado de fragmentación y del ángulo de entrada del meteorito. «Cada año caen alrededor de treinta a cuarenta mil toneladas de material de asteroides y cometas en la Tierra», explica el experto de la Universidad de Washington Don Brownlee.

Eso es un montón de polvo ardiendo en el cielo y que puede llegar a la Tierra. Pero el polvo del cometa no es la única amenaza para nuestro planeta. Cometas enteros pueden serlo también. En 1994, el cometa Shoemaker-Levy —descubierto por los astrónomos Eugene Shoemaker, su esposa Carolyn y David Levy— apuntó directamente al planeta Júpiter, donde produjo impactos muy violentos. Fue la primera observación directa de una colisión de un objeto externo al Sistema Solar y fue seguido con mucho interés por los medios de comunicación y observado por astrónomos de todo el mundo dada su relevancia científica. «Pasaron dieciséis meses entre el descubrimiento y el impacto. Si encontráramos un cometa que estuviera a dieciséis meses de colisionar con la Tierra, no podríamos hacer nada para evitarlo», explica su codescubridor David Levy. La gravedad de Júpiter había fragmentado el cometa. «Desde el 16 hasta el 21 de julio de 1994 —prosigue— nos quedamos clavados viendo cómo veintiún fragmentos de este cometa colisionaban como un tren de mercancías, uno detrás de otro, en la atmósfera de Júpiter. Estos fragmentos podían viajar a unos sesenta kilómetros por segundo. A esa velocidad, cruzarían Estados Unidos en un minuto.» La colisión generó unos seis millones de megatones de energía, el equivalente a una explosión como la de Hiroshima por segundo durante trece años.

Los tres astrónomos consiguieron convencer a buena parte de la comunidad científica de que si unos cuerpos extraterrestres habían impactado contra la Tierra en el pasado, no había razón para pensar que no lo harían en el futuro. Los expertos afirmaban que si ocurrió en Júpiter, también podría pasar aquí. De hecho, ya ha ocurrido, como demuestra la evidencia geológica que indica que grandes cuerpos, posiblemente cometas, ya impactaron contra la Tierra y destruyeron muchas de las especies. Si llegara a suceder otra vez, tal colisión podría llevar a la extinción en cuestión de horas, quizá minutos. La existencia de miles de millones de cometas en nuestro Sistema Solar hace que esta amenaza sea muy real. «Tal vez sólo ocurra una vez cada cincuenta o cien millones de años, pero si tiene lugar entonces no importa dónde vivas, estás muerto», advierte David Schleicher, un astrónomo que desde 1985 escudriña el cielo en el Observatorio Lowell de Arizona y que a lo largo de estos años ha analizado más de ciento cincuenta cometas.

El inicio de la vida en la Tierra

Más allá de estas historias apocalípticas, los científicos apuntan a las ironías de la vida. Los ingredientes que componen los cometas también forman parte de nuestro Sistema Solar y de nuestro planeta, y podrían haber proporcionado las materias primas necesarias para la vida en la Tierra. En otras palabras, los ingredientes que componen los cometas también nos han formado a nosotros. «Los cometas y los asteroides son materiales exteriores del Sistema Solar, son ricos en elementos fundamentales para la vida en la Tierra, como el agua, el carbono y el nitrógeno», explica Don Brownlee.

El Sistema Solar empezó como una vasta nube de polvo y gas. Hace cuatro mil seiscientos millones de años, esta nube giraba lentamente alrededor del naciente Sol y partículas de la misma colisionaron entre sí. Durante ese tiempo algunos objetos fueron destruidos por las colisiones, en tanto que otros crecieron en tamaño y llegaron a convertirse en planetas. A lo largo de este período primitivo, los cometas probablemente llenaban el Sistema Solar. Los cometas y asteroides comenzaron a golpear a la joven Tierra sin piedad. Irónicamente, tal vez ésta sea la razón de que estemos nosotros aquí. Los hielos de los que están compuestos los cometas parece que fueron los «ladrillos» que formaron las primitivas atmósferas de los planetas. Nadie sabe a ciencia cierta cuándo se estableció la vida en la Tierra, pero hay quien cree firmemente que fueron las colisiones de los cometas las que proporcionaron el agua a la Tierra y permitieron que la vida pudiera empezar. Es más, posiblemente fueron básicos en la formación de algunos planetas gigantes, tales como Urano y Neptuno, cuyas composiciones prácticamente son idénticas a las de los cometas.

La Tierra es un libro cuya historia se cuenta en páginas de roca, un diario en el que cada capítulo es una capa de tiempo. Cada capa representa millones de años de una época. Hay ciertos lugares en los cuales las páginas del diario terrestre están abiertas de par en par. El desierto de Colorado, al sudoeste de Estados Unidos, es uno de estos lugares. Allí, el geólogo James W. Ashley, del Centro de Planetas Menores (MPC), de Cambridge, Massachusetts, busca en la formación de Kaibab, que se remonta a unos doscientos cincuenta o doscientos sesenta millones de años, la historia de la Tierra comprimida en un solo estrato formado por unas rocas sedimentarias que son las más antiguas que se conocen en nuestro planeta y que proporcionan pistas de valor incalculable sobre cómo era la Tierra en sus primeros años, una época marcada por los efectos catastróficos de los cometas y asteroides, llamado el período de Bombardeo Intenso Tardío (LHB, del inglés *Late Heavy Bombardment*). Aparte de esto, no queda nada de la infancia de la Tierra.

El Sistema Solar era más joven entonces y tenía más cometas y asteroides, por lo que la incidencia de los impactos era mayor. El calor generado por el choque de cometas y asteroides durante este período contribuyó a mantener fundida la superficie terrestre. El agua que contenían estos cometas de hielo se convirtió al instante en vapor o se evaporó por completo. «Nuestro concepto de LHB en la Tierra no proviene de la geología o del estudio de este planeta, sino de estudiar la Luna», cuenta Don Brownlee. A diferencia de la Tierra, la Luna es geológicamente inactiva. Basta con mirar la Luna llena en una noche clara, para comprobar que su superficie está llena de cráteres que corresponden a impactos. Los científicos que estudian el tamaño y la distribución de esos cráteres ven una evidencia clara de que la Luna sufrió un intenso período de impactos hará alrededor de cuatro mil millones de años. El análisis de las muestras lunares facilitadas por las diversas misiones del *Apolo* indican que los cometas y asteroides son la causa de al menos el 80 por ciento de los impactos lunares. Debido a que nuestro planeta y la Luna se encuentran muy cerca entre sí y aunque en la Tierra no queden cráteres de esa época, se asume que nuestro planeta sufrió un destino parecido.

Este período de bombardeo intenso acabó cuando la mayor parte de material suelto en el Sistema Solar fue atraída por los planetas o arrojada fuera del Sistema Solar por la gravedad. Lo que resulta extraño es lo que sucedió en la Tierra en el instante geológico en el que terminó todo este caos. Cuando la Tierra se enfrió, se dieron las condiciones para que el vapor de agua pudiera condensarse y así dar comienzo a la vida. Es decir, la clave de la vida puede ser el agua de los cometas. «Las estimaciones son que de entre el 10 y el 30 por ciento del agua en la Tierra provino de los cometas», afirma el astrónomo David Schleicher.

Sin embargo, los cometas no sólo proporcionaron el agua, sino también los componentes básicos de la vida. Sin ellos, la vida tal como la conocemos no existiría. Estos elementos forman parte de los cometas, no sólo como elementos individuales, sino también en combinaciones complejas llamadas aminoácidos; es decir, las estructuras que componen las proteínas de los cuerpos de los seres vivos. Así, algunos científicos piensan que la vida podría haber florecido durante el período de LHB, durante una época en la que la superficie de la Tierra era inhabitable por culpa del constante bombardeo de cometas y asteroides.

La desaparición de los dinosaurios

Mientras los científicos llevan décadas debatiendo si los cometas aportaron los elementos necesarios para la vida en el planeta Tierra, lo que hoy está ampliamente aceptado es que la vida casi desapareció por lo menos en una ocasión, debido a un impacto masivo de cometas.

A mediados de la década de 1970, un grupo de investigadores liderados por el físico norteamericano y premio Nobel Luis Álvarez descubrieron, en las muestras tomadas por todo el mundo de las capas intermedias entre los períodos Cretáceo y Terciario de hace sesenta y cinco millones de años, una concentración de iridio cientos de veces más alta de lo normal. El final del Cretáceo coincidió con la extinción de los dinosaurios y de los ammonites. Se planteó así la llamada «Hipótesis Álvarez», según la cual la extinción de los dinosaurios y de muchas otras formas de vida habría sido causada por el impacto de un gran meteorito. Luis Álvarez y su hijo Walter determinaron que esta capa de iridio fue la consecuencia de un enorme impacto que causó millones de toneladas de escombros que llenaron la atmósfera y obstruyeron la llegada de los rayos del Sol, lo cual sumió a la Tierra en un largo período de congelación. «Podría ser que aquel impacto pusiera en marcha una cadena de cambios ambientales, que, además del suceso inicial por el que murieron un gran número de criaturas, a largo plazo también pudo provocar una extinción en masa», sostiene el astrónomo Keith Noll.

Una de las mayores objeciones a esta hipótesis era que no se conocía un cráter cuyas dimensiones correspondieran al tamaño calculado, que debería tener entre ciento cincuenta y doscientos kilómetros de diámetro. Se revisaron los estudios geológicos realizados desde los años sesenta. En la década de 1990, la teoría de los Álvarez recibió una amplia aceptación cuando el científico Alan R. Hildebrand descubrió un cráter cerca del pueblo de Chicxulub, en la península de Yucatán, en México, de ciento setenta kilómetros y cuyo origen fechó en hace unos sesenta y cinco millones de años. Sin embargo, para algunos científicos, el problema de esta teoría es que el estudio de los registros fósiles revela que aquella extinción masiva de hace sesenta y cinco millones de años duró cerca de diez millones de años, lo que no cuadra bien con que la causa fuera el impacto de un cometa. Así que la extinción del Pérmico-Triásico no está tan clara.

Diversos factores pudieron haber contribuido a la extinción en este período, incluida la intensa acción de volcanes en la Tierra, como evidencia la existencia de casi medio millón de kilómetros cuadrados de terreno cubierto por materia volcánica en la meseta del Decán, que se extiende por la mayor parte del territorio centro-sur del subcontinente indio. Es más, algunos científicos afirman que es posible que ambos acontecimientos estuviesen relacionados: los impactos de grandes meteoritos, que habrían penetrado en la Tierra entre veinte y cuarenta kilómetros, podrían haber perturbado de tal forma la delgada corteza terrestre que habrían desencadenado erupciones volcánicas.

Diversos investigadores han planteado también la posible existencia de ciclos regulares de extinciones. Sugieren que desde el Sistema Solar podrían desencadenarse lluvias masivas de cometas por la influencia de algún agente cósmico de influencia cíclica. Luann Becker, de la Universidad de California, en Santa Bárbara, cree que eso pudo haber ocurrido más de una vez: un impacto, posiblemente por un cometa, fue el culpable de la mayor extinción que se ha producido. Este evento, que separa el Pérmico de las eras geológicas del Triásico, ocurrió hace doscientos cincuenta millones de años y fue tan catastrófico que casi el 90 por ciento de todas las especies vivas no pudieron escapar a él y se extinguieron.

En la ciudad costera de Makai, en Australia, en una mina a cielo abierto, Becker buscó más pruebas de impactos de cometas. Allí encontró una forma rara de carbono: el Buckminsterfulereno (cuyo nombre proviene del ingeniero Richard Buckminster Fuller). Los fulerenos son la tercera forma más estable del carbono, tras el diamante y el grafito. «Es la única forma de carbono que es capaz de atrapar los átomos en el interior de una estructura y es realmente inusual», afirma Becker, que se vale de este carbono como prueba de que tuvo lugar un impacto extraterrestre. En julio de 2010, la NASA anunció que había descubierto fulerenos en el espacio, las moléculas más grandes que se han descubierto fuera de la

Tierra. Sin embargo, la teoría de Becker sigue encontrando oposición en la comunidad científica. «Nadie sabe qué causó la extinción masiva del Pérmico-Triásico. Podría haber sido un impacto, pero por ahora estamos muy lejos de tener una clara asociación», afirma David Morrison.

El siempre esperado regreso del Halley

Hace tan sólo tres décadas, la idea de que los cometas pudieran causar cambios catastróficos en la Tierra habría sido motivo de broma entre la comunidad científica. Lo que está claro es que nuestro conocimiento de estos objetos extraños todavía es muy limitado. Gran parte de nuestra historia pasada con los cometas ha estado llena de malentendidos, confusión y terror, que aún perduran. En 1997, la secta Heaven's Gate (Puerta del Cielo) interpretó el paso de un nuevo cometa, el Hale-Bopp, como algo místico, no sólo astronómico. Sus miembros creían que una nave espacial que seguía a este cometa les liberaría de la Tierra y los llevaría al cielo. Esta creencia llevó a treinta y nueve de ellos a suicidarse siguiendo las indicaciones de su líder, Marshall Applewhite, también conocido como Do, quien también se mató. Este suicidio masivo, el más numeroso en la historia de Estados Unidos, ocurrió en la comunidad de Rancho Santa Fe, en California, el 27 de marzo de 1997, y es una prueba más de que la superstición y la ignorancia todavía influyen en nuestra percepción de los cometas. Seguimos sintiendo temor y asombro cuando miramos al cielo.

Nuestros antepasados sabían que estos visitantes celestes eran diferentes de otros objetos provenientes del cielo. «Los estudiosos o artistas de la Antigüedad interpretaron que las referencias a las espadas, antorchas o escobas de fuego en el cielo eran cometas. Así por ejemplo, en la Biblia, cuando Dios expulsa a Adán y Eva del Jardín del Edén, pone a unas criaturas angelicales con una espada ardiente, que gira en todas direcciones, para evitar que los dos pecadores regresaran al Edén. Muchos estudiosos interpretan estos querubines como cometas», señala la profesora Sara Schechner.

También hay quien cree que un cometa pudo haber anunciado el nacimiento de Jesús y guió a los Magos a Belén. «Esta conexión de un cometa con la estrella de Belén está representada en un fresco pintado por Giotto en la capilla de los Scrovegni, de Padua. En el fresco, que muestra la escena de la Natividad de la Virgen, la estrella de Belén parece un cometa con una cola. De hecho, Giotto mostró gran interés por la astronomía y vio un gran cometa en 1301, varios años antes de que pintara este fresco», explica Schechner. El cometa que Giotto vio en 1301 era el Halley. El mismo cometa que pasó antes de la caída del rey Harold en la batalla de Hastings en 1066 y que fue reproducido en los famosos tapices de Bayeux, sigue apareciendo en el cielo por encima de nuestro planeta cada setenta y seis años. Halley es, con mucho, el cometa más importante de la historia documentada. Hay registros de observaciones de él desde el año 240 a. C. El último paso por el perihelio del Halley se produjo el 9 de febrero de 1986 y el próximo se producirá el 28 de julio de 2061.

Poco antes del regreso del Halley en 1910, los científicos notificaron sus sospechas de que los cometas contenían en su cola ingredientes como arsénico y gas cianógeno; cundió el pánico. Ese año el Halley pasaba especialmente cerca de la Tierra, así que algunos comerciantes con iniciativa pusieron a la venta máscaras protectoras. «Cuando la gente se enteró, temió que el gas cianógeno, muy venenoso, contaminara el planeta y provocara un desastre. Pero eso no podía ocurrir. Las concentraciones están demasiado diluidas y el cianógeno se hubiera quemado en la atmósfera», indica James W. Ashley. El regreso del Halley fue la sensación del nuevo siglo, incluso para alguien como Mark Twain. El gran escritor norteamericano, nacido en 1835 durante una de las visitas del cometa, predijo que moriría cuando éste regresara. «Si no me voy con el cometa Halley —dijo— será la mayor decepción de mi vida. El Todopoderoso ha dicho sin ninguna duda que somos dos fenómenos inexplicables; hemos llegado juntos y nos iremos juntos.» El Halley apareció en el cielo el 20 de abril, durante su regreso de 1910. Twain murió en su casa de Redding, Connecticut, al día siguiente.

En 1950, el astrónomo estadounidense Fred Whipple, director del Observatorio Astrofísico Smithsoniano, de Cambridge, Massachusetts —que más tarde formaría parte del Centro Harvard-Smithsoniano para la Astrofísica—, revolucionó aún más nuestra idea sobre los cometas cuando su teoría sobre su estructura pareció resolver un problema oculto en las leyes de la gravedad de Newton, un problema que había intrigado a los físicos durante doscientos años. Dijo que los cometas no seguían rigurosamente las leyes de la gravedad. «Algunos incluso se aventuraron a suponer que las leyes de la gravedad quizá no funcionaban tan lejos del Sol», cuenta Don Brownlee.

Whipple pensaba que una minuciosa observación de los satélites era fundamental para llegar a conocer la atmósfera y la Tierra. Mucho antes de que se lanzara el primer satélite artificial, hizo un llamamiento a astrónomos aficionados en lo que llamó *Moon Watch* (Observación de la Luna), en la que telescopios de diversos países del mundo apuntaban constantemente al cielo. Desarrolló una estructura óptica para el rastreo de satélites con un sistema de cámaras Baker-Nunn, tan exacto que gracias a él los astrónomos pudieron determinar con seguridad la forma del planeta Tierra debido a sus efectos gravitacionales en las órbitas satelitales. Fue uno de los primeros astrónomos que inició el estudio para la implementación de grandes telescopios con espejos primarios constituidos por multiespejos.

Pero por lo que realmente se hizo famoso Fred Whipple fue por su teoría de «bola de nieve sucia» que intentaba explicar el error de Newton. Propuso que los núcleos de los cometas eran un conglomerado de hielo, óxidos de carbono congelados, metano y amoníaco unidos entre sí por silicatos o rocas vulgares. Insistía en que los cometas no eran bolas de pelusa solar sino masivas aglomeraciones sólidas de hielo y rocas. Su teoría constituyó uno de los mayores aportes a la astronomía del Sistema Solar del siglo XX. Cuando estos objetos sólidos, pero volátiles, se movían cerca del Sol, sus gases podían expandirse y estallar como cohetes desde el interior, con lo que alteraban la trayectoria de sus órbitas y echaban por tierra los cálculos de Newton. Es el llamado «efecto cohete». «Cuando el hielo se evapora del cometa, produce un pequeño empuje en él, y puede avanzar o retroceder», añade Brownlee. Su teoría se pudo confirmar en 1986, cuando las sondas espaciales se acercaron al cometa Halley.

El regreso del cometa Halley en 1986 no tuvo un carácter tan espectacular, ni dio lugar a tantas especulaciones sobre el fin del mundo como había sucedido en su anterior visita, en 1910. El cometa apareció como una estrella de cuarta magnitud, es decir, de un brillo inferior al de la estrella polar, semejante a una de las estrellas de la Osa Mayor. No se pudo observar a simple vista, pero sí con prismáticos, y tampoco se vio su majestuosa cola ni la nube de polvo que se extendía a lo largo de millones de kilómetros. Algunos países enviaron varias sondas para encontrarse con el cometa; entre estas expediciones, la Agencia Espacial Europea (ESA) envió la *Giotto*, nombrada así en honor al pintor medieval italiano. La sonda llegó a acercarse a quinientos kilómetros de distancia.

A diferencia de Edmund Halley, Fred Whipple vivió lo suficiente para ver confirmadas sus hipótesis. En el año 1999 se le solicitó que trabajara en la misión Contour de la NASA; fue el investigador con mayor edad en recibir tan importante cargo. Murió el 30 de agosto de 2004.

Las misiones de la NASA

Pero si el polvo de los cometas está lloviendo sobre nosotros constantemente, como se ha indicado, ¿qué peligro representan estos misteriosos objetos para nuestra supervivencia inmediata? ¿Se está dirigiendo hacia nosotros alguno de estos asesinos al acecho? Dos de las expediciones de la NASA se concibieron con el fin de responder a estas preguntas. Con estas misiones, los científicos querían comprender mejor la naturaleza de los cometas, incluidas su composición y su densidad.

La primera tuvo lugar el 12 de enero de 2005, en el Jet Propulsion Laboratory (JPL) del Centro de Operaciones Espaciales de la NASA, en Pasadena, California, desde donde se lanzó la sonda *Deep Impact*. Su objetivo era un cometa situado a ciento quince millones de kilómetros de la Tierra, llamado Tempel 1. Observado por primera vez en 1867, este cometa tiene aproximadamente tres kilómetros de largo y dos de ancho y orbita alrededor del Sol cada cinco años y medio. La misión de la *Deep Impact* era extremadamente difícil: golpear el núcleo de un cometa que se encontraba en un entorno hostil. A treinta mil kilómetros por hora, la nave viajaba seis veces más rápido que una bala.

La *Deep Impact* se componía de dos elementos: el impactador, del tamaño de una lavadora, diseñado para chocar contra el cometa, y un observador, del tamaño de un pequeño utilitario, diseñado para que se separara veinticuatro horas antes del impacto y así fotografiara la colisión en el ambiente hostil del espacio. Desde su lanzamiento, los ingenieros del JPL siguieron la trayectoria del cohete hacia el Tempel 1 gracias a los ordenadores a bordo de la nave espacial. Nadie podía decir con certeza lo que sucedería en el momento del choque con el cometa. El encuentro tuvo lugar la tarde del 3 de julio. El impactador se separó y se lanzó hacia el núcleo, con el que chocó treinta y cuatro horas después, abriendo un cráter de cien metros de diámetro. Todo el acontecimiento fue seguido, fotografiado y estudiado por la sonda de sobrevuelo, así como por astrónomos de todo el mundo con sus telescopios.

Penetrar en el Tempel 1 por el cráter abierto permitiría analizar la composición y la estructura interna, lo que ayudaría a investigar nuestro

Sistema Solar. «Ese material se conserva inalterado desde el comienzo del Sistema Solar en el interior del cometa», indica el astrónomo Keith Noll. Las imágenes del núcleo del cometa obtenidas por la nave tenían una enorme resolución. Fueron diez veces más detalladas que en cualquier otro intento anterior. Pero suscitaron muchas más preguntas que respuestas. La nube sorprendentemente brillante y opaca indicaba que el cometa estaba cubierto de un polvo fino, como de talco. Sin embargo, el penacho era tan grande que la nave no pudo tomar una buena imagen del cráter. Pasarán años hasta que se analicen completamente los datos de este impacto.

Después de completar la misión principal, la NASA ideó otra más para aprovechar las capacidades de la sonda, que se ha denominado EPOXI. Su objetivo era estudiar planetas extrasolares y visitar otro núcleo de un cometa. El 4 de noviembre de 2010, ya dentro de la nueva misión, la sonda *Deep Impact* atravesó la coma del cometa Hartley 2, situado a treinta y siete millones de kilómetros de la Tierra, y realizó fotografías de su núcleo a una distancia estimada de setecientos kilómetros.

La otra misión de la NASA con cometas fue la sonda *Stardust* (palabra inglesa que significa «polvo interestelar»). Se lanzó el 7 de febrero de 1999, antes que la *Deep Impact*, con el propósito de investigar la naturaleza del cometa 81P/Wild (o Wild 2) y su coma. La *Stardust* voló cerca del Wild 2 el 2 de enero de 2004. Era el primer intento de recoger polvo espacial más allá de la Luna. Para ello hubo que diseñar un dispositivo para atrapar y almacenar partículas de la cabeza polvorienta del cometa cuando la sonda se encontrase con él en el espacio. «Este colector parecía una raqueta de tenis. Si las cuerdas son el armazón, en los huecos entre las cuerdas había un material llamado aerogel, el material sólido de más baja densidad del mundo. Es un gas esponjoso. Cuando las partículas impactasen contra él, debía detener las partículas sin ser destruido», cuenta Scott Sandford, del Centro de Investigación AMES de la NASA.

La *Stardust* aterrizó de vuelta el 15 de enero de 2006 en el Gran Desierto del Lago Salado, en Utah, cerca del Campo de Pruebas del Ejército de Estados Unidos, con muestras de la cola de un cometa y fotografías detalladas de su núcleo de hielo. La NASA confirmó que las muestras atrapadas en el aerogel estaban impecables, incluso mejor de lo esperado y eran más grandes de lo que hubieran podido imaginar. La edad de las partículas se remonta posiblemente a los orígenes del Sistema Solar y fueron las primeras muestras de polvo de cometa que entraron en la atmósfera de la

Tierra. Después se enviaron a astrónomos y científicos de todo el mundo para que realizaran un estudio pormenorizado. Misiones como las de *Stardust* y *Deep Impact* los mantendrán ocupados durante años analizando la información que recogieron.

En ruta hacia la colisión

¿Cuál de los casi doscientos cráteres conocidos de la Tierra podría tener su origen en el impacto de un cometa? «En Winslow, Arizona, existe un cráter de algo más de un kilómetro y medio de diámetro abierto por una roca que apenas tenía treinta metros de longitud. Si una roca más grande, digamos de trescientos metros de diámetro, colisionara contra una zona poblada como las ciudades de Nueva York o Los Ángeles, la energía liberada barrería toda el área metropolitana de cualquiera de las dos», explica el astrónomo Hugh Ross.

Un poder destructivo de igual magnitud fue el que provocó el impacto de consecuencias históricas de 1908. Un cuerpo extraterrestre, seguramente un cometa o un asteroide, penetró en la atmósfera de la Tierra y explotó en la zona central de Siberia, asolando un área de cerca de dos mil kilómetros cuadrados del bosque de Tunguska. La región era tan remota que sólo murió una persona. Recientemente, en 2006, un asteroide de casi un kilómetro, lo suficientemente grande como para inducir un cambio climático radical y alterar la producción agrícola mundial, estuvo a veinticuatro horas de distancia de impactar contra la Tierra; en términos espaciales, nos libramos de milagro.

Sin embargo, parece lógico que un cometa, compuesto mayoritariamente de hielo, se derritiera al entrar en la atmósfera terrestre. «Si viajara a diez kilómetros por segundo, eso sería cierto. Pero entra en la atmósfera superior y cinco segundos después llega al suelo. No hay tiempo para que se derrita ni se evapore. Si es un fragmento grande, impactará. No hay duda», señala David Schleicher del Observatorio Lowell. Una cosa es evidente: los cometas como el Tempel 1 son letales si cruzan la órbita terrestre.

Cuando los cometas chocan contra la Tierra, los cráteres que producen son idénticos a los originados por los asteroides. Pero, normalmente, éstos son más pequeños y suelen quedarse dentro de la estrecha franja del cinturón de asteroides, por tanto sabemos dónde buscarlos. Sin embargo, los cometas pueden provenir de cualquier lugar del espacio, de todo el

Sistema Solar. La NASA tiene algunas teorías sobre cómo desviar de la trayectoria de la Tierra un asteroide que se dirigiera hacia nosotros, pero no tiene ningún plan sobre qué haría si se tratara de un cometa. Hasta ahora, no se ha avistado ningún cometa que venga en nuestra dirección. Sin embargo, podríamos encontrar uno mañana mismo o podríamos ser atacados por uno sin previo aviso. Por eso se vigilan. Según explica David Morrison, no tenemos la tecnología para defendernos de un cometa. «No sabemos cómo alterar su órbita, no tenemos la energía para destruirlo. Si un cometa se dirigiera hacia la Tierra, podríamos evacuar la zona donde fuera a impactar, pero no podríamos detenerlo. Los cometas son proyectiles imparables de la naturaleza.» «Quizá algún día encontremos uno que vaya a alcanzarnos; pero como mínimo será dentro de diez mil años», asegura Brian Skiff, del Observatorio Lowell.

Observamos el cielo y contamos cometas y asteroides y mantenemos los dedos cruzados esperando no encontrar ninguno en nuestro camino hasta que tengamos la tecnología adecuada para evitarlo. Después de que el cometa Shoemaker-Levy impactara contra Júpiter, en 1994, observar el espacio pareció más urgente. El Congreso de Estados Unidos decidió proporcionar fondos para una vigilancia que catalogara cualquier objeto de nuestro Sistema Solar; eso significaba cuarenta mil asteroides mayores de ochocientos metros de diámetro. Nadie sabe cuántos cometas puede haber, quizá billones. Y están demasiado lejos para contarlos, a no ser que entren en nuestro Sistema Solar. «El propósito de la vigilancia espacial que actualmente está en marcha es asegurarse de que no nos sorprenda ningún cometa o asteroide. Podemos hacer un escrutinio completo del cielo y encontrar estos objetos meses o años antes de que impacten», señala David Morrison.

Las observaciones que astrónomos de todo el mundo realizan se mandan al MPC, que sirve de centro de intercambio de información y donde se evalúan y se catalogan. La mayoría de los asteroides potencialmente peligrosos ya están catalogados, pero los científicos sospechan que hay muchos más en la categoría de un kilómetro y medio de diámetro de tamaño que aún no han sido descubiertos. Éstos podrían causar una devastación considerable si alguna vez colisionasen en nuestro planeta. Así, cualquier objeto grande que pudiera llegar cerca de la Tierra en los próximos cincuenta años, más o menos, se etiqueta como «potencialmente peligroso» y se le realiza un control y seguimiento cuidadoso, para disponer de varios años de anticipación.

El Telescopio PS1 de Evaluación Panorámica y Sistema de Respuesta Rápida (Pan-STARRS), que entró en pleno funcionamiento en junio de 2010, descubrió un asteroide que, a mediados de octubre de 2010, se acercó a unos cuatro millones de kilómetros de la Tierra. El objeto medía unos ciento cincuenta metros de diámetro y, aunque pasó a bastante distancia de la Tierra, fue el primer «Asteroide Potencialmente Peligroso» (PHA) que había descubierto el Pan-STARRS. El telescopio PS1 y su hermano mayor, el PS4, que estará listo para funcionar a finales de esta década, descubrirán algo más de un millón de asteroides, con la suficiente precisión para calcular con exactitud sus órbitas alrededor del Sol, así como objetivos más distantes como estrellas variables, supernovas y explosiones misteriosas en las galaxias.

Mientras, astrólogos de todo el mundo continúan estudiando los cometas, no sólo porque pueden aportar información sobre nuestros orígenes y la posibilidad de que haya vida en el universo, sino también porque lo que aprendamos de ellos podría salvar nuestra especie. Resulta irónico que las generaciones futuras quizá tengan que salvarnos de lo que nos dio la vida. Somos los hijos de los cometas; nuestros elementos son sus elementos, y nuestros futuros están ligados de modo inextricable.

25

2012: el día del Juicio Final en los oráculos modernos

Casi desde el comienzo de los tiempos se anuncia el fin del mundo. El calendario maya, el oráculo chino del I Ching, *los antiguos egipcios, las páginas de la Biblia, los oráculos de Grecia, los templos de la antigua Roma, los profetas medievales y renacentistas... todos parecen dar a entender que algo sucederá en el siglo* XXI. *Al igual que anunciaban muchas predicciones que datan de varios siglos atrás, algunos expertos actuales dicen que basta con mirar a nuestro alrededor para comprobar que las fuerzas predominantes del mundo moderno no están en equilibrio. Lo último en unirse a esos vaticinios de que nos acercamos al punto final surgió a finales del siglo pasado: un programa de ordenador profético basado en internet y que también anunciaba el 2012 como el año catastrófico. Pero ¿podría respaldar la ciencia este terrible presagio? ¿La raza humana sobrevivirá a tan trágico proceso? O ¿acabaremos como los dinosaurios y otras especies que desaparecieron antes que nosotros? Estas preguntas siguen sin respuesta, aunque algunos científicos o pseudocientíficos se afanan por contestarlas.*

Crucial y asombroso momento en el tiempo

La tecnología no sólo nos ha proporcionado nuevas maneras de comunicarnos, sino que también se ha convertido en una herramienta para aportar las más insospechadas predicciones futuras. La ciencia siempre ha intentado descubrir el secreto de la transformación del ser humano y del mundo y poder adelantarse a ello. A través de la alquimia, la astronomía, la antropología, la física... se ha querido desvelar la verdadera historia de la raza humana, comprender nuestra naturaleza real y nuestro lugar en el universo y encontrar respuesta a uno de los enigmas centrales de nuestra existencia. Muchos científicos —al igual que las culturas más antiguas— han llegado a la conclusión de que, en la actualidad, la experiencia humana está llegando a algún tipo de clímax final. Cada persona que estudia este fenómeno utiliza términos distintos para describirlo, pero en esencia todos hablan de un período de gran agitación y cambio, quizá el más importante en la historia del ser humano.

El último oráculo que ha llegado hasta nosotros es el resultado del triunfo revolucionario de la era de la informática. Es la versión más moderna de las profecías que sitúan el fin del mundo en el año 2012 y procede de un oráculo que ni siquiera es humano. Sus inventores lo llaman el Proyecto Web Bot. Prácticamente, dicen, es una ventana a la mente subconsciente universal.

En 1997, un misterioso asesor informático, llamado Cliff High, junto con sus socios y el asesor financiero George Ure, fundador de la empresa Peoplenomics, desarrollaron un programa informático llamado Web Bot para predecir futuras tendencias bursátiles. Este software utiliza miniprogramas independientes denominados «sistema de arañas» o «agentes» que recorren internet en busca de indicios sobre futuras noticias financieras. Los *web bots* se basan en el concepto de que un examen masivo del lenguaje pondrá de manifiesto una conexión directa con el inconsciente colectivo y aportará indicios sobre el futuro.

El programa funciona utilizando la «sabiduría de las masas», una teoría que sostiene que la información generada por grupos es, con frecuencia, más útil para tomar decisiones que la información generada por un solo individuo. Esta hipótesis se basa en un libro escrito en 2004 por James Surowiecki titulado *Cien mejor que uno: La sabiduría de la multitud o por qué la mayoría es más inteligente que la minoría*. Según este periodista financiero de *The New Yorker*, las predicciones conjuntas han demostrado ser más fiables que las proporcionadas por un solo individuo. Actualmente se pueden encontrar aplicaciones de la «sabiduría de las masas» en la metodología de investigación multidisciplinaria para la realización de pronósticos y predicciones denominada método Delphi, así como para los sondeos de opinión tradicionales, incluso en el mercado especulativo o de apuestas para realizar cálculos verificables.

«Cada vez que alguien hace una inversión, está haciendo al mismo tiempo una predicción sobre el futuro», explica su creador George Ure. Mientras buscaban estas predicciones financieras y mercantiles, los analistas se dieron cuenta de que con este programa podían determinar, por ejemplo, si una guerra estaba a punto de comenzar o si determinada economía del mundo estaba al borde del colapso. Así, mediante los *web bots*, internet se había convertido en un método predictivo.

Pero ¿cómo funciona esta tecnología? Web Bot crea una red de búsqueda en internet para rastrear determinadas palabras clave en los millones de textos que se mueven en el ciberespacio. Cuando se localiza la palabra, el programa toma una pequeña parte del texto de donde procede. Es decir, Web Bot no sólo encuentra las palabras clave, sino también las que están cerca de ellas; de este modo, analiza el contenido en un contexto emocional y los resultados utilizando herramientas lingüísticas. Es la manera de obtener, dicen sus creadores, acceso al «subconsciente colectivo». Los datos llegan a un punto de recogida central donde se leen, se filtran y se reducen a números y a una serie de puntos que se distribuyen en un gráfico. Con el tiempo, los puntos en el gráfico se concentran en ciertas áreas (cada punto equivale a una palabra clave) y luego se interpretan para obtener de ellos algunas conclusiones o predicciones básicas. La ubicación de esta central, así como la identidad de los recolectores, son aún desconocidas. Los resultados aparecen como misteriosos fragmentos recortados, que recuerdan mucho a las cuartetas del vidente más famoso de la historia, Nostradamus, y que High y Ure publican con cierta regularidad en unos informes, muchos de ellos muy populares en internet.

La poderosa capacidad de la red para difundir y acumular tanta cantidad de información global les ha llevado a ellos y a muchas otras personas a creer que internet es un depósito de nuestras visiones psíquicas del futuro y que Web Bot es la herramienta para descodificarlo. En esta línea, a finales de los años noventa, Web Bot completó innumerables búsquedas y compiló informes de tendencia; pero en 2001 pareció surgir una pauta inesperada y el programa se usó de una forma radicalmente distinta.

Uno de los analistas del Proyecto Web Bot descubrió que en los resultados había algo más que simples datos financieros. Leyó palabras como «Nueva York», «Wahabi» (la principal secta del islam en Arabia Saudí, país de donde procedían la mayoría de los terroristas del 11-S), «ataque en el interior» o «fuego en el cielo». Comenzaron a surgir frases relacionadas con ciertas fechas. «En junio de 2001 realizó una predicción bastante sorprendente. Dijo que en los próximos sesenta o noventa días, un acontecimiento cambiaría para siempre la vida en Estados Unidos», recuerda George Ure. Los creadores del proyecto creen que predijo con precisión los ataques terroristas a las Torres Gemelas del World Trade Center del 11 de septiembre. «No creo —añade Ure— que haya la menor duda de que el 11-S cambió la vida de todo el mundo. Y desde entonces no hemos dejado de recibir predicciones precisas.» A partir de aquel hecho, los programadores empezaron a prestar más atención a esta capacidad del programa; fue así cuando comenzaron a predecir diversos eventos mundiales y fenómenos climatológicos y sociales.

«Oí hablar de ello por primera vez en junio de 2001, cuando uno de mis amigos me envió un e-mail diciendo que algún chiflado estaba anunciando que ocurriría algo a finales de verano. Edificios muy altos destruidos, aviones, terrorismo, muchos muertos. Yo pensé: "Vale, puede ser cualquier cosa", y no hice caso. Entonces ocurrió lo del 11-S. Unos años más tarde, recibí otro mensaje de mi amigo: "Otra vez el loco ese está diciendo algo". Pregunté: "¿Qué dice ahora?". Y respondió: "Ciudad del sur, inundación, muchos muertos". Mi respuesta fue: "Si ocurre algo, empezaré a hacer caso a ese tipo". Y tres semanas después llegó el Katrina a Nueva Orleans», cuenta el escritor y cineasta Jay Weidner, productor de las películas documentales *2012, La Odisea* y su secuela *Timewave 2013.*

El huracán Katrina arrasó la costa sur de Estados Unidos el 29 de agosto de 2005, causando inundaciones catastróficas y la ruptura de los diques en el 80 por ciento de la ciudad de Nueva Orleans. Casi dos mil personas perdieron la vida. Los daños en las propiedades superaron los cien mil millones de dólares. «Pero ya antes, en agosto de 2004, hicimos una predicción sobre terremotos. Predijimos unos trescientos mil muertos; se trata del aumento del nivel del mar que resultó ser el tsunami, en diciembre de 2004», asegura Ure. Los que usaban el programa Web Bot como un instrumento de predicción empezaron a anunciar más tendencias, muchas de las cuales apuntaban hacia un futuro oscuro y peligroso.

Según algunos, Web Bot también predijo los ataques con ántrax en Washington en 2001, el gran apagón de 2003 en la costa Este, el desastre del *Columbia*, el *crash* de la Bolsa de 2008, las quiebras bancarias, el desempleo masivo, el colapso del mercado hipotecario... todo ello basándose en la información del ciberespacio.

Claro que también Web Bot tiene una lista de predicciones fallidas: advirtió de un terremoto masivo en Vancouver para el 12 de diciembre de 2008 y de un evento global en las costas que ocurriría a mediados de 2009; predijo el colapso completo del dólar para comienzos de 2009, y que Israel bombardearía Irán, y que debido a esto, el gobierno de Obama caería en una profunda crisis. También informó de un ataque terrorista de grandes proporciones que tendría lugar en julio de 2010. Se calcula que en torno a la mitad de sus augurios no son acertados. Sin embargo, Cliff High y George Ure siempre se defienden alegando que es posible que Web Bot cometa fallos, pero no son del programa informático, sino humanos debido a malas interpretaciones. Insisten en que sus informes no se centran en una fecha en concreto, sino en un lapso de tiempo más amplio con cierto margen de error para advertir, como ocurre con la mayoría de las profecías, que dentro de ese período hay que estar alerta porque pasará algo.

El calendario de la fatalidad

Pero lo más inquietante son las profecías de los *web bots* para el año 2012. Los analistas comenzaron a estudiar ciertos datos y se sorprendieron cuando descubrieron que el programa parecía indicar que en un futuro próximo habría un evento de proporciones apocalípticas. La primera frase de la conclusión del informe del Web Bot para ese período dice: «Nosotros (los humanos) estamos condenados». Algunos creen que el programa prevé, supuestamente, incontables víctimas a causa de una rara combinación de enfermedad, colapso económico y hasta una amenaza espacial no identificada. Según los *web bots*, esta serie de catástrofes comenzarían en torno a 2009 y alcanzarían su punto más álgido en el año 2012. Anuncian preludios de catástrofes mundiales crecientes, sin especificar el lugar o la fecha exacta, que desencadenarán una serie de macroeventos que supuestamente se darán en 2012. «Sinceramente, no sé qué va a suceder en 2012. Esta tecnología podrá comenzar a mezclarse con muchas otras teorías predictivas que hay en la red, como el calendario maya, ya que vivimos una época en la que se habla continuamente del Sol, la energía, los estallidos de rayos gamma...», afirma Ure. Según parece, hay un silencio a comienzos de 2012 hasta mayo de 2013, que «podría deberse a que nuestra civilización regresará a un estado preelectrónico como el que se daría después de una devastación por alguna actividad solar».

Curiosamente, la fecha coincide con las profecías de la cultura maya, que habla del fin del mundo el 21 de diciembre de 2012. Muchos consideran que es normal, ya que el fin de la cuenta larga del calendario maya es uno de los temas más discutidos en internet, por lo cual no es extraño que el programa Web Bot registre esta lectura del pensamiento colectivo. Sin embargo, también una profecía de los indios hopi —nativos de Estados Unidos— aseguraba que cuando el fin de los días se acerque, cruzará el mundo un dispositivo que ellos denominaron «telaraña». ¿Podría ser una referencia a internet (World Wide Web), que une a todo el mundo como nunca hasta ahora? «El programa Web Bot es muy interesante porque se corresponde con la profecía hopi que dice que el mundo se convertirá en una especie de tela de araña y todos podrán comunicarse, interconectados por sus hilos. Ahora ya tenemos en internet esa "Telaraña Mundial"», sostiene Marie D. Jones, autora del libro *2013: The End of Days or a New Beginning*, en el que examina todos los mitos, profecías y predicciones que circulan sobre el año 2012 y donde intenta dar respuesta a si el mundo llegará a un final de fuego en esa, supuestamente, fecha fatal; si lo que vamos a ver es una transformación positiva que marcará el comienzo de una nueva Edad de Oro para la humanidad o, como también creen muchos, no ocurrirá absolutamente nada fuera de lo común.

El Proyecto Web Bot no es más que un indicador que se une al torrente de conocimiento y predicciones que hablan de que ocurrirá un gran cambio transformador en los años cercanos a 2012. Pero Web Bot también ha indicado para estos años cambios positivos como la destrucción del sistema monetario que nos esclaviza, la caída de los poderes fácticos y el surgimiento de una nueva forma de entender el mundo. Sin embargo, sus predicciones sobre el clima para Estados Unidos, la Unión Europea y vastas zonas de Asia, que anunció en el informe de la primavera de 2009, son bastante dramáticas: terremotos masivos, inundaciones y desastres ambientales que nos podrían encaminar a la destrucción. «Desde los años noventa, vemos cómo las cosas se van acelerando, todo va cada vez más y más deprisa. Los glaciares se están derritiendo a un ritmo increíble. Todos sabemos que el nivel del mar subirá en todo el mundo. Algunos lugares tal como los conocemos actualmente podrían desaparecer. Creo que ahora empezamos a ver que lo que los indígenas decían, y quizá incluso lo que el Libro del Apocalipsis anunciaba, ya está sucediendo», asegura la directora de cine nativa americana Maggie Banner, directora del *thriller* de misterio *Thunderheart*, una alegato en defensa de los derechos y tradiciones de los aborígenes.

Lo cierto es que el programa Web Bot explora internet y descubre profecías tan ambiguas como los oráculos de la antigüedad, e igual de escalofriantes. «Uno de los problemas de esta tecnología —señala George

Ure— es que no obtenemos buenas noticias. Nos reporta datos como la previsión de un ataque a Israel o un gran terremoto en la costa Oeste. Podríamos presenciar también una extraordinaria tormenta solar. ¿Una gran descarga de plasma que golpee la Tierra y abrase un gran territorio de Norteamérica, salvo a los que se resguarden en cuevas? Es un poco pronto para decirlo.»

Pero los escépticos niegan que el ciberespacio tenga una misteriosa capacidad para predecir el futuro. Aseguran que no son más que coincidencias, un patrón sin sentido de sucesos aleatorios. Es más, argumentan que a lo largo de la historia, muchos han creído que el final estaba cerca y siempre se equivocaron. «Desde hace siglos, desde hace milenios, siempre ha habido quien ha dicho que el fin estaba cerca. Y siempre en un plazo de tres o cinco años, lo suficiente para recoger algún dinero de la bandeja de donativos», mantiene Michael Shermer, editor de *Skeptic Magazine*, que publica la Sociedad de Escépticos, una organización educativa norteamericana sin ánimo de lucro, que promueve la divulgación de la ciencia y el pensamiento crítico. Y es que el dramatismo y el apocalipsis venden mucho, particularmente entre los creyentes más fundamentalistas.

Según muchos expertos, el proceso histórico está llegando a su fin. «Se siente como si el tiempo se estuviera acelerando y se dirigiera inexorablemente a un cambio de gran alcance en nuestra realidad cotidiana. Nuestro mundo, nuestro futuro, todo lo que hemos conocido, todo lo que nos rodea se está modificando en este momento. Depende de nosotros que tomemos las decisiones adecuadas, porque todo lo que se decida afectará el futuro y la vida de nuestros hijos y nietos», afirma la escritora y especialista en el mundo de la mitología Sharron Rose, directora del largometraje documental *Timewave 2013*. Para Eric Meyer, arqueólogo y profesor de Religión de la Universidad de Duke, «el hecho es que no podemos prever el futuro, lo que sí podemos hacer es tener esperanzas de cara a lo que vendrá. Podemos afrontarlo con optimismo. Ése es el verdadero mensaje de cualquier profecía».

El mensaje de los cineastas Jay Weidner y Sharron Rose y del profesor Eric Meyer, como el de tantos otros expertos, es que la especie humana está dirigiéndose a la extinción a menos que cambiemos nuestras actitudes y acciones con la rapidez necesaria para evitar un desastre inminente.

Generadores de eventos aleatorios y la conciencia planetaria

Los *web bots* no son los únicos que utilizan internet con la intención de medir la conciencia global y encontrar las claves de nuestro fututo. A las teorías de James Surowiecki de la «sabiduría de las masas», se une el Proyecto Conciencia Global (GCP, del inglés *Global Consciousness Project*, de la Universidad de Princeton, que ha demostrado que la conciencia colectiva del planeta puede medirse y afecta a la materia y, posiblemente, al resultado de acontecimientos futuros. «Podemos ser capaces de predecir que un gran evento mundial va a pasar —afirma Roger Nelson, líder del proyecto—, pero no sabemos exactamente qué pasará o dónde ocurrirá.»

Los orígenes del GCP se remontan a finales de la década de los setenta del siglo pasado. En aquella época, el profesor Robert Jahn, ex decano de la Escuela de Ingeniería de Princeton, decidió investigar, utilizando el método científico y los instrumentos más punteros de aquellos años, las extraordinarias facultades de la mente, como la psicoquinesia o la percepción extrasensorial. Para ello, utilizó un Generador de Números Aleatorios (REG, por sus siglas en inglés), un aparato que generaba secuencias aleatorias en código binario (ceros y unos). Sus experimentos confirmaron que la psique humana podía influir en los resultados generados por la máquina. Una serie de voluntarios escogidos al azar se concentraban en intentar alterar los resultados y generar más ceros que unos. Aparentemente, la mente de aquellos voluntarios logró alterar la cantidad de números aleatorios arrojados por la máquina.

Años después, Roger Nelson, otro científico de Princeton, quiso aprovechar las grandes posibilidades que le ofrecía internet para determinar si estas demostraciones del «poder de la mente sobre la materia» podían tener más fuerza si se utilizaba a grupos de personas y no a individuos por separado. Se conectaron cerca de un centenar de dispositivos electrónicos, denominados electrogaiagramas (EGG), preparados para que ningún elemento ajeno desvirtuara el azar y distribuidos en más de cuarenta países, muchos de ellos en universidades y laboratorios científicos. Estos aparatos generaban sin cesar una serie aleatoria de ceros y unos, a razón de doscientos dígitos por segundo. Siguiendo esa proporción, cada EGG creaba setecientas veinte mil secuencias cada hora. Todos juntos generaban, cada hora, una secuencia de más de sesenta y cinco millones de números cuyo significado, aparentemente, era un auténtico galimatías. Todos los datos que se obtenían, cada cinco minutos, se enviaban por fibra óptica a la Universidad de Princeton, a un servidor central ubicado en el laboratorio del PEAR (Investigación de Anomalías de Princeton), donde, desde el inicio del proyecto, trabajaban interpretándolos expertos de muy distintas ramas, como sociología, psicología, matemáticas, física cuántica y parapsicología.

Según las leyes estadísticas, pasado cierto tiempo, el número de ceros y unos generados por los EGG debía ser prácticamente idéntico, de forma que si trasladáramos el resultado a un gráfico, éste debería presentar una línea prácticamente recta. Como ejemplo, podemos realizar un experimento muy sencillo: si lanzamos al aire una moneda doscientas veces, estos medidores dan como resultado que ciento tres veces (51,5 por ciento) caerá de cara y noventa y siete veces (48,5 por ciento) de cruz. Si se repite el experimento infinitas veces, el resultado final será un 50 por ciento para cada una de las dos opciones. Esto no es sino la simplificación de la ley del azar.

Con todas las mediciones realizadas por los EGG, el azar se cumplió casi con meridiana exactitud, ya que dio un 50 por ciento para cada opción de unos y de ceros. Además, la máquina iba proyectando sobre un diagrama cartesiano una línea en la cual se marcaban los resultados sobre otra que equivalía al azar. En condiciones normales, ambas líneas eran similares, y se solapan la una con la otra. La investigación dio un giro inesperado el 6 de septiembre de 1997. La línea horizontal que solía dibujarse en los gráficos se alteró bruscamente, mostrando un comportamiento extraño. En aquellos momentos millones de personas seguían los funerales de Diana de Gales por televisión.

A lo largo de estos años, este equipo ha registrado con los EGG cerca de dos centenares de sucesos importantes en los que, en determinadas fechas y a horas muy concretas, las leyes del azar se rompían y en el gráfico se advertían muchos más ceros que unos, o viceversa. Según la teoría de los investigadores del GCP, cuando ocurre un suceso importante, como el ataque terrorista del 11-S o el tsunami del océano Índico, estas secuencias aleatorias de números unos y ceros comienzan a mostrar patrones que no deberían aparecer en las series si fuesen verdaderamente al azar. De este modo, ante grandes sucesos, la pauta por alguna razón modificaba la emisión aleatoria de números. El equipo de Roger Nelson propuso que la existencia de una «conciencia global» podía ser la causa de las alteraciones.

Pero el GCP no sólo detecta picos de actividad que nada tienen que ver con el azar, sino más bien con la conmoción de la poderosa carga emocional que generan ciertos acontecimientos en la población, pues también va mucho más allá y en realidad, sostienen los investigadores de Princeton, predice esos sucesos importantes. Los miembros del proyecto afirman que en el 11-S se produjo un repunte de la actividad extraña no aleatoria cuatro horas antes de los ataques terroristas. Los analistas dicen que los EGG detectaron el tsunami del océano Índico con veinticuatro horas de antelación. También aseguran que los dispositivos del proyecto comenzaron a «comportarse» de forma extraña con alteraciones importantes durante el hundimiento del submarino ruso *Kursk*, el comienzo de los bombardeos de la OTAN sobre Kosovo o el secuestro del colegio en Beslán, ocurrido en septiembre de 2004, en Osetia del Norte, Rusia, entre otros muchos ejemplos.

Sin embargo, y a pesar de que en el proyecto participan más de setenta investigadores procedentes de diversas universidades de Estados Unidos, Inglaterra, Alemania y Holanda, muchos científicos son reacios a creer que estas «anomalías» en la secuencia de números coincidieran en el tiempo con hechos de relevancia a escala mundial. Los más escépticos alegan que su adecuada interpretación no se produjo hasta que los sucesos ya habían tenido lugar. Afirman que, de hecho, algunas de las desviaciones de los gráficos no se han identificado, y por tanto hay numerosos sucesos que no están relacionados con ellas. Es más, sostienen que en cuanto al 11-S, no se ha podido explicar qué significan otras anomalías que aparecieron días antes de los atentados, con un grado de desviación similar al registrado el día de los ataques. También alegan que estas anomalías pueden explicarse perfectamente mediante el azar. Asimismo, sus críticos dicen que el proyecto no da ninguna explicación sólida de cómo la conciencia humana afecta a los generadores de números aleatorios.

El mago, escritor y declarado enemigo de la parapsicología James Randi es uno de los escépticos más famosos y activos contra los resultados de estos experimentos. «Lo que están haciendo estos investigadores —dice— es mirar gráficos que sus máquinas crean para ver si ellos encuentran algo. Y siempre hallarán algo. Son buscadores de datos, y eso es imperdonable en ciencia.» Mientras, los miembros del proyecto aseguran que están utilizando las técnicas científicas y los cálculos matemáticos más rigurosos para, precisamente, evitar posibles conexiones aleatorias sin relación real. «Estamos deseando descubrir que hemos cometido errores —afirma Nelson—. Pero ni nosotros ni nadie ha sido capaz de encontrarlos. Nuestros datos muestran claramente que las posibilidades de obtener tales resultados por azar son de una entre un millón. Esto es enormemente significativo.»

De momento, Nelson y su equipo son cautos y aseguran que «deben considerarse simples indicaciones» de que dicha conciencia global existe y de la posibilidad de que la mente colectiva influya sobre la materia —al menos afecta a aparatos de medición—. En cuanto a los EGG como ventana al futuro, reconocen su limitación actual ya que sólo pueden saber que algo importante va a pasar pero no pueden determinar el momento ni el lugar. Los resultados definitivos, dicen, no estarán listos hasta la segunda década del siglo XXI.

La supervivencia de unos pocos

Los investigadores de la Universidad de Princeton sólo plantean que la fuerza mental de muchos individuos podría provocar modificaciones en el plano físico, o incluso que se adelantaran en el tiempo a los acontecimientos que van a producirse, pero no habla del fin del mundo, como sí hacen las predicciones de los seguidores y creyentes de Web Bot para 2012. Si aceptamos que éstas son ciertas, al igual que los vaticinios de diversas culturas, el mundo quedará reducido a ruinas, diezmado por un cataclismo final. ¿Qué ocurrirá el 22 de diciembre de 2012, es decir, al día siguiente? ¿Habrá supervivientes? ¿Se podrá reconstruir el mundo?

Algunos piensan que las tormentas solares harán caer una lluvia de destrucción sobre nuestro planeta, la energía se apagará y puede que hasta comience una nueva glaciación. «Será muy difícil sobrevivir, porque todos los volcanes que entrarán en erupción originarán una nube de polvo alrededor de la Tierra que se mantendrá durante, al menos, treinta o cuarenta años. Es decir, casi no se verá el Sol. Después de este cataclismo no tendremos alimentos, no tendremos Sol, no tendremos electricidad. No tendremos nada», dice Patrick Geryl, autor de varios libros sobre el inminente fin de los tiempos en 2012. Geryl, que está firmemente convencido de la catástrofe inminente, dejó su trabajo en un laboratorio de París y comenzó a preparar a un grupo de «supervivientes», actualmente muy activo, para repoblar el planeta.

Según Geryl, la Tierra sufre cada seis mil años una serie de conmociones capaces de eliminar toda forma de vida. Se trata de la inversión periódica del magnetismo terrestre, aunque sería de mayor magnitud y más catastrófica de la que hizo desaparecer la Atlántida. Esta inversión se produce cada veintiséis mil años, y justo ocurrirá en 2012. Geryl recuerda que, al igual que anunciaron los mayas, en un mismo día del año 2012 se producirá el máximo solar, una inversión de los polos magnéticos del Sol, que sucede cada once años, y éste quedará alineado en el centro de la galaxia. Además, también se prevé la aparición de enormes manchas solares.

Los más pesimistas hablan de que, ese día, la civilización actual podría perecer bajo toneladas de agua salada procedente de olas gigantescas de hasta un kilómetro de altura. Ante las consecuencias de un desastre global, sólo sobrevivirá una pequeña parte de la población, que tendrá que recuperar con mucho esfuerzo los pocos recursos que queden. «Las únicas personas que sobrevivirán al cataclismo son las que tomen precauciones ahora», asegura el escritor y cineasta Jay Weidner. Para muchos, la única esperanza sería un búnker para el día del Juicio Final, en el último rincón de la Tierra, donde se hubiera almacenado alimentos, armas y suministros necesarios para la vida y la posterior reconstrucción. Para Daniel Pinchbeck, autor de *2012, the Return of Quetzalcoatl*, «el único lugar donde la gente encontrará seguridad será en comunidades y redes de confianza, que será el principal valor, y que sustituirá a una desaparecida obsesión por el dinero».

Los investigadores señalan que los lugares más seguros para instalarse después de la devastación estarán lejos de las ciudades, de la costa, de las centrales nucleares y, al menos, a mil ochocientos metros de altura. «Hemos encontrado varios sitios que nos parecen adecuados. Malawi está bien, Marruecos, Etiopía, si nos apartamos de los volcanes, y también Madagascar», afirma Patrick Geryl. Según explica Jim Durden, fundador del Grupo de Supervivencia ante Cataclismos, la contaminación que producirán los maremotos, por los residuos radiactivos vertidos al mar, hará desaparecer industrias y las áreas densamente pobladas. Se inundarán los pozos de petróleo, los depósitos y las plantas químicas. Las tierras de labranza quedarán anegadas de agua salada y tóxica. «Por eso será necesario zonas de mayor altitud para vivir y colonizar, y poder plantar cosechas lejos de las áreas inundadas.»

SEMILLAS PARA EL MUNDO VENIDERO

Ante un panorama tan desolador, aquellos que creen que acumular suministros y elegir el lugar adecuado no bastaría para sobrevivir miran ahora hacia un audaz proyecto. A cuatrocientos ochenta kilómetros al norte de la Noruega continental, y ciento treinta metros debajo de una montaña helada, se encuentra un búnker muy especial: la Bóveda Global de Semillas, ubicada en la remota isla de Svalbard, en el océano Ártico. La idea proviene del gobierno noruego y del Fondo Global de Diversidad de Cultivos, y su objetivo es asegurar la supervivencia de la biodiversidad agraria, a través de esta estructura más conocida como la «Bóveda del Día del Juicio Final». Es una fortaleza impenetrable donde se almacenan infinidad de semillas. Supuestamente lo resiste todo, desde grandes erupciones volcánicas, explosiones nucleares, cambios climáticos, colisiones de meteoritos o cualquier otro cataclismo que destruya la vida en el planeta. «Genetistas, investigadores y científicos están llevando a esta bóveda las semillas de mejor calidad que pueden conseguir, para que, si ocurre algo, podamos volver a sembrar estas plantas y tener una nueva sociedad agrícola», afirma Marie D. Jones.

La Bóveda Global de Semillas de Svalbard empezó a funcionar en 2008. Es una póliza de seguros —en la que ya se han invertido más de nueve millones de euros— contra la pérdida de las plantas en caso de una catástrofe en la Tierra. Más de cien países apoyan el Tratado Internacional sobre Recursos Fitogenéticos, impulsado por la Organización para la Agricultura y la Alimentación (FAO) de Naciones Unidas, y que da cobertura legal a la Bóveda Global de Semillas. Varias instituciones privadas han donado dinero para el proyecto, entre ellas destaca la Fundación Bill & Melinda Gates.

En el interior de la fortaleza hay dos bóvedas separadas donde se almacenan muestras de todas las variedades de semillas de cultivo disponibles en todos los países del mundo; contienen casi toda la variedad de cultivos alimenticios más importantes del planeta. La capacidad total de las dos bóvedas combinadas es de cuatro millones de semillas. Es prácticamente una pequeña arca de Noé. La clave de la supervivencia es la diversidad, y éste será el último refugio de esta irreemplazable riqueza.

Las bóvedas refrigeradas conservan las semillas a menos 17,8 grados centígrados, una temperatura que mantendrá las semillas vivas, pero incapaces de germinar. Los científicos consideran que a esa temperatura las semillas pueden sobrevivir de veinte a cientos de años dependiendo del tipo de cultivo. Si fallaran las unidades de refrigeración, la capa de hielo perpetua que rodea la bóveda seguirá manteniendo las semillas congeladas a menos cuatro grados centígrados. Las bóvedas se encuentran a ciento treinta metros sobre el nivel del mar, altura suficiente para protegerlas de los efectos del cambio climático sobre el nivel de las aguas, ya que los científicos consideran que, en el peor de los casos, el derretimiento de hielos de la Antártida crearía un incremento máximo de la masa oceánica de sesenta metros. Pero Patrick Geryl no comparte esta teoría: «Si llegase una ola gigante, de dos kilómetros de altura, todo quedaría destruido. No quedará nada y no se podrá reconstruir nada. Por eso, en mi opinión, es un gran despilfarro de dinero».

Para sabotear o robar en estas instalaciones, habría que desafiar temperaturas que congelan los huesos, enfrentarse con osos polares y con un sistema de seguridad de alta tecnología. Suponiendo que los supervivientes de un apocalipsis pudiesen llegar a la bóveda, las semillas almacenadas garantizarían el cultivo de alimentos necesarios para sobrevivir. Pero no todos creen que estas instalaciones sean un seguro para el año 2012. El problema es saber cuántas semillas podrían adaptarse a un nuevo escenario posterior al holocausto o a la destrucción ecológica del calentamiento global. Así, surgen muchas dudas sobre su eficacia. Por ejemplo, no se ha aclarado aún cómo se supone que un superviviente lograría atravesar las puertas de seguridad si no quedara ningún responsable con vida, a pesar de que la estructura se ha diseñado de manera que no necesite ningún tipo de asistencia humana.

En cualquier caso, la bóveda no es útil sólo en el caso de un apocalipsis. En el último siglo se han reducido en un 75 por ciento las variedades agrícolas que cultivamos. Esta pérdida de biodiversidad significa que hay mucho menos material genético al que acudir para restablecer la agricultura en caso de una catástrofe. En Svalbard se guardará, en el corazón del hielo, toda la variedad de semillas que se están perdiendo en los campos. De hecho, los científicos que participan en el proyecto consideran que el cambio climático es la principal amenaza a la que se enfrentan los cultivos del mundo, aunque hay multitud de otros riesgos, desde conflictos humanos hasta la caída de un asteroide. «Los bancos de semillas contienen el recurso absolutamente esencial para permitir que los cultivos y la agricultura se adapten al cambio climático», señala Cary Fowler, catedrático de la Universidad de Ciencias de la Vida de Noruega y director ejecutivo de

Global Crop Diversity Trust, la entidad que gestiona las instalaciones de Svalbard. «Sin diversidad de cultivos, ni los cultivos ni tampoco las personas se adaptarán con éxito al cambio climático», añade.

En la actualidad, existen unos mil cuatrocientos bancos de semillas repartidos por todo el mundo, y la función de la bóveda noruega será aglutinar todas las muestras para que se convierta en la mayor colección de semillas del planeta. Es más, si los otros bancos pierden los recursos, éstos estarán duplicados en Svalbard, «entonces podrán obtener una copia de repuesto para reemplazar las variedades que han muerto o han sido destruidas», explica Fowler.

A medida que se aproxima el año 2012, mucha gente piensa que señalar ese año como el del Apocalipsis es el resultado de una mala interpretación y de la histeria. Otros sostienen que un conjunto de antiguas profecías se ha manifestado en los acontecimientos actuales y que los signos de inminentes calamidades son claros. Para estos últimos, no es una coincidencia que culturas separadas por tantos años y kilómetros compartan un mensaje de desastre final. De lo que no hay duda es de que, conforme las semanas y los meses se van acercando al profético año 2012, se observa con una mezcla de curiosidad y escepticismo, por un lado, y con un fanatismo creyente (con un increíble poder mediático), por otro, toda una serie de oráculos fatalistas. No cabe duda: se ha vuelto más y más difícil discernir lo falso de lo verdadero, pero la mayoría de la gente espera que se equivoquen por completo aquellos que nos advierten ante la grave e inquietante situación mundial actual y sus consecuencias adversas para el planeta en muy poco tiempo.

Si son ciertos los resultados del Proyecto Conciencia Global de la Universidad de Princeton, quizá sería posible cambiar este período más agitado que vive la raza humana si se integraran todos los sentidos humanos, a través de una especie de conciencia humana común compartida con la naturaleza. Si la fuerza mental de muchos individuos puede provocar modificaciones en el plano físico, este poder podría utilizarse para que los tiempos cambien definitivamente para bien, en una dirección de menos violencia y con una mayor unión con la madre naturaleza y con los demás seres humanos con los que compartimos la Tierra. «Depende de nosotros ayudar a guiar el futuro», afirma Sharron Rose. Quizá sea la última oportunidad de alterar nuestro destino.

Bibliografía

1. Extinción 2012

Braden, Gregg, *Fractal Time: The Secret of 2012 and a new World Ag*, Hay House, Nueva York, 2009.

Bridges, Vincent y Weidner, Jay, *A Monument to the End of Time: Alchemy, Fulcanelli and the Great Cross*, Destiny Books, Vermont, 1999 y 2003.

Ghost Wolf, Robert, *Last Cry: Native American Prophecies & Tales of the End Times*, Trafford Publishing, Indiana, 2003.

Jenkins, John Major, *Galactic Alignment: The Transformation of Consciousness According to Mayan, Egyptian, and Vedic Traditions*, Bear & Company, Vermont, 2002.

—, *Journey to the Mayan Underworld*, Four Ahau Press, Boulder, 1989.

—, *Maya Cosmogenesis 2012*, Bear & Company, Santa Fe, 1998.

Laviolette, Paul, *Genesis of the Cosmos: The Ancient Science of Continuous Creation*, Park Street Press, South Paris, Maine, 1995.

McKenna, Dennis, *The Invisible Landscape*, Harper One, Nueva York, 1994.

2. Los jeroglíficos del Juicio Final

Bauval, Robert, *El misterio de Orión. Descubriendo el secreto de las pirámides*, EDAF, Madrid, 2007.

—, *Código Egipto: El mensaje secreto de las estrellas*, Ediciones Martínez Roca, Barcelona, 2007.

Clifford, Norman Frederick de, *Egypt, The Cradle of Ancient Masonry*, Kessinger Publishing, Whitefish, Montana, 1995.

DESALVO, John, *Descifrando las pirámides*, Lisma, Madrid, 2008.
GERYL, Patrick, *La profecía de Orión*, Kíer, Buenos Aires, 2004.
JENNER, Greg, *Planet X and the Kolbrin Bible Connection*, Your Own World Books, Henderson, Nevada, 2008.
KNIGHT, Christopher y LOMAS, Robert, *The Hiram Key* (*La clave secreta de Harani*), Quayside Pub Group, Minneapolis, 1997.
—, *La clave masónica*, Ediciones Martínez Roca, Barcelona, 2004.
LEHNER, Mark, *Todo sobre las pirámides*, Ediciones Destino, Barcelona, 2003.
MASTERS, Marshall y MANNING, Janice, *The Kolbrin Bible*, Your Own World Books, Henderson, Nevada, 2006.
OVASON, David, *The Secret Architecture of our Nation's Capital: The Masons and the Building of Washington, D. C.*, HarperCollins, Nueva York, 2000.
SITCHIN, Zecharia, *El duodécimo planeta: el primer libro de crónicas de la Tierra*, Obelisco, Barcelona, 2002.
—, *El código cósmico: el sexto libro de crónicas de la Tierra*, Obelisco, Barcelona, 2003.
TOTH, Max, *Las profecías de la Gran Pirámide*, Ediciones Martínez Roca, Barcelona, 1989.

3. EL *MANUSCRITO DE LA GUERRA*

BORDEAUX, Edmond, *El Evangelio de los esenios*, Sirio, Málaga, 1989.
EISENMAN, Robert, *New Testament Code*, Watkins, Londres, 2006.
GARCÍA MARTÍNEZ, Florentino, *Textos de Qumrán*, Editorial Trotta, Madrid, 1992.
KLEIN, Fernando, *El Evangelio de Qumrán*, Creación, Madrid, 2009.
SCHULTZ, Brian, *Conquering the World. The War Scroll (1QM) Reconsidered*, Brill, Leiden, 2006.
SHANKS, Hershel, *Los Manuscritos del Mar Muerto*, Paidós, Barcelona, 2001.
TREBOLLE BARRERA, Julio (coordinador), *Paganos, judíos y cristianos en los textos de Qumrán*, Trotta, Madrid, 1999.
VIDAL, César, *Jesús y los Manuscritos del Mar Muerto. ¿Qué ocultan los manuscritos secretos del cristianismo?*, Booket, Barcelona, 2007.
WILSON, Edmund, *Los rollos del Mar Muerto*, Fondo de Cultura Económica, México, 1984.

4. El oráculo de Delfos

Broad, W. J., *The Oracle: The Lost and Hidden Message of Ancient Delphi*, The Penguin Press, EE.UU., 2006.

Hale, John R.; De Boer, Jalle Z; Chanton, Jeffry P., y Spiller, Henry A., «Questioning the Delphic Oracle», *Scientific American*, agosto de 2003.

Luck, Georg. *Magia y Ciencias Ocultas en el Mundo Griego y Romano*, Editorial Gredos, Madrid, 1995.

Plutarco, *Diálogos Píticos (La E de Delfos. Los Oráculos de la Pitia. La desaparición de los Oráculos)*, Editorial Gredos, Biblioteca Clásica, Madrid, 1987/2004.

Vandenberg, Philipp, *La Grecia perdida*, Javier Vergara Editor, Buenos Aires, 1986.

5. Las profecías budistas

Creme, Benjamin, *The Reappearance of the Christ and the Masters of Wisdom*, Tara Press, Melbourne, 1980.

—, *Messages from Maitreya the Christ*, Share International Foundation, California, 1981, 1986.

Ngodup, Thubten, *Nechung, el oráculo del Dalai Lama*, Kairós, Barcelona, 2010.

Ray, Reginald A., *Secret of the Vajra World: The Tantric Buddhism of Tibet*, Shambhala Publications, Boston, 2001.

Silver, Dawn, y Gullet, Pat, *Joyas del loto (oráculo tibetano de gemas)*, Uriel Satori, Buenos Aires, 2003.

Sponberg, Alan y Hardacre, Helen, *Maitreya, the future Buddha*, Cambridge University Press, Cambridge, 1990.

Thurman, Robert A. F., *El budismo tibetano esencial*, Robin Book, Teià, Barcelona, 1998.

6. Los secretos del Séptimo Sello

Kirsch, Jonathan, *A History of the End of the World: How the Most Controversial Book in the Bible Changed the Course of Western Civilization*, Harper One, Nueva York, 2006.

LOCKYER, Herbert, *Apocalipsis: el drama de los siglos*, Vida, Madrid, 1982.

PUGH, Joye Jeffries, *Eden: The Knowledge of Good and Evil 666*, Tate Publishing & Enterprises, Mustang, Oklahoma, 2006.

7. EL RAPTO Y LA TRIBULACIÓN

ICE, Thomas y KENNETH L. Gentry, Jr., *The Great Tribulation: Past or Future? Two Evangelicals Debate the Question*, MI: Kregel Publications, Grand Rapids, Minnesota, 1999.

JAMES, Terry, *The American Apocalypse: Is the United States in Bible Prophecy?*, Harvest House Publishers, Eugene, Oregón, 2009.

JENKINS, Jerry B. y LAHAYE, Tim, *El Rapto*, Tyndale Español, Carol Stream, Illinois, 2006.

—, *Dejados atrás*, Unilit, Miami, 1995.

JONES, Marie D., *2013: The End of Days or a New Beginning: Envisioning the World After the Events of 2012*, New Page Books, New Jersey, 2008.

8. EL TERCER ANTICRISTO

BAINES, Victor, *Remember the Future: The Prophecies of Nostradamus*, Holographic Books, Fort Worth, Texas, 1993.

BRIDGES, Vincent y WEIDNER, Jay, *A Monument to the End of Time: Alchemy, Fulcanelli and the Great Cross*, Destiny Books, Vermont, 1999 y 2003.

CANNON, Dolores, *Coversations with Nostradamus*, Ozark Mountain Publishing Inc, Huntsville, Arkansas, 1992.

DESCHAUSSES, Michal, *Three Temporal Kings*, Outskirts Press, Inc, Parker, Colorado, 2009.

HOWE, Ellic, *Nostradamus and the Nazis: a footnote to the history of the Third Reich*, Arborfield Editions, Arborfield, 1965.

9. EL EJÉRCITO DE SATANÁS

GANSLE, Daniel J., *Rapture Redux: Living With Hope and Purpose in the Last Days*, Infinity Publishing, Conshohocken, Pensilvania, 2007.

JONES, Marie D., *2013: End of Days or A New Beginning: Envisioning the World After the Events of 2012*, New Page Books, New Jersey, 2008.

Russell, Jeffrey Burton, *Satan: The Early Christian Tradition*, Cornell University Press, Ithaca, Nueva York, 1987.

Shauhat, Ali, *Millenarian and Messianic Tendencies in Islamic Thought*, Lahore: Publishers United, Lahore, 1993.

Showers, Renald, *The Most High God: A Commentary on the Book of Daniel*, The Friends of Israel Gospel Ministry, New Jersey, 1982.

Stanford, Peter, *The Devil. A Biography*, Henry Holt and Company, Nueva York, 1996.

10. Los secretos de Fátima

Albán, Francis y Ferrara, Christopher, *Fatima Priest*, Publicaciones Buen Consejo, 1997-2000.

Alonso, Padre Joaquín, *La Verdad Sobre el Secreto de Fátima*, Centro Mariano, Madrid, 1976.

Carter, Edward, *The Spirituality of Fatima*, Shepherds of Christ Publications, Madison, Indiana, 1993.

Cirrincione, Joseph A., *Fatima's Message for Our Times*, TAN Books, Charlotte, Carolina del Norte, 2009.

De Marchi, Father John, *Fatima from the Beginning*, Missoes Consolata, Fátima, 1981.

Haffert, John M., *Meet the Witnesses. Fatima*, AMI International Press, 1961.

Johnston, Francis, *Fatima The Great Sign*, TAN Books, Charlotte, Carolina del Norte, 2009.

Miguel, Aura, *El secreto que guía al Papa: la experiencia de Fátima en el pontificado de Juan Pablo II*, Rialp, Madrid, 2001.

Trinchard, Paul, *The Awesome Fatima Consecrations*, Metairie Maeta, Los Ángeles, 1992.

VV.AA., *Llamadas del mensaje de Fátima*, Editorial Planeta, Barcelona, 2001.

11. Apariciones marianas

Albright, Judith M., *Our Lady at Garabandal*, Faith Publishing Company, Milford, Ohio, 1992.

Colin-Simard, Annette, *Las apariciones de la Virgen*, Ediciones Palabra, Madrid, 1993.

DION, Henri, *Melanie Calvat: Bergere de La Salette: etapes humaines et mystiques*, P. Tequi, 1984.

GARVEY, Mark, *Searching for Mary: An Exploration of Marian Apparitions Across the US*, Plume, Nueva York, 1998.

GONZÁLEZ, Conchita, *Diario de Conchita de Garabandal*, New York Publishing Company, Nueva York.

HAZLETON, Lesley, *Mary: A Flesh-and-Blood Biography of the Virgin Mother and Jezebel: The Untold Story of the Bible's Harlot Queen*, Bloomsbury EE.UU., Nueva York, 2004.

LÓPEZ PADILLA, Luís Eduardo, *Garabandal: la última oportunidad*, CEFEC (Centro de Formación, Educación y Cultura, S.C.), México, D.F., 1993.

SÁNCHEZ-VENTURA y PASCUAL, Francisco, *La incógnita de Garabandal*, Editorial Círculo, Zaragoza, 1965.

SULLIVAN, Randall, *The Miracle Detective*, Grove Press, Nueva York, 2005.

12. La guerra de Irak y el fin del mundo

EVANS, Michael, *La movida final. Más allá de Irak*, Casa Creación, Florida, 2007.

GRELOT, P., *El libro de Daniel* (Cuadernos bíblicos, 79), Verbo Divino, Estella, Navarra, 1993.

HITCHCOCK, Mark, *The Second Coming of Babylon*, Multnomah Books, Colorado Springs, 2003.

LAHAYE, Tim y DINALLO, Greg, *La profecía de Babilonia*, Martínez Roca, Madrid, 2006.

VAN DE MIEROOP, Marc, *King Hammurabi of Babylon: A Biography*, Blackwell Publishers, Oxford, 2005.

13. Nostradamus y sus predicciones para el siglo xxi

CANNON, Dolores, *Conversaciones con Nostradamus*, Luciérnaga Océano, Barcelona, 2004.

CARTER, Spencer, *Nostradamus Maya 2012: más allá de la profecía maya del fin del mundo*, Swing, Barcelona, 2010.

CAUDET YARZA, Francisco, *Las profecías de Nostradamus. Presagios desde 1547 hasta el siglo xxi*, Libsa, Madrid, 2002.

CORVAJA, Mirella, *Las profecías de Nostradamus*, Editorial de Vecchi, Barcelona, 2003.

NOBÉCOURT, Jérome y NOBÉCOURT, Dominique, *La última profecía de Nostradamus*, Espasa-Calpe, Madrid, 2008.

NOSTRADAMUS, *Presagios perdidos 1555-1567*, Taller de Mario Muchnik, Madrid, 1999.

14. *El libro perdido* de Nostradamus

BAINES, Victor, *Remember the Future: The Prophecies of Nostradamus*, Holographic Books, Minnesota, 1993.

BRIDGES, Vincent y WEIDNER, Jay, *A Monument to the End of Time: Alchemy, Fulcanelli and the Great Cross*, Destiny Books, Rochester, Vermont, 1999 y 2003.

RAMOTTI, Ottavio Cesare, *Nostradamus: The Lost Manuscript: The Code That Unlocks the Secrets of the Master Prophet*, Destiny Books, Rochester, Vermont, 2002.

RATHFORD, Michael, *The Nostradamus Code World War 3 (2007-2012)*, Truth Revealed Publishing, Nueva York, 2008.

15. El simbolismo secreto de Leonardo

BAIGENT, Michael; LINCOLN, Henry y LEIGH, Richard, *El enigma sagrado*, Ediciones Martínez Roca, Barcelona, 1989.

CLARK, Kenneth, *Leonardo da Vinci*, Penguin, Londres, 1989.

KEMP, Martin, *Leonardo da Vinci: The Marvellous Works of Nature and Man*, Oxford University Press, Oxford, 2006.

LEONARDO DA VINCI, *Profecías de Leonardo da Vinci*, Ediciones de la Tempestad, Barcelona, 2004.

MEREZHKOVSKI, Dimitri, *El Romance de Leonardo*, Edhasa, Barcelona, 2007.

RICHTER, Jean Paul, *The Notebooks of Leonardo Da Vinci*, Dover Publications, Mineola, Nueva York, 1970.

16. El código apocalíptico de Newton

FEINGOLD, Mordechai, *The new science and Jesuit science: seventeenth century perspectives*, Springer, Berlín, 2002.

ILIFE, Rob, *Newton: a very short introduction*, Oxford University Press, Oxford, 2007.

JANIAK, Andrew, *Newton as Philosopher*, Cambridge University Press, Cambridge, 2008.

MANUEL, Frank E., *A Portrait of Isaac Newton*, Cambridge University Press, Cambridge, 1968.

WESTFALL, Richard S., *Never at Rest: A Biography of Isaac Newton*, Cambridge University Press, Cambridge, 1983.

—, *Isaac Newton: una vida*, Ediciones AKAL, Madrid, 2006.

17. Edgar Cayce, el profeta durmiente

CARTER, Mary Ellen y BRO, Harmon H., *Edgar Cayce: Modern Prophet*, Gramercy, Nueva York, 1990.

CAYCE, Edgar Evans, *Edgar Cayce on Atlantis*, Grand Central Publishing, Nueva York, 1988.

KIRKPATRICK, Sidney, *Edgar Cayce: An American Prophet*, Riverhead Trade, Londres, 2001.

SCHWARTZ, Stephan A., *Opening to the Infinite*, Nemoseen Media, 2007.

THURSTON, Mark, *Edgar Cayce's Predictions for the 21st Century*, We Publish Books, 2004.

TODESCHI, Kevin, *Edgar Cayce on the Akashic Records*, A.R.E. Press (Association of Research & Enlig.), Virginia Beach, 1998.

18. Profetas y visionarios

DEE, John, *El jeroglífico monádico*, Editorial Humanitas, Barcelona, 1999.

—, *La heptarquía mística o las divinas leyes de la creación*, Editorial Humanitas, Barcelona, 1997.

KARDEC, Allan, *El libro de los espíritus. Una enseñanza trascendental*, Hojas de Luz, Málaga, 2006.

—, *El libro de los médiums*, Editorial Abraxas, Girona, 2005.

LEWIS, J. R., y MELTON, J. G., *Church Universal and Triumphant in Scholarly Perspective*, Syzygy: Journal of Alternative Religion and Culture, 1994.

PROPHET, Elizabeth Clare, *Misterios del yo superior*, Porcia Ediciones, Barcelona, 2010.

—, *Conexiones con otras vidas: trasciende tu pasado y transforma tu futuro*, Porcia Ediciones, Barcelona, 2007.

ZOLLER, Robert y BONATTI, Guido, *The Arabic Parts in Astrology: A Lost Key to Prediction*, Inner Traditions, Rochester, Vermont, 1989.

—, *Tools & Techniques of the Medieval Astrologer*, New Library Limited.

19. LOS PRESIDENTES DE ESTADOS UNIDOS Y SUS PROFECÍAS

CHADWICK, Bruce, *George Washington's war*, Sourcebooks, Inc., Chicago, 2004.

COBURN MAYNARD, Nettie, *Was Abraham Lincoln a Spiritualist?*, Psychic Book Club, Londres, 1956.

DIXON, Jeane y NOORBERGEN, Rene, *Jeane Dixon: My Life and Prophecies*, William Morrow and Company, Nueva York, 1969.

DOSSEY, Larry, *Reinventing Medicine*, Harper San Francisco, San Francisco, 1999.

—, *The Power of Premonitions: How Knowing the Future Can Shape our Lives*, Dutton Adult, Boston, 2009.

KIRKPATRICK, Sydney, *Edgar Cayce: An american prophet*, Riverhead Trade, Londres, 2001.

MARTIN, Joel y BIRNES, William J., *The Haunting of the Presidents: A Paranormal History of the U.S. Presidency*, Konecky & Konecky, Old Saybrook, Connecticut, 2010.

NAFTALI, Timothy, *Blind Spot: The Secret History of American Counterterrorism*, Basic Books, Nueva York, 2005.

QUIGLEY, Joan, *What Does Joan Say?: My Seven Years as White House Astrologer to Nancy and Ronald Reagan*, Carol Publishing Group, Secaucus, New Jersey, 1990.

REAGAN, Donald, *For the Record: From Wall Street to Washington*, Harcourt, Nueva York, 1988.

WHITE JR, Ronald C., *The eloquent president*, Random House, Nueva York, 2005.

20. El hombre que predijo el 11-S

Clarke, Richard A., *Contra todos los enemigos*, Taurus, Madrid, 2004.
Moore, General Hal y Galloway, Joseph, *We Were Soldiers Once... And Young*, Harper Perennial, Nueva York, 1993.
Smoley, Richard, *The essential Nostradamus*, Tarcher, Nueva York, 2006.
Stewart, James B., *Heart of a Soldier*, Simon & Schuster, Nueva York, 2003.

21. El juramento de sangre de Hitler

Deschausses, Michal, *Nostradamus Centuries of the Divine Plan, Rise to Consciousness*, Outskirts Press, Inc, Denver, 2008.
Gordon, Mel, *Hanussen: Hitler's Jewish Clairvoyant*, Feral House, Los Ángeles, 2001.
—, *Hitler's Jewish Psychic, Guilt & Pleasure*, Roger Bennett, Londres, 2006.
Hernández, Jesús, *El Reich de los Mil Años*, La Esfera de los Libros, Madrid, 2010.
Levenda, Peter, *Unholy Alliance: A History of Nazi Involvement with the Occult*, Avon Books, Nueva York, 1995.
Smoley, Richard, *The Essential Nostradamus*, Tarcher, Los Ángeles, 2006.
Steigmann-Gall, Richard, *El Reich sagrado: concepciones nazis sobre el cristianismo, 1919-1945*, Akal, Madrid, 2007.
Welch, David, *The Third Reich. Politics and Propaganda*, Routledge, Londres, 2002.

22. La búsqueda de autenticidad en las predicciones bíblicas

Drosnin, Michael, *El código secreto de la Biblia*, Planeta, Barcelona, 2005.
—, *El nuevo código secreto de la Biblia: la informática descifra el mensaje oculto del libro sagrado*, Planeta, Barcelona, 2005.
Satinover, Jeffrey, *Cracking the Bible Code*, Harper Paperbacks, Nueva York, 1998.

23. La cuenta atrás: amenazas al planeta

Joseph, Lawrence E., *Apocalipsis 2012*, Planeta, Barcelona, 2007.
Pinchbeck, Daniel y Jordan, Ken, *Toward 2012: Perspectives on the Next Age*, Tarcher, Nueva York, 2008.
Relfe, Mary Stewert, *When your Money fails*, League of Prayer, Prattville, Alabama, 1981.

24. Los cometas: profetas del destino

Agustí, J., *La lógica de las extinciones*, Tusquets, Barcelona, 1996.
Allaby, M., y Lovelock, J., *La gran extinción. El fin de los dinosaurios*, Ed. Blume, Barcelona, 1987.
Álvarez, L. W.; Álvarez, W; Asaro, F., y Mitchel, H. V., «Extraterrestrial cause for the Cretaceous-Tertiary extinction», *Science* 208:1095-1108, 1980.
Erickson, J., *Objetivo la Tierra. Colisiones con asteroides: pasado y futuro*, McGraw-Hill, Madrid, 1992.

25. 2012, el día del Juicio Final en los oráculos modernos

Jones, Marie D., *2013: End of days or a new beginning*, New Page Books, Pompton Plains, New Jersey, 2008.
Surowiecki, James, *Cien mejor que uno: la sabiduría de la multitud o por qué la mayoría es más inteligente que la minoría*, Urano, Barcelona, 2005.

El papel utilizado para la impresión de este libro
ha sido fabricado a partir de madera
procedente de bosques y plantaciones
gestionados con los más altos estándares ambientales,
lo que garantiza una explotación de los recursos
sostenible con el medio ambiente
y beneficiosa para las personas.
Por este motivo, Greenpeace acredita que
este libro cumple los requisitos ambientales y sociales
necesarios para ser considerado
un libro «amigo de los bosques».
El proyecto Libros Amigos de los Bosques promueve
la conservación y el uso sostenible de los bosques,
en especial de los bosques primarios,
los últimos bosques vírgenes del planeta.